D1642120

Helmut Köckenberger / Richard Hammer (Hrsg.)

Psychomotorik
Ansätze und Arbeitsfelder

Ein Lehrbuch

Helmut Köckenberger / Richard Hammer (Hrsg.)

Psychomotorik
Ansätze und Arbeitsfelder

Ein Lehrbuch

vml verlag modernes lernen - Dortmund

Gesamtherstellung: Löer Druck GmbH, Dortmund

Bestell-Nr. 1194 ISBN 3-8080-0501-7

Inhalt

Statt eines Vorwortes: ein „überlebenspädagogischer Ansatz"

Richard Hammer

Acht Jungen im Alter von etwa 10 Jahren stürzen sich in die Turnhalle. Es ist die 4. Klasse einer Grundschule in privater Trägerschaft.
Wir treffen uns heute zu unserer ersten gemeinsamen „Sportstunde". Ich stelle mich vor, will mit ihnen den weiteren Verlauf der Stunde klären, also absprechen, was wir in den nächsten 50 Minuten machen. Material, das Psychomotorikstunden in der Regel so lebendig werden lässt, liegt noch nicht vor. Es ist der Beginn des Schuljahres und ich habe in dieser Einrichtung eben neu angefangen. Da die Kinder miteinander spielen wollen, bleibt uns also die Wahl zwischen Fußball und Hockey. Wir einigen uns, dass die Stunde zu jeweils einer Hälfte mit einer dieser Aktivitäten ausgefüllt werden soll.
Nach etwa einem 10-minütigen, sehr intensiven Fußballspiel beginnt die Stimmung in der Gruppe zu eskalieren. Spannung war von Anfang an da: der Verlust eines Balles oder das Misslingen eines Torschusses erzeugt erhebliche Unruhe, Wutausbrüche sind nur knapp zu vermeiden. Als dann wieder mal einem Kind der Ball abgenommen wurde – verbunden mit einem Sturz –, war das Fass endgültig übergelaufen. Wutentbrannt stürzt es sich auf den „Übeltäter" und schlägt ihm brutal mit der Faust ins Gesicht. Dieser heult empört auf und verlässt mit lautem Schimpfen die Turnhalle. Mit Mühe hole ich ihn zurück. Mit noch mehr Mühe gelingt es, wieder einen Gesprächskreis zusammen zu rufen. Wir sprechen das Geschehene durch und wollen es noch einmal gemeinsam versuchen: diesmal mit Hockey. Mir schwant nichts Gutes, muss ich ihnen doch mit den Hockeyschlägern ideale Schlaginstrumente in die Hand drücken. Dennoch, es ist einen Versuch wert, der allerdings nicht sehr lange währt. Der Verlauf ähnelt sehr stark dem Fußballspiel – nur etwas gefährlicher...
Mit einigen Unterbrechungen gelang es mir, diese Stunde bis zum Ende durchzustehen. Nachdem allerdings die nächsten beiden Stunden ähnlich verliefen, beschloss ich, gemeinsam mit dem Lehrer, diese Klasse für die „Sportstunde" aufzuteilen. Vielleicht sind sie ja in der kleineren Gruppe eher zu bändigen. Aber was tun?
Welcher psychomotorische Ansatz hilft mir hier weiter?
Sicher, ich habe eine gewisse Vorliebe für den verstehenden Ansatz und den systemisch-konstruktivistischen Positionen in der Psychomotorik. Aber was hilft es mir, wenn ich mir über die ausweglose Situation der Kinder

in ihren Familien Klarheit verschaffe, oder wenn ich versuche, das Zuschlagen mit dem Hockeyschläger als ein verzweifeltes Signal eines vernachlässigten Kindes zu verstehen?
Ich muss nächste Woche wieder ran. Also: was tun?
Klar, die kleinere Gruppe wird einiges vereinfachen, aber Fakt ist, dass sie nicht miteinander spielen können. Hier hilft mir WINNICOTT mit seiner Theorie: Machen Sie sich keine Sorgen, wenn Ihr Kind spielen kann. Dann sind all seine Probleme lösbar. Kann es nicht spielen, dann ist es unsere Aufgabe, dem Kind das Spielen beizubringen. Entwicklungspsychologisch heißt dies, wieder einen Schritt zurückgehen: vor der Fähigkeit mit anderen gemeinsam zu spielen liegen Entwicklungsphasen, in denen zunächst der eigene Körper entdeckt und seine Funktionalität erprobt wird. Angezeigt sind also jetzt erst mal Spiel- und Bewegungsformen, in denen die Kinder ihren eigenen Körper spüren und über Bewegungskunststücke zeigen können, was in ihnen steckt. Zu bauen fangen die Kinder dann im zweiten Lebensjahr an. Auch das wird ihnen geboten: mit ihren Rollbrettern (die inzwischen angeschafft wurden), Kastenteilen, Bänken, Brettern und Matten bauen sie sich Fahrzeuge. Sie sind sehr kreativ – jedoch alleine. Jeder baut sich sein eigenes Fahrzeug. Kooperation ist (noch) nicht möglich. Zu ihrem Nachteil, wie sich gleich herausstellen muss. Denn als sie fertig sind, sitzen sie, jeder in seinem Fahrzeug und können sich nicht bewegen. Ich muss sie schieben, einer nach dem anderen. Mein vorsichtiger Vorschlag, sich doch gegenseitig zu schieben wird nicht gehört.
Etwas Richtiges gemeinsam machen, wie es ERIKSON von Kindern im Schulalter erwartet, war hier noch nicht möglich.
In den folgenden Stunden begaben wir uns auf ein neues Terrain: das Luftkissen. Vier Wochen nahm es fast den gesamten Raum der Turnhalle ein und war alleiniger Mittelpunkt unserer Stunden. Sich von oben reinfallen lassen, drinnen zu rennen und sich in die Seitenwände reinplumpsen und wieder rausschleudern zu lassen, Salti und alle möglichen anderen Kunststücke auszuprobieren, dies waren die Inhalte der nächsten Stunden – nur noch getoppt von der Möglichkeit in das Luftkissen reinzukriechen und drinnen Fangen zu spielen. Es war schon spannend, zu sehen, wer sich reintraut, wer zögert und wer es ganz ablehnt. Es waren nicht immer die Lautesten, die als Erste drin waren.
Und auf dem Luftkissen war natürlich die liebste Beschäftigung das Catchen. Leider sehr stark geprägt von den Vorerfahrungen der im TV abgeschauten Wrestlingtechniken. Dies schafft Identifikation mit den großen Namen, schafft aber auch Distanz. Kaum einer traute sich wirklich, sich auf einen körperlichen Zweikampf einzulassen. Ist Kontakt da, kommt sofort das verabredete „Stopp" oder sie schlagen ab. Die Körper lösen sich wieder. Sie schlagen nicht nur ab, um Distanz zu schaffen, sie schlagen

auch zu. Nicht das Zupacken und Halten beim Ringen steht im Vordergrund, sondern das Schlagen mit Fäusten, Füßen und Armen.
Sie können also nicht nur nicht spielen, sondern auch nicht kämpfen – verstanden als Spiel, die Kräfte zu messen.
Vier Wochen später – wir waren inzwischen schon wieder besser ausgestattet – sollte wieder einmal eine Stunde ohne Luftkissen stattfinden. Inliner war angesagt. Eine ideale Form, da hier jeder für sich fahren konnte, ohne den anderen zu brauchen. Ein Junge konnte zunächst nicht die geeignete Größe finden und saß deshalb als Zuschauer in der Ecke. Ich versuchte ihn mit dem (ebenfalls) neu angeschafften „Tamburello" zu aktivieren, was er gerne annahm, da jeder Treffer dem Ball unter einem lauten Knall eine brisante Flugkurve verleiht, also hohe Anforderungen stellt. Es handelt sich hier um ein Gerät, das dem Tamburin ähnlich, allerdings mit einem sehr empfindlichen Material bespannt ist. Deshalb habe ich die beiden Schläger auch sofort wieder weggeräumt, als der Junge mit voller Wucht sein Gerät einem anderen nachwarf, weil er ihn beim Fahren mit den Inlinern behinderte. Also wieder nichts? Doch: wir spielten schließlich alle Inliner-Hockey. Mit mir waren es vier Spieler und drei Bälle. Es war also schon ein erster Versuch gemeinsam zu spielen. Mehr oder weniger, denn die Kinder spielten sich den Ball nicht zu, sondern schlugen einfach drauf. Da die Tunhalle recht klein ist, prallten die Bälle schnell wieder einem nächsten Spieler vor die Füße, der damit seinen nächsten Schlag ansetzen konnte. Bis einer den Ball nicht vor die Füße, sondern an den Kopf bekam. Er fuhr dem vermeintlichen Täter nach und schlug ihm mit voller Wucht seinen Hockeyschläger ins Kreuz. Ich sammelte also wieder alle Schläger ein und brachte mit viel Mühe die Stunde zu Ende.
Also noch einmal: Was tun?
Welcher Ansatz hilft mir hier weiter? Soll ich die Kinder in meisterbare Situationen bringen, aus denen sie mit gestärktem Selbstbewusstsein hervorgehen oder soll ich mich bemühen, über die Variation von Bewegungsgelegenheiten den Kindern die Möglichkeit bieten, neue Wahrnehmungs- und Bewegungsmuster zu erwerben? Vielleicht wäre es auch möglich hinter diesen Aktionen einen „verdrehten Sinn" zu finden, der mir bei meiner weiteren Arbeit mit den Kindern helfen würde oder sollte ich mir einmal die Familiengeschichte der Kinder genauer anschauen um einen differenzierteren Einblick in die Biographie der Kinder zu bekommen?

Ehrlich gesagt, nach diesen Stunden war ich froh, dass alle mit heiler Haut davon kamen. Der größte Teil meiner Energien wurde darin aufgebraucht, bei drohenden oder ausgebrochenen Eskalationen dazwischen zu gehen und das Schlimmste zu verhindern. Eigentlich handelte ich nur noch nach einem „überlebenspädagogischen Ansatz".
Ich werde oft gefragt, nach welchem Ansatz ich arbeite. Hier wurde mir

deutlich, dass eine Aussage wie: „Ich arbeite nach dem ...-Ansatz“ keinen Sinn geben kann, ja fragwürdig ist. Wir arbeiten nicht nach Ansätzen, sondern mit Menschen. An diesen Menschen, an ihren Fähigkeiten, Interessen, Wünschen, Bedürfnissen, Notwendigkeiten muss sich das orientieren, was ich ihnen anbiete. Und was ich ihnen anbieten kann, hängt wiederum in hohem Maße von dem ab, was ich kann. WINNICOTT nannte das therapeutische Geschehen den Überschneidungsbereich von zwei intermediären Räumen: dem des Klienten und dem des Therapeuten. Hier treffen sich also die Innenwelt des Klienten mit der des Therapeuten in einem therapeutischen Raum, der von beiden kreativ gefüllt wird. Der Therapeut muss hier herausfinden, was der Klient braucht. Hier können ihm alle Ansätze hilfreich sein. Deshalb ist es auch hilfreich, sich mit den unterschiedlichen Perspektiven und Positionen der Psychomotorik auseinander zu setzen und daraus Anregungen für die Praxis zu schöpfen.
Ist diese Sichtweise ein Anzeichen für die Diffusität und Profillosigkeit der Psychomotorik oder spricht es vielmehr für die Buntheit und Vielfalt dieser Praxeologie (vgl. SEEWALD 1996)?
Da es uns hier in diesem Buch nicht um die Weiterentwicklung der Psychomotorik zur Wissenschaft der Motologie geht (vgl. ebd.), sondern um die Psychomotorik als Praxeologie, die vielen Psychomotorikern Hilfestellung bei ihrer Arbeit mit Kindern und Erwachsenen geben soll, halten wir es für legitim, die unterschiedlichen Ansätze nebeneinander zu stellen, ohne sie zu werten (vgl. dazu FUNKE 1988, HÖLTER u.a. 1989, SEEWALD 1997).
Wie HÖLTER u.a. (2000) geht es uns darum, die Psychomotorik aus praxeologischer Sicht zu betrachten. Dabei wollen wir nicht die Bedeutsamkeit erkenntnistheoretischer Beiträge in der Psychomotorik in Frage stellen. Aber unsere Fragestellung besteht in erster Linie darin, wie es gelingen könnte, „theoretische Überlegungen so zu transformieren, dass sie einen erkennbaren Einfluss auf die Praxis haben“ (ebd. 143). Der bedeutende Pädagoge Hartmut von HENTIG nannte dies das „Weißkittel-Blaukittel-Phänomen“.
Dies ist nicht einfach, verlangt es doch eine breite Erfahrung an reflektierter Praxis, die wir uns nur aneignen können über die Praxis selbst, aber auch durch den nötigen theoretischen Unterbau, der es uns ermöglicht, unsere Praxis zu hinterfragen.

Dazu soll dieses Buch einen Beitrag leisten.

Literatur

Funke, J. (1988): Psychomotorik in der Schule. In: Motorik 4, 119-128

Hölter, G./Heuel, H./Denzer, M./Hammer, R. (1989): Projektantrag „Entwicklung eines lebensweltnahen Konzepts der psychomotorischen Förderung von Problemkindern in Heim und Familie“. Neunkirchen

Hölter, G./Hülsmann, M./Kuhlenkamp, S./Reichenbach, C. (2000): „Vom Kopf auf die Füße... und wieder zurück!" In: Motorik 23, 4, 142-154

Seewald, J. (1996): Perspektiven der Motologie. In: Amft, S./Seewald, J.: Perspektiven der Motologie, Schorndorf, Hofmann, 238-256

Seewald, J. (1997): Der „Verstehende Ansatz" und seine Stellung in der Theorielandschaft der Psychomotorik. In: Praxis der Psychomotorik, 22, 1, 4-15

1. Von der Erziehung durch Bewegung zur Motopädagogik

Richard Hammer

Ein historischer Überblick zeigt, dass sich nicht nur in den Begriffen, sondern auch im Tun einiges verändert hat. Was bleibt, ist die Bedeutung, welche der Körper, die Bewegung, das Spiel und der Sport für die Erziehung des Menschen in den Jahrhunderten seit der griechischen Antike in unserem und sicher auch in anderen Kulturkreisen gehabt hat – und auch heute noch hat.
Als eine besondere Form der „Erziehung durch Bewegung" hat sich im vergangenen Jahrhundert eine Praxis der Psychomotorik entwickelt, die in ihren Wurzeln bis Itard und Seguin zurückverfolgt werden kann und die heute in verschiedenen Arbeitsfeldern zu einer wertvollen Maßnahme geworden ist.

Der Körper und die Bewegung werden nicht erst heute im Zusammenhang mit pädagogischen Fragestellungen genannt und in den Mittelpunkt grundlegender Überlegungen über die Erziehung gestellt. Bereits in der griechischen Antike gelang deren Einbindung in das Bildungsideal der Kalokagathie. Später haben sie das Idealbild des edlen Ritters hervorgebracht und das Menschenbild und erzieherische Denken des italienischen Humanismus entschieden geprägt. In den deutschen Philanthropinen galt die Bewegungserziehung als eines der zentralen Medien der Gesamterziehung, während JAHN das Turnen als Fundament seiner Nationalerziehung entwickelte. Nachdem es von seinen politischen Ideen gereinigt war, fand es Mitte des 19. Jahrhunderts Eingang in den Schulen und ist in unserer Zeit zunächst als Leibesübung, Leibeserziehung und dann als Sportunterricht in den Fächerkanon aufgenommen worden – allerdings nie unumstritten und immer wieder im Kampf um die Berechtigung seiner Existenz.
Umstritten deshalb, weil nie geklärt werden konnte, ob Sport ein Fach wie jedes andere ist, oder ob es sich gegenüber den anderen Unterrichtsfächern als ein besonderes herausheben lässt; aber auch in Frage gestellt, weil die Ziele und Methoden des Sportunterrichts sich nicht für die Gesamtheit der Schülerinnen und Schüler eigneten und in der Regel die „Problemkinder" ausschloss.

Die Ordnung der Begriffe
Erziehung durch und zur Bewegung war also „immer schon" Thema. Was sich im Laufe der Zeiten änderte, waren die Begriffe, mit denen die verschiedenen Formen der körperlichen Betätigung bezeichnet wurden. In ihnen spiegelten sich nicht nur die veränderten Inhalte und Methoden wider, sondern auch die gesellschaftlichen Bedingungen, unter denen sich

Menschen körperlich betätigten, ohne damit einen produktiven Zweck zu verfolgen.

In der griechischen Antike war es die *Gymnastik* (gr. gymnos = nackt, leicht bekleidet), die für die Gesamtheit der körperlichen Übungen stand. Sie umfasste neben den Disziplinen der Athletik auch Übungen, die der Gesundheit und dem Wohlbefinden dienen sollten. In der nachklassischen Zeit war sie als *Heilgymnastik* ein wesentlicher Bestandteil der Diätetik, die als Zweig der Medizin Anweisung für eine gesunde Lebensweise, d.h. zur Schlafdauer, Tageseinteilung, Auswahl der Nahrung und Körperpflege gab.

An den Ritterakademien wurden die verschiedenen Bewegungsaktivitäten unter dem Begriff der *exercitia corporis* zusammengefasst. Als *Leibesübungen* wurden sie im 16. Jahrhundert und 1794 zum ersten Mal in einem umfassenden Sinn von VIETH in einem Buchtitel: „Enzyklopädie der Leibesübungen" genannt, unter denen er alle Bewegungen und Kraftanwendungen des menschlichen Körpers, insofern sie die Vervollkommnung desselben zum Zwecke haben" verstand (z.n. PEPER 1973, 153).

Zu Beginn des 19. Jahrhunderts versammelte JAHN junge Menschen um sich, mit der Absicht, sie für die nationale Idee zu begeistern. Für seine Leibesübungen, die der Volksbildung einer breiten Masse dienen sollten prägte er den Begriff des *Turnens,* einem „deutschen Urlaut", wie er glaubte, ohne zu wissen, dass es sich dabei um ein Lehnwort aus dem Französischen (tourner = drehen, wenden) handelte. Nach der „Turnsperre" (1819) wird der Begriff zunächst gänzlich gemieden, das bisherige Turnen wurde als *Gymnastik* bezeichnet. Erst nach Aufhebung des Verbots der Turnbewegung (1842) fand es als Turnunterricht Eingang in die Schulen. Es dauerte jedoch nicht lange, bis durch das Aufkommen der Spiel- und Sportbewegung das Turnen seine dominierende Position aufgeben musste und heute nur noch als eine unter vielen Sportarten gerechnet wird.

In den 20er Jahren des vergangenen Jahrhunderts konstituierte sich – unter Einfluss der Reformpädagogik – mit der *Leibeserziehung* eine „Erziehung vom Leibe her", die den Anspruch erhob, ein neues Erziehungsprinzip einzuführen, das fachübergreifend gegen die einseitig intellektuelle Bildung der schulischen Erziehung wirken sollte und nicht mehr auf die Vermittlung von motorischen Fertigkeiten ausgerichtet war, wie dies noch im traditionellen Turnunterricht der Fall war.

Trotz seines Missbrauchs als „politische" und als „nationalsozialistische Leibeserziehung" während des 3. Reichs, wurde dieser Begriff auch nach dem Krieg beibehalten, um auf der Grundlage einer anthropologisch fundierten Bildungstheorie „die Entwicklung und Formung des Menschen in seiner leiblichen Seinsweise als einer existentiellen Grunderfahrung, einer Kategorie sachlicher Welterschließung und sozialer Kommunikation

(zu erstreben)“ (Bernett 1973, 153). Nach wie vor galt noch die Aussage von Gaulhofer, nachdem der Körper/Leib der Ansatz, der ganze Mensch aber das Ziel der Leibeserziehung sein müsse. Das Prinzip der Ganzheitlichkeit spielte eine zentrale Rolle, weshalb sich die Aussagen einer Theorie der Leibeserziehung auch nicht auf das Unterrichtsfach Leibesübungen beschränkten, sondern sich auf vieles bezogen, „was über den Unterrichtsgegenstand hinauswies und als Teil der Leibeskultur zu bezeichnen ist: um die Ausstattung und Beleuchtung aller Schulräume, die Kleidung und Ernährung der Schüler, um hygienische Gebräuche „ (Grössing 1993, 61).
Die Leibeserziehung, als praktizierte Pädagogik vom Kinde aus, musste sich den Vorwurf gefallen lassen, den Kontakt zur Realität an den Schulen und vor allem zum gesellschaftlichen Phänomen Sport aufgegeben zu haben, weshalb Anfang der 70er Jahre sich auch weitgehend der Trend zur Einführung des Begriffs *Sportunterricht* an den Schulen durchsetzte. Einhergehend mit der zunehmenden Bedeutung des Sports in der Gesellschaft, veränderte sich auch der Blickwinkel der Sportpädagogen, der sich vom Kind ab- und den Anforderungen des Leistungssports zuwandte. Damit wurde die Bildungsidee der Erziehung durch den Leib/Körper aufgegeben, Sporterziehung war nunmehr in erster Linie eine Hinführung zu den einzelnen Sportarten, deren Regeln, Normen und Wertesystem aus dem Leistungssport entlehnt wurden.
Diese Entwicklung war nicht immer unumstritten, wie die Auseinandersetzung vor allem um die Inhalte des Sportunterrichts zeigt. So wurden neben den traditionellen Schulsportarten immer wieder Formen der Bewegungs- und Körperkultur in den Sportunterricht der Schulen eingebracht, die manche Sportpädagogen um die Existenz ihres Faches fürchten ließ, für andere jedoch eine wünschenswerte Erweiterung des Bildungsgutes bedeutete. Dies musste sich letztlich auch auf die Terminologie auswirken, denn Unterrichtsinhalte wie Pantomime, Körperentspannung, Tanztheater u.ä. ließen sich nicht mehr ohne weiteres unter dem Begriff „Sport“ fassen. Grössing schlug deshalb den Begriff der *Bewegungserziehung* vor, die im Gesamt einer Körperkultur einen zentralen Platz einnehmen sollte (vgl. ebd.).
Er steht damit nicht alleine, findet doch dieser Begriff spätestens seit dem Beginn der 70er Jahre immer mehr Anwendung, allerdings nicht innerhalb der Sportpädagogik, sondern vor allem im Umfeld der Psychomotorik – allerdings auch hier nicht unumstritten und auch hier in Folge einer längeren Entwicklung.
Zur Kennzeichnung der Wechselwirkungen zwischen dem Psychischen und Somatischen, und als Reaktion gegen die damals vorherrschende biomechanisch-biologische Sichtweise, wurde der Begriff der *Psychomotorik* zu Beginn des 20. Jahrhunderts in der Medizin eingeführt. Nach

KIPHARD unterstreicht er die „Identität psychischer und motorischer Prozesse" (1989, 690) und vermittelt die Bedeutung einer ganzheitlichen Sichtweise des Menschen, die in Frankreich bereits in den 20er Jahren, in Deutschland erst in den 50er Jahren, er grundlegend war für Ansätze einer „Erziehung *durch* Bewegung". Während PFEFFER, wohl beeinflusst von Konzepten der französischen und italienischen Psychomotorik, den Begriff der *Psychomotorischen Erziehung* prägte (vgl. IRMISCHER 1989), der auch heute noch verschiedentlich Verwendung findet (vgl. u.a. BAEDKE 1978, SCHULKE-VANDRE 1982), bezeichnete KIPHARD seinen Ansatz als *Psychomotorische Übungsbehandlung.* In der Folge fanden jedoch immer auch Begriffe Verwendung wie „psychomotorisches Training", „psychomotorische Therapie", „psychomotorische Elementarerziehung", „psychomotorische Nacherziehung" (vgl. BIELEFELD 1983) – in der Regel davon geprägt, wo die „psychomotorische Praxis" zur Anwendung kam. Eine Theorie gab es noch nicht.
Erste Ansätze dazu gibt es jedoch, seit in Marburg der Studiengang *Motologie* eingerichtet wurde. Ihre praktische Seite hieß nun *Motopädagogik* und *Mototherapie*, je nachdem, ob die Anwender eher im pädagogischen oder klinischen Bereich tätig waren. Um dieser Vielfalt von Begriffen, die sich nicht immer exakt voneinander trennen lassen, ein Ende zu machen, schlägt BIELEFELD mit der *Bewegungserziehung* einen „Terminus mit Integrationscharakter" vor, der „in ganz hervorragender Weise geeignet (scheint), unterschiedlichste erzieherische Ansätze des Bewegungslernens und -verbesserns zu integrieren" (1983, 31).

Vielleicht könnte sich hier, mit einer Einigung auf einen gemeinsamen Begriff, der Ansatz einer Zusammenarbeit zwischen „Sportpädagogen" und „Motopädagogen" andeuten, der bislang nicht nur die Worte fehlten, sondern die gemeinsame Basis, die sich für die einen in den Sportarten, für die anderen im werdenden Menschen befand.

HILDENBRANDT grenzt in einem Referat auf der Jahrestagung des Aktionskreises Psychomotorik die Motopädagogik von der Sportpädagogik wegen ihrer unterschiedlichen Ziele, Inhalte und Methoden voneinander ab. In der konkreten Praxis könnte dies zu einer „Arbeitsteilung" führen: „Motopädagogik könnte dann ihre Zuständigkeit im Vorschulbereich und bis zur Pubertät finden; Sportpädagogik könnte dann sinnvoll darauf aufbauen" (HILDENBRANDT 1979, 92).
FUNKE, der auf dem 1. Internationalen Psychomotorikkongress in Heidelberg die Motopädagogik aus der Sicht der Sportpädagogik betrachtete, musste für eine Differenzierung beider Disziplinen zunächst Klarheit in sein Verständnis von Sportpädagogik bringen. Er kann dann deutlich machen, dass die „Betonfraktion der strammen Sportmenschen" eine Art des Lehrens und Lernens von Sport vertreten, die

sich im krassen Gegensatz zur Motopädagogik befindet. Anders verhält es sich jedoch mit der „modernen akademischen Sportpädagogik“, die dabei ist, eine Sichtweise zur körperlichen Erziehung zu entwickeln, das der Motopädagogik ziemlich nahe kommt, „ohne dass ich hier von einem direkten Einfluss psychomotorischen Gedankenguts ausgehen kann“ (FUNKE 1990, 90).

Neuerdings liest und hört man wieder verstärkt den Begriff der Psychomotorik. Der Aktionskreis Psychomotorik hat seine Kurse umbenannt. Sie heißen jetzt nicht mehr „Zusatzqualifikation Motopädagogik“, sondern „psychomotorische Basisqualifikation Motopädagogik“. Hier wurde einerseits der „Markenartikel Motopädagogik“ beibehalten, andererseits aber auch aktuellen Entwicklungen Rechnung getragen. Immer weniger „machen“ Motopädagogik oder Mototherapie. Immer mehr „machen“ „psychomotorische Entwicklungsförderung“ oder „psychomotorische Entwicklungsbegleitung“ – obwohl, wenn man fragt, wer dies tut, dann hört man schon eher „Motopädagogen“ oder eben Motopäden und Motologen, als VertreterInnen psychomotorischer Berufsstände.

Wir stehen hier einer Unübersichtlichkeit von Begriffen gegenüber, die (noch) nicht aufzulösen ist. Vielleicht wird ja am Ende dieses Bandes einiges deutlicher.
Gehen wir noch einmal einen Schritt zurück zur historischen Betrachtung und fragen – nach der Auseinandersetzung mit den Begriffen – was wird hier eigentlich getan, wenn wir von diesen Tätigkeiten sprechen?

Die Ordnungen des Tuns
Wir können – auch hier mit den Griechen beginnend – eine Geschichte von Jahrtausenden betrachten, in der Bewegung, Spiel und Sport als Medium der Erziehung genutzt wurden. Nicht immer bestand Einigkeit über die Ziele, nur eines zog sich durch: die Fachleute kümmerten sich in der Regel um diejenigen Kinder, Jugendlichen und Erwachsenen, die am oberen Rand der Leistungsbreite standen.
Nicht nur, dass „faktisch die gesamte Sportmethodik (...) auf den Unterricht mit physisch und psychisch normal entwickelten und reagierenden Kindern ausgerichtet ist“ (BRODTMANN, z.n. HÖLTER 1984, 96), das sportliche Angebot geht auch an der Zielsetzung für die Vor- und Grundschulen, vor allem aber für alle Bereiche der Sondererziehung, vorbei (vgl. KURZ 1987).
Die Normen und Werte des Sports könnten zwar auf den ersten Blick auch den Kindern und Jugendlichen sozialer Randgruppen oder bewegungsschwächeren Kindern als „Grundlage für Orientierung, Sicherheit und Verständigung (dienen)“, wie es KURZ (1986, 32) als Ergebnis der „Handlungsfähigkeit im Sport“ beschrieben hat. Die Erfahrung im Umgang mit Kindern und Jugendlichen zeigt jedoch, dass sie zum einen für einen

leistungsorientierten Sport zu schwach sind und dass zum anderen ihre Handlungskompetenzen nicht unbedingt innerhalb der strukturellen Rahmenbedingungen einer mittelschichtsorientierten Institution Sport, in denen ein hohes Maß an Leistungsanstrengungen, Bedürfnisaufschub und Ausdauer verlangt wird, zum Erfolg führen. Hinzu kommt, dass sie durch somatische, aber auch durch tieferliegende persönliche und familiäre Konflikte, die letztlich verantwortlich für deren Probleme zeichnen, langfristig daran gehindert werden, an der sozialen Institution Sport teilzuhaben. Die Institution Sport und die strukturellen Anforderungen stellen bei der Ausübung eines an den Normen und Werten des Leistungssports orientierten Schul- und Vereinssports für „Problemkinder" eher ein Hindernis dar, als eine Möglichkeit, über den Erwerb von „Handlungsfähigkeit im Sport" zu einer allgemeinen Handlungsfähigkeit zu gelangen.

Auf diese Situationen näher einzugehen, hat die Sportpädagogik scheinbar nicht nötig. Bei MEINBERG (1987, 45) findet das „behinderte Kind" zwar eine Erwähnung, aber auch hier nur als eine der offenen Fragen, die in der Sportpädagogik bisher nicht beantwortet wurden. Sie dokumentiert mit dieser Enthaltsamkeit eine Orientierung des Sports an einem Leistungsprinzip, in dem sich eine grundlegende Haltung unserer Gesellschaft widerspiegelt.
JANTZEN zeigt dies auf am Verhältnis der Behindertenpädagogik zur sog. „Allgemeinen Pädagogik", von der das Problem der Behinderten ebenso ausgegrenzt wird, wie von der Sportpädagogik. Dies wird deutlich in der Tatsache, dass ein „Enzyklopädisches Handbuch der Pädagogik" in 12 Bänden ohne Fragen der Lern- und Verhaltensstörungen oder der Behinderungen auskommen kann. Und er betrachtet dies mit Recht vor allem deshalb als „skandalös", weil diese Handbücher spiegelbildlich ergänzt werden durch „defektbezogene sonderpädagogische Handbücher. Fazit: Eine allgemeine Pädagogik, die nicht alle Fragen menschlichen Lernens und menschlicher Entwicklung integriert, a priori nach dem psychiatrischen Modus des Ausschlusses Unerziehbare, Bildungsunfähige und Unverstehbare entweder offen ausgrenzt oder nicht über deren Leben und Lernen reflektiert, ist nicht allgemein" (JANTZEN 1982, 286) und sie muss sich vorwerfen lassen, dass sie zentrale Probleme des Menschseins übersieht. Ihre „letzten Ziele", die sie oft auf der Grundlage „letzter Bestimmtheiten" des menschlichen Wesens herleitet, klingen deshalb nicht immer glaubwürdig.
Dies gilt auch für die Sportpädagogik, wenn dort beschrieben wird, wie „im Gegensatz zum Tier (...) schon das Kleinkind „seine Körper-Welt zu objektivieren und sich mit ihr auseinander zu setzen" beginnt (GRUPE 1968, 25). Was bedeutet dies dann für ein schwerst körperbehindertes Kind, das nie in der Lage sein wird, mit seiner Körperwelt zu experimentieren? Muss es sich mit der „Sperrigkeit" (BOLLNOW) seines Leibes abfinden?

Muss es hinnehmen, dass der Leib „als etwas nicht vollständig Verfügbares, als von uns in einem gewissen Sinne Unterschiedenes“ ist (GRUPE 1968, 20), und dies nicht nur in „unüblichen Situationen“, in der sich Gelegenheiten zum „Leiberleben“ bieten, sondern als Lebenssituation?

BITTNER, der mit THALHAMMER ein Forschungsprojekt zum „Selbstwerden des körperbehinderten Kindes“ durchführte, referiert zwei unterschiedliche Thesen zu den psychosozialen Auswirkungen der Körperbehinderung auf das Selbstgefühl der betroffenen Kinder. Während die einen Kinder, von Geburt an, sich selbst und ihren Körper nehmen wie er ist, und ihn auch von anderen so angenommen sehen wollen, stellt für die anderen jeder angeborene oder früh erworbene Körperschaden ein schweres Hindernis dar, „den Körper positiv narzisstisch zu besetzen“ (BITTNER 1994, 53). Die Ursprünge dieses unterschiedlichen Körper- und Lebensgefühls findet er im frühen Mutter-Kind-Dialog, in dem sich – nach WINNICOTT – nur dann eine „wahres Selbst“ des Kindes entwickeln kann, wenn es der Mutter durch ihre Einfühlsamkeit gelingt, die „Omnipotenzäußerungen des Säuglings“ zur Wirkung zu bringen. Die Reaktionen der Umwelt scheinen also stärkere Auswirkungen auf das Selbstgefühl der Kinder zu haben als die Behinderung selbst. Deshalb war es im oben genannten Projekt auch eine der wichtigsten Erfahrungen, sich zu vergegenwärtigen, „wie tief dieser Regelkreis wechselseitiger spontaner und lustvoller Verstärkung zwischen dem körperbehinderten Kind und seiner Mutter gestört sein kann“ (ebd., 51).

Hier werden Fragen aufgeworfen, deren Beantwortung sich die Sportpädagogik bisher entzog. Diese Abstinenz hat auch Konsequenzen für die Praxis. Solange – selbst im „sonderpädagogischen Sport“ beinahe ausschließlich die Frage gestellt wird, wie diese Kinder dem Sport zugeführt werden können, solange muss auch die dort propagierte „Entwicklungsorientierung“ als ein methodischer Aufbau zur Kompetenzentwicklung im Handlungsfeld Sport bleiben.

An diesem Punkt setzt die Kritik SCHILLINGS an, der ebenfalls für einen entwicklungsorientierten Ansatz plädiert, damit aber die kindliche Entwicklung im Auge hat. Im motopädagogischen Denkansatz, der von ihm mit entwickelt wurde, werden die Grundqualifikationen für Bewegungsaktivitäten nicht aus den Sportarten abgeleitet, sondern „entwicklungsorientiert und ganzheitlich“ bestimmt. „Voraussetzung für das Erlernen von Sportarten ist daher eine umfassende Kenntnis des eigenen Körpers, der materialen und sozialen Umwelt, das handelnde Umgehen-Können mit sich selbst, mit Materialien und anderen Personen“ (SCHILLING 1992, 17). Die Lernvoraussetzungen für den Sport werden also nicht alleine durch den Aufbau sportmotorischer und konditioneller Qualifikationen erworben, sondern durch die Beherrschung des eigenen Körpers, der in seiner Umwelt möglichst vielfältige Bewegungserfahrungen sammeln kann.

Mit der Motopädagogik wurde ein Ansatz ins Spiel gebracht, der seit den 70er Jahren dem Sport vor allem mit behinderten Kindern entscheidende Impulse gegeben hat. Geht man davon aus, dass hierbei die immer wieder genannten Ziele der Förderung von Wahrnehmung und Bewegung im Mittelpunkt stehen, so lassen sich dessen Wurzeln zurückverfolgen auf die Grundgedanken des Sensualismus, aus denen heraus ITARD (1774 – 1838) seine Methode der Förderung sinnesbeeinträchtigter Kinder entwickelt hat. Er griff dabei zurück auf die Arbeiten von LOCKE und CONDILLAC, denen es zu verdanken ist, „dass wir von dem mächtigen Einfluss wissen, den die isolierte wie gleichzeitige Tätigkeit unserer Sinne auf die Bildung und Entfaltung unserer Gedanken hat" (ITARD 1974, 166f). Er konnte seine Ideen entwickeln und erproben an einem 11-jährigen „Wildkind", das in den Wäldern von Aveyron, einem dünnbesiedelten Landstrich im Südwesten Frankreichs aufgegriffen wurde. Nachdem PINEL, der berühmteste Psychiater seiner Zeit, in einem Gutachten diesem „Wilden" jegliche geistige Fähigkeit abgesprochen hatte, wollte ITARD, damals Chef der Taubstummenanstalt in Paris, beweisen, dass dessen „Idiotie" nicht biologisch verursacht, also nicht angeboren, sondern „gemacht", d.h. auf kulturelle Mangelerscheinungen zurückzuführen war. Er übernahm den Auftrag, diesen Jungen zu fördern und übergab ihn in seinem Hause der Obhut seiner Hausangestellten, die sich um ihn kümmern sollte, solange er ihn nicht „unterrichtete", wobei er den Schwerpunkt „auf die Entwicklung der Sinnesfunktionen, der geistigen Funktionen und der affektiven Fähigkeiten (legte)" (ebd., 166). Als Verehrer von CONDILLAC hielt er die Erziehung der Sinnesorgane für wesentlich und ging davon aus, dass darüber auch der „Geist teil (hat) an der ausschließlichen Beschäftigung mit diesen Organen, (...) denn der innere Zusammenhang (...), der den physischen Menschen mit dem geistigen Menschen vereint, ist so groß, dass, obwohl die jeweiligen Bereiche dieser beiden Funktionsordnungen deutlich voneinander getrennt zu sein scheinen und es auch sind, sich an den Grenzen alles vermischt, durch welche sie sich einander berühren" (ebd., 179).

SEGUIN (1814 – 1880), der sich als Pädagoge und Arzt mit der Erziehung „unangepasster" Kinder befasste, wandte in seiner Arbeit die Methoden ITARDS an, den er als seinen großen Lehrer und Begründer der „physiologischen Erziehung" bezeichnete. Er entwickelte dessen Konzept weiter und differenzierte es für die Förderung geistig behinderter Kinder, wobei er seine Methode der Bildung des Intellekts durch die Sinneserziehung von einer reinen Verstandeserziehung abgrenzte. Da er in der Förderung der Aktivität, d.h. der Schulung von Nerven, Muskeln und Sinne eine wesentliche Grundlage für die Entwicklung von Intellekt und Willen sah, emp-

fahl er „ein sehr differenziertes System an Übungen für den Tastsinn, das Gehör, den Gesichts- und den Geschmacksinn" (IRMISCHER 1989, 10). Nachdem er aus politischen Gründen in die USA emigrierte, gerieten seine Schriften in Europa in Vergessenheit und wurden erst 1898 zusammen mit denen von ITARD durch MONTESSORI (1870 – 1952) wiederentdeckt. Sie selbst schätzte diese „ersten Versuche einer experimentellen Pädagogik" sehr hoch ein, erprobte dieses Konzept zwei Jahre lang in Rom und wurde davon so sehr überzeugt, dass sie ihre Tätigkeit, die den Behinderten gewidmet war, aufgab, „um mich von neuem in das Studium der Werke von SEGUIN zu vertiefen. Ich hatte das Bedürfnis, sie zu durchdenken: in italienischer Sprache schrieb ich ihre Schriften ab, so wie es einst ein Benediktinermönch getan hätte" (MONTESSORI, z.n. MALSON 1974, 111).
Auf der Grundlage dieses Gedankenguts entwickelte sie, unter Verwendung des Sinnesmaterials von SEGUIN, ihr Konzept der „physiologischen Sinnesbildung", das sie als den „königlichen Pfad zur Intelligenz (bezeichnete). Erfahrung, nicht Gedächtnis ist die Mutter der Idee" (MONTESSORI, z.n. IRMISCHER 1989, 11).
Die Erziehung der Muskeln soll den Zögling dazu bringen, „eine für die Gesellschaft nützliche Arbeit auszuführen" und die „Koordination von Intelligenz und Motorik" zu fördern, während die Schulung der Sinne auf eine möglichst große Unabhängigkeit des Individuums abzielte, das dadurch zu sicheren Urteilen über die Wirklichkeit gelangen und sich die Grundlagen für die Entwicklung höherer Fähigkeiten aneignen sollte (vgl. ebd.).

Auch in Deutschland fanden sich Anhänger der „physiologischen Erziehung" von ITARD und SEGUIN. Beeinflusst von der Reformpädagogik, knüpften BARTSCH und LESEMANN an deren Methoden an und entwickelten Förderkonzepte, die als „geistig-orthopädische Übungen" in den Sonderschulen Eingang fanden.
Etwa zur selben Zeit wurden mit dem natürlichen Turnen (GAULHOFER/STREICHER) und der rhythmischen Erziehung – ebenfalls beeinflusst von den Ideen der Reformpädagogik – Ansätze der körperlichen Erziehung entwickelt, die einen wesentlichen Einfluss auf die spätere Psychomotorik ausübten. Waren für GAULHOFER und STREICHER Natürlichkeit und Kindgemäßheit wichtige Prämissen der körperlichen Erziehung, in der „das Kind und nicht der Stoff" die Arbeit bestimmen sollte, so ging PFEFFER, die neben SCHEIBLAUER prägend war für die, in der Psychomotorik zentralen Vorstellung der körperlich-geistig-seelischen Ganzheit des Menschen, von der „motorischen Not" der Kinder aus und entwickelte in ihrer „Psychomotorischen Heilerziehung" eine Vielfalt an Materialien und Übungsformen, die dem Kind helfen sollten, diese Not zu lindern. „Sie beseitigt seine Minderwertigkeitsgefühle, gestattet ihm Freiheit der motorischen Er-

findung, verhilft ihm zur Ausdrucksgestaltung, regt seine Aufmerksamkeit, Energie und Konzentration an, fordert keine abstrakt-gedanklichen Leistungen, hilft ihm, den Kontakt mit der Umwelt ergiebiger und befriedigender zu gestalten, schafft in ihm einen Sinn für Ordnung und innere Ruhe, den es kaum je gekannt hat“ (PFEFFER, z.n. KIPHARD 1989, 21).

Aus diesen Quellen konnte KIPHARD schöpfen, als er, als Sportlehrer an der Kinder- und Jugendpsychiatrie in Gütersloh, Mitte der 50er Jahre mit seinen KollegInnen eine Behandlungsmethode entwickelte, für die „das Brauchbarste und zur Förderung entwicklungsrückständiger Kinder Wesentlichste aus den Übungsbereichen der Rhythmik, der Gymnastik, des Turnens und des Sports, der Sinnesschulung, des Rollenspiels und anderem mehr unter heilpädagogischem Aspekt (zusammengestellt wurde)“ (KIPHARD 1980, 17). Die „Psychomotorische Übungsbehandlung“, wie sie damals bezeichnet wurde (vgl. Kap. 2.1.), fand wegen ihres funktionalistischen Denkschemas seine Verbreitung zunächst vorwiegend in medizinischen Einrichtungen, ehe sich in den achtziger Jahren ein ganzheitliches, humanistisch orientiertes Verständnis durchsetzte und sich damit, als entwicklungsorientierte und kindgemäße Bewegungserziehung, die sich nun „Motopädagogik“ nannte, auch den Weg in Kindergärten (siehe Kap. 3.1), Schulen (siehe Kap. 3.2) und Jugendhilfeeinrichtungen (siehe Kap. 3.3) bahnte.
Es entwickelte sich eine Praxis der Motopädagogik, deren Ziele und Inhalte vor allem in den Lehrplänen von Sonderschulen eine große Verbreitung fanden (vgl. IRMISCHER 1984, HÖHNE 1989).

Die Grenzen dieses neuen Ansatzes zeigen sich aber auch in seinen eigenen Aussagen. SCHILLING wirft zwar dem „Behindertensport“ den typischen Fehler vor, „nicht über Ziele und Inhalte zu diskutieren, sondern mit einer Reduzierung der Anforderungen Sportarten an das Leistungsvermögen des/der Behinderten anzupassen“ (1992, 18) und schlägt deshalb vor, sich an der Entwicklung der einzelnen SchülerInnen zu orientieren, weshalb das sportartspezifische Lernen „in der Grundstufe zugunsten eines umfassenden Bewegungsunterrichts zunächst in den Hintergrund treten (wird)“ (ebd., 19). Wenn er jedoch als Gesamtziel fordert, die Handlungsfähigkeit so weit zu entwickeln, „dass das Erlernen von Sportarten effektiv und motiviert erfolgen kann (...) (und) in diesem Sinne den motopädagogischen Ansatz als Entwicklungshilfe für den traditionellen Sportunterricht in der Sonderschule (begreift)“ (ebd., 18), so zeigt sich letztlich auch hier, dass das Entwicklungsziel der Handlungsfähigkeit eine *in* und *zum* Sport und nicht als Persönlichkeitsbildung *durch* den Sport zu verstehen ist. Diese Sichtweise wird belegt, wenn als zentrales Problem die motorischen Auffälligkeiten von „Verhaltensgestörten“ in den Vordergrund gestellt werden, die sie letztlich daran hindern, am regulären

Sportunterricht teilzunehmen (vgl. ebd., 20f).
Diese Sichtweise erweckt den Eindruck, „als müsste der Erwerb optimaler Bewegungs- und Wahrnehmungsmuster bzw. die Beseitigung motorischer Fehladaptate quasi automatisch dazu führen, dass Schüler lernen, sinnvoll mit sich selbst und der Umwelt umzugehen“ (Hölter u.a. 1989, 68).
Bewegungsaktivitäten werden reduziert auf ihre funktionale Bedeutung, sich alleine oder mit anderen zu bewegen (vgl. Kap. 2.2). Damit wird ein möglicher, bewusster oder unbewusster Sinn von Handlungen ausgeklammert und damit auch der Zugang zum eigentlichen Problem der Kinder und Jugendlichen verstellt. Sie scheitern in der Regel nicht an den motorischen Anforderungen, die ihnen im Sport gestellt werden, sondern an ihren unbewältigten, tiefer liegenden Konflikten, „welche die Schüler haben auffällig werden lassen und die sie langfristig dabei behindern, an sozialen Institutionen wie dem Sport teilzuhaben: Hierzu zählt z.B. der Umgang mit Geschwisterrivalitäten und Autorität, der Aufbau von Ich-Kontrolle und das Akzeptieren von Grenzen ohne krankhafte Wahnvorstellungen, was spezifische Anforderungen an die Selbstreflexion des Sportlehrers stellt“ (ebd., 67; vgl. dazu auch Kap. 2.4).
Bleibt die Sportpädagogik und – wie gesehen – auch der sonderpädagogisch orientierte Sport bei seiner letztlich funktionalistischen Sichtweise und reduziert seine Ziele und Inhalte auf die Vermittlung von Handlungsfähigkeit *im* Sport, so wird dadurch eine Chance verpasst, das im Medium Bewegung liegende Potenzial zu nutzen. Dies gilt auch für eine Motopädagogik, der es nicht gelingt, die subjektive Sinnkomponente und die symbolische Bedeutung von Bewegungen in ihrer Arbeit zu berücksichtigen.

Sie alle verstoßen gegen das erste Postulat, das Moor (1994) für die Heilpädagogik formuliert hat und sicher auch für Motopädagogik gelten muss: „nicht gegen den Fehler, sondern für das Fehlende“!
Damit führen diese Programme konsequent das fort, was schon in ihren Ursprüngen bei Itard angelegt war: die Förderung einzelner Sinnes- und Bewegungsfunktionen – unter Vernachlässigung des Subjekts. Itard betrachtete seinen „Wilden“ als leere Leinwand, auf die er sein eigenes Wissen projizieren konnte. Die Interessen, Bedürfnisse und Fähigkeiten Victors werden vernachlässigt, ja sogar bekämpft, wenn sie gegen die Vorstellungen Itards verstießen.

Octave Mannoni (1974) zeigt in seiner Analyse von Itards Erziehungsversuch an einem „Wolfskind“, wie dieser daran scheiterte, dem „Wilden“ das Sprechen und einige Kulturtechniken beizubringen. Er musste scheitern, da Itard nie bereit war, sich auf diesen „Wilden“ wirklich einzulassen. Er machte ihn zu einer „leeren Leinwand“, auf die sich sein eigenes Wissen projizieren ließ und gönnte ihm Freiräume nur in den Erholungspausen, die er für so unnütz erachtete, dass er die Gestaltung dieser „Kindereien" seiner Haushälterin, Madame Guèrin, überließ. Mit diesem System der „pädagogischen Versagung" ging er so weit, sogar die Muskeltätigkeit und die Nahrung auf die Funktionen zu beschränken, die er für richtig und wichtig erachtete. ITARD war also nicht bereit, sich für die Wünsche und Bedürfnisse seines Zöglings zu öffnen, was z.B. dazu führte, dass Wagenfahrten in die Wälder der Pariser Umgebung unterlassen wurden, nachdem Victor bei einer dieser Fahrten sehr heftige Zeichen seiner Lust gab, dorthin zu laufen. ITARD wollte „ihm derartige Prüfungen künftig ersparen" (ITARD 1974, 138).

Auch MONTESSORI stand in dieser Tradition und setzte sich zum Ziel, den Kindern die „rechte" Haltung und die „richtigen" Bewegungen beizubringen. Ordnung in die Bewegungen der Kinder zu bringen, ist Aufgabe der „Muskelerziehung", wobei dies immer unter den kritischen Augen der ErzieherIn geschehen muss. Den Kindern darf nichts alleine gelingen, denn „alle die koordinierten Bewegungen (...), die das Kind in seinem physiologischen Organismus sich anzueignen hat, (macht) das sich selbst überlassene Kind als ungeordnete Bewegungen. (...) Wir sollten es also zu den Betätigungen hinleiten, denen es eben zustrebt (MONTESSORI, z.n. WÜNSCHE 1981, 243).
Diese Vernachlässigung des Subjekts, die sich durch alle „Förderprogramme" der Motopädagogik zieht, wurde 1986 von PRECHTL angeprangert, als sie die Frage aufwarf, ob der „Aspekt des Bewegungserlebens in der Theorie der Motopädagogik zu kurz (kommt)".
Geht man davon aus, dass Behinderungen nicht ausschließlich auf Defizite in den Fähigkeiten und Fertigkeiten des Kindes zurückzuführen sind, sondern in hohem Maße auch von der Umwelt beeinflusst werden, deren Erleben sich in der Biographie des Kindes niederschlägt, dann wird Bewegung nicht mehr reduziert werden können auf ein „Medium der Erziehung" oder auf eine „Ausdrucksform funktioneller hirnorganischer Störungen", sondern sie muss verstanden werden als symbolischer Ausdruck für Aspekte der Biographie des Kindes und auch des Erwachsenen, deren Konflikte über das Medium der Bewegung darstellbar und somit einer Bearbeitung zugänglich gemacht werden (vgl. Kap. 2.8).
Aber auch hier werden sich bald die Grenzen psychomotorischer Arbeit zeigen. Die „Wirklichkeit" des Kindes, des Jugendlichen und des Erwachsenen wird nur reduziert wahrgenommen werden können, wenn es nicht gelingt, diese Bewegungen, das Verhalten im Kontext des Lebensumfeldes zu sehen. Die Ergebnisse der Beobachtung müssen als subjektive Interpretation gedeutet werden, um sie dann wiederum in die Gestaltung einer Dialogischen Beziehung mit einzubinden (vgl. Kap. 2.9).

Ein weites Feld, das sich hier aufzeigt. Ausgehend von der Arbeit mit Kindern in der Kinder- und Jugendpsychiatrie zunächst in Gütersloh und dann in Hamm wurden Bewegungs- und Spielangebote entwickelt, erfunden, übernommen und in ein „heilpädagogisches" Konzept der psychomotorischen Übungsbehandlung integriert. Aus den gesammelten Erfahrungen entstanden neue Ideen und alternative Vorstellungen, die auch auf die Arbeitsfelder „Psychomotorik mit Erwachsenen" (vgl. Kap. 3.4.) und auf die Arbeit mit „Alten Menschen" (vgl. 3.5) übertragen wurden.

Literatur

Baedke, D.W. (1978): Zur Situation der Psychomotorischen Erziehung. Unveröff. Manuskript

Bernett, H. (1973): Im Brennpunkt. In: sportunterricht, 1, 1

Bielefeld, J. (1983): Bewegungserziehung mit Lernbehinderten. Schorndorf, Hofmann

Bittner, G.(1994): Problemkinder. Göttingen, Vandenhoeck und Ruprecht

Funke, J. (1990): Psychomotorik aus sportpädagogischer Sicht. In: Huber, G./ Rieder, H. H./Neuhäuser, G. (Hrsg.): Psychomotorik in Therapie und Pädagogik. Dortmund, modernes lernen, 79-92

Größing, S. (1993): Bewegungskultur und Bewegungserziehung. Schorndorf, Hofmann

Gruppe, O. (1968): Anthropologische Grundlagen und pädagogische Zielvorstellungen der Leibeserziehung. In: Grupe, O. (Hrsg.): Einführung in die Theorie der Leibeserziehung. Schorndorf Hofmann, 15 – 43

Hildenbrandt, E. (1979): Aufriss der Motopädagogik. In: Motorik 3, 86-93

Höhne, M. (1989): Motopädagogik in der Sonderschule. In: Irmischer, T./Fischer, K. (Red.): Psychomotorik in der Entwicklung. Schorndorf, Hofmann, 99 – 112

Hölter, G. (1984): „Balancieren ist nicht immer genug!". In: Motorik, 7, 4, 167-171

Hölter, G. (1989): Psychomotorik mit Erwachsenen. In: Irmischer, T./Fischer K. (Red.): Psychomotorik in der Entwicklung. Schorndorf, Hofmann, 181-192

Irmischer, T. (1984): Didaktik des Sportunterrichts an der Schule für Lernbehinderte. Dortmund, modernes lernen

Irmischer, T. (1989): Ursprünge. In: Irmischer, T./Fischer, K. (Red.): Psychomotorik in der Entwicklung. Schorndorf, Hofmann, 9-18

Itard, J. (1974): Gutachten und Bericht über Victor von Aveyron. In: Malson, L.u.a. (Hrsg.): Die wilden Kinder. Frankfurt, Suhrkamp, 105-220

Jantzen, W. (1982): Behindertenpädagogik, gestern, heute, morgen. In: Behindertenpädagogik, 4, 280-292

Kiphard, E.J. (1980): Leibesübungen als Therapie. Gütersloh, Flöttmann

Kiphard, E.J. (1989): Psychomotorik in Praxis und Theorie. Gütersloh, Flöttmann

Kurz, D. (1986): Handlungsfähigkeit im Sport – eine Leitidee einer pragmatischen Fachdidaktik. In: Spitzer,G./Schmidt, D. (Red.): Sport zwischen Eigenständigkeit und Fremdbestimmung. Schorndorf, Hofmann, 28-43

Kurz, D. (1987): Vom „Vollzug von Leibesübungen" zur „Handlungsfähigkeit im Sport". In: Peper, D./Christmann, E.(Hrsg.): Zur Standortbestimmung der Sportpädagogik. Schorndorf, Hofmann, 52-67

Malson, L./Itard, J./ Mannoni, O. (1974): Die wilden Kinder. Frankfurt, Suhrkamp

Mannoni, M. (1974): Itard und sein „Wilder". In: Malson, L./Itard, J./Mannoni, O.: Die wilden Kinder. Frankfurt, suhrkamp

Meinberg, E. (1987): Überlegungen zum Verhältnis von Erziehungswissenschaft und Sportpädagogik. In: Peper, D./ Christmann, E. (Hrsg.): Zur Standortbestimmung der Sportpädagogik. Schorndorf, Hofmann, 31-51

Moor, P. (1994): Heilpädagogik: ein pädagogisches Lehrbuch. Luzern, Ed. SZH

Peper (1973): Stichwort Leibesübungen. In: Röthig, P. (Red.): Sportwissenschaftliches Lexikon. Schorndorf, Hofmann, 153f

Prechtl, S. (1986): Kommt der Aspekt des subjektiven Bewegungserlebens in der Theorie der Motopädagogik zu kurz? Motorik, 9, 4, 120-126

Schilling, F. (1992): Bewegung und Sport für lernbehinderte und verhaltensgestörte Schülerinnen und Schüler. In: Speike-Bardorff, S. (Hrsg.): „Integration durch Sport". Frankfurt, Sportjugend Hessen

Schulke-Vandre (1982): Grundlagen der psychomotorischen Erziehung. Köln, Pahl-Rugenstein

Wünsche, K. (1981): Die Muskeln, die Sinne, die Reden. Medien im pädagogischen Bezug. In: Westermanns Pädagogische Beiträge, 6, 241-248

2. Psychomotorische Ansätze und Positionen

2.1 Entstehung der Psychomotorik in Deutschland

Ernst Jonny Kiphard

„Gesundheit basiert auf Glücklichsein – und dazu gehören Umarmungen und Clownerien, ebenso die Freude“
Dr. Patch Adams

Die Psychomotorische Übungsbehandlung entstand in den 50er Jahren des vergangenen Jahrhunderts im Bereich der Kinder- und Jugendpsychiatrie durch die Zusammenarbeit von Arzt und Sportpädagogen. Dabei wurden bestimmte grobmotorische, feinmotorische sowie auch soziomotorische Übungssequenzen im Rahmen ganzheitlicher Lernprozesse spielerisch von den Patienten, d.h. von Kindern mit Bewegungs-, Wahrnehmungs-, Lern- und Verhaltensstörungen umgesetzt. Die Hauptmerkmale psychomotorischer Interventionen sowie die persönlichen Attribute des oder der psychomotorischen Lehrkraft werden hier stichwortartig katalogisiert. Weitere Kapitel befassen sich mit der psychomotorischen Förderdiagnostik sowie der Entstehung der psychomotorischen Idee als bundesweite Bewegung. Den Schluss bildet eine Betrachtung der Zukunftsperspektiven der Psychomotorik.

Freude ist Grundlage der Psychomotorik

1. Psychomotorische Übungsbehandlung

Die Wurzeln der deutschen Psychomotorik lassen sich bis zur Mitte der 50er Jahre zurückverfolgen. Damals wuchs in der klinischen Kinder- und Jugendpsychiatrie die Erkenntnis, dass Bewegung im Kindesalter eines der wichtigsten kindgemäßen Mittel zur ganzheitlichen Persönlichkeitsförderung darstellt. Mit ihrem psychomotorischen Ansatz setzten sich HÜNNEKENS und KIPHARD (1960) deutlich von sportmotorischen und anderen Trainingsmethoden wie beispielsweise der „gezielten motorischen Behandlung“ (GÖLLNITZ, 1954) ab.

Statt einer symptom- und defektorientierten Vorgehensweise stellt die Psychomotorik das Kind in seiner Gesamtheit, mit seinen Stärken und Schwächen in den Mittelpunkt. Dabei werden alle Persönlichkeitsmerkmale in

ihren positiven oder negativen Wechselwirkungen berücksichtigt. Motorische Beeinträchtigungen wirken sich häufig behindernd auf die perzeptive, kognitive, affektive und soziale Entwicklung aus. Umgekehrt haben gestörte Persönlichkeitsvariablen der Wahrnehmung und Intelligenz negative Auswirkungen auf andere, z. B. motorische, verbale und emotional-soziale Persönlichkeitsbereiche.
Zur damaligen Zeit wurden uns erst allmählich diese und andere Interkorrelationen bewusst.
Eines der ersten Erkenntnisse bezog sich auf die positiven Auswirkungen eines verbesserten Bewegungsgeschicks auf das Selbstbewusstsein der oft motorisch frustrierten Kinder. Dadurch waren sie in der Lage, ihre Handlungskompetenzen besser zu nutzen. Mit steigendem Selbstwertgefühl stieg bei ihnen auch die soziale Kontaktfähigkeit deutlich an.

2. Handlungsfähigkeit als Lernziel

Im Zuge immer neuer sozialer wie auch materialer Handlungserfahrungen setzt sich das Kind allmählich von der Umwelt ab. Dabei erlebt es sich zunehmend als frei handlungsfähiges Individuum mit körper-seelischer Identität. Seine Unabhängigkeit als freie Persönlichkeit befähigt es nunmehr, eine Spielsituation durch eigenes Eingreifen zu verändern. Es erfüllt das Kind mit Stolz, wenn es ihm z. B. gelingt, einen Turm mit einem Ballwurf zum Einsturz zu bringen. Genauso stolz ist es aber auch, wenn es ihm gelingt, seinen Turm wieder aufzubauen. Dieses Glücksgefühl, dass man etwas bewirken kann, stellt oft ein Schlüsselerlebnis bei geistig oder körperlich behinderten Kindern dar. Im Sinne einer Pädagogik der Ermutigung versuchten wir in unseren psychomotorischen Förderstunden, motorisch schwache Kinder spielerisch zu kleinen und kleinsten Erfolgen zu führen.

Das Spiel erfüllt in vielen Fällen aber auch eine wesentliche präventiv-psychohygienische Aufgabe. Kinder verarbeiten im Rollenspiel ihre Erlebnisse und inneren Konflikte. Im Spiel können sie Hemmungen und Ängste überwinden und sich ihre geheimsten Sehnsüchte und Wünsche erfüllen. Gerade für behinderte Kinder bedeutet dies eine Form der Lebensbewältigung. Sie können im Spiel Rollen übernehmen, in denen sie mächtig und stark sind. Damit korrigieren sie wenigstens zeitweise die für sie frustrierende Realität. Doch je mehr sich Erfolge im Bewegungsbereich einstellen, desto geringer klaffen Realität und Wunschwelt auseinander.

Das spielerische Element ist aus der Psychomotorik nicht mehr wegzudenken. Als ich 1955 im Rahmen eines Forschungsauftrages mit der Aufgabe betraut wurde, bewegungs- und verhaltensauffällige Vorschul- und Grundschulkinder in einem provisorisch hergerichteten ehemaligen Tagesraum motorisch zu fördern, kam ich mit leistungsbetonten sportlichen Lerninhalten bei diesen Kindern nicht an. Statt dessen bot ich Spielideen an, die mir spontan einfielen oder – noch viel besser – die von den Kindern initiiert wurden. Ihr liebstes Spielthema war der Zirkus, weil hier ziemlich alle Ideen und Vorstellungen der Kinder realisiert werden konnten, vom Auftritt der Indianer über Fabeltiere und geheimnisvolle Wesen vom anderen Stern (Monster gab es damals noch nicht) bis zur Lieblingsrolle der meisten Kids, dem Clown bzw. der Clownin.

Welch ein Gegensatz zu dem genormten und reglementierten sporttechnischen Training wie auch zu isolierten Funktionstrainingsroutinen zum Abbau von Teilleistungsstörungen im Bewegungs- und Wahrnehmungsbereich! Nach KARCH (1989) bringen derartige isolierte Trainingsprogramme zwar Funktionsverbesserungen in einzelnen Teilbereichen. Da es sich dabei aber um hochtrainierte Fertigkeiten handelt, die aus dem Gesamtzusammenhang herausgelöst wurden, können sie nicht in den Gesamtablauf psychomotorischen Handelns integriert und auf die Bewältigung neuer Aufgaben übertragen werden. Ausgenommen sind physiotherapeutische und ergotherapeutische Techniken zur Minderung der tonischen Reflexe und zur Anbahnung ungestörter Bewegungs- und Fortbewegungsmuster.

3. Psychomotorische Methodik und Didaktik

Das folgende Kapitel fällt naturgemäß etwas umfangreicher aus. Das liegt daran, dass die psychomotorische Praxis sich von anderen Bewegungsübungsverfahren eben durch ihre ganzheitliche Vorgehensweise, ihre kindgemäße Methodik abhebt, die das Kind als Subjekt in den Mittelpunkt aller Förderinterventionen stellt.

Meine geschätzten Kolleginnen Ingrid SCHÄFER und die leider zu früh verstorbene Helga BRINKMANN sowie ich selber als Dipl.-Sportlehrer waren anfangs gezwungen zu improvisieren. Wir mussten versuchen, unseren Tagesraum irgendwie in einen Turnraum oder besser in einen Psychomotorikraum umzugestalten. Da es damals noch keinen Etat für Geräte und Materialien gab, besorgten wir uns ausrangierte Matratzen aus dem Klinikkeller und benutzten sie als Turnmatten, als Hindernisse oder als Wände für selbstgebaute Zelte oder „Wohnungen". Desgleichen „requirierten" wir Wolldecken, die zu allerhand Spielen genutzt wurden. In der Kinderabteilung eines Kaufhauses wurden wir mit Luftballons versorgt, und die Tischlerei schenkte uns Holzlatten jeder Dicke und Länge. Mit diesem recht begrenzten Grundmaterial erfanden wir und vor allem die Kinder immer wieder neue Übungen und Spiele.

Wir sprachen damals noch von Übungen, selbst wenn sie spielerischen Charakter hatten. Heute werden nicht mehr Übungen „verschrieben", mit denen z. B. das Gleichgewicht oder das Handgeschick verbessert werden soll. Alles hat statt dessen Handlungscharakter. In den hierfür vorbereiteten Bewegungssituationen und Handlungsfeldern kommt es – das war damals schon unsere Erfahrung – zu spontanen und selbstbestimmten Aktivitäten, die so ganz nebenbei auch die Balancefähigkeit und die Handgeschicklichkeit verbessern, um bei diesen Beispielen zu bleiben. Je weniger funktional zweckbestimmt die Materialien sind, desto mehr Möglichkeiten zu unterschiedlicher spielerischen Verwendung finden die Kinder heraus. Wir sprachen hier von „Erfindungsübungen“.

In der Psychomotorik gibt es keine differenzierten Übungsanweisungen wie beispielsweise im Sport. Es gibt keine Vormachen und Nachmachen, keine Korrekturen und erst recht keine Leistungsbewertung. In der Psychomotorik gibt es kein Richtig und kein Falsch. Alles, was das Kind an Ideen und Initiativen in die Situation einbringt, wird als wichtiger Eigenbeitrag akzeptiert. Mit Lob sollte trotzdem gespart werden, denn zu viel Lob wird vom Kind weniger bewertet als gelegentliches Lob. Wenn das Kind fragt: „Hab' ich das gut gemacht?“, so ist es gut gegen zu fragen: „Findest *du* es gut?“ Das regt zum ehrlichen Reflektieren an. Man muss allerdings Frustrationen des Kindes auf jeden Fall vermeiden.

Generell können die Kinder selbst entscheiden, was sie momentan ausprobieren wollen, ob sie zunächst auf einen Mattenberg klettern, um dann mutig auf eine weiche Matte abspringen oder lieber Rollbrett fahren oder mit dem Ball oder Luftballon spielen wollen. Der Therapeut oder die Therapeutin kann natürlich auch Spielvorschläge machen, aber nur sehr sparsam. Die Rolle des Erwachsenen als stetiger Macher und Antreiber passt nicht zur psychomotorischen Atmosphäre. Den Kindern muss erlaubt sein, auch mal gar nichts zu tun und das Treiben der anderen zu beobachten. Auch die rezeptive innere Anteilnahme am Geschehen löst wichtige Wahrnehmungen und kognitive Reflexionen aus.

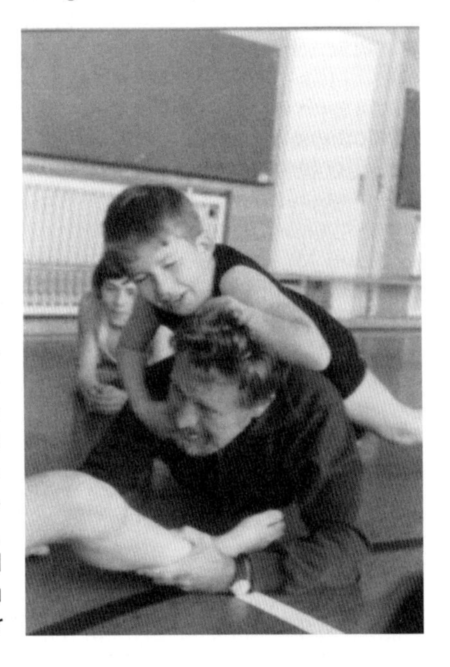

Wenn Kinder allerdings generell passiv sind, sich ständig zurückziehen und jeder auch noch so kleinen Anforderung ausweichen, dann ist dies ein Zeichen mangelnden Selbstvertrauens. Hierbei gilt es, unbewusste innere Konflikte aufzuspüren, die meist im familiären Umfeld, z. B. durch eine überfürsorgliche und überängstliche Mutter oder einen zu strengen und wenig Verständnis für die Schwächen seines Kindes zeigenden Vater zu suchen sind. Überhaupt kann man sagen, dass jede sog. Verhaltensstörung eine Antwort des Kindes auf störende und seine freie Entwicklung beeinträchtigende Umweltreize darstellt. Ein „Fehlverhalten" ist es nur aus der Sicht des Erwachsenen, weil es eben von der Norm abweicht. Vom Kinde aus gesehen resigniert oder rebelliert es, um unbewusst auf seine verzweifelte Situation aufmerksam zu machen.

Gerade das rebellierende, störende, wilde und aggressive Kind, dessen „Fehlverhalten" als eine Art Aufschrei zu interpretieren ist, mit dem es seine innere Not anzeigt, hat immer wieder erfahren müssen, dass die Erwachsenenwelt mit Unverständnis, mit Strenge, Verboten und Strafen auf sein Verhalten reagiert. Aus diesem Grunde habe ich rein instinktiv genau umgekehrt reagiert: mit Zuwendung, persönlicher Ansprache und Verständnis. Damit wurde der Teufelskreis: störendes Kindverhalten – ablehnendes bis strafendes Erwachsenenverhalten und neue Störmanöver seitens des Kindes – durchbrochen und damit die Basis für ein neues Verständnis füreinander geschaffen.
Im folgenden werden die Hauptmerkmale des psychomotorischen Vorgehens stichwortartig aufgelistet:

- am Kind orientiert, verstehend, einfühlend und geduldig
- prozessorientiert, mit Betonung des Weges hin zum gesteckten Ziel
- erlebnisorientiert im Sinne lustvoller psychomotorischer Situationsbewältigung
- entspannte, fröhliche, spielerische und humorvolle Atmosphäre
- weitgehende Selbstbestimmung im Handeln, statt Fremdbestimmung
- explorativer und kreativer Materialumgang, Umweltveränderung und -gestaltung
- situative Offenheit, statt einengender Normen und Vorschriften
- vielfältige Möglichkeiten zu eigenen Erfolgserlebnissen
- Anerkennung, Ermutigung und Stärkung des Selbstwertgefühls
- allmähliche Steigerung der Konflikttoleranz (auch verlieren können)
- konstantes und konsequentes Lehrerverhalten als Halt und Orientierung
- Aufbau persönlicher Beziehungen zu anderen Kindern
- Hinführen zu positiven Gemeinschaftserlebnissen
- Abbau von Ichbezogenheit und Egoismus.

Eine erfolgreiche psychomotorische Arbeit steht und fällt mit der Persönlichkeit der Therapeutin bzw. des Therapeuten. Nach unserer Erfahrung wirken sich die folgenden *persönlichen Attribute* positiv auf die psychomotorische Arbeit aus:

- Achtung vor dem Kind, Geduld, Verständnis und Herzenswärme
- Ausstrahlen von Vertrauen, Ermutigung und Bestärkung

- Sympathisierende Anteilnahme, Begeisterungsfähigkeit
- Flexibilität, Eingehen auf die Ideen der Kinder
- Kontaktfähigkeit, Echtheit und Ehrlichkeit
- Konsequentes Verhalten, Berechenbarkeit
- Nicht das Kind rügen, sondern sein Verhalten
- Vor allem immer wieder positive Ansätze sehen
- Kreativität und – ganz wichtig – HUMOR.

Hinzu kommt das didaktische *Prinzip der situativen Modifikation* mit dem Ziel der Anpassungsfähigkeit an neue Bewegungssituationen („psychomotorische Handlungs-Intelligenz"). Dazu müssen die Standardsituationen grob- und feinmotorischer Vollzüge immer wieder abgewandelt werden, um diese Anpassungsreaktionen zu generalisieren. Um ein paar Beispiele für grobmotorische Variationen zu nennen: schiefe Ebenen, die zu einem Turnkasten hinauf führen, werden mal steiler, mal flacher in unterschiedlich hohe Kästen eingehängt. Die Höhen und Abstände eines aus verschiedenen Geräten bestehenden Hindernisparcours werden verändert. Allein der immer wieder wechselnde Untergrund (z. B. wellige, glatte, glitschige Langmatten oder nur halb aufgeblasene Luftmatratzen, hinter einander gelegt) können Anlass zu Anpassungsreaktionen sein.

Mir selbst wurde es Anfang der 60er Jahre mit einer Gruppe geistig behinderter Jugendlicher klar vor Augen geführt, wie wenig es der psychomotorischen Adaptationsfähigkeit nutzt bzw. ihr sogar schadet, wenn grobmotorische Vollzüge unverändert in immer gleicher Weise geübt werden. Damals, als mir das Prinzip der Variation noch nicht klar war, war ich stolz, wenn ich sah, wie gewandt meine geistig behinderten Schüler in der Rolle von Affenkindern die Sprossenwand hochkletterten. Dann kam aber der Tag, an dem die Turnhalle renoviert wurde und wir in eine andere Halle ausweichen mussten. Dort gab es auch eine Sprossenwand, nur war die Dicke der Sprossen und ihr Abstand voneinander anders als gewohnt. Da die Schüler nur die eine Sprossenwand als Klettergerüst in hochgeübten Bewegungsmustern kennen gelernt hatten, waren sie plötzlich nicht in Lage, ihre Kletterkünste an die neue Situation anzupassen. Sie griffen und traten daneben und hingen zum Teil hilflos an den Sprossen. Das zeigte mir, wie wichtig es für die psychomotorische Umstellungsfähigkeit im Sinne einer Handlungsintelligenz ist, den Kindern von Anfang an variierte Übungsvollzüge anzubieten.

Dieses Prinzip gilt genau so für feinmotorische Geschicklichkeitsleistungen. Anstatt die Kinder mit nur einer Ballart spielen und üben zu lassen, z. B. mit einem Gymnastikball, sollte man sie die Materialeigenschaften unterschiedlicher Ballgrößen und –gewichte spielerisch ausprobieren lassen. Zur Generalisierung der dynamischen Adaptation der oberen wie auch der unteren Extremitäten benötigt das Kind – behindert oder unbehindert

– variierte Wurf- und vor allem Fangerfahrungen mit Luftballons, großen und leichten Wasserbällen sowie sog. Zeitlupenbällen, aber auch mit Schlagball- und Tennis- u. U. sogar mit Tischtennisbällen. Als erweitertes Wurf- und Fangprogramm können auch andere Gegenstände wie Tennisringe, Seile, leichte Ketten, Stäbe, einen Schlüsselbund, Jongliertücher, Frisbee-Scheiben u. dgl. dazugenommen werden. Dabei können die verschiedenen Wurf- und Fangtechniken ausprobiert werden. Dann kann es nicht passieren, dass man als Erwachsener, dem ein Schlüsselbund zugeworfen wird, bedauernd sagt: „Nein, das kann ich nicht. Wir haben in der Schule nur mit Gymnastikbällen fangen geübt!"

Spielerische Gleichgewichtserfahrungen

4. Psychomotorische Förderdiagnostik

In der Psychomotorik werden sowohl die Stärken eines Kindes als auch seine Schwächen zur Kenntnis genommen. Allerdings beginnen unsere Förderinterventionen nach einem alten heilpädagogischen Grundsatz immer mit den Stärken. Das motiviert das Kind zu noch höheren Leistungen auf den Gebieten seines besonderen Interesses und seiner Anfangserfolge.

Vorher machen wir bei jedem Kind eine Art *Bestandsaufnahme der Sinnes- und Bewegungsmuster,* indem wir beobachtend herausfinden, über welchen Grundbestand, über welches Bewegungs- und Wahrnehmungs-„Vokabular" das betreffende Kind verfügt.

Beispiele für das Körpergeschick (Fortbewegungsmuster)
Kann das Kind frei laufen, Treppen hinauf- und hinuntersteigen? Kann es beidbeinig oder sogar einbeinig vorwärts hüpfen, von einer bestimmten Höhe hinunterspringen? Kann es auf einer schmalen Leiste vorwärts oder auch rückwärts balancieren? Kann es eine Sprossenwand hinaufklettern?

Beispiele für das Hand- und Fingergeschick, evtl. auch Fußgeschick
Kann das Kind einen zugeprellten Ball fangen, gegen den Boden prellen? Kann es mit dem Ball ein Ziel treffen (umwerfen oder umkegeln, auch mit dem Fuß). Kann es einen Bindfaden auf eine Spule auf- und abwickeln? Kann es gezielte Hammerschläge ausführen? Kann es Wasser aus einem Glas ins andere schütten? Kann es Perlen auf einen Draht aufreihen? Fasst es den Stift noch mit der Faust oder schon im Schreibgriff? Kann es etwas auf Papier kritzeln, kann es gerade Striche zeichnen, einen Kreis malen usw.?

Beispiele für die taktile Wahrnehmung
Kann das Kind ohne Sichtkontrolle aus einem mit Glasperlen gefüllten Kasten einen Stein herausfinden? Kann es aus dem mit verschiedenen Gegenständen gefüllten Kasten eine visuell vorgezeigte Figur, z. B. eine Banane, ein Stoff- oder Plastiktier mit geschlossenen Augen, nur durch Betasten identifizieren? Kann es Textilien wie Seide, Frottee, Fell, Plastik, Schaumstoff oder auch eine bestimmte Münze mit Hilfe seiner „taktilen Intelligenz" herausfinden?

Beispiele für die visuelle Wahrnehmung
Kann das Kind Farben, Formen, Größen und Längen und Mengen optisch zuordnen? Kann es abgebildete Personen und Tiere auseinanderhalten und gleiche Bilder zu Paaren ordnen?

Beispiele für die auditive Wahrnehmung
Kennt das Kind die verbalen Bezeichnungen für die Grundfarben, Formen (rund, eckig, spitz), desgleichen für Größen, Längen und Mengen. Kennt es die Namen von Familienmitgliedern, Haustieren?

Erst nach dieser durch Beobachtung gewonnenen „Bestandsaufnahme" ist es sinnvoll, das „Vokabular" an Bewegungs- und Wahrnehmungsmustern zu erweitern und diese neu erworbenen Kompetenzen in vielfältig abgewandelten Handlungssituationen anzuwenden.

Hierbei handelt es sich um ein quantitatives Screening. Es geht darum, festzustellen, *was* ein Kind schon kann. Das geschieht ohne Bezug zum Lebensalter. Um nun die einzelnen Entwicklungsvollzüge mit der Altersnorm vergleichen zu können, habe ich für die ersten vier Lebensjahre ein

„Sensomotorisches Entwicklungsgitter" entworfen (KIPHARD 1975). Es enthält nur Spätentwicklungsdaten, die unterhalb der Altersnorm liegen, d. h. wenn etwa 90 % der Altersgruppe den angegebenen Entwicklungsschritt beherrschen. Damit soll verhindert werden, dass ehrgeizige Eltern ihr Kind forciert trainieren, um die Altersnorm zu erreichen.
Mit dem Entwicklungsgitter werden die Bewegungsbereiche *Körpermotorik, Hand- und Fingergeschick* und die *Sprachkompetenz* sowie die *visuellen und auditiven* Fähigkeiten der Wahrnehmung erfasst. Es handelt sich hier nicht um einen Test, sondern um eine durch Beobachtung und Befragung gewonnene altersbezogene Bestandsaufnahme.

Wir haben schon im Laufe der 60er Jahre an der Entwicklung von motometrischen (die Bewegung messenden) und motoskopischen (die Bewegung beobachtenden) Tests gearbeitet. Es handelt sich im ersten Fall um die Entwicklung des „Körperkoordinationstests für Kinder – KTK" (SCHILLING und KIPHARD 1974) und im zweiten Fall um den „Trampolin-Körperkoordinationstest – TKT von KIPHARD (1970). Beide Verfahren dienen der Feststellung von Defiziten. Beim Trampolintest, der unter Mitarbeit von Ingrid SCHÄFER entwickelt wurde, haben wir uns die „Lupenwirkung" dieses Federtuches zunutze gemacht. Somit wurde es möglich, auch leichte Störungen der Bewegungskoordination, die auf festem Untergrund nicht auffallen, wie durch eine Lupe sichtbar zu machen. Folgende Symptome wurden aufgrund statistischer Analysen als pathologisch im Sinne einer Koordinationsstörung eingestuft: *Instabilität der Körpersenkrechten*, sichtbar durch Hüftbeugung und „Zickzackhaltung" sowie *permanente Seitendifferenzen* beim Fußabdruck und in der Armhaltung.
Das Trampolin erwies sich – abgesehen von seiner diagnostischen Verwendung – als hoch motivierendes Therapiegerät zum Abbau der genannten Koordinationsstörungen.

Der schon genannte Körperkoordinationstest für Kinder (KTK), dessen Entwicklung etwa 10 Jahre in Anspruch nahm, besteht aus vier Untertests, die in der Faktorenanalyse einzig und allein die Fähigkeit zur Gesamtkörperkoordination repräsentieren. Die Testaufgaben sind nicht oder nur gering übungsabhängig. Sie kommen in der Alltagsmotorik der Kinder im Alter von 5 – 12 Jahren so gut wie nicht vor. Der KTK prüft – ähnlich wie der TKT-Trampolintest – die Fähigkeit zur körpermotorischen Anpassung an neue Bewegungssituationen. Für die Kinder sind die Subtests „rückwärts balancieren", „einbeiniges Überhüpfen", „seitliches Hin- und Herspringen" und „seitliches Umsetzen" ungewohnt und verlangt von ihnen ein gehöriges Maß an Neuanpassung. Ähnlich dem IQ bei Intelligenztests, wird beim KTK ein motorischer Quotient (MQ) ermittelt. Ein MQ unter 85 bedeutet eine Schwäche bzw. Auffälligkeit in der Körperkontrolle; ein MQ unterhalb von 70 spricht für eine Störung im Sinne von Pathologie.

Ein solcher Wert wie der IQ bzw. MQ stellt eine Art Richtwert dar. Er basiert auf den Ergebnissen eines einzigen Tests und ist demgemäß mit Vorsicht zu verwenden. Außerdem müssen wir uns klar darüber sein, dass es sich hier um eine defizitäre Diagnostik handelt. Sie birgt die Gefahr, dass ein Kind als unzulänglich und funktional minderwertig etikettiert wird. Das führt häufig zur Stigmatisierung. Diese Kinder sind auf der Verliererseite. Sie fühlen sich als nicht vollwertig und damit als „reparaturbedürftig". Von daher ist es nötig, wie oben schon angedeutet, die Stärken förderbedürftiger Kinder zu erkennen und entsprechend zu fördern. In letzter Zeit mehren sich die Stimmen, die eine klassische Testdiagnostik ablehnen, weil sich aus den Ergebnissen kaum adäquate Fördermaßnahmen ableiten lassen (vgl. EGGERT 1993). Der Autor empfiehlt statt dessen eine gezielte *motorische Verhaltensbeobachtung.*

KIPHARD und KESSELMANN entwickelten 1971 eine „ Checkliste psychomotorischer Störungsmerkmale", die von IRMISCHER 1981 modifiziert wurde. Aus dieser Checkliste lassen sich symptomorientierte Fördermaßnahmen zu den aufgeführten Störungssymptomen ableiten (vgl. KIPHARD 1983a, S. 244 – 250). Obwohl es sich um eine defizitäre Diagnostik handelt, lassen sich doch gezielte Förderinterventionen daraus ableiten.

Innerhalb der Kinder- und Jugendpsychiatrie in Hamm stellten KIPHARD und SCHÄFER (1965) unter dem Titel „Psychomotorische Verhaltensbeobachtung" eine bipolare Skala vor, in welcher zutreffende Eigenschaftswörter zu den Verhaltenskategorien *Antrieb, Steuerung, Stimmung, Durchsetzung, Sozialkontakt zur Gruppe, Sozialkontakt zu Erwachsenen, Aufmerksamkeit und Leistungsverhalten* anzustreichen sind. Dieser Beobachtungsbogen macht es durch seine gegenpolige Anordnung möglich, extreme Verhaltensweisen in zwei verschiedene Richtungen abzulesen, z. B. unter Durchsetzungsvermögen auf der einen Seite bestimmend, bedrängend und aggressiv, und auf der anderen Seite schüchtern, gehemmt und ängstlich. In der Mitte liegt dann die normale Durchsetzungsfähigkeit (vgl. KIPHARD 1983b, S. 294 – 295).

Das intensive Beobachten motorischer Verhaltensweisen bei Kindern bringt wichtige Erkenntnisse über ihre psychische Befindlichkeit, über ihre Wesensart, ihre Art zu denken, zu fühlen und zu handeln. Je nach Befindlichkeit drückt das Kind in seiner Haltung und Bewegung Mut und Selbstvertrauen aus oder aber ängstliche Gehemmtheit, sichtbar an hochgezogenen Schultern und zaghaftem, kleinschrittigen Gang. Psychomotorik nimmt dabei eine Mittlerrolle ein zwischen Leib und Seele, zwischen innerer Bewegtheit und äußerem Bewegungsausdruck. Für den Beobachter bedeutet dies, die „Antennen" auszufahren und ganz auf Empfang zu schalten. Dazu kommt die Fähigkeit des Erwachsenen, sich in die Lage eines in irgend einer Weise beeinträchtigten Kindes hineinzuversetzen, mit ihm zu fühlen und es gefühlsmäßig zu verstehen. Dabei kommt es wesentlich darauf an, die Bedürfnisse, aber auch die Befürchtungen und inneren Konflikte der Kinder aus dem Bewegungsverhalten herauszulesen und sie zu verstehen. Nur so wird es möglich sein, dem einzelnen Kind mit seinen spezifischen Problemen gerecht zu werden. Dazu müssen wir als Erwachsene bereit sein, uns auf die Erlebniswelt des Kindes einzulassen und an ihr teilzuhaben.

Aus dem Gesagten dürfte klar geworden sein, dass Motodiagnostik kein einmaliger Test zu einem bestimmten Zeitpunkt ist. Sie muss unbedingt während der gesamten therapeutischen Förderarbeit fortgeführt werden. Das beste Mittel ist dabei das feinfühlige Beobachten. Hier, wie besonders auch in der Motopädagogik und -therapie, gilt die Feststellung des „kleinen Prinzen“ von SAINT-EXUPÉRY: „Man sieht nur mit dem Herzen gut.“

5. Lerninhalte der Psychomotorik

Die Entstehung und Entwicklung der Psychomotorik – damals im klinischen Bereich noch als „Psychomotorische Übungsbehandlung“ bezeichnet – begann 1955 im Rahmen eines vom Sozialminister Nordrhein-Westfalen erteilten Forschungsauftrages. Es ging dabei auch um die Inhalte einer psychomotorischen Förderung bei entwicklungsrückständigen Vorschul- und Schulkindern, die unter Störungen der Motorik, der Wahrnehmung und des Verhaltens litten. Die 1960 von KIPHARD in einer kleinen Übungsfibel unter dem Titel „Bewegung heilt“ zusammengestellten vier Erfahrungs- und Lernbereiche gliederten sich in *Sinnes- und Körperschemaübungen, Übungen der Behutsamkeit und Selbstbeherrschung, rhythmisch-musikalische Übungen und Übungen des Erfindens und Darstellens.*

Während der erste Lernbereich aus bewegungsbetonten sensorischen Erfahrungen bestand, diente der zweite Lernbereich der Verbesserung der feinmotorischen Koordination und Verhaltenssteuerung, z. B. durch Übungen der Impulskontrolle und Behutsamkeit.
Die Übungen des dritten Erfahrungsbereichs sollten die musische Seite der Persönlichkeit des Kindes sensibilisieren. Hier ist der Einfluss der heilpädagogischen Rhythmik (PFEFFER und SCHEIBLAUER) unverkennbar. In den Anfangsjahren benützten wir regelmäßig die Rhythmus- und Klanginstrumente des ORFFschen Schulwerkes, zumeist pentatonisch (im Fünftonraum). Ein oder mehrere Rhythmusinstrumente gaben das Metrum vor, die Kinder nahmen es auf und improvisierten an Klangstäben, Xylophonen und Glockenspielen in Form wiederkehrender Teilrhythmen (Bordun, Ostinato) oder freien Rhythmen. Eine zweite Gruppe setzte diese elementarmusikalischen Improvisationen in Bewegungsimprovisationen um.

Heute ist die rhythmisch-musische Richtung innerhalb der Psychomotorik weitgehend in den Hintergrund getreten bzw. ganz eliminiert worden. Das gleiche gilt für die Übungen des mimischen und pantomimischen Darstellens. Jedoch haben sich die „Übungen des Erfindens" in den verschiedenen Situation des *motorischen Problemlösens* der heutigen Psychomotorik fortgesetzt (vgl. „Konstruktive Aufgabenlösung (Problemlöseverhalten)" ab Seite 191 in KIPHARD 1980). Es handelt sich hier um motorische Situationen und Aufgaben, die unüblich und ungewohnt sind und von daher neue Lösungsstrategien, neue Wege und Mittel erfordern.

Als Beispiel aus den vielen Möglichkeiten sei hier das Transportieren verschiedener Gegenstände, ohne die Hände dabei zu benutzen, genannt. Wo nur irgend möglich, haben wir die Kinder in Zweier- oder Dreiergruppen gemeinsam Problemlösungen finden lassen. Eine Besonderheit unserer Arbeitsweise war die sog. „Zeichensprache" als Mittel der Kommunikation. Hierbei verständigten sich die Kinder untereinander unter freiwilligem Verzicht auf die Sprache, allein über Mimik und Gestik. Diese Verständigung durch Zeichensprache wurde nur jeweils kurzzeitig, aber doch regelmäßig eingesetzt. Dabei wurde es den Kindern gar nicht bewusst, wie viel Disziplin, aber auch welch hohes Maß an Kreativität dieses Spiel von ihnen verlangte.

Bewegungskreativität zieht sich durch die Geschichte der deutschen Psychomotorik wie ein roter Faden. Ob als sog. Erfindungsübungen oder in Form von Rollenspielen aus dem Bereich des Zirkus, immer gestalten die Kinder etwas Neues. Sie üben sich in der Rolle von tollen, furchtlosen Akrobaten, wagemutigen Seiltänzerinnen, geschickten Jongleuren, Zauberern oder tollpatschigen Clowns. Und je mehr sie in diese Rollen hineinwachsen, desto größer ist ihr Bedürfnis, nicht mehr nur „so tun als ob", sondern echte Kunststücke zu lernen, um sie dann in der Kinderzirkus-Vorstellung dem Publikum zu zeigen. Die Motivation der Kinder und Jugendlichen ist dabei erfahrungsgemäß sehr hoch.

Ein artistisches Gerät, das alle „Zirkuskinder" gleichermaßen begeistert, ist das *Trampolin.*
Ich hatte es schon 1961 mit dem Ziel der lustbetonten und spielerischen Förderung der Gesamtkörperkoordination in die Psychomotorik eingeführt. Dieses Ziel wurde dank der hohen Motivation der Kinder und Jugendlichen sogar in vielen aussichtslosen Fällen erreicht. Dabei entdeckten wir bald den motodiagnostischen Wert des Trampolins, zumal es auch leichte körperkoordinative Anpassungs- und Steuerungsmängel wie durch eine Lupe vergrößert sichtbar machte. Unsere Beobachtungen im Vergleich zwischen sog. normalen Kindern und solchen mit Koordinationsmängeln führten Ingrid SCHÄFER und mich 1966 zur Konstruktion des Trampolin-Körperkoodinationstests – TKT (vgl. Kapitel 4).

Das Element Wasser soll hier nicht unerwähnt bleiben. Der Aufenthalt im Wasser vermittelt Kindern ein völlig neues Sinnes- und Bewegungserleben. Es sind nicht nur die angenehmen Hautreize des warmen Wassers, sondern ebenso der Wasserwiderstand, den die Kinder bei jeder Bewegung spüren. Er lässt die motorischen Aktionen viel intensiver und bewusster erleben als an Land. Eine besondere und völlig neue Erfahrung ist das Erlebnis des Auftriebs, der es unmöglich macht, den eigenen Körper unter Wasser zu halten. Ehe wir über ein eigenes großes Schwimmbecken verfügten, benutzten wir die Schwimmhalle einer benachbarten Schule. Dort experimentierten unsere Kinder mit den verschiedensten Gegenständen, um herauszufinden, welche davon untergehen und welche auf der Wasseroberfläche schwimmen. Ein anderer Erfahrungskomplex im Wasser ist das Experimentieren mit dem eigenen Körper im ruhigen oder durch starke Armbewegungen aufgewühltes, unruhiges Wasser. Hier erleben die Kinder ganz neue Balanceerfahrungen, vor allem aber taktil-kinästhetische, visuelle und akustische Sinneserfahrungen (vgl. dazu KIPHARD 1980, S. 140 – 147 und S. 194 – 200).

6. Beginn und Entwicklung der „psychomotorischen Bewegung“

Die humanistische Idee einer die Ganzheit des Kindes umfassenden psychomotorischen Förderung – später Motopädagogik und Mototherapie genannt – dieser holistische Ansatz war zunächst eine Antwort auf eine funktionale, symptomatische, mechanistische Sichtweise der menschlichen Motorik, wie sie in der Medizin, in der Biomechanik, in der Krankengymnastik und anfangs auch in der Sensorischen Integrationstherapie von Jean AYRES vertreten wurde.
Dieser psychomotorisch-ganzheitliche Zugang zum Kind, wie wir ihn 1955 in Gütersloh erstmalig anwandten und ab 1965 in Hamm ausbauten und fortentwickelten, war ein Novum, sowohl in der Pädagogik als auch in der Therapie.

Was ich damals einfühlend und mitfühlend mit den von mir betreuten Kindern als einen neuen methodischen Weg eines ganzheitlichen Förderkonzepts entdeckte und entwickelte, erwies sich bald als höchst erfolgreich. So etwas spricht sich schnell als eine Art von „Meisterlehre“ (SEEWALD 1991) herum, und viele kamen, um als Hospitanten oder Praktikanten diese neue Methode kennen zu lernen. Sie kamen aus bewegungsverwandten oder an der Bewegung interessierten Berufen. Ich erinnere mich an eine Krankengymnastin, die am Ende ihres 14-tägigen Praktikums sagte: „Jetzt weiß ich, was ich bisher immer falsch gemacht habe. Ich habe an Symptömchen rumkuriert und Übungen durchführen lassen, die den Kindern überhaupt keinen Spaß machten. Deshalb blieben einige einfach weg. – Und hier sehe ich, dass die Kinder so viel Spaß beim Üben haben, dass sie nach Stundenende am liebsten noch weiter dablieben und sich natürlich auf die nächste Stunde zusammen mit ihren Altersgenossen freuen."

Gemeinsam Handeln ist ein wesentliches Element der Psychomotorik

Die psychomotorische Methodik und ihre Prinzipien, die das Kind nicht als zu behandelndes Objekt, sondern als freudig und selbstbestimmt handelndes Subjekt, erwies sich nicht nur für das förderbedürftige Kind, sondern ebenso für die in der Förderarbeit tätigen Kolleginnen und Kollegen als höchst befriedigend, eben weil sie von Erfolgen gekrönt ist. So fanden sich immer mehr Gleichgesinnte zusammen. Es war, wie SCHILLING es einmal ausdrückte, „eine Kette von Begegnungen" von Psychomotorikern, die mit ihrer Begeisterung die anderen mitrissen. Die innere Überzeugung von der Sinnhaftigkeit ihres Tuns wirkte ansteckend, so dass sich immer mehr Kolleginnen und Kollegen der psychomotorischen Arbeitsweise zuwandten. Auf diese Weise entstand mit der Zeit eine Psychomotorik-Bewegung, die mit der Gründung des „Aktionskreis Psychomotorik" als interdisziplinäre Arbeitsgruppe im Jahre 1976 zu einer ständig wachsenden, richtungsgebenden Institution wurde.

Die humanistische Idee der Psychomotorik begann allmählich auch andere pädagogische und therapeutische Fachgebiete positiv zu beeinflus-

sen. Ihre methodischen Prinzipien wurden zunehmend von der Heim- und Sonderpädagogik aufgegriffen und zum Wohle der dort betreuten Kinder angewendet. Zu den Einflussbereichen zählen insbesondere die Frühförderung, die Kindergarten-Pädagogik, der Schulsportunterricht und hier insbesondere der Sportförderunterricht sowie alle Maßnahmen der Entwicklungsförderung im Bereich der Sonderschule für Erziehungshilfe, Lernbehinderte und geistig Behinderte.
Psychomotorik bewirkt allgemeine, grundlegende und weniger spezifische Fördereffekte. Es geht in der psychomotorischen Förderung nicht um Symptombeseitigung, sondern um eine alle Persönlichkeitsbereiche umfassende Entwicklungsförderung gesunder und in ihrer Entwicklung gestörter Kinder. Am Anfang der Psychomotorik stand die Praxis. Sie wurde aber laufend theoretisch hinterfragt. Von daher kann die Psychomotorik als „Praxeologie" bezeichnet werden. Sie erklärt sich aus sich selber, aus der Empirie und nicht zuletzt aus ihren Erfolgen. Psychomotorik ist somit eine *Erfahrungswissenschaft.*
Die Ergebnisse verschiedener Effizienzkontrollen belegen folgende positive Veränderungen:

- Anstieg der Körper- und Bewegungsbeherrschung
- Verbesserung und Stabilisierung des Selbstwertgefühls
- Anstieg des Aktivationsniveaus und der Handlungsbereitschaft
- Erhöhung der Motivation, Neugier und Begeisterungsfähigkeit
- Verbesserung der Aufmerksamkeitsspanne und Konzentration
- Verbesserung der Handlungs- und Verhaltenskontrolle
- Erhöhung der sozialen Interaktion und Kommunikation.

7. Psychomotorik als Zukunftsperspektive

In unserer hochtechnisierten, bewegungsarmen Zeit vollzieht sich die Welterschließung der Kinder weitgehend über Medien wie Fernsehen, Video und Computer. Hier werden die Umweltinformationen passiv, sozusagen aus zweiter Hand konsumiert. Dabei sitzen unsere Computer-Kids viel zu viel und bewegen sich infolge dessen zu wenig. Es fehlen hautnahe „Anfass-Aktivitäten". Die natürlichen Spiel- und Bewegungsräume sind eingeschränkt. Gegenüber dem Reichtum an Kinderspielen früherer Zeiten, muss man heute eine generelle Verarmung des kindlichen Spielverhaltens feststellen. Damit einher geht eine bedauernswerte Tendenz zur Vereinsamung, Isolation und Ichbezogenheit, wobei die oberflächlichen sozialen Kontakte sich auf den Austausch von Videoprogrammen beschränken.

Diese motorischen und psychischen Verarmungsprozesse müssen durch kindgemäße psychomotorische Förderangebote kompensiert werden. Bewegungsmangel ist immer ein Gesundheitsrisiko, zumal im Kindesalter. Noch nie waren unsere Kinder so ungeschickt und bewegungsunerfahren. Die Unfallsversicherungsträger stellen eine beträchtliche Zunahme an Unfällen schon im Kindergarten fest. Nach KUNZ (1993) spielt hierbei die mangelhafte Körperkontrolle eine ursächliche Rolle. In der Grundschule sieht es nicht anders aus. Erschreckend ist die Tatsache, dass Ärzte schon jetzt bei einem nicht unerheblichen Teil dieser untrainierten und verweichlichten Stubenhocker ernst zu nehmende orthopädische und internistische Störungen diagnostizieren. Außer Haltungsschäden und pathologischen Veränderungen der Wirbelsäule werden Fettleibigkeit, Kreislaufprobleme sowie Stoffwechselstörungen mit erhöhten Cholesterinwerten schon im Kindes- und Jugendalter zum Gesundheitsproblem.

Hier wird es für die Psychomotorik in der Zukunft noch sehr viel zu tun geben. Mit anderen Worten: zusätzlich zu den bisherigen Aufgaben der ganzheitlichen Förderung von Kindern mit Teilleistungsschwächen, kommt eine Reihe präventiver und rehabilitativer Aufgaben zur Kompensation und Therapie des gravierenden Bewegungsmangels bei rund zwei Dritteln unserer motorisch inaktiven Computer-Kids hinzu. Dieser zukünftige Aufgabenkatalog, wird in einer ganz neuen Weise umfangreich und vielschichtig sein, so dass hier Psychomotorik und Sport wahrscheinlich in Zukunft flächendeckend zusammenarbeiten müssen.

Literatur

Ayres, A.J. (1979): Lernstörungen. Sensorisch-integrative Dysfunktion. Berlin/Heidelberg, Springer

Eggert, D. (1993): Diagnostisches Inventar motorischer Basiskompetenzen. Dortmund, modernes lernen

Göllnitz (1954): Die Bedeutung der frühkindlichen Hirnschädigung für die Kinderpsychiatrie. Leipzig, Thieme

Hünekens/ Kiphard, E.J. (1960): Bewegung heilt. Psychomotorische Übungsbehandlung bei entwicklungsrückständigen Kindern. Gütersloh, Flöttmann

Irmischer, T. (1981): Bewegungsbeobachtung. In Claus (Hrsg.): Förderung entwicklungsgefährdeter und behinderter Heranwachsender. Erlangen, perimed, 202-218

Karch et al. (1989): Normale und gestörte Entwicklung. Berlin, Springer

Kiphard, E.J. (1970): Der Trampolin-Körperkoordinationstest (TKT). In Kiphard, E.J.: Bewegungs- und Koordinationsschwächen im Grundschulalter. Schorndorf, Hofmann, 53-65

Kiphard, E.J. (1975): Wie weit ist mein Kind entwickelt? Dortmund, modernes lernen

Kiphard, E.J. (1980): Motopädagogik, Dortmund, verlag modernes lernen

Kiphard, E.J. (1983a): Mototherapie Bd. I, Dortmund, verlag modernes lernen

Kiphard, E.J. (1983b): Mototherapie Bd. II, Dortmund, verlag modernes lernen

Kiphard, E.J./Kesselmann, G. (1971, 1983): Checkliste psychomotorischer Störungsmerkmale, entworfen 1971, veröff. In: Kiphard, E.J.: Mototherapie 1, Dortmund, modernes Lernen

Kiphard, E.J./Schäfer, I. (1965, 1983): Psychomotorische Verhaltensbeobachtung. In: Kiphard, E.J.: Mototherapie 2. Dortmund, modernes Lernen

Kunz (1993): Weniger Unfälle durch Bewegung. Schorndorf, Hofmann

Pfeffer, Ch. (1958): Bewegung – aller Erziehung Anfang. Zürich, Sämann

Scheiblauer, M. (o. J.): Erziehung durch Musik und Bewegung. In: Lobpreisung der Musik, 30. Zürich, Sämann

Schilling, F. /Kiphard, E.J. (1974): Der Körperkoordinationstest für Kinder (KTK). Bearbeitung und Manual Schilling, F. Weinheim/Göttingen, Beltz

Seewald, J. (1991): Von der Psychomotorik zur Motologie. Über den Prozess der Verwissenschaftlichung einer „Meisterlehre". Motorik, 14, 1, 3-16

2.2 Der Kompetenztheoretische Ansatz in der Psychomotorik

Richard Hammer

Der kompetenztheoretische Ansatz wurde unter der Federführung von Prof. Schilling an der Universität Marburg entwickelt, wobei – oft in Personalunion – die Grundlagenkommission des akP wesentliche Akzente mit gesetzt hat. Ausgehend von einer gut funktionierenden Praxis – der „Psychomotorischen Übungsbehandlung" (siehe Kap. 2.1.) wurde auf der Grundlage der Gestaltkreistheorie von v. Weizsäcker und den Positionen von Piaget ein Modell entwickelt, bei dem Kinder über die Erfahrungen mit dem eigenen Körper, mit der materialen und sozialen Umwelt „im Nachvollzug" Handlungskompetenz erwerben sollten – was ihnen bis dahin in ihrer Entwicklung nicht möglich war.
Eine fundierte, umfassende Diagnostik und eine ganzheitliche Praxis sind wesentliche Grundlagen dieses Ansatzes, der hier im Überblick dargestellt wird.

1. Der Entstehungszusammenhang

Der Kompetenztheoretische Ansatz in der Psychomotorik lässt sich in seinem praktischen Entstehungszusammenhang anknüpfen an die psychomotorische Übungsbehandlung (vgl. Kap. 2.1). Zu den Vertreterinnen und Vertretern dieses Ansatzes bestanden enge persönliche und fachliche Bindungen, es waren auch diese Menschen, die den neueren Ansatz in seinen wesentlichen Zügen mit weiterentwickelten und v.a. in der Praxis seine konkreten Züge gaben.
Die Psychomotorische Übungsbehandlung interpretierte Bewegungsauffälligkeiten und Bewegungsstörungen als Wahrnehmungs- und Bewegungsdefizite von „auffälligen" Kindern im Vergleich zu normalen Kindern. Eine „Heilung" sollte erreicht werden durch eine Vielzahl an Übungen, die den

Kindern in spielerischer Form angeboten wurden. Je größer die Störung, desto mehr sollte mit den Kindern geübt werden.
Eine Erweiterung dieses Konzeptes und damit die Formulierung eines neuen Ansatzes erfolgte durch den Bezug auf das Konstrukt der „Handlungsfähigkeit" und die Annäherung an eher pädagogische Modelle.
Wesentliche Impulse zu dieser Entwicklung gingen von der „Grundlagenkommission" des Aktionskreis Psychomotorik aus, die in den Jahren 1976 – 1979 nicht nur für eine begriffliche Neuorientierung sorgte, sondern auch die Basis für die wissenschaftliche Fundierung der Psychomotorik als Wissenschaft schuf (vgl. Schäfer 1998, Seewald 1991).
Wesentliche Eckpfeiler wurden von dieser Kommission durch die Definition von Schlüsselbegriffen in der Psychomotorik gesetzt. So wurde Motorik (in Anlehnung an Homburger) definiert als „bewusstes und unbewusstes Haltungs- und Bewegungsgesamt des Menschen in der Funktionseinheit von Wahrnehmen, Erleben und Handeln" (Schäfer 1998, 84). Mit dem Begriff des Erlebens stellte die Grundlagenkommission einen Begriff in den Mittelpunkt, der in der Praxis der Psychomotorik sicher eine zentrale Rolle spielt: das Erleben. In der Theoriediskussion, also bei der Präzisierung dieses Ansatzes spielte er eine eher marginale Rolle (vgl. dazu Hammer 1997).
Wichtiges Ergebnis der Grundlagenkommission war sicher auch die begriffliche Strukturierung der Motologie als neue Bewegungswissenschaft. Sie wurde definiert als die „Lehre von der Motorik als Grundlage der Handlungs- und Kommunikationsfähigkeit des Menschen, ihrer Entwicklung, ihrer Störungen und deren Behandlung" (Schäfer 1998, 84). Neue Schlüsselbegriffe waren: Motogenese, Motodiagnostik, Motopathologie und vor allem die Motopädagogik und Mototherapie, die den Begriff der Psychomotorischen Übungsbehandlung als Praxis der Psychomotorik ablösten und damit auch neue Akzente erwarten ließen.
Der wesentliche Schritt bei der Neuformulierung dieses psychomotorischen Ansatzes bestand in der Einführung des Begriffes „Handlungskompetenz", die sich auf der Grundlage von Wahrnehmungs- und Bewegungskompetenz entwickeln.
Je mehr Wahrnehmungs- und Bewegungsmuster ein Kind entwickeln kann, desto größer ist seine Handlungskompetenz – auch im Allgemeinen, also in Alltagshandlungen.
Ausgangspunkt der Überlegungen zu diesem Ansatz waren für Schilling Beobachtungen im Bereich der Diagnostik. So ergaben Analysen bei bewegungsbehinderten Kindern, dass die ihnen zur Verfügung stehenden Wahrnehmungs- und Bewegungsmuster nur in gewohnten, alltäglichen Situationen eingesetzt werden konnten. In neuen Situationen versagten diese Kinder, weil ihnen die Fähigkeit fehlte, einmal gelerntes in neuen Situationen anzuwenden und so zu variieren, dass es auch bei leicht veränderten Bedingungen noch zu erfolgreichen Bewegungslösungen führen könnte.

So konnte SCHILLING bei empirischen Untersuchungen zur Auge-Hand-Koordination feststellen, dass Sonderschüler nicht in der Lage sind, bei einer Testaufgabe einen Übungsgewinn durch Vorübungen zu erzielen. Sie waren nicht in der Lage, ihre Lernerfahrungen auf eine neue Situation zu übertragen (vgl. SCHILLING 1977). Diese Kinder sind nur eingeschränkt handlungsfähig, da sie die in einer Situation erworbenen Wahrnehmungs- und Bewegungsmuster nicht auf neue, veränderte Situationen übertragen können, also letztlich zu unflexibel sind.
Und dies hat Folgen für die Persönlichkeitsentwicklung es Kindes. „Ein Kind, das Schwierigkeiten hat, mit Gegenständen adäquat umzugehen, eckt überall an, es muss sich ständig Ermahnungen gefallen lassen und oft genug das höhnische Gelächter der Spielkameraden über sich ergehen lassen. Die Folge ist, dass sich diese Kinder zurückziehen, kaum noch Gelegenheit haben, im Spielen dazuzulernen und so allmählich in die Isolation geraten. Bewegungsentwicklung steht daher in engem Zusammenhang mit der psychischen und sozialen Entwicklung des Kindes" (SCHILLING 1986, 60f).
Diese Erkenntnis führte zu einem Modell der Sekundärstörung, nach dem Verhaltensauffälligkeiten als Kompensationsversuche für die zugrunde liegende, primäre Wahrnehmungs- oder Bewegungsstörung zu interpretieren sind.

2. Zielsetzungen und Aufgaben

Dem Grundgedanken dieses Modells folgend zielen also die psychomotorischen Interventionen auf Verhaltensänderungen und damit auf Veränderungen in der Persönlichkeitsstruktur des Betroffenen – der Weg dorthin geht jedoch über die Bewegung.
„Das auffällige Kind soll sozusagen als Entwicklung im Nachvollzug sich selbst, seinen Körper, seine Emotionen, die anderen Kinder neu erfahren, es soll lernen, durch tätige Auseinandersetzung mit der Welt und ihren vielfältigen materiellen und personellen Erscheinungen Erfahrungen zu sammeln, die ein geordnetes, selbstverantwortliches Handeln ermöglichen ... Es (das Kind) muss etwas leisten, möglichst selbsttätig, es muss Lösungen und Wege selbst finden, es muss im Handeln lernen, mit den eigenen Emotionen umzugehen. Letztlich sind es Anpassungsprozesse, die Realität dieser Welt und der menschlichen Gemeinschaft in sich abzubilden, um handeln damit umgehen zu können" (SCHILLING 1990, 59f).

Motopädagogik

Für SCHILLING lag es nahe, diese Erkenntnis auch auf die „Normalpädagogik" zu übertragen und somit ein allgemeines Konzept der „Erziehung durch Bewegung" zu entwickeln.
„Das systematische Erlernen und Variieren von Wahrnehmung und Bewegung wurde zu einem Grundpfeiler jeder Erziehung, zu einer notwendigen Forderung für die Erziehung aller Kinder, da der natürliche Bewe-

gungsraum, die so wichtigen vielfältigen Wahrnehmungs- und Bewegungsreize für eine gesunde Persönlichkeitsentwicklung in unserer technisierten Umwelt fehlen.
Motopädagogik ist damit als Unterrichtslehre zu verstehen, die durch gezieltes und variiertes Wahrnehmungs- und Bewegungslernen die Entwicklung der Gesamtpersönlichkeit des Kindes und nicht nur des behinderten Kindes fördern will" (SCHILLING 1981, 185).
Sie grenzt sich von der Sportpädagogik ab, da es ihr nicht primär um die „Erziehung zur Bewegung", also der Vermittlung von sportartspezifischen Fertigkeiten geht, sondern um eine „Erziehung durch Bewegung", also den Erwerb von Handlungskompetenzen über motorische Lernprozesse (vgl. SCHILLING 1992). Lernvoraussetzungen werden hier entwicklungsorientiert und ganzheitlich geschaffen und nicht von den technischen Anforderungen der Sportarten abgeleitet.
Die Grundlage für Handlungskompetenz zu schaffen besteht also in der Motopädagogik darin, „eine umfassende Kenntnis des eigenen Körpers, der materialen und sozialen Umwelt, das handelnde Umgehen-Können mit sich selbst, mit Materialien und anderen Personen (zu vermitteln). Dabei spielt das Selbsttun, das Selbst-Erforschen und – Erfahren sowie die emotionale Verarbeitung dieser Erfahrungen eine große Rolle" (ebd., 17).
Die Zielsetzung dieses Ansatzes liegt deshalb auch nicht in der Vermittlung sportiver Fertigkeiten. In der Motopädagogik geht es darum, „dass das Kind durch den Erwerb von Wahrnehmungs- und Bewegungsmustern lernt, sich selbst und seine Umwelt optimal zu beherrschen. (...) Im Mittelpunkt stehen der Erwerb und die ständige Modifizierung von Wahrnehmungs- und Bewegungsmustern, die kognitiv und emotional aufbereitet und verarbeitet schließlich zu Verhaltensstrategien führen sollen. Als Richtziel der Motopädagogik wird die Befähigung angesehen, sich sinnvoll mit sich selbst, mit seiner dinglichen und personalen Umwelt kritisch auseinander zu setzen und entsprechend handeln zu können.
Damit sind folgende Kompetenzbereiche angesprochen:

- seinen Körper erfahren, erleben, mit ihm umgehen können (Ich-Kompetenz)
- sich an Umweltgegebenheiten anpassen können und die Umwelt an sich anpassen können, mit ihr umgehen können, sie verändern können (Sachkompetenz)
- sich an andere anpassen können, andere verändern, an sich anpassen können und damit kommunizieren können (Sozialkompetenz)" (SCHILLING 1981, 187f).

Der enge Zusammenhang dieser drei Bereiche erschließt sich quasi von selbst. Handeln ist immer ganzheitlich: ein erfolgreicher Umgang mit Gegenständen (Sachkompetenz) erhöht das Selbstwertgefühl (Ichkompetenz)

und schafft damit wiederum die Voraussetzung, sich in einer Gruppe zu integrieren (Sozialkompetenz).
Mit diesem Verständnis könnte die Motopädagogik sich zum einen als ein neues Unterrichts- und Lernprinzip für alle Schulfächer, andererseits als eine wichtige Ergänzung für den Sportunterricht, vor allem an den Sonderschulen erweisen, denn „der traditionelle Sportunterricht kann in der Sonderschule für Lernbehinderte und Verhaltensgestörte erst greifen, wenn die motorischen, psychoregulativen und soziomotorischen Voraussetzungen in den unteren Lernstufen geschaffen sind. Diese fehlenden Voraussetzungen machen eine grundsätzliche Beschäftigung mit der menschlichen Bewegung und Bewegungsentwicklung notwendig, wie dies in der Motopädagogik geleistet wird" (Schilling 1992, 23).

Mototherapie

Die grundlegenden Prinzipien der Motopädagogik gelten auch für die psychomotorische Arbeit im therapeutischen Kontext, allerdings stehen hier vermehrt Störungsbilder im Vordergrund, die auf Funktionsstörungen im Gehirn zurückgeführt werden. Nicht angemessene Kompensationsversuche des Betroffenen führen dann zu „Fehlverhaltensweisen", die vom Beobachter als Störung oder als Verhaltensauffälligkeit bezeichnet werden. Hier findet dann die Mototherapie ihr Handlungsfeld. Sie wird von Schilling definiert „als bewegungsorientierte Methode zur Behandlung von Auffälligkeiten, Retardierungen und Störungen im psychomotorischen Verhaltens- und Leistungsbereich. Mototherapie greift auf die theoretischen Grundlagen der Motogenese und Motopathologie zurück und versucht, in der Motodiagnostik die Nahtstellen aufzuspüren, die in der individuellen Genese zu Fehlanpassungen und Fehlentwicklungen geführt haben. Mototherapie orientiert sich an den Gesetzmäßigkeiten von individuellen Aneignungsprozessen, die eine Abbildung der dinglichen, strukturellen und sozialen Gegebenheiten unserer Gesellschaft in der Person erlauben und zu einer Persönlichkeitsentwicklung mit hoher Handlungs- und Kommunikationsfähigkeit führen" (1986, 64).
In der Mototherapie geht es also – nach ärztlicher Diagnose – darum, zu überprüfen, inwieweit sich vorhandene Funktionsstörungen auf die motorischen und sensorischen Leistungen auswirken. Konkret stellt also der Mototherapeut die Frage, „wie der Organismus auf die ursächliche Störung im Laufe der Entwicklung reagiert hat und was der Organismus zum Zeitpunkt der Untersuchung an Kompensationsmechanismen in seiner Persönlichkeitsstruktur erworben hat.
Er geht also von der Symptomatik aus und sucht nach Zusammenhängen in der Pathogenese und im aktuellen Verhalten zu anderen Bereichen der Persönlichkeit. Er arbeitet damit symptominduziert. Nicht die Beseitigung der Symptomatik steht im Vordergrund, sondern die Aufhebung von Blockaden, von Sekundärveränderungen mit dem vordringlichen

Ziel, die Entwicklungsmöglichkeiten des Patienten wieder zu öffnen" (ebd., 65).
Aus diesen Vorüberlegungen lassen sich folgende Ziele präzisieren (vgl. ebd.):

- Der Abbau der primären Symptomatik, um dem Patienten Entwicklungsmöglichkeiten zu eröffnen,
- Verbesserung der psychomotorischen Leistungsstruktur zur Erweiterung der Handlungsspielräume und Stabilisierung und Harmonisierung des Verhaltens
- Veränderungen in der psychomotorischen Verhaltensstruktur zur Verhinderung von Isolierung und Verbesserung der Kommunikationsfähigkeit
- Veränderungen in der Einstellung gegenüber der eigenen Verhaltensproblematik, damit der Patient lernt, sich mit seiner Störung zu arrangieren und Kompensationsmechanismen abbaut.

Obwohl die Mototherapie von den Symptomen der Betroffenen ausgeht, macht SCHILLING immer wieder deutlich, dass es nicht ausreicht, nur das Kind mit seiner Störung zu betrachten. Er geht von einem „organismischen Modell" aus, nach dem sich Entwicklung in der tätigen, wechselseitigen Interaktion mit der Umwelt in Abhängigkeit von biologischen Bedingungen vollzieht. Motorische Störungen lassen sich nicht allein aus organischen Defiziten herleiten. „Noxen in der frühen Kindheit verändern zwar Entwicklung, bestimmen aber nicht alleine die Richtung, sondern die individuelle Entwicklung ist von vielen anderen inneren und äußeren Faktoren ebenso abhängig. Das Verhaltensbild, das sich schließlich im Schulalter zeigt, ist nur interaktionistisch aus dem Gesamtentwicklungsverlauf zu verstehen" (1990, 67).

3. Motodiagnostik

SCHILLING hatte als Psychologe und Testtheoretiker einen entscheidenden Anteil bei der Entwicklung des Körperkoordinationstest für Kinder (KTK von KIPHARD/SCHILLING 1974), einem der „klassischen" motometrischen Verfahren in der Psychomotorik. Die Zusammenarbeit von KIPHARD und SCHILLING, die sich u.a. bei der Entwicklung des KTK manifestierte, war ein wichtiger Baustein bei der Entwicklung der Motologie als Wissenschaft. Es ist deshalb nicht verwunderlich, dass der Motodiagnostik hierbei ein hoher Stellenwert zugemessen wurde. Man nahm Ende der 70er Jahre an, dass „motometrische Verfahren überlegene Methoden seien (...) und dass man durch die frühzeitige Überprüfung der Wahrnehmungs- und Bewegungsentwicklung (durch motometrische Tests) in Zukunft eine Chance habe, Verhaltens- und Lernstörungen rechtzeitig in den Griff zu bekommen" (KIPHARD 1980, 26).
Diese hohen Erwartungen konnten im Laufe der nächsten Jahrzehnte nicht

erfüllt werden. Im Gegenteil. Die Kritik an der klassischen Testtheorie, aufgebaut im Zusammenhang mit psychometrischen Tests, griff auch über auf die Motometrie (vgl. EGGERT 1995).
SCHILLING stellte sich dieser Kritik und leitete eine „Neuorientierung der Motodiagnostik" ein, bei der es nicht mehr um die Einordnung einer psychomotorischen Leistung in eine Normgesamtheit gehen sollte, sondern um „individuelles Fördern unter Berücksichtigung der jeweiligen ökologischen Einbindung in die jeweilige Familie, Gemeinde und Schule. (Dies) erfordert eine individuelle Diagnostik, die vor allem auch biographische Daten des einzelnen berücksichtigt" (1990, 67).
Motodiagnostik muss also (vgl. ebd.):

- prozessorientiert angelegt sein
- möglichst unterschiedliche Informationszugänge zur Person des Kindes aktivieren
- dynamische, individuelle Veränderungsprozesse in der Vordergrund der Betrachtung rücken
- herausfinden, welche Lernstadien erreichbar sind, welche Spielräume der Entwicklung offen stehen, welche individuellen Lernbedingungen zu Veränderungen im Verhalten des Kindes führen werden
- Testleistungen auf ihren Stellenwert innerhalb der Gesamtpersönlichkeit hin untersuchen, dabei mögliche Entwicklungsblockaden feststellen.

Um diesen Ansprüchen gerecht zu werden, muss Motodiagnostik „daher neben den Ergebnissen psychomotorischer Tests, Daten aus der Anamnese, aus Schulberichten, aus der ärztlichen Diagnoseerstellung oder aus psychologischen Untersuchungen mit zur Beurteilung der Problemsituation des Kindes oder Patienten heranziehen. Ausgangspunkt ist dabei ohne Zweifel die Symptomatik, die jedoch nur indirekte Bedeutung für die Behandlung hat, da sie als Ausdruck einer gestörten Gesamtpersönlichkeitsentwicklung gewertet wird. Motodiagnostik versucht eher interpretativ Zusammenhänge von organischen, psychischen und sozialen Faktoren in dem individuellen Entwicklungsgeschehen eines Patienten aufzudecken, d.h. Entwicklungsbedingungen nachzuzeichnen, um die gegenwärtige Problemsituation des zu fördernden Menschen besser zu analysieren und zu verstehen. Es werden so Entwicklungsspielräume offen gelegt mit der Option, dass der Patient diese selbsttätig nutzen kann" (SCHILLING 2002, 52). Ein Weg, dieser Zielvorstellung näher zu kommen, liegt darin, Symptome, Verhalten, individuelles Können, Interessen und Werthaltungen des einzelnen Patienten in Beziehung zu setzen und unter dem Aspekt seiner individuellen Gewordenheit zu werten" (1990, 68f).
Als ausreichend und praktikabel für die Erstellung eines motodiagnostischen Befundes erwiesen sich folgende vier Untersuchungsebenen (vgl. SCHILLING 2002, 55 mit Abb.):

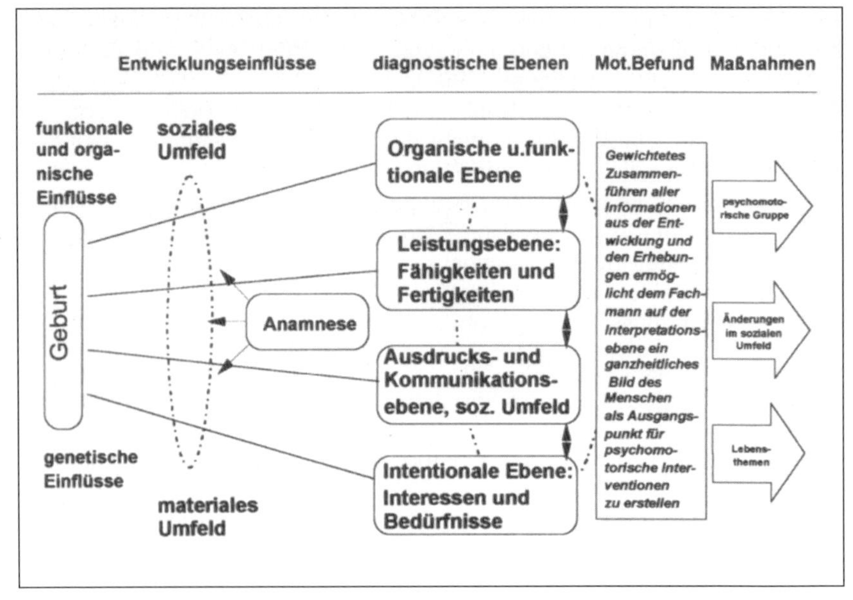

aus: motorik, Schorndorf 25 (2002) Heft 2

- die funktionale Ebene: neurologisch-kinderpsychiatrisch, sinnesphysiologisch, Krankheitsverläufe (ärztliche Diagnostik)
- die Leistungsebene: Fähigkeiten und Fertigkeiten bei der Bewältigung von Anforderungen des dinglichen und sozialen Umfeldes
- die Verhaltensebene: Emotionalität als qualitativer Aspekt von Bewegungsleistung in starker Abhängigkeit mit der Leistungsebene
- die intentionale Ebene: Interesse und Bedürfnisse, soziale Bindungen.

4. Praxis: Inhalte, Methoden

Nur wenig lernt man bei Schilling über die praktischen Konsequenzen seines Ansatzes. Was Kinder in Psychomotorikstunden konkret tun, ist bei Schilling nicht zu erfahren. Er verweist zum einen auf die in der Motopädagogik vertretenen Richtziele: Ich-, Sach- und Sozialkompetenz, aus denen sich Handlungsbereiche der Körper-, Material- und Sozialerfahrung ableiten lassen. Er geht jedoch nicht näher darauf ein, „da sie zu allgemein gehalten sind und eine Ableitung spezifischer Inhalte nicht erlauben.

Die Inhalte und Methoden der Mototherapie lassen sich erst aus einem differenzierten Diagnoseschema ableiten, das mehrdimensional angelegt sein muss und neben funktionellen Aspekten vor allem die Zeit- bzw. Entwicklungskomponente berücksichtigen muss. Da dieses Raster erst erarbeitet werden muss, kann eine Systematik von Inhalten und Methoden der Mototherapie z.Z. nicht vorgelegt werden. Der mototherapeutisch arbeitende Behandler kann jedoch auf reichhaltige Erfahrungen in der psychomotorischen Übungsbehandlung zurückgreifen. Inhaltliche und methodische Anregungen sind daher einschlägigen Veröffentlichungen zu entnehmen und mit den Erfahrungen im klinischen Bereich und dem motologischen Grundwissen zu verbinden" (1986, 66).

Zum Beispiel bei Kiphard, der in seinen Arbeiten einen wichtigen Orientierungsrahmen für die psychomotorische Praxis anbietet. „Die Inhalte der einzelnen Behandlungseinheiten entwickeln sich aus der Dynamik des Therapieverlaufs, so dass der Behandler notwendigerweise ein weites Angebot an inhaltlichen und methodischen Möglichkeiten verfügbar haben muss" (Schilling 1986, 66). Methodisch gilt dabei zu beachten:

- „Zu Therapiebeginn sollten Bereiche angesprochen werden, die der Patient besonders gut beherrscht und die ihm Freude machen. Dies erleichtert den Aufbau eines Therapeut-Patienten-Verhältnisses und führt zu einem angstfreien Kennen lernen in der Gruppe" (1986, 66).
- Die Informationsverarbeitung in den Bewegungsangeboten soll erlebnisorientiert stattfinden.
- Die Gefühlsqualität der Handlungen soll bewusst werden.
- Die Gefühlsqualität soll durch Licht, Farbe, Musik, Geräusche und Materialbeschaffenheit variiert werden.
- Die angebotenen Bewegungssituationen sollen vom Leichten zum Schweren und von der Einfachheit zur Komplexität aufgebaut sein.

Als ein Beispiel methodischer Variationsmöglichkeit zitiert Schilling (1986) ein Modell von Kesselmann, der vier hierarchisch geordnete Varianten anbietet:

- direktes Eingreifen und Strukturieren durch den Therapeuten
- Planung für den einzelnen durch die Gruppe (besonders geeignet für den schwachen, gehemmten, zurückgezogenen, aber auch aggressiven Einzelgänger
- Kreativ-offene Lernsituationen
- Freiraum, das Sich-Bewegen in freien Spiel- und Bewegungssituationen (höchste Anforderungen an die Selbststeuerung und Eigenständigkeit der Patienten innerhalb der Gruppe).

5. Basis- und Referenztheorien

„Die Psychomotorik verfügt über eine funktionierende Praxis. Von einer wissenschaftlichen Fundierung der Psychomotorik ist daher zu fordern, dass diese Praxis durchschaubarer, planbarer, vorhersehbarer, kurz gesagt effizienter gestalten kann" (Schilling 1990, 64).

Ein zentraler Bestandteil dieser sich noch entwickelnden Theorie ist sicher der Begriff der *Motorik,* der von Schilling – in Anlehnung an Hom-

BURGER – „als das bewusste und unbewusste Haltungs- und Bewegungsgesamt des Menschen in der Funktionseinheit von Wahrnehmen, Erleben und Handeln definiert wird“ (1990, 61).
Daran anknüpfend ist es erforderlich eine Theorie der motorischen Entwicklung, bzw. der Rolle der Bewegung in der Persönlichkeitsentwicklung des Menschen zu entwickeln. In Ermangelung einer eigenständigen Theorie wurde im wesentlichen Bezug genommen auf (vgl. dazu PHILIPPI-EISENBURGER 1991, SEEWALD 1991):

- die Theorie des Gestaltkreises von VIKTOR V. WEIZSÄCKER
- materialistische Handlungstheorien
- handlungspsychologische Ansätze
- Entwicklungstheorien, vor allem von PIAGET
- die Adaptationstheorie von HENSEL.

Als Orientierungspunkte für eine Theorieentwicklung in der Motologie lassen sich im Kern formulieren:

- ein *humanistisches Menschenbild*, das SCHILLING von KIPHARD entlehnt, aber gleich wieder relativiert, da er der „humanistischen Entwicklungspsychologie“ eine Beschränkung auf die emotional-motivationalen Prozesse vorwirft. „Ihre erzieherische Relevanz besteht vor allem in der Betonung von emotionaler Wärme, der Freiheit des Lernens, der Bedeutung des inneren Antriebs und der Freude am Lernen, der Bedeutung des Ausdrucks und der Selbstdarstellung“ (SCHILLING 1990, 65).
- die *Einheit von Wahrnehmen und Bewegen in der umweltbezogenen Interaktion des Individuums (Gestaltkreis).* Wahrnehmung und Bewegung sind eine untrennbare biologische Einheit. „Der Organismus, in dem sich diese Einheit realisiert, steht ständig mit der Umwelt in Verbindung, die Wahrnehmung und Bewegung determiniert“ (ebd.).
- *Menschliches Verhalten ist das Resultat von Wechselwirkungsprozessen zwischen Organismus und Umwelt, die als Anpassungsprozesse zu verstehen sind.* „Anpassung wird als aktiver Interaktionsprozess zwischen Organismus und Umwelt verstanden, dessen Verlauf von zwei komplementären, nicht voneinander zu trennenden Mechanismen adaptiven Verhaltens geprägt ist: Assimilation und Akkommodation. Der Organismus ist bestrebt, die Gegebenheiten der Umwelt aufzunehmen, umzuwandeln und in seine eigenen Strukturen zu integrieren. Das Individuum erwirbt immer mehr Schemata und lernt so, die Umwelt zu beherrschen“ (ebd.). Kognition wird von PIAGET als „verinnerlichte Handlung“ entwickelt, mit einer „sensomotorischen Stufe“ der kognitiven Entwicklung für die ersten beiden Lebensjahre. Von daher wird auch die besondere Bedeutung dieser Theorie für die Motologie abgeleitet.
- *Motologie versteht Entwicklung als adaptiven, biologischen Aneignungs-*

prozess in einem Zusammenspiel von Reifen, Wachsen und Lernen. „Durch ständig sich wiederholende Schleifen des Wahrnehmen, der Verarbeitung der Wahrnehmungsinformation und Einordnung in bereits bestehende Strukturen sowie damit verbundener veränderter Handlungsmuster und Rückkopplung der erlebten Handlung über die Wahrnehmung, werden durch eine zunehmend besser werdende Anpassung an die materiellen und sozialen Gegebenheiten, Handlungsfähigkeit und Kommunikationsfähigkeit des Menschen differenziert" (1986, 61). Das Kind erhöht dadurch die Freiheitsgrade seiner Handlungen, mit sich selbst, mit der materialen und sozialen Umwelt umgehen zu können.

6. Wertung und Perspektiven

SCHILLING kommt der Verdienst zu (vgl. SEEWALD 1997), mit der Einführung des Begriffes der „Handlungskompetenz" die psychomotorische Praxis auf eine wissenschaftliche Grundlage und sie dem pädagogischen Feld geöffnet zu haben. Er betonte die Bedeutung von Bewegung und Wahrnehmung für kompetentes Handeln und stellte damit einen direkten Bezug zur Persönlichkeit des Menschen her. Weitere Stärken dieses Ansatzes (vgl. SEEWALD 1993) lassen sich darin finden, dass SCHILLING immer wieder die Orientierung an der Entwicklung des Kindes betont und nicht die Sache in den Vordergrund stellt. Daraus ergibt sich auch die Annahme des Kindes als aktiver Partner im psychomotorischen Geschehen und als Akteur seiner eigenen Entwicklung. Den Bedürfnissen und Gefühlen des Kindes wird im psychomotorischen Dialog ein breiter Raum gegeben, so dass auch der sozial- und selbstpsychologische Aspekt in das Konzept gut integriert werden kann.

Ein Einschränkung psychomotorischen Arbeitens stellt der Ansatz allerdings deshalb dar, weil er Bewegung nur als Funktionsgeschehen betrachtet. Er klammert die sinnhafte Bedeutung der Bewegung für den Einzelnen aus und wird damit der zentralen psychomotorischen Praxis – dem Spiel – nicht gerecht.

Bewegung wird als Strukturierungsleistung betrachtet, d.h. als ein Mittel, über die Variation von Lösungswegen in der psychomotorischen Praxis (z.B. bei Bewegungsaufgaben oder der Bewegungsbaustelle) den Aufbau flexibler und generalisierbarer Wahrnehmungs- und Bewegungsmuster zu fördern. Außer Acht fällt jedoch die thematische Bedeutung, die das bewegungsorientierte Spiel für das Kind hat (vgl. dazu Kap. 2.8).

Daraus könnte sich ergeben, dass dieser Ansatz im therapeutischen Kontext (Jugendhilfe, Kinder- und Jugendpsychiatrie) an seine Grenzen stößt, im pädagogischen Kontext jedoch seine Wirksamkeit entfalten kann. SCHILLING berichtet auf der 15-Jahr-Feier der Motologie in seiner Ansprache über einen 5-jährigen Schulversuch, der die Stärken dieses Ansatzes bestätigte. Erziehung wurde hier weniger über das Wort oder die Schrift,

sondern über die Handlung vollzogen – mit großem Erfolg. Lernen wird motivierender und effektiver, wenn es nicht allein über den Kopf, sondern „über mehrere Sinneskanäle und durch selbsttätiges Ausprobieren (geschieht) (...) in der tätigen Auseinandersetzung mit dem Lerngegenstand, als Erfahrungsmöglichkeit in sozialen Situationen. (...) Das Kind erprobt, erlebt, erkundet, spielt, reflektiert, hat Erfolge und Misserfolge und sammelt so Erfahrungen über die physikalischen Gesetzmäßigkeiten, über die menschlichen Eigenarten und die gesellschaftlichen Zusammenhänge. Es bildet damit die Wirklichkeit in sich ab" (1998, 143).
Die Grenzen des hier dargestellten Ansatzes müssen nicht für alle Zeiten festbetoniert sein. Mögliche Ausweitungen deuten sich hier an bei SCHILLINGS „Schülern", d.h. anderen Mitarbeitern des Lehrstuhls für Motologie in Marburg.
FISCHER (1996) bringt mit der Entwicklungstheorie von BRONFENBRENNER stärker die systemische Vernetzung in den Vordergrund und bietet mit der Theorie der Entwicklungsaufgaben (HAVIGHURST) zum einen und der Entwicklungstheorie von ERIKSON zum anderen eine Erweiterung und Konkretisierung der Ideen von SCHILLING an. EISENBURGER (1996) und HAAS (1999, 2000) haben den Aspekt des subjektiven Sinns von Bewegung als Bewegungsthemen aufgezeigt und damit eine wesentliche Erweiterung des Ansatzes vollzogen (vgl. auch die Beiträge in diesem Buch: Kap. 3.4 und 3.5).

Literatur

Eggert, D. (1995): Von der Kritik an den motometrischen Tests zu den individuellen Entwicklungsplänen in der qualitativen Motodiagnostik. In: Motorik 18, 4, 134-149

Eisenburger, M. (1996): Psychomotorik mit alten Menschen (Motogeragogik). In: Amft, S./Seewald, J. (Hrsg.): Perspektiven der Motologie. Schorndorf. 128 -135

Fischer, K. (1996): Entwicklungstheoretische Perspektiven der Motologie des Kindesalters. Schorndorf

Haas, R. (1999): Entwicklung und Bewegung. Das Konzept einer angewandten Motologie des Erwachsenenalters. Schorndorf

Haas, R. (2000): Mit beiden Füßen auf der Erde. In Praxis der Psychomotorik 26, 1, 4-15

Hammer, R. (1997): „...in seiner Einheit von Wahrnehmen, Erleben und Bewegen..." Auf der Suche nach dem Erleben in der Psychomotorik. In: Motorik 20, 4, 134-147

Kiphard, E.J. (1980): Motopädagogik. Dortmund

Kiphard, E.J./Schilling, F. (1974): Körperkoordinationstest für Kinder (KTK). Weinheim

Philippi-Eisenburger, M. (1991): Motologie. Schorndorf

Schäfer, I. (1998): Von der psychomotorischen Idee zu den Gründungsjahren des Aktionskreises Psychomotorik. In: Motorik, 21, 3, 82-86

Schilling, F. (1977): Störungen der Bewegungsentwicklung. In: Bauss, R./Roth, K. (Hrsg.): Beiträge zum 4. Internationalen Symposium „Motorische Entwicklung". Darmstadt

Schilling, F. (1981): Grundlagen der Motopädagogik. In: Clauss, A. (Hrsg.): Förderung entwicklungsgefährdeter und behinderter Heranwachsender. Erlangen

Schilling, F. (1986): Ansätze zu einer Konzeption der Mototherapie. In: MOTORIK 9, 2, 59-67

Schilling, F. (1990): Das Konzept der Psychomotorik. In: Huber, G./Rieder, H./ Neuhäuser, G.: Psychomotorik in Therapie und Pädagogik. Dortmund, vml, 57-78

Schilling, F. (1992): Bewegung und Sport für lernbehinderte und verhaltensgestörte Schülerinnen und Schüler. In: Speike-Bardorff, S. (Hrsg.): Integration durch Sport. Frankfurt

Schilling, F. (1998): Festrede anlässlich einer Feierstunde zum 15-jährigen Bestehen des Diplom-Aufbaustudiengangs Motologie. In: Motorik 21, 4, 141-146

Schilling, F. (2002): Motodiagnostisches Konzept zur Planung von psychomotorischer Förderung und Behandlung. In Motorik, Schorndorf 25, 2, 50-58

Seewald, J. (1991): Von der Psychomotorik zur Motologie – Über den Prozess der Verwissenschaftlichung einer „Meisterlehre". In: Motorik, 14, 1, 3-16

Seewald, J. (1993): Entwicklungen in der Psychomotorik. In: Praxis der Psychomotorik, 18, 4, 188-193

Seewald, J. (1997): Der „Verstehende Ansatz" und seine Stellung in der Theorielandschaft der Psychomotorik. In: Praxis der Psychomotorik, 22, 1, 4-15

2.3 Kindzentrierte psychomotorische Entwicklungsförderung

Renate Zimmer

Körper- und Bewegungserfahrungen stellen für das Kind nicht nur wesentliche Mittel der Aneignung der Wirklichkeit dar, auf ihnen baut auch die Identitätsentwicklung auf. Das Ziel einer psychomotorischen Förderung liegt daher einerseits in der Erweiterung der Handlungsmöglichkeiten eines Kindes und in der Verbesserung seiner motorischen Fähigkeiten, eine weitere wesentliche Aufgabe besteht jedoch auch in der Stärkung seines Selbstbewusstseins (ZIMMER 2001 a, 24). Diese Gedanken liegen dem sog. Kindzentrierten Ansatz zugrunde. Im Mittelpunkt dieses Ansatzes steht die Frage, unter welchen Voraussetzungen Körper- und Bewegungserfahrungen die Identitätsentwicklung von Kindern unterstützen und zum Aufbau von Selbstvertrauen und zur Bildung eines positiven Selbstkonzeptes beitragen können. Dabei wird dem Interaktionsgeschehen zwischen dem Kind und dem Pädagogen besondere Beachtung geschenkt.

Historischer Entstehungszusammenhang

Die kindzentrierte psychomotorische Entwicklungsförderung hat ihren Ursprung in der „Kindzentrierten Mototherapie", wie sie von VOLKAMER/ZIMMER (1986) entwickelt wurde. Ausgehend von der Beobachtung, dass Kinder mit Verhaltens- und Entwicklungsauffälligkeiten oft ein negatives Bild von sich selbst und eine unrealistische Selbsteinschätzung haben wird die Stärkung des Selbstbewusstseins und eine Veränderung der meist negativen Selbstwahrnehmung in den Vordergrund der bewegungstherapeutischen Arbeit gestellt. Dies betrifft insbesondere Kinder, die Probleme im Umgang mit anderen haben, die sich nicht anpassen können, ängstlich oder auch aggressiv sind, sich zurückziehen und den Kontakt mit anderen vermeiden.

Häufig ist die Ursache eines solchen Verhaltens in einem gestörten Verhältnis zu sich selbst, einem *negativen Selbstkonzept* zu suchen. Diesen Kindern kann nur dann wirklich geholfen werden, wenn sie wieder Vertrauen zu sich selbst gewinnen, also ein positives Selbstkonzept aufbauen können.

Der kindzentrierte Ansatz weist in seinen Ursprüngen Parallelen zur nicht – direktiven Spieltherapie (AXLINE 1980) bzw. der Persönlichkeitstheorie ROGERS (1973) auf; Bewegung und Spiel werden als wichtige Medien betrachtet, mit Hilfe derer Zugang zu Kindern mit Entwicklungs- und Verhaltensauffälligkeiten gefunden und durch die die Kinder zu einer positiven Einschätzung ihrer Person gelangen sollen.

Im Vordergrund steht dabei weniger die Verbesserung motorischer Funktionen und der Abbau von Bewegungsbeeinträchtigungen, sondern die Veränderung der Selbstwahrnehmung des betroffenen Kindes. Durch eine Stärkung des Selbstwertgefühls soll es in die Lage versetzt werden, selbst an der Bearbeitung seiner Schwächen mitzuarbeiten oder – da viele Beeinträchtigungen nicht völlig zu beheben sind – angemessener damit umzugehen. Der Erwachsene begleitet das Kind auf diesem Weg, zeigt ihm seine Wertschätzung und kommentiert seine Handlungen so, dass die Verstärkung nicht von Lob oder Bewertung, sondern von der Sache ausgeht.

Der Ansatz wurde in den folgenden Jahren von ZIMMER (2000, 2001a,b, 2002) weiterentwickelt, indem die Prozesse der Selbstkonzeptbildung näher aufgearbeitet und die Wirkfaktoren hinsichtlich einer Veränderung der Selbstwahrnehmung über Körper- und Bewegungserfahrungen ausdifferenziert wurden.

Menschenbild

Die kindzentrierte psychomotorische Entwicklungsförderung fühlt sich einem Menschenbild, wie es in der humanistischen Psychologie beschrieben wird, verpflichtet (siehe hierzu VÖLKER 1980, 15ff und ZIMMER 2002, 25 ff.). Der Mensch wird als aktives Wesen, das nach Autonomie und

Unabhängigkeit strebt und ein Bedürfnis nach sinnvollem Dasein hat, betrachtet. Psychische, kognitive, emotionale, soziale und somatische Prozesse sind aufeinander bezogen, an jeder Handlung ist immer der ganze Mensch beteiligt.
Ein solches Menschenbild verweist implizit auf die besondere Rolle, die Körper- und Bewegungserfahrungen für die Entwicklung des Kindes haben:
Der Körper ist der Mittler von Selbständigkeit. Das **Streben nach Unabhängigkeit** wird dem Kind über die körperlich – motorischen Erfahrungen bewusst. Die Umwelt beherrschen und über sich selbst verfügen können – hierzu ist Bewegung ein hervorragendes Mittel.
Auch im Hinblick auf das Streben nach **Selbstverwirklichung** nehmen Bewegungssituationen eine wesentliche Rolle ein: Sie enthalten viele Gelegenheiten, in denen sich die schöpferischen Kräfte des Kindes entfalten können, in denen es auf seine Umwelt einwirkt und sie nach seinen Vorstellungen gestalten kann.
Bewegungserfahrungen vermitteln dem Kind die **Erfahrung sinnvollen Handelns**, ohne Zweckbestimmung und ohne auf die möglichen Ergebnisse des Tuns zu achten. Bewegung und Spiel sind Tätigkeiten, die um ihrer selbst willen ausgeführt werden und in sich selbst belohnend wirken.
Schließlich werden Bewegungshandlungen aus der Sicht der Psychomotorik immer auch hinsichtlich ihrer Verflochtenheit mit **emotionalen, kognitiven und sozialen Anteilen** gesehen. Bewegung ist Ausdruck der Gesamtbefindlichkeit des Kindes und darf daher nie alleine unter z.B. biomechanischen Aspekten betrachtet werden. An jeder Bewegungshandlung ist immer der ganze Mensch beteiligt.

Das Kind als aktiver Gestalter seiner Entwicklung

Beobachtet man ein Kleinkind beim Spielen, dann lässt sich nicht übersehen, wie früh schon bei ihm der Wunsch vorhanden ist, etwas selbst zu tun, sich selbst zu helfen, und damit immer unabhängiger und selbständiger zu werden. Das Kind bemüht sich um Kompetenz, das Bestreben nach Autonomie und Selbstständigkeit ist offensichtlich ein wesentliches Motiv kindlicher Entwicklung.
Das Selbständigkeitsstreben des Kindes äußert sich in seiner Aktivität und seinem Bedürfnis nach schöpferischer Gestaltung. Deswegen muss auch den aktiven und kreativen Kräften, die der menschlichen Entwicklung innewohnen, ein besonderer Stellenwert beigemessen werden. Das Kind ist ein schöpferisches Wesen, das sein Selbstwerden aktiv betreibt. Für die psychomotorische Förderung bedeutet dies, dass das Kind sich nur durch seine eigene Aktivität entwickelt und dass nur solche Maßnahmen und Anregungen zu Fortschritten in der Entwicklung führen, die der Motivation und den Handlungsmöglichkeiten des Kindes entsprechen. Das

Kind muss also Gelegenheit haben, selbst – wie Kautter (1988) dies ausgedrückt hat, „der Akteur seiner Entwicklung" zu sein.

Eine ganzheitliche Sichtweise hat auch ein spezifisches Verständnis von Bewegungs- und Verhaltensauffälligkeiten zur Folge: Wenn Kinder nicht als Träger bestimmter Bewegungsstörungen oder Verhaltensauffälligkeiten gesehen werden, sondern als individuelle Personen mit einer eigenen Lebensgeschichte und spezifischen Bedürfnissen, Hoffnungen und Ängsten, ergeben sich daraus auch ganz konkrete Konsequenzen für eine Förderung.

In der Psychomotorik wird das Kind als handelndes Subjekt verstanden, das Verantwortung übernehmen und auch für sich selbst entscheiden kann. Damit wird selbstbestimmtes und eigenverantwortliches Handeln nicht nur Ziel, das irgendwann am Ende einer erfolgreichen Förderung steht, sondern es wird gleichermaßen bereits Methode der Fördermaßnahme. Im Mittelpunkt steht die Frage, wie der Pädagoge dem Kind helfen kann, damit es sich seinen Möglichkeiten entsprechend mit vorhandenen Problemen besser zurecht finden, seine Handlungskompetenz erweitern und sie richtig einsetzen kann. An die Stelle einer Behandlung tritt die Befähigung zum möglichst selbständigen Handeln und zwar sowohl auf motorischer wie auch auf sozial – emotionaler und kognitiver Ebene.

Durch die Bevorzugung des Mediums Bewegung, die Orientierung an der kindlichen Erlebnisfähigkeit und die Unterstützung der Eigenaktivität des Kindes wird die Fördermaßnahme von ihm selbst eher als selbstgesteuertes Spiel denn als „Behandlung" wahrgenommen (Zimmer 2002, 29 f.).

Die Bedeutung des Selbstkonzeptes für die Entwicklung

Durch Bewegungshandlungen lernen Kinder sich selber kennen, sie erhalten Rückmeldung über das, was sie können, sie erfahren Erfolg und Misserfolg und erkennen, dass sie ihn selber bewirkt haben. Sie erleben aber auch, was andere ihnen zutrauen, wie sie von ihrer sozialen Umwelt eingeschätzt werden.

Diese Erfahrungen, Kenntnisse und Informationen münden ein in Einstellungen und Überzeugungen zur eigenen Person, die sich mit dem Begriff „Selbstkonzept" fassen lassen (vgl. Zinnecker/Silbereisen 1996, 291).

Das Selbstbild beinhaltet das Wissen über sich selbst, z.B. das eigene Aussehen, die Fähigkeiten, die Stärken etc. Demgegenüber steht das Selbstwertgefühl bzw. die Selbstwertschätzung, die die Bewertung der eigenen Person umfasst (die Zufriedenheit mit dem eigenen Aussehen, den Fähigkeiten etc.). Das Selbstbild bezieht sich also eher auf die neutral beschreibbaren Merkmale der eigenen Persönlichkeit (wie groß, wie schwer bin ich, ich bin in Sport gut, in Musik schwach), während das Selbstwertgefühl die Zufriedenheit mit den wahrgenommenen Merkmalen angibt.

In das Selbstkonzept gehen also sowohl eigene Interpretationen als auch

Rückmeldungen durch die Umgebung ein. Das Selbstkonzept basiert also auf zwei „Säulen“, dem eher kognitiv orientierten Selbstbild und dem stärker emotional orientieren Selbstwertgefühl (Zimmer 2002, 53 ff).
Bei Kindern sind es insbesondere körperliche und motorische Fähigkeiten, die für sie für den Prozess der Selbstwahrnehmung und Selbstbewertung von Bedeutung sind.
Sie sind subjektiv für den Menschen von Bedeutung, da er mit ihrer Hilfe die eigene Kompetenz einschätzt, sie haben jedoch auch eine objektive Bedeutung, da sie die Verhaltenserwartungen von seiten der sozialen Umwelt beeinflussen.

Das Selbstkonzept wirkt sich in hohem Maße auf das menschliche Verhalten aus.
Ein positives Selbstkonzept äußert sich z.B. in der Überzeugung, neuartige und schwierige Anforderungen bewältigen zu können, Probleme zu meistern und die Situation „im Griff“ zu haben.
Wird eine schwierige Situation als unüberwindliches Problem oder als besondere Herausforderung erlebt?

Subjektive Interpretationen
Von besonderer Bedeutung ist dabei, dass alle Informationen, die eine Person über sich selbst erhält, subjektiv bewertet, interpretiert und verarbeitet werden. Je nachdem, wie man sich nun selber wahrnimmt, können objektiv gleiche Leitungen ganz unterschiedlich eingeordnet werden. Das „Konzept“ von den eigenen Fähigkeiten, Begabungen und dem eigenen Können muss nämlich nicht ein genaues Abbild der tatsächlichen Leistungen sein. Es entsteht vielmehr aus der Bewertung der eigenen Handlungen und Leistungen. Entscheidend für die Selbstbewertung ist dabei auch das Bild, das sich andere nach den eigenen Vorstellungen von einem machen. So sieht ein Kind sich selbst oft im Spiegel seiner sozialen Bezugsgruppe. Obwohl es objektiv vielleicht gar nicht ungeschickt, unbeholfen ist, schätzt es sich selber doch so ein, wenn es von den Eltern, der Erzieherin, den Lehrern oder anderen Kindern so beurteilt wird.
Die Einschätzung der eigenen Fähigkeiten kann also zu einer „sich selbst erfüllenden Prophezeiung“ werden. Besonders betroffen sind hiervon Kinder, die Bewegungsbeeinträchtigungen oder körperliche Auffälligkeiten haben. Motorische Geschicklichkeit, körperliche Leistung und motorische Fähigkeiten haben bei Kindern einen hohen Stellenwert, die Erfahrung körperlicher Unterlegenheit, Ängstlichkeit und Unsicherheit wirken sich daher schnell auf die Selbstwahrnehmung und damit auch auf das Selbstkonzept des Kindes aus, gleichzeitig beeinflussen sie den sozialen Status und die Position in der Gruppe.
Häufige Misserfolgserlebnisse bergen die Gefahr, dass – z.T. unbewusst – ein negatives Selbstkonzept aufgebaut wird. Das Kind wird sich im Lauf der zeit noch weniger zutrauen, als es in Wirklichkeit kann. Wenn es

dann auch noch von den Erwachsenen oder anderen Kindern als „Tollpatsch" eingestuft wird, Leistungen und Fertigkeiten von ihm erst gar nicht erwartet werden, fühlt es sich auch selbst als Versager bestätigt. Einige dieser Kinder reagieren mit Resignation und Rückzug, andere wiederum versuchen, das Gefühl der eigenen Minderwertigkeit zu kompensieren, indem sie aggressiv werden und ihre motorische Unterlegenheit durch körperliche Angriffe auf andere zu verdecken suchen. Bewegungsangebote werden aus Angst vor neuen Misserfolgserlebnissen gemieden.

Besonders schwerwiegend ist, dass das Selbstkonzept meist sehr stabil und änderungsresistent ist. Die meisten Menschen tendieren dazu, eine gewisse Grundeinstellung sich selbst gegenüber beizubehalten und spätere Erfahrungen so zu steuern, dass eine Übereinstimmung zwischen dem Selbstkonzept, dem eigenen Verhalten und den Erwartungen von seiten anderer besteht, sie versuchen also „mit sich selbst identisch zu bleiben". Zudem sind Einstellungen, die bereits in der frühen Kindheit erworben wurden, am schwierigsten zu ändern (Epstein 1984).
Bei niedrigem Selbstkonzept ist die Erfolgserwartung des Kindes in der Regel niedriger als bei hohem Selbstkonzept, was wiederum – fatal für die gesamte Entwicklung des Kindes – Konsequenzen für die Erwartungshaltung von seiten der sozialen Umwelt hat: Wer sich selbst nichts zutraut, dem trauen auch andere nicht viel zu (vgl. Zimmer 2002, 29 ff).

Selbstwirksamkeit und Kontrollüberzeugung
Ein wesentlicher Bestandteil des Selbstkonzeptes ist die Selbstwirksamkeit. Darunter versteht man die Überzeugung eines Menschen, in unterschiedlichen Lebenssituationen subjektive Kontrolle zu erleben und sich kompetent zu fühlen (JERUSALEM/SCHWARZER 1986).
Das Konzept der Selbstwirksamkeit geht zurück auf BANDURA (1977), der es auf der Grundlage einer sozial- kognitiven Lerntheorie begründet hat.
Gerade in Bewegungshandlungen erleben Kinder, dass sie Ursache bestimmter Effekte sind. Im Umgang mit Dingen, Spielsituationen und Bewegungsaufgaben rufen sie eine Wirkung hervor und führen diese auf sich selbst zurück. Das Handlungsergebnis verbinden sie mit der eigenen Anstrengung, dem eigenen Können – und so entsteht ein erstes Konzept eigener Fähigkeiten. Sie lernen im Experimentieren und Ausprobieren: Ich habe etwas geschafft, ich kann es, – und dieses Gefühl stellt die Basis für das Selbstvertrauen bei Leistungsanforderungen dar.
Die Erfahrung von Selbstwirksamkeit gehört daher zu den wichtigsten Grundlagen des Selbstkonzeptes.
Sie beinhaltet die subjektive Überzeugung, selbst etwas bewirken und verändern zu können. Dazu gehört die Annahme, selbst Kontrolle über die jeweilige Situation zu haben, sich kompetent zu fühlen und durch die

eigenen Handlungen Einfluss auf die materiale oder soziale Umwelt nehmen zu können.
Selbstwirksamkeitsüberzeugungen können für den Erfolg entscheidender sein als die objektiven Leistungsvoraussetzungen. Wer darauf vertraut, eine Aufgabe selbständig bewältigen zu können, wird sich eher ein gewisses Schwierigkeitsniveau zutrauen. Selbstwirksamkeitsüberzeugungen haben daher auch einen stark motivierenden Effekt: Situationen, die kontrollierbar erscheinen, werden erneut aufgesucht, die eigene Kompetenzerwartung steigert das eigene Selbstwertgefühl. Ist dagegen die Erwartung eigener Handlungskompetenz nur gering ausgeprägt, ist mit Handlungsblockierung, Vermeidungsverhalten, negativen Selbsteinschätzungen zu rechnen.
Ebenso werden Kinder, die glauben, keine Kontrolle ausüben zu können, weniger oft Erfolg erleben und folglich in ihren negativen Erwartungen bestätigt werden. Im Gegensatz dazu werden diejenigen, die davon überzeugt sind, eine Situation unter Kontrolle zu haben, öfter Erfolg haben und ihre Überzeugungen aufs neue bestätigen. Dies impliziert einen sich selbst erhaltenden Kreislauf.

Möglichkeiten zur Veränderung eines negativen Selbstkonzeptes
Veränderungen des Selbstkonzeptes treten nur dann ein, wenn der Erfolg einer Tätigkeit als selbst bewirkt erlebt wird und nicht als zufallsbedingt oder von äußeren Einflüssen gesteuert wahrgenommen wird. Daher ist eine wesentliche Vorbedingung für die Entwicklung eines positiven Selbstwertgefühls das Bereitstellen von Situationen, in denen das Kind selbst aktiv werden kann.
Einen besonderen Stellenwert nehmen unter diesen Gesichtspunkten Bewegungsangebote für Kinder ein. Die Gründe, warum gerade Bewegung als geeignetes Medium zur Verbesserung des Selbstwertgefühls betrachtet werden kann liegt in folgenden Besonderheiten (vgl. ZIMMER 2002, 76):

- Bewegung ist die Nahtstelle zwischen der Person und der Umwelt. Sie gibt dem Kind den Stand seiner Beziehung zur Umwelt wieder, zeigt ihm, inwieweit es erfolgreich auf die Umwelt einwirken, Veränderungen bewirken kann.
- Der Zugang des Erwachsenen zum Kind wird über spielerische, handlungsbezogene Aktivitäten wesentlich erleichtert
- In frühen Lebensjahren bilden Spiel und Bewegung eine Einheit, die dem Kind den unmittelbaren Ausdruck von Gefühlen ermöglicht
- Spielmaterial, Geräte, Bewegungssituationen fordern das Kind zur Aktivität auf, wobei Grenzen in erster Linie durch die Eigengesetzlichkeit des Materials, die Gruppe und die gemeinsam getroffenen Vereinbarungen gesetzt werden

- Erfolge und Misserfolge werden unmittelbar und direkt als selbst verursacht erlebt, das Kind erlebt sich selbst als Verursacher von Effekten.

Prinzipien einer kindzentrierten psychomotorischen Entwicklungsförderung

Die Praxis einer kindzentrierten psychomotorischen Entwicklungsförderung orientiert sich an folgenden Prinzipien (vgl. ZIMMER 2002, 84 ff):

1. Freiwilligkeit der Entscheidung über die Teilnahme
Das Kind sollte sich aus eigenem Antrieb an den Bewegungsangeboten beteiligen. Es sollte selbst entscheiden können, was es sich zutraut und wo es sich (noch) zurückhält. Im Vertrauen auf den Aufforderungscharakter der Geräte und Spielsituationen kann die Pädagogin in Ruhe abwarten, in welcher Form das Kind aktiv wird. Einige – vor allem jüngere – Kinder brauchen zunächst einmal Zeit zum Zuschauen und machen erst dann mit, wenn sie sich frei von Druck und Zwang fühlen.
Die Pädagogin kann zwar „Brücken" bauen, indem sie dem Kind z.B. einen Luftballon zuspielt oder ihm ein Rollbrett zurollt, sich unaufdringlich als Spielpartner anbietet oder ihm Rollen anbietet, die eine indirekte Beteiligung am Spiel ermöglichen (der Polizist, der aufpasst, ob die „Autofahrer" auf dem Rollbrett nicht zu schnell fahren). Auf keinen Fall sollte sie das Kind zu überreden versuchen oder in ihm Schuldgefühle wecken, wenn es entscheidet, sich an den Angeboten zunächst nicht zu beteiligen.

2. Handlungsimpulse, die vom Kind kommen, aufgreifen
Die Bewegungsangebote werden zwar von der Pädagogin vorbereitet, geplant, vorstrukturiert. Unter dem Aspekt der Erfahrung von Selbstwirksamkeit ist es jedoch wichtig, dass die Eigenaktivität und das selbständige Handeln der Kinder im Vordergrund steht. Die Erzieherin kann z.B. von den Kindern kommende Impulse aufgreifen, sich an den Spielhandlungen beteiligen und sie so kommentieren, dass das Kind in seiner Tätigkeit verstärkt wird und dass ihm seine Leistungen bewusst werden. Sie arrangiert die Bewegungssituationen so, dass das Kind ermutigt wird, selbständig Lösungen für die vorgefundenen Probleme zu finden und so seine Handlungskompetenz zu erweitern.
Die Erfahrung, selbst Verursacher bestimmter Handlungseffekte zu sein (z.B. einen Autoschlauch beim Hüpfen und Federn in Bewegung zu versetzen) vermittelt das Gefühl, die „Welt" unter Kontrolle zu haben und trägt in hohem Maße zur Verbesserung des Selbstwertgefühls des Kindes bei.
Unter diesen Voraussetzungen gestaltete Bewegungsangebote rücken das Kind in das Zentrum seiner Handlungen. Es macht die Sache zu der

seinen. Indem es sich mit seiner Tätigkeit identifizieren kann, sich selbstbestimmt und selbstgesteuert erlebt, findet es auch zu seiner Identität.

3. Vermeiden von Bewertung – Verstärken der Eigentätigkeit

Die Bekräftigung des kindlichen Verhaltens sollte von der Tätigkeit an sich ausgehen, um den Aufbau eines positiven Wertsystems zu fördern. Auch wenn auf den ersten Blick Lob und Belohnungen das Lernen des Kindes unterstützen und sein Verhalten in eine bestimmte Richtung lenken, sollte auch die Gefahr gesehen werden, dass zu häufiges Loben ein Kind abhängig machen kann von äußeren Bewertungen. Das Kind lernt auf diese Weise, dass eine Leistung, eine Idee, eine Spielhandlung nur dann etwas wert ist, wenn die Erzieherin diese mit dem Kommentar „gut" oder „prima" versehen hat. Es sucht immer wieder nach der Rückmeldung durch andere und wird daran gehindert, in seinem Tun selbst eine Befriedigung zu erfahren.

Das Kind sollte sich vielmehr vom Erwachsenen – unabhängig von der Höhe seiner objektiven Leistungen – akzeptiert fühlen und gleichzeitig sich selbst und seine Tätigkeit als sinnvoll erleben, um auf diesem Wege zu lernen, sich Selbst zu akzeptieren.

Unterstützen kann die Pädagogin diesen Prozess, indem sie dem Kind bewusst macht, welche individuellen Fortschritte es gemacht hat oder wie schwierig die geschaffte Aufgabe zu bewältigen ist. Nicht die Person sollte gelobt („du bist gut....") sondern die Tätigkeit positiv hervorgehoben werden („es ist ganz schön schwer da hochzuklettern..."), sodass das Kind lernt, sich aus dieser Tätigkeit selbst zu verstärken.

4. Vereinbaren von einsichtigen Grenzen

Grenzen sind wichtig, um Regeln für das Zusammenspiel aufzustellen und dem Kind einen Rahmen, der ausreichend Spielraum lässt, zu geben. Diese Grenzen sollten klar und eindeutig besprochen werden, sie sind nötig zum Schutz der anderen Gruppenmitglieder („anderen Kindern nicht weh tun...") und zur schonenden Behandlung des Materials („die Sachen nicht mit Absicht kaputt machen..."). Solche Einschränkungen sind den Kindern zwar meistens einsichtig, sie werden aber trotzdem nicht immer befolgt. Werden die Vereinbarungen bei den Bewegungsspielen dann überschritten, müssen die Kinder auf die Abmachungen hingewiesen und ihnen – sofern nötig – Konsequenzen aufgezeigt werden. Manchmal können Rituale, wie sie z.B. im Fußball üblich sind (z.B. „Auszeiten", „gelbe" und „rote Karten") hilfreich sein, um die Regelübertretung zu ahnden, ohne dass das Kind sich persönlich angegriffen fühlt.

Die Grenzen sollten auf das Nötigste beschränkt bleiben, den Kindern aber klar und einsichtig sein, eindeutige Verhaltensweisen erfordern und auch Konsequenzen nach sich ziehen, um so die Mitverantwortung des Kindes zu verdeutlichen.

Psychomotorik – Hilfe zur Selbsthilfe

Kindzentrierte psychomotorische Entwicklungsförderung kann auch als „Hilfe zur Selbsthilfe" verstanden werden, als ein Weg, um über Bewegungserlebnisse zur Stabilisierung der kindlichen Persönlichkeit beizutragen und gleichzeitig die Handlungsfähigkeit des Kindes durch vielseitige Bewegungs- und Wahrnehmungserfahrungen zu unterstützen.

Die Bewegungssituationen ermöglichen dem Kind, eine Balance zwischen Hilfe und Selbsthilfe herzustellen und zunehmend auch in Problemsituationen selbständiger zu agieren. Die Aufgabe der Pädagogin liegt insbesondere darin, dem Kind zu helfen und zu erkennen, wo der Übergang von der Fremdhilfe zur Selbsthilfe liegt und die äußeren Bedingungen so auf die Fähigkeiten der Kinder abzustimmen, dass sie sich möglichst viel selbst helfen können.

Sie unterstützt das Bestreben des Kindes, eine Aufgabe selbständig zu meistern (oder versucht, den Wunsch zu wecken).

Auch bei solchen intrinsisch motivierten Spiel- und Bewegungshandlungen werden die motorischen Fähigkeiten der Kinder gefördert und ihr allgemeines Leistungsniveau – gleichsam nebenbei – verbessert. Anders als bei einem Funktionstraining zum Ausgleich von Bewegungsstörungen oder motorischen Auffälligkeiten wird das Kind hier jedoch darin unterstützt,

- die in ihm vorhandene Energie zu mobilisieren,
- die eigenen Stärken zu erkennen und einzusetzen,
- Schwächen anzunehmen
- ermutigt zu werden, sich trotz Schwächen und Ängsten an den Bewegungsspielen zu beteiligen und damit Übungsmöglichkeiten zur Verbesserung der eigenen Fähigkeiten zu erhalten.

Handlungsalternativen erproben

Eine besondere Chance liegt in der Tatsache, dass Bewegungsspiele für Kinder oft eine symbolische Bedeutung haben. Dabei spielen ihre Erlebnisse, Erinnerungen und auch ihre Vorstellungen eine wesentliche Rolle. Einerseits spielen die Kinder Realsituationen nach und arbeiten dabei Erlebtes auf, andererseits geben die Symbol- und Rollenspiele auch die Gelegenheit, Handlungsalternativen auszuprobieren.: Die Kinder ahmen nicht nur die Rollen ihrer Bezugspersonen, von Phantasiefiguren oder Fernsehhelden nach, sie identifizieren sich auch mit der übernommenen Rolle: Sie <u>sind</u> wilde Löwen, ein Polizist oder ein Zirkusclown. Rollen und Situationen werden in Bewegung dargestellt und mit körperlichen und gestischen Mitteln zum Ausdruck gebracht und bieten so die Gelegenheit zum Erproben von Verhaltensweisen, die in der Realität kaum erreichbar erscheinen.

So ermöglicht die Darstellung von Tieren dem Kind, in die Rolle des Stärkeren aber auch des Schwächeren zu schlüpfen. Spielt es z.B. ein aggressives, unbesiegbares Tier, können in ihm Fähigkeiten (z.B. Durchsetzungsvermögen) geweckt werden, die es sich selbst im Alltag kaum zutrauen würde. Oft übernimmt es auch die Rolle dessen, vor dem es sich im Alltag oder in seiner Vorstellung fürchtet. Es spielt einen bösen Hund, eine Hexe oder einen Räuber. Mit der **Reproduktion** und auch der Vorwegnahme von Situationen, die angstbesetzt sind, kann das Kind Spannungen abbauen, Aggressionen abreagieren, unerfüllte und unerlaubte Wünsche in konkreter und symbolischer Form realisieren und so sein seelisches Gleichgewicht stabilisieren

Hierzu ein Beispiel aus einer Psychomotorikstunde:
An einer zwar breiten, aber steilen Rutsche – bestehend aus Langbänken, die an einer Sprossenwand eingehängt sind und auf denen feste, glatte Judomatten liegen – sind fast alle Kinder der Psychomotorik – Gruppe intensiv beschäftigt. Trotz aller Einbahnstraßen – Gebote (um sich selbst beim Rutschen nicht zu behindern soll an der Sprossenwand hochgeklettert werden, sodass die Rutsche nur in einer Richtung – nach unten – betreten wird), ist auf den Matten ein wildes Klettern und Rutschen zugange. Am Rande steht Anja, ein kräftiges, aber sehr ängstliches zurückhaltendes sechsjähriges Mädchen, das sich nicht traut, sich in das Gewühle hineinzubegeben. Alle meine Angebote, die Rutsche wenigstens zeitweise für sie freizumachen, ihr Platz zu verschaffen oder mit ihr gemeinsam zu rutschen, werden von ihr nicht angenommen. Sie steht und schaut zu, macht einige vergebliche Versuche, einen Fuß auf den Rand der Rutsche zu setzen, die sie aber sofort wieder abbricht, wenn ihr jemand in die Quere kommt.
Plötzlich betritt sie auf allen Vieren die Mattenbahn, ruft laut: „Jetzt kommt Arthur", und begibt sich mitten in die rutschenden und kletternden Kinder hinein. Noch einmal „Jetzt kommt Arthur, Platz da". Etwas verdutzt werden die anderen Kinder aufmerksam, aber machen bereitwillig Platz. Anja kriecht bis an die oberste Stelle der Rutsche hoch, dreht sich um und ruft noch einmal laut (so als habe sie Angst vor der eigenen Courage), „Jetzt rutscht Arthur, ich bin Arthur" und rutscht hinunter. Ich erkundige mich, wer denn Arthur ist und höre von einem der Kinder, dass dies der starke Elefant aus einer Fernsehserie sei – allen anderen offensichtlich wohlbekannt. Als ich Anja ein wenig später mit ihrem Namen anspreche, erwidert sie „Ich bin Arthur". Artur verschafft sich Platz, Arthur ist stark, das weiß Anja und das wissen alle anderen, also halten sie sich an die unausgesprochene Regel, dass man einem Stärkeren Platz macht.
Als Anja am Ende der Stunde von ihrer Mutter abgeholt wird, strahlt sie und wiederholt mehrere Male „Ich bin Arthur"....
Im Spiel können sich Ereignisse und Rollen also umkehren, sie können entsprechend den Absichten und Vorstellungen des Kindes behandelt werden und nicht so, wie sie sich normalerweise ereignen. Damit wird

dem Kind das Erproben neuer Verhaltensmuster möglich, ohne die fatalen Folgen, die ihre Anwendung im Ernstfall haben kann. Bei der Vorwegnahme möglicher oder gewünschter Ereignisse ist somit auch eine Überprüfung der Handlungsalternativen auf ihre Wirkungen möglich: Wie reagiert die Umwelt auf mein verändertes Verhalten, welchen Einfluss kann ich nehmen, was kann ich bewirken?
Im vorgenannten Beispiel war es der Einstieg des Kindes in eine bisher nicht gewagte Beteiligung an den Spielvorhaben der Gruppenmitglieder.

Entwurf eines „neuen Selbst"
Die Bewegungserfahrungen ermöglichen dem Kind somit den Entwurf eines veränderten Selbst. Handlungsalternativen können erprobt und Handlungsspielräume neu entworfen werden. Das Kind „bastelt" (SCHÄFER 1983, 349) an seinem Selbst, es sieht sich selbst in neuen Zusammenhängen. So kann das Kind ein ideales Selbst entwerfen, eine Rolle, mit der es sich identifizieren kann, Größe und Stärke erfahren, obwohl es sich doch eigentlich klein und schwach gefühlt hat.
Auf der Grundlage der Selbsttätigkeit hat das Kind hier Gelegenheit, sich kontinuierlich weiterzuentwickeln. Die für das Kindesalter charakteristische Neugier und das Bestreben des Kindes nach Selbständigkeit und neuen Erfahrungen liefern die Basis für entwicklungsfördernde Prozesse.
In der richtigen Weise pädagogisch begleitet kann das Kind unabhängig von seinen objektiven motorischen Leistungen Selbstbewusstsein aufbauen und das Vertrauen in die eigenen Fähigkeiten stärken.

Zusammenfassung
Eine wesentliche Aufgabe psychomotorischer Förderung liegt in der Erweiterung der Handlungsmöglichkeiten und der Verbesserung der motorischen Fähigkeiten des Kindes. Ebenso wichtig ist jedoch die Stärkung seines Selbstbewusstseins und zwar unabhängig von oder trotz körperlicher und motorischer Beeinträchtigungen. Die pädagogische bzw. therapeutische Aufgabe besteht also auch darin, das Kind selbstbewusst, leistungszuversichtlich und gegebenenfalls unabhängig von der Bewertung durch die soziale Umwelt zu machen.
Nicht allein die Förderung der Bewegungsentwicklung, das Behandeln bestimmter Schwächen mit zielgerichteten Übungen bringt die persönlichkeitsstabilisierenden Wirkungen hervor, sondern die Möglichkeiten zu einer Veränderung der Selbstwahrnehmung, zum Aufbau einer neuen Beziehung zu sich selbst, aber auch zur sozialen und dinglichen Umwelt.

Literatur

AXLINE, V.M.(1980): Kinder-Spieltherapie. München

BANDURA, A. (1977): Self-efficacy: Toward an unifying theory of behavorial change. In: Psychological Review, 84, S. 192-215

EPSTEIN, S. (1984): Entwurf einer integrativen Persönlichkeitstheorie. In: Filipp, S. (Hrsg.) a.a.O. S. 15-45

FILIPP, S. (Hrsg.) (1984): Selbstkonzept – Forschung. Stuttgart

JERUSALEM, M./SCHWARZER, R. (1986): Selbstwirksamkeit – WIRK In: SCHWARZER, R. (Hrsg.): a.a.O.

KAUTTER H. u.a. (1988): Das Kind als Akteur seiner Entwicklung. Heidelberg

ROGERS, C.R. (1973): Die klientbezogene Gesprächstherapie. München

SCHÄFER, G. (1983): Spiel, Phantasie und Selbstbezug. In: KREUZER, K.J. (Hrsg.) Handbuch der Spielpädagogik. Band 1. S. 337-355

SCHWARZER, R. (1993): Angst, Stress und Handlungsregulation. Stuttgart

VÖLKER, U. (Hrsg.)(1980): Humanistische Psychologie. Weinheim

VOLKAMER, M./ZIMMER, R. (1986): Kindzentrierte Mototherapie. In: Motorik, 9, S. 49-58

ZIMMER, R. (1996): Motorik und Persönlichkeitsentwicklung bei Kindern. Schorndorf: Hofmann

ZIMMER, R./CICURS, H. (1999): Psychomotorik. Schorndorf: Hofmann

ZIMMER, R.: (2000) Handbuch der Sinneswahrnehmung. Grundlagen einer ganzheitlichen Erziehung. Freiburg

ZIMMER, R. (2001 a): Handbuch der Bewegungserziehung. Theoretische Grundlagen und Ideen für die Praxis. Freiburg

ZIMMER, R. (2001 b): Was Kinder stark macht. Fähigkeiten wecken – Entwicklung fördern. Freiburg : Herder

ZIMMER, R. (2001): Handbuch der Psychomotorik. Theorie und Praxis der psychomotorischen Förderung von Kindern. Freiburg

ZINNECKER, J./SILBEREISEN, R.K. (1996): Kindheit in Deutschland. München: Juventa

2.4 Tiefenpsychologie und Psychomotorik

Toni Reinelt

„Ausdrucksbewegung, Handlung, Affekt, Physiognomie ... sind ein Gleichnis des unbewusst gesetzten und wirkenden Lebensplanes."

Alfred Adler 1914/1928/1973, 122)

Eine grundlegende Prämisse aller tiefenpsychologischen Richtungen ist die Existenz unbewusster seelischer Prozesse. Zu diesen zählen auch die sogenannten Abwehrmechanismen, die das bewusste Erleben vor dem Auftauchen spezifischer Triebimpulse und den mit diesen assoziierten Vorstellungen und Phantasien sichern. Das kann Auswirkungen auf Wahrnehmen, Bewegen und den Prozess der Persönlichkeitsentwicklung haben. Die Einbindung tiefenpsychologischer Erkenntnisse in die Psychomotorik lenkt das Augenmerk auf die Einwirkung unbewusster Prozesse auf körperliche Ausdrucksphänomene und Bewegungsgestaltungen. Die-

se werden darüber hinaus als „Mitteilungen" aufgefasst. Bedeutungen derartiger nonverbaler Botschaften können im Zusammenhang mit der Beziehungs- und Lebensgeschichte zu entschlüsseln versucht werden.
Ein eigenes Kapitel der vorliegenden Arbeit behandelt die Entstehung und Entwicklung tiefenpsychologisch orientierter körper- und bewegungstherapeutischer Verfahren.

1. Einleitung

Am Beginn dieses Beitrages werden die Begriffe Motorik, Psyche, Psychomotorik, Unbewusstes und Abwehrmechanismen behandelt.
Es wird verdeutlicht, dass das Psychische weiter gefasst werden kann als in der klassischen akademischen Psychologie, indem es um das von der Tiefenpsychologie postulierte Unbewusste erweitert wird.
Das Unbewusste und seine Tätigkeit ist ein zentraler Bereich der Forschung und theoretischer Konzeptionen in der Tiefenpsychologie. Es können in dieser Arbeit allerdings nur einige wenige klassische Begriffe und Konzepte einführend erörtert werden. Aktuelle Untersuchungsergebnisse (z.B. aus der Säuglingsforschung) können hier nicht inkludiert werden.
Neben einigen prinzipiellen Überlegungen zum Unbewussten und der entscheidenden Frage seiner Existenz wird die psychische Tätigkeit, die das Eindringen unbewusster inakzeptabler Triebabkömmlinge (Vorstellungen, Phantasien etc.) ins Bewusstsein verhindert, eingehender ausgeführt.
Damit werden wir eine Modellvorstellung psychischer Aktivitäten gewonnen haben, die nach traditioneller tiefenpsychologischer Auffassung weitreichende Auswirkungen auf Wahrnehmen, Bewegen und den Prozess der Entwicklung haben können.
Daran anknüpfend wird erläutert werden, dass in der tiefenpsychologisch orientierten Psychomotorik Bewegungsgestaltungen und körperlichen Ausdrucksformen eine tiefer gehende Bedeutung zugemessen wird. Symptome, Bewegungsstörungen, somatische Beschwerden werden als Mitteilungen aufgefasst, deren Sinn aus der Lebensgeschichte und dem Beziehungsgeschehen teilweise erschlossen und verstanden werden kann. Damit wird unser Augenmerk auf die affektive Dynamik des Beziehungsgeschehens gerichtet und die damit verbundenen Phänomene der Übertragung und Gegenübertragung.
Es wird dann die Frage aufgeworfen, ob die Einbindung der Tiefenpsychologie zu einer derartigen Veränderung theoretischer Auffassungen und praktischen Handelns in der Psychomotorik führen wird, dass eine Subsumierbarkeit unter dieselbe nicht unhinterfragt erfolgen kann.
Als ich die vorliegende Arbeit den Herausgebern vorgelegt habe, wurde mir von diesen das Anliegen unterbreitet, dieselbe um ein Kapitel über die Quellen einer tiefenpsychologisch orientierten Psychomotorik zu erweitern. So habe ich ein abschließendes Kapitel verfasst, das auf solche Quellen tiefenpsychologischer körper- und bewegungstherapeutischer Ver-

fahren hinweist. Damit wird auch etwas vom historischen und geistigen Hintergrund einer tiefenpsychologisch ausgerichteten Psychomotorik erhellt.

2. Begriffe und Definitionen

Das Wort Psychomotorik verbindet die Begriffe Psyche und Motorik. Der Begriff Psyche leitet sich vom Griechischen „psychein" – hauchen – ab. Für die Griechen war sie vorerst Hauch, Atem und schließlich auch Leben. Sie war die „Schattenseele", die von der „Körperseele" unterschieden wurde (siehe dazu DORSCH 1991, 514).

Wenn in unserem Sprachgebrauch von der Seele die Rede ist, dann handelt es sich vornehmlich um den Seelenbegriff der Religion. Für diese ist die Seele der unsterbliche Teil des Menschen. Diese unsterbliche Seele ist nicht Gegenstand der psychologischen Forschung. Die jüngere Psychologie verwendet vornehmlich den Begriff der Psyche. Sie bezeichnet damit alle bewussten und unbewussten Prozesse jenseits der unmittelbaren körperlichen Vorgänge. Zu den bewussten Prozessen zählen Vorgänge wie Wahrnehmen, Denken, Fühlen, Wollen. Diese bewussten Prozesse wollen wir hier allerdings nicht weiterverfolgen. Für den vorliegenden Beitrag interessieren uns vor allem die unbewussten psychischen Prozesse. Eine ausführlichere Auseinandersetzung mit diesen wird im nächsten und in den darauffolgenden Kapiteln erfolgen.

Mit Motorik bezeichnen wir alle willkürlichen und unwillkürlichen Bewegungsabläufe. Eine für unser Thema wichtige Frage ist es nun, ob Bewegungen als mechanische Vorgänge verstanden werden oder diesen auch eine psychische Dimension zugemessen wird. In einem so erweiterten Sinne definieren HAMMER und SCZUDLEK die Motorik als „Bewegungsgesamt des Menschen in seiner Einheit von Wahrnehmen, Erleben und Bewegen" (HAMMER/SCZUDLEK 1996, 226). Damit wird sie nicht isoliert von einer einheitlichen, Wahrnehmen, Bewegen und Erleben einschließenden, Ganzheit Mensch betrachtet. Mit dieser Einbeziehung von Wahrnehmen und Erleben in das Verständnis von Motorik wird von einer ausschließlich körpermechanischen Betrachtungsweise abgegangen. Sie weicht damit nicht mehr allzu sehr von Definitionen der Psychomotorik ab. So betont KIPHARD die „unteilbare Einheit" von Psyche und Motorik (KIPHARD 1997, 40). Der „Aktionskreis Psychomotorik" definiert sie als „Zusammenhang zwischen Wahrnehmen, Erleben, Erfahren und Handeln" (ak'P 1998, 1). Eine besondere Betonung erfährt die Erlebensdimension bei WILLKE, wenn sie unter „Psychomotorik" einen Ansatz versteht, der den „Zusammenhang von motorischen Abläufen und psychischen Prozessen" betrachtet (WILLKE 1981, 40). Sie verweist auch auf neuere Theorien über Emotionen, die „die motorische Komponente" als „Bestandteil der Emotion" fassen. In den Emotionen wird der „Zusammenhang zwischen Bewegung als Ausdruck und als psychisches Erleben" evident

(WILLKE 1981, 45). Besonders die emotionalen Prozesse sind im Hinblick auf die noch zu leistende Einbringung der tiefenpsychologischen Dimension bedeutsam. Den Ausdruck des Psychischen über den Körper finden wir auch in der Definition von KÖCKENBERGER, der darüber hinaus konkrete Ziele der pädagogischen und therapeutischen Förderung formuliert: „Allgemein wird Psychomotorik als körperlicher Ausdruck psychischer Vorgänge angesehen. Im engeren Sinn als pädagogische oder therapeutische Grundhaltung, die sich bemüht, über spielerische Körper-, Material-, Sozialerfahrung zu Ich-Kompetenz, Sachkompetenz und Sozialkompetenz zu gelangen“ (KÖCKENBERGER 2000, 13). Ähnlich bildet die „Handlungskompetenz im psychosozialen Kontext“ den Kern der Definition in der Präambel des „Europäischen Forums für Psychomotorik“. Die Psychomotorik wird dort als „...die Wechselwirkung von Kognition, Emotion und Bewegung und deren Bedeutung für die Entwicklung der Handlungskompetenz des Individuums im psychosozialen Kontext...“ beschrieben (EUROPÄISCHES FORUM FÜR PSYCHOMOTORIK 2001, 1). Es besteht heute wohl auch bei den meisten Psychomotorikern ein Konsens darüber, dass „Bewegung nicht allein auf den Körper bezogen...“ zu betrachten ist sondern auch als „...Ausdruck der gesamten Persönlichkeit“ (ak'P 1998, 2; FISCHER 2001, 16) aufgefasst werden kann. Darüber hinaus werden in jüngeren Definitionen zunehmend die Selbstaktualisation und die aktive Gestaltungsdimension erwähnt, die noch eine weitere Facette der oben angeführten Kompetenzen einbringen. So schreiben LEYE und HEINEKE von der „psychomotorischen Therapie, die das Kind in seiner Individualität als Hauptakteur begreift und deren Ziel die ganzheitliche Persönlichkeitsförderung des Kindes ist...“ (LEYE/HEINEKE 2001, 52). Ein derartiges Verständnis verändert auch die Rolle von Therapeuten und Therapeutinnen in der psychomotorischen Therapie, weil sie sich als Förderer und Begleiter verstehen. Es wird von ihnen ein „...individueller und dialogisch gestalteter Entwicklungsprozess, den maßgeblich die betroffene Person als selbstaktualisierendes und selbstkonstruierendes Wesen bestimmt, begleitet und gefördert“ (HAAS, 2001, 4). Dazu kommt noch, dass der Mensch zunehmend in seiner Geschichtlichkeit betrachtet wird. So werden in der Arbeit mit Kindern vor dem „Hintergrund einer verstehenden Entwicklungstheorie (...) kindliche Spiel- und Malmotive“ in ihrer lebensgeschichtlichen Bedeutsamkeit erfasst und „die Bewegungsgeschichte“ des Kindes als Teil seiner „Lebensgeschichte“ begriffen. Die Bewegung widerspiegelt dominierende Lebensthemen und wird im „Kontext der Lebens- und Beziehungsgeschichte des Kindes verstehbar“ (SEEWALD 1993, 191/192). Diese Ausdrucks- und Mitteilungsfunktion von Körper und Bewegungen umfassen bei einem tiefenpsychologischen Ansatz der Psychomotorik auch dem Kind oder Erwachsenen nicht bewusste Informationen. Zu diesen zählen insbesondere die frühen Be-

ziehungserfahrungen des Kindes. „In Körper und Motorik drücken sich die lustvollen und unlustvollen Erfahrungen aus, die ein Kind im Laufe seines Lebens mit der Welt und seinen ersten Beziehungen in der Welt gemacht hat. (...) Diese Erfahrungen sind immer präsent und prägen Sein, Handeln, Fühlen und Denken in allen späteren Lebensphasen" (ESSER 2000, 68). Besonders betont werden die gemeinsamen Handlungen mit den Bezugspersonen des Säuglings- und Kleinkindalters. Diese Handlungen sind „...tief im Unbewussten eingeschrieben..." und die Bewegungs- und Rollenspiele des Kindes sind „...symbolischer Ausdruck von etwas bereits Erlebtem" (ESSER 2000, 72). Auch die Entwicklung der Beziehung zwischen dem Kind und dem Therapeuten/der Therapeutin und ein vertieftes Verständnis ihrer Tragweite erfordern nach BEAUCHESNE psychoanalytische Kenntnisse. Ein zentrales Ziel einer so verstanden „rééducation psychomotricité" ist es, die gestörte Kommunikation des Kindes, als Ausdruck der Beziehungsstörung, zu verändern. Die Bemühungen gehen dahin, „...über die Motorik die Kommunikationsfähigkeit wieder herzustellen" und damit auch Impulse für die Persönlichkeitsentwicklung zu geben (BEAUCHESNE 1990, 146).
Wir haben nun begrifflich und definitorisch Forschungs- und Praxisfelder der Psychomotorik umrissen. Allerdings sei an dieser Stelle noch erwähnt, dass es zahlreiche weitere Definitionen mit teilweise anderen Schwerpunktsetzungen gibt. Das betrifft zum Beispiel auch die „Soziomotorik" – ein soziokulturelles Paradigma der Psychomotorik" (WEIß 1997, S 53).

Es wurde nunmehr schon einige Male der Begriff der Tiefenpsychologie erwähnt. Diese bezeichne ich hier als die Wissenschaft und Lehre von den dem Bewusstsein verborgenen psychischen Vorgängen. FREUD und dann im weiteren ADLER, JUNG und einige Vorläufer dieser drei Forscher haben die Entwicklung einer wissenschaftlich orientierten Tiefenpsychologie eingeleitet und vorangetrieben. Sie haben sich die faszinierende Aufgabe gestellt, die in einem metaphorischen Sinne tiefen, dem Bewusstsein entzogenen Dimensionen der Psyche zu erhellen und zu erforschen. Diesen Teil der Psyche hat FREUD das „Unbewusste" genannt (FREUD 1912/1975, 36): „Das System, welches sich uns durch das Kennzeichen kundgibt, dass die einzelnen Vorgänge, die es zusammensetzen, unbewusst sind, belegen wir mit dem Namen, „das Unbewusste...". In dieser Welt des Unbewussten existieren auch Vorstellungen, die nach tiefenpsychologischer Auffassung durch eine besondere psychische Aktivität – der sogenannten Abwehrtätigkeit – vom Bewusstsein ferngehalten werden. Als eine Art bedrohliche Eindringlinge würden sie uns in hohem Maße beunruhigen, ängstigen und zutiefst verunsichern. Damit haben wir einige für unsere weiteren Ausführungen wichtige Begriffe kennen gelernt und wollen uns nun vertiefend dem Unbewussten zuwenden.

3. Das Unbewusste

Eine der Grundannahmen der Tiefenpsychologie ist es also, dass es eine umfangreiche unbewusste psychische Tätigkeit gibt. Diese Annahme konfrontiert uns allerdings mit einem fundamentalen Problem, welches hier jedoch nur kurz erörtert werden kann. Es soll sich aber auch der tiefenpsychologisch nicht so erfahrene Leser darüber klar werden, dass wir immer nur mit Modellvorstellungen arbeiten, die eine mehr oder weniger treffliche Abbildung der „Wirklichkeit" sind. Sie können uns aber möglicherweise Probleme und Schwierigkeiten des Wahrnehmens und Bewegens von Kindern oder Erwachsenen besser verstehen lassen und zu deren Kompensation und Überwindung durch eine entsprechende Praxisanleitung beitragen.
Vorerst aber zurück zu unseren Überlegungen, weshalb die Annahme vertreten werden kann, dass das Unbewusste existiert. Denn es erscheint doch ein Widerspruch per se zu sein, dass wir von etwas (bewusst) wissen, was dem Bewusstsein entzogen ist. Aber eine derartige Feststellung alleine reicht auch nicht aus, um die Existenz des Unbewussten auszuschließen. So schließen wir in der Astrophysik von den „schwarzen Löchern" auf das Vorkommen einer unfassbar verdichteten Materie. Diese Materie selbst konnte bislang noch nicht nachgewiesen werden, doch ist ihre Annahme für die Erklärung verschiedener astrophysikalischer Phänomene zweckmäßig und relativ zwingend.

Gibt es nun auch für das Unbewusste solche indirekten Hinweise, die dessen Existenz nahe legen? FREUD ist sich natürlich dessen gewiss, wie der folgende Satz von ihm dokumentiert: „Eine unbewusste Vorstellung ist dann eine solche, die wir nicht bemerken, deren Existenz wir aber auf Grund anderweitiger Anzeichen und Beweise zuzugeben bereit sind." Als einen dieser Beweise führt FREUD mit Berufung auf BERNHEIM die Ausführung posthypnotischer Aufträge an (FREUD 1912/1975, 30). Der Beauftragte weiß bei deren Durchführung nicht, dass er in Hypnose versetzt wurde, um diese zu einem bestimmten Zeitpunkt durchzuführen. Die Motive seines Handelns sind seinem Bewusstsein entzogen. Ein anderer Hinweis auf die Existenz des Unbewussten lässt sich aus der Zeit der frühen Kindheit ableiten. Auch bei bewusster Hinwendung zur Vergangenheit sind die meisten Menschen kaum in der Lage, Erinnerungen, die vor dem dritten Lebensjahr liegen, bewusst hervorzurufen. Das kann wohl aber nicht heißen, dass alles, was vor dieser Zeit war, keinerlei psychische Spuren hinterlassen hat. Auch wenn in dieser frühen Zeit noch keine dem Verständnis des Erwachsenen entsprechende bewusste Reflexion des Erlebten möglich war, gibt es Methoden, die einen Zugang zu dieser scheinbar versunkenen Welt der Vergangenheit ermöglichen. Neben der Hypnose ist es die „freie Assoziation", die von FREUD zur Erforschung des Unbewussten entwickelt wurde. Bei der Anwendung

dieser Methode sollen alle frei aufsteigenden Gedanken, Vorstellungen, Phantasien, Emotionen zugelassen und dem Analytiker mitgeteilt werden. Auch die Ergebnisse der Traumforschung unterstützen die Hypothese, dass hinter den bewusst werdenden Trauminhalten eine teilweise unbewusste Regie steht.
Von der Hirnforschung gibt es eindrucksvolle Resultate, die für das Unbewusste sprechen, wobei auf Grundlage derselben allerdings keine Entscheidung getroffen werden kann, ob es sich um ein psychisches oder biologisches Unbewusstes handelt. Wenn im Zusammenhang mit einer Operation bei geöffneter Schädeldecke Partien der Hirnrinde elektrisch oder chemisch gereizt werden, kann es zur Wiederbelebung von Wahrnehmungen kommen, die aus der Vergangenheit des Patienten stammen. „...Investigations started by Hoff and Pötzl ... and extended by Penfield... showed ... that ... stimulation of the secondary divisions of the occipital cortex leads to more complex and significant visual hallucinations, with the reanimation of visual images formed by the patient in the past" (LURIA 1980, 155).

Auch wenn wir die Überzeugung gewonnen haben sollten, dass es das Unbewusste gibt, erhebt sich nun die Frage, was wir dadurch für die Erhellung von theoretischen und praktischen Fragen der Psychomotorik gewonnen haben. Dies wird vielleicht deutlicher, wenn wir uns einer spezifischen unbewussten Tätigkeit näher zuwenden. Ein Satz von FREUD soll uns zu dieser spezifischen Tätigkeit hinführen: „.....; jeder psychische Akt beginnt als unbewusster und kann entweder so bleiben oder sich weiterentwickelnd zum Bewusstsein fortschreiten, je nachdem, ob er auf Widerstand (Abwehr) trifft oder nicht" (FREUD 1912/1975, 33-34). Eben diese Vorstellung eines wirkenden Widerstandes im Übergangsbereich zwischen Bewusstem und Unbewusstem stellt ein Kernstück der psychoanalytischen Theorie zur Erklärung einer Reihe von psychischen und psychosomatischen Beschwerden und Erkrankungen dar. Deshalb werden wir nun unser Augenmerk auf diese spezifische Aktivität lenken.

4. Die Abwehr und ihre Folgen

Nach psychoanalytischer Auffassung strebt der Mensch nach Lust und meidet Unlust. Üblicherweise ist dabei die Befriedigung des Triebes mit dem Erleben von Lust verbunden. Es kann allerdings auch der Fall eintreten, dass die Erreichung des Triebzieles nicht zu der zu erwartenden lustvollen Befriedigung führt. Im Gegenteil kann die Annäherung an dasselbe starke Unlustgefühle hervorrufen, die den erwarteten Lustgewinn dermaßen mindern, dass offenbar die Erreichung des Triebzieles nicht mehr angestrebt wird. Wir werden nun fragen, welche störenden Einflüsse dazu führen, dass es zu einem Überwiegen der Unlust kommt. Diese störende Einflüsse sind die Erwartungen, die sich mit den negativen Folgen der Triebbefriedigung verbinden. Ein einfaches Beispiel soll das verdeutlichen. Ein Bub entdeckt die Masturbation als Lust bereitende Handlung. Nun kann es sein, dass die Eltern dem Kind androhen, dass die genitalen Manipulationen gefährlich seien und Kindern, die onanieren, vom Chirurgen, der Penis amputiert würde. Diese Bedrohung kann nun seine aus magischen Phantasien und Vorstellungen kommende Kastrationsangst derartig steigern, dass die Aussicht auf die Kastration mit dem Wunsch nach Lust in Widerstreit tritt. Dieser Widerstreit der Bedürfnisse und der massiv ängstigenden Vorstellungen und Affekte wird vorerst bewusst erlebt. Wird der innere Kampf aber ins Unbewusste verlegt, ist er nicht mehr spürbar und das Kind ist vom bewussten Erleben des unerträglichen Konfliktes befreit. Auch wenn hier der Anschaulichkeit halber ein Beispiel angeführt wurde, bei dem eine äußere Androhung die Kastrationsangst besonders belebt, ist eine solche keinesfalls eine Voraussetzung für die Entstehung derselben. Denn auch ohne explizite Androhung einer Kastration wird nach psychoanalytischer Auffassung der Bub im Vorschulalter auf Grund falscher, naiver oder magischer Folgerungen, die Angst entwickeln, seines Penis verlustig zu gehen. Jene unbewusst bleibende Tätigkeit des Psychischen, welche zu der Ausschließung eines bewusst erlebten Konfliktes führt, ist die Abwehr, wobei der Prototyp (bzw. der erste Schritt) derselben Verdrängung genannt wird (für das Studium anderer Abwehrmechanismen sei auf die einschlägige Literatur verwiesen: FREUD, A. 1936; FREUD 1926/1971, KERNBERG 1983). Es kann also „das Schicksal einer Triebregung werden, dass sie auf Widerstände stößt, welche sie unwirksam machen wollen“...... sie „gelangt .... dann in den Zustand der *Verdrängung*“ (FREUD 1915/1975, 107). Diese Abwehrtätigkeit wird dem Ich zugewiesen und erfolgt unbewusst. Wir können sie weder beobachten noch erleben. Allerdings lassen sich ihre Folgeerscheinungen ausmachen. Das Kind hört auf zu onanieren und es scheint auch ganz offensichtlich das Bedürfnis danach verschwunden zu sein. Es wird also die „psychische (Vorstellungs-) Repräsentanz des Triebes“ verdrängt und die psychischen „Abkömmlinge der verdrängten Repräsentanz oder solcher Gedankenzüge, die, anderswoher stammend, in assoziativer Verbindung zu ihr geraten sind“ (FREUD 1915/1975, 109). Es kann also durchaus sein, dass nicht nur das Bedürfnis nach Masturbation der Verdrängung anheim fällt, sondern auch Vorstellungen, Gedanken, Phantasien etc., die mit dieser eine assoziative Verbindung eingehen oder eingegangen sind. Gemäß dieser Modellvorstellungen kann sich also die Verdrängung beispielsweise auch auf andere körperliche Betätigungen ausweiten. So wird es denkbar, dass die Ausweitung des Verdrängten überhaupt zu einer Bewegungsunlust führt, wobei die eigentliche Quelle derselben sowohl für das Kind als auch für den Außenstehenden nicht erkennbar ist. Verdrängung heißt also nicht, dass etwas gelöscht wird und nicht mehr existiert. Die verdrängte Triebrepräsentanzen bestehen im Unbewussten fort, organisieren sich weiter und bilden Abkömmlinge und Verbindungen im Unbewussten. Tauchen aber verdrängte Vorstellungen aus irgendwelchen Gründen im Bewusstsein wieder auf, erscheinen sie erschreckend, fremd und überdimensional in der Triebstärke (siehe FREUD 1915/1975, 110).

Beispiel für die Abwehr von Kastrationsphantasien: „Verzauberte Familie" eines siebenjährigen Mädchens mit Problemen der geschlechtlichen Identität (Bild 1)

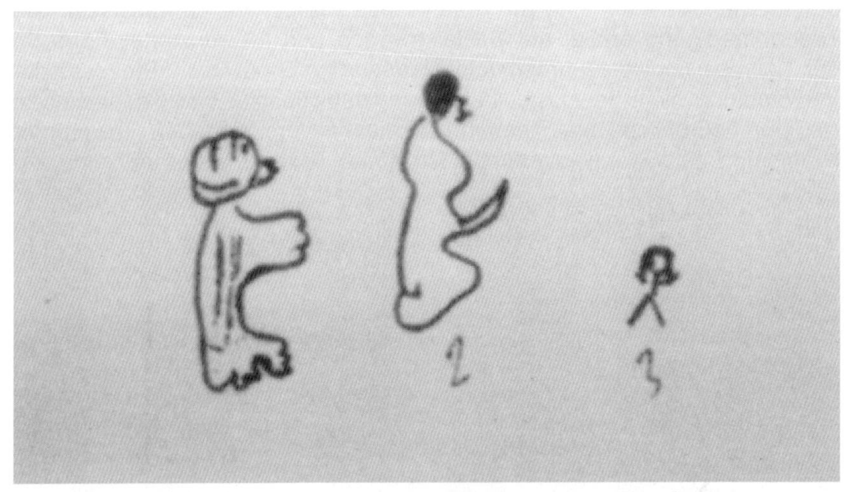

Die Mutter (Mitte) wird mit einem „Schwert" gezeichnet. Nicht bewusst ist dem Mädchen zu diesem Zeitpunkt, dass das Schwert einen erregierten Penis symbolisiert und damit die Vorstellung, als Frau kastriert zu sein, abgewehrt wird.

Ohne dass ich hier der Frage weiter nachgehen kann, welche Vorkommnisse und Prozesse dazu führen, dass Verdrängtes wieder ins Bewusstsein tritt, sei hier auf die prinzipielle Tendenz des Verdrängten hingewiesen, dorthin zu gelangen. Diese Tendenz zur Bewusstwerdung kommt aus einem weiter existierenden Drang zur Lust erfüllenden Triebbefriedigung. Damit die *„Wiederkehr des Verdrängten"* verhindert wird, bedarf es eines fortwährenden Aufwandes an Energie (Gegenbesetzung), die von anderen wichtigen Aufgaben der Lebensbewältigung abgezogen wird. Auf die Dauer können die Folgen weitreichend und tiefgehend sein. Zur Sicherung der Verdrängung ist die Gegenbesetzung fortlaufend zu erbringen, so dass durch sie eine allmähliche *„strukturelle Veränderung der psychischen Organisation"* im Sinne einer *„Ichveränderung"* eintreten kann (GOEPPERT 1976, 88).

Beispiel für die Verdrängung vitaler Impulse: „Versteinerung" – Bild eines dreizehnjährigen avitalen, bewegungsreduzierten Jungen mit einer schweren Zwangsneurose (Bild 2).

Mit anderen Worten können die Verdrängung und andere Abwehrmechanismen nicht nur zur Bildung neurotischer Symptome führen, sondern auch die Persönlichkeitsentwicklung modifizieren und hemmen. Die Tendenz zur Wiederkehr des Verdrängten führt dazu, dass dieses gleichsam durch eine Hintertür wieder auftaucht. Allerdings hat der ursprüngliche Vorstellungsinhalt insofern eine Veränderung erfahren, dass er entstellt ist. Er ist maskiert und nicht mehr erkennbar. Der „Feind" gelangt gleichsam durch eine List – als eine Art Trojanisches Pferd – ins Bewusstsein. Die Triebbefriedigung erfolgt auf Schleichwegen und in reduzierter Form. In der Tiefenpsychologie werden verschiedenartige unbewusste Prozesse der Verwandlung nicht bewusstseinsfähiger Triebwünsche und Phantasien in weniger bedrohliche beschrieben. Zu diesen verschiedenen Abwehrmechanismen zählen u.a. die Projektion eines Triebwunsches auf eine an-

Seine Assoziationen zu seinem Bild: „Das Denken der Menschen und ihre Art zu leben sind eingeschränkt, wie versteinert. Sie können sich nur sehr langsam fortbewegen wie wachsende Kristalle...." Die Zeichnung und die Assoziationen zeigen die Auswirkung der Abwehr sexueller und aggressiver Impulse (Die Lockerung der Abwehr zeigt Bild 3)

dere Person, die Identifizierung mit den Ansprüchen einer geliebten und (zugleich gefürchteten) Person oder – für unser Thema besonders relevant – die Konversion, die die Transformation von Vorstellungen in körperliche Phänomene bezeichnet.

Vielleicht lassen die bisherigen Ausführungen erahnen, dass es nicht immer Läsionen in der sensomotorischen Organisation oder Schädigungen des Bewegungsapparates sein müssen, die motorische Impulse, Abläufe und Handlungen beeinträchtigen. Bevor wir uns weiter damit befassen werden, sollen noch zwei Gedanken Erwähnung finden.
Für FREUD ist eine Voraussetzung für die Fähigkeit des Verdrängens, dass bereits eine mehrjährige psychische Entwicklung erfolgt ist. Diese manifestiert sich dahingehend, dass ein vom Unbewussten abgrenzbarer Bereich des Bewussten entstanden ist. Üblicherweise ist demnach die Abwehr unerträglicher psychischer Konflikte durch Verdrängung ab dem 3.-5. Lebensjahr möglich.
Der zweite schon oben geäußerte Gedanken ist der, dass die Tätigkeit der Abwehr durch das Ich erfolgt. Neben dem Ich gibt es nach FREUD noch das Es und das Überich. Alle 3 Instanzen sind meist direkt bzw. indirekt am Prozess der Verdrängung beteiligt.

5. Der Mitteilungscharakter von Bewegungen und anderen (primären) Körperphänomenen

In der Psychomotorik und der Motologie wurden Methoden entwickelt, die der Erfassung abweichender motorischer Abläufe und Bewegungsmuster dienen. Es geht um die Erfassung, Messung und Beschreibung lokalisierbarer Störungen und die Anwendung von Übungen, die der Behebung des Defizits dienen (siehe dazu HACHMEISTER 1990, 119). Eine solche Sichtweise der Psychomotorik erscheint aber heute weitgehend überwunden. Es hat eine Entwicklung dahingehend stattgefunden, dass eine Schadensbehebung nicht mehr über den Einsatz eines Funktionstrainings (psychomotorische Übungsbehandlungen) erstrebt wird. Die Funktionsstörung, das Defizit, das Detail wird durch *„ganzheitlich-humanistische Zielsetzungen“* (KIPHARD 1991, 33) relativiert. Das programmatische Üben hat seine ehemalige Bedeutung verloren und variable „Bewegungssituationen innerhalb motivierender Handlungsfelder“ haben zunehmend an Bedeutung gewonnen (KIPHARD 1991, 32). Diese neue Form des Sehens und Handelns zeichnet sich durch „Persönlichkeitsorientierung, Erlebnis- und Lebensnähe, Ausdrucks- und Kommunikationsfähigkeit, Kreativität und Konstruktivität, unter Betonung der überaus engen Verbindung zwischen Motorik, Persönlichkeitsentwicklung und Handlungsfähigkeit“ aus (KIPHARD 1991, 33). Der hier aufgezeigte Paradigmenwechsel kommt in folgender Formulierung besonders deutlich zum Ausdruck: *„Wir wollen mit den positiven Seiten des Kindes arbeiten. Wir interessieren uns für das, was es zu tun ver-*

mag, und nicht für das, was es nicht kann" (LAPIERRE/AUCOUTURIER 1980/1998, 20).
Es wäre allerdings verfehlt, wenn wir die Augen vor psychischen und organischen Mängeln und Beeinträchtigungen verschließen und deren Existenz leugnen würden. Aber indem wir sie nur mehr als einen Aspekt innerhalb der Vielfalt von den Menschen konstituierenden Dimensionen betrachten, wird die Tendenz zu einer (ab-)wertenden Sichtweise vermindert.
Aus der Sicht der Psychomotorik, sind Bewegungen und Bewegungsmuster somit nicht nur motorische Abläufe, die mit Begriffen der (Bio-)mechanik ausreichend beschrieben werden können. Der Bewegungsablauf unterliegt auch einer subjektspezifischen Gestaltung, deren Eigenart bereits sehr früh schon fassbar wird: „Bereits in den ersten Lebensmonaten lässt sich beobachten, dass jedes Kind eine eigene Art und Weise hat, sich zu bewegen, fortzubewegen und zu handeln, eine eigene Mimik und Gestik, einen eigenen Tonfall, kurz: ganz eigene, seine Persönlichkeit eigene Ausdrucksformen" (ESSER 1995, 22). Mit ihrer Formulierung trifft ESSER das Lebensstilkonzept der Individualpsychologie (ADLER 1933/1974, 32 – 38; 42). Dieses besagt, dass bereits in früher Kindheit typische Verhaltens- und Organisationsmuster der Lebensbewältigung ausgebildet werden. Die Art und Weise, wie sich diese ausformen, wird in Verknüpfung mit dem zentralen Lebensziel gesehen, welches das Kind aus den vorliegenden Bedingungen kreiert. Zum besseren Verständnis soll hier ein vereinfachendes und sehr plakatives Beispiel angeführt werden. Nehmen wir an, ein Kind wird in einem Übermaße verwöhnt und beachtet und alle seine Wünsche werden erfüllt, so dass keine Notwendigkeit einer Eigenleistung von seiner Seite besteht. Dieses Kind könnte zu einer nicht bewusst reflektierbaren Auffassung gelangen, dass von ihm nichts gefordert werden darf und die Menschen nur dazu da sind, ihm zur Verfügung zu stehen. Diese Leitidee ist nach Auffassung der Individualpsychologie dem Denken, Fühlen, Handeln, Symptomen etc. – die Teil der Lebensstilorganisation oder des (synonym gebrauchten Begriffes des) Lebensplanes sind – immanent. Gemäß der Diktion ADLERS „können wir jede einzelne Lebenserscheinung derart erfassen, als ob in ihr Vergangenheit, Gegenwart und Zukunft samt einer übergeordneten, leitenden Idee in Spuren vorhanden wären ... Die vergleichende Individualpsychologie erblickt in jedem psychischen Geschehen den Abdruck, sozusagen ein *Symbol des einheitlich gerichteten Lebensplanes*, der in der Psychologie der Neurosen und Psychosen nur deutlicher zutage tritt" (ADLER 1912/1990, 25). ADLER verwendet auch den Begriff individuelles „Bewegungsgesetz", um das Einmalige, je Individuelle und Typische eines Menschen auszudrücken (ADLER 1933/1974, 22). Die dieser Auffassung zugrundeliegenden theoretischen Vorstellungen können hier nicht weiter erörtert werden.

Jedenfalls wird in der jüngeren Psychomotorik die Auffassung vertreten, dass sich in der Motorik eines Menschen auch individuelle psychische Aspekte ausdrücken. Nun haben wir das Psychische weiter oben nicht nur auf die bewussten Vorgänge beschränkt, sondern auch unbewusste psychische Aktivitäten eingeschlossen. Unter der Annahme, dass diese Vorstellung einen hohen Erklärungswert bietet, würde das heißen, dass das Bewegungsverhalten, aber auch vegetative Erscheinungen und Modulationen des Muskeltonus durch unbewusst wirkende psychische Vorgänge beeinflusst werden. Derartige Zusammenhänge systematisch zu erforschen, ist dem gemäß eine der Aufgaben einer tiefenpsychologisch orientierten Forschung innerhalb der Psychomotorik.

Wir haben uns mit unseren Ausführungen einer fundamentalen Hypothese des Kommunikationstheoretikers WATZLAWICK angenähert, wenn er formuliert: *„Man kann nicht* nicht *kommunizieren"* (WATZLAWICK u.a. 1974, 53). Bewahrheitet sich diese Hypothese, dann würde das heißen, dass es die „reine", „unverfälschte" Bewegung nicht gibt, da sie immer auch Ausdruck einer Botschaft ist oder als solche verstanden wird. Ebenso müsste das für Veränderungen des Muskeltonus und peripherer vegetativer Phänomene gelten. Die genannten körperlichen Vorgänge sind aus einem kommunikationstheoretischen und tiefenpsychologischen Blickwinkel Ausdruck und machen Eindruck. Wenn der Säugling an seinem Daumen saugt, teilen uns dessen Mimik, der Muskeltonus, die peripheren vegetativen Erscheinungen und die Bewegungen des Rumpfes und der Extremitäten etwas über sein Befinden mit. Wir werden den Eindruck gewinnen, dass er sich in einem Zustand der Spannung und des Unwohlseins oder der Entspannung und des Wohlseins befindet. Wenn „Bruno" keinerlei Interesse an den Objekten im Raum zeigte, keine psychomotorischen Angebote wahrnahm und nicht sprach, können wir das als averbale Mitteilungen interpretieren (Bruno ist die Geschichte einer tiefenpsychologisch ausgerichteten psychomotorischen Therapie, die AUCOUTURIER und LAPIERRE 1977 veröffentlicht haben (deutsche Ausgabe 1995)). Das Verhalten Brunos führt uns zu der Frage, wie es dazu kommt, dass ein Kind in einem so extremem Maße die Interaktion mit der Umwelt verweigert. AUCOUTURIER und LAPIERRE lokalisieren die Quelle dafür in der Verdrängung des „psycho-affektiven Kernes". Er ist für sie der basale „....Kern, um den herum sich alles ordnet und organisiert, der die Entfaltung der Persönlichkeit ermöglicht oder hemmt....." (AUCOUTURIER/ LAPIERRE 1995, 11). Seine Qualität wird in enger Verbindung mit den frühkindlichen Körpererfahrungen des Kindes gesehen.
Nun wurde weiter oben schon angemerkt, dass nach entwicklungstheoretischen Auffassungen der Psychoanalyse die Abwehr durch Verdrängung erst möglich wird, wenn ein gewisser psychischer Entwicklungsstand erreicht ist. Das ist üblicherweise im Alter zwischen 3-5 Jahren der Fall.

Würde man nun alle psychogenetisch entstandenen Entwicklungshemmungen auf die Verdrängung zurückführen, müsste man darauf schließen, dass in einem früheren Stadium des Lebens die Entfaltung des psycho-affektiven Kernes nicht gestört werden könnte. Dass dies nicht der Fall ist, zeigt uns die Erfahrung. Diese nicht zu umgehende Realität spricht entweder dafür, dass die Abwehr durch Verdrängung entweder zu einem früheren Zeitpunkt, als üblicherweise angenommen, auftreten kann oder andere psychische Prozesse der Abwehr den Tonus, vegetative Aktivitäten und Bewegungsabläufe modifizieren und beeinträchtigen. Derartige frühe Formen der Abwehr wurden in der Tat beschrieben. Eine davon ist die sogenannte Spaltung (KLEIN 1946/1962, KERNBERG 1983; auch FREUD hat bereits den Begriff verwendet; FREUD 1940 (1938(/1975).
Das Konstrukt der Spaltung geht von der Annahme aus, dass das Baby in einer sehr frühen Lebenszeit stark voneinander abweichende emotionale Ausdrucks- und Bewegungsmuster nicht als ein und derselben Person zugehörig erfassen kann. In seiner Wahrnehmung ist die zornige, abweisende Mutter eine andere Person als die liebevolle, zärtliche. Üblicherweise lernt nun das Baby, dass diese so verschiedenen Ausdrucks- und Bewegungsmuster von s(einer) Mutter kommen. Es hat also etwas Invariantes und Gleichbleibendes in der Veränderung der Wahrnehmungsmuster erfasst. Unter Spaltung wird nun nicht die vorerst bestehende Unfähigkeit zur Vereinigung der abweichenden, emotional erlebten Muster verstanden, sondern die spezifische unbewusste psychische Aktivität beschrieben, die eine Trennung dieser Wahrnehmungs- und Erlebensmuster bewirkt oder aufrecht erhält. Durch den Prozess der Spaltung befreit sich das bewusste Erleben von der Unerträglichkeit widerstreitender Gefühle. Natürlich weiß das ältere Kind von seiner Kognition her, dass der wütende und destruktive Vater dieselbe Person ist wie der zugewandte, fürsorgliche. Aber auf einer tiefen, unreflektierten, archaischen Affektebene sind diese Seiten im Erleben unvereinbar.
Wir haben damit ein weiteres Konstrukt unbewusster psychischer Prozesse kennen gelernt, welches wir in der tiefenpsychologisch orientierten Forschung in Verbindung mit Ausdrucksphänomenen des psycho-affektiven Kerns untersuchen können. Zu solchen fassbaren Ausdrucksphänomenen gehören vegetative Aktivitäten, der Tonus und Bewegungsabläufe.
Um die vorhergehenden Ausführungen auch für einen tiefenpsychologisch Unkundigen leichter verstehbar zu machen, soll an dieser Stelle ein Beispiel der Veranschaulichung dienen. Die Eltern eines Säuglings reagieren von Geburt an auf dessen Schreien und Bewegungsunruhe mit destruktiver Ablehnung und Wut und schrecken auch vor Handgreiflichkeiten nicht zurück. Nur wenn es sich passiv und ruhig verhält, können sie auch freundlich und zugewandt sein. Dies kann nun dazu führen, dass die, das Kind hochgradig ängstigenden Verhaltensmuster der Eltern mit

dem Eigenerleben seines Schreiens und seiner Bewegungsunruhe amalgamiert werden. Wenn nun noch dazu wenig positive Erfahrungen mit den Eltern und dem mit diesen verbundenen Selbsterleben gemacht werden, kann eine existentielle Gefährdung durch das Übermaß an destruktiver Repräsentation von Eltern und Selbst entstehen. Eine derartige existentielle Bedrohung des innersten psycho-vegetativen Kerns durch diese negativen Anteile kann vom kleinen Menschenkind weder kognitiv noch durch Verdrängung (da noch nicht möglich) bewältigt werden. Eine zu diesem Zeitpunkt mögliche Abwehr ist die Spaltung. Diese könnte zur Folge haben, dass körperliche Passivität als positiv und Bewegungsaktivität als negativ erlebt werden.
Wie schon mehrmals angedeutet, kann die Abwehrtätigkeit ein Ausmaß annehmen, dass sie den Prozess der Entwicklung tiefgreifend beeinträchtigt. Wenn wir gelernt haben, vegetative Phänomene, körperliche Druck- und Spannungsänderungen, Qualitäten und Intensitäten von Bewegungsabläufen zu beobachten und durch therapeutisches „Anfassen in verantworteter Beziehung" (FUCHS 1979, 30) zu erspüren, können wir Bereiche erahnen, in denen das Psychische in seiner Entfaltungs- und Antriebsdynamik gehemmt ist. Mit dieser Formulierung werden sich allerdings psychomotorisch Forschende und Praktizierende nicht zufrieden geben. Zwar wird damit ein Zusammenhang zwischen dem Psychischen und dem Physischen als gegeben angenommen, ohne dass jedoch bislang ein Wort über die Art desselben verloren wurde. Dieses Ausweichen vor einer der faszinierendsten Fragen in den Humanwissenschaften – dem Leib-Seele-Problem – hat vornehmlich damit zu tun, dass sich dieses einer wissenschaftlichen Klärung bislang entzogen hat. Das soll nicht heißen, dass ein derartiger Zusammenhang nicht evident erscheint. Dieser Auffassung zollen mittlerweile ja auch manche Wissenschaften Tribut, wenn sie mit ihren Begriffen wie Neuropsychologie, Psychosomatik oder Psychomotorik einen solchen Zusammenhang herstellen. Aber die Art des Zusammenhangs ist ungeklärt. Für die vorliegende Arbeit wird hier nur die Meinung des Autors vorgelegt, ohne dass weitere theoretische Konstrukte zur Sprache kommen werden. Psyche und Körper werden hier in Deckung mit der Identitätslehre von FECHNER und SCHELLING (DORSCH 1991, 298) als zwei Seiten eines Geschehens aufgefasst und nicht als zwei verschiedene Substanzen, wie das DESCARTES (1641/1985) angenommen hatte. Wie ich weiter oben schon erwähnt habe, wird auch in der Psychomotorik angenommen, dass „Psyche und Motorik" eine „unteilbare Einheit" bilden (KIPHARD 1997, 40). Bezüglich modernerer, aus unserem Jahrhundert stammenden Auffassungen zur Psyche-Soma-Beziehung beschränke ich mich auf FREUDs Begriff der Konversion (FREUD 1905/1971, 127). Dieser wird zur Bezeichnung der Transformation psychischer Konflikte in körperliche Symptome verwendet. Ein vom

Bewusstsein ausgeschlossener psychischer Inhalt verwandelt sich in körperlichen Ausdruck.
In trefflicher Weise wird der „symbolische Darstellungsgehalt" (1971, 57) nicht bewältigbarer psychischer Konflikte durch den aus der Individualpsychologie stammenden Begriff „Organdialekt" erfasst (ADLER 1914/1973, 114). Mit diesem Begriff wird anschaulich die tiefenpsychologische Auffassung verdeutlicht, dass körperlichen Phänomenen und Bewegungsmustern Ausdrucks- und Mitteilungscharakter zukommen kann.

6. Das Beziehungsgeschehen

Es wurde bislang einiges über das Unbewusste, Formen der Abwehrtätigkeit und die Dimension des Ausdrucks und der Mitteilung durch den Körper formuliert. Was aber kaum noch zur Sprache gekommen ist, das sind die Bedingungen, die den Prozess der Entfaltung und Entwicklung fördern oder hemmen. Aus der Vielfalt derartiger Bedingungen soll die zwischenmenschliche Beziehung besonders hervorgehoben werden, da ihre Qualität tiefgreifende Folgen für das heranwachsende Kind hat (REINELT 1997). Dem trägt auch die jüngere Psychoanalyse Rechnung, indem sie sich zunehmend beziehungstheoretischen Fragen zugewandt hat (BAURIEDL 1984; FIGDOR 1989; JACOBSON 1973; KERNBERG 1976. Zur Bedeutung der Beziehung innerhalb verschiedener therapeutischer Schulen siehe REINELT/DATLER 1989). Die Bedeutung, die dieselbe bereits in der frühesten Kindheit für eine gedeihliche Entwicklung haben kann, wurde im vorhergehenden Kapitel schon angedeutet. So können wir auf dem Hintergrund des Konzeptes der Spaltung überlegen, ob eine destruktive Qualität zwischenmenschlicher Beziehungen zur Spaltung des psycho-affektiven Kerns führen kann, einer Art Riss im Urgrund des entstehenden (Körper-)Selbst. Bildlich würden dann verbindungslose Fragmente den innersten Kern konstituieren. Wenn in den ersten Lebensjahren eine derart einschneidende Abwehrtätigkeit durch Spaltung nicht erfolgt, kann jedoch durch unerträgliche innere Konflikte aus unterschiedlichen Triebregungen (wie etwa Liebe und Hass gegen einen Elternteil) oder die Unvereinbarkeit von Ansprüchen der Bedürfnisse/Triebe und den Forderungen der Eltern eine Verdrängung des psycho-affektiven Kerns erfolgen, ohne dass es zu einer Spaltung in Fragmente gekommen ist. Falls eine derartige tiefgehenden Störung entsteht, sehen AUCOUTURIER und LAPIERRE (1995) das Ziel einer tiefenpsychologisch ausgerichteten Psychomotorik in der Aufhebung der Verdrängung. Auf diese Weise wird der Zugang zum psycho-affektiven Kern frei und emotional tiefgreifende Erfahrungen können in körpernahen Beziehungsgestaltungen gemacht werden. Damit kommen wir auch zu einer die französische Psychomotorik besonders auszeichnende Spezifität der Einbindung des Körperkontaktes in das therapeutische Geschehen. An die Stelle einer platonischen Beziehung tritt die hautnahe interaktive Körperlichkeit. Diese vermittelt

Erspürnisse, die zur Entwicklung der körperlichen Eigenwahrnehmung beitragen. In diesem Zusammenhang könnte die Erörterung des von UEXKÜLL u.a. entwickelten Konzeptes der „Subjektiven Anatomie" wichtige Einsichten vermitteln, was aber den Rahmen dieses Beitrages überschreiten würde (UEXKÜLL 1994, REINELT 1998).

Mit der Einbeziehung körperlicher Berührungen und Begegnungen wird auch die in der klassischen psychoanalytischen Praxis geltende Abstinenzregel durchbrochen, die gegenseitiges körperliches Berühren ausschließt. Allerdings beziehe ich mich dabei besonders auf die Analyse Erwachsener, da die psychoanalytische Spieltherapie technisch und methodisch anders durchgeführt wird.

Wenn wir die psycho-vegetativen und psychomotorischen Phänomene als symbolische Formen des Mitteilens auffassen, wird es notwendig, diese „Sprache" des Kindes zu verstehen. Das Verstehen ermöglicht uns erst durch eigenes Handeln zu „antworten", also in einen averbalen Dialog zu treten, der gerade bei frühen Störungen einer ausschließlich verbalen Therapie vorzuziehen ist. Bei „Bruno" wurde die Quelle des originären Problems in einer tiefen und archaischen Form der Kommunikationsstörung gesehen (AUCOUTURIER/LAPIERRE 1995, 25). Der Zugang zum Kind wurde besonders über das Erfassen der symbolischen Bedeutung seines Verhaltens, Nachahmung desselben, Körperkontakt und Kommunikation ermöglicht und gefördert.

Der Körperkontakt gewinnt bei tiefgreifenden Beziehungsstörungen, die ihren Ursprung in der Spaltung des psycho-affektiven Kerns oder in seiner Verdrängung haben, eine existentielle Dimension. Der Therapeut kann Zielscheibe der ganzen Intensität und Wucht der Affekte und Emotionen des Kindes werden, die von unersättlich erscheinenden Liebesansprüchen bis zu zerstörerischen Manifestationen von Wut und Destruktivität reichen können.

Die Bedrohung, die mit einer sich anbahnenden Aufhebung der Spaltung oder Verdrängung einhergeht, das ins Bewusstsein Drängende und die dadurch erfolgende oft exzessive Dynamisierung des Kindes kann zu einer gewaltigen Herausforderung und emotionalen Belastung für die therapeutische Beziehung werden.

Beispiel für den „Einbruch" verdrängter Impulse ins Bewusstsein: „Die Gefahr" – Bild eines dreizehnjährigen avitalen, bewegungsreduzierten Jungen mit einer schweren Zwangsneurose (Bild 3, S. 84).

Eine der Hypothesen der Psychoanalyse ist es, dass in einem dem Kind nicht bewussten Prozess der Übertragung eine Wiederbelebung von Gefühlen und Affekten stattfindet, die auf den (die) Therapeuten/Therapeutin gerichtet werden. Das Kind weiß natürlich, dass der/die Therapeut/in nicht seine Mutter oder sein Vater ist, aber durch die Brille der unreflektierten

Seine Assoziationen zu diesem Bild: „Dieses Schaltpult, das die Maschinen steuert, ist explodiert.....“ Die Aufhebung der Abwehr und das Eindringen verdrängter Impulse ins Bewusstsein manifestiert sich auch im explosiven Bildmaterial und in seinen Assoziationen.

Affekte und Emotionen einer frühen Lebenszeit „verwandelt“ sich diese(r) unbewusst, gemäß der inneren Bilder des Kindes von seinen Eltern, in ein archaisches Vater- oder Mutterimago.

Beispiel für Übertragungsphänomene: „Ein Zukunftsmensch“ – Bild eines dreizehnjährigen avitalen, bewegungsreduzierten Jungen mit einer schweren Zwangsneurose (Bild 4, S. 85).

Das kann bei ihr/ihm zu Gegenübertragungsreaktionen führen und so die Aktivierung von Bedürfnissen und Gefühlen anregen, die mit jenen des Kindes korrespondieren. So wurden in der Begegnung mit einem Mädchen auf deren Übertragung in einer Lehrerin tiefgreifende mütterliche (Gegenübertragungs-)Gefühle ausgelöst, die dazu führten, dass sie einer Jugendlichen ihren häuslichen Bereich öffnete, nach einem Spaziergang im Regen das frierende Kind in ihr Bett steckte, sie mit heißem Tee versorgte etc. In der darauffolgenden Zeit intensivierte sich diese Beziehung. Die Lehrerin konnte aber eines Tages den wachsenden Liebesansprü-

Seine Assoziationen zu diesem Bild: „Der Mensch hat Augen....solche Geisteraugen ....er ist ganz verblendet....in seiner Gelehrtheit sieht er nicht die Abgründe." In die Darstellung fließen Phantasien und Vorstellungen, die den Therapeuten betreffen, ein. Diese werden auch aus frühkindliche Gefühle gegenüber dem Vater gespeist und gestaltet, ohne dass dies dem Jungen vorerst bewusst ist.

chen des Mädchens und deren Forderung nach Nähe und zärtlicher Zuwendung nicht mehr gerecht werden. Wegen der zunehmenden Überforderung zog sie sich schließlich zurück, was zu einem ernsten Selbstmordversuch des Mädchens führte. Sie hatte dieser durch ihr Handeln signalisiert, die liebende, zärtliche, gebende und alle Ansprüche erfüllende Mutter zu sein, ein unausgesprochenes, jedoch unhaltbares Versprechen.

Beispiel für Übertragungsphänomene: Schreiben eines zwölfjährigen Mädchens mit mehrfachen Selbstmordversuchen (Bild 5, S. 86).

Natürlich sind Störungen nicht immer so tiefgreifend, wie das auf Grund der bisherigen Ausführungen erscheinen mag. Neben der Vulnerabilität, die ein Mensch mitbringt, ist das auch abhängig von dem Zeitpunkt des Eintretens schwerwiegender Ereignisse, der Heftigkeit, mit der diese die psychophysische Organisation treffen, den individuellen und sozialen Ressourcen die verfügbar sind und anderen Faktoren.
Was sich aber an peripheren Schwierigkeiten zeigt, wird tiefenpsychologisch immer auch im Hinblick auf die affektiven und emotionalen Beziehungserfahrungen des Kindes gesehen. So kann ein Kind wegen Schul-

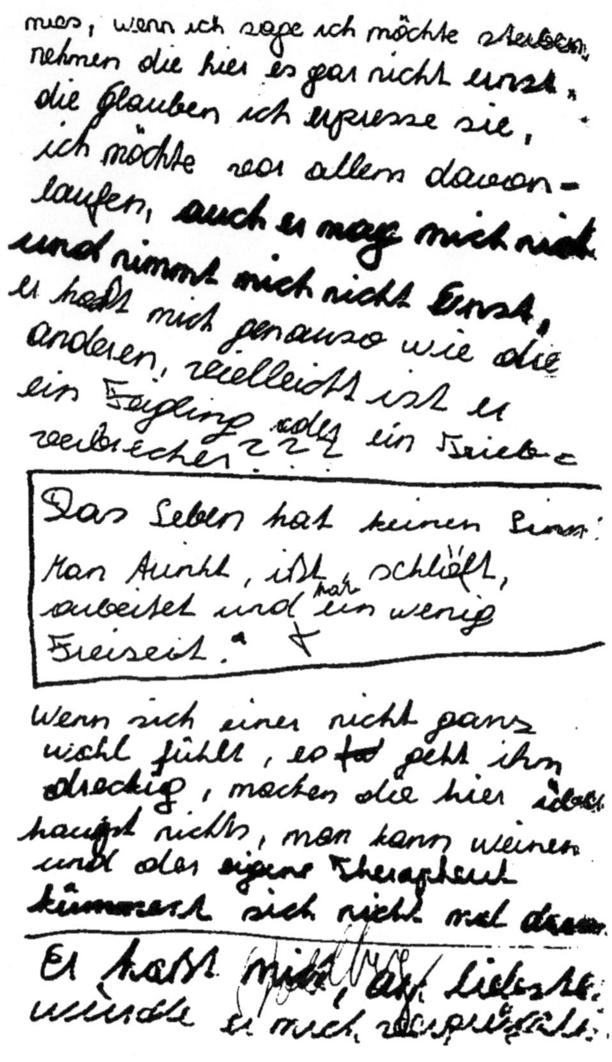

mies, wenn ich sage ich möchte sterben,
nehmen die hier es gar nicht ernst.
die glauben ich erpresse sie,
ich möchte vor allem davonlaufen, auch er mag mich nicht
und nimmt mich nicht Ernst,
er hasst mich genauso wie die
anderen, vielleicht ist er
ein Feigling oder ein Trieb-
verbrecher???

Das Leben hat keinen Sinn:
Man trinkt, isst, schläft,
arbeitet und hat ein wenig
Freizeit.

Wenn sich einer nicht ganz
wohl fühlt, es geht ihm
dreckig, machen die hier überhaupt nichts, man kann weinen
und der eigene Therapeut
kümmert sich nicht mal darum.

Er hasst mich, am liebsten
würde er mich verprügeln.

Abb.2: Schriftbild eines 15jährigen pubertierenden Mädchens mit Selbstmordgedanken

In ihrem Schreiben widerspiegeln sich Gefühle und Affekte gegenüber dem Vater, die auf den Therapeuten übertragen werden.

schwierigkeiten zu einer psychomotorischen Therapie kommen. Die genaue Beobachtung seines psychomotorischen Verhaltens kann jedoch ergeben, dass Defizite der Raum-Zeit-Organisation vorliegen, die wiederum „der offensichtliche Widerschein, der Ausdruck einer viel tieferen Störung, die sich „anderswo“ situiert“, sind. „Dieses Anderswo ist vielleicht die Unsicherheit in einem affektiven Raum, der ungenügend im Bezug zum anderen und den Objekten gelebt wurde“ (LAPIERRE/AUCOUTURIER 1998, 19).

Indem wir die zwischenmenschliche Beziehung in den Vordergrund gerückt haben, haben wir damit auch ein weiteres zentrales Forschungs- und Praxisfeld einer tiefenpsychologisch ausgerichteten Psychomotorik benannt. Die Notwendigkeit zur Modifizierung der Beziehungsgestaltung kann bis zu den elementaren Beziehungserfahrungen des „tonischen Dialoges“ (ESSER 1995, 23 unter Berufung auf AJURIAGUERRA 1962, 43) reichen. Mit diesem Begriff wird die gegenseitige, über die direkte Berührung erfolgende Wahrnehmung der Veränderungen von Muskelspannungen bis hin zu deren feinsten Nuancierungen zwischen dem Kind und seiner Bezugsperson (Mutter, Therapeut etc.) bezeichnet. Von dieser ursprünglichsten und elementarsten Beziehungsform ausgehend können weitere Formen der zwischenmenschlichen Begegnung – bis hin zu symbolischen Kommunikationsformen – entwickelt werden. Denn was den derzeit wohl bedeutsamsten Vertretern einer tiefenpsychologischen Psychomotorik von zentraler Bedeutung erscheint, das *„ist die interindividuelle Beziehung, die Beziehung von Person zu Person.“* (LAPIERRE/AUCOUTURIER 1998, 29).

7. Veränderung oder Verlust von Identität der Psychomotorik

Eine tiefenpsychologische Psychomotorik, wie sie in Frankreich entwikkelt wurde, wirft auch die Frage auf, ob deren theoretische Konzeptionen und Praxisanleitungen noch als Psychomotorik im originären Sinne verstanden werden können. Auch wenn KIPHARD (1991) wesentliche Übereinstimmungen mit der deutschen Psychomotorik herausgearbeitet hat, weicht die französische in wichtigen Schwerpunktsetzungen gravierend von der deutschen Psychomotorik und Motologie ab. Allerdings ist nicht zu übersehen, dass sich auch in Deutschland ein Trend zu einer tiefenpsychologisch orientierten Psychomotorik und Bewegungstherapie abzeichnet (siehe u.a. BECKER 1988, ESSER 1995, HACHMEISTER 1990, HÖLTER 1984; 1987; 1993, LÜPKE 1988). Den Einbezug der Tiefenpsychologie zur Erklärung und zum Verständnis psychomotorischer Phänomene findet auch KIPHARD (1991) bedenkenswert, und es befassen sich darüber hinaus bereits auch Vertreter der Motologie mit diesem Thema: „Unter leibphänomenologischer Fragestellung sollte die Motologie auch die moderne psychoanalytische Entwicklungspsychologie aufgreifen, die als Bereich basaler (ontogenetisch früher, präverbaler) Ichbildung das Körperschema ausgemacht hat .....und dessen Entwicklung auf dem Hintergrund der Beziehungsgeschichte des Kindes reflektiert“ (REINCKE 1996, 150).

Was nun die Besonderheiten einer tiefenpsychologischen Psychomotorik betrifft, so können diese unschwer den bisherigen Ausführungen entnommen werden. Es geht in dieser vornehmlich um den Einfluss unbewusster psychischer Prozesse auf die Organisation der Motorik. Die frühkindlichen emotionalen und affektiven Beziehungserfahrungen werden auf bedeutsame Zusammenhänge mit gegenwärtigen Schwierigkeiten und Problemen untersucht. Die Beziehungsgestaltung in der Therapie trägt dem Rechnung, indem Begegnungsformen ermöglicht werden, die tiefgehende (neue) interpersonale Erfahrungen über das Spüren von körperlichen Veränderungen, bis zu deren feinsten Nuancierungen hin, fördern. Das heißt nun nicht, dass alle Therapien auf dieser archaischen Ebene des kommunikativen Austauschs beginnen. Sie setzen auch oft erst auf einer entwicklungs(psycho)logisch späteren, wie jener des symbolischen Mitteilens oder des verbalen Dialoges an. Immer aber geht es im Besonderen um das Verstehen der „Sprache des Unbewussten“ und der tieferen Bedeutung latenter Inhalte manifester Gestaltungen.
Diese Ausrichtung einer tiefenpsychologischen Sicht- und Verstehensweise hat eine große Nähe zur tiefenpsychologischen Spieltherapie. Das, was das Kind tut, wird dort ebenfalls als symbolische Mitteilung verstanden, doch wird der Spieltherapeut nicht mit dieser Differenziertheit und Fokussierung die Bewegungsgestaltungen des Kindes erfassen, wie in der Psychomotorik. Er besitzt aber durch seine Ausbildung ein breites Spektrum an tiefenpsychologischen Wissen und wird üblicherweise darüber hinaus persönliche Erfahrungen mit Konzepten der Tiefenpsychologie in einer Eigenanalyse gemacht haben. So wird er bspw. die Auswirkungen der Tätigkeit der Abwehr in seiner eigenen Psyche festgestellt und entsprechende Zusammenhänge mit seiner Lebensgeschichte begriffen haben. Ohne diesen Aspekt weiter zu beleuchten, wird man unschwer erkennen, dass dazu eine besondere Ausbildung erforderlich ist.
Der breite Raum, der in der tiefenpsychologischen Psychomotorik der Tiefenpsychologie zugemessen wird, besagt bereits viel über den Stellenwert, den diese bei Vertretern derselben einnimmt. Darüber hinaus ist es aber von besonderer Bedeutung, dass wir es mit einer anderen Form des Denkens, des Betrachtens und auch des Handelns zu tun haben als in der traditionellen (deutschen) Psychomotorik. Das ist auch dann evident, wenn in der Praxis dieselben Materialien Verwendung finden wie in einer klassischen Psychomotorikstunde und in den Stunden auf eine sensomotorische Phase eine symbolische und eine konstruktive folgen (siehe bspw. ESSER 1995, 42 – 57).
Für Vertreter einer klassischen Psychomotorik wird sich wohl die Frage

stellen, ob die tiefenpsychologischen Modifikationen und Spielformen noch unter den Begriff der Psychomotorik einordnenbar sind. Das hängt natürlich auch davon ab, wie die Psychomotorik definiert wird. Wenn sie vom „Aktionskreis Psychomotorik" als „Zusammenhang zwischen Wahrnehmen, Erleben, Erfahren und Handeln" (akp 1998,1) aufgefasst wird, hat die tiefenpsychologische Dimension nur dann ihren Platz, wenn auch unbewusste psychische Prozesse und deren Auswirkungen auf Wahrnehmen, Erleben, Erfahren und Handeln akzeptiert werden. Ähnliches gilt auch für eine Definition, die in der Psychomotorik einen „Ansatz" sieht, der den „Zusammenhang von motorischen Abläufen und psychischen Prozessen" fokussiert (WILLKE 1981, 40). Wenn allerdings eine tiefenpsychologische Psychomotorik ihre Forschungen, Theorien und Praxisanleitungen unter dieser Prämisse betreibt, dann kann sie sich meines Erachtens mit Fug und Recht der Psychomotorik zurechnen.
Die Einbindung der Tiefenpsychologie in die psychomotorische Forschung, Praxis und theoretische Konzeptionen wird die Psychomotorik verändern und modifizieren. Das wird zu einer Verunsicherung der Identität von Bewahrern eines klassischen Ansatzes führen. Die Offenheit für unterschiedliche Strömungen der Psychomotorik – „...das Paradigma der Mehrspektivität..." (PASSOLT 1999, Seitenzahl in Ansicht nicht ausgewiesen) –, kann aber auch eine fruchtbare Auswirkung auf fachliche Diskussionen und Weiterentwicklungen haben.
Für eine tiefenpsychologische Psychomotorik wird es aber, wie auch für jede andere Richtung im Rahmen der Psychomotorik, notwendig sein, ihre Zweckmäßigkeit und Nützlichkeit unter Beweis zu stellen.

8. Tiefenpsychologische Quellen körper- und bewegungsorientierter Verfahren

In den bisherigen Ausführungen wurden bereits Hinweise auf tiefenpsychologische Quellen, die die Entwicklung eines tiefenpsychologischen Ansatzes in der Psychomotorik beeinflusst haben, gegeben. Mit diesem Kapitel werden diese nunmehr entsprechend ergänzt und erweitert. Drei Schwerpunkte ergeben dabei folgende inhaltliche Gliederung desselben:

- Erstens wird aufgezeigt, dass bereits in den klassischen tiefenpsychologischen Richtungen der Körper Berücksichtigung findet,
- zweitens wird verdeutlicht, dass einige Mitglieder der psychoanalytischen Vereinigung schon relativ früh eine (radikale) Hinwendung zum Körper initiiert und damit den Boden für die Entwicklung körper- und bewegungsorientierter Therapieformen bereitet haben und
- drittens werden Hinweise zur Entstehung tiefenpsychologisch begründeter Bewegungstherapien, der tiefenpsychologisch orientierten französischen Psychomotorik und zur Rezeption tiefenpsychologischer Erkenntnisse in die deutsche Psychomotorik gegeben.

Die Ausführungen zur Einbeziehung des Körpers bei FREUD und ADLER bleiben hier auf Grund der umfassenden Schriften, die diese hinterlassen haben, auf einige Hinweise beschränkt. Freud konzipierte eine Reihe von Körperbereichen als Kristallisationskerne seiner Entwicklungstheorie. Mund, Anus und Genitale – die „erogenen Zonen" (FREUD 1905, 1972, 85 ff.) – werden im Laufe der Entwicklung abfolgend die Orte von Lust oder Unlust. Das Erleben von Triebbefriedigung oder Frustration ist mit diesen Zonen verknüpft. Der Körper ist demnach eine grundlegende Quelle der Entwicklung und Organisation des Psychischen. In der Arbeit „Das Ich und das Es", die 1923 erscheint, formuliert er auch, dass das Ich primär eine Körperliches sei und „...es ist nicht nur ein Oberflächenwesen, sondern selbst die Projektion einer Oberfläche. Wenn man eine anatomische Analogie für dasselbe sucht, kann man es am ehesten mit dem „Gehirnmännchen" der Anatomen identifizieren, das in der Hirnrinde auf dem Kopf steht, die Fersen nach oben streckt, nach hinten schaut und, wie bekannt, links die Sprachzone trägt" (FREUD 1923/1975, 294).

Einer der bedeutendsten Schüler von FREUD war ADLER. Als er die „Studie über Minderwertigkeit von Organen" (1907) veröffentlichte, zählte er noch zu dessen Weggefährten. In dieser Schrift führt er aus, dass körperliche Mängel und Beeinträchtigungen eine ausgleichende Aktivität, die er Kompensation nennt, auslösen. Diese kann sowohl im Organischen als auch im Psychischen erfolgen. So schreibt er über die „Funktionelle und morphologische Ausbildung des Organes und seiner Nervenbahnen ...In der Regel wird das Zentralnervensystem den Hauptanteil an dieser Kompensation nehmen. Und nicht nur physisch, etwa durch besondere Ausbildung der Nervenbahnen, Assoziationsfasern ... Steigerung der Reflexfähigkeit, sondern vor allem auf psychischen Wegen dadurch, *dass ein besonderes Interesse das minderwertige Organ zu behüten sucht* und durch dauernde Aufmerksamkeit den Schaden zu verhüten trachtet" (ADLER 1907/1977, 90). Ab dem Jahre 1912 verwendet Adler den Begriff „Organdialekt" (ADLER 1914, 114) und versteht darunter „...eine Sprache, meist ausdrucksvoller, die Meinung deutlicher aufzeigend als Worte es vermögen, aber ... eine Sprache des Körpers ..." (1933/1974, 57). Hinter dieser Aussage steht das Lebensstilkonzept, demnach sich nach Auffassung Adlers die unverwechselbare Individualität jedes Menschen in all seinen psychischen und **physischen**[1] Ausdrucksformen widerspiegelt. Jede Geste, Bewegung und Haltung ist Ausdruck dieser Einmaligkeit und Einzigartigkeit der Person. Sie besagen oft mehr als Worte und werden auch durch unbewusste Themen moduliert.

Die hier angeführten Ergebnisse der wissenschaftlichen Tätigkeit von FREUD und ADLER enthalten wichtige Ideen für die Entwicklung körper-

[1] Hervorhebung durch den Autor dieses Artikels

orientierter Psychotherapien und der Psychosomatik. Zu einem weiteren Wegbereiter und Pionier derselben zählt GRODDECK, der auch direkte Interventionen am Körper seiner Patienten vorgenommen hat (1913/1984). In den Zwanzigerjahren nehmen dann eine Reihe weiterer bedeutender Psychoanalytiker vermehrt Notiz von körperlichen Phänomenen. Zu diesen zählt Felix DEUTSCH (1922), der sich mit dem Prozess der Transformation vom Psychischen ins Organische auseinandergesetzt hat. Es beschäftigt ihn also die so spannende Frage: „...how the conversion symptom originates from an inevitable transformation process from the psychic into the organic, and that this process does not occur suddenly, but develops gradually" (DEUTSCH 1922/1959, 61). Ein weiterer prominenter Analytiker war FENICHEL, der den Zusammenhang der Hemmung des freien motorischen Ausdrucks durch pathologische Abwehr untersucht. Für ihn scheinen „...`Hemmung´ und `Verdrängung´ theoretisch ... denselben Prozess zu bedeuten, nur unter verschiedenen Aspekten betrachtet. `Verdrängung ist der psychische Mechanismus; Hemmung seine Manifestation´ „(FENICHEL 1931/1967, 87). Zu motorischen Hemmungen zählt er „...nicht nur so grobe Dinge wie ´körperliche Ungeschicklichkeiten´, sonder alle die feinen Ungeschicklichkeiten und Unzweckmäßigkeiten des Normalen..." (FENICHEL 1931/1967, 88). Für FERENCZI stellen Mimik, Gestik, Körperhaltung und Verhalten des Patienten körpersprachliche Ausdrucksformen dar, die er ebenso der Analyse unterzieht, wie verbale Äußerungen. Seine Intention für dieses Vorgehen ist „Einsicht in den Zweck, resp. die Motivierung jeder einzelnen Bewegung" zu erlangen (FERENCZI 1925/1972, 168).
Die radikalste Hinwendung zum Körper wurde allerdings von Wilhelm REICH, dem Begründer der „Vegetotherapie" bzw. mit Einführung der „biologischen Energie, des Orgons", der Orgontherapie (1948/1997, 470) und in der Folge von seinen Schülern vollzogen. REICH, der 1934 aus der psychoanalytischen Vereinigung ausgeschlossen wurde, war bestrebt, die Lehre von den Neurosen physiologisch zu begründen, indem er nach deren körperenergetischen Quellen forschte. Ihn beschäftigten die körperlichen Dimensionen der unbewussten Tätigkeit der Abwehr und deren Manifestationen in muskulären Spannungszuständen (Muskelpanzer, Charakterpanzer). Einflüsse auf seine Arbeit hatten auch Erfahrungen und Erkenntnisse, die er aus der Begegnung mit der Gymnastiklehrerin und Bewegungstherapeutin Elsa GINDLER gewann.
Zu jenen, die unmittelbar an REICHschen Konzeptionen anknüpfen, sind besonders LOWEN und BOYESEN zu nennen. LOWEN bezeichnet seine Methode als „Bioenergetik" (1975) und setzt mit dem Ziel der Auflösung des blockierten Energieflusses therapeutisch am Körper an. BOYSEN arbeitet in ihrer „Biodynamik" (1987) konfliktzentriert und ist um die Erhellung und Aufdeckung von biografisch bedeutsamen, in den Körper verdrängten traumatischen Erfahrungen bemüht. Sie geht davon aus, dass

diese die psychophysische Regulation der Darmperistaltik stören. Veränderungen der Flüssigkeitsverteilung im Gewebe sollen die Entstehung eines Gewebe- und Eingeweidepanzers begünstigen, was auch Auswirkungen auf Bewegung und Haltung hat. Eine wichtige Intention ihres therapeutischen Vorgehens ist es, „...die peristaltischen Bewegungen des Patienten zu ´öffnen' ... Bei der Arbeit an einer neurotischen ´hölzernen` Persönlichkeit, wäre das Ziel demnach, das vegetative System zu aktivieren, bis es mit den peristaltischen Tönen (offenes System) reagierte" (BOYESEN/BOYESEN 1987, 50). Akustisch wird dies als Murmeln, Glucksen und Rumoren hörbar.

Auch in der Arbeit mit Kindern gibt es körperorientierte Ansätze. Angenehme Körper- und Bewegungserfahrungen sollen den Muskelpanzer und Bewegungshemmungen lösen. „Kinder, die in ihren Bewegungen gehemmt sind, die nicht nur durch eine ´eingefrorene` Persönlichkeit, sondern auch durch ´eingefrorene` Körper gekennzeichnet sind, brauchen erheblich Zeit und Hilfe, ehe sie ´auftauen` können, bevor sie sich frei bewegen oder sich irgendwelche Emotionen gestatten können" (BETTELHEIM 1950/1997, 203). In seiner Dissertationsschrift über die „Bewegung in der Heimerziehung" reiht Hammer Bettelheim unter die Pioniere der Heimerziehung ein und verdeutlicht die hervorragende Bedeutung, die BETTELHEIM in seiner Arbeit mit den Kindern und Jugendlichen dem Körper und der Bewegung zugemessen hat (HAMMER 1995).

Einflüsse von REICH und GINDLER finden wir auch in der vom Ehepaar PERLS begründeten Gestalttherapie (PERLS/HEFFERLINE/GOODMAN 1951). Besonders mit der von Fritz PERLS entwickelten Interventionstechnik werden der Ausdruck und die Integration des Erlebens gefördert. Weitere Verfahren, bei denen der Körper und die Bewegung eine wichtige Rolle in der Therapie spielen, sind die Psychomototherapie (PESSO 1969) – jetzt als „Pesso Boyden System Psychomototherapie" bezeichnet – (1999, 2) und die Integrative Bewegungstherapie (PETZOLD 1974). In der „Pesso Boyden System Psychomototherapie wird der Körper als „...vehicle of symbolic expression of emotions and interactive relationships" bezeichnet (PESSO 1999, 1). In der Therapie kommen verschiedene Techniken zum Einsatz und es wird u.a. mit symbolisch, synthetischen Erinnerungen gearbeitet.

Die Integrative Bewegungstherapie versteht sich als „...ein phänomenologisch-hermeneutisch begründetes und tiefenpsychologisch orientiertes Verfahren ganzheitlicher Krankenbehandlung und Persönlichkeitsentwicklung" (DREFKE/PETZOLD 1988, 108; siehe auch Petzold 1989). Eine der Intentionen der Methode ist die Freisetzung projektiven Materials und die Bearbeitung unbewusster verdrängter Konflikte.

In den nachfolgend genannten Zugangsweisen und Ansätzen tritt die Rolle der Bewegung noch deutlicher in den Vordergrund als in den oben geschilderten. Bei dieser Auswahl von Verfahren ist die Bewegung ein zen-

trales Moment – manchmal sogar die „Via regia" – des therapeutischen Handelns und Behandelns und es werden tiefenpsychologische Konzepte, wie jene des Unbewussten, der Objektbeziehungstheorie, der Entwicklungstheorie und das Mittel der verbalen Reflexion mit einbezogen.
Die Konzentrative Bewegungstherapie wurzelt in wesentlichen Aspekten in der Körperarbeit der Berlinerin Elsa GINDLER. In ihren Seminaren in den frühen Zwanzigerjahren für zukünftige Lehrer sollte „die Bewusstheit für den eigenen Körper durch das Spüren in jedem Augenblick ... Ausgangs- und Endpunkt jeder Bewegung, also jeder Tätigkeit überhaupt sein" (PAFFRATH, 2001, 1). 1926 schreibt sie in einem Artikel über „die Gymnastik des Berufsmenschen": „Wir halten unsere Schüler ... von der ersten Stunde dazu an, ihre Arbeit mit Bewusstsein zu verfolgen und zu durchdringen" (GINDLER 1926/2000, 48). Ebenso zentriert der Patient in der Konzentrativen Bewegungstherapie seine Wahrnehmung auf das Körpererleben in der Ruhe und Bewegung. Dabei wird auch der Raum mit den Anwesenden einbezogen. Tiefenpsychologische Denkmodelle bilden eine wichtige Basis für die Arbeit (BECKER 1981, STOLZE 1984).
In der Funktionellen Entspannung, einer „tiefenpsychologisch fundierten Therapie" (FUCHS 1997, 23), sind Bewegung, Wahrnehmen und Rhythmus ebenfalls die grundlegenden Bausteine der Methode. In der therapeutischen Körperarbeit können biografisch wichtige Erfahrungen (wieder) ins Bewusstsein treten. Zusammenhänge zwischen derartigen Erfahrungen und körperlichen Manifestationen derselben können dem Patienten/der Patientin eindrucksvoll bewusst werden (REINELT/GERBER 1991). Die Funktionelle Entspannung wurde auch als Forschungsinstrument zu einer methodischen Untersuchung des subjektiven Körpererlebens und der theoretischen Begründung desselben eingesetzt. Die Ergebnisse dieses Forschungsprojektes sind in dem Buch „Subjektive Anatomie" publiziert (UEXKÜLL u.a. 1994).
Für Vertreterinnen einer analytischen Tanztherapie, wie SIEGL (1988) oder TRAUTMANN-VOGT (1992) ergänzen sich Tanz und Psychoanalyse. Eine der grundlegenden Annahmen derselben ist es, dass „...über den nonverbalen Kontakt der gemeinsamen Bewegung mit dem Therapeuten .....ein Patient frühkindliche emotionale Erfahrungen wieder erinnern und durcharbeiten" kann (SIEGL 1988, 76).
Wenn nun die Frage zur Entstehung einer tiefenpsychologisch orientierten Psychomotorik gestellt wird, dann sind hier an erster Stelle André LAPIERRE und Bernard AUCOUTURIER zu nennen. 1977 erscheint von ihnen der Bericht „Bruno. Psychomotricité et thérapie", die Schilderung der Therapie mit einem Jungen mit einer zerebralen Schädigung (AUCOUTURIER/LAPIERRE 1977, deutsch 1995[2]) und 1980 „La symbolique du mouvement. Psychomotoricité et éducation » (LAPIERRE/AUCOUTURIER 1980, deutsch 1998). Psychoanalytische Erkenntnisse und Konzepte bilden für die Autoren einen wichtigen theoretischen Bezugsrahmen. Das

geht so weit, dass BORTEL die Psychoanalyse die Basis der Psychomotorik AUCOUTURIERS nennt. So schreibt sie: „...ich möchte sogar behaupten, dass sie sich in den letzten zwanzig Jahren als die wesentliche theoretische Grundlage herauskristallisiert hat" (2001, 141). Neben Sigmund FREUD nennt sie weitere prominente Vertreter der psychoanalytischen Entwicklungstheorie, Kleinkindforschung und/oder Kinderpsychotherapie, wie A. FREUD, M. KLEIN, J. LACAN, D.W. WINNICOTT, S. LEBOVICI, D.W. STERN, die Einfluss auf die französische Psychomotorik genommen haben.
Ebenso wird von BEAUCHESNE die Bedeutung der Psychoanalyse für die „rééducation psychomotorice" hervorgehoben (1990). Für FREUD sei das Ich vor allem ein „Körperich" gewesen. Und BEAUCHESNE gibt der Überzeugung Ausdruck: „Sobald man sich für die Psychomotorik interessiert, wird man mit zwei fundamentalen psychoanalytischen Konzepten – dem Körperimago und dem Transfer – konfrontiert" (1990, 144).
Erst in den Siebziger- und Achtzigerjahren wurden in Deutschland Entwicklungen innerhalb der französischen Psychomotorik allmählich bekannter. 1973 nahmen an einem internationalen Motorik-Symposium in Luxemburg auch Vertreter der deutschen und französischen Psychomotorik teil. HACHMEISTER kommt nach Sichtung der veröffentlichten Beiträge zu folgendem Schluss: „...beschäftigen sich die einen intensiv mit der möglichst differenzierten Erfassung lokalisierbarer Störungen, betonen die andern die Ganzheitlichkeit der kindlichen Persönlichkeit" (HACHMEISTER 1990, 119). In seinem Artikel geht er allerdings vor allem auf den psychomotorischen Ansatz von AUCOUTURIER und die darin integrierten psychoanalytischen Konzepte ein. Im selben Band der Zeitschrift „Motorik" verfasst Hölter ein editorial: „Zur Rezeption der französischen Psychomotorik in Deutschland". Er sieht in Sprachbarrieren und in Besonderheiten der „Begrifflichkeit und theoretischen Bezugspunkte" in der Französischen Psychomotorik Ursachen für das geringe Interesse an derselben in Deutschland (HÖLTER 1990, 105). Für ihn zeigte sich diese andere theoretische Welt auch auf den von den Franzosen vorbereiteten Psychomotorikkongressen in Nizza und Den Haag. 1984 lautete das Thema in Den Haag „Der Körper und sein Gedächtnis" und 1987 in Nizza „Der Körper und der Blick". In eben demselben Heft beschreibt PRÉVOST (1990, 107) „Grundzüge der Psychomotorik in Frankreich" und AMFT (1990, 115) „Die Relaxationsmethode – eine Integration von Entspannungsverfahren, Körpererleben und Psychoanalyse". Einige Hinweise zu tiefenpsychologisch orientierten Konzepten finden wir auch in der im Jahre 1992 von Lotzmann herausgegebenen „Psychomotorik in der Sprach-, Sprech- und Stimmtherapie". Es finden sich dort u.a. Hinweise auf BOYESEN, LOWEN, AUCOUTURIER und LAPIERRE.
Für die Verbreitung des tiefenpsychologischen Ansatzes von LAPIERRE und AUCOUTURIER in der Psychomotorik innerhalb des deutschen

Sprachraumes haben besonders auch Publikationen von Marion ESSER beigetragen. In der Motorik veröffentlichte sie 1988 einen Artikel über die „Psychomotorische Praxis à la Aucouturier" (ESSER 1988). 1992 kommt ihre Buch „Beweg-Gründe. Psychomotorik nach Bernard AUCOUTURIER" heraus, von dem im Jahr 2000 bereits die 3. Auflage erschienen ist. 1998 wird ihre deutsche Übersetzung von „La symbolique du mouvement" herausgebracht. Unter Berufung auf Vorträge, die AUCOUTURIER in den Jahren 1997 bis 1999 gehalten hat, beschreibt ESSER Weiterentwicklungen seines Ansatzes (Esser 2000). Insbesondere zählen dazu das *„Konzept der Handlung und Transformation"* (ESSER 2000, 69). Transformation wird dabei im Sinne von Veränderung, Wandel, Umgestaltung gebraucht. Für AUCOUTURIER „definiert sie sich die Handlung über die Auswirkungen, die sie auf die innere und äußere Welt hat" (ESSER 2000, 69). ESSER verwendet zur Veranschaulichung ein Beispiel von AUCOUTURIER, in dem das Schreien des Säuglings dazu führt, dass er von der Mutter gefüttert wird, wodurch das Kind sich sensomotorisch, tonisch und psychisch verändert (interne Transformation). Aber auch die Mutter verändert ihren Tonus und ihre Emotionalität (externe Transformation). „Handlung ist demnach ein dialektischer Prozess, eine gegenseitige `Transformation´ der inneren und äußeren Welt, eine Inter-Aktion" (ESSER 2000, 69). Des weiteren werden kindliche Spielhandlungen als symbolischer Ausdruck von etwas schon Erlebtem angesehen. Fallen, schaukeln, drehen, etc. beinhalten unbewusste Erinnerungen an Aufgehoben werden, ins Bett gelegt werden, im Raum getragen und gehalten werden, etc.

Nicht in dieser Ausführlichkeit und Vertiefung in die Materie wird auch noch in weiteren deutschsprachigen Veröffentlichungen auf tiefenpsychologische Konzepte Bezug genommen. HACHMEISTER verweist auf die Bedeutung des Beziehungsaspektes bei AUCOUTURIER. „Über die Beziehung zum Therapeuten werde dem Kind die verschüttete. Entwicklungsdynamik zurückgegeben, damit können sich dann auch eine Verbesserung der Koordination und Fortschritte auf neurobiologischer Ebene ergeben" (HACHMEISTER 1997, 20).

KUNTZ, PASSOLT und SCHINDLER halten „eine Eigenanalyse und/oder eine therapeutisch orientierte Methode differenzierter Selbstwahrnehmung..." für den Psychomotoriktherapeuten für unabdingbar und die „therapeutische Reflexion zu Übertragungs- und Gegenübertragungsprozessen sind Voraussetzung und ständige Begleitung der praktischen Therapiearbeit" (1999, 2). KÖCKENBERGER (2000, 16/15) beschreibt die „darstellende, expressive psychomotorische Spielsituation", in die Elemente des Psychodramas von MORENO und des „Jeux dramatique" – eine dem Psychodrama verwandte „Möglichkeit heilpädagogischer Spieltherapie für Kinder und geistig Behinderte" – integriert werden.

Die fortschreitende Rezeption tiefenpsychologischer Forschungsergebnisse und Konzepte im deutschsprachigen Raum zeigt sich auch bei der

Durchsicht des Sammelbandes „Psychomotorik im Wandel" (WENDLER/IRMISCHER/HAMMER 2000). Eine Reihe der dort vertretenen Autoren nehmen Bezug auf tiefenpsychologische Erkenntnisse und Konzepte. KIPHARD hält eine Auseinandersetzung mit der analytischen Ich-Psychologie von ERIKSON und der Individualpsychologie DREIKURSscher Richtung, mit der Fragestellung, was diese für einen Beitrag für die Motologie leisten können, für lohnend (2001, 15)
Darüber hinaus wird es für die theoretische und praktische Weiterentwicklung nützlich sein, Forschungsergebnisse und Konzepte der psychoanalytischen Entwicklungstheorie und der tiefenpsychologischen kindertherapeutischen Praxis vermehrt auf ihre Brauchbarkeit für die psychomotorische Arbeit mit Kindern zu überprüfen. Veröffentlichungen von A. FREUD, M. MAHLER, R. SPITZ, H. ZULLIGER, J. WINNICOTT, D. STERN, J.D. LICHTENBERG, etc. können dazu einen Beitrag leisten. Allerdings gilt es hier anzumerken, dass bei den genannten Autoren die Motorik weder das zentrale Forschungsthema noch das therapeutische Agens ist.

9. Zusammenfassung

Es wurden einige Grundannahmen und Konstrukte der Tiefenpsychologie vorgelegt. Dabei kamen besonders das Unbewusste und einige dem Unbewussten zugeordnete psychische Prozesse (Abwehrtätigkeit) zur Sprache.
Es wurde erörtert, dass in einer tiefenpsychologisch orientierten Psychomotorik nach der tiefergehenden Bedeutung von Bewegungsabläufen, vegetativen Aktivitäten und muskulären Spannungszuständen gesucht wird. Der tiefenpsychologischen Auffassung folgend wurde den primären frühkindlichen Beziehungen große Bedeutung für die Entwicklung zugemessen. Dabei wurde auch der von AUCOUTURIER und LAPIERRE verwendete Begriff des „psycho-affektiven Kerns" aufgegriffen. Es wurde die Vorstellung dargelegt, dass die Verdrängung desselben oder dessen Spaltung tiefgreifende Auswirkung für den Entwicklungsprozess haben sollten. Einige Facetten zur Frage, ob die Tiefenpsychologische Richtung noch innerhalb der Psychomotorik eingeordnet werden kann, und Konsequenzen für die Ausbildung wurden andiskutiert.
Es wurden Hinweise auf tiefenpsychologische Quellen für einige körper- und bewegungstherapeutische Verfahren gegeben und damit der historische und aktuelle geistige Hintergrund einer tiefenpsychologisch ausgerichteten Psychomotorik angedeutet.

Literatur

AUCOUTURIER, B./LAPIERRE, A.: (1977) Bruno. Bericht über eine psychomotorische Therapie bei einem zerebral-geschädigten Kind (aus dem Französischen von Yvonne Nevole und Eva Rapsilber). München/Basel 1995[2].

ADLER, A.: Heilen und Bilden (1914). Ein Buch der Erziehungskunst für Ärzte und Pädagogen. Lizenzausgabe der 3. Auflage von 1928. Frankfurt am Main 1973.

ADLER, A.: Der Sinn des Lebens (1933). Frankfurt am Main 1974[2].

ADLER, A.: Studie über Minderwertigkeit von Organen (1907). Frankfurt am Main 1977

ADLER, A.: Über den nervösen Charakter. Grundzüge einer vergleichenden Individualpsychologie und Psychotherapie (1912). Lizenzausgabe nach der 4. Auflage von 1928. Frankfurt am Main 1990

AJURIAGUERRA, J. de.: Le corps comme relation. Revue suisse de psychologie et appliquée 21 , 1962, 37-42.

AKP HOMEPAGE: Psychomotorik. http: /www.psychomotorik.com/ 28.1.1998, 1-3

AMFT, H.: Die Relaxationsmethode – eine Integration von Entspannungsverfahren, Körpererleben und Psychoanalyse. Motorik 13, 1990, 115-118

BAURIEDL, T.: Beziehungsanalyse. Das dialektisch-emanzipatorische Prinzip der Psychoanalyse und seine Konsequenzen für die psychoanalytische Familientherapie. Frankfurt am Main 1984

BEAUCHESNE, H.: II. Die Psychomotorik in der kinderpsychiatrischen Praxis. In: GUILLARMÉ, J.-J. (Red.): Psychomotorik in Frankreich. Bearbeitung der deutschen Übersetzung der Originalausgabe „Education et rééducation psychomotorices“ (1982) durch SCHILLING, F., Schorndorf 1990, 144-158

BECKER, H.: Bewegung und Therapie aus der Sicht der Psychoanalyse. In: HÖLTER, G.: Bewegung und Therapie – interdisziplinär betrachtet – . Dortmund 1988, 67–75

BETTELHEIM, B.: Liebe allein genügt nicht (1950). Die Erziehung emotional gestörter Kinder. Stuttgart 1997

BORTEL, D.: Die psychomotrische Beobachtung in der Psychomotrischen Praxis Aucouturier. Psychomotorik 26, 3, 2001, 140-151

BOYESEN, G./BOYESEN M.N.: Biodynamik des Lebens. Die Gerda-Boyesen-Methode. Gerken 1987

DESCARTES, R.: Meditationen über die Erste Philosophie (1641). Stuttgart 1981.

DEUTSCH, F.: On the Formation of the Conversion Symptom (1922)[2]. In: DEUTSCH, F. (Ed.) On the Mysterious Leap from the Mind to the Body. A Workshop Study on the Theory of Conversion. New York 1959

[2] Vortrag beim 7. Inernationalen psychoanalytischen Kongress in Berlin, September 1922. Publiziert in: Internationale Zeitschrift für Psychoanalyse, 10, 1924, 380-392

DORSCH, F., u.a.: Psychologisches Wörterbuch. Nachdruck der 11. ergänzten Auflage von 1987. Bern/Stuttgart/Toronto 1991.

DREFKE, H./PETZOLD H.: Die Integrative Bewegungstherapie und ihre Bedeutung in der Ausbildung von Sportlehrern und Bewegungswissenschaftlern. In: HÖLTER, G.: Bewegung und Therapie – interdisziplinär betrachtet – . Dortmund 1988, 106-125

ELHARDT, S.: Tiefenpsychologie. Eine Einführung. Stuttgart/Berlin/Köln/Mainz 1971[2]

ESSER, M.: Psychomotorische Praxis à la Aucouturier. Motorik 11, 1988, 25-30

ESSER, M.: Beweg-Gründe. Psychomotorik nach Aucouturier. München/Basel 1995[2]

ESSER, M.: Von Bruno bis heute....Über Altbewährtes und Neuentdecktes in der Psychomotorik nach Bernard Aucouturier. Praxis der Psychomotorik 25, 2000, 68-76

EUROPÄISCHES FORUM FÜR PSYCHOMOTORIK, Präambel des „Europäischen Forums für Psychomotorik". http: //www.psychomot.org/forum-d1.html, 8. September 2001, S. 1

FENICHEL, O.: Hysterien und Zwangsneurosen. Psychoanalytische spezielle Neurosenlehre (1931). Darmstadt 1967

FERENCZI, S.: Zur Psychoanalyse der Sexualgewohnheiten (mit Beiträgen zur therapeutischen Technik) (1925). In: FERENCZI, S.: Schriften zur Psychoanalyse II (Hrsg. Balint M.). Frankfurt am Main 1972

FIGDOR, H.: Können neurotische Kinder „pädagogisch geheilt" werden? Pädagogisch relevante Anmerkungen zum theoretischen Verhältnis von Trieb-, Struktur- und Objektbeziehungstheorie. In: SASSE, O./STOELGER, N.: Offene Sonderpädagogik – Innovationen in sonderpädagogischer Theorie und Praxis. Frankfurt am Main 1989, 297-304.

FISCHER, K.: Einführung in die Psychomotorik. München 2001

FREUD, A.: Das Ich und die Abwehrmechanismen. Wien 1936.

FREUD, S.: Bruchstücke einer Hysterie-Analyse (1905) (1901). Freud-Studienausgabe Bd 6: Hysterie und Angst. Frankfurt am Main 1971 [2], 83-186.

FREUD, S.: Hemmung, Symptom und Angst (1926) (1925). Freud-Studienausgabe Bd 6: Hysterie und Angst. Frankfurt am Main 1971[2], 227-308.

FREUD, S.: Einige Bemerkungen zum Begriff des Unbewussten in der Psychoanalyse (1912). Freud-Studienausgabe Bd 3: Psychologie des Unbewussten. Frankfurt am Main 1975, 25-36.

FREUD, S.: Die Verdrängung (1915). Freud-Studienausgabe Bd 3: Psychologie des Unbewussten. Frankfurt am Main 1975, 103-118.

FREUD, S.: Das Unbewusste (1915). Freud-Studienausgabe Bd 3: Psychologie des Unbewussten. Frankfurt am Main 1975, 119-154.

FREUD, S.: Die Ichspaltung im Abwehrvorgang (1940) (1938). Freud-Studienausgabe Bd 3: Hysterie und Angst. Frankfurt am Main 1975, 389-394.

FREUD, S.: Das Ich und das Es (1923). Freud-Studienausgabe Bd 3: Psychologie des Unbewussten. Frankfurt am Main 1975, 273-330

FUCHS, M.: Funktionelle Entspannung. Theorie und Praxis einer organismischen Entspannung über den rhythmisierten Atem. Stuttgart 1979 [2].

FUCHS, M.: Funktionelle Entspannung. Theorie und Praxis eines körperbezogenen Therapieverfahrens. Stuttgart 1997[6].

GINDLER, E.: Die Gymnastik des Berufsmenschen (1926). In: ZEITLER, P.: Erinnerungen an Elsa Gindler. München 2000[2]

GOEPPERT, S.: Grundkurs Psychoanalyse. Reinbek bei Hamburg 1976.

GRODDECK, G.: Die Natur heilt. Die Entdeckung der Psychosomatik (erschien 1913 unter dem Titel „Nasamescu"). Frankfurt am Main 1984

GUILLARMÉ, J.-J. (Red.) : Psychomotorik in Frankreich. Bearbeitung der deutschen Übersetzung der Originalausgabe „Education et rééducation psychomotorices" (1982) durch SCHILLING, F., Schorndorf 1990

HAAS, R.: Mit beiden Füßen auf der Erde – der Leib als Vermittler zwischen innen und außen. Praxis der Psychomotorik 26, 2001, 4-15

HACHMEISTER, B.: Die Psychomotorik Aucouturiers – für uns ohne Bedeutung? Motorik 13, 1990, 119-123

HACHMEISTER, B.: Psychomotorik bei körperbehinderten Kindern. München/Basel 1997

HAMMER, R.: Bewegung in der Heimerziehung. Die Psychomotorik als Grundlage der Alltaggestaltung einer Heimwohngruppe. Dissertation im Fachbereich Sondererziehung und Rehabilitation der Universität Dortmund, Dortmund 1995

HAMMER R./ SCZUDLEK C.: Tanzen durch die Zeit. Zum Erleben in der Psychomotorik. In: AMFT S./SEEWALD J.: Perspektiven der Motologie. Reihe Motorik 19. Schondorf 1996.

HÖLTER, G.: „Balancieren ist nicht immer genug!" Überlegungen zu einer erweiterten Sichtweise von Bewegungsstörungen in der Schule. Motorik 7, 1984, 167-171

HÖLTER, G.: Als Pädagoge von der Therapie lernen. Überlegungen zur Erweiterung des pädagogischen Bezuges im Sportunterricht. In: sportpädagogik 11, 1987, 16-28

HÖLTER, G. (Hrsg.): Bewegung und Therapie – interdisziplinär betrachtet. verlag modernes lernen, Dortmund 1988

HÖLTER, G.: Zur Rezeption der französischen Psychomotorik in Deutschland. Motorik 13, 3, 1990, S 105-106

HÖLTER, G.: Bewegungsauffälligkeiten im Kindesalter – neue Wege zu Verständnis und Duldung am Beispiel des Schaukelns. Behinderte in Familie, Schule und Gesellschaft 16, 1993, 35-44

JACOBSON, E.: Das Selbst und die Welt der Objekte. Frankfurt am Main 1973.

KERNBERG, O.F.: Object Relations Theory and Clinical Psychoanalysis. NewYork 1976.

KERNBERG, O. F.: Borderline-Störungen und pathologischer Narzissmus (1975). Frankfurt am Main 1983

KIPHARD, J. E.: Motopädagogik. Psychomotorische Entwicklungsförderung. Bd 1, Dortmund 1990[4].

KIPHARD, J. E.: Unterschiede und Gemeinsamkeiten französischer und deutscher Psychomotorik. Motorik. Zeitschrift für Motopädagogik und Mototherapie 14, 1, 1991, 31-36.

KIPHARD, J.E.: Psychomotorische Pädagogik und Therapie. In: GERBER, G./ REINELT, T.: Zur Aktualität „Sinnesphysiologischer Erziehung“ (I). Wien 1997 [2], 39 – 41.

KIPHARD, E.J.(1980): Motopädagogik. Psychomotorische Entwicklungsförderung. Bd 1, Dortmund 2001[9]

KLEIN, M.: (1946) Bemerkungen über einige schizoide Mechanismen. In: KLEIN M.: Das Seelenleben des Kleinkindes. Stuttgart 1962, 101-126

KÖCKENBERGER, H.: Emotionen bewegen leibhaftig. Psychodrama meets Psychomotorik. Praxis der Psychomotorik 25, 2000, 10–19

KUNTZ, S./PASSOLT, M./SCHINDLER, J.: Motopädagogik – Psychomotorik. Entwicklung von Begriffsbestimmungen. 'I'B'P – Forum für Psychomotorik (Die Psychomotorische Internetzeitschrift 6, 12, 1999, www.ibp-psychomotorik.de, 1–3)

LAPIERRE, A./AUCOUTURIER, B.: (1980) Die Symbolik der Bewegung. Psychomotorik und kindliche Entwicklung. (Aus dem Französischen übersetzt von Marion Esser) München/Basel 1998.

LEYE, U./HEINEKE, B.: Kinder in der psychomotorisch-psychotherapeutischen Situation. – Zur Veränderung von Verhaltens- und Beziehungsqualitäten als Entwicklungsschritt. In: AUSTRIAN FEDERATION OF ADAPTED PHYSICAL ACTIVITY (Hrsg.): Abstractband – Abstracts des 13th International Symposium Adapted Physical Activity.“Aufeinander Zubewegen“ – durch Bewegung, Spiel und Sport/“Towards a Society for All“ – through Adapted Physical Activity. Wien 2001, 51-52

LOWEN, A.: Bioenergetik (1975). Reinbek bei Hamburg 1988

LURIA, A., R.: Higher Cortical Functions in Man (1962). New York 1980[2].

LÜPKE, H.v: „Kinder, die nicht tun können, was sie tun könnten“ Motorische Entwicklungsverzögerungen unter psychodynamischen Aspekten. In: HÖLTER, G.: Bewegung und Therapie – interdisziplinär betrachtet – Dortmund 1988, 24–32

PAFFRATH, M.: Gindler- Biographie. http: //www.stud.uni-hannover.de/user/65247/ Gindler.htm, 28.08.2000

PASSOLT, M.: Perspektiven der Psychomotorik. Standortbestimmung und Ausblick. Forum Psychomotorik. Interaktives Bulletin für Mehrspektivität, Transversalität und Diskurs. Die Psychomotorische Internetzeitschrift 1, 1, 1999, www.ibp-psychomotorik.de

PERLS, F.S./HEFFERLINE, R.F./GOODMAN, P.: Gestalttherapy. New York 1951

PESSO, A.: Stages and Screens: Psychoanalysis Revisited. Grand Rounds Lecture delivered at Boston University Medical School, Department of Psychiatry, November 1999, http: //www.pbsp.com/articles.htm, 28.02.2001

PETZOLD, H.G: Psychotherapie und Körperdynamik. Paderborn 1974

PETZOLD, H.G: Beziehung und Deutung in den leiborientierten Formen der Psychotherapie und in der „integrativen Bewegungstherapie“. In: REINELT, T./ DATLER, W. (Hrsg.): Beziehung und Deutung im psychotherapeutischen Prozess. Aus der Sicht verschiedener therapeutischer Schulen. Berlin, Heidelberg, New York, London, Paris, Tokyo 1989, 264-289

POLENZ, S. von: Und er bewegt sich doch. Ketzerisches zur Körperabstinenz der Psychoanalyse. Suhrkamp Taschenbuchverlag, Frankfurt/Main 1994

PREVOST, J-J.: Grundzüge der Psychomotorik in Frankreich. Motorik 13, 1990, 107-114.

REICH, W.: Charakteranalyse (1948[3]). Köln 1997[5]

REINCKE, W.: Überlegungen zu einer behindertenpädagogisch relevanten Motologie. In: AMFT, S./SEEWALD, J.: Perspektiven der Motologie. Reihe Motorik Bd 19, Schorndorf, 1996, 141-151.

REINELT, T.: Am Anfang ist der Leib. Anmerkungen zur Bedeutung der Haut- und Bewegungssinne für die Selbst- und Fremdwahrnehmung und Folgen ihrer Schädigung. In: GERBER, G., u.a.: Der Beitrag der Wissenschaften zur interdisziplinären Sonder- und Heilpädagogik. Wien 1985, 193-201.

REINELT, T.: Die zentrale Frage der Beziehung. In: REINELT, T./ BOGYI, G./ SCHUCH, B.: Lehrbuch der Kinderpsychotherapie. Grundlagen und Methoden. München, Basel 1997, 26-39

REINELT, T./DATLER, W.: Beziehung und Deutung im psychotherapeutischen Prozess. Aus der Sicht verschiedener therapeutischer Schulen. Berlin, Heidelberg, New York, London, Paris, Tokyo 1989

REINELT, T./GERBER G.: Der Beitrag der Funktionellen Entspannung zur Analyse und zum Wandel des Lebensstils. Z.f.Individualpsychologie 16, 1991, 125-129.

REINELT, T.: Ein Beitrag zum Konzept der „Subjektiven Anatomie". In: SEDLAK, F./GERBER, G.: Dimensionen integrativer Psychotherapie. Vom Gefangensein in Erkenntnisgrenzen (Käfigdenken) zur wahrheitssuchenden Begegnung (Brückendenken). Wien 1998, S 138-157.

SEEWALD, J.: Entwicklungen in der Psychomotorik. Praxis der Psychomotorik 18, 1993, 188-193

SIEGEL, E.: Tanztherapie – ein analytisch orientiertes Verfahren in der Bewegungstherapie. In: HÖLTER, G. (Hrsg.): Bewegung und Therapie – interdisziplinär betrachtet. Dortmund 1988, 76–86

TRAUTMANN-VOIGT, S.: Indikationsbereiche tiefenpsychologisch fundierter Tanz- und Ausdruckstherapie. Praxis der Psychomotorik 1992, 25-28

UEXKÜLL, J. v./FUCHS, M./MÜLLER-BRAUNSCHWEIG H./JOHNEN R (Hrsg.): Subjektive Anatomie. Theorie und Praxis körperbezogener Psychotherapie. Stuttgart, New York 1994

WATZLAWICK, P./BEAVIN, J.H./JACKSON, D.D.: Menschliche Kommunikation. Formen, Störungen, Paradoxien. Bern, Stuttgart, Wien 1974[4]

WEIß, O.: „Soziomotorik" – ein soziokulturelles Paradigma der Psychomotorik. In: GERBER, G./ REINELT, T.: Zur Aktualität „Sinnesphysiologischer Erziehung" (I). Wien 1997[2], 53-61

WENDLER, M./ IRMISCHER, T./HAMMER R.(Hrsg.): Psychomotorik im Wandel. Lemgo 2000

WILLKE, E., Körper – Bewegung – Psyche. Überlegungen zur Einheit des Menschen. Motorik. Zeitschrift für Motopädagogik und Mototherapie 4, 1981, 40-49.

2.5 Sprache und Kommunikation in der Psychomotorik Psychomotorik als sinnstiftender Dialog in Förderung und Therapie entwicklungsauffälliger Kinder und Jugendlicher

Ingrid Schlicht-Olbrich

1. Spielend sprechen lernen? Überlegungen zu den kommunikativen Grundlagen einer psychomotorisch orientierten Sprachentwicklungsförderung

Bereits vor Publikation der Pisa-Studie zeichnete sich ab, dass sogenannte Sprachentwicklungsstörungen, Sprachverständnisprobleme, Wortfindungsschwächen und daraus resultierende oder darüber hinaus bestehende Kommunikationsprobleme nicht nur bei Migrantenkindern im Vorschul- und Schulalter zunehmen. In einem Interview mit Professor Jürgen Baumert, einem „Vater der Pisa-Studie" in DIE ZEIT vom 6.12.2001 wird deutlich, dass in unserem Bildungssystem einerseits soziale Unterschiede nicht ausgeglichen, sondern eher zementiert werden, andererseits aber auch die mangelnde Sprachkompetenz der Kinder für Erfolg oder Misserfolg verantwortlich gemacht werden können. Die Aufgaben der Studie zum Item „Leseverständnis" können z.B. auch als Wortverständnisproblematik oder mangelnde Durchgliederungsfähigkeit des semantischen Kontextes interpretiert werden. Auch könnten wir fragen, wie es um die Motivation für sprachliche Aufgabenstellungen bestellt ist.

Ein geglückter Spracherwerbsprozess und die daraus resultierende Sprach- und Kommunikationskompetenz haben eine Schlüsselfunktion bei der Sozialisation und der Enkulturation. Sie sind Grundlage und Voraussetzung von Lebenschancen und sozialer Anerkennung.

1.1 „MANNI" – Statt einer Einführung

Zur Einführung in den Problemkreis stelle ich stellvertretend ein Kind mit einer umfassenden Sprachentwicklungsstörung und damit verbundener Kontaktverweigerung außerhalb des Elternhauses vor.

Manni (Name geändert) ist bei der Kontaktaufnahme knapp sechs Jahre alt, sehr zart und kleinwüchsig (17,5 kg, 114,5 cm), verweigert die Kommunikation im Sonderkindergarten und die Zusammenarbeit mit der ihn betreuenden Logopädin. Zur Fragestellung der Einschulung berichtet das schulärztliche Gutachten von „vordergründiger psychomotorischer Retardierung mit Sprachentwicklungsverzögerung (universelle Dyslalie, Dysgrammatismus, Aussprache teils unklar und verstammelt, nicht altersgerechter Wortschatz), begleitenden erheblichen Defiziten im Bereich der

Grob- und Feinmotorik, der Körperkoordination und Wahrnehmung, Auffälligkeiten im Sozialverhalten und vom Verdacht auf das Vorliegen einer Minderbegabung." Eine diagnostische Evaluation dieser Angaben nach Aufnahme der Therapie wird durch den Jungen verweigert. Der Kontakt zu mir als Therapeutin wird durch eine Verwandte vermittelt, die positive Erfahrungen mit der *Integrativen Sprach- und Bewegungstherapie* gemacht hat.

Manni versteckt sich beim Erstgespräch unter dem Tisch, reagiert auch nicht auf Bitten der Eltern, hervorzukommen. Ich nehme sein „Kommunikationsangebot" an und aus diesem „Versteckspiel" („Du willst mit mir Verstecken spielen? Wo ist Manni, haben Sie Manni gesehen?") entwikkele ich unter dem Tisch spielerisch meine ersten Kontaktversuche, auf die er unerwartet nonverbal reagiert, er spielt mit, lächelt mich vorsichtig abwartend an, ein Vorkontakt ist entstanden. Ich entscheide mich nach den vorausgegangenen andernorts missglückten logopädisch orientierten Therapieversuchen für ein strikt *psychomotorisches dialogisches Vorgehen*, das nach einem Angebot meinerseits seinen Impulsen folgt. Um das Vorgehen zu verdeutlichen, sind die Kurzprotokolle der ersten drei Therapiestunden beigefügt (BÜDE-System, variiert nach Westphal).

1.1.1 Stundenprotokolle aus einer Kindertherapie in der Integrativen Sprach- und Bewegungstherapie (Initialphase)

1. Stunde ***Thema: Wir bauen ein Haus für Manni*** ***Zentrales Thema (prototypischer Kern): „Ich mach das nich!"***	
B: Bestandsaufnahme ***(Persönliches)*** Ich bin skeptisch, ob es richtig ist, neben der enormen Belastung durch Unterricht und Schulleitung diese schwierige Therapie zu beginnen, gleichzeitig reizt mich die Herausforderung; ich nehme mir vor, abzuwarten und Mannis Impulsen nach Möglichkeit zu folgen	***Ü: Überschaubarmachen*** ***(Handlungsschritte/ Handlungsverlauf)*** ■ Begrüßung ■ Rollbrettfahren zu Beginn in leerer Halle ■ ein Haus für (vielleicht mit?) M. bauen ■ Sitzplätze „suchen" ■ Babyfotos ansehen, der Mutter beim Erzählen zuhören ■ wo möglich den Laut M modellieren ■ beim Aufräumen im Dialog herausfinden, wie die Stunde war
Ü: Überschaubarmachen (Handlungsziele) ■ Kontakt herstellen, Urvertrauen (nach Erikson) anbahnen, gegeben bekommen (Haus, Wände, Dach) ■ Sprechanlässe schaffen in einer egozentrisch organisierten Wirklichkeit (konstruktivistische Positionen beachtend) ■ Modelliertechnik einführen beim gelingenden Laut M	***D: Durchdringen (Prozessanalyse)*** M. kommt an der Hand der Mutter auf mich zu, hält sich die Augen zu und schielt durch die Finger, von mir kommentiert: "Du hast aber eine interessante Sonnenbrille" führt zur Kontaktannahme, M. will sofort Rollbrettfahren, wir holen mit Rollbrettern als LKW Material für ein Haus, M. zeigt großes Interesse beim Anschauen seiner Fotos, spricht viel mit Mutter, beide sind schwer zu verstehen, da bei der Mutter offenbar eine Dysarthrie vorliegt; eine kleine Modellierphase wird verweigert(***„Ich mach das nich!"***), die Intervention, die Übung mit der Mutter zu versuchen wird angenommen
D: Durchdringen ***(Hypothesen zur Entwicklung)*** die vorsichtige, abtastende Kontaktaufnahme vollzieht sich symmetrisch, M. zeigt sich aktiv beim Hausbau, kommt und geht selbständig, hilft bei der Konstruktion (Autonomie und Initiative nach Erikson, Ansatz zum	***E: Entfalten*** ***(Ausblick auf die nächste Stunde)*** ■ Verstärkungsprogramm mit Piktogrammen und Tierbildern vorbereiten ■ Fotos von M. in der Therapie anfertigen als Grundlage der Sprachaktivierung

Werksinn in der Triade); kommunikative Phase dicht durch die vorliegenden Fotos; die verweigerte Sprechübung wird zunächst positiv konnotierend in Richtung Selbständigkeit verstanden; Beginn des Psychomotorischen Dialogs? Frage: Inwieweit imitiert M. die Mutter, haben die beiden ein eigenes Kommunikationssystem, aus dem heraus M. Übungen verweigern muss? Deutlicher Widerstand gegen „Sprachtherapie" in Form von versteckter Symptomorientierung!	■ Mutter für eigenes Training sensibilisieren ■ Kontakt zu Sonderkindergarten und Logopädin herstellen um zu kooperieren

2. Stunde ***Thema: Modellieren des Lautes „M"*** ***Zentrales Thema (prototypischer Kern): „Ich behaupte meinen Platz"***	
B: Bestandsaufnahme ***(Persönliches)*** Große Spannung, ob Kontakt wieder aufgenommen wird; ich freue mich auf die Stunde, bin neugierig, wie wir in den Dialog kommen	***Ü: Überschaubarmachen*** ***(Handlungsschritte/Handlungsverlauf)*** ■ Rollbrett bereitlegen und abwarten ■ M. Impulse aufnehmen, mitspielen ■ Inhalte: Rollbrettfahren, Haus bauen, Fangen spielen, kegeln, „vorlesen" im Haus (Werscherberger Mappe: Wörter mit „M" im Anlaut) ■ beim Aufräumen herausfinden, wie die Stunde war
Ü: Überschaubarmachen ***(Handlungsziele/Handlungsmotive*** ■ weiterhin Kontaktanbahnung ■ Grundlage für Urvertrauen schaffen ■ egozentrische Sprechanlässe schaffen ■ Aufbau von Motivation ■ Einblick in die Hintergründe meiner Arbeitshypothesen anbieten	***D: Durchdringen*** ***(Prozessanalyse)*** beginnendes Vertrauen von Mutter und Kind spürbar, einfache Spielszenen rund um „LKW" und „Haus" möglich, Mutter ist spielfreudig und einfallsreich, der psychomotorische Ansatz greift problemlos; als Intervention auf die Übungsresistenz liest die Mutter vor, welche Wörter M. während der Woche geübt hat
D: Durchdringen ***(Hypothesen zur Entwicklung)*** Aufbau von Urvertrauen nach Erikson weiterhin nötig, das *Festhalten und Loslassen* und *Kommen und Gehen* nach *Erikson* inszenieren sich ideal durch den selbständigen Zugang zum Materialraum	***E: Entfalten*** ***(Ausblick auf die nächste Stunde)*** eventuell zur Modellierung des Lautes „B" den Riesenballon zusätzlich zur Werscherberger Mappe einsetzen

3.Stunde ***Thema: Modellieren des Lautes "B"*** ***Zentrales Thema (Prototypischer Kern): „Ich schalte den Fernseher an und aus!"(Ich bestimme, wann ich was sage.....")***	
B: Bestandsaufnahme ***(Persönliches)*** Mutter und Sohn fordern Flexibilität, Geduld und Kreativität, der gelingende Kontakt beflügelt, deutliches Gespür für beginnenden Dialog	***Ü: Überschaubarmachen*** ***(Handlungsschritte/Handlungsverlauf)*** ■ Begrüßung ■ Haus bauen, geübte Wörter „vorlesen" ■ Spiel mit dem bereitliegenden Riesenballon als neuen psychomotorischen Impuls ■ Intervention: Therapeutin malt an den Ballonlandeplätzen übergroße Piktogramme zum Anlaut „B" (Blume, Birne, Baum Bär, Baum, Boot usw.) ■ M. wird mit seinem „LKW" (erhöht durch ein Polster) von Bild zu Bild katapultiert ■ dabei Modellieren durch Mutter und Therapeutin ■ Modellieren durch M. im Einwortsatz ■ beim Aufräumen herausfinden, wie die Stunde war
Ü: Überschaubarmachen ***(Handlungsmotive/Handlungsziele)***	***D: Durchdringen*** ***(Prozessanalyse)***

■ weiterhin Kontaktanbahnung ■ Aufbau des Urvertrauens ■ individueller egozentrischer Sprechanreiz als gemeinsame Konstruktion *Relevanter Wirklichkeiten* ■ Weckung von Sprechfreude und Sprachaktivität ■ Respektieren des Widerstands	vertraute Spielsequenzen werden willig angenommen, M. entwickelt erstmals ein eigenes Spiel, um die Bilder zu den geübten Lauten zu „lesen": er schaltet einen fiktiven Fernseher an und aus, bewegt, spielt, spricht deutlich begeistert mit; er ruft uns zu, wohin er mit dem Rollbrett katapultiert werden will (Gebrauch von Nomen im Einwortsatz)
D: Durchdringen (Hypothesen zur Entwicklung) Die Kontaktanbahnung der Initialphase ist gelungen, wir befinden und in einem symmetrischen Dialog auf der Ebene des Einwortsatzes; M. zeigt sich kooperativ und übungswillig bei einem notwendigerweise sehr geringen Steilheitsgrad	***E: Entfalten (Ausblick auf die nächste Stunde)*** versuchsweise den Therapiespiegel mit einbauen, ein „Lesebuch" für das Übungsmaterial vorbereiten und einen „Fernseher" aus Karton herstellen? Mit dem Verstärkungsprogramm beginnen, versuchen, eine Stundenstruktur zu planen und Manni und Mutter durch einen Informierenden Einstieg einzubeziehen

1.2 Abriss der kommunikativen Grundlagen

Manni ist eines der letzten Kinder, das ich im Rahmen der *Integrativen Sprach- und Bewegungstherapie* betreut habe, bevor ich 2001 den psychophysischen Rettungsanker des Rückzugs aus der praktischen Frühförder- und Schularbeit ergriffen habe. Ganz im Sinne von Eriksons acht Lebenszyklen verwende ich jetzt einen Teil meiner Lebenszeit in der Phase der *Integrität* dazu, Erfahrungen weiterzugeben, Reflexions- und Diskussionsforen zu initiieren und Gleichgesinnte darin zu bestärken, in unserer Kultur, in unserer Gesellschaft nicht nur für Kinder, sondern auch für uns Erwachsene für einen spielerisch bewegten, eben psychomotorischen Lebensraum einzutreten.

Ich begann 1976 nach einer intensiven Auseinandersetzung mit den Publikationen Kiphards und einer prägenden Erstbegegnung mit ihm (siehe Olbrich in Irmischer/ Hammer 2001) mit ersten Versuchen, sprach- lern und verhaltensauffällige Kinder psychomotorisch zu fördern. Da es nach meiner Erfahrung nicht möglich ist, die Kinder nach „Primärbehinderungen" zu gruppieren, entscheide ich mich für den Begriff der Entwicklungsauffälligkeit. Damit ist, so hoffe ich, keine Stigmatisierung verbunden, sondern die Position eines Beobachters gekennzeichnet, dem etwas auffällig wird, der auf als abweichend beschriebene Phänomene achtet und professionell bemüht ist, günstige Rahmenbedingungen, eine veränderte Ausgangslage und Motivation für eine Auseinandersetzung mit der Problematik zu schaffen. Daraus entwickelte sich die *Integrierte Sprach- und Bewegungstherapie* als eigener Ansatz, der sich durch die Einflüsse einer Weiterbildung in Kinder- und Jugendlichentherapie zur *Integrativen Sprach- und Bewegungstherapie* vertiefte (Olbrich 1988, 1992, 1993).Er ist in der Sprachheilpädagogik als solcher anerkannt (siehe auch Bahr/ Nondorf 1985, Eckert 1988, Eggert/ Lütje/Johannknecht 1990a, 1990b) und ist bereits seit Ende der siebziger Jahre Gegenstand universitärer Vermittlung.

Die integrierte Sprach- und Bewegungstherapie wurde zeitgleich mit zwei weiteren psychomotorisch orientierten Ansätzen entwickelt, denen von Eckert und Kleinert-Molitor und durch den intensiven fachlichen und persönlichen Austausch mit Amara R. Eckert und Gerd Fichtner bis heute befruchtet. Lütje-Klose setzt die Arbeit Kleinert-Molitors in der „nächsten Generation" der Sprachheilpädagoginnen fort sowie Bender aus der Motopädagogik heraus in die Logopädie, aber auch in die Motopädagogik hineinwirkt. In der Schweiz entwickelte Kuntz in der Tradition Affolters seinen ebenfalls psychomotorisch inspirierten Ansatz.

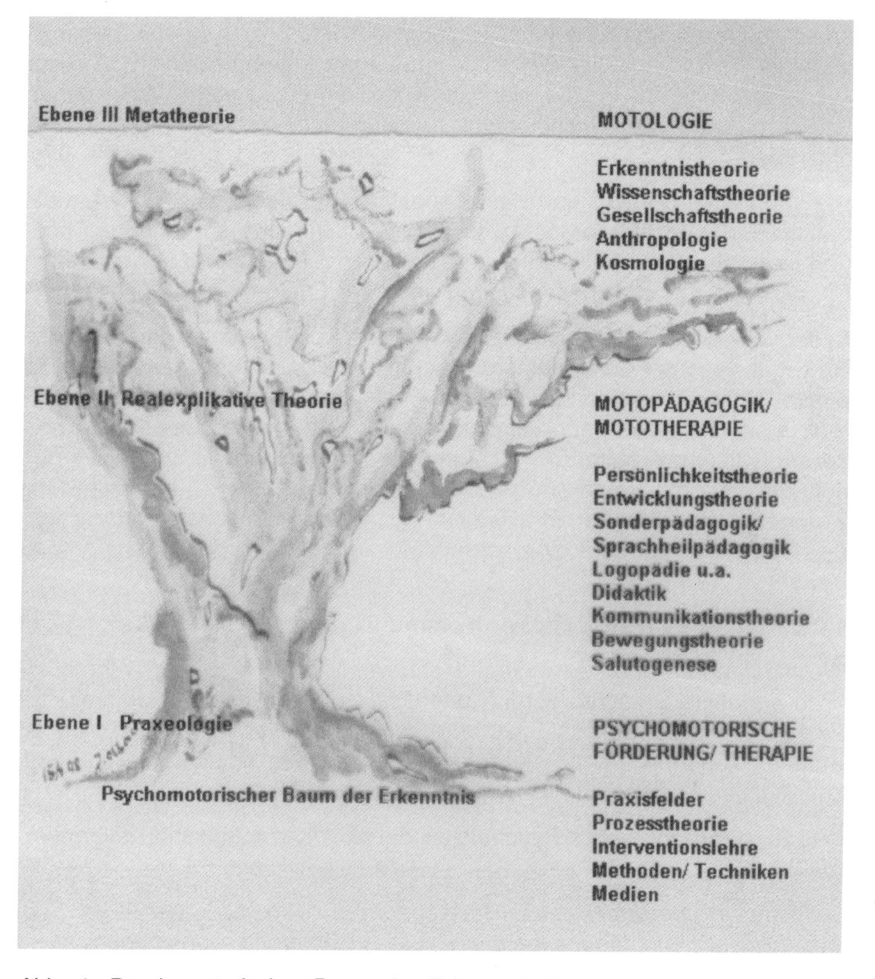

Abb. 1: Psychomotorischer Baum der Erkenntnis (nach Petzold 1984, Olbrich 1991, 1995)

Neben den bereits an anderer Stelle (siehe ausgewählte Literaturliste) thematisierten Grundlagen aus Sprachentwicklungspsychologie und einer integrativ verfassten Kinder- und Jugendlichenpsychotherapie, aus Motopädagogik und einer Pädagogik der Sprachbehinderten werden hier für den Kontext von Aus- und Weiterbildung in psychomotorischen Arbeitsfeldern lediglich die kommunikativen Grundlagen zusammengetragen, wie ich sie zunächst für ein Manuskriptfragment für das Schulprogramm und das Kollegium meiner ehemaligen Schule erarbeitet und dann für die Weiterbildung an der *Akademie für Motopädagogik* erweitert habe.

Dabei liegt der Fokus auf der zwingenden Notwendigkeit von *Mehrperspektivität*, auch im Sinne einer weiteren Ausdifferenzierung des Zugangs und des Verständnisses der eingeschränkten kommunikativen Möglichkeiten von Kindern, für die *Manni* hier stellvertretend steht. Verbindende Grundlage bleibt der *Psychomotorische Baum der Erkenntnis* (Olbrich 1978 bis 1997).

Die Integrative Sprach- und Bewegungstherapie bleibt auch weiterhin ein praktischer Sprachförderansatz, in dem versucht wird, vorhandene Theorien sozusagen als „Brille" für ein besseres Verständnis der beobachteten Phänomene zur Hypothesenbildung und ihrer Evaluation heranzuziehen.

In der vorliegenden Zusammenfassung bilden Kommunikationstheorien und die Ergebnisse der Säuglingsforschung einen willkürlich gesetzten Schwerpunkt. Weitere Aspekte wie z.B. die Bedeutung der Beteiligung von Eltern, mögliche Zusammenhänge zwischen Sprache und Bewegung, prozessorientiertes Arbeiten oder zahlreiche Stundenmodelle werden in den über die Jahre gestreuten Publikationen thematisiert, weil es sehr schwierig war, neben der täglichen Praxis nicht nur eine wissenschaftlich forschende Perspektive sondern eine schreibende Distanz auf der Metaebene zu bewahren.

1.2 Grundlagen menschlicher Kommunikation

Welche theoretischen Grundlagenkenntnisse sind für eine psychomotorisch verfasste Sprachförderung unerlässlich? Nach meiner Meinung gilt es zunächst zu klären, was wir unter Kommunikation verstehen: Was ist Kommunikation, wie kann sie definiert werden, wie entsteht sie und welche Aspekte bestimmen sie?

Das dtv Wörterbuch zur Psychologie definiert Kommunikation folgendermaßen:

„Allgemeine und umfassende Bezeichnung für Prozesse, die einen Sender (initiator), Empfänger (recipient) einen Kommunikationsmodus oder -kanal (z.B. Sprache), eine (inhaltlich bestimmbare) Botschaft oder Nachricht (message) und eine auf Empfang erfolgende Verhaltensänderung

oder allg. einen Effekt gleich welcher Art als analytische Einheiten aufweisen."

1.2.1.1 Kommunikation als Gemeinschaftsleistung

Kommunikation ist immer eine Gemeinschaftsleistung von Sender und Empfänger in einem mitbestimmenden Kontext. Watzlawick, auf den sich diese Zusammenfassung zunächst grundlegend beziehen wird, setzt Verhalten und Kommunikation grundsätzlich gleich: „Denn das Material der Pragmatik sind nicht nur Worte, ihre Konfigurationen und ihre Bedeutungen – also die Daten der Syntaktik und der Semantik –, sondern auch alle nichtverbalen Begleiterscheinungen, die sogenannte Körpersprache inbegriffen." (Watzlawick 1980[5], S. 23)
Das Material der Kommunikation sind nicht nur die Worte selbst, sondern auch die sogenannten paralinguistischen Phänomene wie Tonfall, Schnelligkeit oder Langsamkeit der Sprache, Lachen, Seufzen, Pausen usw. sowie die Haltung und die Ausdrucksbewegungen des Körpers wiederum innerhalb eines bestimmten Kontexts (a.a.O., S. 51).

Als Grundlage seiner Kommunikationstheorie entwickelt Watzlawick sein erstes metakommunikatives Axiom ***„Man kann nicht nicht kommunizieren"*** folgendermaßen: Abgeleitet vom Verhalten kann formuliert werden „Man kann sich nicht nicht verhalten". In einer zwischenmenschlichen Situation habe jedes Verhalten Mitteilungscharakter, sei also kommunikativ, beeinflusse andere. Jede Kommunikation bedeutet eine Stellungnahme und der jeweilige Sender bringt damit seine Definition der Beziehung zum Ausdruck. Somit ist nach Watzlawick in jeder Kommunikation ein Inhalts- und ein Beziehungsaspekt zu finden, woraus er ein zweites Axiom ableitet: ***„Jede Kommunikation hat einen Inhalts- und einen Beziehungsaspekt, derart, dass letzterer den ersteren bestimmt und daher eine Metakommunikation ist"*** (a.a.O., S. 56).

Die einzelnen Sequenzen des Kommunikationsverlaufs werden in ihrer Interaktion durch eine von Sender und Empfänger zugrundegelegte Struktur gegliedert, die Watzlawick Interpunktion nennt. Hieraus wird das dritte Axiom abgeleitet ***„Die Natur einer Beziehung ist durch die Interpunktion der Kommunikationsabläufe seitens der Partner bedingt"*** (a.a.O., S. 61). Der Interpunktionsmodus kann unter drei Aspekten beschrieben werden:

a) Digitale versus analoge Kommunikation
Nach Watzlawick gibt es grundsätzlich zwei verschiedene Weisen, in denen Objekte dargestellt und damit zum Gegenstand der Kommunikation werden können: sie lassen sich entweder durch einen Namen (digital) oder durch eine Analogie, z.B. eine Zeichnung darstellen. Sie bestehen nicht nur nebeneinander, sondern ergänzen sich gegenseitig. Watzlawick

unterstellt, dass der Inhaltsaspekt digital übermittelt wird, während der Beziehungsaspekt analog transportiert wird.

Digitales Mitteilungsmaterial sei durch Komplexität, Vielseitigkeit und Abstraktion gekennzeichnet, habe eine logische Syntax. Analoge Inhalte besitzen Doppeldeutigkeit (Beispiele S. 66), die erst vom Empfänger verschlüsselt werden muss: „Für uns Menschen, sei es in unserer Rolle als Sender oder Empfänger von Kommunikationen, bringt diese ständige Notwendigkeit, von der einen in die andere 'Sprache' zu 'übersetzen', merkwürdige Probleme mit sich ... Die Notwendigkeit des Übersetzens besteht in beiden Richtungen" (a.a.O., S. 67). Dabei kommt es notwendigerweise zu Informationsverlusten und zu Fehlinterpretationen. Watzlawick formuliert entsprechend das vierte metakommunikative Axiom ***„Menschliche Kommunikation bedient sich digitaler und analoger Modalitäten. Digitale Kommunikationen haben eine komplexe und vielseitige logische Syntax, aber eine auf dem Gebiet der Beziehungen unzulängliche Semantik. Analoge Kommunikationen dagegen besitzen dieses semantische Potential, ermangeln aber die für eindeutige Kommunikationen erforderliche logische Syntax."***

b) Symmetrische versus komplementäre Kommunikation
Symmetrische Interaktionen bestehen auf Gleichheit, komplementäre Interaktionen bestehen auf Ungleichheit. Im Fall der symmetrischen Kommunikation ist das Verhalten spiegelbildlich, es zeichnet sich durch ein Streben nach Gleichheit und Verminderung der Unterschiede aus, die Partner sind imstande, den anderen in seinem Sosein zu akzeptieren, so dass gegenseitiger Respekt und gegenseitiges Vertrauen wachsen können, was zu einer realistischen gegenseitigen Bestätigung der Ich-Du-Definitionen führe. Symmetrische Beziehungen scheinen weniger störanfällig bzw. zeichnen sich durch mehr oder weniger offene Konflikte aus (a.a.O., S. 104).

Komplementäre Kommunikation basiert auf sich gegenseitig ergänzenden Unterschiedlichkeiten. Es gibt zwei verschiedene Positionen: die superiore primäre Stellung und die inferiore sekundäre, die auf kulturellen Kontexten beruhen (z.B. Mutter – Kind, Arzt – Patient, Lehrer – Schüler, Therapeut – Klient) und nach Watzlawick nicht mit Bewertungen wie gut – schlecht, stark – schwach versehen werden sollen. Er hebt die bei beiden Fällen miteinander verzahnte Natur der Beziehung hervor. Die Partner verhalten sich so, dass die Beziehungsdefinitionen sich entsprechen. So formuliert Watzlawick als fünftes kommunikatives Axiom ***„Zwischenmenschliche Kommunikationsabläufe sind entweder symmetrisch oder komplementär, je nachdem, ob die Beziehung zwischen den Partnern auf Gleichheit oder Unterschiedlichkeit beruht."***

Bei jedem der von Watzlawick formulierten metakommunikativen Axiome können Störungen auftreten, die hier wegen ihres durchgängig therapeutisch rekurrierten Zusammenhangs (z.B. Schizophrenie) bis auf einen Exkurs zum Double Bind und zur paradoxen Kommunikation vernachlässigt werden.

c) Paradoxe Kommunikation und Double Bind
Beim Double Bind entsteht ein offensichtlicher Widerspruch zwischen Inhalt und Appell der Botschaft: „In diesem Kontext wird eine Mitteilung gegeben, die a) etwas aussagt, b) etwas über die eigene Aussage aussagt und c) so zusammengesetzt ist, dass diese Aussagen einander negieren bzw. unvereinbar sind“.... Aus dieser Situation gibt es keinen Ausweg. Die Mitteilung ist paradox und wird häufig noch weiter dadurch erschwert, dass ein unausgesprochenes oder ausgesprochenes Gebot der Gewahrwerdung besteht. Nach Watzlawick führt der Double Bind beim Betroffenen dazu, dass er ebenfalls im gleichen Muster kommunizieren muss.
Schulz v. Thun erarbeitete mit den KollegInnen Fittkau und Langer aus den verschiedenen Ansätzen der Psychologie wie von Carl Rogers, Alfred Adler, Ruth Cohn, Fritz Perls und Paul Watzlawick eine allgemeine Psychologie der Kommunikation, in der ein Vierseitenmodell das Herzstück bildet. Es ermöglicht sowohl die übersichtliche Analyse konkreter Mitteilungen als auch die Aufdeckung von Kommunikationsstörungen sowie die Gliederung des Problemfeldes (Schulz von Thun 1998, S.15).

Eine in ihrer Komplexheit oft unverständliche Kommunikationssequenz kann häufig verständlicher aufgelöst werden, wenn in der Analyse die

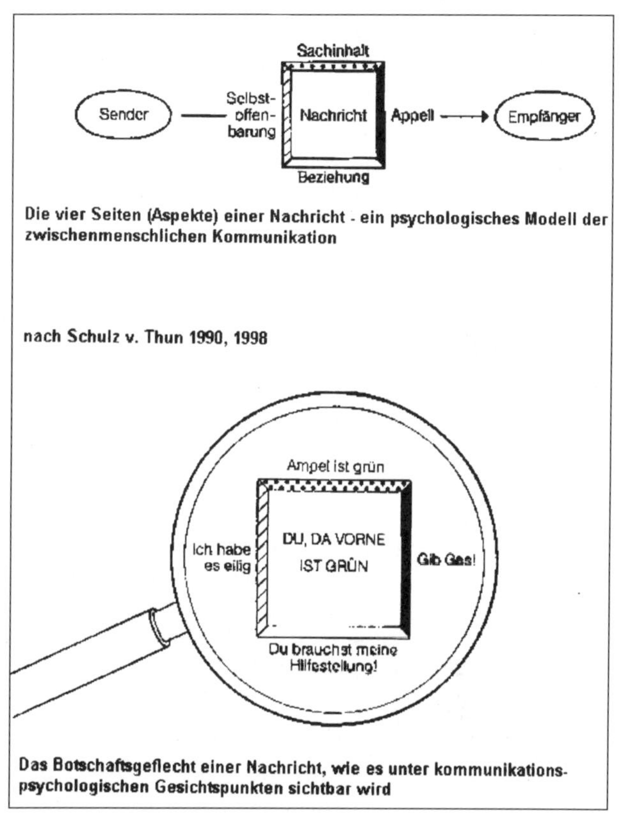

Abb. 2: Vier-Seitenmodell (Schulz v. Thun 1998)

vier Seiten getrennt für die Hypothesenbildung herangezogen werden, wie es später bei den Überlegungen zu Folgerungen für die Förderpraxis beispielhaft versucht wird.

1.3 Interpersonale Kommunikation aus sozialpsychologischer Sicht

Aus sozialpsychologischer Sicht haben sich Wiemann und Giles (1996[3]) mit den Grundlagen von Kommunikation beschäftigt, abgesichert durch Forschungsergebnisse. Sie bestätigen einen großen Teil der oben dargestellten Inhalte:

- die Gesprächspartner sind für die Qualität der Kommunikation mitverantwortlich,
- sie nutzen Kommunikationsmittel und Wege für eigene Ziele,
- Kommunikation wirkt sich sowohl positiv als auch negativ auf unser Wohlbefinden und
  unsere Gesundheit aus,
- Kommunikation ist ein multifunktionales Spiel,
- verbale und nonverbale Äußerungen bilden eine Einheit und tragen zum Charakter der Botschaft bei,
- Kinesiologie, paralinguistische Merkmale und Prosodie sind wichtige Anteile.

Anders als Watzlawick, der zwischen Verhalten und Kommunikation nicht unterscheidet, trennen die Autoren bloßes Verhalten von Kommunikation durch zwei Merkmale:
1. der Sender enkodiert mit einem gewissen Maß von Bewusstheit und Intentionalität,
2. es handelt sich um einen interpersonalen Prozess in einer fortlaufenden Folge von Ereignissen, der mehr als einen Beteiligten erfordert.

Zur Erforschung von Kommunikation wurde ein funktionaler Ansatz entwickelt, in dem folgende Bereiche untersucht wurden:

a) die Merkmale sozialer Kontrolle
a) die Merkmale von Affiliation

Die wichtigsten Ergebnisse zu a)
Soziale Kontrolle bezieht sich auf die Einschränkungen, die wir einander im Gespräch auferlegen. Sie wird ausagiert, nicht diskutiert und intensiv ausgehandelt in Dyaden, die hohe Intimität, Abhängigkeit und Stabilität erwarten lassen (Beispiele a.a.O., S. 338).

Zusammenfassung zu b)
Affiliation ist der ausgedrückte positive und negative Affekt einer Interaktion. Sie wird dekodiert, auch wenn sie nonverbal ausgedrückt wird.

Das Aushandeln von Affiliation wird
nur unter Druck offen ausgesprochen,
von unterschiedlichen kulturellen Erwartungen geleitet,
von instrumentellen Zielen beeinflusst,
hat Beziehungsstufen in aufsteigender Reihenfolge (initiierend, experimentierend, intensivierend, integrierend, bindend),
durch Selbstenthüllung beschleunigt.

Es wird ein für beide Seiten akzeptables Gleichgewicht angestrebt. Das Equilibriumsprinzip erlaubt ein ausgeglichenes Aushandeln des Affiliationsgrades.

Wiemann/Giles definieren beziehungsorientiert und pragmatisch als kommunikative Kompetenz:

- Sie ist dem Kontext angemessen.
- Sie enthält Wissen über kommunikative Regeln, Anpassungsfähigkeit und Flexibilität, diese konstruktiv anwenden zu können.
- Sie ist in der Beziehung verwurzelt.
- Emotionale Fallen und Rückschläge werden vermieden und Schaden, der nicht zu vermeiden war, kann wieder in Ordnung gebracht werden.

Zwischen den Methoden, Kommunikation zu beforschen und dem Verständnis des Gegenstandes besteht nach Aussage der Autoren noch immer eine erhebliche Diskrepanz.

1.4 Entwicklung von Kommunikation: Primäre Intersubjektivität als Grundlage der Kommunikationsentwicklung

Weiterführende Aussagen über die Entwicklung menschlicher Kommunikation werden inzwischen durch die Säuglingsforschung ermöglicht, die sich in letzter Zeit intensiv mit den Implikationen der Psychoanalyse auseinandergesetzt hat. Eine zentrale Erkenntnis ist, dass der Säugling und das Kleinkind von Anfang an aktiv kommuniziert und Sprache spielerisch -experimentierend mit viel Lust an der Eigenaktivität und am Feedback erwirbt. ***Was nicht eingeübt wird stirbt*** (Gopnik, Kuhl, Meltzoff 2000).

Ich beziehe mich im Folgenden auf grundlegende und strukturgebende Aspekte zur vorsprachlichen Kommunikation von Dornes sowie Papousek/Papousek, die einen guten Überblick über bestehende Konzepte geben.

Letztere haben einen historischen Überblick wie folgt erarbeitet:

1.4.1 Etappe des retrospektiven Blicks

Zu Anfang unseres Jahrhunderts, so die Autoren, wurde das wissenschaftliche Interesse für neue biologische Entdeckungen, embryonale und frühe postnatale Entwicklung geweckt. Freud sei vermutlich der erste gewesen, der die „kritische Bedeutung frühkindlicher Erfahrung für die weitere psychische Gesundheit des Kindes und für den Ursprung psychischer oder neurotischer Symptome bei Erwachsenen applizierte (Papousek/Papousek 1992, 140)." Er beschäftigte sich zwar nicht direkt mit kindlichen Patienten, sondern konstruierte seine Entwicklungstheorie retrospektiv aus den Äußerungen erwachsener Patienten: „Freud legte in seinen Werken den Grundstein für eine psychiatrische Tradition, die den kindlichen Erlebnissen eine ständig wachsende Aufmerksamkeit widmete."

1.4.2 Etappe der Auseinandersetzung mit der mütterlichen Deprivation

Anna Freud, Melanie Klein, Margaret Mahler und Susan Isaacs experimentierten mit einem Übergang vom retrospektiven Blick zur direkten Beobachtung von Kindern. Sie gaben entscheidende Impulse zur Bedeutung einer Trennung von Mutter und Kind in der frühesten Phase der mütterlichen Zuwendung. Papousek/Papousek kritisieren, dass die genannten Autorinnen Ergebnisse der experimentellen Tierforschung relativ unkritisch auf menschliche Beziehungen übertragen haben. „In der Kinderpsychiatrie verbreitete sich .... ein verengtes Konzept über die Rolle der mütterlichen Zuwendung. Die Mutter galt als unersetzlich. Man nahm an (siehe dazu auch die Bindungstheorie Bowlbys oder die Theorie der haltenden Umwelt Winnicotts), dass sich die Wechselbeziehung zwischen Mutter und Kind allein auf emotionaler Basis aufbaut."

Mit Papousek/Papousek bin ich der Meinung, dass die Frühentwicklungsforschung, im Folgenden auch Säuglingsforschung benannt, durch spannende, empathische Forschungsmethoden einen „stürmischen Verlauf" genommen hat. An dieser Forschung sind Biologen, Psychologen, Psychiater und Psychotherapeuten kongenial und kollegial beteiligt, beispielhaft für die nach meiner Meinung ausstehende Evaluation psychomotorischer Förderarbeit.

1.4.3 Etappe der Psychiatrie des Säuglingsalters

Im Anschluss an die Entdeckung, dass der Säugling nur *in Einheit mit seiner vertrauten Bezugsperson* „beforscht" werden kann und die frühen Interaktionen viel mehr als die emotionale Basis umfassen, werden Forschungen heute direkt bei beiden Partnern angesetzt.
Daraus ergibt sich als neuer Blickwinkel der der Prospektive und der Prävention unter Langzeitbeobachtung. Die wichtigsten Ergebnisse wurden gut lesbar als Steckbrief des kompetenten Säuglings von Martin Dornes zusammengefasst.

1.4.4 Kurzportrait des „kompetenten Säuglings"

Dornes (1997) beschreibt, dass seit Anfang der sechziger Jahre folgende Annahmen experimentell nachgewiesen wurden:

- Die Wahrnehmungsfähigkeit des Säuglings existiert von Geburt an. Forschungsergebnisse und Aktivitäten des Säuglings lassen Zweifel an den Konzepten von frühkindlichem Autismus und Symbiose (Mahler) aufkommen.
- Der kompetente Säugling verfügt über Interaktionskompetenz, die Initiative wechselt zwischen Bezugsperson und Kind. Diese Wechselseitigkeit ist nicht nur auf den Blickkontakt abgestimmt, sondern umfasst auch wechselseitige Vokalisierungen, Imitationen und Berührungen.
- Der kompetente Säugling verfügt über ein differenziertes imitationsähnliches Verhaltensrepertoire, das sich weiterentwickelt. Dornes spricht von *primärer Intersubjektivität.*

Abweichend von Freuds beherrschender Triebtheorie und nativer Dissozialität des Säuglings zieht Dornes bei der Erklärung der Strukturbildung folgende drei Modelle heran:

- ein Modell mit alltäglichen befriedigenden Interaktionen ohne Frustrationen
- ein Modell mit Microfrustrationen als Hauptanreiz für Verinnerlichungen
- ein Modell mit hoher Spannung und stärkeren Frustrationen

Dem zweiten Modell wird hohe Wirksamkeit zugeschrieben. Weiter führt er aus, dass das Selbst nicht wie von der frühen Psychoanalyse beschrieben fragmentiert sei mit der Aufgabe, eine Einheit zu formen, sondern „Die Hypothese scheint begründet, dass ein einheitliches Selbstempfinden und eine einheitliche Selbstwahrnehmung schon im ersten halben Jahr existieren (Dornes 1997, 97)." Im ersten halben Jahr gebe es bereits ein existentielles Selbst, allerdings kein kategorisches Selbst: „Die psychoanalytische Auffassung, dass das Affektleben des Säuglings zunächst undifferenziert und diffus nach den Kategorien von Lust und Unlust unterschieden werden kann, muss korrigiert werden. Die Forschungsergebnisse zeigen, dass es ein reichhaltiges Gefühlsleben gibt (wie vor, 120)." Nach seiner Meinung ist das eine wichtige Erkenntnis für die vorsprachliche Kommunikation, weil der emotionale Ausdruck eine enorme kommunikative und interaktionsregelnde Wirkung habe. *Der Säugling „ist kompetent, allerdings nicht in der Phantasie, sondern im interaktiven, perzeptiven und affektiven Bereich."*

1.5 Stimmliche Kommunikation im frühen Säuglingsalter als Wegbereiter der Sprachentwicklung

Mit diese Fragestellung haben sich Papousek/ Papousek (1989) intensiv beschäftigt. In ihrer Zusammenfassung der sprachrelevanten Formen prozeduralen Lernens für das erste Lebensjahr geben die Autoren folgenden Überblick:

1. Vokalisationsentwicklung
Kontrolle basaler Mechanismen der Lautbildung
Spiel und Kreativität im Umgang mit der Stimme
Kontrolle von Silben
Abwechseln von Zuhören und Vokalisieren
Nachahmung von Lauten
Verknüpfung von Lautwahrnehmung und Lautbildung
Instrumentaler Gebrauch von Lauten zum Beeinflussen des Partners
Kommunikativer Gebrauch von Lauten zum Ausdrücken von Gefühlen, Bedürfnissen, Absichten
Assoziativer Gebrauch von Lauten in Bezug auf Personen, Objekte oder Ereignisse im Kontext
Symbolischer Gebrauch von Lauten zum Benennen von Personen, Objekten oder Ereignissen

2. Integration der elterlichen Sprache
Entdecken und Wiederentdecken von Einheiten in der elterlichen Sprache
Entdecken von Bedeutungszusammenhängen zwischen Spracheinheiten und Interaktionskontext

3. Kontextbezogene integrative Fähigkeiten
Wecken und Aufrechterhalten von visueller und auditiver Aufmerksamkeit für den Partner
Wecken und Aufrechterhalten gezielter Aufmerksamkeit für Objekte und Ereignisse
Integration von gemeinsamen sensomotorischen Erfahrungen mit dem Partner oder mit Objekten: Exploration, Konzeptbildung, Symbolische Repräsentation
Gleichzeitiges Bezugnehmen auf Partner und Objekte

Diese Fähigkeiten können z.B. im psychomotorischen Setting exploriert werden.

Das gleichzeitige Bezugnehmen auf Partner und Objekte wird von Zollinger in Anlehnung an Bruner für einen späteren Zeitraum als ***Triangulärer Blickkontakt*** wieder aufgegriffen, der in Verbindung mit dem Zeigen und Geben eine unabdingbare Voraussetzung für den Spracherwerb ist. Viele Kleinkinder, die zur psychomotorischen Sprachentwicklungsförderung vorgestellt wurden, hatten große Probleme mit dem Triangulären Blickkontakt. Die Leistung, mit der Eltern (oder andere primäre Bezugspersonen) diese Prozesse unterstützen, begleiten oder verstärken wird als ***intuitive Didaktik*** beschrieben (siehe dazu Papousek/Papousek, 1992, 147). Dazu gehört vor allem auch das positive Umdeuten des kindlichen Verhaltens oder die verbalen Unterstützungsmöglichkeiten des parallelen Kommentierens oder Modellierens. Nach meinen persönlichen Beobachtungen scheinen diese natürlichen Fähigkeiten ebenfalls zum großen Teil verloren zu gehen. Damit meine ich nicht die durchschnittliche förderungsinteressierte bürgerliche Familie, sondern die überforderte, z.T. vielleicht bildungsuninteressierte gestresste oder sozial randständige Teil- oder Kleinfamilie, die nicht mehr im Sinne Winnicotts die „ausreichend gute Mutter" (oder andere Bezugsperson) bereitstellen kann, weil sie die „haltende Umwelt" nicht vorfindet, die unerlässliche Voraussetzung für die *intuitive elterliche Didaktik* ist. Für mich bleibt die zentrale Frage, ob und wie in einem großen Teil gegenwärtiger Familien kommuniziert wird und eine ganz ketzerische dazu, ob wir dabei sind, unsere Sprache zu verlieren.

1.6 Tiefenpsychologisch orientierte Skizzen

In den bisherigen Ausführungen war der Fokus auf die in Beziehung eingebetteten kognitiv-rationalen Anteile der Entwicklung von Sprache und Kommunikation gerichtet. Sie reichen jedoch nicht aus, die unbewussten, irrationalen oder symbolischen Inhalte von Kommunikation zu verstehen oder im psychomotorischen Raum damit angemessen umzugehen. Im Rückgriff auf das eingangs vorgestellte *Modell des Baums der Erkenntnis* und die damit verbundene *Mehrperspektivität* möchte ich einige Überlegungen zum psychosozialen Entwicklungsmodell *Eriksons* und einige zentrale Anregungen *Winnicotts* anfügen.

Der Literatur Eriksons begegnete ich in einer vertiefenden Auseinandersetzung ab 1985, vor allem aber nach 1989 in meiner Arbeit als Dozentin im Seminar für Sprachbehindertenpädagogik der Universität zu Köln als wir begannen, seine frappierend psychomotorisch erscheinenden Aussagen (wenn auch von ihm nicht so benannt) der Reflexion und Planung unserer psychomotorischen Kindertherapie zugrunde zu legen (1989 – 1993). Diese Auseinandersetzung habe ich in Kiphard/ Olbrich „Psychomotorik und Familie. Psychomotorische Förderpraxis im Umfeld von Therapie und Pädagogik" bereits ausführlicher vorgestellt (a.a.O. 45 – 63):

- Die menschliche Entwicklung vollzieht sich nach Erikson in acht Zyklen: *Urvertrauen, Autonomie, Initiative, Werksinn, Identität, Intimität, Generativität und Integrität* (siehe Abb. 3)
- Die Übergänge von einem Zyklus zum nächsten sind mit der Bewältigung von Krisen verbunden; dadurch entfällt nach meiner Meinung die Stigmatisierung abweichender Entwicklung

- Jeder nachfolgende Zyklus enthält die vorhergehenden in sich
- Die in die Kindheit fallenden Zyklen werden an Bewegungsmodalitäten festgemacht; sie lassen sich in psychomotorisch initiierten Bewegungsaktivitäten auffinden
- Aus den in die Kindheit fallenden Zyklen lassen sich Postulate für förderndes Eltern- und TherapeutInnenverhalten ableiten. Neben der grundlegenden Fähigkeit, Kontakt, Beziehung und Dialog auch unter schwierigen Bedingungen anzubieten oder durchzutragen sind folgende psychosozialen und psychomotorischen Qualifikationen hilfreich:

Urvertrauen

nähren, pflegen, tragen, geben, für Schutz sorgen, körperliche Nähe anbieten oder gewähren, nonverbal oder verbal spiegeln, ein Setting anbieten, in dem Vertrauen aufgebaut werden kann und ein Modell für Vertrauen sein, Übersetzung der Intuitiven Elterlichen Didaktik in den pädagogischen oder therapeutischen Raum, Kommunikation eher analog als digital

Autonomie

bekräftigen (nonverbal durch Blickkontakt, Körpersprache, verbal durch Kommunikationstechniken), Prozesse des Festhaltens und Loslassens initiieren, verstärken durch aktives Mittun, respektieren und fördern von Selbständigkeit, Grenzen setzen können, Modell für Autonomie sein; sprachliche Begleitung im Sinne von egozentrischem Sprechen

Initiative

anregendes Material zur Verfügung stellen, um die spezifische Wirkung verschiedener Materialien wissen, bekräftigen (wie oben), Prozesse des Kommens- und Gehens initiieren, der Ambivalenz des Kommens und Gehens akzeptierend begegnen, Modell für Initiative sein, positives Konnotieren, Planungs- und Auswertungsprozesse sprachlich modellhaft begleiten

Werksinn

ansprechende Bewegungsaufgaben einbringen oder aufnehmen, die über die Ebene des Symbolspiels hinausreichen, durch Eigenaktivität begleiten, bekräftigen, Lösungen unterstützen und im Dialog reflektieren, sprachlich antizipieren und evaluieren

	A Psychosoziale Krisen	B Umkreis der Beziehungspersonen	C Elemente der Sozialordnung	D Psychosoziale Modalitäten	E Psychosexuelle Phasen
I	Vertrauen gg. Mißtrauen	Mutter	Kosmische Ordnung	Gegeben bekommen Geben	Oral-respiratorisch, sensorisch kinästhetisch (Einverleibungsmodi)
II	Autonomie gg. Scham, Zweifel	Eltern	»Gesetz und Ordnung«	Halten (Festhalten) Lassen (Loslassen)	Anal-urethral Muskulär (Retentiv-eliminierend)
III	Initiative gg. Schuldgefühl	Familienzelle	Ideale Leitbilder	Tun (Drauflosgehen) »Tun als ob« (= Spielen)	Infantil-genital Lokomotorisch (Eindringend, einschließend)
IV	Werksinn gg. Minderwertigkeitsgefühl	Wohngegend Schule	Technologische Elemente	Etwas »Richtiges« machen, etwas mit anderen zusammen machen	Latenzzeit
V	Identität und Ablehnung gg. Identitätsdiffusion	»Eigene« Gruppen, »die Anderen«. Führer-Vorbilder	Ideologische Perspektiven	Wer bin ich (wer bin ich nicht) Das Ich in der Gemeinschaft	Pubertät
VI	Intimität und Solidarität gg. Isolierung	Freunde, sexuelle Partner, Rivalen, Mitarbeiter	Arbeits- und Rivalitätsordnungen	Sich im anderen verlieren und finden	Genitalität
VII	Generativität gg. Selbstabsorption	Gemeinsame Arbeit, Zusammenleben in der Ehe	Zeitströmungen in Erziehung und Tradition	Schaffen Versorgen	
VIII	Integrität gg. Verzweiflung	»Die Menschheit« »Menschen meiner Art«	Weisheit	Sein, was man geworden ist; wissen, daß man einmal nicht mehr sein wird.	

Abb. 3: Psychosoziale Entwicklung nach Erikson (Erikson 1973)

Bereichert werden Eriksons Anregungen für die Gestaltung eines psychomotorischen Settings und die reflexive Auswertung des Interaktionsgeschehens durch eine Auseinandersetzung mit zentralen Überlegungen Winnicotts. Mit D. Bürgin (Bürgin in Metzmacher/Petzold/Zaepfel 1996, 303 ff) bin ich der Meinung „Winnicott ist einer der originellsten Kliniker und Denker innerhalb der internationalen psychoanalytischen Gemeinschaft." Sein Konzept erhellt die Übergangsbereiche vom Innen zum Außen. Damit sind die Bereiche der inneren Welt als Phantasie und der äußeren Welt der Objektivität gemeint, aber auch des Übergangs vom Selbst zum Objekt „ – und zwar sowohl bezüglich der innerseelischen Repräsentanzen als auch bezüglich des körperlichen Subjektes und des bedeutungsvollen Anderen. Sie sind intermediäre, neutrale Erfahrungsräume, in welchen das Subjekt vom Druck befreit ist, ständig die Widersprüchlichkeiten zwischen den polaren Gegensätzen zu ertragen, und bilden sich als Folgeerscheinungen der Illusions-/ Desillusionserfahrungen bereits beim Säugling" (Bürgin, a.a.O). In diesen Übergangsräumen zeigen sich die *schöpferischen Spannungen* zwischen Individuum und Umwelt, in denen *Kreativität entsteht* (siehe auch die Ergebnisse der Säuglingsforschung Stern, Dornes u.a.), eine Kreativität die nach Winnicott aus dem Sein entsteht und nicht wie Freud meinte reaktiv als Möglichkeit, „das Ärgernis des Realitätsprinzips" bewältigen zu können. Originale Schöpfungen dieser Theorie ist die Sichtweise der „ausreichend guten Mutter" (das muss nicht die Mutter, sondern eine haltende Person sein) und der haltenden Umwelt, eine pointierte Herausarbeitung der Bedeutung des Spiels für die kreative Entwicklung des Kindes und das Bereitstellen von Begriffen des Spiegelns, Übergangsobjekts und Intermediärobjekts (siehe dazu Winnicott 1985[3], Davis/ Wallbridge 1983).

Nicht nur in meiner eigenen pädagogischen und therapeutischen Arbeit, sondern auch in den Weiterbildungsgruppen in der Sprachheilarbeit und an der Akademie für Motopädagogik konnten die hier skizzierten theoretischen Grundlagen im psychomotorischen Setting aufgefunden, in der reflexiven Auseinandersetzung zu einem verstehenden Zugang kindlicher Aktion und Kommunikation genutzt und in methodisch-didaktische Überlegungen und Konzeptionierung übergeleitet werden, wie ich es in den vorher vorgestellten Stundenbeispielen versucht habe zu zeigen. Darüber hinaus wird die kindliche Problematik mit ihrer impliziten Thematik professionell kommunizierbar.

2. Folgerungen für die psychomotorische Förderpraxis

Auf dem Hintergrund der oben vorgestellten Theorien können bezogen auf das einführende Beispiel von *Manni* bewusst ungeordnet folgende handlungsleitende Hypothesen entwickelt werden:

- Es kann nicht aufrechterhalten werden, dass *Manni* nicht kommuniziert, er kommuniziert und der Empfänger muss dekodieren, was gesagt wird
- *Manni* kommuniziert *nonverbal* mit Blickkontakt, Gestik und Mimik, ab 2. Therapiestunde auch verbal, wenn er sich im psychomotorischen Spiel ohne Leistungsdruck respektiert fühlt
- Er hat die spontane Experimentierfreude beim Erwerb der Muttersprache verloren; Ungeübtes wird verloren gehen oder ist bereits verloren gegangen
- Er muss die Situation selbst kontrollieren können (siehe dazu auch Flammer 1990 zur Psychologie der Kontrollmeinung), um sich auf Spielsequenzen einlassen zu können
- Minimale Frustrationen kann er im psychomotorischen Setting zunehmend aushalten, ohne in Trotzreaktionen oder Verweigerung zu geraten
- Er kommuniziert *symmetrisch* mit der Mutter, *komplementär* mit der Therapeutin; bei dem geringsten Druck wird die Kommunikation ausschließlich komplementär
- Orientiert am Vierseiten-Modell Schulz von Thuns kann eine vorsichtige Eingangshypothese für den Satz „Ich mach das nich!“ lauten:
  „Ich will nur mit meiner Mutter zu tun haben“ (Beziehungsebene)
  „Ich kann das nicht, was ihr sprachlich von mir wollt“ (Sachebene)
  „Ich bin nicht gut genug, aber du sollst es nicht merken“ (Selbstoffenbarungsebene)
  „Lass mich in Ruhe“ (Appellfunktion)
- Er spricht gut auf Techniken des Modellierens und Stimulierens an, die im Sinne der sprachlichen Begleitung nach Piaget (siehe Olbrich 2002[3]) eingesetzt werden, wenn sie an psychomotorische Spielhandlungen geknüpft sind und er keine an ihn gerichteten Erwartungen spürt
- Die vertrauensbildenden Interventionen entsprechend dem psychosozialen Entwicklungsmodell Eriksons stärken sichtbar die Eigenaktivität und entlasten die Mutter von Erwartungsdruck und Schuldgefühlen; sie kann loslassen und setzt damit die notwendigen Prozesse des Festhaltens und Loslassens, des Kommens und Gehens beim Kind frei
- *Manni* ist *möglicherweise* in einem Double-Bind gefangen: er soll korrekt sprechen lernen, obwohl auch die Mutter infolge der Dysarthrie sich kaum verständigen kann
- Mutter und Sohn befinden sich in einer dyadischen Beziehung, die Position des Vaters ist geschwächt durch eine vermutete intellektuelle Beeinträchtigung; er tritt in der Familienbetreuung nicht in Erscheinung, eine „haltende Umwelt“ fehlt

- Vor Eintritt in die Institution Sonderkindergarten reichten die Kommunikationsmöglichkeiten zwischen Mutter und Sohn aus, jetzt droht trotz meiner Einschätzung einer durchschnittlichen intellektuellen Ausstattung sonderpädagogische Stigmatisierung in Richtung geistiger Behinderung
- Er beginnt, sich im Rahmen der Therapie für ihn bedeutsame, *Relevante Wirklichkeiten* zu schaffen, in der der Gebrauch von Sprache und Kommunikation zunehmend an Bedeutung gewinnt, in der er vorsichtig eine Beziehung zur Therapeutin eingeht und ihre Dialog-Angebote zurückhaltend annimmt

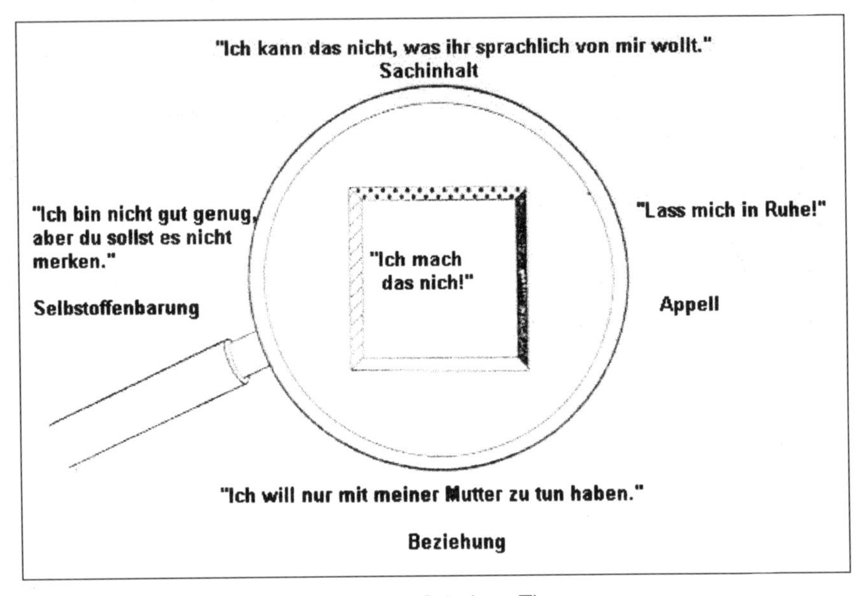

Abb. 4: Mannis Vierseitenmodell nach Schulz v. Thun

2.1 Schaffung *Relevanter Wirklichkeiten* in der psychomotorisch orientierten Förderung

Anders als in *Mannis* vorher erlebten therapeutischen Zugangsweisen steht in der psychomotorischen Förderung nicht die wenn auch spielerisch erfolgte Auseinandersetzung mit dem am Symptom orientierten Übungsmaterial im Mittelpunkt des Geschehens, sondern die im psychomotorischen Raum miteinander und dialogisch zu schaffende gemeinsame Wirklichkeit, in der das Verwenden von Sprache und Kommunikation eine individuelle Bedeutung und einen individuellen Sinn erhält. Erst später kann im therapeutischen Prozess eine spielerische Einbettung sprachentwicklungsförderlicher Spielideen folgen. Hier zeigt sich die Nähe zum *Verste-*

henden und auch zum *Konstruktivistischen Ansatz*. Ausgehend von persönlichen Themen des Kindes werden als Grundlage der Kommunikation *Relevante Wirklichkeiten* inszeniert und konstruiert, die einerseits die Wahrnehmungs- und Bewegungsprozesse anregen und andererseits die individuellen Handlungsspielräume und die kommunikative Kompetenz erweitern.

Sie gehen aus von
- persönlichen Gegenständen (Übergangsobjekten, Intermediärobjekten) der Kinder
- Prozessphänomenen und ihrer didaktisch-methodisch antizipiertem Widerspiegelung in Gegenstand, Bild, Wort, Text als Vorbereitung eines Handlungsentwurfs
- psychomotorischem Material als Inspiration im Rahmen von Gestaltungsideen, die durch Prozessphänomene ausgelöst wurden
- logopädischen oder sprachheilpädagogischen Zielvorgaben
- Phantasiereisen usw.

Beispiele für Stundenbilder:
„Wir bauen Zauberkindergärten/ Zauberschulen"
„Wir bauen Dörfer/ eine Stadt am Meer/ unsere Träume/ einen Ruhigen Platz" usw.
„Wir inszenieren Bilderbücher"
„Kinderbilder lernen sprechen"
„Wir machen eine Reise ins Spielzeugland"
„Wir spielen mit Lauten/ Wörtern/ Sätzen" usw. (Olbrich 2003)

2.2 Grundprinzipien für die psychomotorische Förderung entwicklungsauffälliger Kinder

Folgende Grundprinzipien wurden auf dem Hintergrund eines humanistischen Menschen- und Weltbildes entwickelt und haben meine eigene Arbeit wesentlich geprägt:

- Distanzierung von der Orientierung am Symptom
- Arbeit mit dem Leib und seinem Ausdruck in Spiel und Bewegung
- Kenntnis und Bearbeitung des Gesamtfeldes kindlicher Entwicklung
- Schutz für das Kind mit Entwicklungsproblemen
- Respekt für die Körper-Seele-Geist-Einheit
- Suche nach Lösungen im Spiel/ Symbolspiel
- Einflussnahme auf die Homöostase in der Organismus-Umwelt-Einheit
- Individuelle, ökologische und gesellschaftliche Therapieziele stehen nebeneinander
- Biografie und Professionalität der Therapeutin/des Therapeuten werden ebenfalls in den Blick genommen

Durch den vorangestellten Ausschnitt aus einem zunehmend komplexer werdenden wissenschaftlich-theoretischen Zusammenhang, der durch den *Baum der Erkenntnis* vor Eklektizismus bewahrt werden soll wird deutlich, wie hoch die Herausforderungen für PädagogInnen und TherapeutInnen geworden sind.

Im Kontext von integrativ verfasster Kinder- und Jugendlichenpsychotherapie benennt Katz-Bernstein (1996) folgende Problembereiche heutiger Kinder:
Defizite auf leiblicher, konkreter Handlungsebene, der höheren Funktionen der Kognition und der Abstraktion sowie auf der affektiven und der sozialen Ebene; Unfähigkeit zur Bildung des intermediären symbolischen Raums, Unfähigkeit zum Symbolspiel, Unfähigkeit zu triangulieren, Verlust der Überstiegsfähigkeit, d.h., Realität und Nebenrealität zu unterscheiden und das Unvermögen, einen „lower-tension-state" oder -raum zu erreichen

Das hat zur Folge, dass linear-kausale Erklärungen auch in komplexen, belastenden Alltagssituationen durch ein Bündel von theoriegeleiteten Hypothesen ersetzt und Interventionen und Strategien angemessen und sicher angewandt und evaluiert werden müssen. Das kann nicht mehr von „EinzelkämpferInnen", sondern nur noch mit einem hohen Maß an Fähigkeit zu Eigenreflexion, Lern- und Weiterbildungsbereitschaft und vor allem: *Liebe geleistet werden.* Im Kontext der institutionellen Rahmenbedingungen steht immer wieder die Klärung des eigenen persönlichen und professionellen Standortes an. Aus meiner Perspektive können wir dieser Aufgabe in komplexen psycho-sozialen Arbeitsfeldern mit ihren häufig unzureichenden ökonomischen Ressourcen und undurchsichtigen Machtstrukturen nur in einer tragfähigen sozialen Gemeinschaft, in kontinuierlicher Eigenanalyse, Bereitschaft zu kollegialer Intervision oder Supervision nachkommen, um lebendig, kreativ und tragfähig zu bleiben.

Auf dem Hintergrund der hier vorgetragenen Gedanken möchte ich zusammenfassend *meine Definition von Psychomotorik* vorstellen:

Psychomotorik ist sinnstiftender Dialog
in Beziehung, Handlung, Spiel und Bewegung.
In der Psychomotorik werden Relevante Wirklichkeiten hergestellt.

3. Zusammenfassung

Ausgehend von einem ideographischen Beispiel und der Geschichte der kommunikativen Ansätze in der psychomotorischen Bewegung werden einige theoretische Grundlagen aus Säuglingsforschung, Entwicklungs- und Tiefenpsychologie sowie Kommunikationstheorie skizziert. Dabei wird versucht aufzuzeigen, mit welcher Bedeutung sie in die praktische psychomotorische Arbeit hinüberleuchten und wie Theorie als Möglichkeit der Intervention genutzt werden kann. Eine in der Beziehung verwurzelte Psychomotorik, die sich von Anfang an als sinnstiftender Dialog versteht bietet entwicklungsauffälligen Kindern und Jugendlichen die Möglichkeit, im Miteinander „Relevante Wirklichkeiten" zu konstruieren und diese nicht nur für kommunikative Wachstums- und Lernprozesse zu nutzen. Anthropologische, philosophische und ethische Überlegungen zur Rolle der psychomotorischen Pädagogin (des psychomotorischen Pädagogen) sollen die Notwendigkeit einer engen Verzahnung von Theorie und Praxis aufzeigen und die damit verbundene dauerhafte Bereitschaft zu umfassender Reflexion fördern.

Literatur

Argyle, M.: Körpersprache & Kommunikation Paderborn, Junfermann 1979

Bahr, R.: Motopädagogische Förderpraxis im Eingangsbereich der Schule für Sprachbehinderte. In: Irmischer, T./ Irmischer, E. (Hrsg.) Bewegung und Sprache, Schorndorf 1988, 135-142

Bahr, R./ Nondorf, H.: Bewegungshandlung und Sprachvollzug - Gedanken zur psychomotorischen Förderung sprachentwicklungsgestörter Kinder. In: Die Sprachheilarbeit 30, Hamburg (1985) 3, 97-103

Bruner, J.: Wie das Kind sprechen lernt. Bern 1997

Bürgin, D.: Winnicott: klinisch relevante entwicklungspsychologische Konzepte. In: Metzmacher, B./ Petzold, H./ Zaepfel, H. (Hrsg.) Therapeutische Zugänge zu den Erfahrungswelten des Kindes von heute. Integrative Kindertherapie in Theorie und Praxis - Bd. 1, Paderborn 1996, 303 -319

Cohn, R.: Von der Psychoanalyse zur themenzentrierten Interaktion. Stuttgart, Klett 19888

Davis, M./ Wallbridge, D.: Eine Einführung in das Werk von D.W. Winnicott, Stuttgart 1983

Dornes, M.: Der kompetente Säugling. Die präverbale Entwicklung des Menschen. Frankfurt 1993

Eckert, R.: Auswirkungen psychomotorischer Förderung bei sprachentwicklungsgestörten Kindern. Frankfurt a.M. Bern New York 1985

Eckert, R.: Merkmale und Interventionsmöglichkeiten des Pädagogen/ Therapeuten in der Integrierten Entwicklungs- und Kommunikationsförderung. In: Handbuch der Sprachtherapie Bd. 1, Berlin 1989, 267-277

Eckert, R./ Fichtner, G.:Angst und Aggression als Wegweiser des Lebendigen im pädagogisch-therapeutischen Kommunikationszusammenhang - Eine Darstellung aus neoreichianischer Sicht. In: Lotzmann, G. (Hrsg.) Aggressionen und Ängste im stimm- und sprachtherapeutischen Prozess, München Wien 1991

Eggert, D./ Lütje, B./ Johannknecht, A.: Die Bedeutung der Psychomotorik für die Sprachbehindertenpädagogik Teil I: Untersuchungen zur Effektivität psychomotorischer Förderung bei sprachbehinderten Kindern. In: Die Sprachheilarbeit 35, Hamburg (1990) 3, 106-121

Eggert, D./ Lütje, B./ Johannknecht, A.: Die Bedeutung der Psychomotorik für die Sprachbehindertenpädagogik Teil II: Inhalte, Zielsetzungen und Methoden der psychomotorischen Förderung sprachbehinderter Kinder. In: Die Sprachheilarbeit 35, Hamburg (1990) 5, 230-245

Erikson, H.E.: Identität und Lebenszyklus, Frankfurt a.M. 1973

Erikson, H.E.: Jugend und Krise. Die Psychodynamik im sozialen Wandel; Stuttgart 1980

Erikson, H.E.: Kindheit und Gesellschaft, Stuttgart 199211

Fischer, H.R. (Hrsg.: Autopoiesis. Eine Theorie im Brennpunkt der Kritik, Heidelberg 1991

Flammer, A.: Erfahrung der eigenen Wirksamkeit. Einführung in die Psychologie der Kontrollmeinung, Bern Stuttgart Toronto 1990

Glasersfeld, E. v.: Wissen, Sprache und Wirklichkeit. Braunschweig 1987

Gopnik, A./ Kuhl, P./Meltzoff, A.: Forschergeist in Windeln. Wie Ihr Kind die Welt begreift, Kreuzlingen/München 1999

Katz-Bernstein, N.: Das Konzept des „Safe Place" - ein Beitrag zur Praxeologie Integrativer Kinderpsychotherapie. In: Metzmacher, B./ Petzold, H./ Zaepfel, H. (Hrsg.) Praxis der Integrativen Kindertherapie. Integrative Kindertherapie in Theorie und Praxis Bd. 2, Paderborn 1996, 111-141

Keller, H. (Hrsg.). Handbuch der Kleinkindforschung. Berlin Heidelberg New York London Paris. Tokyo Hong Kong 1989

Luhmann, N.: Was ist Kommunikation? In: Simon, F.B. (Hrsg.) Lebende Systeme. Wirklichkeitskonstruktionen in der systemische Therapie. Berlin, Heidelberg 1988

Maturana H.R./Varela F. J.: Der Baum der Erkenntnis. Wie wir die Welt durch unsere Wahrnehmung erschaffen - die biologischen Wurzeln des menschlichen Erkennens, Bern München Wien 1987

Olbrich, I.: Sprache und Bewegung unter sonderpädagogischem Aspekt. In: MOTORIK 1 (1978) Schorndorf 42-52

Olbrich, I.: Die integrative Sprach- und Bewegungsförderung - ein Förderkonzept in Theorie und Praxis. In: Irmischer, T./ Irmischer, E. (Hrsg.) Bewegung und Sprache, Schorndorf 1988, 127-143

Olbrich, I.: Die Integrierte Sprach- und Bewegungstherapie - eine pragmatische Konzeption zur ganzheitlichen Förderung sprachentwicklungsgestörter und psychogen beeinträchtigter Kinder. In: Grohnfeldt, M. (Hrsg.) Grundlagen der Sprachtherapie, Berlin 1989a, 255-266

Olbrich, I.: Auditive Wahrnehmung und Sprache, Dortmund 2003

Olbrich, I.: Von der Bewegung zur Sprache - ganzheitliche Sprachentwicklungsförderung bei behinderten und nicht behinderten Kindern in Pädagogik und Therapie. In: BEHINDERUNG PÄDAGOGIK SPRACHE, Hrsg. Dgs Landesgruppe Hessen, Gießen 1991, 235-248

Olbrich, I.: Heilende Kräfte im kindlichen Spiel. Bewegen, Wahrnehmen, Spielen, Sprechen – Integrative Arbeit bei Kindern mit Sprachproblemen. In: Gestalt und Integration, Zeitschrift für ganzheitliche und kreative Therapie GESTALT BULLETIN 2/91 – 1/92, FPI Publikationen, Düsseldorf 1992, 42-50

Olbrich, I.: Förderung, Entwicklungs- und Prozessanalyse leiblicher Ausdrucksmöglichkeiten in der Integrativen Kindertherapie. In: Lotzmann, G. (Hrsg.) Körpersprache. Diagnostik von Sprach-, Sprech- und Stimmstörungen, München Basel 1993, 89-103

Olbrich, I.: Mit Eltern und entwicklungsauffälligen Kindern spielend kommunizieren lernen: Grundstrukturen einer Entwicklungsförderung für Kinder, Eltern und TherapeutInnen. In: Kiphard, E.J./Olbrich, I. (Hrsg.) Psychomotorik und Familie. Psychomotorische Förderpraxis im Umfeld von Therapie und Pädagogik, Dortmund 1995, 45-63

Olbrich, I.: „Mit meinen Händen kann ich fassen, greifen....“ Psychomotorische Förderung eines dreizehnjährigen Hauptschülers. In: Landesinstitut für Schule und Weiterbildung NRW (Hrsg.) Schule anders wahrnehmen - Schule anders bewegen. Förderung wahrnehmungsauffälliger Kinder, Soest 1997

Olbrich, I.:Die Suche nach dem ersten Kurs. Erinnerungen an einen „grundlegenden Fortbildungslehrgang“ zum Thema „Einführung in die Motopädagogik“. In: Irmischer, T./ Hammer, R. (Hrsg.) Psychomotorik in Geschichten. Von Anfang an dabei. Zeitzeugen berichten über Ursprung und Entwicklung der Psychomotorik in Deutschland, Lemgo 2001

Olbrich, I.: Die Bewegung lernt sprechen. Gestalthafte Psychomotorik in der Förderung entwicklungsauffälliger Kinder mit Kommunikationsproblemen, voraussichtlich Dortmund 2003

Petzold, H.: Tree of science. In: Integrative Therapie 1/ 4 Paderborn 1984

Pauliks, Chr./ Brandt, Chr.: Psychomotorische Ansätze in der Sprachtherapie. In: Praxis der Psychomotorik 4 (1996) Schorndorf, 234-238

Papousek, M./Papousek, H.: Stimmliche Kommunikation im frühen Säuglingsalter als Wegbereiter der Sprachentwicklung; in: Keller „Handbuch der Kleinkindforschung“, Berlin Heidelberg New York London Paris Tokyo Hong Kong 1989

Papousek, M./Papousek, H.: Vorsprachliche Kommunikation. Anfänge, Formen, Störungen und psychotherapeutische Ansätze, Paderborn 1992

Rogers, C.R.: Lernen in Freiheit. Zur Bildungsreform in Schule und Universität, München, Kösel 1979[3]

Rogers, C.R.: Die Kraft des Guten. Ein Appell zur Selbstverwirklichung, München, Kindler 1978[2]

Mit Satir, V./Bandler, R./Grinder, J. Satir, V./Baldwin, M.:Familien reden. München 1978

Satir, V./Baldwin, M.:Familientherapie in Aktion. Paderborn, Junfermann 1988

Schulz v. Thun, F.: Miteinander reden, Bd. I: Störungen und Klärungen, Reinbek, Rowohlt 1998

Schulz v. Thun, F.: Miteinander Reden Bd. II: Stile, Werte und Persönlichkeitsentwicklung. Reinbek, Rowohlt 1989

Watzlawick,P./Beavin, J.H./Jackson, D.-D.: Menschliche Kommunikation. Formen, Störungen, Paradoxien, Bern, Huber 19805

Westphal, E.: Bewegen als Lebensweise. Entwurf einer morphologischen Pädagogik Teil I Universität Oldenburg 1991

Westphal, E.: Lebensproblemzentrierte Entwicklungsförderung. Grundlagentexte III. Universität Oldenburg 1991

Wiemann, J.M./ Giles, H.: Interpersonale Kommunikation. In: Stroebe, W./ Hewstone, M./ Stephenson, G.M. (Hrsg.) Sozialpsychologie, Berlin Heidelberg New York 19963

Winnicott, D.W.: Vom Spiel zur Kreativität, Stuttgart 19853

Zollinger, B.: Die Entdeckung der Sprache. Bern Stuttgart Wien 19962

2.6 Bewegtes Sein – Eine körperenergetische Betrachtung psychomotorischer Praxis

Amara Renate Eckert

Mit folgendem persönlichen Erlebnis aus einer Psychomotorik-Gruppe mit Erwachsenen möchte ich in dieses Thema einführen:
Die Gruppe betritt nach dem Mittagessen mit gedrosseltem Tempo die Turnhalle, müde Blicke streifen die Leiterin mit dem Satz: „Müssen wir jetzt was machen?!" Ein allgemeines Geraune unterstützt diese halbernst gemeinte Frage und die ersten Gruppenteilnehmer lassen sich laut stöhnend in die Weichbodenmatte am äußersten Ende der Halle fallen.
Das angekündigte Thema des Nachmittags lautet: Umgang mit Lebenskrisen...
Nachdem das Thema Müdigkeit noch einen angemessenen Raum bekommen hatte, beginnt das Thema Lebenskrisen zunächst mit dem Aufraffen, auf die Füße kommen und einer Partnersuche für das nächste Spiel: Ein Rollbrett, ein Seil, zwei Personen und freie Bewegung im Raum. Keine Anforderung, nichts Schweres oder gar Dramatisches, statt dessen ein alt bekanntes unverfängliches Setting.
Die meisten Teilnehmer beginnen zu fahren, sich gemütlich gegenseitig zu ziehen und von der Mittagspause zu erzählen. Nur wenige Teilnehmer legen Tempo vor, stören die Ruhe und animieren andere durch haarscharfes Aneinander-vorbei-fahren ebenfalls zu höheren Geschwindigkeiten. Die Zwiegespräche verlieren allmählich an Bedeutung, die Körperspannung steigt und die ersten Augen beginnen strahlend Freude auszu-

drücken. In diesem Moment ertönt Flamenco-Musik in der Halle, das Tempo erhöht sich weiter, es werden Tanzfiguren erfunden, kreative Bewegung und unüberhörbare Laute der Freude dominieren das Geschehen. Das Thema des Nachmittags war vergessen, zumindest für die Momente des gegenwärtigen Erlebens.
Das Tanzen mit Rollbrettern und Partnern baute sich über mehrere Musiktitel hinweg auf, bis eine Ruhepause unerlässlich schien. Diese kurze Pause nutzte die Leitung um ein Fang- und Klauspiel auf dem Rollbrett zu erklären. Plötzlich ging es hinein in die Aggression! Das angekündigte Spiel entpuppte sich als höchst lustvolles Raufen und Fahren mit vollem Körpereinsatz. Danach war eine Pause in Form einer Entspannung notwendig. Es entsprach der Abenteuerlust der Teilnehmer, dass diese im Zauberwald mit vielen unterschiedlichen Geistern und dazu auch noch nachts und fahrend (blind auf dem Rollbrett) stattfand. Die Wachheit, die Erlebnis- und Wahrnehmungsbereitschaft hatte sich innerhalb der letzten Stunde völlig verändert.
Die tiefgehende Erfahrung im Zauberwald endete mit einem kurzen Reisebericht an den Partner sowie der Aufforderung, alles aufzuräumen und sich einen Platz im Raum zu suchen.
Die nun folgende „Kreative Trance" zum Nacherleben einer eigenen Lebenskrise der Vergangenheit sowie deren Bewältigung führte alle Beteiligten direkt an den Kern ihres Erlebens und zu unmittelbarem Ausdruck durch bildnerische Gestaltung und Schreiben sowie zu individuellen Erkenntnissen.
Die Nachbearbeitung in der Gruppe war authentisch, berührend und für alle bereichernd. Die Teilnehmer gingen still und „voll", so die Aussage einer Teilnehmerin, auseinander. Manche wirkten nachdenklich. Für sie hatte eine neue Ebene der Verarbeitung begonnen.
Dieser Abschluss war zu Beginn der Sequenz nicht absehbar.

Was war geschehen? War diese Aneinanderreihung von „Spielchen" zufällig? Nach welchen psychomotorischen Prinzipien erfolgte sie? Welches Verständnis von Psychomotorik lag hier zugrunde?
Die Abfolge der Spiele war genauso wenig zufällig, wie die dahinter liegenden handlungsleitenden psychomotorischen Ziele und Prinzipien.
Die Leiterin nahm zu Beginn die Müdigkeit der Teilnehmer wahr und auch die Widerstände, in diesem Zustand an einem Krisenthema, d. h. an einem emotional berührenden Thema zu „arbeiten". Was war also möglich in solch einer Situation? Durch den Vorschlag, sich auf dem Rollbrett ziehen zu lassen wurde die Müdigkeit der Teilnehmer respektiert. Die Erfahrung des Bewegt-Werdens auf dem Rollbrett stimulierte durch die Körpererinnerung an urvertraute Empfindungen, an Selbstvertrauen auf körperlicher und psychischer Ebene. Da Gleichgewichtsanpassung auch ohne offensichtliche Anstrengung ein aktiver Prozess ist, wirkt sie in Verbin-

dung mit dem stimulierten Vertrauen aktivierend auf den Menschen. An diesem Punkt war es für die beabsichtigte Arbeit mit Lebenskrisen wichtig, noch mehr Spannung loszulassen, um dadurch vitale Energie zu mobilisieren. Dies geschah durch das Rauf- und Klauspiel, bei dem sowohl Aggression abgebaut werden konnte, als auch Kontakt auf sehr direktem Wege ohne kognitive Schleifen, bzw. mit minimalen Kontrollmöglichkeiten gelebt wurde. Nach dieser direkten Erfahrung war es wichtig, die freigewordenen Energie auf die inneren Empfindungen zu lenken nach innen zu gehen, also ohne Erfahrungsaustausch direkt die Augen zu schließen. Durch das blinde Fahren auf dem Rollbrett wurde wieder Urvertrauen aktiviert, so dass jede mögliche Angst vor der Reise nach innen abgefangen wurde. Das so aufgebaute Vertrauen, sich selbst tiefer und auch jenseits von Raum und Zeit zu spüren, sich in sich selbst zuhause zu fühlen, wurde nun für die Trance zur Betrachtung einer krisenhaften Lebenssituation genutzt. Es stand den Teilnehmern jetzt sehr viel Energie zur Verfügung, diese Reise anzutreten und ihre Krisenbewältigungsstrategien als Ressourcen zu erleben. Letztere anderen Menschen mitzuteilen und als Fähigkeit für zukünftig auftretende Krisen zu erkennen und wertzuschätzen, war ein weiterer wichtiger Schritt. Auch die bewusst gewordene Erfahrung des eigenen immanenten Wissens in scheinbar ausweglosen Situationen führte zu mehr Selbstvertrauen, d. h. Vertrauen zum eigenen Selbst.

Identität und Autonomie

Das übergeordnete Ziel dieser Form psychomotorischer Arbeit lässt sich als ein **Gewinn an Autonomie** beschreiben. Er entsteht durch die Verbindung mit der eigenen Identität, verstanden als die Fähigkeit, die eigenen authentischen Gefühle zu spüren und zu leben (Gruen 1984). Dies beinhaltet die Abkehr vom „falschen Selbst“ (Laing 1987), von „übergestülpten Identitäten“ und gewohnten Identifizierungen mit Vorbildern, Autoritäten und Rollen (Gruen 1997). Mit dem authentischen Gefühlsausdruck geht bei erwachsenen Menschen ein Gewinn an Lebendigkeit einher, der an die Erlebnisfähigkeit und -tiefe der Kindheit erinnert. Damit ist nicht nur das das Erleben im kindlichen Spiel gemeint, wie es psychomotorisch erfahrenen Erwachsenen vertraut ist, sondern das Wilde, Ursprüngliche, Unberechenbare, Spontane und Kreative, das allen Kindern eigen ist. Reich (1970) nennt dies die „Ausdruckssprache des Lebendigen“ und meint damit einen Zustand von ganzheitlicher Gesundheit: Ein Energiefluss, der nicht durch chronische Blockierungen behindert wird hilft dem Menschen, sich authentisch zu spüren und auszudrücken. Mit einem Seitenblick zur Anthropologie geht Gruen noch einen Schritt weiter: „Ohne ein authentisches Gefühl für Identität sind wir auch nicht in der Lage, die Frage nach unserem Menschsein wahrhaft zu beantworten.“ (Gruen 1997, 71)

Auf diesem Wege führt die Frage nach den Zielen psychomotorischer Arbeit direkt zur Frage nach dem Menschenbild, das hier anthropologisch orientiert ist: Der Mensch ist leiblich und sinnhaft mit der Welt verflochten und drückt sich leiblich in dieser Welt aus (Merleau-Ponty 1966, Mattner 1987, Seewald 1989, 2003).

Demzufolge kann **Psychomotorik** als **das leibliche Ausdrucksgeschehen des Menschen mit seinen individuellen, symbolischen, dialogischen und gestalterischen Aspekten und den vielfältigen Möglichkeiten, sinnhaft leiblich in dieser Welt zu sein und zu wirken** (Eckert 2003) betrachtet werden.

Diese Betrachtungsweise beinhaltet die Integration verschiedener bezugswissenschaftlicher Konzepte, deren Perspektiven beim Verstehen von Einzelphänomenen und komplexen Situationen hilfreich sind. Die Charakteranalyse Reichs sowie neoreichianische Ansätze gehören neben psychoanalytischen, kognitionspsychologischen und systemischen Konzepten dazu.

Zur Blockierung menschlicher Lebensenergie

Im folgenden Abschnitt möchte ich mich nun mit der körperenergetischen Perspektive, deren Wurzeln auf Wilhelm Reich[3] zurückgehen, beschäftigen. Sie beleuchtet vor allem chronische Blockierungen, von Reich (1970) auch „Körperpanzer" oder „Charakterpanzer" genannt, der den authentischen Ausdruck des Lebendigen verhindert. Gleichzeitig zeigt dieser Ansatz Möglichkeiten auf, den Energiefluss des Körpers und damit auch die Energieverbindung zur Welt und zum Kosmos wieder in Gang zu bringen. Der Fokus psychomotorischer Arbeit unter dieser Perspektive ist also in erster Linie am **Sein** des Menschen orientiert. Sämtliche Bewegungen, Handlungen, Spiele und Dialoge werden in ihrer Bedeutung für den Zugang des Menschen zu sich selbst betrachtet. Entsprechend sind auch die Interventionen der Leitung ausgerichtet.

---

[3] Wilhelm Reich (1897 – 1957) war zunächst der Lieblingsschüler von Freud. Er entwickelte seine „Psychoanalyse über den Körper" und wurde später von seinem Lehrer vor die Tür gesetzt, mit der Begründung, seine Arbeiten hätten nichts mehr mit der Psychoanalyse zu tun. Reich selbst hatte viele Schüler und Schülerinnen, die als die sogenannten „Neoreichianer" (z. B. Boadella 1991, Keleman 1980, Pierrakos 1987) seine Arbeit fortführten, veränderten und weitere Schüler ausbildeten, die wiederum eigene neoreichianische Schulen (z. B. Boyesen 1987, Neidhöfer 1991) gründeten. Ich beziehe mich in meinen Ausführungen zur körperenergetischen Psychomotorik auf Reichs Schriften zur Körperarbeit sowie auf Ansätze seiner Schüler der 1. und 2. Generation.
In den folgenden Ausführungen verwende ich den Begriff des „Körpers". Er ist für Reich Bestandteil der kosmischen Dimension und keineswegs funktional zu betrachten. Der Begriff der „Leiblichkeit" aus Phänomenologie und Anthropologie impliziert zwar andere Bezüge, kommt jedoch in seinem Grundverständnis der Körperbegriff Reichs nahe.

Deren Voraussetzung für diese Arbeit ist die Verbindung mit dem eigenen Selbst oder dem Kern, wie Lowen (1988) es nennt. Für ihn ist der Kern mit Liebe als Seinsqualität identisch. Dieser ist durch Abwehrmechanismen auf der mentalen, emotionalen und körperlichen Ebene dem zivilisierten Menschen nicht mehr zugänglich. Die Entfremdung vom eigenen Kern beinhaltet in seinen Folgen die Entfremdung von der Welt und verhindert damit auch die authentische Begegnung mit anderen Menschen. Ein psychomotorischer Dialog (Eckert 2003) auf der Basis des Dialogmodells von Milani-Comparetti (1986) ist also nur denjenigen Pädagogen möglich, die um die Verbindung mit sich selbst (ihrem Kern) bemüht bleiben.

Wie aber kommt es nun zur Blockierung der menschlichen Lebensenergie?
Reich und seine Schüler gehen davon aus, dass der zivilisierte Mensch sich selbst entfremdet wurde und nicht mehr im Besitz seiner vollen Lebensenergie ist. Er lebt nur einen Bruchteil seiner Potentiale und hat seine Lebendigkeit zugunsten des Funktionierens in der Gesellschaft aufgegeben.[4] Gut angesehen werden, mehr scheinen als sein und Machtbestrebungen kennzeichnen den zivilisierten Menschen, der sein Leben verkauft hat. Er ist nicht mehr der „Herr seiner selbst", sondern abhängig von Bewertungen anderer, hat den Kontakt zu seinen wahren Gefühlen verloren. Dieser Prozess beginnt mit der Geburt und den Eltern als Repräsentanten einer Gesellschaft, die bedingungslose Liebe verlernt hat und zweckgerichtete „Liebe", die zur Anpassung führen soll, propagiert. Die Potentiale und die ungeheuren Energiereserven, ausgedrückt durch Bewegungen und Emotionen des Kindes, können nicht gelebt werden und müssen, will das Kind in der Gesellschaft überleben, als Blockierungen im Körper abgespeichert werden. Dies erledigt der überaus weise Körper in Form von Spannungsringen auf Muskel- Gewebe- und Organebene. Diese Spannungsringe bauen sich in Schichten übereinander auf. Während sie anfangs noch schmerzen, „vereisen" sie allmählich und sind später nicht mehr spürbar. Die Sensibilität, Elastizität und Leistungsfähigkeit des Körpers nimmt ab, statt dessen gehören Krankheiten und Somatisierungen zum Alltag und sind gesellschaftlich legitim. Auch wenn sie z. Zt. vor allem wegen ihrer hohen Kosten zur Beseitigung nicht erwünscht sind, so gehören sie doch zur „Normalität" (Simon 2002).
Lowen (1975) beschreibt außerdem Blockierungen in anderen energetischen Ebenen des Menschen, z. B. auf der mentalen und der emotionalen Ebene und ordnet bestimmte Blockierungsmuster Charaktertypen zu.

---

[4] Zur Debatte um Entfremdung und Flexibilisierung vgl. auch Sennett (2000) und Keupp (1996 u. 2000)

Johnson (1993) hält diese Typisierungen für unzeitgemäß und nennt unter Bezug auf Objekt-Beziehungs-Theorien nur noch zwei Charaktertypen: Das gehasste Kind (die schizoide Erfahrung) und das verlassene Kind (symbiotischer Rückzug).
Pierrakos (1987) und Boyesen (1987) sehen Energieblockaden auch in dem messbaren Wärmefeld (Aura) des Menschen und beziehen dies in ihre Körperarbeit mit ein. Da Charaktertypen sich mit den gesellschaftlichen Sozialisationsgewohnheiten verändern, werde ich mich in meinen Ausführungen nicht auf sie beziehen, sondern auf die grundlegenderen Schriften von Reich (1970), Boyesen (1987), Lowen (1988), Boadella (1991) und Neidhöfer (1991) verweisen, in denen die Genese chronischer Panzerungen beschrieben wird.

Wird ein bestimmter Gefühlsausdruck beim Kind regelmäßig von außen unterbunden, wird z. B. die liebevolle Hinwendung des Kindes zur bedeutsamen Bezugsperson mit Ignoranz beantwortet, reagiert der Körper zunächst mit Verspannungen in speziellen Bereichen. Daraus entsteht im Laufe der Kindheit der Charakterpanzer, der den Menschen in den erworbenen eingeschränkten Persönlichkeitsstrukturen festhält (Reich 1970). Nach Boyesen (1987) kann ein Kind, das seinen Eltern gegenüber nie offene Aggressionen zeigen durfte, besondere Verspannungen im Zwerchfell- und Schulterbereich entwickeln. Dies bedeutet, dass nun der Körper die Kontrolle des unerwünschten Verhaltens übernommen hat und für angepasstes Verhalten sorgt.
Je tiefer die Schichten der Verpanzerung liegen, um so länger dauert es, bis sie in einem psychophysischen Lösungsprozess wieder an die Oberfläche kommen und aufgelöst werden können. Findet nie eine Lösung statt, bleibt die ursprüngliche Lebendigkeit und Kreativität verloren. Fällt der Mensch durch sogenanntes störendes Verhalten, wie z. B. Hyperaktivität auf, findet also eine unbewusste Rebellion in ihm statt, ist dies nicht mit Lebendigkeit im Reichschen Sinne zu verwechseln sondern vielmehr mit dem Versuch, sich seines Panzers zu entledigen.

Muskelpanzer bilden sich nach Reich (1970) in lebensgeschichtlich bedingter Reihenfolge überwiegend im unteren und oberen Beckenbereich, im Zwerchfell-, Hals-Nacken-Schulter-, Kiefer-, Mund- und Augenbereich. Ihre Genese sowie ihre Lösung sind miteinander verbunden und werden im Folgenden dargestellt.

Der Spannungsbereich des Herzens[5]
Vermutlich bildet sich der erste Schutzpanzer im Herzbereich (Lowen 1979) um das kleine verletzliche Kind dort zu schützen, wo es am empfindlich-

[5] Einige Absätze des folgenden Textes wurden aus einem Artikel von Eckert (2000) entnommen und neu überarbeitet

sten getroffen werden kann. Dadurch wird das eigentliche tiefe Bedürfnis nach Freude, Öffnung und Hingabe für all das, was es in dieser Welt zu entdecken gibt, verschlossen bleiben und sich vielleicht nur gelegentlich öffnen. Da die jeweils verantwortlichen Erwachsenen als Kinder ihrer Gesellschaft die gleichen Prozesse durchlebten, sind sie sich dieses Vorgangs nicht bewusst. Wenn der Herzbereich und damit der Zugang zur universellen Liebe verschlossen ist, fehlt jegliche Sensibilität für tiefe Empfindungen und Verletzungen eines Säuglings. Nur so lässt sich erklären, dass Gewalt an Kindern die Geschichte der Kindheit dominiert (DeMause 1980) und ein Empfindungsbewusstsein für gesunde Entwicklung von Kindern bis heute keinen gesellschaftlichen und wissenschaftlichen Rückenwind bekommt. Letzteres lässt sich auch am Beispiel von Widerständen gegen die Etablierung einer psychoanalytischen Pädagogik beobachten (Gerspach 2002).

Als handlungsleitende Grundannahme für psychomotorische Interventionen kann folgende Beobachtung von Boyesen (1987) gelten: Die Weisheit des Körpers, sein **Selbstregulationspotential,** erlaubt in einem unterstützenden Umfeld die Rekonstruktion derjenigen Schmerzen, die der Organismus jeweils verarbeiten kann. Ähnliche Beobachtungen lassen sich auch bei Winnicott (1983) finden. Dies gilt sowohl für den Spannungsbereich des Herzens wie auch für andere Panzerbereiche.
Für die Gestaltung psychomotorischer Räume ist Folgendes festzuhalten: Der äußere Raum, ob vorgegeben oder vom Kind selbst gestaltet, kann den Spielrahmen darstellen in dem sich psychophysische Spannungen lösen können. Den Innenraum, verstanden als Offenheit des Herzens und gesamtkörperliche Durchlässigkeit stellt der Begleiter zur Verfügung. Er bietet dem Kind damit sowohl schützende Nähe als auch Distanz an. Erst dadurch werden verschiedene Ebenen des Spiels und der Beziehung möglich.
Zur Lösung der Panzerung des Herzens ist allein die Qualität des o. g. Innenraumes des Begleiters entscheidend. Der psychomotorische Außenraum dient hier der Lösung angrenzender Panzerungen und bereitet die Öffnung des Herzbereichs vor. Klassisches Beispiel einer psychomotorischen Arbeitsweise, die den Prozess der Öffnung des Herzens unterstützt ist folgendes Prinzip als methodischer Aufbau:

1. Aktive Bewegung / Spannungsabbau / Aggression[6]
2. Großräumige Symbolisierung als kreative Gestaltung / Rollenspiel / Dialog

[6] Beispiele eines spannungslösenden Stundenaufbaus finden sich z. B. in der Konzeption von Aucouturier (Esser 1992) und bei Doering /Doering (2001)

3. Körperkontakt / Stille / kleinräumige Symbolisierung, z. B. Malen
   Wie dieses Prinzip inhaltlich gestaltet werden kann, hängt von der jeweiligen Bezugsgruppe (z. B. Kinder, Erwachsene o. behinderte Menschen) ab.

Der Spannungsbereich des Zwerchfells

Der Spannungsring im Zwerchfell und in der benachbarten Muskulatur entsteht nach Boyesen (1987) als Folge eines Schock- oder Schreckreflexes. Bedingt durch einen Schreck hält das Kind bei hoher emotionaler Aufladung den Atem an. Kann es sich nicht emotional entladen (z.B. durch Schreien oder Weinen), weil die Angst vor der sanktionierenden Umwelt zu groß ist, bleibt eine Restspannung zurück: Der „organische Zyklus" von Reiz (Schreckauslösung) – Anspannung (Schock) – Entladung (emotionale Äußerung) – Entspannung (Ausruhen, beruhigender Körperkontakt) konnte nicht abgeschlossen werden.
Verlaufen die nächsten Schreckerlebnisse in ähnlicher Form, manifestiert sich die Panzerung im Zwerchfell, erkennbar an einer flachen Brustatmung. Unklarheit in der Wahrnehmung der eigenen Gefühle, in deren Ausdruck sowie Kompensationen der Unsicherheit mit sich selbst sind die Folgen. Eine weitere Verfestigung dieses Gürtels kann zu verschiedenen Formen und Ausprägungen von Machtmissbrauch führen. Hier zeigt sich ein Mensch, der seine natürliche Macht und damit einen wichtigen Teil von sich selbst nicht kennt. Um Schocks im Alltag zu manifestieren genügt ein rigider, nicht an den Bedürfnissen des Säuglings oder Kleinkindes orientierter Zeittakt, verbunden mit der Sanktionierung individuell stimmiger Gefühlsäußerungen (Boyesen 1987).
Entsprechend sind psychomotorische Situationen, in denen der organische Zyklus von Kindern keinen Raum hat nicht geeignet, Zwerchfellverspannungen abzubauen. Ein psychomotorisches Angebot mit Möglichkeiten des Fallens, Springens, Hangelns, Schaukelns, schnellen Fahrens und weiteren altersentsprechenden abenteuerlichen und risikoreichen Erfahrungen bietet gute Möglichkeiten des Spannungsabbaus. Intensive Körpererfahrungen im Wasser, auf Trampolin oder Airtramp sowie Voltigieren und Reiten können den Prozess der Zwerchfelllösung unterstützen, vorausgesetzt die authentische Gefühlsäußerung wird nicht unterbunden sondern ermutigt. Spielangebote, die Konzentration und Stille beinhalten, sollten sich organisch aus dem Spielgeschehen heraus entwickeln.

Zwerchfellblockierungen sollten in der Phase der Lösung lautstark zum Ausdruck gebracht werden dürfen, z. B. in Rollen als Tiger, Löwe, Pirat, Indianer o. ä.. Je deutlicher die Stimme dabei das direkte Erleben aus dem Bauch heraus ausdrückt, um so größer ist die Chance, dass vitale Lebensenergie ins Fließen kommt und alle Spannungsbereiche durchlässiger werden. Merkmale dieser neuen Lebendigkeit sind u. a. der direkte Gefühlsausdruck in Gestik, Mimik, Stimme, Sprache und Bewegung, Lust

an neuen Entdeckungen und am Lernen.[7]
Den soeben beschriebenen Intentionen einer psychomotorischen Arbeit stehen tradierte Strukturen von Institutionen gegenüber. Diese sind nach Reich (1970) und Neidhöfer (1993) in der Regel Musterbeispiele für organisierte Verpanzerung und fördern psychophysische Kontraktionen. Reich hat sich zeitlebens für die Freiheit des Individuums und damit gegen strukturelle Macht ausgesprochen. Hier zeigt sich besonders dort, wo Psychomotorik in Institutionen verankert ist, ein strukturell nicht lösbarer Konflikt.

Da eine Zwerchfellpanzerung die Trennung zwischen Herz und Bauch, also zwischen Kraft und Liebe, Vitalität und Innigkeit bewirkt, sind Angebote zu ihrer Lösung von besonderer Bedeutung für Menschen in der Psychomotorik.

Der Spannungsbereich des Beckens

Ursprung der jedem Menschen eigenen vitalen Lebensenergie ist nach Reich (1970) das Becken. Von hier aus verströmt sie sich bis in die Haarwurzeln und darüber hinaus bis in den Bereich der Aura, der Mensch „strahlt etwas aus". Kinder voller Lebensenergie zeigen unschuldige und ungezügelte Freude an allem Lebendigem und Neuen. Als Beispiel hierfür kann ein Säugling gelten, dessen lebenserhaltende „primäre Aggression" (Winnicott 1983) in Verbindung zum Herzen existiert und sich nicht destruktiv gegen andere oder in Form einer Regression gegen sich selbst richtet. Winnicott (1988) spricht in diesem Zusammenhang auch von der primären Verbindung von Aggression und Liebe beim Säugling. Im Reichschen Sinne kennzeichnet diese Verbindung einen gesunden, durchlässigen Menschen.
Eine Quelle destruktiven Verhaltens ist nach Winnicott (1988) die Enttäuschung eines Kindes, nicht vom offenen Herzen eines Erwachsenen aufgenommen zu sein. Letztlich kann ein Kind diese fehlende durch Authentizität und Liebe gekennzeichnete Verbindung als existentiell bedrohliche Trennung von der Welt und vom Kosmos empfinden.
Weitere Blockierungen der Energie im Beckenbereich können sowohl durch rigide Formen von Sauberkeitserziehung als auch durch körperliche Gewaltanwendung entstehen.
Psychomotorische Angebote zur Lösung von Blockaden im Beckenbereich sind Spiele, die die Tiefenwahrnehmung ansprechen, sowohl in Übungsformen (z. B. „Sandwich", „Gletscherspalte", „Sprung aus der Wolken" u. ä.) als auch in szenischen Gestaltungszusammenhängen.[8]

---

[7] vergleiche hierzu auch das Beispiel am Ende dieses Artikels.
[8] Beispiele für szenische Psychomotorikstunden finden sich bei Fichtner (2000)

Die Hals-Nacken-Schulter-Spannung

Eine besondere Verbindung besteht zwischen dem Becken- und dem Hals-Nacken-Schulter -Spannungsgürtel. Dieser blockiert die aufsteigende Energie aus dem Herzbereich und behindert den klaren kreativen und kommunikativen Ausdruck eines Menschen. Dieser Vorgang kann sich in Angst äußern sowie dem daraus resultierenden Unvermögen, sich sprachlich oder künstlerisch auszudrücken. Die Fähigkeit, sich nach außen darzustellen kann beeinträchtigt sein. Die sprichwörtliche „Angst im Nacken" schränkt das Leben ein.
Um Schmerz zu vermeiden, der ursprünglich mit freier, lustvoller aber oftmals von außen unerwünschter Selbstäußerung in der oralen, analen und genitalen Phase verbunden ist, hat das Kind schon früh die Schultern hoch- und den Kopf eingezogen, die Hals- und Kehlkopfmuskulatur angespannt, sowie den im Zwerchfell gehaltenen flachen Atem in der Kehle kontrolliert und damit auch der Stimme keine Ausdehnung erlaubt. Mit Liebesentzug oder Strafen verbundene Sätze wie „sei nicht so laut", „halt den Mund", „sei still, wenn Erwachsene reden", tragen in der frühen Kindheit zur Verfestigung der Kontraktion im Hals-Nacken-Schulter sowie im oralen Bereich bei. Erfahrungen aus der psychomotorischen Arbeit zeigen, dass nicht erst Erwachsene, sondern auch Kinder immer früher verlernen, sich aus einem inneren Anliegen heraus über ihre Stimme auszudrücken. Eine gepresste, belegte und aus dem Kehlkopf kommende schrille Stimme wird in der Regel als normal empfunden. Dagegen ertönt die Stimme eines Menschen, der mit seinem Kern verbunden ist, mit Kraft und Klarheit aus der Körpermitte. So bedarf z. B. eine Grenzsetzung in Form eines deutlich geäußerten „Nein" keiner Anstrengung oder keines aggressiven Untertons. Nach Lowen (1988) kann ein durchlässiger Mensch liebevoll und klar „Ja" oder „Nein" sagen, ein gepanzerter hingegen nicht.

Im Hals-Nacken-Schulter Bereich treffen sich Angst und Lust, nach Reich (1970) die Urgegensätze vegetativen Lebens. Da hier aber auch neben der Angst kreativ zu leben, viel Wut über die Enttäuschung nicht gelebter Sehnsüchte festgehalten ist, kann bei der Lösung dieses Bereiches durchaus mit unterschiedlich intensiven Wutausbrüchen und Tränen gerechnet werden. Auch hier gibt es nur individuelle Lösungswege, die es zu begleiten gilt.
Bedingt durch das Gegensatzpaar „Angst – Lust", sollte der innere und äußere psychomotorische Raum ein lustbetonter sein. Die Lust des Begleiters am eigenen und gemeinsamen Tun und Nicht-tun schafft dem Kind die Möglichkeit eines lustvoll erlebten Bewegungs- und Beziehungsraumes.
Zur lustvollen Bewegung gehören neben allen vestibulär und propriozeptiv orientierten Aktivitäten (schaukeln, bewegte Untergründe, fahren, springen usw.) auch die verbotenen Dinge des normalen Kinderalltags. Hier

sei das Zweckentfremden von Materialien genannt, das Bauen und Zerstören, lautes Schreien, Durchbrechen von Spielregeln, spielerische Kämpfe und phantastische Spielinszenierungen. Die Voraussetzungen all dies zu erleben, sind im psychomotorischen Raum nahezu ideal. Auch für Erwachsene sind solche Angebote durchaus attraktiv und wirksam.

Der orale Spannungsbereich

Panzerungen im Hals-Nacken-Schulter Bereich sind eng verbunden mit solchen im oralen Bereich. Eine verspannte Kiefer- und Mundmuskulatur (bekanntes Symptom: Nächtliches Zähneknirschen) kann den gesunden aggressiven Ausdruck im Alltag verhindern. Im konkreten und übertragenen Sinne hat das Kind in der oralen Phase viel schlucken müssen ohne eine Möglichkeit zu finden, sich wehren zu können. Ein typisches Verhaltensmuster bei Panzerungen im oralen Bereich ist das Hinnehmen von Dingen, die man nicht oder nicht in dieser Form haben möchte. Als endlos geduldig oder überangepasst[9] geltende Kinder oder Kinder in Opferrollen reproduzieren in dem genannten Muster ihre alten Verletzungen. Psychomotorische Ansatzpunkte richten sich nach dem Gesamtbild und den individuell möglichen Zugängen. Menschen, die dieses Spannungsmuster leben, werden häufig mit ihren Bedürfnissen übersehen, da man von ihnen letztlich doch Anpassung erwartet.

Der Spannungsbereich der Augen

Der letzte Ring, der die aufsteigende vitale Energie blockiert, befindet sich im Bereich der Augen quer zur Körperachse. Er wird sichtbar durch leer blickende wenig ausdrucksvolle Augen, die sich scheinbar vor dem Blick anderer Menschen schützen. Symptome wie Kopfschmerz, Migräne, Kurzsichtigkeit und Schielen können auf diese Panzerungen zurückgeführt werden. Augen werden im Volksmund auch als „Spiegel zur Seele“ bezeichnet. Lowen (1988) sieht sie als „Fenster zum Körper“ durch welche emotionale und existentielle Qualitäten wie, Ausgeglichenheit, Liebe, Furcht, Aggression, Einsamkeit u. a. zu sehen sind. Findet ein Dialog über zwei „geöffnete Fenster“ statt, ermöglicht dieser einen tiefen und authentischen Kontakt von Mensch zu Mensch oder von „Kern zu Kern“. Diese, als entspannt empfundene Tiefe lässt sich am besten am Beispiel des Blickkontakts mit einem Neugeborenen nachvollziehen. Die ersten Spannungen im Augenbereich entstehen nach Reich (1970), wenn ein Säugling in getrübte und leere Augen seines Gegenüber schaut und mit Verhaltensmustern konfrontiert ist, die dem Schutz vor Schmerz und Hilflosigkeit dienen. Er bietet, wie alle anderen Panzer auch, Schutz vor dem allzu Schmerzhaften, z. B. vor der Enttäuschung, nicht in liebevoll blikkenden Augen aufgehoben zu sein.

---

[9] zur Gefahr der Überanpassung bei Kindern vgl. v. Lüpke (2003)

Da die Lösung und Durchlässigkeit des Augenbereichs in direkter Beziehung zum Herzbereich steht, geht es hier um die achtsame Gestaltung des psychomotorischen Innenraumes, der menschlichen Verbindung. Für diese Verbindung kann es viele äußere Anlässe im Spiel oder in einer gemeinsamen Ruhephase geben. Nimmt ein Kind, das Blickkontakt in der Regel vermeidet diesen Kontakt auf, kann ein Lösungsprozess in Gang kommen. Voraussetzung ist eine Antwort des Begleiters, die geeignet ist, alten Schmerz aufzulösen: Der Blick des Begleiters steht in Verbindung mit seinem Kern und ist der jeweiligen Situation angemessen.

Ausblicke

Aus der Bedeutung des Wissens um Körperpanzerungen als Hindernisse auf dem Weg zur Identitätsentwicklung ergibt sich für eine körperenergetische Psychomotorik nun folgende Perspektive:
Wie oben dargestellt, wird mit einem Setting gearbeitet, das geeignet ist, sich unbewusster Körper- und Gefühlsblockaden bewusst zu werden und Angebote zur Lösung derselben wahrzunehmen, um auf diese Weise Unterstützung bei der Bewältigung von Lebens- und Entwicklungskrisen zu bekommen. Dabei entscheidet die Qualität des psychomotorischen Dialogs über die Bereitschaft der Teilnehmenden, die psychomotorischen Angebote im Außenraum bestmöglich für sich zu nutzen und auf diesem Wege den Zugang zum eigenen Innenraum zu aktivieren.
Körperenergetische Psychomotorik arbeitet in und mit energetischen Körperdialogen. Von dort aus entwickeln sich alle äußeren Aktivitäten. In einem solchen Dialog ist die Logik des Zusammenspiels eine besondere. Sie ist leiblich spürbar und nur für den eingestimmten Beobachter von außen sichtbar. Die Evaluation solcher Prozesse ist mit klassischen Formen der Beobachtung und Beschreibung nur zum Teil zu leisten. Sie benötigt Methoden, die helfen körperenergetisch oder leiblich zu verstehen. Im Kontext der Psychomotorik habe ich diesen Vorgang „psychomotorisches Verstehen“ genannt (Eckert 2003).

Es geht also in der psychomotorischen Arbeit nicht ums Einüben einer besseren Koordination oder anderer erwünschter Verhaltensweisen auf spielerischem Wege, sondern um die Suche nach dem Weg zum Kern des Menschen. Dabei gibt es keinen „Königsweg“, sondern so viele individuelle Zugänge wie es Menschen gibt. Das gesamte Repertoire leiblichen Miteinander-Seins vom Raufen über das Rollenspiel, das Nichtstun oder das Malen kann ausgeschöpft werden.
Motometrische Tests oder gebundene motoskopische Diagnostik sind für eine körperenergetische Psychomotorik nicht aussagekräftig, da sie Bereiche beleuchten, die für diese psychomotorische Perspektive keinen Erkenntnisgewinn beinhalten. Die Diagnostik in einer körperenergetischen Psychomotorik sollte als permanente freie Beobachtung und introspektives psychomotorisches Verstehen folgende Aspekte berücksichtigen:

- die Körperhaltung,
- Körpersprache in unterschiedlichen Situationen,
- die „Öffnung" des Organismus, z. B. bei welchen Spielen, Interaktionen, Erlebnissen zeigt der Mensch Gefühle, wirkt er authentisch und lebendig

Die Arbeit beginnt also immer dort, wo der Mensch sich lebendig(er) zeigt. Es geht darum, nicht nur auf seine offensichtlichen Ressourcen zu achten, sondern vor allem auf feinere Signale von Kontaktaufnahme zu sich selbst und zur Umwelt. Folgendes Beispiel soll dies verdeutlichen:
Peter nimmt die Angebote zum Toben und spielerischen Raufen nicht an, obwohl es nach Aussage der Therapeutin wichtig für ihn wäre „aus sich heraus zu kommen". In einer späteren Phase, in der die meisten Kinder in symbolische Spiel vertieft sind, läuft er immer wieder zur Therapeutin, um sie festzuhalten. Dabei hängt er sich so an sie, dass sie sich nicht mehr fortbewegen kann. Sie nimmt diese Herausforderung an, wirft ihn auf eine Weichbodenmatte und wendet sich wieder anderen Kindern zu. Beim nächsten Mal signalisiert sie ihm, dass sie dieses Verhalten nicht mag. Peter wendet sich ab und baut sich eine Höhle, in der er für den Rest der Stunde verschwindet. Damit löst er die Situation für sich auf eine kreative Weise, eine Fähigkeit, die er als „überangepasstes" Kind beherrscht.
Die Szene zeigt, dass die Äußerung offener spielerischer Aggression für Peter noch zu bedrohlich ist. Er öffnet sich dem Thema, indem er die Therapeutin unter Einsatz seiner gesamten Kraft festhält. Damit zeigt er gleichzeitig verdeckte Aggression, eine klassische Provokation für Gruppenleiter und Einladung in die Falle der komplementären Identifizierung (Trescher 1990).
Peters „Öffnung" im oben beschriebenen Sinne zu nutzen würde beinhalten, sich auf sein Spiel einzulassen, auf **seine** individuelle Art sich seiner Aggression zu nähern. Körperenergetisch ist eine „Öffnung" des Organismus zu erkennen, wenn eine Aktion oder Geste mit vollem Einsatz der Energie des Menschen erfolgt. Was nun im einzelnen darunter zu verstehen ist, lässt sich nur im Kontext der Inszenierungen eines Individuums erkennen und beschreiben, ist also keine festgeschriebene Größe.
Im beschriebenen Beispiel wäre der kämpferische Dialog mit der Therapeutin auch im Gruppenkontext möglich gewesen, da eine weitere Leiterin im Raum anwesend war.

... eine ganz normale Gruppe

Nachdem ich diesem Artikel ein Beispiel für eine Intervention in einer Gruppe Erwachsener voran gestellt habe, möchte ich zum Schluss ein Beispiel aus der Arbeit mit „ganz normalen" Kindern darstellen.

Eine Gruppe Kindergartenkinder kommt wegen unterschiedlicher Auffälligkeiten in der Entwicklung in die Psychomotorik. Wie so oft, ist der Schuleintritt als Stichtag in Sicht und die Kinder sollten möglichst „angepasst" diesen neuen Lebensabschnitt beginnen. Die Auftragslage lautet also: Konzentration, Feinmotorik, Grobkoordination und Sozialverhalten fördern. Alle fünf Kinder beginnen die Stunden äußerst schüchtern und folgen „brav" den Anweisungen der Leiterin. Diese zeigt den Kindern einige Möglichkeiten und Grenzen der Aktionen im Turnraum. Nach einer Phase der Orientierung und der Sicherheit mit vertrauten Spielen öffnet sie den Raum zum freien Spiel. Nur die Begrüßung, Verabschiedung und die Ruhephase bleiben als Rahmen konstant. Als Bewegungsanlässe befinden sich Aufbauten zum Fallen, Springen, hinunterrollen und fahren im Raum. Kleinmaterialien stehen zur Auswahl zur Verfügung. Die Leiterin stellt sich den Kindern zum Spiel zur Verfügung, d. h. sie übernimmt Spielrollen nach Wunsch und Inszenierung der Kinder und initiiert selbst Rollenspiele.

Aufgrund ihrer Beobachtung in den vorangegangenen Stunden weiß sie, dass die Kinder zunächst Spielsituationen zur Lösung ihrer Zwerchfellspannungen (fallen, springen, fahren) brauchen. Da dies nur mit lautem Geschrei und aktuellem Erleben möglich ist, spielt sie mit, um die Kinder zu ermutigen. Nach wenigen Stunden wird sie in lebensbedeutsame Rollenspiele verwickelt und stellt sich der Übertragung der Kinder. Ihre Fähigkeit, leiblich-szenisch zu verstehen ist gefragt: Sie wird im Spiel mehrfach umgebracht, verzaubert und geschlagen. Der Spannungsbereich im Becken löst sich, die Wut wird ausgespielt.[10] Nach wiederum mehreren Stunden beobachtet sie die Annäherung einiger Kinder untereinander sowie ihr gegenüber auf einer vorsichtigeren Ebene. Die Stunden werden ruhiger und oft sitzen alle in der Kuschelecke und lauschen einer Geschichte. Die Herzen beginnen sich zu öffnen. Die Kinder leben nun ihre Lebendigkeit in unterschiedlichen Bereichen: Vital und innig. Die anfänglichen Hemmungen und Ängste sind nicht mehr zu spüren, die Neugier ist erwacht und damit auch eine notwendige Voraussetzung für den Schuleintritt.

Werfen wir noch einen Blick auf die Auftrags- und Ausgangslage. Keine der genannten Störungen wurden von der Leiterin in den Stunden beachtet. Nun, am Ende des Psychomotorik – Kurses fällt Eltern und Erziehern kaum noch eine der eingangs genannten Störungen auf. Selbst die Unlust eines Jungen bezüglich des Malens wird nicht mehr kritisiert. Er würde mit seinem derzeitigen Selbstbewusstsein auch keine

[10] zum leiblich-szenischen Verstehen in der Psychomotorik vgl. Eckert (2003)a

Kritik dieser Art mehr hinnehmen. War die mangelhafte Feinmotorik also nur ein Vorwand, um ihn in die Psychomotorik zu schicken? Oder sind „kleine Fehler" bei selbstbewussten Kindern unbedeutend?

Als wichtige begleitende Maßnahme stellte sich für dieses Beispiel die Arbeit mit den Eltern heraus, die sich fortwährend neu auf ihre Kinder einstellen mussten. Die Herausforderungen eines „lebendigen" Kindes anzunehmen, ist heute nicht mehr selbstverständlich und muss wieder neu gelernt werden. Die Chance für die begleitenden Erwachsenen besteht darin, sich selbst in einer Gesellschaft, in der sie funktionieren müssen, wieder individuelle Nischen für ihre eigene Lebendigkeit zu suchen und damit von und mit den Kindern zu lernen.

Körperenergetische Betrachtungs- Seins- und Handlungsweisen in der Psychomotorik sind somit als Lernfeld für alle Beteiligten zu betrachten. Auch hier gilt: Entwicklungsschritte beim Kind sind unweigerlich mit Entwicklungsschritten der Begleitenden verbunden (Herzka 1996). Wo letztere nicht stattfinden ist von ersteren nicht auszugehen, oder perspektivisch formuliert: Wenn der Erwachsene bereit ist, vom Kind zu lernen, kann ein Dialog und damit Entwicklung stattfinden. Mit diesem Hinweis auf die anthropologische Dimension des Verbunden-Seins wird noch einmal die Verortung einer körperenergetischen Psychomotorik deutlich.

Literatur

BOADELLA, D. (1991): Befreite Lebensenergie. München.

BOYESEN, G. (1987): Über den Körper die Seele heilen. München.

DeMAUSE, L. (1980): Hört ihr die Kinder weinen. Frankfurt

DOERING, W. / DOERING, W. (2001): Von der Sensorischen Integration zur Entwicklungsbegleitung. Dortmund

ECKERT, A. R. (2000): Körperenergetische Aspekte in der Psychomotorik. In: Wendler / Irmischer / Hammer (Hrsg.) Psychomotorik im Wandel, Lemgo

ECKERT; A. R. (2003): Menschen psychomotorisch verstehen und begleiten. In: Eckert, A. R. / Hammer,R. (Hrsg.): Der Mensch im Zentrum. Beiträge zu einer sinnverstehenden Psychomotorik und Motologie. Lemgo

ECKERT, A. R. (2003) a: Szenisch-leibliches Verstehen in der Psychomotorik. In: Fachbereich Sozialpädagogik (Hrsg.): Unverstandene Kinder – Schwierige Kinder? Darmstadt

ESSER, M. (1992): Beweg-Gründe. München Basel.

FICHTNER, G. (2000): Vom Leistungssport zum Doppelmord. In: Wendler u. a. (Hrsg.): Psychomotorik im Wandel. Lemgo

GERSPACH, M. (2002): Der Beitrag der Psychoanalyse zum Dialog. In: Warzecha, B. (Hrsg.): Zur Relevanz des Dialogs in Erziehungswissenschaft, Behindertenpädagogik, Beratung und Therapie. Hamburg

GRUEN, A. (1997): Der Verlust des Mitgefühls. München

GRUEN, A.(1984): Der Verrat am Selbst. München

HERZKA, H . S., REUKAUF, W. (1996): Kinderpsychotherapie als dialogischer Prozess – ein der frühen Mutter-Kind-Entwicklung entsprechendes Konzept. In: Metzmacher, B., Petzold, H. u. Zaepfel, H. (Hrsg.): Therapeutische Zugänge zu den Erfahrungswelten des Kindes von heute. Paderborn.

KEUPP, H. (1999): Bedrohte und befreite Identitäten in der Risikogesellschaft. In: Barkhaus, A. u.a.(Hrsg.): Identität, Leiblichkeit, Normativität. Frankfurt

KEUPP, H. (2000): Identitäten in Bewegung – und die illusionäre Hoffnung auf den Körper. In: Motorik 2000(23), 113-121

JOHNSON, S. (1993): Charaktertransformation. Oldenburg.

KELEMAN, S. (1980): Dein Körper formt dein Selbst. München

LAING, R. D. (1987): Das geteilte Selbst. München

LOWEN, A. (1988): Bioenergetik. Hamburg

LOWEN, A. (1979): Lust. Der Weg zum kreativen Leben. München.

MATTNER, D. (1987): Zur Dialektik des gelebten Leibes. Dortmund.

MATTNER, D. (2000): Der bewegte Leib. Menschliche Konstituierungsprozesse aus leibphänomenologischer Sicht. In: Motorik 2000 (23), 3-10

MERLEAU – PONTY, M. (1966): Phänomenologie der Wahrnehmung. Berlin. MILANI – COMPARETTI (1986): Von der Medizin der Krankheit zu einer Medizin der Gesundheit. In: Janssen / v. Lüpke (Hrsg.): Von der Behandlung der Krankheit zur Sorge um Gesundheit. Frankfurt

NEIDHÖFER, L. (1991): Intuitive Körperarbeit. Oldenburg

PIERRAKOS, J. (1987): Core Energetik. Essen.

REICH, W. (1970): Charakteranalyse. Köln

SEEWALD, J. (1989): Leiblichkeit und symbolische Entwicklung. Inaugural-Dissertation. Marburg.

SEEWALD, J. (2003): Über die Genese des „verstehenden Ansatzes" in der Motologie. In: Eckert, A. R. / Hammer, R. (Hrsg.), a.a.O.

SENNETT, R. (2000): Der flexible Mensch. Berlin

SIMON, F. B. (2002): Meine Psychose, mein Fahrrad und ich. Heidelberg

TRESCHER, H. G.(1990): Theorie und Praxis der psychoanalytischen Pädagogik. Mainz

VON LÜPKE, H. (2003): Kinder, die nicht stören können. In: Fachbereich Sozialpädagogik (Hrsg.): Unverstandene Kinder – Schwierige Kinder ? Darmstadt

WINNICOTT, D.W. (1983): Von der Kinderheilkunde zur Psychoanalyse. Frankfurt.

WINNICOTT, D.W. (1988): Aggression. Stuttgart.

2.7 Psychomotorische Praxis Aucouturier

Marion Esser

> «Die Aktivitäten nicht im Voraus zu planen, ist ein generelles und wesentliches Prinzip unserer gesamten Arbeit. Nur auf diese Weise kann es zu einer direkten und spontanen Kommunikation kommen, die nicht durch Anweisungen, die vor der wirklichen Beziehung mit dem anderen schützen, gehandhabt wird» (AUCOUTURIER/LAPIERRE, 1998, S. 96).

> «Was uns wesentlich erscheint, ist die interindividuelle Beziehung, die Beziehung von Person zu Person» (AUCOUTURIER/LAPIERRE, 1998, S. 29).

*Die **Psychomotorische Praxis Aucouturier (PPA)** gilt seit Erscheinen des Therapieberichts „Bruno“ (1975) als führender Vertreter eines verstehenden Ansatzes in der Psychomotorik. Sie sieht die Bewegung des Kindes als Ausdruck seines inneren Bewegt-seins, als Ausdruck seiner affektiv-emotionalen Geschichte. Die **PPA** gründet in einem Menschenbild, welches das Kind mit seiner Eigenart und unwiederholbaren Lebensgeschichte annimmt. Nicht die Psychomotorikerin plant die Stunde, sondern das Kind hat Raum und Zeit, die Stunde mit den Inhalten zu füllen, die für es selbst von Bedeutung sind. Nicht die Förderung der Motorik steht im Vordergrund, sondern die Ausdrucksfähigkeit des Kindes auf den unterschiedlichsten Ebenen (ganzkörperlich-emotional, graphisch, plastisch, sprachlich). Von der PsychomotorikerIn erfordert dieses Vorgehen die Bereitschaft, offen für die Bedürfnisse des Kindes zu sein und Vertrauen in seine Möglichkeiten zu haben.*

Bernard Aucouturier ist von seiner Grundausbildung Sportlehrer. Seine Beschäftigung mit der Psychomotorik begann in den sechziger Jahren, als er die Leitung des „Centre d´Education Physique Spécialisée“ in Tours übernahm. Zu dieser Zeit wurden in Frankreich gerade erste psychomotorische Konzepte entwickelt, beispielsweise von Jean Le Boulch und Pierre Vayer, die in der Vor- und Grundschulpädagogik eingesetzt und erprobt wurden. Ihnen gemein war der Grundgedanke, dass über die Förderung motorischer Grundfähigkeiten wie etwa Bewegungskoordination, Körperschema, zeitliche und räumliche Wahrnehmung usw. die Kinder in ihrer kognitiven Entwicklung unterstützt werden sollten. Auf der Grundlage dieser Konzepte hat auch Bernard Aucouturier begonnen mit Kindern zu arbeiten, die wegen unterschiedlichster motorischer Auffälligkeiten, Verhaltensstörungen, Behinderungen, Schul- und Lernschwierigkeiten usw. an sein Zentrum überwiesen wurden.

> «Zu Beginn unserer Arbeit sind wir von der psychomotorischen Konzeption der „Defizite des Kindes“ ausgegangen, die zu jener Zeit von

Le Boulch und Vayer entwickelt worden war (Nachholen „fehlender Phasen" in der psychomotorischen Entwicklung des Kindes). Diese Konzeption war im wesentlichen normativ und rationalistisch. Normativ in dem Sinne, als sie die psychomotorische Entwicklung des Kindes in Bezug zu statistischen Normen evaluierte... Nachdem eine gewisse Anzahl von „Defiziten" festgestellt, durch Tests lokalisiert und aufgelistet worden sind, geht es in der Folge darum, diese Defizite durch Übungen auszugleichen...» AUCOUTURIER/LAPIERRE (1998, 18)

In seinem ersten, zusammen mit André Lapierre verfassten Werk «Les contrastes et la decouverte des notions fondamentals» (AUCOUTURIER/ LAPIERRE 1974) stellt Aucouturier Übungsangebote vor, über die das Kind abstrakte Begriffe wie Größe, Geschwindigkeit, Richtung, Intensität usw. über körperliches Erleben im psychomotorischen Raum lernen soll. Sehr bald erkennt er, welche Schwierigkeiten diese Form einer psychomotorischen Übungsbehandlung beinhalten, die nach seiner Meinung in der Konzeption liegen. Er beobachtet die Kinder und spürt oftmals ihre Widerstände, Passivität, Desinteresse und Lustlosigkeit, wenn sie die psychomotorischen Übungen durchführen sollen. Er erkennt, was die Kinder bewusst oder unbewusst spüren, nämlich dass die Übungen eine Absicht verfolgen – zum Beispiel in direkter Verbindung zu schulischen Lernzielen stehen (die Auge-Hand-Koordination zum Schreiben, die Raum-Zeit-Organisation zum Lesen, der Mathematik, usw.).

> «Diese sekundären Zielsetzungen des schulischen Lernens bleiben sehr präsent, und die Perspektiven zu mehr Offenheit werden auf diese Weise schnell wieder von der traditionellen Pädagogik eingeholt. Die psychomotorische Übungsbehandlung erscheint dann als notwendige Vorschulerziehung und fügt sich in eine Programm ein, das von der Pädagogik vereinnahmt wird. Von diesem Moment an wird alles verfälscht, und es stellt sich wieder ein systematisches Lernen zweiten Grades ein, auferlegt von Seiten des Lehrers mit demselben angstmachenden Druck» (AUCOUTURIER/LAPIERRE 1998, 18).

Aucouturier stellt fest, dass eine solch normative Heilpädagogik vom Kind als Aggression erlebt wird, mit der Verunsicherung, Angst und Schuldgefühle einher gehen. Die Widerstände beim Kind werden auf diese Weise verstärkt. Nach Aucouturiers Beobachtungen gelingt es zwar manchmal, Anpassungsmechanismen gegenüber den psychomotorischen Übungen aufzuzeigen, aber sie bleiben spezifisch und werden in der Regel nicht auf die schulischen Aktivitäten übertragen, selbst wenn sie in den „psychomotorischen Kontrolltests" zu guten Ergebnissen geführt haben. Aucouturier kommt zu dem Schluss, dass die Schwierigkeiten der Kinder und deren körperlicher Ausdruck oftmals Ausdruck einer viel tieferen, umfassenderen Störung ist, die sich auch im affektiv-emotionalen Ausdruck und im Beziehungsverhalten des Kindes wiederfindet.

In der psychomotorischen Therapie mit «Bruno» (AUCOUTURIER/LAPIERRE 1977/1995[2]), als Therapiebericht unter gleichnamigem Titel 1982 erstmalig in deutscher Sprache veröffentlicht, realisiert Aucouturier, dass er das Kind Bruno nicht erreichen wird, wenn er versucht, es seinen Wünschen und Zielen anzupassen. Wenn er versucht, Bruno, der sich nicht gut aufrecht halten kann, dazu zu bringen, dass er koordiniert geht, wenn er versucht, Bruno, der nicht spricht, zum Sprechen zu bewegen, wenn er versucht Bruno, der sich nicht für die Gegenstände im Raum interessiert, zum Handeln und Spielen mit ihnen anzuleiten. Bruno ignoriert ihn dann und verweigert sich. In dem Bericht über diese Therapie schreibt er:

> „Die »klassischen« Auffassungen der Heilpädagogik hätten die negativen Aspekte berücksichtigt: Mangel an motorischer Koordination, Schwierigkeiten beim Bewahren des Gleichgewichts und beim Umhergehen, Stummheit – und sich auf einen Versuch orientiert, diese Mängel zu reduzieren: Koordinationsübungen, Übungen für statisches und dynamisches Gleichgewicht, Sprechen. So war man mit Bruno bisher verfahren, und so wären vermutlich auch wir einige Jahre früher vorgegangen. Aber unsere Erfahrung hat uns gelehrt, dass diese Art instrumentaler Heilpädagogik, die auf die Schwächen des Kindes zentriert ist, auf seine sichtbaren »Mankos«, nur begrenzte Aussichten hat; aus verschiedenen Gründen, die wir analysieren müssen: Einerseits bezieht sich diese Art von Heilpädagogik nur auf die Verhaltensweisen, ohne Modifizierung der hintergründigen tiefen Strukturen der Persönlichkeit. Sind diese tiefen, unbewussten Strukturen zu sehr gestört, kann keine symptomatische Umerziehung Erfolg bringen. Andererseits schafft sie einen bewussten oder unbewussten Konflikt mit dem Kind,

das seine Symptome, mittels derer es sich ausdrückt, »verteidigt«. Dies führt nur dazu, die Mängel aufzuwerten und zu strukturieren, indem man sie institutionalisiert. Und vor allem wird dadurch die Möglichkeit genommen, mit dem Kind eine offene und vertrauensvolle Beziehung herzustellen, die die allererste Voraussetzung für seine Entfaltung ist" AUCOUTURIER/LAPIERRE (1982, 26).

Aucouturier beschließt, in seiner psychomotorischen Intervention nicht mehr von den Defiziten auszugehen, von dem, was fehlt, nicht genügt, mangelhaft erscheint, sondern von dem, was das Kind an Möglichkeiten mit sich bringt. Er bemüht sich, das, was das Kind spontan tut, verstehen zu lernen.

„Diese Feststellungen und Überlegungen haben uns dazu geführt, jegliche sogenannte instrumentale Heilpädagogik fallen zu lassen, die sich auf das Symptom stürzt und es über ein mehr oder weniger offenes Üben zu beseitigen sucht. Wir wollen mit den positiven Seiten des Kindes arbeiten. Wir interessieren uns für das, was es zu tun vermag, und nicht für das, was es nicht kann. Nur darüber kann sich die pädagogische Beziehung entspannen, die Situation weniger dramatisch werden und das Kind Vertrauen und Sicherheit wiederfinden. Das beste Mittel, dem Kind zu helfen, seine Schwierigkeiten zu überwinden, ist, es sie vergessen zu lassen" AUCOUTURIER/LAPIERRE (1998, 20).

Die **PSYCHOMOTORISCHE PRAXIS AUCOUTURIER** gründet demnach in einem Menschenbild, das jedes Kind in seiner Einzigartigkeit annimmt, von seinen Stärken und Fähigkeiten ausgeht und es in seinen Möglichkeiten unterstützt. Die Individualität des Kindes in seiner Eigenart mit seiner unwiederholbaren Lebensgeschichte wird zum Grundprinzip der Arbeit von Aucouturier und zum Ausgangspunkt jeder psychomotorischen Intervention. Hierin finden sich Gedanken aus der Psychosomatik und der humanistischen Psychologie wieder.

Das Konzept der somatischen Expressivität

Aucouturier formuliert dazu in den achtziger Jahren das Konzept der somatischen Expressivität und beschreibt damit die körperliche Ausdrucksfähigkeit des Kindes als seine besondere und originäre Art, in der Welt zu sein. Das Kind drückt sich in den ersten Lebensjahren vorrangig über seinen Körper aus. Es setzt die Dinge in Bezug zu seinem Körper, es erfasst und erfühlt die Welt über seinen Körper. Bereits in den ersten Lebensmonaten lässt sich beobachten, dass jedes Kind eine eigene Art und Weise hat, sich zu bewegen, fortzubewegen, zu handeln, eine eigene Mimik und Gestik, kurz: ganz eigene, seiner Person eigene Ausdrucksformen, die mit seinen leiblich-seelisch-geistigen Erfahrungen zusammen-

hängen. Diese individuelle Ausdrucksweise wird respektiert und als sinnhaft anerkannt. ESSER (1992, 22)
Die körperliche Ausdrucksfähigkeit des Kindes als seine vorrangige Art, in der Welt zu sein, bedeutet für die Praxis, dass Körper und Motorik des Kindes immer im Mittelpunkt der psychomotorischen Intervention stehen. Aber hierbei geht es nicht mehr nur um den „Körper an sich", der an die neuro-physiologische Reifung gebunden ist, sondern auch um den Körper mit seinen affektiv-emotionalen Anteilen, der sich aus den leiblich-seelisch-geistigen Erfahrungen des Kindes entwickelt.

Mit diesen Erkenntnissen rückt der Körper in seinen vielgestaltigen Ausdrucksformen, seinen Somatisierungen, seiner Entwicklung in den Mittelpunkt der Forschung von Bernard Aucouturier. Welche Bedeutung hat er in der Entwicklung des Kindes? Wie entwickelt das Kind sein Körper-Ich, ein gefestigtes Bild seiner selbst als wichtigen Schritt in der Entwicklung seiner Identität?

Ende der siebziger, Anfang der achtziger Jahre wendet sich Bernard Aucouturier entwicklungspsychologischen und psychoanalytischen Konzepten zu, um sich mit dieser Fragestellung auseinander zu setzen.

Aus der Entwicklungspsychologie beeinflussen ihn besonders Jean Piaget, der beschreibt, welch fundamentale Rolle der Bewegung in den ersten Lebensmonaten bei der Entwicklung des Denkens zukommt, und Henri Wallon mit seinen Studien zum „tonischen Dialog". Dieser Dialog, über den das Kind in den ersten Lebensmonaten in der vorsprachlichen Zeit mit seinen ersten Bezugspersonen kommuniziert, wird über den Körper, seine Muskelspannung, Empfindungen, Wahrnehmungen und Gefühle geführt. Diesen ersten tonisch-emotionalen Dialog beschreibt Wallon als prägend für alle weiteren Kommunikationsformen bis hin zur abstraktesten, nämlich der der Sprache. Bei Freud und seinen Schülern findet Aucouturier bedeutsame Einsichten über den Körper als „Motor" für die kindliche Entwicklung, seine Bedeutung bei der Entstehung von Neurosen und Psychosen, die Studien über das Unbewusste. Am Nachhaltigsten beeinflusst ist Aucouturier damals wie heute von den Arbeiten des Kinderanalytikers D. W. Winnicott über die emotionale Entwicklung des Kleinkindes in Bezug zu seiner Umwelt.

> „Tatsächlich bedeutet das Wort infant (Säugling) ‚nicht sprechend', und es ist recht nützlich, sich die ‚infancy' (das Säuglingsalter) als die Phase vor der Wortbildung und dem Gebrauch von Wort und Symbolen zu denken. Daraus folgt, dass es sich auf eine Phase bezieht, in der der Säugling von einer mütterlichen Fürsorge abhängig ist, die nicht auf dem Verstehen dessen beruht, was verbal ausgedrückt wird oder werden könnte, sondern auf mütterlichem Einfühlungsvermögen" WINNICOTT (1962, 51).

Aus dieser Zeit stammt Bernard Aucouturiers Theorie vom »Manque au corps« („Mangel am Körper"), die ich in meinem Buch *Beweg-Gründe* ausführlich beschrieben habe (ESSER 1992, 22-38). Sie unterstreicht die Wichtigkeit der ersten körperlichen Beziehungen zwischen dem Kind und seiner Mutter, seinem Vater, den ersten Bezugspersonen. Diese ersten körperlichen Beziehungen prägen das ´image du corps´ – das Körperbild, Körperschema – und das ´imaginaire du corps´ – das sind die fantasmatischen Bilder und Erinnerungen, die das Kind, und später der Erwachsene, mit seinem eigenen Körper verbindet. Diese Bilder, Erinnerungen und Fantasmen, die auf den eigenen Körper bezogen sind, sind aus den ersten Beziehungen hervorgegangen und sind das ganze Leben über wirksam.
Aucouturier versteht das Bewegungsverhalten des Kindes demnach als Ausdruck seiner frühen affektiv-emotionalen Geschichte. In Körper und Motorik drücken sich die lustvollen und unlustvollen Erfahrungen aus, die ein Kind im Laufe seines Lebens mit der Welt und mit seinen ersten Beziehungen in der Welt gemacht hat. Diese Erfahrungen schreiben sich im Körper des Kindes ein und suchen über seinen Körper ihren Ausdruck. Diese Erfahrungen sind immer präsent und beeinflussen und prägen Sein, Handeln, Fühlen und Denken des Kindes in allen späteren Lebensphasen.

Geht es nun um die Frage, wie das Kind sein Körper-Ich, ein gefestigtes Bild seiner selbst als wichtigen Schritt in der Entwicklung seiner Identität entwickelt, so stellt Aucouturier fest: „Nur als lustvoll erlebte Zonen wirken an der Strukturierung des Körpers mit" (AUCOUTURIER, Vortrag in Bonn 1989).
Aus diesen Erkenntnissen formuliert er das Konzept der Einheit des Körpers.
Die folgenden Ausführungen stammen in Auszügen aus meinem Artikel „Von Bruno bis heute" (ESSER 2000).

Das Konzept der Einheit des Körpers (unité du corps)

Die lustvollen Erfahrungen in der Begegnung mit dem anderen verhelfen dem Kind zu einem Gefühl von Einheit, die ihm Sicherheit gibt und in der es sich wohlfühlt. Diese lustvoll erlebte Einheit ist aber nie stabil, manchmal ist sie vorhanden, dann wieder nicht. Schmerzen beispielsweise können dazu führen, dass die Einheit verloren geht – physische Schmerzen durch organische Beeinträchtigungen, Unfälle etc. oder psychische Schmerzen durch Abwesenheit, Trennung oder Nicht-Verfügbarkeit der Bezugsperson aus welchen Gründen auch immer.
Besonders in den ersten Lebensmonaten reagiert das Kind mit Ärger und vor allem Angst, wenn die sich langsam entwickelnde Einheit gefährdet ist. Auf diese Weise entstehen Ur-Ängste, die jeder von uns in sich trägt

und die auf die ersten körperlichen Beziehungen zurückzuführen sind: zum Beispiel die Angst, sich aufzulösen (´angoisse de dissolution´), die Angst, aufgeteilt und zerstreut zu werden (´angoisse de dispersion), die Angst, die Haut als körperliche Umhüllung zu verlieren (´angoisse de écorchage´), die Angst vor Zerstückelung des Körpers (´angoisse de morcellement du corps´) oder die Angst, zu fallen (´angoisse de chute´), um nur einige zu nennen. Im Wesentlichen beziehen sie sich auf die Erfahrungen des Kindes in seiner ersten Lebenszeit: welche Erfahrungen hat es mit der Nahrungsaufnahme und Nahrungsausscheidung gemacht, wie wurde es von seinen Eltern getragen und gehalten, wie wurde es aus seinem Bettchen genommen oder hineingelegt, wie im Raum bewegt, wie wurde es an- und ausgezogen usw.. Aucouturier bezeichnet die in dieser Lebensphase entstehenden Ängste als „archaische Ängste vor dem Verlust des Körpers", vor Verlust des Körpers deshalb, weil sie die im Entstehen begriffene Einheit des Körpers bedrohen.

Aucouturier vermutet in diesem Prozess – nämlich eine lustvolle Einheit mit dem anderen gehabt zu haben, sie zu verlieren, damit verbunden Angst zu erleben und sich wieder nach dem ursprünglichen Zustand der Einheit zurückzusehnen – den wesentlichen Antrieb für die Entwicklung von Symbolisierung und Repräsentation: Das Kind begibt sich auf die Suche nach der lustvollen Einheit, um das Verlorene wiederzufinden und seine Angst zu mildern. Es beginnt, die Einheit zu repräsentieren. Man könnte auch sagen, dass es beginnt, seine lustvollen Erinnerungen mit dem Anderen zu halluzinieren, zu phantasieren. Es schafft sich so ein fantasmatisches Innenleben. Allerdings hat das Kind nur Lust an einer Reaktivierung seiner Erinnerungen, wenn es die vorherige Einheit als lustvoll erlebt hat. Das Kind sucht seine lustvollen Erinnerungen nur in der Abwesenheit einer Antwort. Angst, Verlust und der Wunsch, die verlorene Einheit wiederzufinden, sind demnach die Faktoren, die die Dynamik zu repräsentieren in Gang setzen.

Ein Beispiel: das Kind hat Hunger und schreit. Eine Antwort von außen bleibt aus. Das Kind führt einen Gegenstand zum Mund, saugt und nukkelt daran. Zum einen dient ihm dieser Vorgang dazu, seine Einheit wiederherzustellen, Wohlbefinden und Entspannung zu erleben. Zum anderen reaktualisiert das Kind aber auch die betreffende Zone, nämlich den Mund, in Verbindung mit dem externen Objekt, also der Mutter. Es findet im Saugen auch den Anderen, den Körper des Anderen wieder.
Aucouturier folgert: In der Handlung sind immer beide, das Objekt und das Subjekt!

Das Konzept der Handlung und „Transformation"

Es ist genau dieser Aspekt, nämlich dass im Handeln immer auch der Andere präsent ist, den Aucouturier in den letzten Jahren weiterverfolgt hat.

Er spricht heute vom *Konzept der Handlung und Transformation* (Transformation = Veränderung, Umgestaltung). Für ihn definiert sich die Handlung über die Auswirkungen, die sie auf die innere und äußere Welt hat. Das Kind handelt, wenn es die Außen- und Innenwelt (um)gestalten kann. Welche Veränderungen bewirkt mein Handeln in mir selbst und wie wirkt sich meine Veränderung auf meine Umgebung aus und verändert wiederum dann sie?

Aucouturier gibt ein Beispiel:
Ein Säugling schreit. Die Mutter nimmt es als Hinweis, dass ihr Kind gefüttert werden möchte und gibt ihm etwas zu essen. Sie erfüllt also seine physiologischen Bedürfnisse. Das Kind wird ernährt, sein Hunger wird gestillt. Es wird in seinen Empfindungen und in seinem Tonus auf sensomotorischem Niveau und ebenfalls auf der Gefühlsebene „transformiert", verändert: das Kind hat sich also sensomotorisch, tonisch und psychisch verändert (interne Transformation). Aber gleichzeitig verändert sich auch die Mutter. Sie hat das Bedürfnis des Kindes verstanden, entspannt sich, ihre Gefühle und ihre Psyche verändern sich gegenüber dem Kind, das sich ebenfalls verändert hat (externe Transformation).
Handlung ist demnach ein dialektischer Prozess, eine gegenseitige „Transformation" der inneren und äußeren Welt, eine Inter-Aktion: meine Veränderung ist abhängig von der Veränderung des Anderen – die Veränderung des Anderen ist abhängig von meiner eigenen Veränderung! In den neueren Arbeiten zur psychoanalytischen Säuglingsforschung wird dieser wechselseitige Prozess des Sich-Veränderns in der Kommunikation zwischen Mutter und Kind besonders von Daniel STERN (1992) beschrieben.

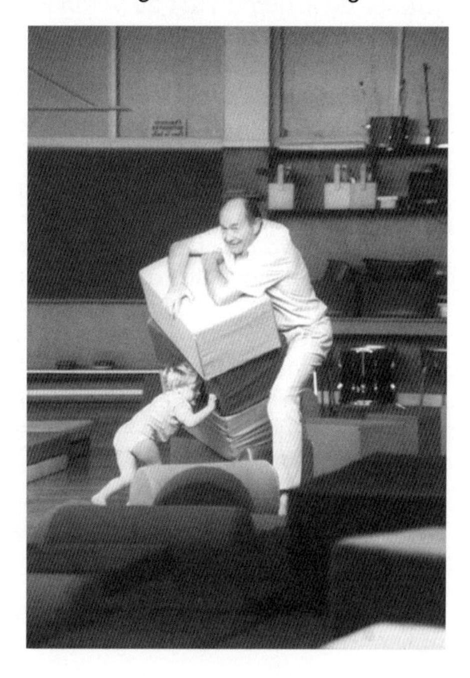

Umgestalten, verändern kann man aber nur etwas, so Aucouturier, das man affektiv besetzt hat, sonst fehlt jede Dynamik zum Handeln. Grundlage dafür, dass die beiderseitige Veränderung zugelassen und ohne zu große Abwehr erlebt wird, ist also eine lustvolle Beziehung, in der die Freude über die gegenseitige Veränderung vorherrscht. Der Andere muss verfügbar sein, und dennoch stabil. Das Kind muss erfahren können, dass der Andere sich verändern lässt, und dennoch stabil bleibt, er selbst bleibt – wie es selbst sich durch den Anderen verändern lässt und doch ein eigenständiges Ich ausbildet.

In der Interaktion wird oftmals dieser Aspekt der Wechselseitigkeit nicht genügend berücksichtigt, ob nun in der Beziehung zwischen Mutter/Eltern und Kind oder Therapeut/in und Kind. Es stellt sich die Frage, ob die externe Welt, die in der frühen Kindheit aus den Eltern besteht, überhaupt bereit ist, verfügbar zu sein, sich dem Kind anzupassen und sich auch von ihm verändern zu lassen oder ob versucht wird, das Kind den eigenen Bedürfnissen und Wünschen anzupassen. Wenn die umgebende Welt nicht zur Veränderung bereit ist, ist das Handlungsvermögen des Kindes stark eingeschränkt. Es verbleibt in der reinen Bewegung, denn Handlung und Handlungsfähigkeit setzen Wechselseitigkeit und Veränderbarkeit voraus.

Hier siedelt Aucouturier die Schwierigkeiten der hypermotorischen Kinder an (bewusst spricht er von hypermotorischen, und nicht von hyperaktiven Kindern! Aktion, Handlung setzt zwei Partner voraus): diese Kinder verbleiben in der reinen Bewegung, ohne zu handeln. Sie bewegen sich, ohne den anderen in sich zu haben, ohne die Lust, den anderen wiederzufinden. Oftmals haben sie große Ängste vor jeglicher Veränderung: sie wehren sich heftig gegen die eigene Veränderung und tun sich ebenfalls schwer, die externe Welt zu verändern.
Aucouturier vermutet, dass diese Kinder in vielen Fällen keine Lust und Freude und keine wechselseitige Veränderung in der Beziehung zum Anderen erlebt haben. Vielleicht war das externe Objekt auf Grund von Krankheit in der frühen Kindheit abwesend oder hatte keine Freude an dem Kind. Auch können konstitutionelle Faktoren verhindern, dass das externe Objekt verinnerlicht wird. Diese Kinder sind in sich oft sehr allein und isoliert und suchen nach starken affektiven Bindungen (z. B. mit der Therapeutin, die sie gleichermaßen leidenschaftlich lieben und bei jeder sich bietenden Gelegenheit zu zerstören suchen...). Sie haben nicht lernen können, dass ihr Handeln eine Veränderung der inneren und äußeren Welt zur Folge hat. Dies aber ist eine wesentliche Voraussetzung für die Entwicklung des Denkens. Bei Kindern, die in der Bewegung verhaftet bleiben, ohne ihr Handlungsvermögen entwickeln zu können, findet man immer mehr oder weniger starke Schwierigkeiten in der Entwicklung des Denkvermögens.

Wie aber hängen Handeln und Denken zusammen? Wie gelangt das Kind zu geistigen Repräsentationen, wie reaktualisiert es das Handlungsschema?

Aucouturier gibt wieder ein häufig zu beobachtendes Beispiel aus der frühen Kindheit: Ein einjähriges Kind spielt mit seiner Mutter. Die Mutter

baut aus Bauklötzen einen Turm. Es dauert nicht lange und das Kind stößt den Turm um. Die Klötze purzeln durcheinander und die Mutter stapelt sie wiederum aufeinander, bis das Kind sie wiederum umwirft. Der Irrtum wäre hier, dem Kind zu sagen, dass es den Turm nicht umstoßen darf. Stattdessen baut die Mutter den Turm immer wieder auf, weil sie weiß, dass ihr Kind Freude am Zerstören des Turmes hat. Sie lebt und erlebt mit ihrem Kind die Handlungskette von Zerstören und Wiederaufbauen, vom Verschwinden und Wiederauftauchen.
Aber die Mutter wird – aus welchen Gründen auch immer – nicht immer präsent sein können und dem Kind in einer solch lustvollen Dynamik zur Verfügung stehen können. Hat das Kind aber einmal diese lustvolle Dynamik erlebt, wird es später in der Lage sein, den Turm selbst aufzubauen. Dann findet es nicht nur sich selbst, sondern auch seine Mutter in diesem Turm wieder: im Turmbau erlebe ich unser gemeinsames Erlebnis, lasse ich mich wiederauftauchen, wie ich dich wiederauftauchen lasse.
<u>In der Handlung gibt es immer auch den Anderen...</u>

Die kindliche Handlung wird also gesehen als eine Repräsentation des anderen, als eine Repräsentation der Handlung mit dem anderen, die sich tief im Unbewussten des Kindes eingeschrieben hat.

Schaukeln, Drehen, Fallen, Zerstören und Wiederaufbauen, Füllen und Leeren, Sich-Verstecken und Wiederauftauchen, Klettern und Springen, Gleichgewicht und Ungleichgewicht, Sich trennen und sich wiederfinden (= Fangen und Verstecken spielen), später im Zuge der Sprachentwicklung symbolische Spiele, die mit Verschlingen zu tun haben (Wolf-Krokodil-Spiele), usw. sind kindliche Handlungen, die symbolischer Ausdruck von etwas bereits Erlebtem sind. Gefühle und Phantasmen sind mit ihnen verbunden, die aus den ersten körperlichen Beziehungen hervorgegangen sind und die Erfahrungen der prä-, peri- und postnatalen Lebenszeit reaktualisieren. Im Körper kommen diese archaischen Affekte und archaischen Fantasmen zum Ausdruck. Es sind Repräsentationen der ersten Erfahrungen mit dem anderen. So geht es zum Beispiel beim Versteckspiel, beim Verstecken und Sich-Wiederfinden um die tiefe Rückversicherung, dass es trotz zeitweiliger Trennung Beständigkeit gibt. Auch wenn die Mutter (Bezugsperson) nicht immer präsent ist, gibt es nach der Trennung das Sich-Wiederfinden. Das Kind versteckt sich, um gesucht zu werden, um den Beweis zu bekommen, dass es so wichtig für den anderen ist, dass der Andere es sucht: wenn du mich suchst, bin ich wichtig für dich, wenn ich wichtig für dich bin, liebst du mich...
Schaukeln, Drehen, Klettern, Fallen, Spiele, in denen es um Gleichgewicht und Ungleichgewicht geht, beziehen sich auf die unbewussten Erinnerungen der Kinder, wie sie im Raum gehalten und getragen wurden, wie viel Sicherheit oder Unsicherheit sie dabei empfunden haben usw.

Das Kind wiederholt diese Handlungen, um – wie weiter oben beschrieben – die lustvolle Einheit, die es mit dem Anderen erlebt hat, wiederzufinden und zu repräsentieren oder als eine Rückversicherung gegenüber Ängsten, die damit einher gegangen sind. Über diese Spiele kann das Kind seine Einheit wiederfinden, eine Einheit, in der der Andere zwar präsent ist, die es nun aber eigenständig lebt. Aucouturier sieht hierin den Beweis, dass das Kind zu einer Repräsentation seiner selbst gelangt ist, die beständig genug ist, um ihm psychischen Halt zu geben („contenant psychique").

Um den Gedankengang an einem Beispiel zu verstehen: Spiele die mit dem Fallen, mit Sich-fallen-lassen zu tun haben, und die Lust- und Angstgefühle, die damit einhergehen, werden vom Kind schon im Alter von 15-18 Monaten gespielt. In einer geschützten Atmosphäre, wie sie beispielsweise im psychomotorischen Raum besteht, kann das Kind unbewusst mit seiner Angst spielen, wenn es sich in die Schaumstoffkissen fallen lässt oder wenn es rennt oder steht und sich ganz plötzlich fallen lässt. Bei diesen Spielen geht es nicht nur um die Angst, ins Leere zu fallen, sondern auch um die Angst, „fallengelassen" zu werden, von jemandem gefühlsmäßig verlassen zu werden.

Seine Ängste im Spiel ständig zu wiederholen, hilft dem Kind, Spannungen abzubauen und Ängste zu reduzieren. Deshalb nennt Aucouturier diese tonisch-emotionalen Spiele auch „Spiele der tiefgreifenden Rückversicherung".

Dieses Spiel mit dem Sich-fallen-lassen zeigt, dass das Kind über ein Gefühl der Einheit verfügt; es muss ein Bild seiner selbst bereits haben, um sich fallen lassen zu können. Diese Repräsentation seiner selbst gibt ihm so viel psychischen Halt, dass es den äußeren Halt loslassen kann und dass es „den anderen loslassen kann" – was psychische Reifung bedeutet.

Konsequenzen für die psychomotorische Praxis

> „Wie kann es gelingen, dieses Bedürfnis nach Bewegung und nach Handlung zu bewahren (oder wiederzufinden) und gleichzeitig den Zugang zu Kreation und schließlich zu den stark symbolischen Handlungsformen (wie etwa dem plastischen, verbalen und mathematischen Ausdruck) als Geistesbewegungen zu ermöglichen? Das ist oder sollte doch das ständige Ziel jeder Erziehung sein" (Aucouturier/Lapierre *1998, S. 47*).

In der psychomotorischen Praxis geht es folglich darum, dem Kind alle Möglichkeiten zu geben, dass es diese Spiele immer und immer wieder wiederholen kann. Grundlage dafür ist eine Atmosphäre, die ihm genügend Halt zum freien Ausdruck seiner Geschichte und „seiner Symbolik" gibt, denn „regelmäßig wird die psychogenetische Entwicklung reproduziert" (ebd., *1998, S. 26*). Psychomotorische Praxis möchte das Kind in seiner psychischen Reifung unterstützen, indem *ein Weg von Körper, Handlung und Spiel zu Sprache und Denken* vorgeschlagen wird.

Der psychomotorische Raum wird in seinem Aufbau deshalb in zwei Bereiche gegliedert:
den *Bereich des motorischen Ausdrucks* und den *Bereich der Repräsentation.* Im *Bereich des motorischen Ausdrucks* finden sich Möglichkeiten und Materialien zum Drehen, Schaukeln, Springen, Klettern usw.. Schaumstoffwürfel in unterschiedlichen Größen, Formen und Farben sind das Hauptmaterial in diesem Bereich. Sie bieten sich für sensomotorisches Erleben ebenso an wie für symbolisches Spiel. Hier kann das Kind seinen Körper und seine Phantasien ausleben.
Im *Bereich der Repräsentation* hingegen geht es um eine abstraktere Ebene: hier kann gebaut, geknetet und gemalt werden. Die Psychomotorikerin spricht mit dem Kind über das, was es in diesem Bereich darstellt.

Ein wichtiger Grundsatz ist heute, nicht nur auf der tonisch-emotionalen Ebene mit dem Kind zu bleiben. Damit das Kind lernt, seine Fantasmen aufzulösen und seine Emotionen in geistige Bilder zu integrieren, ist es notwendig, innerhalb einer psychomotorischen Sitzung vom Körper zur Sprache zu gelangen.

> „Wir wollen, dass sich das Kind aktiv mit der Sprache einbringt, die Sprache gebraucht, um sich verständlich zu machen. Ausgehend von den Situationen, die es mit den anderen erlebt und über die Diskussionen darüber, lernt es, die Sprache zu handhaben und zu beherrschen, die damit ihre Funktion für Kommunikation und Austausch erfüllt" (ebd., S. 115).

Die wichtige Funktion der Sprache für Kommunikation und Austausch wird unter heutiger Hinsicht also um die Funktion der Distanznahme und Dezentrierung für das Kind erweitert.

Eine Psychomotorik-Stunde mit Jonas

Jonas (*Name geändert) kommt zum fünften Mal in die Psychomotorik-Stunde. In den vier Stunden zuvor hat er zum Spielen die Knete ausgewählt. Dabei hat er in den fünfundvierzig Minuten der Stunde nicht selbst geknetet, sondern hat mir gesagt, was ich kneten soll: eine Schlange, einen Jungen und einen Vater. Er selbst schaut zu. Das entspricht seiner Realität, wie er sie zum Beispiel auch im Kindergarten lebt. Er ist viereinhalb Jahre alt, ein großer, aber zierlicher Junge mit blondem Haar und

lebendigen Augen, der größtenteils zuschaut, bei Anforderungen verängstigt unter dem Tisch verschwindet, der viel weint, scheu ist, keinen Kontakt zu anderen Kindern hat, der in der Gruppe stark stottert und in allem, auch in seinem Bewegungsverhalten sehr gehemmt ist. In der vergangenen Stunde hatten wir vereinbart, dass wir in dieser Stunde einmal die Geschichte der Schlange, des Jungen und des Vaters spielen könnten. Doch zunächst beginnt die Stunde wie die vorherigen auch: ich soll seine Fantasien in die Tat umsetzen. Auf meinen Vorschlag, heute einmal die Rollen zu tauschen, also dass er knetet und ich zuschaue, geht er nach kurzem Zögern ein. In der Rolle „des anderen" ist er plötzlich kompetent, er weist mich darauf hin, wie er alles macht, wie er alles besser macht, als ich es gemacht habe, wie es eigentlich richtig ist usw. Ich bekomme viele Belehrungen und Zurechtweisungen in meiner zuschauenden Position zu hören. Nach einiger Zeit erinnere ich ihn an unsere Abmachung, die Geschichte mit der Schlange, dem Jungen und dem Vater zu spielen. Er stimmt zu. Er will die Schlange spielen, ich soll der kleine Junge „oder der Mann oder der Junge" sein. Ganz deutlich ist das nicht und wird es im ganzen Spielverlauf nicht sein, ob es der kleine Junge ist, der vernichtet werden soll, oder der Vater. Die mir zugewiesenen Rollen wechseln mehrfach. Jonas, in der Rolle der Schlange, beginnt mich laut zischelnd zu verfolgen. Eine wilde Jagd durch den Raum beginnt: die Rutschbahn hoch, das Klettergerüst hinunter, über die zur

Treppe aufgestellten Schaumstoffwürfel hinüber, quer durch den Raum, hin und her, nach oben und wieder runter.... Schon in diesen ersten zwanzig Minuten der Stunde ist von Jonas' gehemmten Bewegungsverhalten nichts mehr zu spüren. Die Hemmung liegt in einem anderen Bereich: immer dann nämlich, wenn Jonas seine Beute ergreifen könnte, wenn er mich fangen könnte, wenn er etwas mit seiner Beute anstellen könnte, ruft er nur, dass ich weglaufen soll.
Während ich langsam erschöpft bin von der Verfolgungsjagd, ist Jonas voller Energie. Da die Schlange in der Tiersymbolik durchaus kein Tier zum Kuscheln ist, sondern ein Tier mit Gift im Mund, das seine Beute würgt und verschlingt, liegt meine Vermutung nahe, dass es um Aggression geht. Ich beginne Jonas körperlich zu provozieren. Widerstand zu leisten, wenn ich weglaufen soll. Er beginnt zu beißen. Über das körperliche Gerangel brechen abrupt seine Emotionen hervor: ich werde in einem Feuer verbrannt und mundtot gemacht. „Du kannst nicht mehr reden! Du bist jetzt tot". Ich tue so als ob, was ich ihm auch sage, und er bestimmt nach einer kurzen Pause, wie es weitergeht: „Wenn du schreist, dann tue ich dich aber ins Kinderheim!" „Oh, da hätte ich aber furchtbare Angst!" „Piep", macht er, „Du hast geschrien! Du kommst jetzt ins Kinderheim! Komm mit!" Und seine Stimme ändert sich drastisch: nicht mehr hoch und ‚piepsig' und stolpernd wie zu Beginn der Stunde, sondern klar, laut und herrisch. „So habe ich dich noch nie reden hören!", sage ich. „Du, rede nicht!", schreit er mich an, und haut mich mit kleinen Schaumstoffteilen. Er beschimpft mich: „Da ist das doofe, kleine Baby, das doofe nackte Baby, das sie gleich gehauen kriegt!" Er zeigt mit den Fingern auf mich. Während ich in der ersten Sequenz das Gefühl hatte, den Vater, der symbolisch vernichtet werden soll, zu spielen, ist es jetzt die Rolle des kleinen, gedemütigten Kindes, das nicht mal „piep" sagen darf, das in seiner Entwicklung verlacht und nicht ernst genommen wird, die ich offensichtlich innehabe. Noch viele weitere Beschimpfungen und Kränkungen bekomme ich in meiner Rolle zu spüren, bis ich Jonas darauf aufmerksam mache, dass wir mit diesem Spiel erst in der nächsten Woche weiter machen können und wir jetzt noch Zeit für Kneten oder Malen haben. Nicht ohne alles vorher benutzte Material im Raum umher zu werfen und damit sein „Spiel" abzuschließen, entscheidet er sich schließlich fürs Malen. Jonas malt einen Jungen im Kinderheim und als er damit fertig ist, macht er schnell Krikel-Krakel darüber. Ich fasse zusammen: „Oh, wenn man schreit, wenn man sich muckst, wenn man noch nicht alles kann, dann soll man ins Kinderheim. Das ist schlimm!" So endet die fünfte Stunde. Und es folgen noch viele, in denen es um vernichtende Bewertungen, Abwertungen, Kränkungen und Drohungen geht, die Jonas handlungsunfähig und mundtot machen, und viele, in der der Aggressor erst getötet werden muss, bevor das Kind sein „So-sein", seine Haltung, seinen Ausdruck – sein Ich – finden und entwickeln kann.

Die Haltung der Psychomotorik-Therapeutin

Was kann die Psychomotorik-Therapeutin tun, damit ein ihr anvertrautes Kind mit Lust und Freude handeln, gestalten, verändern lernt – also d i e grundlegenden Möglichkeiten für sein Leben? Zunächst einmal muss sie so offen, verfügbar und flexibel sein, dass das Kind spürt, dass gemeinsames Handeln, in dem jeder die Andersartigkeit des Anderen akzeptiert und von ihr bereichert wird und dennoch er selbst bleibt und sich selbst nicht verliert, überhaupt möglich ist. Oder wie es in *Bruno* heißt und unverändert gilt: „Er (der Therapeut) nimmt persönlich ganz daran teil; er begibt sich mit dem Kind in einen infraverbalen Dialog, bei dem jeder den Körper des anderen erlebt (...). Es handelt sich hier um eine Art «Empathie-Verhalten» auf körperlicher Ebene, auf psycho-tonischer Ebene. Authentizität, Bereitschaft, Empathie, grundlegende Begriffe der Psychologie nach Rogers, die jene Bedeutung bekräftigen, die wir der Person in ihrer ganzen psychomotorischen Beziehung einräumen, die als helfende Beziehung gelten will" (AUCOUTURIER/LAPIERRE 1995[2], S. 13).

Oder mit den heutigen Worten: Die Einheit, die Repräsentation seiner selbst lässt sich nur in einer lustvollen Beziehung zum anderen aufbauen. Wenn die Psychomotorikerin sich transformieren, sich verändern lässt, ist sie fähig, diese lustvolle Beziehung aufzubauen... Hierfür bedarf es in aller erster Linie eines stabilen Selbstbildes bei der Psychomotorikerin, die keine Angst vor der Veränderung durch den anderen hat, sondern sie mit Freude erlebt und dadurch dem Kind auch einen freudigen Spiegel für das gemeinsame Handeln gibt. – Wie wichtig die Ausbildung der Psychomotorikerin gerade auch im Bereich der Selbsterfahrung deshalb ist, habe ich in *Beweg-Gründe* hinlänglich deutlich gemacht (ESSER 1992, 57f.).- Die Psychomotorikerin hilft dem Kind, seine Wiederholungshandlungen festzustellen, die seine Entwicklung behindern. Sie kann das Kind fragen, welche Lösungen es sieht, damit es sich verän-

dern kann. Sie kann ihm helfen, sich Lösungen vorzustellen und sie anzugehen.
Denn nicht sie hat die Lösung, sondern es ist das Kind, das die Lösung für seine Veränderung kennt!

Die interaktive Beobachtung

Diese Haltung der Psychomotorikerin beginnt nicht erst im therapeutischen Prozess, sondern von der ersten Beobachtungsstunde an, in der sie dem Kind begegnet. Wenn die Haltung, dass nicht sie es ist, die die Lösung kennt, sondern dass es das Kind selbst ist, das die Lösung für seine Veränderung kennt, wirklich ernst genommen und verinnerlicht wird, ändert sich der Blickwinkel auf das Kind radikal. Die Psychomotorikerin geht dann nämlich tatsächlich von den Fähigkeiten und der Kompetenz des Kindes aus. Eine solche Haltung schließt eine klassische Diagnostik, die bestehende Defizite und Mängel beim Kind auflistet, selbstverständlich aus: denn diese hätte nur zum Ziel, dem Kind doch wieder vorzugeben, auf welche Weise es sich zu verändern hat! In der **PSYCHOMOTORISCHEN PRAXIS AUCOUTURIER** gehen wir von der interaktiven Beobachtung aus als einer Möglichkeit, Einblick in die Lebensgeschichte und derzeitige Situation des Kindes zu bekommen.

> „Für meine Arbeit mit Kindern ist entscheidend, dass ich sie nicht als Patienten behandele und sie nicht unter diagnostischen Festlegungen anschaue ... Nicht die Diagnose steht im Vordergrund, sondern der Versuch, das Kind in eine Entwicklungsdynamik zu führen, in der es wieder Mut fasst, sich dem Umgang mit Menschen und Dingen anzunähern ... es kann doch nur darum gehen, dem Kind zu helfen, wieder an sich zu glauben; unterstützt in und von einer tragfähigen Beziehung, um mit seiner Beeinträchtigung umgehen zu lernen..." (ESSER 1992, 65f)

Dies bedeutet, dass die Psychomotorik-Therapeutin das Kind nicht distanziert beurteilt und bewertet, sondern sich gleich zu Beginn auf eine Interaktion auf tonisch-emotionaler Ebene einlässt, das heißt sie ist als Person unmittelbar und direkt beteiligt. Die Qualität dieser entstehenden Beziehung ist es, über die ein Kind es wagt sich mitzuteilen und anzuvertrauen. Die Art und Weise, wie wir ein Kind willkommen heißen (l´accueil), wie wir ihm zuhören (l écoute), wie wir es zu verstehen suchen (la compréhension) und wie wir es begleiten (l´accompagnement) entscheidet darüber, ob das Kind uns seine Geschichte, seine Erfahrungen, seinen Schmerz erzählt. Nur eine in Tonus und Emotion echte, authentische Beziehung hilft, diesen Prozess in Gang zu setzen. Bernard Aucouturier nennt es die „tonisch-emotionale Resonanz" zwischen Therapeutin und Kind.

> „In der interaktiven Beobachtung gesehen als eine erste Begegnung zwischen Kind und PsychomotorikerIn geht es somit darum, dem Kind in seiner ihm eigenen Ausdrucksweise zunächst zuzuhören und somit eine gemeinsame Ebene des Austausches, des Dialogs zu finden, um ihm dann nach und nach zu helfen, seine Wünsche, seine Ängste – seine „Beweg-Gründe" – auf symbolischer Ebene zur Sprache zu bringen. Sie ist die Ausgangsbasis, der Beginn eines Verstehensprozesses, der uns den Zugang zum kindlichen Erleben eröffnet" (BORTEL 2001).

Zum einen ist es die Qualität dieser Beziehung, die dem Kind hilft, sich mitzuteilen. Darüber hinaus ist es aber auch ein stabiler, gleichbleibender äußerer Rahmen, der dem Kind Sicherheit gibt. Dazu zählt der psychomotorische Raum als solcher mit seinen beiden Bereichen der motorischen Expressivität und dem Bereich der Repräsentation und klare Vereinbarungen mit den Eltern, wie oft, wie lange und in welchem Abstand das Kind zur Beobachtung kommt. In der Regel kommen die Kinder ein Mal pro Woche zu einer 45- bis 60-minütigen Psychomotorik-Stunde. Zwei bis drei Beobachtungsstunden werden in Folge durchgeführt.
Während die erste Beobachtungsstunde dazu dient, die Beziehung zwischen Therapeutin und Kind aufzubauen, geht es in der zweiten und dritten Beobachtung darum, Hinweise zu sammeln, die den tieferen Sinn des kindlichen Ausdrucks deutlicher werden lassen. Wie verhält sich das Kind im Raum? Ist es handlungsfähig oder nicht? Kann es mit der Therapeutin in eine Beziehung treten? Zeigt das Kind seine Ängste und Fantasmen? Kann es seine Ängste schon überwinden oder wird es von ihnen überflutet? Wie drückt es sich über seinen Körper aus? Wie über seine Sprache? Was zeigt es über seine Zeichnungen oder Konstruktionen?
Diese und ähnliche Fragen, wie ich sie in BEWEG-GRÜNDE beschrieben habe (ESSER 1992, 55f.), stellt sich die Therapeutin, um sich dem kindlichen Ausdruck anzunähern. Besonderes Augenmerk liegt auf der Veränderungsdynamik des Kindes schon in diesen ersten Stunden. Verändert sich das Kind in Tonus und Emotion, verändert es sich in seinen Handlungen? Oder bleibt es auf das immer gleiche Spiel fixiert? Wenn es sich nicht verändert, kann dies schon ein Hinweis sein, dass die Abwehrmechanismen des Kindes so stark sind, dass eine Einzeltherapie vorgeschlagen werden kann. Darüber hinaus ist die Therapeutin aber auch gefragt, sich selbst in der Beziehung zum Kind zu hinterfragen. Kann sie das Kind wirklich annehmen? Hat sie Gefühle der Ablehnung oder will sie das Kind besonders beschützen? Kann sie auf die Bilder und Fantasmen, die das Kind auf sie projiziert, eingehen? Hat sie auf den körperlichen Ausdruck des Kindes und seine Sprache angemessen reagiert? In der interaktiven Beobachtung gibt es keine Hierarchie von Therapeutin

zu Kind, sondern die Therapeutin ist am Prozess aktiv als Person beteiligt und, wie ich weiter oben deutlich machte, ihre Bereitschaft, sich vom Kind verändern zu lassen, hat große Auswirkungen darauf, ob sich das Kind verändert!

Anhand der Fragen stellt die Therapeutin nach den Beobachtungsstunden erste Hypothesen zur Geschichte und Situation des Kindes an. In einem Gespräch mit den Eltern teilt sie ihnen ihre Beobachtungen mit. Auch hier ist die Bereitschaft der Therapeutin wichtig, ihre eigenen Beobachtungen als nur eine mögliche Sichtweise zu sehen, und auch andere Sichtweisen anzuhören und gelten zu lassen – die der Eltern, die der Erzieherinnen, LehrerInnen usw.. Denn es geht nicht darum, „recht zu haben", sondern darum, ein möglichst komplexes und nicht einseitig festgelegtes Bild vom Kind zu bekommen. Wir bemühen uns deshalb, möglichst viele der an der Erziehung des Kindes beteiligten Personen mit einzubeziehen, um dann gemeinsam eine neue Sicht vom Kind zu entwickeln, die es nicht einseitig auf seine Defizite, Schwierigkeiten und Probleme festlegt. Um mit Sartre zu sprechen: der Mensch konstituiert sich durch den Blick des anderen. So kann es dann in einer hilfreichen Beziehung nur darum gehen, dass der Blick auf das Kind auch seine Fähigkeiten, Möglichkeiten und Kompetenzen mit einschließt!

Möglichkeiten, Perspektiven, Grenzen der Psychomotorischen Praxis Aucouturier

Immer wieder werde ich bei Vorträgen oder Fortbildungen gefragt, worin nach meiner Meinung die Bedeutung der **Psychomotorischen Praxis Aucouturier** liegt. Ich antworte darauf ganz persönlich, nach meinen Erfahrungen, die ich in nunmehr 18 Jahren mit diesem Ansatz sammeln konnte. Zunächst einmal halte ich den Zugang über den Körper und das Bewegungsverhalten des Kindes, in Verbindung mit seiner Gefühls- und Fantasiewelt für sehr geeignet und sehr kindgerecht. Die Beobachtungen, die Bernard Aucouturier zu den frühkindlichen Spielen angestellt hat, die von Kindern auf der ganzen Welt gespielt werden, und die Konsequenzen, die er daraus für die praktische Arbeit mit dem Kind gezogen hat, erlebe ich immer wieder als sehr berechtigt und sehr „wahr". Ich erlebe als Therapeutin, dass die Kinder mit Freude in den psychomotorischen Raum kommen und – für mich immer wieder überraschend – in sehr kurzer Zeit beginnen, sich anzuvertrauen, sich zu zeigen, „wie sie sind" und dann beginnen, neue, andere Erfahrungen zu machen, Dinge zu wagen, sich anders zu zeigen, anders mitzuteilen. Sie beginnen, ihre Persönlichkeit zu gestalten, mit ihren Schwächen und Möglichkeiten, sie beginnen auszudrücken, was sie können und was sie nicht können, was sie mögen und was sie nicht mögen, was sie wollen und was sie nicht wollen. Sie beginnen also, ihr „So-sein" zu behaupten. Wenn wir die psy-

chomotorische Intervention definieren als eine Hilfe, über den körperlichen Weg zur psychischen Reifung zu gelangen, gelingt dies nach meiner Meinung in dem Moment, in dem ein Kind, ein Mensch zu seinem „So-sein" in seiner Einzigartigkeit, in seiner Andersartigkeit, auch in seiner Unvollkommenheit stehen lernt. Das ist erklärtes Ziel unserer Intervention und es rührt mich immer wieder an, wenn es gelingt! Zu diesem Zweck stelle ich mich als Person, mit meinem Körper und meinen Gefühlen zur Verfügung. Die Tatsache, dass dies nicht von einer hierarchischen Ebene herab geschieht, entspricht meinen Werten und meiner Überzeugung, dass Menschen nur Neues wagen, wenn sie sich in einer vertrauensvollen und gleichberechtigten Beziehung befinden. Dann vertrauen sie sich an und meine Aufgabe als Therapeutin besteht darin, „die Gespenster auf den Boden zu holen", das Unsagbare auszusprechen und die Gefühle, Ängste und Emotionen, die damit verbunden sind, in Worte zu kleiden. Den „Tatsachen ins Auge zu sehen" bedeutet dann zwar noch keine „Heilung", ist aber ein erster Schritt in diese Richtung. Und auch danach bin ich als Person gefragt, mit mir, in diesem therapeutischen Rahmen, neue, andere Erfahrungen zu machen, Erfahrungen, die sich beispielsweise in Zuverlässigkeit, Kontinuität, Achtung, Respekt, Zuneigung usw. zeigen können. Das kann ich als Therapeutin „leisten", darin liegt meine Aufgabe: nicht dem Kind zu sagen, wie es werden muss, um anerkannt und vielleicht geliebt zu werden, sondern um ihm zu helfen, dass es sich in seinen vielen Facetten zunächst einmal selbst anerkennt und lieben lernt. Wenn dies gelingt, gelingt eine Entwicklungsförderung, die existentiell und nicht nur auf ein Symptom hin ausgerichtet ist.
Wo liegen die Grenzen dieses Ansatzes? Eine Grenze liegt sicher in der körperlichen und seelischen Kraft und Belastbarkeit der Therapeutin. In welchem Umfang kann ich mich, mit meiner Person, meinem Körper, meinen Emotionen immer wieder anderen Menschen zur Verfügung stellen? Hier gilt es, wach zu sein für die eigenen Grenzen und nach Möglichkeiten zu suchen, in denen ich nicht über diese Grenzen hinausgehe. Dies ist deshalb so sehr wichtig, weil es kaum möglich ist, beispielsweise zu einer funktionalen Arbeitsweise zurückzukehren, wenn man sich einmal diese Grundhaltung und das zugrundeliegende Menschenbild zu eigen gemacht hat. Und es ist wichtig, sich Menschen zu suchen, die ähnliche Überzeugungen hinsichtlich der therapeutischen Arbeit teilen und vertreten bzw. auch eigene Supervision in Anspruch zu nehmen, um die Schicksale der Kinder tragen und verkraften zu können.
Eine andere Grenze ist, dass dieser Ansatz nach meiner Auffassung nicht objektivierbar und evaluierbar ist. Noch gibt es den vorgefertigten, gezüchteten Menschen, der nach objektiven Kriterien gemessen und in vorher festgelegte Kategorien eingeteilt wird, nicht. Ich persönlich glaube nicht, dass menschliches Verhalten jemals objektivierbar sein wird. Men-

schen sind Subjekte, Individuen mit ihrer persönlichen Eigenart und unwiederholbaren Lebensgeschichte.

Literatur

AUCOUTURIER, B. / LAPIERRE, A. (1995²), Bruno, München: Ernst Reinhardt Verlag

AUCOUTURIER, B. / LAPIERRE, A. (1998), Symbolik der Bewegung, München: Ernst Reinhardt Verlag

Die neueren Konzepte stammen alle aus Vorträgen Bernard Aucouturiers im Zeitraum von 1997-2000

BORTEL, D. (2001): Die psychomotorische Beobachtung in der psychomotorischen Praxis Aucouturier. In: Praxis der Psychomotorik, 3, 2001

ESSER, M. (1992), Beweg-Gründe, München: Ernst Reinhardt Verlag

ESSER, M (2000): Von Bruno bis heute. In: Praxis der Psychomotorik, 25 (2), 68-76

STERN, D. (1992): Die Lebenserfahrungen des Säuglings. Stuttgart: Klett-Cotta

WINNICOTT, D.W. (1962): Reifungsprozesse und fördernde Umwelt, München.

2.8 Der Verstehende Ansatz in der Psychomotorik

Richard Hammer

Der „Verstehende Ansatz" in der Psychomotorik entstand aus der Kritik bestehender Ansätze, in denen das „subjektive Erleben zu kurz kam". Mit der Erweiterung durch diese neue Sichtweise sollte der Sinn dessen, was Kinder im psychomotorischen Spiel darstellten in den Mittelpunkt der psychomotorischen Praxis gerückt werden. Es geht hier nicht nur darum, Probleme oder Störungen der Kinder zu erklären, sondern den Sinn ihrer Äußerungen zu verstehen. Ein theoretischer Überblick und die Bedeutung dieses Ansatzes für die psychomotorische Diagnostik und Praxis der Förderung helfen, diese Sichtweise zu verstehen.

Der „Verstehende Ansatz" der Psychomotorik entstand zu Beginn der 90er Jahre, als sich eine Arbeitsgruppe von MotologInnen regelmäßig traf, um sich über ihre aktuellen Erfahrungen in ihrer beruflichen Praxis auszutauschen.
Alle waren „Berufsanfänger" – zumindest in ihrem neuen psychomotorischen Arbeitsfeld. Motivation für diese Treffen war das Erleben von Grenzen in ihrer Arbeit mit Kindern. Offenbar provozierte das psychomotorische Setting Verhaltensmuster, die mit den gängigen Erklärungen und Theorien nicht zu fassen waren. Es musste mehr hinter den Bewegungsäußerungen und im Spiel der Kinder stecken, als mit den bekannten empirisch-analytischen Zugangsweisen zu begreifen war.

Der Ursprung des „Verstehenden Ansatzes“ lag also in der praktischen Arbeit von MotologInnen begründet, in ihrer Beobachtung von Kindern, die „in ihren Bewegungen, Körperhaltungen, Spielthemen und Geschichten uns etwas von sich zeigten und wir nicht wussten, was es bedeuten könnte“ (SEEWALD 1997, 8).
Wir suchten deshalb in dieser Arbeitsgruppe nach einem Weg, das zu verstehen, was uns die Kinder mit ihrem Bewegungsverhalten und ihrem Körperausdruck zeigen wollten. Die Erklärungsversuche der uns bekannten Theorien, reichten uns nicht aus.

Zur Verdeutlichung unseres Dilemmas sei hier kurz über eine eigene Erfahrung berichtet, die ich in meinem ersten „Lehrjahr“ als Motologe in einer Jugendhilfeeinrichtung machen konnte (vgl. dazu ausführlich HAMMER 1992).
Von einem Erzieher wurde die Bitte an mich herangetragen, mit einem Jungen seiner Gruppe – ich nenne ihn Jakob – etwas zu machen. Er zerstöre ständig Sachen anderer Kinder und sei oft ohne ersichtlichen Grund aggressiv gegen Gleichaltrige. Besonders am Montag platze er vor Aggressionen, die sich in ihm durch intensiven Videokonsum am Wochenende aufgestaut haben. Er reagiere bei geringsten Anlässen mit aggressiven Ausbrüchen und ginge wie ein HB-Männchen in die Luft.
Mit der Vorstellung dieses Jungen hatte mir der Erzieher auch gleich die entsprechenden Erklärungen mitgeliefert. Dabei handelte es sich um drei „klassische“ Aggressionstheorien, die im erzieherischen Alltag häufig zur Anwendung kommen: die Frustrations-Aggressionstheorie erklärt, weshalb er bei geringsten Anlässen in die Luft geht, das verhaltensbiologische Triebmodell zeigt, weshalb er manchmal vor Aggression zu platzen scheint und schließlich die Lerntheorie macht uns deutlich, weshalb er besonders nach dem Wochenende anfällig für dieses Verhalten sei.
Eigene, „psychomotorische“ Beobachtungen lieferten keine wesentlichen Zusatzinformationen: beim KTK lag er im Normbereich, auch beim TKT konnte er nicht als besonders auffällig bezeichnet werden. Vorschläge aus der Literatur empfahlen für diesen Fall im beschützten Rahmen die Möglichkeit zur Aggressionsabfuhr zu bieten und sie schließlich im sportlichen Wettkampf zu kanalisieren (vgl. KIPHARD 1983, 283ff.).
Ich konnte also loslegen. Die Stunde wurde auf den Montag gelegt, um Jakob die Möglichkeit zu geben, die, am Wochenende aufgestauten Aggressionsenergien abzureagieren. Weiteres Ziel der Maßnahme war es, seine aggressiven Äußerungen zu kanalisieren und sie in ein gelenktes Rollenspiel einzubinden. Die Maßnahme käme zu einem Abschluss, wenn die aggressiven Elemente Jakobs sich im fairen sportlichen Wettkampf gegen mich oder gleichaltrige Kinder bündeln ließen.
Nach mehreren Monaten, in denen Montag für Montag dasselbe Spiel ablief – ich spielte das Monster, das ihn verfolgte, fing, gefangen nahm,

aber letztlich immer wieder von ihm getötet wurde –, die Verhaltensweisen von Jakob sich aber nicht wesentlich änderten, begann ich am Sinn dieser Übung zu zweifeln. Die „Dampfkesseltheorie“ behauptet zwar, dass durch sportliche Aktivitäten Aggressionen abgebaut würden, aber wie intensiv und wie häufig muss das angeboten werden?
Verlangt auf der anderen Seite nicht die Lerntheorie, dass jegliches aggressive Vorbild vermieden werden sollte? Was war dann mit meinem Monsterspiel, bei dem ich ihn doch immer wieder fing, „biss“ und er mich zur Strecke brachte?
Wiese reagierte Jakob auf die zahlreichen aggressiven Vorbilder, die ihn umgeben anders – eben aggressiver – als andere Kinder?
Warum reichen bei ihm die geringsten Anlässe aus, um aggressive Ausbrüche zu provozieren, bei anderen nicht?
Keines der oben angeführten Aggressionsmodelle konnten das Verhalten Jakobs befriedigend erklären. Sie beschränkten sich darauf, allgemeine Zusammenhänge darzustellen, ohne den biographischen Kontext des Jungen mit einzubeziehen. Um ihn und seine Probleme zu verstehen und ihm Hilfestellungen für einen Ausweg aus seinen Verstrickungen zu geben, musste ich versuchen, Kontakt zu ihm und zu seiner Lebensgeschichte herzustellen, mich in ihn einzuspüren und mich etwas an seine Lebenswelt heranzutasten.

Es geht also um das *Verstehen* des Kindes, nicht um „schnelle“ Erklärungen, die für die Entwicklung psychomotorischer Trainingsprogramme den Ausschlag geben konnten. Dabei ist das „Verstehen“ im Zusammenhang mit therapeutischen oder pädagogischen Ansätzen gar nicht so neu. Im wissenschaftlichen Diskurs wird seit langem von der „Verstehenden Psychologie“ gesprochen (vgl. KAFKA, G. 1928, GRUHLE, H.W. 1948), MEINBERG (1987) bringt eine „verstehend-beschreibende Sportpädagogik“ ins Gespräch. „Neu ist allenfalls der Transfer auf einen Gegenstandsbereich, der dem Verstehen neue Herausforderungen abverlangt, wie dies die psychomotorische Praxis m.E. tut. Dabei ergeben sich manche Einsichten, die auch für die andere Bewegungswissenschaften interessant sein könnten. Der hier vertretene Ansatz steht der Diskussion in der Sportwissenschaft und Sportpädagogik nah, die Bewegung „verstehen“ will, d.h. Bewegung als Bedeutungsphänomen auffasst“ (SEEWALD 1992, 204).
Diese Sichtweise ist als Antithese zum empirisch-analytischem Denken konzipiert und hat weitgehende Folgen für die Theorieentwicklung in der Psychomotorik, aber auch für die Praxis des Psychomotorikers.
Dies wird zunächst deutlich, wenn wir das Menschenbild betrachten, das diesem Ansatz zu Grunde liegt. Steht in empirisch-analytischen Denkmodellen, wie es der kompetenztheoretische Ansatz darstellt, der Mensch als rational und absichtsvoll handelndes Wesen im Mittelpunkt, der sich durch sein Lernen und seine Entwicklung immer wieder optimal an die

Umweltgegebenheiten anzupassen vermag, so kommt beim Verstehenden Ansatz auch, und im psychomotorischen Setting vor allem, die nicht –intentionale Seite der Bewegung, ihre emotionale und symbolische Dimension zum Tragen (vgl. SEEWALD 1998).
Der Mensch ist „verurteilt zum Sinn" (MERLEAU-PONTY). Im Mittelpunkt steht hier also der Mensch als „Sinnproduzent" und nicht der Mensch als Naturtatsache. „Bewegung wird folglich unter dem Aspekt der sich darin – implizit und explizit – ausdrückenden Sinnhaftigkeit und Bedeutung gesehen und nicht etwa als Glied in einem Informationsverarbeitungsprozess" (SEEWALD 1992, 210).
Menschen müssen ihrem Leben einen Sinn geben. Bei Kindern ist dieses „Muss" noch nicht offensichtlich. Kinder leben in der Regel unmittelbar sinnvoll. Jugendliche in unserer Gesellschaft scheitern immer öfter an dieser „Entwicklungsaufgabe". Sie haben es schwer, in einer Gesellschaft, der die großen Orientierungsmarken fehlen, Identität zu entwickeln (patchwork-identität).

Wie entsteht Sinn?
Sinnfindung ist ein doppelter Vorgang. Er ist aktiv, weil er vom Individuum hervorgebracht wird (vgl. BALGO in diesem Band), er ist aber auch passiv, weil er auch als Widerfahrenes empfangen werden kann (Phänomenologie). „Man muss nicht nur die Menschen und Dinge erforschen, sondern man muss sich von ihnen auch ‚etwas sagen lassen'" (SEEWALD 1997, 8).
Die Bedeutung dieser Grundpositionen für die Psychomotorik liegt darin, dass:

1. *Leib und Bewegung Formen primärer Sinnstiftung sind.*
   Sie sind uns unmittelbar gegeben, sind menschliche Existenziale. Die Wiederentdeckung des Leibes und der Bewegung als Quelle primärer Sinnfindung gehört deshalb zur zentralen Aufgabe der Psychomotorik.
2. *Unsere Biographie in Geschichten, Bildern, Spielen entdeckt und geschrieben wird.*
   Die ersten Geschichten sind Körpergeschichten, das Kleinkind lebt seine Geschichte unmittelbar körperlich. Leiblichkeit und Bewegung sind Ursprungsorte von Phantasie und Spiel, die Psychomotorik ist der Ort „wo sich Geschichten ereignen können, die Teil der größeren Lebensgeschichte sind und die in der Körperlichkeit und Bewegung nicht selten ihren Ausgangspunkt finden" (ebd. 9).
3. *Geschichten nur gemeinsam mit anderen Menschen ihren Sinn für uns finden*
   Wir brauchen zum Leben den Anderen. Entwicklung spielt sich immer ab vor dem Drama der Verbundenheit und Trennung (Nähe – Distanz). „Die Erinnerungsspuren dieses Prozesses schlagen sich als ‚innere

Zeugen' unserer Beziehungsgeschichte in unserem (Leib)Gedächtnis nieder und bieten ganz wesentlich den Stoff für die Inszenierung von Geschichten im Nachspielen, Umspielen und Vorausspielen" (ebd., 9f).

4. *Sinnfindung auf Fremdheit und Nicht-Verstandenes angewiesen ist.* Ein Neu- und Weiterverstehen entwickelt sich nur an Grenzen und am Widerstand des Unverstandenen. Dieser Widerstand fordert heraus und weckt die Neugierde, Neues zu erproben und zu lernen.

„Insgesamt vertritt der „Verstehende Ansatz" ein Menschenbild, das die Sinnfindung und das Verstehen wollen in das Zentrum des Menschseins rückt. Unter diesem Vorzeichen erweisen sich Leiblichkeit und Bewegung als Quellen der Sinnschöpfung und des Verstehens, Geschichten als angemessene Formen und Mitmenschlichkeit als notwendige Bedingung. Verstehen wächst am Nicht-Verstandenen und ist deshalb darauf angewiesen" (ebd.,10).

Über das Verstehen

Verstehen geht aus von lebensweltlichen Erfahrungen in Form von Praxisbeispielen, die als Geschichten erzählt werden. „Bilder" sind hierbei die Grundmodelle (Phänomene), wobei hierbei alle, auch nicht-optischen Sinnkonfigurationen dazugezählt werden.

Dabei steht der Sinn in psychomotorischen Bewegungs- und Spielsituationen nicht von vorne herein fest. Er muss „ausgehandelt" werden zwischen Erwachsenen und Kind, „Therapeut und Klient". Nicht der mächtige Erwachsene weiß es. Die Sinnerschließung besteht in einem gemeinsamen dialogischen Prozess, der immer wieder zu einem neuen Handeln führt.

Im Gegensatz zu empirisch-analytischen Ansätzen ist hier Subjektivität notwendige Voraussetzung, „um die Originalität der zu untersuchenden Leistung zu erfassen. *Das methodisch geleitete Bemühen um Sinnerschließung und Bedeutungsklärung nenne ich Verstehen*" (Seewald 1992, 210, Hervorh. im Original). Es richtet sich auf sinnhaft-intentionale Vorgänge (subjektiver Sinn – Bedeutung des Beobachters), während das Erklären auf nicht-intentionale Naturtatsachen zielt, die nach Ursache-Wirkungszusammenhängen durchforscht werden.

So kann z.B. Hyperaktivität *erklärt* werden durch eine Funktions- oder eine Stoffwechselstörung im Gehirn. *Verstanden* wird sie, wenn man sie als sinnvolles Teil in ein Lebensganzes einordnen kann.

Wie dieses Beispiel zeigt, wäre es falsch, einen sich ausschließenden Widerspruch zwischen *Erklären* und *Verstehen* zu konstruieren, „denn es gibt wohl kein Verstehen mit wissenschaftlichem Anspruch, das nicht durch erklärende Theorien hindurchgeht und kein Erklären, das nicht in vielfältige Verstehensprozesse eingebettet ist. Es handelt sich deshalb nicht um unterschiedliche, sondern um unterschiedlich *zentrierte* Modi" (Seewald

1992, 214).
Beim erklärenden Zugang nimmt der Psychomotoriker die Beobachterperspektive ein und kommt über die Feststellung äußerer Merkmale, die auf eine möglichst kleine Zahl reduziert werden, zu allgemeinen Aussagen wie z.B.: „Dieses Kind ist hyperaktiv!“
Der Kontext, die Rahmenbedingungen müssen dabei vernachlässigt werden, da er nach seinen Beobachtungen nur dadurch zu klaren und eindeutigen Ergebnissen kommt (erinnert sei hier an die „Fallgesetze“ der Mechanik, die Galilei erarbeiten konnte, da er die vorhandene Luftreibung vernachlässigte).
Der Einzelfall wird bei dieser Sichtweise lediglich als mögliche Variante des Allgemeinen gesehen – mit eben den üblichen Abweichungen. Deshalb sind auch die „Allgemeingültigkeit und Prognosefähigkeit der Aussagen bei jeweils genau anzugebender Reichweite die beiden wichtigsten Vorzüge dieses methodischen Zugangs“ (SEEWALD 1992, 214). Ob hier aber der konkret Einzelne noch erfasst wird, sich als Subjekt in der statistischen Gesamtheit noch wiederfindet, das sei in Frage gestellt (vgl. PRECHTL 1986).
Anders ist dies beim Verstehenden Zugang. Hier ist der Psychomotoriker in erster Linie Beteiligter, der in einzelnen Situationen eingebunden ist, aber auch die Position des distanzierten Beobachters einnehmen kann. Er betrachtet das Kind in seinem Lebenskontext und erhält dadurch ein ganzheitliches Bild, das nicht reduziert ist auf einige Auffälligkeiten, die durch gestörte Wahrnehmungs- und Bewegungsmuster erklärt werden. Vielmehr sucht er nach „Verflechtungen, Widersprüchen und Wechselwirkungen, in denen sich der Mensch in seiner komplexen Motivlage im sozialen Kontext zeigt. Es herrscht ein Dialogschema, wodurch die Ergebnisse jedoch nicht vorab in eine Richtung festgelegt werden können und weniger gut formulierbar sind. Die Reichweite der Aussage ist u.U. nur auf einen Fall begrenzt. Der konkrete Fall ist der Ausgangspunkt um das „dahinterliegende“ Allgemeine aufzuzeigen. (...) Das Verstehen erweißt sich dabei als ein geschmeidiges, lebensweltnahes methodisches Vorgehen, das allein dem Einzelfall und der Intentionalität des Einzelnen gerecht werden kann“ (SEEWALD 1992, 214f).

Verstehen ist also mitmenschlich, lebensweltlich. Wir alle tun es – mehr oder weniger. Verstehen ist aber auch eine wissenschaftliche Methode, wenn es methodisch reflektiert wird. Zu unterscheiden sind drei Arten (vgl. SEEWALD 1997, 10):

- das Verstehen des expliziten Sinns (hermeneutisches Verstehen)
- das Verstehen des impliziten Sinns (phänomenologisches Verstehen)
- das Verstehen des verdrehten Sinns oder scheinbaren Unsinns (tiefenhermeneutisches Verstehen)

Was ein Kind tut ist der explizite Sinn. Wie es etwas tut, seine Ausstrahlung, der Körperausdruck ist der implizite Sinn, den wir leiblich wahrnehmen. „Wenn wir von einem Kind den Eindruck haben, dass es nach Liebe und Anerkennung strebt aber ständig etwas unternimmt, um Ablehnung zu ernten, dann ist das verdrehter Sinn" (ebd.)

„Ich fasse nun einige wichtige Merkmale des Verstehens als Methode zusammen:

- Das Versehen wechselt immer vom Teil zum Ganzen und zurück. Es fragt: wie muss das Ganze sein, damit dieses Teil darin Sinn bekommt. Also z.B.: wie muss das Ganze des Lebens eines Kindes sein, damit dieses ‚hyperaktive Verhalten' darin einen Sinn bekommt.
- Das Verstehen geht vom Nicht-Verstehen aus und bleibt gegen seinen eigenen Fortschritt skeptisch: vielleicht ist es auch ganz anders. Verstehen bleibt immer offen und unabschließbar, es kann von einem erweiterten Verstehen immer überholt werden. Hilfreich ist der Satz: Normal ist nicht das Verstehen, sondern das Missverstehen.
- Verstehen ist aktiv und passiv zugleich. Es ist eine Anstrengung und ein Geschenk, für das man bereit sein muss.
- Verstehen versucht aus Mosaiksteinen Bilder zu formen. Hilfreich dabei sind Schlüsselsituationen. Sie geben uns eine Ahnung, wie das Bild aussehen könnte.
- Verstehen ergibt sich oft erst im Abstand zu einer Situation. In der Situation soll man sich nicht zu sehr um Verstehen bemühen, sondern sich offen halten für alles, was kommt.
- Selbstverstehen und Fremdverstehen sind zwei Seiten derselben Medaille. Die blinden Flecken bei mir selbst behindern mich, den anderen zu verstehen. Die Grenzen des Selbstverstehens bilden dadurch die Grenzen des Fremdverstehens.
- Ich kann den Anderen nie ganz verstehen. Es bleibt immer ein Rest von Verborgenheit. Das ist seine Freiheit und sein Anderssein.
- Das Verstehen spielt sich auf verschiedenen Niveaus ab. Es gibt seltene Momente, wo wir im Verstehen ‚den Kern' des anderen berühren. Das wird immer von den Betroffenen als wichtige Situation gespürt und kann große Auswirkungen haben. Solche Situationen sind immer unplanbar und insofern Geschenke.
- Es geht beim Verstehen nicht nur um richtig oder falsch, sondern auch um eine verstehende Grundhaltung dem anderen Menschen gegenüber. Darin und in dem möglichen Gefühl des Klienten, sich verstanden zu fühlen, liegen vermutlich wichtige förderliche Wirkungen des Verstehens.
- Verstehen führt nicht unbedingt zu Deutungen und Interpretationen, sondern kann, besser noch, in Vorschläge zum (gemeinsamen) Handeln oder in einfache Begleitung münden" (ebd., 10).

Verstehen orientiert sich an der Entwicklung des Klienten, der in der psychomotorischen Praxis im Mittelpunkt steht, „wobei die gesellschaftlichen Bedingungen als Teil des Kontextes mit einfließen, aber nicht eigens bedacht werden" (SEEWALD 1992, 217). Deshalb wird im Verstehenden Ansatz mehr eine entwicklungs- und weniger eine sozialisationstheoretische Perspektive eingenommen. Dies soll nicht heißen, dass gesellschaftliche Perspektiven total ausgeklammert bleiben. Theorien, die gesellschaftliche Trends aufzeigen sind sehr wohl hilfreich, das Verhalten eines Kindes im familiären oder schulischen Kontext besser verstehen zu können. Begriffe wie Modernisierungsverlierer, Patchwork-Identität, Schnelllebigkeit der Gesellschaft helfen, die Situation von Kindern und Jugendlichen verorten zu lernen und damit zu einem „erweiterten Verstehen" zu kommen.
Wenn ich weiß, dass in der sog. postmodernen Gesellschaft die Bedeutung von Familien oder Religionsgemeinschaften als Orientierungsrahmen ihre Bedeutung verloren haben, dass ein zunehmender Wertezerfall die Situation der Gesellschaft prägt, dann ist leicht nachzuvollziehen, dass die einzige Möglichkeit des Überlebens der Aufbau einer Patchwork-Identität ist und dass es für die sog. Modernisierungsverlierer immer schwieriger wird, anstehende Entwicklungsaufgaben zu lösen. Sie werden ausgegrenzt und entwickeln Verhaltensmuster, die in der Gesellschaft nicht mehr akzeptiert werden. Die Schnelllebigkeit unserer Gesellschaft mit zunehmend verinselten Räumen und zerstückelten Zeiten für Kinder stellen hohe Anforderungen und tragen dazu bei, die „Kontinuität der Lebenslinie" (WINNICOTT) zu zerreißen.
Ist es da ein Wunder, dass viele Kinder haltlos, orientierungslos, heimatlos, unruhig, impulsiv sind und dass sie immer weniger in der Lage sind, sich auf das für sie Wesentliche zu konzentrieren? Wäre nicht die „Hyperaktivität vor dieser Folie ganz gut zu verstehen?
Für ein „erweitertes Verstehen" sind neben Gesellschaftstheorien Entwicklungstheorien nützlich. Im Prinzip alle. Sie müssen sich jedoch in der Praxis bewähren. So besteht z.B. bei strukturellen Theorien (PIAGET) die Gefahr eine stark objektivierende Perspektive einzunehmen und zu schnell in die Sackgasse von Erklärung durch Ursache-Wirkungsphänomene zu geraten. Das Risiko kurzschlüssigen Erklärens ist geringer bei Theorien, die menschliches Sinnstreben ordnen können, indem sie Abläufe, Themen und Kontexte aufzeigen, in denen etwas sinnvoll erscheint. Hilfreich sind deshalb Entwicklungstheorien, die Sinn- und Lebensthemen beinhalten wie es z.B. bei ERIKSON (1973) zu finden ist.

Nach ERIKSON sollte es Aufgabe der „psychosozialen Entwicklung" sein, Identität herauszubilden. Er versteht darunter das zur Überzeugung erstarkte Gefühl, „dass das Ich wesentliche Schritte in der Richtung auf eine greifbare kollektive Zukunft zu machen lernt und sich zu einem definierten Ich innerhalb einer sozialen Realität entwickelt" (ERIKSON 1973,

17). Dies vollzieht sich in einem lebenslangen Prozess, dessen Wurzeln bis in die Zeit der ersten Selbst-Wahrnehmung zurückreichen. ERIKSON beschreibt diesen Prozess als Aufeinanderfolge von „psychosozialen Krisen", die jeweils durch die Gegenüberstellung von einem Kriterium „relativer psychosozialer Gesundheit" und „relativer psychosozialer Störung" gekennzeichnet sind. In der „normalen" Entwicklung überwiegt dabei das erste dauerhaft, wenn es auch das zweite nie ganz verdrängt. „Jede Komponente existiert in einer gewissen Form auch schon vor der Zeit, in welcher sie phasenspezifisch wird", und sie kehrt auch in späteren Entwicklungsphasen wieder (ebd. 149). Gelingt es nicht, diese „psychosozialen Krisen" zur „rechten Zeit" zu lösen, so bleiben sie unerledigt und belasten die weitere Entwicklung.

Besonders aussagekräftig für das Verständnis des theoretischen Zusammenhangs sind die den Krisen zugeordneten psychosozialen Modalitäten, da diese ziemlich deutlich das Lebensgefühl des Kindes in den jeweiligen Entwicklungsabschnitten wiedergeben. Im ersten Lebensjahr ist der Säugling völlig von seiner Umwelt abhängig, da er keine Möglichkeit hat, sich selbst zu versorgen. Er lebt also mit dem Gefühl: „Ich bin, was man mir gibt" und muss sich auf die Versorgung durch seine Mutter verlassen können. Nur wenn er die Umwelt mit seinen immer wiederkehrenden Elementen als stabil und gleichmäßig erlebt, nur dann kann er das Vertrauen entwickeln, das die Grundlage für sein gesamtes Menschen- und Weltbild sein wird.

Hat das Kleinkind diese „psychosoziale Krise" befriedigend bewältigt, so kann es darauf aufbauend Autonomie entwickeln und damit einen weiteren wichtigen Schritt zur Entwicklung von Ich-Identität machen. „Ich bin, was ich will" ist hier das entscheidende Thema für das Kind. Es ist die Zeit, in der es zunehmend Herrschaft über sich selbst bekommt und lernt, auf eigenen Füßen zu stehen.

In der folgenden Phase soll das Kind Initiative entwickeln und sich allmählich aus den familiären Banden lösen, um sich der Gruppe der Gleichaltrigen zuzuwenden. Gehen und Laufen werden jetzt zur „bemeisterten Kunst" und dienen als Mittel, sich frei und kraftvoll in den Raum hinein zu bewegen. „Ich bin, was ich mir zu werden vorstelle" nennt ERIKSON den „psychosozialen Modus" in dieser Phase und weist damit hin auf die zunehmende Bedeutung des Rollenspiels, in dem die Rivalität gegenüber dem Erwachsenen in der Phantasie – verbunden mit Allmachts- und Ohnmachtsträumen – ausgespielt wird, oder im Spiel Wunschträume für die eigene Zukunft entfaltet werden.

Aus dem Bestreben, es den Erwachsenen gleich zu tun, entwickelt sich die „Lust an der Vollendung eines Werkes durch Stetigkeit und ausdauerndem Fleiß" (ERIKSON 1973, 103). Die Kinder wollen jetzt nützlich sein, etwas „Richtiges" mit anderen zusammen machen und sich durch ihr schöpferisches Tätigsein Anerkennung bei den anderen Kindern, aber auch bei den Erwachsenen verschaffen.

Legen wir diese Entwicklungstheorie in der „Psychomotorischen Entwicklungsbegleitung" zugrunde, so sind wir in der Lage, ein entwicklungsorientiertes Angebot an Bewegungsgelegenheiten zu schaffen und somit den inneren Bedürfnissen der Kinder gerecht zu werden. Es zeigt sich nämlich in offenen Bewegungssituationen immer wieder, dass sie hier zurückgreifen auf Bewegungs- und Spielformen, die eigentlich ihre entwicklungsfördernde Kraft schon in viel früheren Entwicklungsstufen hätten entfalten müssen. Dadurch wird deutlich, dass sie im freien Spiel versuchen, die ungelösten Krisen ihrer Vergangenheit zu bewältigen, um sich damit neue Entwicklungschancen für die Zukunft zu eröffnen (vgl. Abb. [11], S. 174).
SEEWALD legt in seinen Arbeiten (1989, 1992) eine Entwicklungstheorie vor, die noch stärker an Leib- und Beziehungstheorien orientiert ist, und deshalb der „verstehenden psychomotorischen Praxis" noch näher steht (vgl. Abb. S. 175f). Er interpretiert Entwicklung „als Abfolge von Leib- und Beziehungsthemen, die jedes Kind mit Variationen erleiden und erleben muss oder darf. Das beginnt bei dem Sich-Umschlossen-Fühlen und der Geborgenheit im Uterus, der ersten schweren Krise der Geburt, dem hilflosen Angewiesensein auf einen liebenden Anderen, der selbständigen Eroberung der Umwelt im Greifen, Laufen und Sprechen, der Entdekkung des kreativen Machenkönnens, der Loslösung von der Mutter und den damit verbundenen Ängsten. Es führt über die Entdeckung des eigenen Geschlechts und die Findung der Geschlechts- und Generationsrolle, die Umstrukturierung einer Zweier- in eine Dreierbeziehung bis dazu, seinen Platz in einer Gruppe zu finden" (1992, 219).

Legen wir in der psychomotorischen Praxis diese Entwicklungstheorie zugrunde, so wird sich immer wieder zeigen, dass die Kinder in ihrem Spiel diese Lebensthemen darstellen und somit die darin liegenden „heilenden Kräfte" (ZULLIGER 1970, BITTNER 1976) nutzen, um mit ihrer Situation besser fertig zu werden.

Motologische Diagnostik

Eng verknüpft mit der Frage des Verstehens steht natürlich die Diagnostik. Hier wird nochmals deutlich, dass „Verstehen" „Erklären" nicht ausschließt, sondern immer wieder für ein „erweitertes Verstehen" mit einbezogen wird.
„Die motologische Diagnostik ist der Versuch, einen Fall so zu rekonstruieren, dass möglichst viele Aspekte und Detailinformationen in einen sinnvollen Zusammenhang gerückt werden" (SEEWALD 1999, 157).

---

[11] Dieses Schema wurde - in Anlehnung an ERIKSON - von R. Hammer, M. Denzer und K. Twellmeyer entwickelt.

Psychosoziale Krisen	**Psychosoziale Modalitäten**	**Bewegungsorientierte Aktivitäten**
Vertrauen - Misstrauen *(1. Lebensjahr)*	geben - bekommen >Ich bin, was man mir gibt<	• entspannt liegen • gehalten werden • Körperkontakt suchen • sich einwickeln (Wärme) • schaukeln und schwingen • sich fallen lassen • schweben im Wasser
Autonomie - Scham und Zweifel *(2. und 3. Lebensjahr)*	festhalten - loslassen auf eigenen Füßen stehen >Ich bin, was ich will<	• erforschen von Dingen und der Umwelt • erforschen des eigenen Körpers, der eigenen Möglichkeiten • ausprobieren von Materialien (z.B. Fahrgeräte) • Fangspiele (einer gegen alle) • verstecken (= entdeckt werden als Bestätigung der eigenen Existenz) • raufen und balgen
Initiative - Schuldgefühl *(4. - 6. Lebensjahr)*	Tun (Drauflosgehen) Tun als ob >Ich bin, was ich mir zu werden vorstellen kann<	• Rollenspiele (Räuber und Gendarm, Monsterspiele) • Wettkämpfe (Laufspiele) • mit Fahrgeräten in den Raum fahren
Werksinn - Minderwertigkeitsgefühl *(Schulalter)*	mit anderen zusammen etwas >Richtiges< machen >Ich bin, was ich lerne<	• Judo, Tanz • Klettern, Kanu • Segelboot bauen und damit auf Törn gehen • Fahrräder zusammenbauen und damit fahren

Entwicklungsstadium/Alter	„Erlebnisspuren" Themen der Entwicklung	„symbolische Echos"
Intrauterine Phase	• im Uterus bewegt werden • Schwerelosigkeit u. Wärme spüren • Weite und Enge spüren • eingerollte Körperhaltung • Dunkelheit u. erste Lichtreize • Töne u. Rhythmen empfinden • ohne Bedürfnisspannung leben	• Gewiegt- u Geschaukelt werden • langsame Bewegungen • Schwerelosigkeit im Wasser • enge, dunkle Räume/Höhlen • Umhüllt sein in Decken • Großflächige Druckbelastungen • „schweben" • Rhythmen im Herztakt
Geburt	• Sauerstoffmangel/Not spüren • starken Druck spüren • richtige Lage finden • Kontrast von dunkel zu hell • selbst atmen • Schwerkraft u Temperaturveränderungen spüren	• bedrückendes u befreiendes enger u. weiter Räume • Tunnel/Röhren ins Freie • Situationen des Steckenbleibens bzw. Durchrutschens • Situationen, die Dunkelängste/Erstickungsängst e auslösen • „geschafft" • Seile als Symbole der Verbindung
Die ersten 3 Monate	• aufnehmen u. empfangen, v.a. durch den Mund • „Gutes" gespendet bekommen • sich eins fühlen mit der Mutter • hilflos sein und sich nicht wehren können • umsorgt- u. gehalten werden • „tonischer Dialog" • Blickkontakt aufnehmen und versagen • Fremde noch nicht unterscheiden und anlächeln	• Körperhaltungen, die passive u. abhängige Gefühle vermitteln • Situationen des „Gehalten" fühlens • Situationen des sich Verschmolzenfühlens mit Partner/Gruppe • Situationen, in denen man gewiegt, geschaukelt, massiert, geschminkt oder beschenkt wird • „Wiegenlieder"
Die Phase von ca. 3 - 12 Monaten	• greifen und sich nehmen zubeißen, festhalten u abtrennen können • sich aufrichten (sitzen) und fortbewegen (krabbeln) • absichtsvoll sich selbst bewegen • wählen können • sich in Zweieinheit verbunden fühlen • Fremde erkennen u. sich manchmal vor ihnen fürchten • Sich Tröster (Übergangsobiekte) verschaffen • zu spielen beginnen	• Körperhaltungen des sich Aufrichtens u. Überblickens • Situationen der lustvollen Selbstbewegung • Partner/Spielobjekte auswählen können • Spiele um das Verfremden, Verschwinden und wieder Auftauchen („Guck-Guck, sich Verkleiden,Zaubern) • „Geben - Nehmen" -Spiele

Entwicklungsstadium/Alter	„Erlebnisspuren" Themen der Entwicklung	„symbolische Echos"
Die Phase von 1 Jahr bis ca. 11/2 Jahren	• Laufen können u. „auf eigenen Füßen stehen" • etwas „Hervorbringen" u. ‚Ausdrücken" können • Hergeben u. Festhalten • Geschlechtsunterschied entdecken • mit Verboten konfrontiert werden • sich klein u. verlassen fühlen • Nahe u. Distanz gleichzeitig suchen • Den Vater als Helfer u. Kameraden entdecken • sprechen lernen	• Situationen des lustvollen Balancierens • Situationen des kreativen Produzierens • Spiele mit Matsch' Creme, Sand, etc. • Sammeln von „Schätzen" • Spritzspiele (z.B. Feuerwehr) • Spiele mit An u. Abkoppeln(z.B. Eisenbahn) • „Telefon"- spiele • Fang- u. Versteckspiele
Die Phase von 2 _Jahren bis ca. 5 Jahren	• Rennen- und Springen können • sich „Großfühlen" • Eindringen und Umschließen • Vater und Mutter umwerben, eifersüchtig sein und rivalisieren • Schuldgefühle/Todeswünsche gegenüber einem Elternteil • seinen Platz in der Familie finden • mit anderen gemeinsame Sache machen • sich an Regeln halten	• Spiele um das „Groß- u. Unabhängigseinwollen"(z.B. Tarzan, Robinson) • Spiele um Gewalt- und „Tötungs"- phantasien (z.B. Ritterspiele, „Tiertötungs"spiele) • „Vater-Mutter-Kind" - Spiele; Puppenhäuser „Doktorspiele" • Situationen des Zielens u. Treffens (z.B. Schießen, Abwerfen) • Regelspiele (z.B. Völkerball)

Aus verschiedenen Blickwinkeln (Ansätze) werden Konstellationen oder Muster gesucht. Die Perspektive wechselt dabei ständig vom Teil zum Ganzen, von der Beobachter zur Beteiligtenperspektive, von der implizit-leiblichen zur explizit-kognitiven Ebene (hermeneutische Spirale).
Das Verstehen erweitert sich, indem immer wieder neue Informationen eingeordnet werden. Dieser Prozess ist grundsätzlich unabschließbar.
Hilfreich sind folgende Orientierungsfragen (ebd.):

- Gibt es einen Fokus der Fallkonstellation
- Wo liegt er: im Kind, in der Familie...
- Welche Rolle spielen Wahrnehmung und Bewegung in der Konstellation
- Gibt es umschreibbare Ursache-Wirkungs-Zusammenhänge oder komplexe Wechselwirkungen
- Verfolgt das Kind ein Thema
- Was hindert, engt ein, fehlt an Erfahrung, ist unverarbeitet
- Wo liegen die Ressourcen

- Liegt der Schwerpunkt der Thematik bei einer der 5 wichtigsten Erziehungsdimensionen: Geborgenheit, Wertschätzung, Pflege, Anregung, Grenze
- Wie ist die Polarität von Autonomie und Eingebundenheit, Nähe und Distanz ausbalanciert
- Wie würde ich mich fühlen, wenn ich anstelle des Kindes wäre?

Beim „Verstehenden Ansatz" können Testergebnisse für das erweiterte Verstehen herangezogen werden, sie müssen aber in die Gesamtkonstellation eingebettet werden und zwar auch in ihrer Bedeutung für und Wirkung auf alle Beteiligten. Das heißt, „dass eine motologische Diagnostik mit guten Gründen durchaus auf objektivierende Daten verzichten kann, wenn dies auch nicht zur Regel erhoben werden muss" (ebd., 159).

Verstehen allein genügt allerdings nicht. Ein von SEEWALD dargestellter Fall zeigt, „dass man über alle Ansätze verfügen muss, um ihn in seiner vernetzten Problematik zu rekonstruieren. Die Integrationsperspektive bildet hier der „Verstehende Ansatz", was aber nicht zwangsläufig immer so sein muss" (ebd.).

Praktisches Arbeiten nach dem „Verstehenden Ansatz"
„Viele Praktiker arbeiten bereits verstehend, nämlich immer dann, wenn sie ihren Ahnungen und Intuitionen folgen" (SEEWALD 1997, 12). „Intuition muss zur Methode werden" (RUTH COHN) war der Kernsatz unserer Arbeitsgruppe, als es darum ging, die eigene, als stimmig empfundenen Praxis begreifbar und damit auch lehrbar zu machen.
Umstritten bleibt, ob Intuition lehrbar ist. Was der Praktiker auf jeden Fall lernen kann, ist die Fähigkeit des Spürens, des sich Einfühlens in die eigene Leiblichkeit und in die Bewegtheit des Anderen. Eigenleibliches Spüren ist die wichtigste Quelle von Erfahrungen, die man braucht um verstehend zu arbeiten.
Mit dieser grundlegenden Kompetenz ausgestattet ist es nun Aufgabe des Psychomotorikers für das Kind einen Spielraum, d.h. einen Schonraum zu schaffen, in dem es die Möglichkeit hat, sein innerpsychisches Geschehen im psychomotorischen Spiel zu symbolisieren und damit einer Be- und Verarbeitung zugänglich zu machen. WINNICOTT nennt diesen Spielraum „intermediären Bereich", in dem sich innerpsychisches Geschehen mit der außerpsychischen Realität treffen können.

Der therapeutische Kontext muss also so gestaltet werden (vgl. dazu ausführlich HAMMER 2001), dass das Kind nochmals die Chance bekommt, die Fähigkeit zu entwickeln, die es in seiner natürlichen Entwicklung nicht erwerben konnte. Dies ist für WINNICOTT (z.n. DAVIS/WALLBRIDGE 1983, 101) die Fähigkeit zum Spielen:

Halten Sie viel von der kindlichen Fähigkeit zu spielen! Wenn ein Kind spielt, machen ein oder zwei Symptome nichts aus, und wenn ein Kind sein Spiel genießt, sowohl allein als auch mit anderen Kindern, ist keine besondere Schwierigkeit zu befürchten. Ist im Spiel eine reiche Phantasie am Werk, vergnügt sich aber das Kind auch beim Spielen, wo es auf eine exakte Wahrnehmung der äußeren Realität ankommt, dann können Sie wirklich glücklich sein, selbst wenn das betreffende Kind einnässt, stottert, Wutanfälle hat oder Leibschmerzen und Depressionen aufweist. Das Spiel zeigt die Fähigkeit des Kindes, in einer vernünftigen, stabilen und guten Umwelt seine persönliche Lebensform zu entwickeln und schließlich ein ganzer Mensch zu werden, der so, wie er ist, akzeptiert und von der ganzen Welt angenommen wird.

Das neue Lernen des Spielens bildet die Grundlage für die Suche nach seinem „Selbst", das durch krankmachende Entwicklungsbedingungen verschüttet wurde, denn „nur im Spielen kann das Kind und der Erwachsene sich kreativ entfalten und seine ganze Persönlichkeit einsetzen, und nur in der kreativen Entfaltung kann das Individuum sich selbst entdecken" (WINNICOTT 1973, 66).
Ist das Kind dazu nicht in der Lage, so müssen ihm in der Therapie Möglichkeiten geboten werden, neue Erfahrungen zu machen, zurückzugehen in den ursprünglichen Zustand der „Unintegriertheit", des „Ungeformten", der „Formlosigkeit", aus dem heraus das Kind, mit Hilfe des Therapeuten, zu einer neuen Ordnung kommen kann. Aus der Angst vor dem drohenden Chaos sind die Kinder meist nicht in der Lage, diesen Schritt selbst zu gehen, nicht einmal das Bedürfnis dazu zu äußern, „falls nicht jemand dieses Bedürfnis in ihm spüren und ihm entgegenkommen und begegnen kann. In seiner Arbeit mit sog. „delinquenten Kindern" hatte WINNICOTT gelernt, dass antisoziale Handlungen eine Methode waren, ein Bedürfnis zu äußern und eine Forderung zu erheben" (KHAN 1977, 359). Im therapeutischen Kontext zeigt sich dieser Mangel in ihrer Unfähigkeit, einen spielerischen Prozess zu entwickeln, ihre Phantasien in Szene zu setzen. Dies könnte darauf zurückzuführen sein, dass das Problem, worüber sie gern sprechen würden, in einer Zeit entstanden ist, in der sie der Sprache noch nicht mächtig waren, „in der sie noch nicht die notwendigen Ich-Fähigkeiten hatten, damit fertig zu werden oder es auch nur bewusst zu erkennen. Sie konnten es nur *registrieren*" (ebd.). Darum benötigen sie die Hilfe des Therapeuten, der ihre Bedürfnisse erkennt, auf sie eingehen und ihnen entgegenkommen kann.
Um diesen Prozess zu fördern, muss der Therapeut einen Raum des absoluten Vertrauens für das Kind schaffen, in dem sich das Kind entspannen und wieder den freien Zugang zu seinem menschlichen Potential finden kann. Fängt das Kind an, Phantasien zu entwickeln und im Spiel zu inszenieren, muss der Therapeut zurückhaltend und sehr behut-

sam auf das Spiel des Kindes eingehen, um nicht durch seine „deutenden" Eingriffe die Neuorganisation der kindlichen Entwicklung zu früh aus sich heraus zu strukturieren und dem Kind einen eigenen Weg zu verbauen. Nicht die eingreifende Deutung des Therapeuten, sondern das Spiel an sich ist schon Therapie und der entscheidende Augenblick in diesem Prozess ist der Moment, in dem das Kind in „Verwunderung" gerät, ins Staunen, und aus der Vertiefung im Spiel für sich einen neuen Weg aus dem Chaos, aus der Formlosigkeit finden kann.
Der Therapeut darf sich also in der Begegnung mit dem Kind nicht darüber stellen, sondern bietet sich als Spielpartner an, der nicht die Spielrichtung vorgibt, sondern auf gleicher Stufe mit ihm steht. Den Weg seiner Entwicklung lernt das Kind so selbst beschreiten, ohne ihn von seinem Therapeuten angewiesen zu bekommen. Das Kind muss sogar so stark werden, sich gegen Übergriffe des Therapeuten zu wehren, um seinen eigenen Weg durchzusetzen.
Der Therapeut gestaltet also mit Zurückhaltung und großer Behutsamkeit seine Beziehung zum Kind. Er spürt sich ein in die innere Welt des Kindes, die sich ihm über die in Szene gesetzte Phantasie im Spiel erschließen lässt.
Zurückhaltung bedeutet hier also nicht, sich aus dem Dialog mit dem Kind herauszuziehen. Die physische und psychische Präsenz des Therapeuten ist für das Spiel des Kindes unbedingt erforderlich, da es nur daraus die Sicherheit und das Vertrauen gewinnen kann, das Wagnis des Spielens einzugehen und „sich fallen zu lassen". Fehlt im therapeutischen Prozess die einfühlende Wachsamkeit des Therapeuten, geht das noch labile Vertrauen verloren und das Kind wird von der Angst vor dem Chaos, vor dem „in Stücke fallen", vor dem „unaufhörlichen Fallen" überschwemmt.

In diesen Situationen müssen die Kinder durch Abwehrmechanismen neue Dämme gegen diese Ängste errichten und versperren sich dadurch die Chance auf einen Neubeginn. Gelingt es dem Therapeuten jedoch, eine vertrauensvolle Basis zu schaffen, kann das Kind die Regression in diese Zeit der Formlosigkeit, in eine Phase der Ungeschiedenheit von Mutter und Kind zulassen, ohne die Angst, in diesem unintegrierten Zustand bleiben zu müssen. Der unintegrierte Zustand ist dann nicht mehr beängstigend. Die ihm innewohnende Produktivkraft wird genutzt, aus dem Chaos der Formlosigkeit heraus eine neue Ordnung zu schaffen, sein Potential zur Wirklichkeit zu bringen und daraus seine Beziehung zur Umwelt neu zu gestalten (vgl. dazu HAMMER 1992).
Eine Regression in den Zustand der Formlosigkeit heißt also, verfestigte Strukturen wieder zu verflüssigen und wieder von neuem „das Wechselspiel zwischen Körperfunktionen und Imagination einzuleiten, durch das es zu größerer Differenzierung der Körperfunktionen wie der körperlichen

Selbstwahrnehmung und gleichzeitig auch zu einer präzisen Identität der Vorstellungen kommt" (ebd. 45). Das Wiedererleben des eigenen Körpers, das Funktionieren der Muskeln, der Sinne, das Spüren der Atmung schafft die Voraussetzungen dafür, den Körper wieder neu, als etwas Eigenständiges und Positives zu entdecken und damit eine neue Identität herauszubilden.
Die Wiederentdeckung des eigenen Körpers ist also das zentrale Ziel der therapeutischen Arbeit, in der dem Kind, im vertrauenserweckenden Kontext, auch die Möglichkeit geboten wird, die von Winnicott formulierten „primitiven Agonien" (in Stücke zu gehen, unaufhörlich zu fallen, keine Beziehung zum Körper, keine Orientierung zu haben), zu überwinden. So kann die Angst davor, „in Stücke zu zerfallen" nur bekämpft werden, wenn der Körper als Ganzes wahrgenommen wird, mit einer Haut, die den Körper zusammenhält und als Membran von der Umwelt abgrenzt (s. dazu auch Montagu 1974.).

Um den Kindern die Möglichkeit intensiver Körpererfahrungen zu geben, müssen ihnen Gelegenheiten geboten werden, in denen sie ihren Körper spüren und als Ganzes wahrnehmen können. Die dabei entstehende Ruhe und Konzentration, die Intensität der Beziehung, die bei Partnerübungen aufgebaut wird, erzeugt bei ihnen das Gefühl von Halt und Geborgenheit, das sie in ihrem Kinderleben sonst so sehr vermissen und deshalb in diesen Situationen besonders genießen können.
Bewegungsorientierte Aktivitäten und das Erleben der Funktionalität des Körpers geben den Kindern die Möglichkeit, positive Beziehungen zum eigenen Körper aufzubauen und eine neue Orientierung in Raum und Zeit zu entwickeln. Besonders die gleichmäßige Bewegung einer Schaukel oder Hängematte vermittelt das Gefühl von Kontinuität und hilft ihnen, ihren Lebensfaden neu zu knüpfen, der im bisherigen Lebenskontext zerrissen wurde. Erst wenn die Kinder über die „Bemeisterung" des eigenen Körpers gelernt haben, sich zu bewegen und seine Funktionen zu beherrschen, sind sie auch fähig zu spielen.
Zeigen die Kinder erste Ansätze, ihre Bewegungsaktivitäten in ein thematisch gebundenes Spiel einzufügen, dann ist nach Winnicott bereits der erste, wichtige Schritt in der Arbeit des Therapeuten vollbracht. Diese muss „dort, wo Spiel nicht möglich ist, darauf ausgerichtet sein, den Patienten aus einem Zustand, in dem er nicht spielen kann, in einen Zustand bringen, in dem er zu Spielen imstande ist" (Winnicott 1973, 49). Voraussetzung beim Therapeuten für diese Arbeit ist, dass er selbst spielen kann, denn „wenn der Therapeut nicht spielen kann, ist er für die Arbeit nicht geeignet" (ebd. 66). Er muss sich also einlassen können auf das Spiel des Kindes, muss selbst aus sich heraus einen intermediären Bereich schaffen können, in dem seine innere Welt zum Tragen kommt und sich mit der äußeren Welt verbindet. Therapie ist also ein schöpferischer

Prozess, der nicht nur die Entwicklung des Kindes, sondern auch die des Therapeuten beständig vorantreibt.

In den psychomotorischen Förderstunden zeigen die Kinder, dass sie nicht nur bei der Auswahl der Bewegungsaktivitäten, sondern auch bei der Gestaltung ihrer Spielideen „entwicklungsorientiert" vorgehen. Beachten wir erneut das Entwicklungsschema von ERIKSON, so lässt sich feststellen, dass – je nach Entwicklungsstand – zunächst Spiele bevorzugt werden, bei denen es um den Erwerb von „Urvertrauen" geht. Erst darauf aufbauend beobachten wir Spiele zur Entwicklung von Autonomie und Initiative. Im kindlichen Spiel sind hier regressive Elemente zu erkennen, die immer dann verstärkt zu beobachten sind, wenn die Anforderungen der Umwelt zunehmen. Die Kinder suchen dann Situationen auf, die sie an Ruhe, Entspannung und Geborgenheit der pränatalen Entwicklungsphase erinnern. Der Rückzug in dunkle, enge Höhlen, in denen Raum und Zeit ihre Bedeutung verlieren, bietet dem Kind dieses „ozeanische Gefühl", das es im Mutterleib erlebte. Das Spiel in der Höhle bietet auch eine intensive Nähe zum Erwachsenen. Eine „Aura der Wärme" (SEEWALD) umgibt das Kind, in der es gehalten und getragen wird und dadurch Urvertrauen in eine verlässliche und beschützende Umwelt entwikkeln kann. In der Ruhe, Dunkelheit und Wärme dieser Höhle vermag sich das Kind der bergenden Umgebung hinzugeben und sich für das vertraute Zusammensein mit dem Erwachsenen zu öffnen.

Wenn sich das Kind hier sicher fühlt, dann wird es auch in der Lage sein, einen ersten Schritt nach draußen zu machen. Erst auf dieser Basis des entwickelten „Urvertrauens" kann es wagen, in eine fremde Welt hinauszutreten, die ständig Neues und Beängstigendes bietet. Es lernt, auf eigenen Füßen zu stehen und unabhängig vom Erwachsenen zu werden, wobei es dessen Nähe braucht, als Ort des Rückzugs, als „Heimathafen", zu dem es immer wieder zurückkehren kann, um „emotional aufzutanken" (vgl. MAHLER u.a. 1985).

Der bereits zu Beginn erwähnte Jakob (vgl. HAMMER 1992) zeigt, wie dieser Schritt nach draußen gewagt, der Kampf um Autonomie aufgenommen wird. Er musste dieses Unternehmen aus einer schlechten Ausgangsbasis heraus gestartet werden, da ihm wegen der „emotionalen Abwesenheit" der Mutter nicht nur der Ort fehlte, emotional aufzutanken, sondern auch noch der Vater als „solide Insel in der äußeren Realität" (ROTMANN 1978, 1126). Dieser hatte nämlich die Familie verlassen, als der Junge zwei Jahre alt war. Der Kampf um Autonomie wurde also von Jakob nicht nur auf einer schlechten Grundlage ausgefochten. Er musste darüber hinaus auch noch ohne die Hilfe des Vaters auskommen. Alleingelassen, enttäuscht von seinen vertrautesten Menschen musste er sich der äußeren Realität zuwenden, in der er als autonome Persönlichkeit

selbständig handeln lernen sollte. Jakob versuchte diese „psychosoziale Krise" in den psychomotorischen Förderstunden gemeinsam mit einem anderen Jungen durch ein „Monsterspiel" aufzuarbeiten, für das er ein sehr differenziertes Skript entwickelt hat:
Es handelt sich um Kinder, die an einem Fluss einen netten Menschen getroffen haben, der ihnen zunächst freundlich zuwinkt, sich jedoch plötzlich in ein gefährliches Ungeheuer verwandelt, dessen Umklammerung tödlich wirkt. Das Spiel, dessen Inhalt bestimmt war vom Kampf der Kinder gegen das gefährliche Monster, das durch seine Übermacht existentielle Ängste in den ohnmächtigen Kindern auslöst, spiegelt die aktuelle Lebenssituation der Kinder wider. Klein und hilflos in der Welt der Erwachsenen, in ihrem Überleben vom guten Willen der Großen abhängig, können sie immer nur hoffen auf die Rettung durch das Gute, das ihnen hilft, erwachsen zu werden und selbständig in ihrem Leben bestehen zu können. Diese Hoffnung wurde bei Jakob immer wieder enttäuscht, für ihn entpuppte sich hinter dem vermeintlich Guten immer wieder das Böse. Von seiner Mutter bekam er nicht die Unterstützung, die ein Kleinkind bräuchte und zu guter Letzt wurde er auch noch von seinem Vater verlassen, der ihm in seinem Kampf um Autonomie, dem ersten großen Schritt hin zu einem Ich, zur Auseinandersetzung mit der Ordnung der Erwachsenenwelt, nicht helfen konnte, weil er nicht anwesend war. So kann er erst jetzt, nachdem er in mir den geeigneten Spielpartner gefunden hat, der diese äußere Welt repräsentiert, mit seinem Kampf um Autonomie beginnen. Es gelingt ihm nun, diese neue Ordnung, das Gesetz dieser Welt zu zerstören, da er erwarten kann, dass ihm jemand dabei hilft, sie wieder neu aufzubauen. Mein Part im Spiel ist es, diese „symbolische Ermordung des Vaters" (AUCOUTURIER 1998), also seine aggressiven Impulse zu ertragen, dennoch zu überleben und duldend und liebevoll das Spiel mitzuspielen.

Der Wert der psychomotorischen Entwicklungsbegleitung für Jakob lag also sicher nicht in der Möglichkeit, im Sinne eines sich entladenden Dampfkessels, seine Aggressionen dadurch abzureagieren – wie es erklärende Ansätze nahe legen würden. Er schlug auf mich ein und „zerstörte" mich und vollzog damit diese „symbolische Ermordung", die ihm half, seine Problematik immer wieder im Spiel darzustellen und zu verarbeiten. In seinem Skript war es „Nessy" das Ungeheuer, das für den Vater stand und dessen Beschreibung auch die Ambivalenz des Jungen zum Vater, aber auch zur neuen Ordnung ausdrückte. Es erschien als freundlicher Mensch, der nett zu ihm war und so tat, als ob es ihm helfen wollte. Im Prozess des „Helfens" verwandelte es sich jedoch immer wieder in ein Ungeheuer.
Die neue Ordnung ist also trügerisch. Sie muss immer wieder in Frage gestellt werden, um sich ihrer Beständigkeit und Ehrlichkeit zu versichern.

Sie darf jedoch nicht nur zerstört, sie muss auch wieder neu aufgebaut werden. Es darf „nicht beim Vatermord bleiben, es muss das So-Sein-Wollen wie der Vater folgen“ (SEEWALD 1989, 354). Meine Aufgabe als Therapeut war es also nicht nur, die „symbolische Ermordung“ zu erdulden, sondern auch als Identifikationsfigur zu dienen und ihm bei der Übernahme der gesellschaftlichen Ordnung zu helfen.

Spielthemen dieser Art, wie sie in Psychomotorikstunden immer wieder in Szene gesetzt werden, machen die aktuelle Situation der Kinder deutlich. Die Auseinandersetzung mit fremden Mächten, die nur durch übermächtige Kräfte eines Heros bezwungen werden können, drücken die Ohnmacht gegenüber der Welt der Erwachsenen aus, die sie nur mit magischer Hilfe bezwingen können. Im Spiel entwickeln die Kinder Allmachtsgefühle, sie identifizieren sich mit dem strahlenden und starken Helden, den sie aus dem Fernsehen kennen, und verarbeiten damit ihre ständigen Niederlagen, die sie im Alltag erleiden müssen. Dies ist ihr Kampf um Autonomie, der in der Konfrontation „allein gegen alle“ auf der Grundlage von erworbenem Urvertrauen ausgetragen wird.

Das „mörderische“ Monsterspiel mit dem Thema Macht – Ohnmacht, Gut – Böse, muss abgelöst werden von Spielen, die ERIKSON in seiner 3. Phase beschreibt. Die erworbene Fähigkeit, „auf eigenen Füßen stehen zu können“ muss nun genutzt werden, sich aus der engen Bindung zu den Eltern zu lösen und sich vermehrt der Gruppe der Gleichaltrigen zuzuwenden. In Rollenspielen sollten sich die Kinder der Welt der Erwachsenen, die nun ja akzeptiert ist, aneignen. „So tun als ob“ heißt nun die Devise und die Kinder entwickeln erste Ideen von dem, „was sie sich zu werden vorstellen können“. Sie beginnen, sich Räume zu erobern, und fangen an, sich mit den Gleichaltrigen im Wettkampf zu messen.

Wertung und Perspektiven

„Damit bei dieser Art zu arbeiten nicht Beliebigkeit fröhliche Urständ feiern, braucht es viel Hintergrundwissen über Entwicklung, viel Selbsterfahrung und möglichst Supervision. Die Gefahr, dass ich nicht die Themen der Klienten entdecke, sondern nur meine eigenen in ihnen gespiegelt finde, ist nämlich ziemlich groß“ (SEEWALD 1997, 13).
Diese Aussage bringt Chancen und Risiken der praktischen Arbeit nach diesem Ansatz auf einen Punkt: hier werden dem Kind Möglichkeiten geboten, sich in der Bewegung ausdrücken und seine Probleme im Spiel darzustellen und zu verarbeiten um sich damit neue Entwicklungschancen zu eröffnen. Dieser Prozess stellt aber hohe Erwartungen an die therapeutische Begleitung. Der Therapeut „hilft dem Kind bei der Verarbeitung von Erlebnissen, indem er zur symbolischen Darstellung auffordert oder auch zum Gespräch anregt. Dabei enthält er sich jeder Deutung. Die Gespräche sollen vergegenwärtigen, was man erlebt hat“ (SEE-

WALD 1993, 192). Die Gefahr – bei ungenügender Ausbildung und fehlender Selbsterfahrung – liegt darin, über das Ziel hinauszuschießen und Dinge in das spielerische Geschehen hineinzuinterpretieren, die ausschließlich der Phantasie des Therapeuten entspringen.

So provozierte Markus, ein 6-jähriger Junge in einer Rollbrettstunde immer wieder Unfälle, um dann mit den Krankenwagen abgeholt und in das Krankenhaus gebracht und „verarztet" zu werden. Meine Idee bestand darin, dass er Situationen der Nähe und Versorgung suchte, was er von mir schließlich auch geboten bekam. Erst später stellte sich heraus, dass er auf seinem Weg in die Schule beobachtet, wie ein Krankenwagen mit Blaulicht und Sirene zu einem Unfallort fuhr. Dies hat ihn offensichtlich so beeindruckt, dass er diese Szene in seinem Spiel mehrfach wiederholte. „Ein Zeppelin ist nicht nur ein Phallussymbol, man kann mit ihm auch nach Amerika fliegen!"
Es gilt also zurückhaltend zu sein mit dem, was im Spiel der Kinder *„verstanden"* wird. Es kann sich um Erlebnisse der Vergangenheit, aber auch um Erlebtes der Gegenwart oder auch um Wunschphantasien handeln. Es könnte sich sogar um Themen drehen, die mit mir selbst zu tun haben. Dies könnte sich zu einem gravierenden Kunstfehler entwickeln, wenn primär organisch bedingtes Verhalten als symbolischer Ausdruck der innerpsychischen Realität des Kindes betrachtet wird (vgl. ebd.), wo also versucht wird, etwas zu *verstehen*, was nur zu *erklären* ist.

Eine wesentliche Einschränkung dieses Ansatzes besteht sicher auch darin, dass hier nur mit dem Individuum gearbeitet wird. Der Therapeut fragt zwar in seiner Diagnostik und auch im therapeutischen Prozess nach dem Entwicklungskontext des Kindes (vgl. SEEWALD 2000, 136), er arbeitet aber letztlich nur mit dem Kind. Da bei „Problemkindern" das Problem aber selten ausschließlich beim Kind festzumachen ist und da die problematischen Verhaltensweisen in ihrer Ausgestaltung immer – egal wie verursacht – mit dem Lebenskontext (Familie, Schule u.a.) zu tun haben, also als Beziehungsprobleme zu sehen sind, sind auch die Lösungen des Problems in der Regel nur im Kontext zu finden und zu entwickeln (vgl. BALGO in diesem Band). Dies soll nicht heißen, dass mit dem Kind allein nicht mehr gearbeitet werden darf. Wie oben gezeigt, ist es für das Kind wichtig, mit therapeutischer Hilfe zu sich selbst, zu seiner Persönlichkeit zu finden, dies sollte jedoch nicht zu einer Ent-Schuldung des Lebenskontextes führen. Wenn Eltern ihr Kind beim Therapeuten abgeben, um es „repariert" zu bekommen, dann sind die Grenzen der Psychomotorik sehr schnell erreicht. Sie müssen in die Arbeit mit einbezogen werden, sei es durch regelmäßige Gespräche oder – besser noch – durch die Einbeziehung in den psychomotorischen Prozess selbst (vgl. dazu KLAES/SCHNURRENBERGER, HAMMER 2001, HAMMER/PAULUS 2002). Dies könnte nicht nur zu einem erweiterten Verstehen, sondern zu einem er-

weiterten therapeutischen Handeln führen.
Es müssen einige Fragen noch offen bleiben – zumindest vorerst: Ist dieser Ansatz nur für „Problemkinder" geeignet ist oder kann er auch in anderen psychomotorischen Arbeitsfeldern fruchtbar werden (SEEWALD 1997a)? Zu klären ist auch noch das „Verstehen von Gruppen" (SEEWALD 1997, 13f). Die psychomotorische Praxis findet ja meistens in Gruppen statt, während sich das „Verstehen" auf den Einzelnen richtet. Wie ist die Dynamik der Gruppe für den therapeutischen Prozess nutzbar zu machen? Auch das „vergessene Thema der Geschlechtlichkeit" (vgl. SEEWALD 1992a) stellt noch ein weites Feld in der Psychomotorik dar, das noch intensiv beackert werden muss. Bisher gibt es hierzu nur sehr wenige Aussagen (vgl. Eisenburger 1995, Middendorf-Greife/Linke 2000) obwohl es doch sicher für Mädchen andere Themen gibt als für Jungen. Wir sprechen immer nur von Kindern.
Es gibt also noch viel zu tun, um von der Psychomotorik als Praxeologie (HÖLTER U.A. 2000) zur Psychomotorik als Wissenschaft noch einen guten Schritt weiterzukommen. Bleibt dieser Prozess in engem Dialog mit der Praxis, dann kann dies nur für beide fruchtbar sein.

Literatur

Aucouturier, B. (1998): Die Symbolik der Bewegung. München: Reinhardt

Bittner, G. (1976): Die „heilenden Kräfte" im kindlichen Spiel. In: Halbfas/Maurer/Popp (Hrsg.): Spielen, Handeln, Lernen. Stuttgart

Davis, M./Wallbridge, D. (1983): Eine Einführung in das Werk von D.W.Winnicott. Stuttgart: Klett-Cotta

Eisenburger M. (1995): Mädchengruppen in der Motopädagogik. In: Motorik 18, 2, 55-64

Erikson, E.H. (1973): Kindheit und Gesellschaft. Stuttgart: Klett

Gruhle, H.W. (1948, 1956[2]): Verstehende Psychologie. Stuttgart: Thieme

Hammer, R. (1992): Das Ungeheuer von Loch Ness. In: Motorik 4, 241-248

Hammer, R. (2001): Bewegung allein genügt nicht. Dortmund: modernes lernen

Hammer, R./Paulus, F. (2002): Psychomotorische Familientherapie – Systeme in Bewegung. In: Motorik 25, 1

Hölter, G./Hülsmann, M./Kuhlenkamp, S./Reichenbach, C. (2000): „Vom Kopf auf die Füße... und wieder zurück!" In: Motorik 23, 4, 142-154

Kafka, G. (1928): Verstehende Psychologie und Psychologie des Verstehens

Khan,M. (1977): Das Werk von D.W.Winnicott. In: Elke,D.(Hrsg.): Die Psychologie des 20.Jahrhunderts III. Freud und die Folgen Bd.2. Zürich, Kindler 348- 381

Kiphard, E.J. (1983): Motopädagogik. Dortmund: modernes lernen

Klaes, R./ Schnurrenberger, M. (1997): Auf dem Weg zu einer systemischen Bewegungstherapie in Kinder- und jugendpsychiatrischen Kontexten. Tübingen, Freiburg. Unveröff. Manuskript

Mahler,M.S./Pine, F./Bergmann,A. (1985): Die psychische Geburt des Menschen. Frankfurt: Fischer

Meinberg, E. (1987): Das Menschenbild der modernen Erziehungswissenschaften. Darmstadt

Middendorf-Greife, H./Linke, B. (2000): „Brave Mädchen kommen in den Himmel". In Praxis der Psychomotorik 25, 4, 234-239

Montagu, A. (1994): Körperkontakt. Die Bedeutung der Haut für die Entwicklung des Menschen. Stuttgart: Klett-Cotta

Prechtl, S. (1986): Kommt der Aspekt des subjektiven Bewegungserlebens in der Theorie der Motopädagogik zu kurz? In: Motorik 9, 4, 120-126

Rotmann, M. (1978): Über die Bedeutung des Vaters in der "Wiederannäherungsphase". In: Psyche, 12, 1105-1147

Seewald, J. (1989): Leiblichkeit und symbolische Entwicklung. Dissertation, Univ. Marburg

Seewald, J. (1992): Vorläufiges zu einer „verstehenden Motologie". In: Motorik 15, 4, 204-221

Seewald, J. (1992a): Kritische Überlegungen zum Verhältnis von Theorie und Praxis in der Motologie. In: Motorik 15, 3, 80-93

Seewald, J. (1993): Entwicklungen in der Psychomotorik. In: Praxis der Psychomotorik 18, 4, 188-193

Seewald, J. (1997): Der „Verstehende Ansatz" und seine Stellung in der Theorielandschaft der Psychomotorik. In: Praxis der Psychomotorik 22, 1, 4-15

Seewald, J. (1997a): Zum Problem der Teilleistungsstörung aus Sicht des verstehenden Ansatzes. In: Praxis der Psychomotorik 22, 4, 250-258

Seewald, J. (1998): Bewegungsmodelle und ihre Menschenbilder in verschiedenen Ansätzen der Psychomotorik: In: Motorik 21, 4, 151-158

Seewald, J. (1999): Zum Problem der Diagnostik in Psychomotorik und Motologie. In Praxis der Psychomotorik 24, 3, 152-160

Seewald, J. (2000): Von Elefanten, U-Booten und blinden Wanderern. In: Praxis der Psychomotorik 25, 3, 132-136

Winnicott, D.W. (1973): Vom Spiel zur Kreativität. Stuttgart, Klett

Zulliger, H. (1970): Heilende Kräfte im kindlichen Spiel. Frankfurt, Fischer

2.9 Systemische Positionen im Kontext der Motologie

Rolf Balgo

Da das Thema eines jeden Beitrags bestimmte Erwartungen auf Seiten der Leser weckt, soll zunächst einmal ein roter Faden aufgezeigt werden, der die folgenden Ausführungen durchzieht: Im ersten Teil des Beitrags werden die systemischen Positionen in den theoretischen Kontext der Motologie eingeordnet. Im zweiten Teil werden dann für die Motologie bedeutsame zentrale Aspekte systemischen Denkens skizziert. Und im letzten Teil sollen einige praxeologische Reflexionen für eine systemisch orientierte Psychomotorik vorgestellt werden.

1. Einordnung systemischer Positionen in den theoretischen Kontext der Motologie

In der Gründungsphase der Motologie, die aus der Praxis der Psychomotorik in Deutschland hervorging, stand zunächst der Versuch der wissenschaftlichen Etablierung, Legitimierung und Anerkennung des Faches durch das Konzeptionieren einer tragfähigen theoretischen Basis im Vordergrund. „Dies führte“, schreibt Jürgen SEEWALD (o.J., S. 24f), „zu einem ‚Zusammensuchen‘ von Theoriebausteinen, die, jeder für sich, die Bedeutung des Bewegungs- und Wahrnehmungslernens für die Persönlichkeitsentwicklung ein Stück weit legitimieren konnte. Bedingt durch diesen Legitimationswunsch kam dabei so etwas wie ein theoretischer ‚Flickerlteppich‘ heraus, bei dem allerdings gewisse Grundmuster immer wiederkehrten.“

Als die wesentlichsten theoretischen Elemente der Gründerkonzepte lassen sich neurophysiologisch ausgerichtete Begründungsmodelle, das Adaptationsmodell, die Interpretation der Gestaltkreislehre, strukturtheoretische Modelle des motorischen Lernens, die Theorie der sensomotorischen Entwicklung von Piaget sowie handlungstheoretische Modelle nennen. Bei aller Unterschiedlichkeit der theoretischen Modelle lässt sich das eben angesprochene gemeinsame Grundmuster darin erkennen, dass diese, nach einem positivistisch-naturwissenschaftlichen Verständnis, individuelle Sachverhalte durch allgemein kausale Gesetze zu *erklären* versuchen. Beim Erklären wird aus der Perspektive des außenstehenden, objektiven Beobachters ein generierender Mechanismus für das zu erklärende Phänomen konstruiert. Entsprechend werden Auffälligkeiten in diesen Konzepten als sekundäre psychische Kompensationen von primär vorhandenen ursächlichen Mängeln biologischer Strukturen (z.B. hirnorganische Defekte) oder sensomotorischer Strukturen (z.B. ungenügend variable Wahrnehmungs- und Bewegungsmuster) erklärt.

Neben den Vorzügen der erklärenden Modelle ist ein wesentlicher Kritikpunkt, auf den vor allem Jürgen SEEWALD, Klaus Dieter MATTNER und auch andere hingewiesen haben, die Einseitigkeit dieser theoretischen Begründungsversuche, welche die Ausdrucks- und Bedeutungsdimension der Bewegung vernachlässigen. Jürgen SEEWALD (o.J. S. 25) beschreibt dies folgendermaßen: „Zwar sind auch strukturelle Theoreme bedeutungsrelevant, aber nur, weil sie die „Bedingungen der Möglichkeit" aufzeigen, unter denen sich Bedeutungen bilden können. Man kann das am Beispiel der Sprache verdeutlichen. Syntaktische und grammatikalische Regeln entsprechen hier der strukturellen Sicht auf Bewegung. Sätze lassen sich nur unter Beachtung der syntaktischen und grammatikalischen Regeln bilden. Diese verbürgen aber keineswegs, dass die Sätze auch sinnvoll sind. Ein Satz wie „Ostern wäscht sich die Zahlen" ist syntaktisch und grammatikalisch richtig, aber selbst im Rahmen moderner Lyrik sinnlos. [...] Auf die Bewegung übertragen: Das Verfügen über variable Wahrnehmungs- und Bewegungsmuster [...] ist deshalb kein Garant dafür, dass damit auch sinnvolles Handeln in der Welt verbunden ist. Umgekehrt vermag aber auch das Fehlen solcher Muster jedes sinnvolle Handeln vereiteln." Jürgen SEEWALD beispielsweise versucht daher, mit einem hermeneutisch-geisteswissenschaftlichen Zugang, die sinnhafte Seite menschlicher Bewegung zu *verstehen.*

Wer verstehen will, muss versuchen, sich in die Innenperspektive seines Gegenüber einzufühlen, um nachzuvollziehen, was er untersucht: Motive, Gefühle, Absichten, Ziele, Gedanken. Dabei benutzt man sich selbst als Modell: man schaut nach innen, um etwas über das Innere eines anderen da draußen zu erfahren. „Die Methode des Verstehens basiert also auf der prinzipiell möglichen Gleichartigkeit zwischen dem untersuchenden Subjekt und dem zu untersuchten Objekt bzw. der Prozesse, denen beide unterworfen sind. Dies bezieht sich vor allem auf den Bereich der Intentionalität. Um die Ziele, Absichten und Motive eines Handelnden zu verstehen, muss man eine semantische Dimension erfassen, Zeichen deuten, Bedeutungen entschlüsseln und übersetzen" (SIMON 1988. S. 9). Der Konsens, das heißt, die Übereinstimmung darüber, welcher Sinn was zugeschrieben werden soll, ist somit die Voraussetzung des Verstehens. Derjenige, der die Grenzen dieses Konsens überschreitet und den Bereich der Verstehbarkeit verlässt, dessen Verhalten wird für alle anderen zu Nonsens. Und gerade diese Abweichung, die durch die Nicht-Einfühlbarkeit und das Verlassen des sozialen Konsens gekennzeichnet ist, macht das psychologische Verstehen zu einem schwierigen Unterfangen.

Neben den Vorteilen des verstehenden Modells ist die Gefahr, die sich damit wissenschaftstheoretisch verbindet, vor allem

1. die Beliebigkeit, die Unbegrenztheit der möglichen und erlaubten Deutungen, die über den Rahmen dessen hinausgehen, was dem Verstehen zugänglich ist (vor allem wenn das Verstehen nicht an der Grenze des Bewusstseins endet und sich auf den Bereich des Unbewussten bezieht) sowie
2. die Unmöglichkeit der Falsifikation von Deutungen. Die Fähigkeiten des Interpretierenden, sich einzufühlen und zu verstehen, werden zum Maßstab der Aussagen über das untersuchte Objekt. Denn die psychologischen Motive, Ziele, Zwecke und Intentionen sind stets nur im nachhinein erkennbar. Es sieht dann so aus, *als ob* das beobachtete Verhalten diesen verstandenen Motiven gedient oder diesen Sinn gehabt hätte. Doch das Resultat einer solchen Analyse variiert, je nachdem von welchen theoretischen Prämissen der Beobachter ausgeht, so dass verschiedene Interpreten zu unterschiedlichen Deutungen kommen.

Sowohl die erklärenden als auch die verstehenden Ansätze versuchen, Bewegungen, Verhalten, Handeln, das im sozial-kommunikativen Phänomenbereich zwar beobachtbar aber nicht verstehbar ist, durch die Beschreibung von der direkten Beobachtung nicht zugänglichen Phänomenen im biologischen und/oder psychischen (sensomotorischen sowie affektlogischen) Bereich des Individuums wieder erklärbar bzw. verstehbar zu machen.

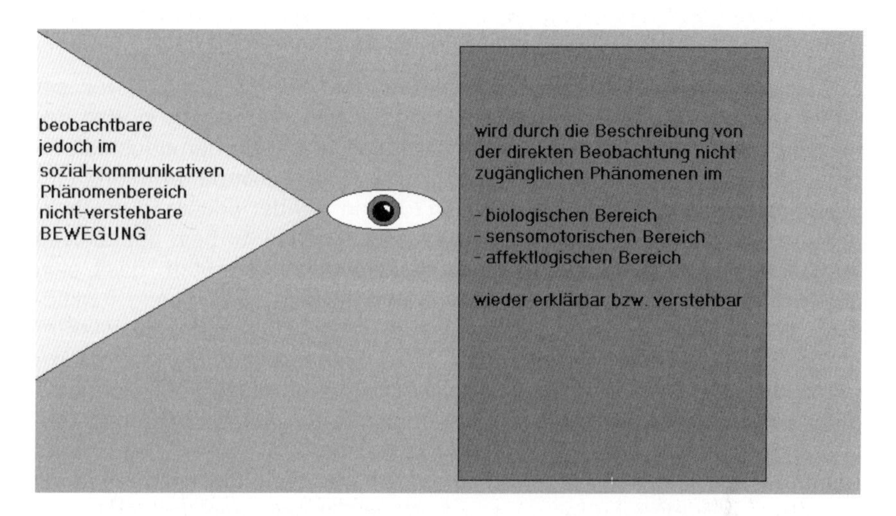

Die Unstimmigkeiten und Probleme der bis zu dieser Stelle skizzierten beiden wesentlichsten theoretischen Richtungen der Motologie, führte zur sogenannten „Erklären/Verstehen-Debatte“ innerhalb des motologischen Diskurses. Daher soll im Folgenden zunächst eine denkbare Antwort auf die Frage „*Wie lässt sich das Verstehen verstehen*?" und somit eine mögliche Position jenseits von Erklären und Verstehen gesucht werden. Dabei wird die Frage interessant, wie es denn zu erklären ist, dass Menschen sich verstehen und einen Konsens darüber finden, was sie für die Wirklichkeit halten? Das heißt, wie wird einerseits der Konsens oder die Normalität als Voraussetzung des Verstehens, also die Übereinstimmung darüber, welcher Sinn was zugeschrieben werden soll, als Ergebnis der Interaktion und Kommunikation des einzelnen mit seinen Mitmenschen erklärbar? Und wie wird andererseits der Nonsens oder die Abweichung, als der Bereich jenseits der Verstehbarkeit, also die Nicht-Übereinstimmung darüber, welcher Sinn was zugeschrieben werden soll, als Ergebnis der Interaktion und Kommunikation des einzelnen mit seinen Mitmenschen erklärbar?

Zur Verdeutlichung dieses Sachverhaltes soll deshalb noch einmal auf den Satz „Ostern wäscht sich die Zahlen" von Jürgen SEEWALD zurückgekommen werden. Es wurde darauf hingewiesen, dass der Satz, auch wenn syntaktisch richtig, selbst im Rahmen moderner Lyrik keinen Sinn hat. Betrachten wir ihn aber in seinem kommunikativen Kontext, in dem der Autor ihn aus seinem Bezugsrahmen heraus verwendet, so hat er hier vermutlich den von mir unterstellten und kommunikativ gedeuteten Sinn, die Sinnlosigkeit von Syntax zu erläutern. Wenn der Beobachtungsfokus auf den einzelnen Satz dahingehend erweitert wird, dass er in seinem Gesamtzusammenhang betrachtet wird, bekommt er durchaus einen Sinn, der – zumindest kommunikativ – verstehbar werden kann.

Zur Erläuterung soll folgendes Beispiel dienen: Stellen Sie sich vor, sie sehen einen erwachsenen Mann, der in kurzen, schwarzen Hosen gehetzt hin- und herläuft, gelegentlich mit farbigen Karten herumfuchtelt, in eine Trillerpfeife bläst, (Selbst-?) Gespräche führt, schimpft, ermahnt, Grimassen schneidet und wild gestikuliert? Wenn Sie der erklärenden Denkrichtung nahe stehen, werden Sie wohl die Ursachen für sein überaktives und nicht einfühlbares Verhalten womöglich darin vermuten, dass sein Stoffwechsel entgleist ist, oder sein Nervensystem nicht richtig funktioniert, oder seine Sinnesorgane zu wenig Reize aufnehmen (so dass er überaktiv nach Reizen sucht), oder seine Sinnesorgane zu viele Reize aufnehmen (so dass er ständig abgelenkt und überfordert wird), oder sein Gehirn die von den verschiedenen Sinnesorganen aufgenommenen Reize nicht zu einem adäquaten Gesamtbild integriert, oder er nicht genügend variable Bewegungs- und Handlungsmuster für die entsprechende Situation zur Verfügung hat, usw. usf. Wenn Sie hingegen der verstehenden Denkrichtung nahe stehen, werden Sie wohl die Motive für sein überaktives und nicht einfühlbares Verhalten womöglich darin vermuten, dass bei ihm infolge nicht adäquat verarbeiteter früher Kindheitserlebnisse psychisch etwas durcheinander geraten ist. In beiden Erklärungsversuchen begrenzen Sie ihr Beobachtungsfeld auf das einzelne Individuum. Sie versuchen eine Ursache-Wirkungs-Beziehung zwischen dem Verhalten der beobachteten Person und irgendwelchen physiologischen oder psychischen Prozessen, die in ihr ablaufen, zu konstruieren. Erweitern Sie nun allerdings Ihren Beobachtungsfokus über die einzelne Person hinaus auf den aktuellen sozialen Interaktions- und Kommunikationskontext, so wird deren vordergründig unsinniges Verhalten, in dem nun sichtbaren Kontext eines regelgeleiteten Fußballspiels mit weiteren 22 Spielern, als das Verhalten eines Schiedsrichters durchaus sinnvoll und verstehbar.

Aus einer solchen Perspektive ergibt sich eine dritte, andere mögliche Antwort auf die klassische Frage: „Was war zuerst da, das Huhn oder das Ei?" Aus der außenstehenden objektiven Perspektive eines positivistisch-naturwissenschaftlichen Beobachters, der diese Frage durch allgemein kausale Gesetze in der Vergangenheit zu *erklären* versucht, lautet die Antwort auf diese Frage: „Das Ei!" (Das Ei ist die materiale Ursache für das Huhn). Aus der sich in die subjektive Innenperspektive seines Gegenüber einfühlenden Perspektive eines hermeneutisch-geisteswissenschaftlichen Beobachters, der diese Frage durch die Deutung der hinter den Phänomenen liegenden, auf die Zukunft gerichteten Ziele, Motive, Intentionen und Absichten zu *verstehen* versucht, lautet die Antwort auf diese Frage: „Das Huhn!" (Das Huhn ist die finale Ursache für das Ei). Aus der am sozial-kommunikativen Geschehen teilnehmenden Außenperspektive eines systemischen Beobachters, der das Problem dieser Frage im Kontext der Interaktion und Kommunikation zu lösen versucht, lautet die Antwort auf diese Frage: „Die Beziehung zwischen Henne und Hahn!" Um theoretisch einen solchen Perspektivenwechsel vornehmen zu können, ist es hilfreich, sich der begrifflichen Werkzeuge der Systemtheorie zu bedienen, weshalb nun zum zweiten Punkt übergegangen wird:

1. Skizzierung wesentlicher, für die Motologie bedeutsamer, systemischer Positionen

Systemisches Denken geht, in Anlehnung an Humberto MATURANA und Francisco VARELA (vgl. 1987, 32), von folgender Grundprämisse aus:

Alles Gesagte wird von einem Beobachter zu einem anderen Beobachter gesagt.

Die Basis eines jeden theoretischen Konzeptes ist die Beobachtung, denn: um beobachten zu können, *wie* beobachtet wird, muss beobachtet werden. Da es nicht möglich ist, an einen von der Beobachtung unabhängigen Anfang zu gelangen, bleibt der Ausgangspunkt einer jeden Beobachtung die Beobachtung. Dies bedeutet, dass wir keinen über unsere Beobachtungen hinausgehenden Zugang zu einer von unseren Beobachtungen unabhängigen Welt haben. Zudem findet jede Reflexion über die Grundlagen unserer Beobachtung in der Sprache statt. Die Auseinandersetzung mit der Beobachtung unserer Beobachtung erfordert die Einnahme der Perspektive eines Meta-Beobachters, der nur im Rahmen seiner Sprache zu einer solchen Selbstbezüglichkeit fähig ist. Die Sprache wird somit zum Ausgangspunkt und Instrument unseres Beobachtens.

Da die Sprache aus dem Miteinander ontogenetischer Koordination unserer Handlungen entstanden ist, werden Menschen zu sprachlichen Menschen nur unter Menschen (vgl. LUDEWIG 2002, 2). Der Prozess der Sozialisation wird jedoch von Wesen getragen, die aufgrund ihrer biologischen, sensomotorischen, affektlogischen und sozialen Komplexität füreinander undurchschaubar und unbestimmbar sind und bleiben. Um zu verstehen, wie Menschen, die in ihren verschiedenen subjektabhängigen Wirklichkeiten leben, sich dennoch verstehen und zu sozialen Wesen heranwachsen, versucht die systemische Perspektive den Prozess in den Blick zu nehmen, durch den diese ihre unentrinnbare „individuelle Einsamkeit“ (MATURANA 1982, 271) durch Konsensualisierung überwinden. Konsensualisierung bedeutet, dass durch rekursive Interaktionen konsensuelle Bereiche hervorgebracht werden, d.h. Bereiche miteinander koordinierter (kon-sensualisierter) Sinnestätigkeiten (Sensualitäten wie z.B. visuelle, auditive, taktil-kinästhetische) bzw. Verhaltenskoordinationen.

Konsensualisierung aber bedarf, um vorkommen zu können, so Kurt LUDEWIG (2002, 2), „[...] der Existenz von Wesen, die sich gegenseitig die Gleichartigkeit eines alter-ego zuschreiben. Sie bedarf also der Verbindung ICH-DU. ICH und DU liegen aber nicht einfach vor und brauchen nur angekoppelt zu werden, sondern sie müssen zunächst in Bezug aufeinander entstehen. ICH kann erst aus dem Vergleich mit bzw. der Unterscheidung von einem Nicht-Ich, einem alter-ego hervorgehen, ebenso umgekehrt das DU aus dessen Perspektive. Demnach erweisen sich ICH und DU als existentiell aufeinander angewiesen, als Glieder einer Unterscheidung, deren Einheit das WIR darstellt. Gerade in diesem wechselseitig konstitutiven Verhältnis von ICH und DU im WIR erkenne ich – natürlich in Anlehnung an eine immense Tradition des Denkens – die Grundmatrix oder die Grunddifferenz, aus der alles Menschliche hervorgeht. Erst im WIR, in der Synthese von ICH und DU – oder genauer gesagt: im *sozialen System* – kann die Metareflexion stattfinden aus dessen Verlauf die Bestimmung des eigentlich Menschlichen resultiert.“ Somit wird sowohl die individuelle als auch sozial-kommunikative Identität des Menschen im WIR, das etwas anderes als die Summe der Teile ist, aufgehoben. In diesem „systemischen Prinzip“ wurzeln nach Kurt LUDEWIG (vgl. 2002, 2) die anthropologischen Grundlagen systemischen Denkens. Dass ich mich selbst nur kenne, wenn ich weiß, wie der >>andere<< ist und, dass mein „so, wie ich bin“, damit einhergeht , wie der andere ist, verdeutlicht der Religionsphilosoph WATTS (1980, 119f) am folgenden Ausspruch eines chassidischen Rabbi:

>>Wenn ich ich bin, weil du du bist,
und wenn du du bist, weil ich ich bin,
dann bin ich nicht ich und du bist nicht du.<<

Vielmehr sind sowohl das Ich als auch das Du etwas, was zwischen dem Ich-und-Du liegt, der Magnet selber, der zwischen den Polen liegt, zwischen mir selbst und allem, was als anderes empfunden wird.

Kurt LUDEWIG (2002, 2) fasst zusammen: „Systemisch Denken heißt somit, davon auszugehen, dass Menschsein sich erst in Kommunikation, also im sozialen System konstituiert. Das Konzept des Individuums verweist indes auf nur eines der Glieder der dargelegten Grunddifferenz. Die Separierung des Individuums aus dieser Matrix stellt eine Abstraktion dar, die gewissermaßen die Blindheit des Einäugigen in Kauf nimmt, um über sich selbst reflektieren zu können. Diese Abtrennung ist zwar legitim, denn sie erlaubt, uns so selbstverständlich subjektive Phänomene wie Bewusstsein, Emotionen und Erleben zu beschreiben. Allerdings sollte dabei beachtet werden, dass die konstitutive Anbindung des Individuums an soziale Systeme nicht ganz aus der Sicht gerät.“ „Das Individuum“, so abschließend Kurt LUDEWIG (2002, 3), „ist als ICH und DU zugleich Bedingung und Folge der Reflexion über das Menschliche. Und diese Reflexion setzt ein soziales System, ein WIR, voraus. ICH, DU und WIR sind im eigentlichen Sinne untrennbare Bestandteile der einen Grunddifferenz.“

Der Kontext der psychomotorischen Praxis ist das dynamische Wechselspiel von biologischen, sensomotorischen, affektlogischen und kommunikativ-sozialen Systemprozessen. Ohne dies an dieser Stelle ausführlicher begründen und darstellen zu können (vgl. ausf. BALGO 1998, 212ff), werden daher folgende (autopoietische, strukturdeterminierte, operational geschlossene, autonome) beobachtende Systeme theoretisch (!) unterschieden (siehe Abb. nachfolgende Seite).

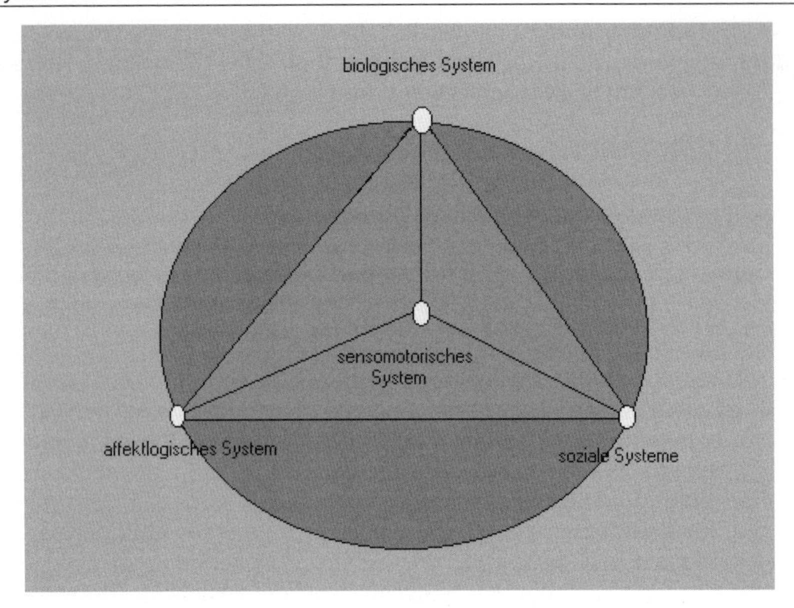

Hier sollen nur die wesentlichen, ein System kennzeichnenden Aspekte überblicksartig zusammengefasst werden (vgl. ausf. BALGO 2002, 94ff):

Selbstorganisation, Selbstherstellung (Autopoiese):
Die Differenz zwischen System und Umwelt stellt das System selbst her, indem es sich dadurch ständig selbst erzeugt, dass es die Elemente aus denen es besteht, durch eben diese Elemente selbst produziert und herstellt (=*Selbstorganisation*, *Autopoiese*, gr. autos=selbst; poiein=machen). Dies können biochemische, sensomotorische, affektlogische oder kommunikative Elemente sein.

Operationale Schließung:
Da sich selbstorganisierende Systeme mit ihren Operationen auf sich selbst beziehen, werden sie auch als *operational geschlossen* bezeichnet. Das heißt, sie benutzen ständig die (biochemischen, sensomotorischen, affektlogischen oder kommunikativen) Produkte oder Ergebnisse ihrer Operationen als Grundlage für weitere Operationen. Das *biologische System* beispielsweise, zu dem auch das Nervensystem zählt, arbeitet mit biochemischen Unterschieden, die sich in den Beziehungen zwischen den Zuständen seiner organismischen Bestandteile (z.B. Nervenzellen) ereignen. Das *sensomotorische System* operiert mit sensomotorischen Unterschieden, die sich in den Beziehungen zwischen den Zuständen des (virtuellen und aktuellen) Bewe-

gens und Wahrnehmens ereignen. Das *affektlogische System* operiert mit affektlogischen Unterschieden, die sich sowohl in den Beziehungen zwischen den (innerhalb der beiden Pole von Lust und Unlust sich bewegenden) Gefühlszuständen als auch in den Beziehungen zwischen den (innerhalb der Wertdimensionen der Positivität und Negativität sich bewegenden) gedanklichen Zuständen ereignen. *Soziale Systeme* operieren mit kommunikativen Unterschieden, die sich in den Beziehungen zwischen den kommunikativen Zuständen von Information und Mitteilung ereignen.

Strukturdeterminiertheit:
Die organisationserhaltenden konkreten Operationen der Elemente sind dabei von dem vorherigen Zustand des Systems, d.h. von seiner Struktur abhängig (=*Strukturdeterminiertheit*), die sich verändern kann.

Woraus bestehen die Eigenschaften der Elemente eines Systems:
Die Eigenschaften der Elemente eines Systems entstehen im Prozess der Systembildung durch *Relationierung*, d.h. durch das Eingehen spezifischer Beziehungen zu den anderen Elementen des Systems.

Welche Funktionen hat die Grenze eines Systems:
Die Grenze trennt und verbindet ein System mit seiner Umwelt. Anders formuliert: die Offenheit des Systems, der Umweltkontakt, wird erst durch seine Geschlossenheit möglich. Dadurch sind Systeme *sowohl offen* für den Austausch mit ihrer Umwelt, *als auch geschlossen* in dem Sinne, dass die Formen des Austauschs von der geschlossenen Organisationsweise und der Struktur des Systems selbst festgelegt werden. Deshalb werden autopoietische Systeme auch als *autonom* bezeichnet. Sie sind zwar nicht autark, da es keine umweltunabhängigen Systeme gibt (ebensowenig wie systemunabhängige Umwelten), aber autonom, indem ihre eigene Struktur, ihre eigenen Systemoperationen bestimmen, ob und wie Umwelt auf sie einwirken kann. Umwelt kann sie daher lediglich anregen, verstören, irritieren oder „*perturbieren*" (vgl. MATURANA/VARELA 1987, 27).

Strukturelle Koppelung:
Die verschiedenen Systeme bilden dabei füreinander wechselseitig Umwelten. Sie interagieren miteinander rekursiv und können dabei gegenseitige Strukturveränderungen nur auslösen, also weder determinieren noch instruieren (vorschreiben). Dieser Prozess kann als eine dynamische Geschichte wechselseitiger Strukturveränderungen gesehen werden, also als das, was Humberto MATURANA und Francisco VARELA (vgl. 1987, 85) *strukturelle Koppelung* nennen. Wirklichkeiten sind somit das Ergebnis eines dynamischen Wechselspiels der

miteinander strukturell gekoppelten biologischen, sensomotorischen, affektlogischen und sozialen Systeme.

Systemtheoretisch betrachtet wird somit keine beobachterunabhängige Um-Welt, kein Uni-versum, erkannt, sondern wir bringen in Abhängigkeit von der jeweiligen Struktur unserer biologischen, sensomotorischen, affektlogischen und sozialen Systeme Wirklichkeit*en*, Welt*en*, „Multi-versen" hervor. Aus dieser Perspektive ist es daher nicht hilfreich von objektiv „richtigen" oder „falschen" Wirklichkeitskonstruktionen zu sprechen, da erstens: Systeme stets so operieren, wie es ihre gegenwärtigen, internen Strukturen unter den je spezifischen Umständen zulassen, und da zweitens: niemand einen privilegierten Zugang zu einer Wirklichkeit außerhalb seiner Beobachtungen hat, mit der er die beobachterabhängigen Wirklichkeitskonstrukte vergleichen könnte. Wir können lediglich feststellen, dass die in Abhängigkeit von unseren Systemoperationen hervorgebrachten Wirklichkeitskonstruktionen sich im Laufe unserer stammesgeschichtlichen Entwicklung, unserer je individuellen Erfahrung sowie in der sozialen Gemeinschaft mit anderen Menschen als brauchbar bzw. viabel für unser Überleben, unser individuelles Leben und unser soziales Zusammenleben erwiesen haben.

So gestalten wir unsere Wirklichkeiten ähnlich wie ein Bühnenbild im Theater, in dem wir selbst als Akteure (ent-)stehen und ein improvisiertes Theaterstück aufführen. Die oben beschriebenen, miteinander vernetzten Systeme allerdings wären hier eine Art „Innenarchitekt", der die Bühnenwirklichkeit, das Theaterstück und die eigene Rolle darin auf seine Art und Weise konstruiert hat. Durch unsere nicht von einem Drehbuch vorgegebenen sondern ständig improvisierten Rollen wird einerseits unser Bühnenbild und das Theaterstück kontinuierlich verändert, andererseits wird sich der improvisierte Verlauf unserer Rollen im Theaterstück in Abhängigkeit vom bisherigen Verlauf des Stückes bzw. der Beiträge der anderen Akteure sowie vom bisherigen Aufbau unseres Bühnenbildes fortentwickeln. Ich kann mir also weder beliebig das Bühnenbild und meine Rolle im Theaterstück konstruieren noch legt das bisherige Bühnenbild und das bisherige Theaterstück eindeutig fest, wie das zukünftige Bühnenbild auszusehen hat und wie ich in diesem agieren muss. Für eine systemisch orientierte Psychomotorik wird dann die Frage interessant,

1.) wie Wirklichkeits- und Rollenkonstruktionen *im kommunikativ-sozialen Zusammenleben von Menschen* zum „Problem" werden können und
2.) wie Re-, De- und Neukonstruktionen von Wirklichkeit im und durch den Wahrnehmungs- und Bewegungsbereich für eine mögliche Lösung zu (er-) finden sind?

Im Folgenden werden daher die Prozesse genauer untersucht, wenn

(a) sich zwei operational geschlossene sensomotorische Systeme strukturell koppeln und somit zum Thema der Kommunikation eines sozialen Systems werden sowie
(b) ihnen darüber hinaus eine problemwirksame kommunikative Bedeutung zugeschrieben wird.

(a) Über den untrennbaren Zusammenhang von Bewegung und Wahrnehmung erzeugt das sensomotorische System, das an anderer Stelle detaillierter beschrieben wurde (vgl. BALGO 1998, 171ff; 1999), eine Grenze zu seiner Umwelt dadurch, dass es zwischen Eigen- und Fremdwahrnehmung, zwischen Eigen- und Fremdbewegung unterscheidet. Ich kann nur wahrnehmen, was *ich* wahrnehme und kann nur *mich selbst* bewegen (bzw. über meine eigenen Bewegungen anderes in Bewegung versetzen, dessen Bewegungen – wenn auch von mir ausgelöst – dann aber wieder etwas anderes sind als meine eigenen Bewegungen). Das bedeutet, dass kein sensomotorisches System einen Zugang zu einem anderen sensomotorischen System in der Art hat, dass es ‚mit den Augen des anderen Systems sieht' oder ‚in den Schuhen des anderen Systems läuft'. Es kann nicht wahrnehmen, *wie* andere wahrnehmen, sondern nur, *dass* andere wahrnehmen und es kann nicht die Bewegungen anderer als Eigenbewegung sondern nur als Fremdbewegung wahrnehmen, das heißt, es nimmt die Bewegungen anderer anders wahr als die eigenen. Dabei wird von den wahrgenommenen Bewegungen, dem wahrgenommenen Verhalten, Handeln oder Sprechen der anderen darauf geschlossen, dass sie wahrnehmen und was sie wahrnehmen. Was geschieht nun genauer, wenn sich zwei operational geschlossene sensomotorische Systeme strukturell koppeln und somit zum Thema der Kommunikation eines sozialen Systems werden?

Niklas LUHMANN (1995, 195) unterscheidet die „einfache Wahrnehmung" von der *„reflexiven Wahrnehmung*" bzw. der „Wahrnehmung von Mitteilungsverhalten", das heißt, Teilnahme an Kommunikation. Einfache Wahrnehmung meint hier eine sensomotorische Operation im Sinne der Informationsgewinnung, wobei Information ein Unterschied ist, der für das System einen Unterschied macht. In der einfachen Wahrnehmung wird Unterschiedenes dann als Einheit erfasst: „Einfache Wahrnehmung erlaubt ein hohes Maß an Gleichzeitigkeit einer Vielzahl von Unterscheidungen, in denen das Wahrgenommene sich als dies und nicht das (Frau und nicht Mann, jung und nicht alt, hässlich und nicht hübsch etc.) spezifiziert. Man sieht das „mit einem Blick"."

Auch wenn andere keinen direkten Zugang zu meinen Wahrnehmungen und meinen Eigenbewegungen haben, so kann ich diese und die damit verbundenen Situationsdeutungen in die Kommunikation einbringen, aber dies nur nach den Eigengesetzlichkeiten des Kommunikationssystems. Nach Niklas LUHMANN führt der Fall, dass zwei oder mehrere Personen einander ins Feld wechselseitiger Wahrnehmung geraten zur Kommunikation. Demnach kann Kommunikation zwischen zwei Personen A und B (unabhängig davon, ob eine oder beide Personen dies wünschen) dadurch entstehen, dass Person A Person B wahrnimmt und umgekehrt, und gleichzeitig Person A an dem Verhalten von Person B wahrnimmt, dass Person B die Person A wahrnimmt und umgekehrt. Diese Verschränkung von Wahrnehmungen und reflexiven Wahrnehmungen (also Wahrnehmungen von Wahrnehmungen) kann bereits auf der nonverbalen Verhaltensebene zur Entstehung eines Kommunikationsprozesses führen.

Ein Beispiel: Auf der Suche nach einem Taxi sieht Person Anton (= A) auf der gegenüberliegenden Straßenseite Taxifahrer Bruno (= B) in seinem Taxi vorbeifahren (= A nimmt B wahr). In Blickrichtung auf den Taxifahrer hebt Anton seinen Arm und winkt dem Taxifahrer zu. Taxifahrer Bruno wendet Anton seinen Blick zu, nimmt sein Winken wahr (= B nimmt A wahr) und nickt ihm zu. Daran, dass Anton sieht, dass ihm der Taxifahrer seinen Blick zuwendet und nickt, nimmt Anton gleichzeitig wahr, dass Taxifahrer Bruno ihn wahrnimmt (= A nimmt wahr, dass B ihn wahrnimmt). Daran, dass Anton in Blickrichtung auf Taxifahrer Bruno gewinkt hat, nimmt dieser gleichzeitig wahr, dass Anton ihn wahrgenommen hat (= B nimmt wahr, dass A ihn wahrgenommen hat).

Wahrnehmung dient in Form reflexiver Wahrnehmung (das heißt, in der Form, dass ich an dem Verhalten des anderen wahrnehme, dass er mich wahrnimmt und umgekehrt) als Garant für die Aufrechterhaltung von Kommunikation. Jeder nimmt an dem Verhalten des anderen wahr, dass er wahrgenommen wird und kann dies kommunikativ deuten. *Kommunikation* besteht nach Niklas LUHMANN (1986, 267) aus der Einheit eines dreistelligen Auswahlprozesses:

1. Der Auswahl einer Information
2. Der Auswahl einer Mitteilungshandlung und
3. Der Auswahl, wie eine Mitteilungshandlung verstanden worden ist

Zur Erläuterung soll wieder das Beispiel mit dem Taxifahrer dienen:
So findet sich in der Geste des Winkens die Information, dass Person Anton den Taxifahrer darauf aufmerksam machen möchte, dass er ein Taxi sucht. Es hätte auch eine ganz andere Information ausgewählt werden können, etwa die, dass der Taxifahrer anhalten soll, damit Anton gefahrlos über die Straße gehen kann. Die Kommunikation gibt dabei keine Auskunft darüber, was das beteiligte sensomotorische oder affektlogische System der Person Anton in diesem Moment wahrnimmt oder denkt und fühlt. Während die nonverbale Geste des Winkens die Aussa-

ge „Schau her, ich suche ein Taxi“ kommuniziert, sieht das sensomotorische System der Person Anton möglicherweise, dass der Taxifahrer einen Bart trägt und denkt sowie fühlt sein affektlogisches System vielleicht, dass der Taxifahrer wie Onkel Heinz aussieht und freut sich.

Ähnlich verhält es sich mit der Auswahl der Mitteilungshandlung. Statt der winkenden Armbewegung könnte Person Anton auch seinen Arm mit ausgestrecktem Zeigefinger in die Luft strecken. Auch hier gilt, dass die Mitteilung eine Auswahl des Kommunikationsgeschehens ist.

Von Kommunikation im Sinne Niklas LUHMANNs lässt sich aber erst dann sprechen, wenn die mitgeteilte Information selektiv, das heißt, in der einen oder anderen Weise verstanden wird. Dennoch gilt auch hier, dass das Verstehen nicht in einem psychologischen Sinn gemeint ist. Was als Verstehen im Kommunikationsprozess fungiert, wird durch Kommunikation festgelegt. Das geschieht dadurch, dass jede Anschlusskommunikation anzeigt, dass die vorangegangene Kommunikation in einer bestimmten Art und Weise verstanden worden ist. Die nonverbale kommunikative Geste des Kopfnickens des Taxifahrers zeigt zugleich das Verstehen der zuvor geäußerten nonverbalen Geste des Winkens an, dass Person Anton ein Taxi sucht und verweist somit auf die vorhergehende Kommunikation. Dabei wird zwischen der Information und der Mitteilung in der Art unterschieden, dass die Mitteilungshandlung des Winkens als die Information „Ich suche ein Taxi“ verstanden wird. Das Verstehen der Differenz von Information und Mitteilung unterscheidet sie von bloßer Wahrnehmung des Verhaltens anderer. Dabei kann das kommunikative Verstehen einerseits mehr den *Informationswert* selbst betonen oder andererseits mehr auf das *expressive Verhalten* und die *Gründe, aus denen der Inhalt mitgeteilt wird*, achten.

Jede mitgeteilte Information kann aber – und dies gilt insbesondere für nonverbal mitgeteilte Informationen – auf sehr unterschiedliche Weise verstanden werden. In welcher Weise dies geschieht, entscheidet allein die Kommunikation, da allein aus der Anschlusskommunikation hervorgeht, was und in welcher Weise verstanden wurde. So zeigt beispielsweise das Kopfnicken des Taxifahrers der Person Anton an, dass dieser die Information „Ich suche ein Taxi“ verstanden hat. In diesem Sinne ist Verstehen eine Komponente des Kommunikationsgeschehens. Was die an der Kommunikation beteiligten sensomotorischen oder affektlogischen Systeme jeweils wahrnehmen oder gedanklich verstehen, findet in Form von Wahrnehmungen oder Gedanken keinen unmittelbaren Einlass in den geschlossenen Kommunikationsprozess. Damit ist nicht ausgeschlossenen, dass die Kommunikation die Wahrnehmungen oder das psychische Verstehen – ebenso wie auch das Missverstehen – thematisiert: So kann beispielsweise der Taxifahrer das Winken von der Person Anton als Gruß missverstehen, den er durch sein Kopfnicken erwidert, um dann weiterzufahren, ohne anzuhalten. Person Anton kann im Anschluss daran das Verstehen des Taxifahrers kommunikativ dadurch problematisieren, dass er ihn durch ein wildes Gestikulieren mit seinen Armen darauf hinweist, dass dieser ihn missverstanden hat.

Bis zu dieser Stelle dürfte klar geworden sein, dass Bewegungs- und Verhaltensweisen in einem sozialen Kontext immer auch kommunikative Bedeutungen zugeschrieben werden können. Im Folgenden soll verdeutlicht werden, dass nicht selten Probleme dadurch entstehen, wenn diesen von verschiedenen Beobachtern verschiedene Bedeutungen zugeschrieben werden. Diesbezügliche Schwierigkeiten können beispielsweise auftreten, wenn sie:

1. vom einen als *Handlung*, vom anderen als *Erleben*,
2. vom einen mehr *inhaltsbezogen* als *Information*, vom anderen mehr *beziehungsbezogen* als *Mitteilung* verstanden und gedeutet werden und
3. wenn im Fluss der kommunikativen Ereignisfolgen *verschiedene Interpunktionen* vorgenommen werden.

Dies soll nun näher erläutert werden.
Es ist wichtig zu betonen, dass von Kommunikation nach LUHMANN erst bei einer Synthese aller drei Auswahlleistungen „Information“, „Mitteilung“ und „Verstehen“ gesprochen wird. Dadurch wird Kommunikation nicht als das *Resultat des Handelns* eines einzelnen Individuums oder monologischen Subjekts aufgefasst, sondern als Konstrukt sozialer Systeme. In der Kommunikation selbst geschieht es, dass diese als *Handlung einer Person zugeschrieben wird*, als ob Kommunikation ausschließlich Mitteilung sei und nicht die Einheit aus Information, Mitteilung und Verstehen. Wenn der Taxifahrer zu Person Anton sagt: „Da bin ich aber froh Herr Anton, dass Sie ein Taxi suchen und mich gestoppt haben, denn ich habe heute wenig Fahrgäste!“, dann wird hier eine Kausalerklärung zur Beschreibung von Kommunikation benutzt. Es wird so verfahren, als ob ein Sender (in diesem Fall der winkende Anton) einem Empfänger (in diesem Fall dem Taxifahrer Bruno) etwas mitteilt. Die Kommunikation wird auf Handlung und damit letztlich auf psychische Absichten, Pläne, Motive, Intentionen des Handelnden reduziert. „Was eine Einzelhandlung ist,“ schreibt Niklas LUHMANN (1993[4], 228f), „lässt sich deshalb nur auf Grund einer sozialen Beschreibung ermitteln. Das heißt nicht, dass Handeln nur in sozialen Situationen möglich wäre; aber in Einzelsituationen hebt sich eine Einzelhandlung aus dem Verhaltensfluss nur heraus, wenn sie sich an eine soziale Beschreibung erinnert. Nur so findet die Handlung ihre Einheit, Ihren Anfang und ihr Ende [...].“ Die Reduktion auf die Mittei-

lungshandlung erlaubt es dann, das soziale Geschehen personenorientiert aufzufassen. Auf diese Weise gelingt es, Anknüpfungspunkte für weitere Kommunikation auszubilden. Dennoch beschreibt die Aussage des Taxifahrers nicht, was Person Anton durch sein Winken mitgeteilt hat, sondern dass, was von Person Bruno kommunikativ verstanden wurde, was Person Anton ihr nonverbal mitgeteilt hat.

Da die Wahrnehmungen, Bewegungen und Verhaltensweisen demnach immer auch in rekursive Interaktionen mit anderen Personen eingebettet sind, die konsensuelle Bereiche hervorbringen, entstehen sich gegenseitig auslösende, komplex verwobene *Verhaltenskoordinationen.* Wenn wir als außenstehende Beobachter eine andere Person als Einheit in der Interaktion mit uns selbst beobachten, nehmen wir daher immer Innen- und Außenabgrenzungen ihrer Bewegungen, ihres Verhaltens oder Handelns vor (vgl. LUHMANN 1991/92).

Die *Außenabgrenzung* betrifft Fragen, wo die Folgenkette, die den Bewegungen, dem Verhalten oder dem Handeln der anderen Person zugerechnet werden, aufhört und wo deren Wirkungen beim Interaktionspartner anfangen. Wenn Sie beispielsweise jetzt das lesen, was ich geschrieben habe, ist es dann mein Handeln, welches in Ihrem Kopf stattfindet? Oder hört mein Handeln an der Stelle auf, wo die von mir erzeugten Buchstaben auf ihre Netzhaut treffen, oder in dem Moment, in dem ich die Buchstaben in die Computertastatur tippe?

Die *Innenabgrenzung* betrifft Fragen, inwieweit Motive, Ziele, Zwecke, Gesinnungen dem Handelnden zuzurechnen sind. Haben Bewegungs-, Verhaltens- und Handlungsmotive psychologische Ursachen, die im Inneren des Handelnden enden? Oder entsteht nicht erst durch die komplexer werdende Umwelt, die erweiterten Handlungsmöglichkeiten und deren größer werdende Reichweiten sowie die vermehrt entstehenden Wahlsituationen der Bedarf der Zurechnung von Handlungen? So ist beispielsweise im Strafrecht die Antwort auf die Frage „mad or bad?" entscheidend dafür, ob jemand für sein Handeln verantwortlich gemacht wird oder nicht. Ähnliches gilt für die Frage, ob ein Kind als hyperaktiv oder als ungezogener Zappelphilipp beschrieben wird.

Die Fragen der Innen- und Außenabgrenzung zeigen, dass die in einem sozialen Kontext miteinander verwobenen *Verhaltenskoordinationen* von uns als Beobachtern stets in *kommunikative Einzelhandlungen* zerlegt bzw. dekomponiert werden, „[...] so als ob diese Handlungen aufgrund der organisch-psychischen Konstitution des Menschen produziert werden und für sich bestehen könnten [...]." (LUHMANN, 1993[4], S.193) Vielleicht kann folgendes Gedankenexperiment, wiederum von Alan WATTS (1980, S.33ff), verdeutlichen, dass Bewegung „an sich", als Eigenschaft von unabhängig voneinander existierenden Objekten, nicht beobachtbar ist:

„Wenn es einen Körper gäbe, etwa einen einzelnen Ball, ohne einen ihn umgebenden Raum, dann könnte man ihn gar nicht als Ball oder einen Körper mit irgendeiner Form begreifen oder fühlen. Wenn es nichts außerhalb von ihm gäbe, hätte er kein Außen. [...] Auch gilt: wenn es nur Raum gäbe, mit nichts, was sich in diesem Raum befindet, dann wäre es gar kein Raum, denn es gibt nur Raum *zwischen* den Dingen bzw. innerhalb oder außerhalb der Dinge. Aus diesem Grund ist der Raum die Beziehung zwischen den Körpern.

Können wir uns einen einsamen Ball, den einzigen Ball im Universum, in der Mitte eines leeren Raums vorstellen? Vielleicht. Aber dieser Ball hätte keine Energie, keine Bewegung. In Beziehung zu *was* sollte er sich bewegen? Man kann nur sagen, dass Dinge sich bewegen, wenn man sie mit anderen Dingen vergleicht, die relativ still stehen, denn Bewegung ist Bewegung/Stillstand. Stellen wir uns also zwei Bälle vor und beobachten, dass sie näher aufeinander zukommen oder sich voneinander entfernen. Sicherlich sehen wir jetzt Bewegung vor uns, aber welcher Ball bewegt sich? Ball eins, Ball zwei oder beide? Wir können es nicht entscheiden. Alle Antworten sind zugleich richtig und falsch. Bringen wir nun einen dritten Ball ins Spiel. Ball eins und zwei bleiben in der gleichen Entfernung voneinander, aber Ball drei bewegt sich auf sie zu oder von ihnen weg. Oder? Man könnte auch sagen, Ball eins und Ball zwei bewegen sich gleichzeitig auf Ball drei zu oder von ihm weg, oder Ball eins und zwei bewegen sich auf Ball drei zu, während Ball drei seinerseits sich auf Ball eins und auf Ball zwei zu bewegt, so dass alle Bälle in Bewegung sind. Wie können wir uns nun entscheiden? Eine Antwort wäre, dass Ball eins und zwei, da sie zusammenbleiben, eine Gruppe sind und auch eine Mehrheit bilden. Ihre Stimme entscheidet also darüber, welcher Ball sich bewegt und welcher nicht. Aber wenn sich Ball drei hinzugesellt, dann kann er die beiden anderen Bälle ganz schön hereinlegen, denn wenn nämlich alle drei Bälle den gleichen Abstand voneinander bewahren, kann sich die Gruppe als Ganzes nicht bewegen. Kein einzelner Ball kann zu den anderen beiden bzw. keine zwei Bälle können zu dem noch verbleibenden Ball sagen: >>Warum folgst du mir (uns) ständig?<< Denn die Gruppe als Ganzes hat keinen Bezugspunkt, auf Grund dessen man weiß, ob sie sich bewegt oder nicht.

Man beachte, dass zwei Bälle allein sich nur in einer geraden Linie bewegen können und drei Bälle innerhalb einer Fläche, nicht aber in drei Dimensionen. In dem Augenblick, wo wir einen vierten Ball hinzutun, erhalten wir die dritte Dimension der Tiefe, und jetzt hat es den Anschein, als ob unser vierter Ball getrennt von den anderen

> stehen, einen objektiven Standpunkt bezüglich ihres Verhalten einnehmen und als der Bezugspunkt dienen kann. Haben wir aber den vierten Ball hinzugefügt, können wir fragen, welcher Ball denn dieser Bezugspunkt ist? Jeder Ball kann im Hinblick auf die anderen drei in der dritten Dimension sein. Man könnte das Ganze als >>Einführung in das Relativitätsprinzip<< bezeichnen, denn dieses Prinzip ändert sich nicht, egal wie viel Bälle noch hinzukommen, und gilt deshalb für alle Himmelskörper in diesem Universum wie auch für alle Beobachter ihrer Bewegung, unabhängig von ihrem Standpunkt. Jede Milchstraße, jeder Fixstern, jeder Planet oder jeder Beobachter kann als der zentrale Bezugspunkt angenommen werden, so dass alles in Beziehung zu allem anderen zentral sein kann!
>
> In der ganzen Diskussion haben wir aber eine Möglichkeit übersehen. Angenommen, die Bälle bewegen sich überhaupt nicht, sondern es ist der Raum zwischen ihnen, der sich bewegt. Schließlich sagen wir, dass eine Entfernung (d.h. der Raum) zunimmt oder abnimmt, behandeln sie also mit Worten so, als ob sie ein Ding wäre, das etwas *tun* kann. Damit haben wir das Problem des expandierenden Universums. Entfernen sich die anderen Milchstraßen von uns weg, unsere Milchstraßen von ihnen weg, oder alle Milchstraßen voneinander? Die Astronomen versuchen diesem Problem gerecht zu werden, indem sie sagen, dass sich der Raum selber ausdehnt. Wiederum müssen wir aber fragen, wer hier entscheidet. Was bewegt sich, die Milchstraßen oder der Raum? Die Tatsache, dass keine Entscheidung getroffen werden kann, ist der Schlüssel zur Antwort [...].“

Im Gegensatz zum *Handeln* steht das *Erleben*, bei dem die Zurechnung auf die Umwelt gerichtet wird. Wenn also ein Verhalten beobachtet wird, taucht sogleich die Frage auf, ob dessen Ursache der Person oder ihrer Umwelt zugewiesen werden soll. So kann beispielsweise der Taxifahrer Bruno sein Verhalten des Anhaltens seines Taxis damit begründen, dass Person Anton ihm zugewinkt hat (= B erfährt sich als Erlebender, der auf das Handeln von A reagiert), obwohl Person Anton ihr Verhalten selbst womöglich als Erleben begreift, weil sie lediglich eine Wespe, die sie umschwirrte, mit ihren Handbewegungen zu verscheuchen versucht hat (= A erfährt sich als Erlebender, der auf eine Wespe reagiert). Somit können im Fluss der kommunikativen Ereignisfolgen *verschiedene Interpunktionen* vorgenommen werden.

Ein weiteres Beispiel: Ein oft zu beobachtendes Eltern-Kind-Problem besteht z.B. darin, dass der Sohn ein Verhalten an den Tag legt, das einem Auto gleicht, dessen Motor nicht abzustellen ist und das sich an keine Verkehrsregeln hält, während das Verhalten seiner Mutter dem einer Verkehrspolizistin ähnelt, die ihn, mal ein Auge zudrückend, ruhig belehrt oder die ihm ein anderes Mal einen deftigen Strafzettel verpasst. Möglicherweise würde der Sohn sein unkontrolliertes Verhalten als einzig mögliche Verteidigung gegen ihre Kontrollversuche deuten, ...

Interpunktion des Sohnes:

"Ich bin unkontrolliert, weil du mich ständig kontrollierst."

Modifizierung (durch R.B.) einer Abbildung von
(frans de boer, postbus 1851, amsterdam)
In: SIMON 1993

.... während dies für sie vermutlich eine krasse und absichtliche Entstellung dessen wäre, was in ihrer Familie „wirklich" vorgeht: dass nämlich der einzige Grund für ihre Kontrollversuche der sei, dass er sich ständig an keine Regeln hält.

Interpunktion der Mutter:

"Ich kontrolliere dich, weil du dich an keine Regeln hälst."

Modifizierung (durch R.B.) einer Abbildung von
(frans de boer, postbus 1851, amsterdam)
In: SIMON 1993

Ihre Streitereien erweisen sich somit im wesentlichen als ein ständiges Hin und Her eines gegenseitigen symmetrischen Wettkampfverhaltens, bei dem jede Seite das Verhalten des Gegenübers primär als Mitteilung über die Beziehung deutet, bei dem jede Seite ihr eigenes Verhalten als Erleben deutet und bei dem jede Seite unterschiedliche Interpunktionen vornimmt.

Wie schon angedeutet, macht all dies verständlich, dass Bewegungs- und Verhaltensweisen in einem sozialen Kontext immer auch verschiedene kommunikative Bedeutungen zugeschrieben werden können und, dass tatsächlich nicht selten gerade dadurch Probleme entstehen, wenn sie vom einen als *Handlung*, vom anderen als *Erleben*, vom einen mehr *inhaltsbezogen* als *Information*, vom anderen mehr *beziehungsbezogen* als *Mitteilung* verstanden und gedeutet werden und wenn somit *verschiedene Interpunktionen* vorgenommen werden.

Werden darüber hinaus Bewegungs- und Verhaltensweisen als etwas gedeutet, das a) unerwünscht (schwierig, hinderlich, falsch, störend, unpassend) ist und das b) als veränderbar angesehen wird, dann wird kommunikativ ein >>Problem<< erzeugt (vgl. LUDEWIG 1987, 185f). Findet diese negative Bewertung in einem sozialen Kontext Anschluss, indem nun das Problem zum Thema der Kommunikation und für die Betroffenen soweit emotional bedeutsam wird, dass sie daran leiden bzw. ein Lebensproblem etablieren oder bei verantwortlichen Dritten Anlass zu einer alarmierenden Sorge geben, dann kann sich um dieses Problemthema herum beim nächsten Schritt ein für die Psychomotorik relevantes >>Problemsystem<< bilden. Ein Problemsystem ist ein soziales System, dessen Kommunikationen um das (Lebens-)Problem oder die alarmierende Sorge kreisen, wobei es zu emotionalen Verletzungen der Betroffenen und somit zum Festfahren eines interaktionellen Musters kommen kann, das sich von da an selbst erhält. „Probleme sind also nicht Tatsachen, sondern kommunikativ erzeugte, in Veränderung begriffene Gebilde, die so lange existieren, so lange sie besprochen werden. Problemsysteme sind Sozialsysteme im Umkreis von Problemen. In diesem Sinne schafft ein Problem ein Sozialsystem, nicht das Sozialsystem (z.B. die Familie) >>hat<< ein Problem.“ (LUDEWIG 1992, 115)

Das entpathologisierende Konzept des Problemsystems ermöglicht, die traditionell in einem Individuum oder bspw. in der Familie lokalisierten Probleme als kommunikativ erzeugte, eigene Sozialsysteme bildende Themen zu begreifen. Die Ursachen für Probleme werden weder einem einzelnen Individuum (bspw. dem Kind) noch einer sozialen Institution (bspw. der Familie) zugeschrieben. Probleme werden als ein für die Betroffenen Leiden erzeugender und somit *nicht gelungener kommunikativer Umgang mit Verschiedenheit* (verschiedenen Wirklichkeitskonstruktionen) begriffen (vgl. WALTHES, 1995, S.91), der zur Bildung eines Problemsystems führt. Inwiefern die Andersartigkeit für die Person und für andere problemwirksam sein wird, ist davon abhängig, wie gut es ihnen gelingt, ihre verschiedenen Welten gemeinsam im sozial-kommunikativen Umgang ineinander passend zu gestalten. Dadurch können zusätzliche psychomotorische Handlungsoptionen – dazu später an anderer Stelle mehr – für einen lösungsorientierten Umgang mit Problemen mit dem Ziel der Auflösung des Problemsystems ermöglicht werden.

Auch wenn die theoretische Unterscheidung von biologischen, sensomotorischen, affektlogischen und sozialen Systemen zunächst auf spontane Skepsis oder Ablehnung treffen mag, so macht diese es meines Erachtens gerade möglich, im Sinne des Praxisbezugs die Kommunikationsgestaltung *auf der einen* sowie die sogenannten intraindividuellen Prozesse *auf der anderen Seite* zu beschreiben.

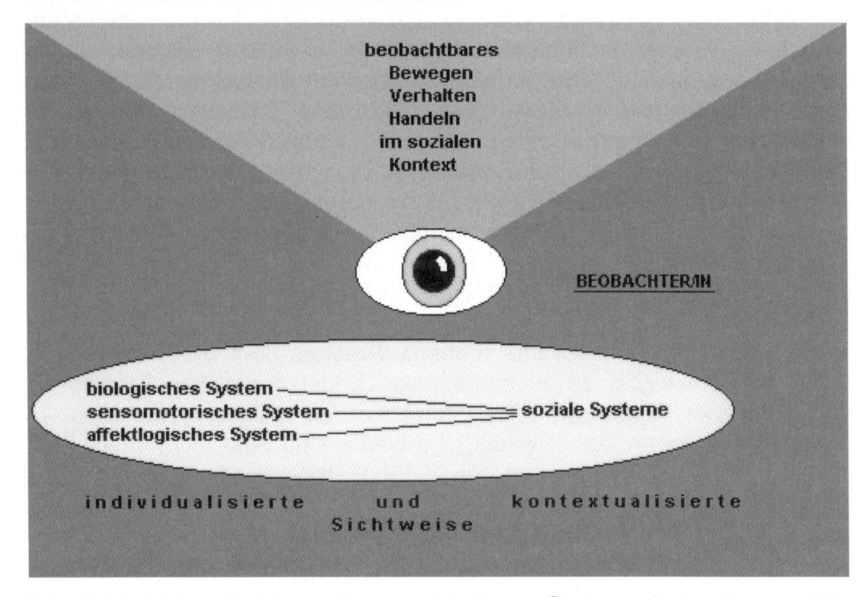

Durch die Unterscheidung der verschiedenen Systeme kann eine soziale, in sich geschlossene Dynamik der Operationsweise von Kommunikation und Beziehung beschrieben werden, innerhalb derer sich die sogenannten intraindividuellen Prozesse der Einzelnen bewegen und durch jene beeinflusst werden. Auf der anderen Seite kann bei einer Fokussierung auf die biologischen, sensomotorischen und affektlogischen Systeme ein hypothetischer Zugang zu sogenannten intraindividuellen Phänomenen geschaffen werden, die möglicherweise ihrerseits das kommunikative Handeln des Einzelnen mitbestimmen und so Einfluss auf die interaktionale und damit soziale Ebene nehmen. Insofern können, im Sinne eines Sowohl-als-auch, sowohl die Bedingtheiten der Operationsweise des Sozialsystems in ihrer Wirkung auf einzelne Personen, als auch die unterstellten sensomotorischen, affektlogischen sowie biologischen Bedingtheiten der einzelnen Personen in ihrer Wirkung auf Sozialsysteme betrachtet werden (vgl. BARTHELMESS 2001[2], 20f), um so den Phänomenen der Motologie besser gerecht werden zu können.

An dieser Stelle wird nun zum letzten Teil der Ausführungen übergegangen, in dem einige praxeologische Reflexionen für eine systemisch orientierte Psychomotorik vorgestellt werden.

2. Praxeologische Reflexionen bezüglich einer systemisch orientierten Psychomotorik

Für eine systemisch orientierte Psychomotorik wird, wie schon gesagt, die Frage interessant, welche Wirklichkeitskonstruktionen im Zusammenleben von Menschen zum „Problem" geworden sind und welche Re-, De- und Neukonstruktionen von Wirklichkeit im und durch den Wahrnehmungs- und Bewegungsbereich für eine mögliche Lösung zu (er-)finden sind. Arist von SCHLIPPE (vgl.1995, S. 23f) weist darauf hin, dass jegliche Therapie im weitesten Sinne versucht, die Beschreibungen zu verändern, über die Wirklichkeiten und somit auch Probleme, Auffälligkeiten, Störungen sowie die damit zusammenhängenden Handlungsoptionen erfahren werden. Es geht um ein gemeinsames Ringen um Wirklichkeitsdefinitionen und um die Änderung der den Betroffenen gemeinsamen Sinnstrukturen im Kontext eines jeweiligen Systems. „Und dabei braucht es..." so Arist von SCHLIPPE weiter, „neben neuen *kognitiven* Konzepten auch neue *Erfahrungen* [...]." Und gerade in der psychomotorischen Praxis werden im miteinander Bewegen die Handlungsmöglichkeiten nicht nur gedanklich durchgespielt, sondern sind im dynamischen Handlungsgeschehen miteinander entwickelt und bereits konkrete Erfahrung.

In einer systemisch orientierten Psychomotorik werden daher die Bewegungs-, Verhaltens- und Handlungsweisen sowohl als kommunikatives Geschehen als auch als Wegweiser für die Wirklichkeitskonstruktionen von Kindern und Erwachsenen verstanden. Hierbei ist es hilfreich, (aber nicht unbedingt notwendig,) die Beobachter von Bewegung und Wahrnehmung sowie Konstrukteure von „Störung" (z.B. auch die Eltern, Geschwister, etc.) in die praktische Arbeit mit einzubeziehen, da diese sowohl der Ausgangspunkt für die Verständigungsschwierigkeit als auch die kontextuelle Bezugsgröße für die Wirklichkeitskonstruktionen sind. Im gemeinsamen Bewegungsdialog werden dann zunächst folgende lösungsorientierte Hypothesen gebildet über:

a) die sozialen Interaktions- und Kommunikationsprozesse (implizite/explizite Regeln, Interaktionsstrukturen, mögliche kommunikative Funktionen des Problems/Symptoms, Entwicklung und Umwelt des sozialen Systems)
b) die den Bewegungen oder dem Verhalten zu Grunde liegende Wahrnehmungs-, Fühl- und Denkweise (subjektive Deutungsweisen)
c) die vorhandenen Stärken, Kompetenzen und Ressourcen

Geht man davon aus, dass Interaktionspartner in der Kommunikation ihren eigenen Bewegungs- und Verhaltensweisen und den beobachtbaren Bewegungs- und Verhaltensweisen der anderen Bedeutung zuschreiben, sich dann gemäß dieser Bedeutungsgebung bewegen und verhalten und dem wiederum wechselseitig erneut Bedeutung zuweisen, dann führt dieser zirkuläre Prozess zur Konstruktion individueller und gemeinsamer Wirklichkeiten, die sich gegebenenfalls bestätigen oder verändern. Jeder Interaktionsteilnehmer kann den Bewegungs- und Verhaltensweisen des jeweils anderen verschiedene Bedeutungen zuschreiben, wobei die Bedeutungszuweisungen immer gemäß der eigenen Strukturen vorgenommen werden. Bezieht man die Verhaltensweisen der Interaktionsteilnehmer aufeinander und fragt man nach ihrem kommunikativen Gehalt, so ist ihnen ein anderer Sinn zuzuschreiben, als wenn man sie jeweils auf intrapsychische Motive bezieht. Wenn hier Hypothesen bspw. über die mögliche Funktion eines Verhaltens aufgestellt werden, so wird dabei weniger die subjektive Intention, aus der heraus es initiiert wird, betrachtet, als vielmehr seine Wirkung auf die Verhaltensweisen der anderen.

Kehren wir zur Verdeutlichung noch einmal zum Beispiel von Mutter/Sohn zurück. Aus der Innenperspektive der Mutter oder des Sohnes betrachtet, scheinen beide in völlig verschiedenen Welten zu leben. Die Welt des jeweils anderen scheint genau im „blinden Fleck" der eigenen Sichtweise zu liegen. Aus systemischer Perspektive sind beide Sichtweisen mögliche Blickwinkel mit ihren je eigenen „blinden Flecken". Aus einer Perspektive, die den kommunikativen Beziehungskontext mit in die Betrachtung nimmt, könnte bspw. folgendes Bild als Hypothese dienen (dessen Brauchbarkeit dann in der weiteren praktischen Arbeit zu überprüfen wäre):

Modifizierung (durch R.B.) einer Abbildung von
(frans de boer, postbus 1851, amsterdam)
In: SIMON 1993

Systemische Perspektive: Symmetrisches Beziehungsmuster, bei dem die beiderseitigen Lösungsversuche das Problem aufrecht erhalten

Auch ein Exkurs in die Tierwelt, der Raupenart des >Prozessionsspinners<, zeigt, dass diese manchmal ein spezifisches Beziehungsmuster bilden, das der ganzen Art womöglich den Namen eingebracht hat, zumindest, wie SIMON (1992, 39) anmerkt, was den Prozessions-Teil angeht, obwohl nach menschlichen Maßstäben der Spinner-Teil ebenso berechtigt wäre. Der Prozessionsspinner folgt in der Regel, wie SCHUMACHER (vgl. 1998) berichtet, zwei Verhaltensprinzipien: 1. Bin ich allein, dann mache ich mich auf die Suche nach einer Kiefer. 2. Treffe ich auf einen anderen meiner Art, hefte ich mich an dessen Hinterteil. Die Raupenart des Prozessionsspinners hat mit ihrer biologischen Ressource der beiden Verhaltensprinzipien bisher in der Natur überlebt. Oftmals findet man auf Wanderungen in entsprechenden Gebieten ganze „Schlangen" von Prozessionsspinnern. Manchmal kommt es aber vor, dass die erste Raupe auf das Hinterteil der letzten Raupe trifft, so dass alle Raupen von nun an ständig im Kreis herumlaufen und ein „Problemsystem" bilden. Eine systemische Intervention würde nun darin bestehen, an irgendeiner Stelle des zirkulären Beziehungsmusters, ein Brett dazwischen zu klemmen, um die bisherige Interaktionsordnung zu stören.

Eine solche Sichtweise erlaubt es, um wieder zu unserem Mutter/Sohn-Beispiel zurückzukommen, zum einen das vermeintliche „unkontrollierte Verhalten" des Sohnes oder die vermeintliche „Kontrollsucht" der Mutter als eine spezifische kommunikative Ordnung und nicht als Störung zu erkennen, und zum anderen die Therapie nicht als die „Herstellung von Ordnung", sondern als das „Betreiben von Störung" zu betrachten. In einer systemisch orientierten Psychomotorik geht es daher zunächst um wiederkehrende, charakteristische Interaktions- und Kommunikationsmuster sowie mögliche kommunikative Funktionen des Symptomverhaltens (im Mutter/Kind-Beispiel evtl. eine mögliche Nähe/Distanz-Regelung o.ä.), die mit der Entstehung und Aufrechterhaltung von Problemen in irgendeinem funktionellen Zusammenhang stehen. Über die Einbeziehung dieser semantisch-pragmatischen Ebene, d.h. individueller und kollektiver Bedeutungsgebungen, werden Hypothesen über die Entstehung und Aufrechterhaltung problemwirksamer Interaktionsmustern und –regeln erstellt, um dann diese durch angemessene alternative Angebote von Bewegungs- und Spielsituationen stören zu können. Dabei sind bspw. folgende Fragen von Bedeutung:

Wie konstruieren die einzelnen Mitglieder eines sozialen Systems ihre unterschiedlichen subjektiven Wirklichkeiten?

Aus welchen Interaktions- und Kommunikationsmustern leiten sie sich ab, welche leiten sich umgekehrt aus ihnen ab?

Wie bestätigt jeder durch sein Verhalten die Wirklichkeitskonstruktionen aller anderen?

Wie lassen sich solche subjektiven Sichtweisen und wie lassen sich die Interaktionsmuster verändern?

Unter welchen interaktionellen Bedingungen entsteht problematisches Verhalten, Wahrnehmen, Denken und Fühlen?

Auf der Suche nach problemlösenden Antworten wird zunächst versucht, an die von den Beteiligten eingebrachten Handlungskompetenzen und die sich im Spiel herauskristallisierenden Bewegungs- und Spielthemen aktiv anzuschließen, sie über einen gemeinsam gestalteten, offenen Bewegungsdialog mit Hilfe von für eine Problemlösung brauchbaren Hypothesen weiter zu explorieren, fortzuentwickeln und miteinander zu verbinden, damit die bedeutsamen Konstruktionen eines jeden Einzelnen sowie die Art und Weise ihres kommunikativen Austauschs untereinander zum Ausdruck gebracht werden können. Im weiteren Verlauf der psychomotorischen Arbeit wird von allen Beteiligten an das bewegungsdialogische Geschehen angeschlossen, dieses in Form von Vorschlägen und Gegenvorschlägen weitergestaltet, die Hypothese bezüglich des problematischen Themas und in Hinblick auf mögliche Problemlösungen bestätigt oder verworfen und neu formuliert, sowie an die vorhandenen Stärken und Kompetenzen lösungsorientiert in der Weise angeknüpft, dass im Verlauf der weiteren Spielgeschichte andere Sichtweisen, Bedeutungskonstruktionen, Erlebniswirklichkeiten, Beziehungs- und Kommunikationsmuster die problemwirksamen ablösen können. Entscheidend für die psychomotorische Arbeit ist dabei letztendlich die *lösungsorientierte* Verbindung der als problematisch bewerteten Bewegungen bzw. Verhaltensweisen mit den Bewegungsthemen und -geschichten der Beteiligten, um genau diesbezüglich neue Sichtweisen, Wirklichkeitskonstruktionen, Beziehungskompetenzen und gegenseitige Verständigungsweisen direkt erfahrbar und erlebbar zu machen.

Zwei Praxisbeispiele

Im Folgenden sollen zwei Praxisbeispiele, die aus der bewegungstherapeutischen Arbeit von Regina KLAES stammen (vgl. BALGO/KLAES 2001), eine an systemischen Positionen orientierte psychomotorische Vorgehensweise verdeutlichen: „Die beiden Praxisbeispiele sind unter zwei Aspekten ausgesucht worden. Mit dem ersten soll vorrangig das Thema der strukturellen Bedingungen des Kindes und ihre Auswirkungen auf die Kommunikationsgestaltung angesprochen werden. Im zweiten Beispiel geht es stärker um die Entwicklung der Interaktionsmöglichkeiten der Familienmitglieder. Die Beispiele entstammen unterschiedlichen bewegungstherapeutischen Settings. Zum einen handelt es sich um eine einzeltherapeutische Zusammenarbeit von Kind und Bewegungstherapeutin im Rahmen einer Kinder und Jugendpsychiatrie, ohne eine direkte Zusammenarbeit mit den Eltern oder anderen wichtigen Interaktionspartnern des Kindes. Im zweiten Fall handelt es sich um eine systemische bewegungstherapeutische Zusammenarbeit mit einem als „hyperaktiv" beschriebenen Jungen, seinem Bruder und seiner Mutter im Rahmen einer freien bewegungstherapeutischen Praxis. Natürlich ist alles, was hier als Fall beschrieben werden kann, hypothetischer Natur und dient letztlich dazu, eigene Handlungsorientierungen für die Gestaltung des bewegungstherapeutischen Dialogs zu gewinnen. Alle ausgewählten Ereignisse sind Ereignisse im Wechselspiel zwischen dem Kind und der Therapeutin und könnten ebenso gut auf die Wahrnehmungs- und Handlungsstruktur der Therapeutin bezogen werden.

Praxisbeispiel I
Felix ist acht Jahre alt und hat zusammen mit seinen Eltern bereits verschiedene Beratungseinrichtungen aufgesucht sowie unterschiedliche ambulante Therapien erlebt. Anlass dazu bietet sein als „hyperaktiv" bezeichnetes und im familiären wie schulischen Alltag häufig störendes Verhalten. Da die Grundschullehrerin nun darauf drängt, dass gravierende Verhaltensveränderungen seinerseits eintreten müssten, ansonsten keine Chancen mehr bestünden, Felix weiterhin zu unterrichten, haben die Eltern auch auf Anraten des behandelnden Kinderarztes den Schritt in die Kinder und Jugendpsychiatrie unternommen.

Bei unserem ersten Zusammentreffen äußert Felix seine Vermutung, dass er wahrscheinlich wegen seiner Aggressivität in der Klinik sei und meint damit, dass er manchmal andere verprügelt, Sachen kaputt macht und Türen heftig hinter sich zu knallt. Er hat die Idee, dass ihm die Leute hier in der Klinik helfen können und dass er dann nicht mehr so aggressiv sein muss. In welcher Weise er dazu etwas tun kann, ist ihm unklar. Immerhin kann er sich helfen lassen. Auf meine Frage hin, wie ich es mir mit ihm ganz schnell verscherzen könnte, sagt er, ich dürfe ihm auf keinen Fall verbieten, was er will oder ihn schlagen, dann hätte ich verspielt. Ich verspreche ihm, darauf zu achten, räume aber ein, dass es mir mit dem Verbieten schon mal passieren könnte, das hätte ich nicht so gut im Griff und da müsse er mir vielleicht ein paar Chancen geben. Den Nutzen der Bewegungstherapie ordnet er unter den allgemeinen Nutzen des Klinikaufenthalts ein und ist einverstanden damit, dass wir uns von nun an regelmäßig treffen werden.

Felix ist noch nicht ganz zur Tür herein, da hat er auch schon eine Idee, was er heute machen will. Doch teilt er diese nicht erst mit, damit wir verhandeln könnten, ob dies auch meinen Interessen entspricht und uns dann gegebenenfalls zu ihrer Umsetzung zu koordinieren, sondern er wird sofort aktiv und begibt sich daran, seine undurchsichtige Idee in Tat und Wahrheit umzusetzen. Wenn ich ihn zwischendurch mit einer Ahnung, welches Ziel er wohl verfolgt, frage, ob ich ihm einen Vorschlag machen darf, will er ihn zwar manchmal hören, doch nur selten passt meine Idee so in sein Konzept, dass er sie einbauen möchte. Mit einem kurzen „wart, wart" bittet er mich, geduldig zu sein und wie ich es verstehe, darauf zu vertrauen, dass er schon weiß, was er da tut. Die Befürchtung, dass meine Geduld vielleicht nicht reichen und ich dann doch aktiv mitmischen könnte, scheint ihn immer stärker zur Eile anzutreiben. Er macht einen ausgesprochen emsigen Eindruck bis zur Schwelle zum gestresst sein. So entstehen Matten- und Gerätelandschaften als Parcours, die in einem nacheinander von Aufgaben zu durchlaufen sind oder Wege, die bestimmen, wo man, wie, in welche Richtungen mit dem Fahrrad oder den Inline-Skates fahren darf. Felix weiß ganz genau, wie sein vollendetes Werk auszusehen hat, welche Materialien er dazu benötigt und was dazu getan werden muss. Seine Aktivitäten verfolgen immer das Ziel, einen geordneten Handlungsraum einzurichten, der uns dann zum gemeinsamen Spielplatz werden soll. Dabei scheint aber die Vorbereitung des Spiels das eigentlich Wichtige zu sein, denn zumeist benötigen seine Aufbauten so viel Zeit, dass zu ihrer Benutzung kaum noch Gelegenheit bleibt. Das stört ihn aber nicht. Seine Entwürfe sind oft sehr komplex und perfekt ausgeklügelt. Kannten und Ecken von Matten stoßen exakt aneinander, nirgends darf eine Lücke entstehen oder eine Fläche nur mit wenigen Markierungen angedeutet sein. Linien die zur Raumbegrenzung oder -einteilung dienen, müssen ununterbrochen sein. Entsteht in Ermangelung weiterer Materialien notgedrungen eine Lücke, so muss diese mit Bedeutung gefüllt werden. Sie wird zur Tür oder zum Fußgängerüberweg. Die Spiele, für die er diese Spielräume gestaltet, sind ebenfalls genau festgelegt. Zumeist müssen wir beide das Gleiche tun, entweder gleichzeitig oder hintereinander. Dabei geht es häufig darum, den Schnelleren oder Erfolgreicheren von uns zu ermitteln. In dieser durch ihn hochgradig kontrollierten und regulierten Situation lässt sich gemeinsam handeln, wobei die Gemeinsamkeit in der Ausführung des festgelegten Ablaufs besteht. Offene Handlungssituationen, in denen sich durch die Koordination miteinander erst das Spielgeschehen entwickeln würde, sind für Felix kein Angebot. Seine innere Handlungsorientierung resultiert aus der festen Vorstellung vom Ziel bzw. vom Ergebnis und zur Erreichung dieses Ziels gibt es gerade einen Weg. Muss ich seine Ausführungen stoppen, weil ich befürchte, dass er oder das verwendete Baumaterial Schaden nehmen wird, bricht sein Plan vollständig zusammen und er steigt komplett aus diesem Spiel aus. Allerdings ist das für ihn nur kurzfristig ärgerlich, tragisch oder enttäuschend, weil die nächste Idee zu einem neuen, ganz anderen Vorhaben nicht lange auf sich warten lässt."

Im Folgenden sollen in Kurzform zum Praxisbeispiel Hypothesen über die subjektive Deutungsweise, die Interaktionsmuster, die kommunikative Funktion des Symptoms, über Regeln sowie über Stärken und Kompetenzen vorgestellt werden. Die Hypothesen, die der Ideenentwicklung für neue Spiel- und Situationsgestaltungen in der psychomotorischen Praxis dienen, durch die die Interaktionen der Klienten neue Anregungen erhalten sollen, sind nicht auf ihren Wahrheits- oder Richtigkeitsgehalt hin zu überprüfen, sondern hinsichtlich ihrer Brauchbarkeit bezüglich einer hilfreichen Lösung aus der Sicht der Klienten für ihr Problem.

Hypothesen über die subjektive Deutungsweise: Der architektonische Spielraum und der interaktionelle (soziale) Spielraum müssen geschlossen sein, d.h. müssen klar geordnet, strukturiert, festgelegt, die Handlungsmöglichkeiten in ganz (von mir) bestimmte Handlungsabläufe, in ein zeitliches nacheinander gebracht werden, um mich gefahrlos orientieren zu können. „Wartet, wartet", vertraut mir, ich weiß schon, was ich da tue. Ich richte einen geordneten Handlungsraum ein, der uns dann zum gemeinsamen Spielplatz wird. In dieser kontrollierten und regulierten Situation lässt sich gemeinsam handeln, wobei die Gemeinsamkeit in der Ausführung (das Gleiche tun, entweder gleichzeitig oder hintereinander) des festgelegten Ablaufs besteht. Offene Handlungssituationen (in denen sich durch die Koordination miteinander erst das Spielgeschehen entwickeln würde) überfordern mich. Meine innere Handlungsorientierung resultiert aus der festen Vorstellung vom Ziel bzw. vom Ergebnis und zur Erreichung dieses Ziels gibt es gerade einen Weg. Bei der Gleichzeitigkeit und Vielfältigkeit der Handlungsmöglichkeiten meiner Interaktionspartner geht mir die räumliche und soziale Orientierung verloren. Alles, was meinen Plan irritieren könnte, muss ich draußen halten, indem ich pausenlos beschäftigt bin und euch keine' Einstiegslücke' lasse.

Hypothesen über die Interaktionsmuster: Interpunktion Felix: „Ich bin hyperaktiv (zur pausenlosen Eile angetrieben, emsig, gestresst, lass euch keine ‚Einstiegslücke'), weil ihr euch sonst zu früh einmischt und es nicht zu einem gemeinsamen Handeln kommen kann." „Ich bin aggressiv, weil ihr nicht das tut, was ich will, wenn ich bestimme, was, wie und mit welchem Ziel etwas geschehen soll."

Interpunktion seiner Interaktionspartner: „Wir versuchen uns einzumischen und dich zu unterbrechen, weil du hyperaktiv bist (zur pausenlosen Eile angetrieben, emsig, gestresst bist und du uns keine ‚Einstiegslücke' lässt) und es nicht zu einem gemeinsamen Handeln kommt." „Wir tun nicht das, was du willst, weil du bestimmen willst, was, wie und mit welchem Ziel etwas geschehen soll und weil du aggressiv wirst, wenn wir nicht so wollen, wie du es willst."

Symmetrisches Interaktionsmuster (Je hektischer Felix zu sein scheint und je mehr Felix zu bestimmen scheint, desto schneller brechen die anderen den Kontakt zu ihm ab. Je schneller die anderen den Kontakt abzubrechen scheinen, um so hektischer wird Felix und versucht, zu bestimmen, was zu tun ist. Je aggressiver er zu reagieren scheint, desto schneller drohen die anderen mit Kontaktabbruch. Je mehr die anderen mit Kontaktabbruch zu drohen scheinen, desto aggressiver reagiert Felix).

Hypothesen über die kommunikative Funktion des Symptoms: Für alle Interaktionspartner geht es um die Herstellung von gemeinsamen Handlungsmöglichkeiten. Die Interaktionspartner versuchen, beide auf ihre Weise, gemeinsames Handeln zu ermöglichen. Felix darüber, dass er versucht, die für ihn notwendigen Bedingungen für ein gemeinsames Handeln zu bestimmen, die anderen darüber, dass sie sich gegen diese aus ihrer Sicht interpretierte Funktionalisierung wehren, weil es für sie kein gemeinsames Handeln ist, wenn einer bestimmt, was, wie und mit welchem Ziel etwas geschehen soll. Es geht um die Herstellung von Bedingungen für Gemeinsamkeit im Handeln unter Bewahrung und Abgrenzung der eigenen Identität. Beide Parteien verstehen bzw. deuten in der Kommunikation die gegenseitigen Versuche als Bedrohung der eigenen Person.

Hypothesen über Regeln: Ich bestimme, alle anderen folgen, die Spielräume müssen geschlossen sein (architektonisch und sozial), es gibt ein festgelegtes Handlungsziel und einen festgelegten Weg dorthin, es findet kein sprachlicher Austausch statt.

Hypothesen über Stärken, Kompetenzen: Planungskompetenz, Kreativität, Phantasie, Schnelligkeit, Durchhaltevermögen, Zielorientiertheit, hoher Komplexitätsgrad der aufgebauten Spiellandschaft, viel Eigeninitiative

Die Gestaltung des bewegungstherapeutischen Prozesses orientierte sich an der Frage, wie die Spielsituationen so gestaltet werden können, dass sie einerseits die Bedingungen bieten, die Felix derzeit benötigt, um mit einer weiteren Person handeln zu können und andererseits dennoch Anregung zu neuen Handlungsmöglichkeiten beinhalten?

Die Entwicklung des bewegungstherapeutischen Zusammenspiels beschreibt Regina KLAES folgendermaßen (vgl. BALGO/KLAES 2001): „Eine erste Erweiterung unserer Spielsituationen wurde durch eine neue Rollenverteilung möglich. Nachdem Felix in gewohnter Akribie eine Slalombahn zum Inline-Skaten aufgebaut hatte, ich glücklicher Weise ohne Inlines war, nahm ich ohne weitere Absprache mit ihm die Rolle der Fernsehmoderatorin ein, die nun für die Zuschauer an den Bildschirmen zu Hause die internationalen Inline-Slalom-Wettkämpfe moderierte. Ich eröffnete den Wettkampf mit einer kleinen Ansprache an das Publikum, zählte die verschiedenen Teilnehmerinnen auf und führte mit Felix ein Interview, indem ich ihn über die Strecke, die Schwierigkeiten und seine Strategie befragte. Dann ging er an den Start und ich kommentierte wie eine rasende Reporterin das Rennen in allen Einzelheiten. Zwischendurch wechselte ich ständig die Rollen, rief die Athleten an den Start, gab das Startkommando, verkündete die gelaufene Zeit, veränderte die Wettkampfregeln und den Streckenverlauf und verlieh die Medaillen. Felix, der während des gesamten Spiels in seiner Rolle bleiben konnte, war ein begeisterter Mitspieler, ließ sich von mir die Kommandos geben und immer wieder mit neuen Aufgaben bestücken.

Wir hatten mit diesem Spiel einen neuen Handlungsrahmen entdeckt, der sich von den bisherigen Spielverläufen insofern unterschied, dass ich nun eher in der Rolle von Felix war und das Spielgeschehen strukturierte. Der Spielverlauf entsprach aber nicht einem vorentworfenen Plan, sondern entwickelte sich im Spiel. Die klare Rollenverteilung erlaubte ein mehr oder weniger getrenntes Agieren, wir mussten uns in unseren Handlungen noch nicht direkt miteinander koordinieren. Was noch hinzukam, war die sprachliche Beschreibung des Geschehens, auch wenn ich dies zunächst einmal übernahm. Natürlich mussten wir dieses Spiel noch einige Male spielen, allerdings mit wechselnden Rollen. Nun war auch Felix in der Situation zu beschreiben, was er an mir beobachtete.

Unser nächstes Spiel, bei dem es dann auch lange mit einer stetigen Erweiterung der Handlungsräume und Interaktionsmöglichkeiten bleiben sollte, war Basketball. Ausgehend von Felix Idee, den Ball durch unterschiedliche Lücken der Hängeleiter des Kletterhäuschens zu werfen und entsprechend Punkte zu machen, wickelten wir sozusagen das Basketballspiel von hinten her auf. Mit der Zeit wurden wir zusammen eine Mannschaft, die sich vom Ende der Wiese auf das Kletterhäuschen zu bewegte, dabei den Ball zwischen sich hin und her warf und die Aktion mit einem Torwurf beendete. Wir hatten eine erste direkte Interaktionsform gefunden. Die Bewegungsrichtung war festgelegt, die ganze Aktion war zielorientiert, der Ball füllte den Raum zwischen uns und verband uns wie an einer imaginären Schnur miteinander. Wir jubelten zusammen über erfolgreiche Korbwürfe als ein gemeinsam erreichtes Ziel.

Über einen geschickten Zufall kam die Idee ins Spiel, uns gegenseitig mit der Videokamera aufzunehmen. Felix bat mich, langsamer zu laufen, damit er mich mit der Kamera genau beobachten konnte. Durch die Kamera wurde Beobachtung zum eigenen Thema. Im Laufe der Zeit wurde das Spiel zunehmend komplexer, neue Handlungsabläufe kamen hinzu, Tempovariationen, Richtungswechsel ... unsere Koordinationsweisen wurden flexibler.

Wir entwickelten noch viele andere Spielmöglichkeiten miteinander, in denen Felix zunehmend experimentierfreudiger wurde, was die Offenheit der Gestaltung verschiedener Wege zum Ziel anbelangte. Zumindest im Kontext Bewegungstherapie konnte Felix sich mit anderen erweiterten Handlungsmöglichkeiten als dies zu Anfang der Fall war zeigen, ob dies aber in irgendeiner Weise auch Wirkung auf seine Handlungsweisen in anderen Kontexten zeigt, bleibt offen."

Praxisbeispiel II
Das zweite Praxisbeispiel beschreibt Regina KLAES folgendermaßen (BALGO/KLAES 2001): „Anlass der therapeutischen Zusammenarbeit ist die Sorge um die weitere schulische Entwicklung des siebenjährigen Sohns Lukas, der durch seine Wildheit, seine Ungeschicklichkeit, seine mangelnde Konzentrationsfähigkeit, sein Bedürfnis, alles kontrollieren zu wollen und sein ungestümes Ausrasten gefährdet scheint. Verhaltensstörung, Wahrnehmungsstörung, hyperkinetisches Syndrom sind die Begriffe, die sich auf Seiten der Mutter und der Lehrerin mit diesen Beobachtungen verbinden. Die zu Rate gezogene Kinderärztin bestätigt den Verdacht und bringt als eine Lösungsmöglichkeit für Lukas Probleme die medikamentöse Behandlung mit Ritalin ins Spiel. Für die Mutter erscheint die Situation bzw. die Notwendigkeit, etwas tun zu müssen, äußerst dringlich, während der Vater die Zeit als Lösungsfaktor ansieht.

Von der ersten Stunde an initiiert Lukas ein Spiel, in das er alle Anwesenden (Mutter, jüngerer Bruder, Therapeutin) einbezieht und ihnen feste Plätze und Aufgaben zuweist. Dabei ist ihm wichtig, dass das Spiel in der immer gleichen Weise gespielt wird und wehrt dementsprechend Variationsvorschläge vehement ab. Wenn Kinder so sehr und so dauerhaft darauf beharren, ein bestimmtes Spielgeschehen durchführen zu wollen, ist anzunehmen, dass sich für sie damit ein sehr wichtiges Thema verbindet, für dessen Weiterentwicklung sie Zeit, Raum und Gelegenheit suchen.

In diesem Fall handelt es sich um eine Art Handballspiel. Zuerst richtet Lukas das Spielfeld ein. Sein Platz ist das Tor, welches er mit Matten auslegt, über die er auch definiert, in welchem Bereich durch die anderen ein Treffer erzielt werden kann. Er platziert alle anderen im unterschiedlichen Abstand zum Tor und scheint dabei zu berücksichtigen, wer über welche Wurfstärke und Treffsicherheit verfügt. Sein kleiner Bruder darf ihm direkt gegenüber dem Tor am nächsten sitzen, seine Mutter und die Therapeutin rechts und links außen und, danach befragt wo sein Vater sitzen müsste, wenn der nun auch hier wäre, sagt Lukas, der müsse ganz hinten sitzen, weil der ja so stark werfen könne. Der Spielverlauf wird durch Lukas genau festgelegt. Indem er den Namen ruft, bestimmt er wer, wann werfen darf. Hält sich jemand nicht an den Ablauf, droht er verzweifelt nicht mehr mitzuspielen oder rennt gleich weg. Ihm ist wichtig, dass niemand seinen Platz verlassen darf, dass sein Bruder ohne Hilfestellung der Mutter wirft und niemand zu hoch wirft, weil er das unfair findet. Soweit der Ablauf."

An dieser Stelle sollen wiederum in Kurzform Hypothesen zum Praxisbeispiel über die subjektive Deutungsweise, die Interaktionsmuster, die kommunikative Funktion des Symptoms, über Regeln sowie über Stärken und Kompetenzen vorgestellt werden:

Hypothesen über die subjektiven Deutungsweisen: „Ich (Lukas) muss die anderen auf Abstand halten, damit sie mir keinen ‚reintun' können, damit ich sie unter Kontrolle habe."
„Wir (Mutter, Bruder) müssen gegen ihn kämpfen, seine Schwachpunkte herausfinden, ihn an-greifen, Tore erzielen, damit er überhaupt noch greifbar ist, mit uns ‚spielt' und sich nicht völlig von uns distanziert."

Hypothesen über die Interaktionsmuster: Interpunktion Lukas: „Ich wehre mich gegen euch und versuche, euch zu kontrollieren, zu steuern, weil ihr gegen mich kämpft bzw. mir zu bedrohlich nahe kommt und mir sonst einen ‚reintut'."
Interpunktion Mutter und Bruder: „Wir kämpfen gegen dich und versuchen deine Schwachpunkte herauszufinden, weil du uns steuerst, kontrollierst und uns abwehrst bzw. dich zu bedrohlich von uns distanzierst."Komplementäres Interaktionsmuster (kämpfen/abwehren, angreifen/verteidigen, steuern/sich unterwerfen, Macht/Ohnmacht)

Hypothesen über die kommunikative Funktion des Symptoms: Das „(Familien-) Spiel" wird aufrechterhalten ohne Eskalation (gemeinsam gegeneinander), wobei das gegeneinander Kämpfen und sich gegeneinander Wehren eine Form des Miteinander auf sicherer Distanz zu sein scheint.
„Spielt mit mir, beschäftigt euch mit mir, indem ihr gegen mich kämpft. Dann kommt ihr mir nicht zu nahe und es besteht nicht die Gefahr, dass ihr mir in unerträglichem Maß einen „reintun" könnt."
„Spiel mit uns, beschäftige dich mit uns, indem du uns abwehrst, damit wir deine Schwachpunkte herausfinden und dich angreifen können. Dann gehst du uns nicht völlig verloren und es besteht nicht die

Gefahr, dass du gar nicht mehr greifbar bist und wir ohne dich spielen müssen."

Kampf und Abwehr als gemeinsames „Spiel", man ist zusammen alleine bzw. allein im gemeinsamen Spiel, Nähe-Distanz wird eindeutig geregelt, Rollen klar verteilt, es gibt weder Sieger noch Verlierer

Hypothesen über Regeln: jeder für sich, alle gegen einen, jeder gegen jeden (z.B. nicht der Bruder mit der Mutter), der eine stellt die Regeln auf und bestimmt, wer, wann, was tun darf, die anderen unterwerfen sich, man muss sich an die Regeln halten, Regeln dürfen nicht verändert werden, wir bleiben auf sicherer Distanz, Distanz regelt die (Wurf-)Stärke, keiner darf (für Lukas) zu stark sein

Hypothesen über Stärken, Kompetenzen: Spiele, bei denen es um das Werfen (Loslassen) und Fangen (Festhalten) mit einem Ball geht, Einhaltung von Regeln, Einhaltung von Rollen, Spiele ohne Körperkontakt bzw. Distanzspiele ohne Dynamik, Wettkampf ohne Sieger und Verlierer, gemeinsames Spiel

Entwicklung des bewegungstherapeutischen Zusammenspiels
Regina KLAES schildert den weiteren Verlauf des Spielgeschehens, in dem es zu einer ersten Variation kommt, folgendermaßen (BALGO/KLAES 2001): „Lukas schlägt einen Rollentausch vor und wechselt mit seiner Mutter den Platz. Allerdings gelingt es ihm nicht, mit dem Platz auch tatsächlich die Rolle zu wechseln. Er will immer noch alles bestimmen und für den ordentlichen Verlauf des Spiels verantwortlich sein. Da seine Mutter aber nun als Torwartin nicht auf ihre Rechte, das Spiel steuern zu dürfen, verzichten will, kommt es zur Eskalation. Lukas findet den Job als Werfer extrem langweilig und will unbedingt wieder ins Tor.

Offenbar hat Lukas mit seiner Aufgabe des Abwehrens und Kontrollierens die für ihn momentan bessere Position gewählt. Die Erfahrung, dass die Handlungsweisen, die er den anderen zugesteht, äußerst unbefriedigend sind und dass die Akzeptanz des Torwarts ausgesprochen schwer ist, ist aber nicht zugleich eine Anregung, das Spielgeschehen insgesamt zu verändern, sondern der Impuls, die alte Ordnung wieder herstellen zu wollen.

Die Veränderung des Spiels kommt von einer anderen Seite. Lukas kommt durch seinen hohen Aktionspegel immer wieder an den Punkt, kleinere Erschöpfungspausen einlegen zu müssen. Allerdings gönnt er sich und den anderen hier nicht sonderlich viel Zeit, eigentlich sind die Pausen eher eine unwillkommene Störung. Durch den Vorschlag der Therapeutin, die Pausen wie zum Beispiel im Handball regelrecht als Erholungspausen zu gestalten, bekommen sie aber eine andere Bedeutung und mit dem Angebot der Massage eine neue Qualität, die offenbar auch Lukas gefällt, denn er führt nun zusätzlich noch Verletzungspausen ein. Immer wieder legt er sich auf seine Matten und lässt sich von seiner Mutter massieren, die nach anfänglicher Unsicherheit mit Hilfe der Therapeutin bald eine für beide angenehme Form findet.

Der Vorschlag, Pausen einzuführen, die zum Spiel gehören und gleichzeitig neue Möglichkeiten der Positionierung des Kontakts erlauben, ist für Lukas eine passende Variante des bisherigen Spiels, die er sogar mit weiteren Vorschlägen in diese Richtung ausbaut. Aus dem für Kontrolle wichtigen Abstand wird in dieser Situation wohltuende Nähe, in der er sich den guten Taten seiner Mutter überlässt.

Während einer solchen Halbzeitgestaltung bringt der kleine Bruder einen Vorschlag ein, der zu einer interessanten Kommunikationsentwicklung zwischen Lukas und den anderen führt. Während die Mutter Lukas massiert, wendet sich die Therapeutin dem kleinen Bruder zu und beginnt, auch ihn an den Armen zu streicheln. Darauf hin nimmt Florian ihre Hand und küsst sie. Die Therapeutin greift diesen Vorschlag auf und beginnt zu singen: ‚Wenn sich die Igel küssen, dann müssen, müssen, müssen, sie ganz schön fein behutsam sein.' Florian findet Gefallen an dem Lied und zusammen singen sie es einige Male hintereinander. Dabei verändern sie den Anfang des Liedes und singen z.B. ‚wenn sich die Kinder küssen...' Hierbei wird Lukas ganz aufmerksam und singt bei der nächsten Wiederholung: ‚wenn sich Florian und Lukas küssen...', wobei er auf Florian zugeht und ihm ganz behutsam einen Kuss auf die Wange gibt. Das Lied wird nun von ihm mit immer neuen Namenskombinationen gesungen und am Ende geht er etwas zögerlich auf seine Mutter zu und gibt auch ihr einen Kuss auf die Wange.

In einem späteren Gespräch mit der Mutter wird deutlich, dass Lukas mit diesem Lied eine neue Form der Kontaktaufnahme erschließen konnte. Üblicherweise gestaltet er Kontaktaufnahmen in Form von kleinen Boxhieben oder Fußtritten und handelt sich auf diesem Wege häufig eine Abweisung ein. Daher war es für ihn wahrscheinlich ein mittelgroßes Wagnis in dieser Form auf seine Mutter zuzugehen. Offenbar war Lukas mit der darauf erhaltenen Resonanz aber sehr zufrieden, denn ihm fiel sogleich eine neue Variante des Ballspiels ein, mit der er sowohl Spieltypus, Spielziel als auch Spielregeln verändert.

Er möchte mit seiner Mutter eine Mannschaft bilden. Sein Bruder und die Therapeutin sollen ebenfalls ein Team sein. Die Mannschaften sitzen einander im geraumen Abstand gegenüber. Die Aufgabe besteht darin, dass Lukas und seine Mutter möglichst viele Bälle in eine Kiste werfen, die von den anderen beiden gehalten wird. Dabei dürfen diejenigen, die die Kiste halten, durch Bewegung der Kiste mithelfen, dass es zu möglichst vielen Treffern kommt. Lukas und seine Mutter schaffen 33 Bälle in die

Kiste zu werfen, Lukas ist sehr zufrieden mit diesem Ergebnis und umarmt seine Mutter als Ausdruck guter Teamarbeit.

Betrachtet man dieses Spiel als Ausdruck einer neuen Positionierung Lukas im Beziehungsgefüge, so verbindet sich damit eine deutlich veränderte Beziehungsqualität und Rollendefinition. Erstmalig geht es in Lukas Spiel um Kooperation mit einem Spielpartner, mit dem zusammen er eine Aufgabe zu lösen hat. Er muss das erste Mal nicht den gesamten Spielverlauf kontrollieren, sondern ist nur für seine Handlungen verantwortlich und ist bei der Lösung der Aufgabe nicht alleine. Zusammen mit seiner Mutter (und es ist ihm wichtig, dass er mit ihr zusammen ein Team bildet) kann er ein gutes Ergebnis erreichen. Die Mutter berichtet, dass es für sie seit langer Zeit das erste Mal ist, dass sie sich gegenseitig für eine gemeinsame Aufgabe loben können."

Zum Abschluss sollen noch, wenn auch aus Platzgründen nur andeutend, sowohl die positiven Aspekte als auch die skeptischen Implikationen, die in den systemisch orientierten Positionen in der Motologie beschrieben werden, zusammengefasst werden. Auch wenn mit ihnen zur Zeit noch Neuland betreten wird und zunächst nur erste praxeologische Implikationen entwickelt worden sind, resümiert Marco HILBERS in seinem Aufsatz „Der Paradigmenwechsel und die Psychomotorik", dass durch eine solche theoretische Perspektive der Reflexions- und Komplexitätsgrad erheblich gesteigert wird und versucht, dies durch folgende Punkte zu veranschaulichen:

- „Das Kind und dessen psycho-physischen Dimensionen werden nicht mehr individuumzentriert, sondern individualisiert und kontextualisiert thematisiert, d.h. sowohl die Eigenwerte bzw. die Entwicklungslogik des Kindes, als auch die Lebenswelt (ökologische Dimension) geraten in das Blickfeld.
- Der Beobachter (der Psychomotoriker) bzw. das Beobachtungssystem (die Motologie) muss sich synchron mitreflektieren, da jede Aussage über etwas immer auch eine Selbst-Aussage beinhaltet, denn: „Alles Gesagte ist von jemandem gesagt" (Maturana/Varela 1987, 32). Für die eigenen Wirklichkeitskonstruktionen und deren Folgen muss entsprechend Verantwortung übernommen werden.
- Sprache und Kommunikation bilden wesentliche Ansatzpunkte für die Neu-Konstruktion von Wirklichkeiten. Palmowski (1995, 197) weist deshalb auf die Notwendigkeit der „Entpathologisierung der Sprache" hin, um diskriminierende und etikettierende Stigmata zu vermeiden.
- Der sozio-kulturelle und gesellschaftliche Wandel, insbesondere die widersprüchlichen Sozialisationsbedingungen sowie die normativen Disparitäten, bedürfen der Reflexion." (HILBERS 2000, S. 30)

Eher skeptische Implikationen systemischer Ansätze für die Psychomotorik, die an dieser Stelle nicht diskutiert werden können, verortet Marco HILBERS (vgl. 2000, S. 31f) unter anderem darin,

- dass sich durch die zum Teil geradezu lineare Deduktion zumeist naturwissenschaftlicher Erkenntnisse (Neurobiologie, Quantenphysik, Chaostheorie, etc.), aber auch soziologischer Theorien auf pädagogisch-therapeutische Arbeitsfelder ein Transfer- und Identitätsproblem für die Psychomotorik ergeben kann,
- dass sich ihr Radikalitäts- und Neuigkeitswert zur Praxis hin oftmals immer mehr zu verflüssigen scheint, wenn ihre Komplexität sich nicht als handlungslähmend erweisen soll,
- dass ihr erkenntnistheoretischer Relativismus die Gefahr eines ethischen Relativismus implizieren kann,
- dass sie ein Orientierungsvakuum erzeugen können, das es durch das Eingebunden-Sein und durch Fixpunkte, die Halt und Orientierung ermöglichen, zu vermeiden gelte und
- dass durch die abgehobene, nicht praxistaugliche Wissenschaftssprache die Gefahr einer Immunisierung der Motologie durch semantische Abkapselung bestehe.

Literatur

Balgo, R.: Bewegung und Wahrnehmung als System. Systemisch-konstruktivistische Positionen für die Psychomotorik. Schorndorf 1998

Balgo, R.: Wir sehen mit unseren Armen Beinen. Die Einheit der Bewegung und Wahrnehmung aus systemisch-konstruktivistischer Sicht. In: Praxis der Psychomotorik – Zeitschrift für Bewegungserziehung. 24. Jg., Heft 1, Febr. 1999, S. 4-13

Balgo, R.; Klaes, R.: Zur Koordination von Verschiedenheit. Hyperaktivität als Problem und Bewegungstherapie als lösungsorientiertes Angebot. Eine systemische Perspektive. In: *Passolt, M. (Hrsg.)*: Hyperaktivität zwischen Psychoanalyse, Neurobiologie und Systemtheorie. München 2001, S. 140-167

Balgo, R.: Sonderpädagogik im aktuellen und historischen Kontext. In: *Werning, R.; Balgo, R.; Palmowski, W.; Sassenroth, M.*: Sonderpädagogik – Lernen, Verhalten, Sprache, Bewegung und Wahrnehmung. München, Wien 2002, S. 15-128

Barthelmess, M.: Systemische Beratung. Eine Einführung für psychosoziale Berufe. Weinheim und Basel 2001[2]

Hilbers, M.: Zwischen Irritation und Transformation: Der Paradigmenwechsel und die Psychomotorik. In: Motorik, Zeitschrift für Motopädagogik und Mototherapie, 23. Jg., Heft 1, Schorndorf 2000, S. 27-33

Ludewig, K.: 10 + 1 Leitsätze bzw. Leitfragen. Grundzüge einer systemisch begründeten Klinischen Theorie im psychosozialen Bereich. In: Zeitschrift für systemische Therapie. 5(3), 1987, S. 178-191

Ludewig, K.: Systemische Therapie. Grundlagen klinischer Theorie und Praxis. Stuttgart 1992

Ludewig, K.: Renaissance der Fürsorge – Sozialarbeit im Spannungsfeld zwischen Hilfe und Fürsorge. Vortrag am 10.10.1998 an der Akademie für Sozialarbeit des Landes Oberösterreich. http:/members.tripod.de/KurtLudewig/Texte.htm, 23.01.2002, S. 1-7

Luhmann, N.: Ökologische Kommunikation. Kann die moderne Gesellschaft sich auf ökologische Gefährdungen einstellen? Opladen 1986

Luhmann, N.: Einführung in die Systemtheorie – Psychische und soziale Systeme. Heidelberg, Wintersemester 91/92, Band 11, Autobahnuniversität (Toncassette)

Luhmann, N.: Soziale Systeme. Grundriss einer allgemeinen Theorie. Frankfurt/ M. 1993[4]

Luhmann, N.: Soziologische Aufklärung 6. Die Soziologie und der Mensch. Opladen 1995

Maturana, H.R.: Erkennen: Die Organisation und Verkörperung von Wirklichkeit. Braunschweig/Wiesbaden 1982

Maturana, H.R.; Varela, F.J.: Der Baum der Erkenntnis. Wie wir die Welt durch unsere Wahrnehmung erschaffen – die biologischen Wurzeln des menschlichen Erkennens. Bern, München, Wien 1987

Palmowski, W.: Psychomotorik und systemisches Denken. In: Praxis der Psychomotorik, 20. Jg., H. 4, S. 194-198

Seewald, J.: Von der Psychomotorik zur Motologie. – Über die Genese des „Verstehenden Ansatzes" in der Motologie. Rahmenschrift zur Habilitation, eingereicht im Fachbereich Erziehungswissenschaften I der Universität Hannover. Ohne Jahrgang, S. 1-62

Schlippe, A., v.: >>Tu, was du willst<<. Eine integrative Perspektive auf die systemische Therapie. In: Kontext, 26 (1), S. 19-32

Schumacher, B.: Konstruktion und Dekonstruktion von Angst. Workshop auf dem Kongress „Weisen der Welterzeugung", Heidelberg 2.5.1998, Autobahnuniversität (Toncassette)

Simon, F.B.: Unterschiede die Unterschiede machen. Klinische Epistemologie: Grundlage einer systemischen Psychiatrie und Psychosomatik. Berlin, Heidelberg 1988

Simon, F.B.: Meine Psychose, mein Fahrrad und ich. Zur Selbstorganisation der Verrücktheit. Heidelberg 1992

Walthes, R.: Behinderung aus konstruktivistischer Sicht – dargestellt am Beispiel der Tübinger Untersuchung zur Situation von Familien mit einem Kind mit Sehschädigung. In: *Neumann, J. (Hrsg.)*: >>Behinderung<<. Von der Vielfalt eines Begriffs und dem Umgang damit. Tübingen 1995, S. 89-104

Watts, A.: Die Illusion des Ich. Westliche Wissenschaft und Zivilisation in der Krise. Versuch einer Neuorientierung. München 1980

2.10 Expressive Psychomotorik – Psychomotorik im Kontext des Psychodramas[12]

Helmut Köckenberger

„Ich bin eine Schlange." – „Und ich ein riesiger Löwe. Er ist so gefährlich, dass die Schlange vor ihm davonlaufen muss. Und auch alle anderen Tiere, die in dem Dschungel leben." – „ Ich bin ein Affe. Ich kann so hoch klettern, dass kein Löwe mich fangen kann. Und oben in den Baumwipfeln sehe ich über den ganzen Wald. Da kann ich alle Tiere beobachten. Ich bemerke, wenn Feinde von weit her kommen und uns töten wollen." – „Ich bin ein kleines Mäusebaby. Ich verstecke mich in einer Höhle. Dort ist es bequem. Wenn mich ein anderes Tier besuchen will, darf es in meine Höhle herein. Aber nur, wenn es mich nicht auffressen will."

Zwischen Schaukel, Höhle und Rollbrett gestalten Kinder im bewegten und bewegenden Spiel nach eigener Regie dramatische Aufführungen als körperlichen Ausdruck bisheriger Erlebnisse und erhoffter Wünsche. Morenos Ideen des Psychodramas können Bewegungserfahrungen vertiefen und mit Gehalt füllen. Wie entstehen solche Spielsituationen, wie werden sie lebendig, wie sinnvoll und welchen Rahmen benötigen sie?

1. Emotionen

„Gefühlsbewegungen:
Gefühle schwimmen in wechselnden Flüssen.
Sie kommen und gehen.
Sie verändern ständig sich und mich.
Sie beeinflussen mich.
Ich kann sie nicht unterdrücken, ohne zu erfrieren.
Ich kann mich ihnen nicht völlig hingeben, ohne zu ertrinken.
Bin ich meine Gefühle?"

Nach jahrhundertlanger Forschung und Philosophie ist, wie so vieles im menschlichen Leben, weiterhin strittig und ungeklärt, was Gefühle sind, wie sie entstehen, was sie bewirken und in welcher Weise wir damit umzugehen haben.
Klar ist, dass Gefühle unser menschliches Leben bereichern, es sogar erst menschlich machen. Durch Gefühle, Ausdruck und Mimik unterscheiden wir uns vom Roboter. Gefühlslose Menschen werden als kalt bezeichnet, gefühlsvolle dagegen als warm. Durch Gefühle können wir tagelang vor dem Mond auf einer romantischen Bank sitzend in Verliebtheit schwelgen, genauso wie einige Wochen später vor dem gleichen Mond

[12] (erschien in ähnlicher Form unter dem Titel „Emotionen bewegen leibhaftig" in Praxis der Psychomotorik 1/2000)

auf der gleichen unbequemen Bank sitzend uns traurig den Enttäuschungen hingeben.
Klar ist, dass Gefühle neurophysiologisch etwas mit dem Hormonhaushalt zu tun haben, dass sie Anteile des Hypothalamus und des limbischen Systems im Gehirn benutzen und dass sie anscheinend schon den Embryo beschäftigen. Gefühle begleiten uns ständig, unser gesamtes Leben lang. Sie lassen uns keine Sekunde aus den Augen. Sie betonen Einzigartigkeit (Individualität) und Voreingenommenheit (Subjektivität). Sie manipulieren, verfälschen oder bewerten jegliche Wahrnehmung. Sie interpretieren im Zusammenspiel mit dem Denken wahrgenommene Ereignisse, so dass unser Erleben sich von dem Erleben anderer unterscheidet. So lassen sie individuelle und wechselhafte Wirklichkeiten entstehen. Sie kontrollieren nicht nur alle Bewegungen, sondern füllen jede Bewegung mit Inhalt. Sie sind natürlich bei der Motivation beteiligt, also dem Antrieb, Wünsche und Erwartungen zu kreieren, in einen Plan umzuwandeln, sinnvolle, aber auch irrationale Handlungen auszuführen oder Reaktionen zu zeigen. Sie ermöglichen und interpretieren Erlebnisse und Erfahrungen und prägen sie ins Gedächtnis ein. Sie bauen Spannung – auch direkt Muskeltonus – auf. Sie verhindern oder initiieren Entspannung. Sie verhelfen uns zu einem sinnlichen, einfühlsamen Leib, der die funktionellen körperlichen Abläufe mit Leben beseelt. Sie vermitteln zwischen den Menschen, stellen Kontakte her oder unterbrechen sie. Sie zeigen sich über Bewegung, Haltung, Gestik und körperlichen Ausdruck.
Klar ist, dass wir keine Bewegung ohne Emotionen erleben können, keine Wahrnehmung ohne gefühlvollen Filter, keine Beziehung ohne Gefühle herstellen können, keinen Sinn in Sprache oder Verständigung sehen könnten. Aber genauso ermöglichen erst Körper und Bewegung, Gefühle zu entwickeln und mit ihnen umzugehen. Körperkontakt vermittelt Geborgenheit, Sympathie und Sicherheit, aber auch Abgrenzung bis hin zur Aggression. Bewegungsleistungen beeinflussen den Umgang mit Gefühlen. Über selbständige Bewegung lernt das Kind, sich von seiner Mutter zu entfernen und Vertrauen aufzubauen. Wir erfahren Freude und Befriedigung über den Bewegungserfolg. Körperliche Stabilität und Gleichgewichtsvermögen können zu emotionaler Stabilität und Ausgewogenheit verhelfen. Beweglichkeit zeigt Flexibilität und Spontaneität. Körperbeherrschung und Behutsamkeit erzeugt Selbstbeherrschung. Wir können uns austoben, Dampf ablassen und Wut ausagieren. Wir erfahren über Bewegungserlebnisse unseren vorantreibenden Mut, unsere zurückhaltende Angst oder unsere Verzweiflung in aus-weg-losen Situationen. Die Weiterentwicklung der Gefühle benötigt außerdem die Denkvorgänge von Erkennen, Unterscheiden, Erinnern und Einordnen sowie aktives Auseinandersetzen mit anderen Menschen und Wahrnehmen deren Reaktionen. Wir entwickeln im Zusammenspiel von Gefühl und Bewegung unseren

eigenen Bewegungs- und Körperausdruck, unser individuelles, das heißt von unseren Gefühlen und Erlebnissen geprägtes charakteristisches Bewegungsverhalten.

„E-motion als Möglichkeit, innere Bewegung in äußere umzusetzen."

Klar ist, dass wir deshalb nur in theoretischen Betrachtungen Körperlichkeit, Leiblichkeit, Emotionalität, Kognition und Sozialisation von einander trennen können. Das alltägliche Leben lässt dies nicht zu. Es besteht auf der Ganzheitlichkeit jeder Person, jeder Handlung und jedes Erlebnisses. So passiert auch kindliche Entwicklung und so verhalten wir uns bei der Arbeit, zu Hause in der Familie, mit Freunden oder in der Einsamkeit. Ständig *fühlen* wir uns als komplettes Ich, mit *unseren* Gefühlen, Wahrnehmungen und Bewegungen, mit unserem Körper, unseren Gedanken oder Erinnerungen. Erst die Gesamtheit scheint mich als Person auszumachen, nicht einzelne Teile von mir. Als komplette Person, als kompetenter Säugling erblicke ich das Licht der Welt und verlasse es genauso, auch wenn einzelne Teile sich verändert haben und anders funktionieren als zuvor. Ich bin mein Gefühl, mein Körper, mein Denken, meine Beziehungen.

„Gefühle haben Ursprung und Sinn.
Bewegung hilft sie zu verstehen, einzuordnen, auszudrücken und damit umzugehen (emotionale Integration)."

Zu den Gefühlen gehören Freude, Liebe, Zuneigung – aber genauso Wut, Trauer, Ärger, Verzweiflung, Furcht und Angst. Daraus erwachsen tausend Variationen wie Hass, Eifersucht, Engstirnigkeit, Neid, Geiz, Mitgefühl, Sehnsucht, Glück,..... Es gibt keine positiven oder negativen Gefühle. Alle Gefühle erzählen von bisherigen Erfahrungen, augenblicklichen Erlebnissen und zukünftigen Erwartungen.

Gefühle scheinen uns zu aufregenden oder langweiligen Erlebnissen zu verhelfen. Dabei entstehen neue Gefühle oder bekannte Gefühle werden wiederbelebt. Sie werden abgespeichert oder an bestimmte Ereignisse gekettet, um jederzeit auftauchen zu können. Sie werden wieder verwendet, Bekanntes zu erkennen oder unbewusst mögliche Entwicklungen oder Erlebnisse voreingenommen zu blockieren. Gefühle können uns überschwemmen, uns verunsichern oder den Boden unter den Füßen wegziehen. Wir können Gefühle unterdrücken und verbergen. In Situationen, in denen wir die auf uns einströmenden Eindrücke nicht verarbeiten und verdauen können, müssen wir, um uns zu retten, die Erlebnisse und die dabei entstandenen Erfahrungen und Gefühle unverdaut wegpacken. Dies lässt auf Dauer starre Haltungen und typische Bewegungen entstehen. Diese Blockaden verbrauchen nicht nur einen Großteil unserer Energievorräte, wir sind auch in unserer Beweglichkeit, Reaktionsmöglichkeit, Sicherheit und dadurch unserem Lebensgefühl eingeschränkt.

„Gefühle und Erlebtes werden
durch Tonus und Haltung bewahrt,
durch Bewegungen ausgedrückt und dargestellt"

Emotionale Thesen:

- Emotionen sind nicht zu trennen von Wahrnehmen – Spüren – Erleben – Erkennen – Einordnen – Auswählen – Agieren. Sie beeinflussen und färben unser Erleben und Streben.
- Emotionen verbinden Vergangenheit – Gegenwart – Zukunft.
- Emotionen spiegeln das „Ich" im Miteinander – Gegeneinander – Alleinsein.
- Emotionen treten im körperlichen Spiel ungetrübt, direkt, unverfänglich, kindgemäß und sinnvoll in Erscheinung.

„Und der Affe schwang sich in die luftigsten Höhen und hielt Ausschau nach dem in der Ferne Liegendem. Er erspähte den Horizont und verfolgte den Lauf der Sonne. Er erinnerte sich an Gestern und ahnte den morgigen Tag. Der Löwe kletterte tatenkräftig und mit lautem Gebrüll unermüdlich über Felsen und dicke Äste, zwängte sich durch Spalten und trank durstig am Wasserloch. Er erschreckte ängstliche Tiere und jagte flinken Tieren hinterher. War er satt gegessen und gut gelaunt, beschützte er die schwachen, kleinen oder jungen Dschungelbewohner. Die Schlange dagegen schlängelte sich träge, aber mit funkelnden stechenden Augen alleine durch das Gebüsch. Stundenlang lag sie auf Lauer oder pirschte sich an unvorsichtige Opfer heran. Erst das laute Zischen während des Angriffs ließ ihre Beute erstarren. Keiner mochte mit ihr spielen. Aber die junge Maus wurde ständig von bemutternden und fürsorglichen Besuchern verwöhnt. Selbst der Löwe brachte ihr Süßigkeiten mit und kitzelte sie neckisch mit seinen Barthaaren."

2. Spiel

Spiel ist von zentraler Bedeutung für das Kind und seine Entwicklung. Durch Auseinandersetzung, Ausprobieren, Aneignung und Vergegenständlichung findet es zuerst im Spiel zur Körpererfahrung, Umweltbewältigung und zum Umgang mit gesellschaftlichen Normen. Das im Spiel Gelernte kann dann im Alltag Anwendung finden. So ist das Kind im Spiel seinen Alltagsfähigkeiten immer ein Stück voraus. Darüber hinaus darf jedoch nicht vergessen werden, dass Spiel für das Kind wie für den Erwachsenen Lustgewinn, Erregungssteigerung, Bedürfnisbefriedigung, Abwechslung, Entspannung, Zeitvertreib genauso wie eine Basis für geselliges Beisammensein und soziale Kontakte darstellt. Spiel symbolisiert eine eigene ungewöhnliche (Spiel-) Welt innerhalb oder neben der alltäglichen Wirklichkeit, mit eigenen, bewährten oder immer wieder neu zu schaffenden Regeln und Gesetzmäßigkeiten. Durch Nachspielen und Gestalten der Realität, durch Transformation der Realität und durch Realitätswechsel werden alltagsspezifische Erfahrungen bewältigt, Gefühle werden „aus-ge-drückt", Angst wird vermindert, Erlebtes wird wiederholbar und dadurch verarbeitet, Macht und Kontrolle werden ausgespielt und dadurch veränderbar, genauso wie entfernte Ziele und heimliche Wünsche erfüllt werden. Freies Handeln, Kreativität und Spontaneität füllen den speziellen Spielraum mit Leben, Bewegung und wohldosierter Spannung, in Erwartung des offenen oder veränderbaren Ausgangs des Spiels. Das Spiel kann so oft wiederholt werden, bis eine gewisse Sättigung einreicht und die Spannung gewichen ist, bis die letzten Variationsmöglichkeiten erkundet und der Inhalt und das Thema begriffen sind. Auch wenn das Spiel meist lustbetont ist und oftmals mit Bewegungsfreude einher geht, wird es doch mit einem „heiligen Ernst" durchgeführt, beinahe zelebriert. Aufmerksamkeit und Identifizierung mit der momentanen Situation lassen das Herz höher schlagen und erweitern die gefühls-volle Erlebnisbereitschaft, direkt in der Gegenwart. Der Ballast von Vergangenheit und Zukunft, von Zielen und verfestigten Rollen fällt ab.

„Was im Spiel nicht verarbeitet werden kann, taucht in der Realität wieder auf."

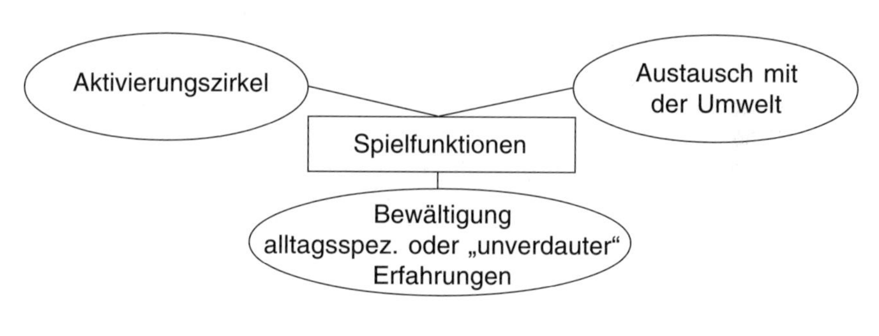

Spielentwicklung:
Die Spielentwicklung des Kindes ist nicht linear. Die ersten drei Formen sind beim Säugling schon kurz nach der Geburt kompetent angelegt. Die anderen Formen entwickeln sich meist zwischen dem zweiten und sechsten Lebensjahr. Alle Formen des Spiels können weiterleben und immer wieder vom Kind genauso wie vom Erwachsenen in tausendfacher Veränderung benutzt werden.
Im *Sensomotorischem Spiel* wird der Körper erfahren, seine Möglichkeiten entdeckt, ausprobiert und angewandt. Neue Bewegungen werden entwickelt, an die Gegebenheiten der Umwelt angepasst und mit Geschicklichkeit verfeinert. Das Spiel passiert aus Freude an der körperlichen Betätigung.
Im *Informationsspiel* wird die Umwelt und alles greifbare Material erfahren, die verschiedenartigen Mechanismen erkundet. Neue Einsatz- und Kombinationsmöglichkeiten werden entdeckt. Kreativität und Wissensdurst, Neugier und das Bemühen, Unbekanntes zu erobern und sich vertraut zu machen sind der Antrieb.
Im *Konstruktionsspiel* werden ausführlichere Handlungen benötigt, um verschiedenartige Gegenstände herzustellen und zu bauen. Die Umwelt und deren Materialien werden jetzt eigenen Bedürfnissen und Wunschvorstellungen angepasst. Innere Bilder werden dadurch nach außen projiziert und durch den Schaffensdrang befriedigt.
Im *Symbolspiel* werden Spielgegenstände und Handlungen aus dem sozialem Umfeld umgedeutet. Der Stein kann zu einem Frosch werden und eine Handbewegung zum Flügelschlag eines Drachen. Rituale werden wiederholbar und sorgen für Sicherheit und bedeutungsvollen Inhalt.
Im *Rollenspiel* (ab 4 Jahren) werden fiktive Rollen angenommen. Erst das Vertrauen in ein gesichertes Selbstkonzept lässt Rollentausch und damit die Unsicherheit einer anderen, unbekannten, zumindest aber ungewöhnlichen Rolle zu. Dies führt zu koordiniertem gemeinsamen Handeln, zur Abstimmung über Belegung der verschiedenen Rollen und deren Handlungen, dem Rahmen, dem Einstieg und die Durchführung der gewollten oder zufälligen Ereignisse und dadurch zu Kooperation und Sozialerfahrung.
Im *Regelspiel* (ab 6 Jahren) werden Regeln traditionell, von einem Dirigenten oder gemeinsam festgelegt. Diese Regeln werden von allen Teilnehmern beachtet und bei Meinungsverschiedenheit als oberste Instanz angesehen. Regelveränderungen ergeben neue Spielsituationen und benötigen die Zustimmung aller Teilnehmer. Die Regeln werden für Wettkämpfe und komplexere Spielstrukturen gebraucht. Sie verhelfen zu Organisation, Interaktion und gemeinsamen objektivierbaren Zielen (vgl. Oerter, 1995).

„Spiel bedeutet Gefühle verstehen, aber sie nicht zu ernst nehmen.“

3. Psychomotorik

„Der Dschungel der Tiere war in der Turnhalle aus Kästen und Langbänken, Barren, Reckstangen, Matten und Tauen aufgebaut. Herausgeklappte Sprossenwände luden zum Gipfelsturm ein, eingehängte Langbänke zum gefährlichen Hinunterrutschen oder mühsamen Hochziehen. Weichbodenmatten waren als Sumpfgelände besonders bei Krokodilen beliebt. Vorwitzige Affen ließen sich vom Gipfel aus in den Sumpf fallen. Über Hängebrücken aus Tauen oder wackelig aufgehängten Langbänken krochen die Schlangen, schlichen die Löwen oder rannten die Eichhörnchen. Umgedrehte Kastenteile oder Bänke, mit Matten bedeckt, dienten als Tunnelgänge, die es zu Erforschen galt. Das am Boden liegende Tor, mit dem Schwungtuch getarnt, ergab die Versammlungshöhle."

In den 60er Jahren wurde Psychomotorik in Deutschland durch Johnny Kiphard bekannt. Sie fand wissenschaftliche Begleitung, eine weite Verbreitung und inzwischen in vielen Bereichen von Pädagogik und Therapie Anwendung. Dadurch konnte sie sich zu verschiedenen Ansätzen weiterentwickeln. Allgemein wird Psychomotorik als körperlicher Ausdruck psychischer Vorgänge angesehen. Im engeren Sinne als pädagogische oder therapeutische Grundhaltung, die sich bemüht, über spielerische Körper-, Material-, Sozialerfahrung zu Ich-Kompetenz, Sachkompetenz und Sozialkompetenz zu gelangen. Dabei wird sie von folgenden Grundprinzipien geprägt:
1. Ganzheitlichkeit: Im Wissen um die ständige Wechselbeziehung und dem Zusammenspiel von Wahrnehmung, Bewegung, Psyche, sozialer und materieller Umwelt wird reine Funktionalität der Bewegung durch Bewegung als Ausdruck der gesamten Persönlichkeit ersetzt.
2. Kindzentriertheit: Der individuelle Entwicklungsstand, methodischen Weg, Zeitplan und die momentane Bedürfnislage des Kindes werden berücksichtigt. Nicht die Schwächen sollen schnellstmöglich beseitigt werden, sondern es wird auf die kindlichen Stärken aufgebaut.
3. attraktives Materialangebot: Vielseitige und variationsreiche Materialerfahrung gilt als Voraussetzung von Handlungsfähigkeit (Praxie) und Umweltbewältigung, von kindgerechter spielerischer Körper- und Sozialerfahrung.
4. Betonung der Motivation: Eigenmotivation (Neu-gier, Bewegungsfreude, Vereinfachungstrieb) ermöglicht freudvolles, neugieriges, konzentriertes, ausdauerndes Lernen und optimiertes Abspeichern in entsprechenden Hirnarealen.
5. Stärkung des Selbstbewusstseins: Diese Grundvoraussetzung für stabile Entwicklung benötigt Eigenständigkeit, ermutigende Lernatmosphäre, erreichbare Ziele, sichere Rahmenbedingungen und Minimalregeln.

6. *gruppengeprägtes Erlebnisfeld:* Kindgerechtes Lernen wird durch Beispiel, Nachahmung, Austausch, Rollenwechsel, spielerische Erfahrung von Interaktion und sozialer Integration innerhalb der Gruppe begünstigt.

„Denn es gibt keine Handlung ohne Grund,
und das, was ein Kind spontan tut, entspricht immer
seinen tiefen Motivationen.
An uns liegt es, zu verstehen, was dieses Tun wirklich ausdrückt –
und durch unser eigenes Tun zu antworten."
(Bernard Aucouturier, Andre Lapierre in „Bruno")

Methoden der Psychomotorik: Die Methoden der Psychomotorik sind spielerisch, ohne Zwang, ohne Leistungsvergleich und an den Bedürfnissen des Kindes orientiert. Dies kann geschehen über:

- **Bewegungsaufgaben** – Die verschiedenen Lösungsmöglichkeiten werden den unterschiedlichen Entwicklungsniveaus der Kinder ohne Bewertung gerecht, genauso wie sie Kreativität, Vielfalt, Handlungskompetenz, Planungs- und Denkfähigkeit fördern.
- **Bewegungsgeschichten** – Die Kinder entdecken über die leicht nachvollziehbare Geschichte die anscheinende Sinnhaftigkeit der einzelnen Bewegungsspiele. Kinder haben einen direkten Zugang zu anderen Welten, Märchen und Geschichten. Der so vom Erwachsenen gesetzte Spannungsbogen kann durch die gesamte Unterrichtseinheit führen.
- **Freispiel** – Jedes Kind darf im offenen Unterricht mit dem Material alleine oder innerhalb der Gruppe spielen, ausprobieren, nachahmen, ohne andere Kinder in ihrem Spiel zu stören. Der Erwachsene kann einzelne Kinder unterstützen und bestärken oder als Mitspieler neue Ideen aufzeigen und in Problemsituationen spielerisch helfen.
- **Stationsbetrieb** – In verschiedenen Bereichen werden unterschiedliche Spiel- oder Übungssituationen angeboten. Das Kind darf die einzelnen Stationen frei wählen oder es durchläuft alle Stationen hintereinander.
- **Bewegungsraum** – In einem mit Materialangebot bzw. -aufbauten vorstrukturiertem Raum darf das Kind sich selbständig mit dem Material auseinandersetzen. Es lernt selbstverantwortlich nach eigenem Tempo und Bedürfnis. Der Erwachsene gibt die Struktur des Raumes bzw. das Material vor. Während der Unterrichtseinheit wird er zum beobachtenden Helfer (siehe Köckenberger, 1996b, 1999a).

4.1 Psychodrama:

„Wahrheit der Seele durch Handeln ergründen"

Jakob Levy Moreno, Arzt, Psychiater (1989-1974) fand mit Hilfe des Stehgreiftheaters zur psychotherapeutischen Methode des Psychodramas. Er bemerkte das heilende Potential, das in jedem erwachsenen Patienten steckt, wenn ein entsprechender Rahmen die Möglichkeit zur improvisierten, kreativen und intuitiven Darstellung von Problemsituationen, Konfliktkonstellationen, Träumen und verborgenen Wünschen bietet. Dies geschieht auf dem Hintergrund. dass jeder Mensch bestimmte Rollen im alltäglichen Leben freiwillig oder zwanghaft spielt. Diese Rollen sind Gesamtheit aller konkreten Verhaltensweisen, die in einem komplexen Sozialisationsprozess erworben worden sind. Jeder Mensch besitzt ein Rolleninventar (alle jemals gespielten Rollen) und ein Rollenrepertoire (alle zu einem Zeitpunkt verfügbaren Rollen). Das Ich konstituiert sich aus den in einer aktuellen Situation tatsächlich gespielten Rollen. Das Selbst wandelt sich, weil Rollen interpersonale Erfahrungen sind, die jeweils von Interaktionspartnern aktualisiert werden. Erlebnisse, die unverarbeitet im Unbewussten ruhen, aber auch im Körper Blockaden und starre Haltungen verursachen, prägen die Einstellung und schaffen sich immer wiederholende Rollenmuster. Sie engen dadurch den Erfahrungshorizont ein und lassen für angemessenes Verhalten weniger Wahlmöglichkeit oder „Spiel-raum". Die heilende Wirkung während des aufgeführten Psychodramas passiert auf der Erfahrung, dass jedes „wahre zweite Mal" – auch Karthasis (Reinigung störender Stoffe aus der Seele) genannt – die Befreiung vom „ersten Mal" – dem ursächlichen, unverarbeiteten Erlebnis – darstellt. Wieder hervorgeholt und ausgespielt verliert die Erinnerung daran seine bedrohliche Wirkung und wird in variablen oder neuen Verhaltensmöglichkeiten aufgelöst.

Ziele des Psychodramas

- Aktuelle und vergangene unerledigte Konflikte werden in Handlung (=drama, griech.) und ganzheitlichem Erlebnis (mit allen Sinnen, Fühlen, Denken, Intuition, Sprache, Gesten und Körperausdruck) reaktiviert und in der Gegenwart durch körperliches Erleben, emotionale Erfahrung und rationale Einsicht erfahren.
- Rollenflexibilität, Kreativität und Spontaneität werden gefördert.
- Soziale Haltung, soziales Handeln unter Einbeziehung des alltäglichen Lebensraums und -zusammenhangs genauso wie Interaktionsprobleme werden sensibilisiert, neue Möglichkeiten ausprobiert und angewendet.
- Wunsch und Wirklichkeit werden integriert, erweitert oder neugesetzt.

Durchführung von Psychodrama

„Was sollen wir heute machen?" – „Wir wollen heute wieder Dschungel spielen." – „Seid ihr heute eher wilde oder behutsame Tiere? Probieren wir doch mal aus, was jedem von uns heute am besten gefällt. Bewegen wir uns alle wie Stefan, so schnell und laut. Oder jetzt wie Ulrike, so leise und schnell. Oder wie Markus, so klein und behutsam.

Oder wie Elfriede, so hoch hüpfend und gestreckt, weg vom Boden. Oder wie Martina, so eng auf den Boden gedrückt, und zusammengekauert. Oder wie Michael, mit riesigen Schritten kreuz und quer durch die Halle ... Wer weiß schon, was er sein will? Hier auf der Zaubermatte dürft ihr euch in das Tier verwandeln, das ihr sein wollt. Und immer, wenn ihr euch wieder verändern wollt, kommt auf die Zaubermatte, beschreibt euren neuen Wunsch und geht verzaubert wieder in den Dschungel zurück." – „Hilf uns bitte, die Turngeräte, die wir als Löwen, Schlangen, Affen und Mäuse brauchen, aufzubauen. Am besten genauso, wie letztes Mal."

Die anfängliche *Erwärmungsphase* dient zur Sensibilisierung der Gruppe und evt. Themen. Traums, einer Problemsituation aus Alltag, Arbeitswelt oder Familie, aufgrund eines Erlebnisses o.ä.
In der folgenden *Aktionsphase* können ein oder mehrere Teilnehmer als Protagonisten handelnd, sprechend und beobachtend im Zusammenspiel mit anderen Gruppenmitgliedern gezielt ausagieren, sich ihre Welt neu schaffen oder wieder zurechtrücken. Sie können ihre Bedürfnisse ohne Einschränkung verwirklichen (z.B. auch durch Tier-, Gegenstand-, Konzepteverkörperung). Sie sollen nicht zum Schauspieler werden, sondern spontan erleben, wie sie wirklich sind, wie sie sich im wirklichen Leben entweder nicht zeigen können, dürfen oder wollen.
Die anschließende *Gesprächsphase* dient dem Selbstbericht, Austausch, Rollenfeedback und der Zusammenfassung der erlebten Gefühle und Handlungen.

Es gibt drei Formen des Psychodramas:
Protagonist-zentriert: Ein Teilnehmer steht im Mittelpunkt des Geschehens. Er kann mit von ihm bewusst gewählten Gruppenmitgliedern sein Thema oder die Situation darstellen. Der Rollentausch zwingt ihn, stereotype Sichtweisen oder Gefühle in der Beziehung zu einer Person zu überprüfen und das Problem aus dem Blickwinkel des Partners zu betrachten.
Gruppenzentriert: Alle Teilnehmer einigen sich und spielen eine Situation, eine Geschichte oder ein Märchen. Jeder Teilnehmer sucht sich seine typische, eine gewohnte, eine konträre oder neue Rolle. In kurzen Pausen können Folgehandlungen, die zu spielen sind, abgesprochen werden oder jedem Teilnehmer bleibt, wie im Stehgreiftheater, das spontane Agieren in seiner gewählten Rolle freigestellt.
Themenzentriert: Die Gruppe einigt sich auf ein Thema, das für alle Teilnehmer interessant erscheint. Dieses Thema wird in einer oder mehreren Variationen gespielt. Dabei sind entweder alle Teilnehmer aktiv oder die typischen Besetzungen wechseln und mit ihnen eventuell auch die Rollengestaltung. Diese Variationen bieten wiederum eine Vielfalt von Lösungsmöglichkeiten an.

„Miriam will heute Löwe sein. Was für ein Löwe bist du? Welche Tiere braucht der alte, gefährliche riesige hungrige Löwe noch in seinem Dschungel? Wer spielt diese Tiere so ähnlich, wie Miriam es euch beschreibt. Und wer mag heute bei Miriams Dschungelspiel zuschauen, um uns hinterher ihre Geschichte noch einmal erzählen zu können.....". Nachdem der alte Löwe eine Zeitlang immer wieder andere Tiere verjagt hatte, trotzdem vor Hunger brüllte und einsam das fröhliche gemeinsame Spiel der Tiere aus der Ferne beobachtete, spielte ein anderes Kind Miriam´s Rolle. Miriam durfte ihrem einsamen griesgrämigen Löwen Anweisungen geben, was er verändern könnte, damit er zufriedener werde. Nach einer Weile wollte sie ein fröhliches, aber gejagtes Tier spielen. Schließlich spielte sie wieder einen – veränderten, jüngeren – Löwen, der nach seinem Vater rief.......

„Wie laut doch der Löwe vor seiner Höhle brüllen kann. Soll ich es auch mal probieren?"

Im Psychodrama existieren nicht nur der gestaltete Raum, der als Bühne oder „Schau-platz" dient, und eine eingegrenzte Zeit als „Schau-spiel"; es gibt einen Hauptdarsteller (Protagonist) samt seiner Nebenschauspieler bzw. eine Vielzahl von gleichberechtigten Spielern. Die Rolle des therapeutischen Leiters ist einerseits klientenzentriert, wenn er bei der Problementwicklung und -veränderung völlig den Protagonisten folgt, andererseits durchaus direktiv, wenn es an die Umsetzung in Aktion geht oder den Verlauf des Spielerlebens sichert und er verschiedene Techniken anwendet. Andere Teilnehmer können als „Hilfs-Ich" Beziehungsrollen übernehmen, das Ich des Protagonisten für kurze Zeit darstellen und ihm sein Verhalten spiegeln, als Doppelgänger die wahren Gefühle in der gespielten Situation ausdrücken und dadurch verstärken und ihre eigenen durch die Identifizierung erlebten Gefühle mitteilen. Durch Rollentausch werden andere Sichtweisen, Gefühl und Verhalten von Gegenspieler oder Partner konkret erlebt und dadurch verstanden. Das Publikum berichtet den Schauspielern über seine eigenen Gefühlserlebnisse während des Schauspiels. Dadurch werden den Zuschauern Identifikationen mit dem Beobachteten bewusst genauso wie die Schauspieler ein wertfreies feedback erhalten.

4.2 Jeux dramatiques:

„Während ich euch zum zweiten Mal die Geschichte von den Tieren aus dem Dschungel erzähle, dürft ihr richtig mitspielen. Wer will der kräftige Löwe sein, wer die einsame Schlange, wer das kleine Mäuschen und wer den weitsichtigen Affen? Wer will mit seinem Körper für das Mäuschen die Höhle bilden, wer die mächtigen stillen Bäume des Dschungels und wer will die flinke oder ängstliche Fangbeute für den Löwen oder die Schlange spielen? Wer spielt die Sonne, die die Tageszeit bestimmt, und wer macht die Dschungelgeräusche mit irgendwelchen Materialien ... Es war einmal ein großer Wald mit vielen verschlungenen Bäumen. Die Bäume bewegten sich mit ihren Ästen hin und her. Nur ihre Wurzeln waren tief in das Erdreich gegraben. Es war nach einer langen kalten Nacht. Die Sonne spitze langsam hinter dem Horizont hervor und der Affe begann zu gähnen. Da erwachte der Löwe, der am Fuß seines Lieblingsbaumes geschlafen hatte......"

„Alle Mann an Bord. Die Seefahrt kann beginnen."

Jeux dramatiques ist eine Möglichkeit heilpädagogischer Spieltherapie für Kinder und geistig Behinderte. Sie ist mit Psychodrama verwandt. Ähnlich betont wird die Bedeutung der Kreativität und Spontaneität, der konkreten Handlung, des intensiven Erlebens und der Kommunikation. Dagegen werden Märchen, reale oder phantastische Geschichten von dem Heilpädagogen erzählt oder vorgelesen und währenddessen von einer Gruppe non-verbal nachgespielt oder in Bewegung und Begegnung umgesetzt. Rollen und Ausdrucksform sind auch frei wählbar, veränderbar und austauschbar. Es können Materialien (*Tücher, Decken, Hüte, Gebrauchsgegenstände*....) in das Spielgeschehen mit einbezogen werden, um sich leichter mit Rollen identifizieren oder diese deutlicher betonen zu können. Auch hier beginnt die Stunde mit einer Erwärmungsphase zum Einstimmen. Nach der Spielphase folgt meist noch eine Gestaltungsphase, um den erlebten Gefühlen ausdrucksvoll Form zu geben.

5. Der Treffpunkt: darstellende expressive psychomotorische Spielsituation

Auch wenn Psychodrama anfänglich als Psychotherapie und Selbsterfahrung für Erwachsene und Psychomotorik als Bewegungserziehung für Kinder und Jugendliche konzipiert waren, scheint eine Übertragung auf gemeinsame Bereiche vorstellbar. Beide berufen sich auf ein humanistisches Menschenbild. Beide betonen den engen Zusammenhang von Bewegung, Handlung und psychischen Vorgängen. Beide sehen einen direkten Zugang zu emotionalen und sozialen Problemen über die körperliche Erfahrung, ungetrübt von störender Interpretation und fixierten Denkmustern. Das konkrete Erleben im körperlichen Spiel erschließt – bewusst oder unbewusst – Erkenntnis und Verständnis für verfestigte Rollenmuster, ungelöste Verhaltens- oder Beziehungsprobleme und verdeutlicht vorhandene Emotionen. Es bietet unverfängliche – weil eben spielerisch im geschützten Raum – aber auch direkte, unverfälschte, spontane und wertfreie Lösungsmöglichkeiten an. Diese Lösungsvorschläge wurden bisher in der Psychomotorik im Vergleich zum Psychodrama wenig konkret beachtet. Normalerweise beschäftigt sich Psychomotorik eher mit Bewegungsanweisungen und neuen motivierenden Materialien, während das Psychodrama gezielt intervenierende Techniken des Therapeuten einsetzt, um die Selbsterkenntnis des Klienten zu provozieren. Beides scheint der Komplexität der bewegenden kindlichen Spielsituation nicht gerecht zu werden. Werden ausschließlich die symbolischen, emotionalen Bewegungsinhalte analysiert oder unter dem „verstehenden Blick" betrachtet, besteht die Gefahr, kindliche Bewegungsfreude, Spiellust, Leichtigkeit und Neugier zu vergessen. Alles sind jedoch gleichwertige Aspekte von Spiel und Bewegung. Genauso übersieht die rein sensomotorische Förderung oftmals die sozio-emotionale Präsens jeglicher Handlung und Leiblichkeit.
Im Unterschied zum Psychodrama verwendet die Psychomotorik eine Vielfalt von Materialien. Dadurch werden Einstieg, spielerische Handlung und Erleben in der Auseinandersetzung mit der kindgerechten Umgebung ver-

einfacht. Mit Hilfe des psychomotorischen Materials entstehen indirekte, aber spielintensive, stimulierende und projektive Situationen, die von den Kindern zum Ausagieren angestauter Emotionen und zum Ausprobieren neuer Verhaltensweisen benutzt werden. Die Spielsituation oder die Gruppensituation und -stimmung bestimmen den Einsatz der verschiedenen Methoden der Psychomotorik. Hierbei erlaubt die expressive Psychomotorik den Kindern, ihre Gefühle im Rollenspiel genauso wie durch darstellende Bewegungen und Handlungen auszudrücken. Sie ermöglicht ihnen, ihre mit Gefühlen „beleibte“ Bewegungen zu erfahren, die ständige Symbolhaftigkeit jeder ihrer Bewegungen und Handlungen zu erkennen und über Bewegungen verschiedenste Gefühle zu entwickeln und auszuprobieren. Die Kinder können das vielfältige psychomotorische Material benutzen, um nicht nur verkümmerte und vernachlässigte Bewegungsmuster wieder einzusetzen oder zu trainieren, sondern auch fixierte Verhaltensmuster neu belebt zu bewegen. Vielleicht werden dadurch die willkürlich gezogenen Grenzen von funktionell denkenden und „be-handelnden“ Erwachsenen in Frage gestellt. Kinder wissen meist noch intuitiv um ihre Ganzheitlichkeit von Emotion und Motorik, von Verhalten und Handlung, die sie im Spiel automatisch berücksichtigen. Der Erwachsene muss die spielerische Natürlichkeit des kindlichen Lernens auf seine pädagogisch-therapeutische Grundhaltung Einfluss nehmen lassen. Dann braucht nicht mehr künstlich in rein motorische, rein sensorische, rein sozio-emotionale Übungsformen unterschieden werden, da selten singuläre Ursachen von kindlichen Entwicklungsauffälligkeiten nachweisbar sind. So kann der Erwachsene durch Material- wie auch

„Es fehlen mir noch einige Goldklumpen....“

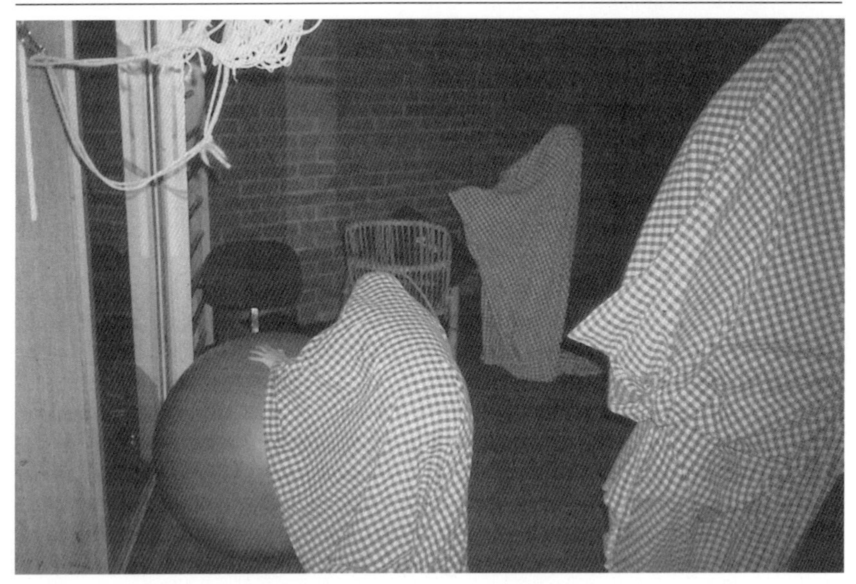

„Warum kann ich meine Gespensterfreunde nicht finden?"

durch Spielangebote die Entdeckung und Entfaltung der bewegenden Gefühle unterstützen. Er begleitet durch konzentriertes Beobachten das sich frei und selbstverständlich entwickelnde emotionale Spiel. Er kann auch als neutraler Kommentator reflektierend (vgl. Axline, 1990), als Mitspieler kommunizierend, als Helfer regulierend, verstärkend, fokussierend, ergänzend, als Grenzschützer reglementierend, mit gezielter Maßnahme bei Krisen intervenierend oder auch korrigierend präsent sein nach dem Motto: *Eingreifen nur so oft wie nötig und so wenig wie möglich.* Er kann im Spielgeschehen genauso wie außerhalb des Spiels im Dialog, das heißt mit einer gleichberechtigten Offenheit und Veränderbarkeit gegenüber den Kindern einige geeignete Techniken aus dem Psychodrama (*Wiederholungen, Doppelungen, Spiegelungen, Rollenwechsel, Lösungsvariationen, Feed-back der eingesetzten Spieler und der Zuschauer*) anbieten, um den Spielern das momentane Erleben und eventuell dahinter verborgener unbewusster Lebensthemen oder Rollenzwänge bewusst zu machen.
Es sollte bei einem behutsames Einsetzen der Techniken bleiben. Erstens, weil manches selbständige Spiel durch das aufdringliche Eingreifen des Erwachsenen fehlgeleitet, unterbrochen oder zerstört werden kann. Zweitens, weil die Kinder Interventionen mit Hilfe dieser Techniken akzeptieren oder wünschen müssen. Nur durch Freiwilligkeit der Spieler können Veränderungen von ihnen selbst herbeigeführt werden. Drittens, weil

die Tiefen der kindlichen (auch erwachsenen) Spielemotionen sehr bedeutend sind und leicht unterschätzt werden können. Zu schnell und unvollkommen sind unsere subjektiven Interventionen oder Interpretationen, mögen sie auch psychoanalytisch, gestalt- oder verhaltenstherapeutisch begründet sein. Sie sind immer von unseren eigenen Erlebnissen und Gefühlen, von unserem Wissen und unseren Erwartungen, Zielen und Zwängen geprägt. Vertrauen auf die kindlichen Selbstheilungskräfte bei entsprechender Umgebung, Verständnis und Unterstützung für das kindliche Verhalten in seiner individuellen Erlebniswelt scheinen eher möglich als ein vollständiges Verstehen der Komplexität von Ursachen und Wirkungen.

Expressiv-psychomotorische Thesen:

- Spielerische und emotionale Sicherheit steigert das Selbstwertgefühl, um das Selbstkonzept selbständig durch Selbstheilungskräfte im sicheren und sinn-vollen Rahmen zu regulieren.
- Entwicklung der kindlichen Persönlichkeit mit Hilfe von Bewegung statt funktionelles Üben von Bewegung oder funktionelles Erkunden der psychischen Situation durch Bewegung
- Die selbständige kindliche Handlung tritt anstelle der vom Erwachsenen geplanten und durchgeführten Be-handlung aufgrund des Vertrauens in eine selbständige kindliche Entwicklung.
- Die körperlich-emotionale Beziehungen zwischen Kindern und Erwachsenem ersetzen erwachsenenzentrierte Er-ziehung hin zur Norm.
- Der offene und veränderbare Dialog zwischen Kindern und Erwachsenem leitet durch die Stunde als bewegende gefühlsvolle Begegnung anstelle von einem vorausplanbarem durchsetzungsfähigem fremdbestimmendem Monolog des Erwachsenen.
- Defizitfixiertheit als Üben der kindlichen Schwächen weicht einer Entwicklungsorientiertheit aufgrund des Wissens komplexer Entwicklungsbausteine und kindlichem Entwicklungsalter (*z.B. Spielentwicklung, sozial-emotionale oder sensomotorische Entwicklung)* sowie einer Kindzentriertheit als Berücksichtigung kindlicher und altersgemäßer Bedürfnisse und Stärken.
- Lebensfreude und Akzeptanz der momentanen Situation nicht nur als Basis jeglicher Entwicklung sondern vor allem als allgemein wichtigstes Lebensziel stehen über zwanghafter Normierung.
- Die Kinder benötigen Zeit statt Stress und Angst für ausreichende Wiederholungen, für Erfolgserlebnisse und auch anscheinende Rückschritte, für Kreativität und eigene Problemlösungen, für eine selbständige Auseinandersetzung mit Material, Umwelt und eigenen Gefühlen.
- Das natürliche kindliche Spiel, „ganzheitlich – spielerisch – sinnvoll – selbständig – ziellos“, ist richtungsweisend für jede pädagogisch-therapeutische Situation.

In der Praxis:

Ziele: Aufzeigen alter und Ausprobieren neuer Rollenmuster, Ausleben unverarbeiteter Ereignisse, Problemlösungen, Kooperation, Einfühlen und Durchhaltevermögen in verschiedenen Rollen, Verständnis, Gruppengefühl, Motivation zum Erlernen neuer sensomotorischer Muster, Spiel- und Bewegungsfreude

Materialfunktion: als Einstiegshilfe für die Aufwärmphase, als Rollenhilfe für ein leichteres Identifizieren mit einer Rolle, als Rahmen oder Bewegungsraum für eine vorgegebene oder sich frei entfaltende Spielhandlung, als Sicherheit bei direkten oder verunsichernden Erlebnissen oder Identifikationen, als persönlichen oder unpersönlichen materiellen Katalysator, als Projektionshilfe für übertragende Rollen

Verwendete Materialien: alle in der Psychomotorik bekannten Materialien finden Verwendung, von beweglichen Kleinmaterialien über spezielle Psychomotorik-Materialien bis hin zur Turnhallenausstattung: *Tücher zum Verkleiden und Dekorieren, Bierdeckel, Klorollen oder Softbälle als Ufos, Rollbretter oder Autoschläuche als Rennautos, Schaukeln als Flugzeuge oder Adler, Wolldecken oder Schwungtücher als Kutschen, Paketpapier, zweite Haut, Iglu oder Zelt, Bettbezüge für Gespenster, Taschenlampen als Ungeheuer-Augen, Inlineskates für Kuriere der Königin, Blechdosen als Trommeln der Ritter, Tennisbälle als Goldklumpen der Piraten, Turnhallengeräte als Kulisse oder Bewegungsraum.* Die Kinder finden meist selbständig das für ihre Zwecke notwendige Material. Sie beseelen es vor oder während der Benutzung. Sie können es hintereinander für verschiedenste symbolische Inhalte einsetzen. Anfangs lassen sich „unbedeutende“ Materialien leichter interpretieren, eben mit Bedeutung füllen, was bei einem bekannten Fußball schwerer fällt bzw. mehr Spielhingabe und Kreativität erfordert.

Sozialer Kontext: Manche Kinder benötigen zuerst die Einzelsituation, um allein und ungestört heikle Themen und Gefühle mit Hilfe von Bewegung und Spielmaterial zu aufzudecken. Dies ist auch erforderlich, wenn die soziale Entwicklung noch keine Gruppenanpassung erlaubt. Innerhalb der Gruppe können auf diese Weise die Kinder jeder für sich alleine das gleiche Thema mit gleichem Material auf individuelle Weise lösen. Ein loser Zusammenhang der Gruppe kann durch ein Rahmenthema gegeben werden, das aber maximale Bewegungs- und Handlungsfreiräume für die eigenständige Steuerung des symbolisch-emotionalen Spiels gewährt. Ein gemeinsam vorgegebenes oder gewähltes Thema kann von Gruppenmitgliedern individuell, als punktuell (zeitweise) oder durchgängig gemeinsame Handlung gespielt werden. Dies wird sich automatisch durch die Sozialfähigkeit und das Emotionalbedürfnis der einzelnen Mitspieler ergeben. Die gemeinsame Spielhandlung kann von einem einzelnen kindlichen oder erwachsenen Dirigenten (*Zauberer, Filmregisseur,*

Märchenerzähler) grob oder exakt vorgegeben oder geleitet werden. Genauso kann statt eines Dirigenten jeder Mitspieler seine Rolle (*durch Benutzen oder Weitergabe eines Zauberortes, Zauberstabes, Zaubermantels*...) frei wählen, verändern oder gemeinsame Handlungen ergänzen.

„Unsere Raumschiffe müssen in die gefährliche unbekannte Welt vordringen."

„Ich will endlich mal den stärksten Mann der Welt spielen. Dazu brauche ich drei schwächere freundliche Helfer im Team. Ich brauche zwei Bösewichte, die gefährlich und hinterhältig sind. Sie bedrohen die Stadt mit ihren Giftbomben (Softbällen). Ich muss die Stadt retten, dann werde ich berühmt und von allen verehrt. Wenn ich verletzt werde, geht die Stadt zugrunde. Ich werde beinahe von den Bösewichten erwischt, als die merken, dass ich hinter ihnen her bin. Aber ich kann mich selbst befreien und auf meiner Rakete (Rollbrett) abhauen. Am Schluss sperre ich die Bösen in ein tiefes Verlies ein (mit Schaumstoffwürfeln und Matten bedeckt)."

Mit Vorgaben: Verschiedene psychomotorische Methoden können Einstiegsspiele und Vorgehen gestalten. Situationen können als Rahmenhandlung dienen. Sie können aus dem allgemeinen Alltag bekannt sein (*Bauernhof, Einkaufszentrum, Eisenbahnfahrt, Ferien am Meer, Diskothek, Schule, Verkäufer, Roboter, Kanalarbeiter, Hochzeit*). Sie können im familiären Alltag handeln (*Vater/Mutter/Kind, Babyspiel, Familienkonstellation, Denkmalbau, Oma kommt zu Besuch, Abendessen, Sonntag*). Sie können gesellschaftsrelevant oder kulturbedingt entstehen (*Frauenrolle, Religion, Kirche, Mittelalter, Gewalt*). Sie können archetypische (*Kämpfe, Geborgenheit, Verschmelzung, Trennung und Abschied, Liebe und Tod, Herrscher und Diener*) oder kindliche Verwandlungen erlauben (*Tierwelt, Dschungel, Steinzeit, Ufos*). Märchenhandlungen (*Rotkäppchen, Schneewittchen, Frau Holle*) und Kinderbücher (*Regenbogenfisch, die kleine Hexe*) lassen sich altersentsprechend genauso wie eindrucksvoll erlebte Fernseh- oder Videofilme (*Batman, Bergwacht, Popgruppe*) verwenden. Darstellungen von Träumen, Utopien, Wünschen und konkreten Erlebnissen verlangen sprachliche und praktische Vorgaben des Regisseurs (Protagonisten). Aber auch Kombination von Bewegungen und Geräuschen (*Namen, Maschinen*), veränderbare bekannte Kinder- und Fangspiele, Pantomime, Darstellung eines Wortes (Sprichwortes) ermöglichen szenische Impulse. Spielthemen wie „*Wer bin ich*?“, „*Was will (habe) ich im bekannten Film verändert*?“, „*Wer ist der Boss in der gezeigten Handlung*?“ geben Spielsituationen mit bestimmtem Hintergrund vor, um Eindrücke, Gefühle und erlebte Rollen zu entdecken, zu verstehen und zu verändern.

Die Wölfe können ihr Gehege, das sich mitten durch das Spielfeld zieht, nicht verlassen. Die hungrigen Hühner wollen von ihrem Stall auf dem einen Spielfeldrand, zu ihrem Futtertrog auf dem gegenüberliegenden Spielfeldrand. Dabei müssen sie jedoch das Wolfsgehege durchqueren. Wen die Wölfe erwischen, wird gefressen und dadurch auch zum Wolf. Das Spiel geht solange, bis alle Hühner zu Wölfen wurden. – „Wer will im zweiten Spieldurchgang Wolf, wer will Huhn spielen?“- „Wie ist es für die Wölfe, abwarten zu müssen, bis die Hühner kommen?“ – „Wie für die Hühner, erwischt und aufgefressen zu werden?“ Die Hühner wollen ihre Situation verbessern, indem die Wölfe blind sein sollen. – Die Wölfe wollen keine Gehegegrenzen mehr. „Welche Variation sollen wir jetzt spielen?“- „Welches Huhn will noch einmal von vielen Wölfen aufgefressen werden?“........

Ohne spezielle Vorgaben: Jede selbstverantwortliche, kindgemäße und integrierte Spielsituation lässt bei entsprechender Umgebung (*z.B. Bewegungsraum*) und sicherem Rahmen symbolhafte Handlungen und Rollenspiele entstehen. Der Erwachsene beobachtet, hilft, kommuniziert, reflektiert, interveniert – nur falls notwendig. Dabei sorgen die Einhaltung von Minimalregeln und spürbare Akzeptanz der Gesamtpersönlichkeit des Kindes für die notwendige Geborgenheit und Sicherheit für eine selbständige und spielerische Weiterentwicklung. Die Umgebung muss vom Erwachsenen mit Materialangebot oder -aufbau alters- und entwicklungsgemäß reiz-voll und sinn-voll vorbereitet sein.

„Und so neigte sich auch im Dschungel der Tag dem Ende zu. Die Tiere suchten sich Höhlen oder kuschelige Schlupfwinkel zum Schla-

fen. Alleine oder mit anderen Tieren gähnten sie schon und ließen die Augen zufallen. Selbst der mutige Löwe traute sich hinzulegen und verstohlen ab und zu mal ein Auge zu zudrücken. Der Mond begleitete mit seinem bleichen Schimmer die Sonne ins Bett und färbte den Himmel dezent dunkelblau mit silbrigen Streifen. Als einziges Tier wachte die weise Eule über den schlafenden Tieren und beschützte gemeinsam mit dem Mond die tiefen Atemzüge, aus denen meist Träume hervorquellen.....“

Literatur

Aichinger/Holl: Psychodrama-Gruppentherapie mit Kindern, Mainz 1997

Arbeitsgemeinschaft jeux dramatiques: Ausdrucksspiel aus dem Erleben, Bern 1984

Aucouturier, B./Lapierre, A., Bruno, München-Basel 1982

Axline, V., Kinder-Spieltherapie im nicht-direktiven Verfahren, München-Basel 1990

Köckenberger, H.: Spaß ist die beste Motivation, Psychomotorische Entwicklungsförderung, in Fikar/Thumm: Körperarbeit mit Behinderten S.121 ff., Stuttg. 1992

Köckenberger, H./Gaiser, G.: Sei doch endlich still! Entspannung mit Kindern, Dortmund 1996

Köckenberger, H.: Bewegungsräume, Dortmund 1996

Köckenberger, H.: Bewegtes Lernen, Dortmund 1997

Köckenberger, H.: Bewegungsspiele mit Alltagsmaterial, Dortmund 1999

Köckenberger, H.: Kinder müssen sich bewegen, Berlin 1999

Köckenberger, H.: Hyperaktiv mit Leib und Seele, Dortmund 2001

Köckenberger, H.: Wie kommt Montessori auf das Rollbrett, in: Praxis der Psychomotorik 2, Dortmund 2002

Leutz, G.: Psychodrama, Berlin 1974

Moreno,J.L.: Gruppenpsychotherapie und Psychodrama, Stuttgart 1959

Moosig, K.: Einfach spielen – das ist der Wahnsinn, Karlsruhe 199o

Oaklander,V: Gestalttherapie mit Kindern und Jugendlichen, Stuttgart 1981

Oerter, R., Kindheit in: Oerter, R./Montada, L.(Hrsg.), Entwicklungspsychologie, Weinheim, 1995, S. 253

Weiss, G.: Wenn die roten Katzen tanzen, Freiburg 1999

2.11 Von der Praxeologie der Psychomotorik zu den Zukunftsaufgaben einer Motologie als Wissenschaft

Richard Hammer

Der Überblick über die Vielzahl an unterschiedlichen psychomotorischen Ansätzen zeigt, dass die Motologie als Wissenschaft noch immer in den Kinderschuhen steckt. Sie hat sich entwickelt aus der Praxis der Psychomotorik, mit dem Ziel, die praktischen Erfahrungen theoretisch zu fundieren und wissenschaftlich zu begründen. Dazu gehörte formal die Gründung von zwei Aufbaustudiengängen in Marburg und Erfurt (von denen letzterer schon wieder geschlossen ist). Inhaltlich zeigen sich bis heute massive Probleme, da es bisher nicht gelungen ist, ein einheitliches Theoriegebäude für eine motologische Wissenschaft zu formulieren. Wie der vorliegende Band zeigt, gibt es unterschiedliche Ansätze, die aber immer wieder in fremden Gewässern fischen müssen, um letztlich eine existierende und funktionierende Praxis zu rechtfertigen. Was diesen Ansätzen gemein ist, ist die gemeinsame Basis von Körper, Bewegung und Spiel als zentrale Medien. Ansonsten wird zurückgegriffen auf Theorien der Pädagogik, der Heil- und Sonderpädagogik, auf Handlungstheorien, Entwicklungstheorien und soziologische Theorien. Eine fundierte, eigene Theorie ist noch nicht in Sicht.

Ob es jemals möglich sein wird, eine einheitliche Theorie einer motologischen Wissenschaft zu formulieren, wird sich zeigen. Blickt man auf die Phasen der letzten 40 Jahre deutscher Psychomotorikgeschichte, dann muss dies angezweifelt werden. Die im Laufe dieser Zeit entwickelten, in diesem Buch vorgestellten Ansätze sind (mit der Ausnahme des systemisch-konstruktivistischen) immer aus der Praxis heraus entstanden. Die Theorie dazu wurde danach erst gefunden um das eigene, praktische Handeln besser verstehen, rechtfertigen und nach außen besser vertreten zu können.

Was möglich und notwendig erscheint, ist die Formulierung eines gemeinsamen Menschenbildes. Die Verdeutlichung eines Menschenbildes ist erforderlich, da wir immer auf der Grundlage eines zumindest implizit vorhandenen Menschenbildes handeln (vgl. ECKERT/HAMMER 2003). Marksteine dafür könnten sein: Autonomie und soziale Interdependenz, die Suche des Menschen nach Selbstverwirklichung, nach einem sinnvollen Dasein und die ganzheitliche Sicht auf den Menschen, der „als Akteur seiner eigenen Entwicklung" gesehen werden muss (vgl. ZIMMER 1999) – in Ko-Evolution mit der Umwelt.

Und diese Umwelt verdient vermehrt Aufmerksamkeit in der Motologie als Wissenschaft. Es wird zwar immer wieder von der „Umweltbezogenheit" psychomotorischer Theorie und Praxis gesprochen, konkrete Analysen und ihre Folgen für die Praxis sind jedoch eher selten. Eine Ausnahme bildet hier PRENNER (1996), der auf den gesellschaftlichen Wandel verweist, dem sich vor allem die Kinder konfrontiert sehen, mit dem aber auch die Psychomotorik konfrontiert wird, wenn man die Verschiebung der Alterspyramide bedenkt.

Dieser zunehmenden Notwendigkeit für eine Verbreitung der Psychomotorik, die sich aus der gesellschaftlichen Situation ergibt, steht eine noch immer fehlende, breite Anerkennung der Psychomotorik in pädagogischen und therapeutischen Arbeitsfeldern gegenüber. Anzeichen dafür ist die Ablehnung der Psychomotorik als therapeutische Maßnahme durch die Krankenkassen und die noch immer sehr seltene Etablierung der Psychomotorik in Vorschul- oder schulischen Einrichtungen. Fundierte Evaluationsstudien zur Frage, was und wie wirkt die Psychomotorik, könnten hierfür eine wichtige Hilfestellung sein[13].

Bleiben die offenen Fragen, die von der Praxis immer wieder an die Theorie gestellt, bisher nur teilweise aufgegriffen aber nie beantwortet wurden: wir sprechen immer wieder von Kindern, Erwachsenen und „alten Menschen", warum nicht von Jungen und Mädchen, von Frauen und Männern? Die *Geschlechterfrage* ist immer noch ein weißer Fleck in der motologischen Theorie (Ausnahmen: Schwerpunktheft MOTORIK 1993, 2, EISENBURGER (1995), MIDDENDORF-GREIFE/LINKE (2000)). Sind Entwicklungsthemen, sind Inhalte und Methoden wirklich geschlechtsneutral? Der Praktiker wird hier immer wieder mit seiner Intuition und seiner Lebens- sowie Berufserfahrung allein gelassen.

Gleiches gilt für die *„Gruppe"*: Psychomotorik findet in der Regel in Gruppen statt. Was bedeutet dies aber für die Gestaltung der Psychomotorikstunden? Egal, ob wir individuumszentriert oder kontextorientiert arbeiten, wir arbeiten mit einzelnen Menschen – aber im Kontext einer Gruppe. Wie wirkt die Zusammenstellung dieser Gruppe, wie wirkt die Dynamik einer sich entwickelnden Gruppe. Auch hier bleibt die PraktikerIn mit ihrer Intuition alleine.

Es gibt also noch genügend Fragestellungen aus der Praxis für die Theorie – auch wenn es keine einheitliche Theorie der Motologie geben sollte.

Noch schwieriger scheinen uns die zu lösenden Aufgaben für die PraktikerInnen zu sein. Für sie gilt es, die Widersprüche aufzulösen, die in der Theoriediskussion entstanden sind.

---

[13] Unter Federführung des Instituts für Kinder- und Jugendhilfe (Mainz) wird – in Zusammenarbeit mit dem Deutschen Forum für Psychomotorik - zurzeit eine Evaluationsstudie durchgeführt, welche die Wirksamkeit psychomotorischer Maßnahmen belegen soll siehe: www.ikj-mainz.de

Die reflektierte Praktikerin weiß, dass sie nicht die Wahl hat zwischen einer individuumszentrierten oder kontextorientierten Arbeit. Sicher arbeiten wir in der Regel mit den betroffenen Kindern oder Erwachsenen, die in unsere psychomotorische Praxis kommen (eine Ausnahme bildet hier die „Psychomotorische Familientherapie“ (HAMMER/PAULUS 2002)). Aber wir wissen, dass diese Betroffenen in Familien, in Kindergartengruppen, in Schulklassen oder in Arbeitsgruppen leben, die einen erheblichen Einfluss auf ihr Denken und Handeln haben. Wir Praktiker wissen, dass wir diesen Menschen nur „Hilfe im Leiden“ schenken können, solange sich ihre Lebensumstände nicht grundlegend verändern. Psychomotorische Arbeit heißt also immer auch familienorientierte, gemeinwesenorientierte und gesellschaftspolitische Arbeit.
Die reflektierte PraktikerIn muss sich auch durch die Erklären-Verstehendebatte winden. Seit dem epochalen Satz von DILTHEY: „Die Natur erklären wir, das Seelenleben verstehen wir“ hat diese Auseinandersetzung bei Praktikern eher für Verunsicherung als für klare Handlungsorientierung gesorgt. Wir müssen uns zurzeit mit dem Vorschlag von SEEWALD trösten, nachdem es Dinge gibt, die nicht zu verstehen, sondern nur zu erklären sind und umgekehrt, d.h. „die quantitativen Methoden (behalten) ihren Wert überall dort, wo nur durch sie Strukturmuster und Veränderungen von Parametern zu erkennen sind wie etwa in der Evaluationsforschung, (wobei wir wissen, dass) ein Mehr an Abstraktion und Formalisierung einher geht mit einem Weniger an individualisierender Blickschärfe und umgekehrt“ (2001, 160).
Diese Theoriediskussionen sind zu betrachten vor dem Hintergrund einer zunehmenden Erweiterung der Arbeitsfelder – wie der 2. Teil dieses Buches zeigen wird. Gelten diese Erkenntnisse nur für die Arbeit von Kindern oder sind sie auch übertragbar auf das Klientel der Erwachsenen und der „alten Menschen“, das in der Psychomotorik zunehmend an Bedeutung gewinnt? Noch wenig Erfahrungen gibt es für den Altersbereich der Jugendlichen, für die das „klassische Psychomotorikangebot“ noch wenig Anreize bietet. Neue Angebote müssen hier erfunden oder in anderen Bereichen wie zum Beispiel der Erlebnispädagogik gefunden werden.
Ein dickes Fragezeichen steht auch hinter der Ausbildung professioneller Psychomotoriker. Während das Studium der Diplommotologen stark in Frage gestellt wurde, erlebt die Ausbildung zum Motopäden einen regelrechten Boom. Immer mehr Motopädie-Fachschulen werden eröffnet, die in Teilzeit oder Vollzeitform zum Motopäden qualifizieren. Über die Standards besteht ebenso Unsicherheit, wie bei den zunehmenden Fortbildungsangeboten, die bundesweit den Markt zunehmend sättigen. Hat vor 25 Jahren der Aktionskreis Psychomotorik als erste und damals einzige Institution Menschen aus unterschiedlichsten Arbeitsfeldern die Psychomotorik nahe gebracht, dann dürften es heute Hunderte sein. Dies ist ein

gutes Zeichen dafür, dass die Psychomotorik eine weitgehende Verbreitung erfahren hat. Verbunden damit ist aber auch die Erkenntnis, dass es heute nicht mehr die Psychomotorik gibt, sondern dass verschiedene Sichtweisen, Haltungen und Einstellungen verbreitet werden. Für eine „offene Gesellschaft" sind dies notwendige Entwicklungen, geben sie doch jedem Einzelnen die Chance sich für sich selbst und für sein Klientel die „nützlichste" Arbeitsform anzueignen. Damit verbietet sich natürlich auch die Frage, ob das, was überall als Psychomotorik verkauft wird, auch Psychomotorik ist. Denn wer hat das Recht, zu definieren, was Psychomotorik ist?

Viel Energie wird auch noch zu investieren sein in der Implementierung der Psychomotorik in die Arbeitsfelder Kindergarten und Schule. Und dies ist nicht nur ein politisches Problem. SEEWALD (2000, 428) weist darauf hin, dass hier auch noch inhaltliche Fragen zu beantworten sind: Es gibt „dafür keine tragfähigen Konzepte", die didaktisch und methodisch für die Schule tauglich sind. Die Psychomotorik ist spezialisiert auf „Sonderprobleme" und hat den Regelbereich bisher weitgehend vernachlässigt. Zudem sind die Grundlagen der Psychomotorik „nicht in Termin von Erziehungs- und Bildungstheorien, sondern von Entwicklungstheorien und förderdiagnostischen Konzepten diskutiert worden" (ebd.). Die Orientierung am Kind als „Akteur seiner eigenen Entwicklung" verhinderte auch die Reflexion der Psychomotorik vor dem Hintergrund konkreter Zielsetzung und normativen Begründungen (vgl. ebd.). Letztlich wird bislang auch noch zu wenig der gesellschaftliche Kontext psychomotorischer Theorie und Praxis bedacht, so dass sich die Frage stellt, ob „sich ein solches Verfahren überhaupt dazu (eignet), die Bewegungserziehung in einer der großen Subsysteme der Gesellschaft zu bereichern" (ebd., 429). SEEWALD gibt selbst die Antwort und stellt fest, dass sich die Psychomotorik als Verfahren nicht in die Schule einbringen lässt, er skizziert aber Grundlagen einer „psychomotorisch orientierte Bewegungserziehung", die für die Gestaltung des „Sportunterrichts" nicht nur in der Vor- und Grundschule nützlich sind, sondern auch in der Mittel- und Oberstufe neue Potenziale entfalten können (vgl. ebd.).

Neben der Weiterführung der Theoriediskussion und der Entwicklung fundierter Konzepte gilt es auch auf politischer Ebene weiter aktiv zu bleiben. Es muss großer Wert darauf gelegt werden, dass sowohl in der Ausbildung von ErzieherInnen und von LehrerInnen ein starker Schwerpunkt in der Psychomotorik zu finden ist. Erst dann kann die Berücksichtigung psychomotorischer Inhalte in den Lehrplänen – wie es vorbildhaft im Grundschullehrplan von NRW geschehen ist – befruchtend für eine „bewegte Schule" sein.

Wir stehen also noch nicht am Ende, sondern am Anfang einer Entwicklung, in der die Psychomotorik Bestandteil von Erziehung, Unterricht und Therapie werden soll, aber auch massive Auswirkung auf unsere Einstellung in der Gestaltung des Alltags, vor allem aber auch in der Haltung unseren Mitmenschen gegenüber haben soll. Nicht zuletzt geht es aber auch um uns selbst. Erst wenn wir gelernt haben, dass wir nicht nur einen Körper haben, sondern Leib sind, werden wir auch den Anderen in seiner Leiblichkeit wahrnehmen und damit eine psychomotorische Basis für ein Leben in solidarischer Gemeinschaft finden.

Der 2. Teil dieses Buches wird einen Einblick darüber geben, wie diese Vorstellungen in die Praxis Eingang finden und sich in ersten Ansätzen in den Arbeitsfeldern Frühförderung und Kindergarten, in den Schulen, in der Kinder- und Jugendhilfe, sowie in der Arbeit mit Erwachsenen und „alten Menschen" etablieren.

Literatur

Eckert, R.A./Hammer, R. (Hrsg.) (2003): Der Mensch im Zentrum. Lemgo, akL

Eisenburger, M. (1995): Mädchengruppen in der Motopädagogik? In: Motorik 18, 2, 55-64

Hammer, R./Paulus, F. (2002): Psychomotorische Familientherapie – Systeme in Bewegung. Motorik 25, 1, 13-19

Middendorf-Greife, H./Linke, B. (2000): „Brave Mädchen kommen in den Himmel". In Praxis der Psychomotorik 25, 4, 234-239

Prenner, K. (1996): Quo Vadis Motologie? Eine kleine Bestandsaufnahme und einige Perspektiven. In: Amft, S./Seewald, J. (Hrsg.): Perspektiven der Motologie. Hofmann: Schorndorf, 12-27

Seewald, J. (2000): Sportpädagogik und psychomotorische Bewegungserziehung – zwei Welten oder zwei Seiten? In: Sportwissenschaft 30, 4, 422-442

Seewald, J. (2001): Die Verstehen-Erklären-Kontroverse in der Motologie. In: Fischer, K./Holland-Moritz, H. (Red.): Mosaiksteine der Motologie. Hofmann: Schorndorf, 147-161

Zimmer, R. (1999): Handbuch der Psychomotorik. Freiburg: Herder. Richard Hammer

3. Arbeitsfelder der Psychomotorik

3.1

3.1 Psychomotorik in Kindergarten und Frühförderung – ein Beitrag zur Bildungs- und Förderdiskussion –

Klaus Fischer

1. Psychomotorik als Erziehungs- und Förderprinzip

Das Verständnis von Bewegung und Spiel als Bildungsgegenstände ist nicht neu, wird gegenwärtig jedoch vehement vertreten (Zimmer 2003). Dabei hat die Bedeutung von Bewegung und Spiel als ganzheitliche Medien der Erziehung unter der Leitidee der Entwicklungsförderung in der Vorschulpädagogik und im Alltag des Kindergartens historisch gesehen stetig zugenommen. Diese Entwicklungen setzen ein mit der Pragmatisierungsphase des *Situationsansatzes* im Rahmen der Entwicklung eines eigenständigen Vorschulcurriculums. Nach der Etablierung des Kindergartens als Elementarstufe des Bildungswesens und der Überwindung funktions- und disziplinorientierter Ansätze in der Vorschuldidaktik kann sich in den 80er Jahren das situationsbezogene Lernen im Kindergarten flächendeckend durchsetzen:

> „Ziel der Erziehung im Kindergarten ist die Bereitstellung eines Erfahrungsraumes, in dem die Kinder an exemplarisch ausgewählten Situationen ihres gegenwärtigen Lebens erfahren sollen, dass sie diese Situationen autonom und kompetent im Sinne von Selbstbestimmung beeinflussen können, wobei die Situationen sowohl zur Bestimmung der Qualifikationen (unter dem Leitgedanken von Autonomie und Kompetenz) dienen als auch insoweit didaktisches Prinzip sind, als nicht nur für sie, sondern auch in ihnen gelernt wird“ (Hebenstreit 1980, 128).

Ein derart verstandenes pädagogisches Handeln setzt nicht nur hohes Engagement der beteiligten Personen voraus, sondern erfordert eine institutionelle und konzeptionelle Öffnung des Kindergartens nach innen und nach außen. An diesen Entwicklungen ist die Psychomotorik wesentlich beteiligt. Die Öffnung *nach innen* ist heute weitgehend realisiert und entspricht den konzeptionellen Veränderungen, die Bewegung als wesentliches Ausdrucks- und Erfahrungsmedium des Kindergartenalltags und somit als integralen Bestandteil der Elementarerziehung begreift. Die jüngeren Entwicklungen offener Kindergartenarbeit mit den Strukturverschiebungen vom Sitzkindergarten zum Bewegungskindergarten sind ein gutes Zeugnis für diesen Erkenntniswandel (Regel 1992, 1997; Zimmer

1992). Öffnung *nach außen* bedeutet vor allem eine Verhinderung pädagogischer Verinselung im positiven Sinne einer gemeinwesenorientierten Stadtteilarbeit, bei der die Aktionen von Personen und Institutionen miteinander vernetzt werden (etwa Bartels/Roddis 1996; Treeß 2001). So entsteht das interdisziplinäre Feld der sozial-ökologisch sowie integrativ orientierten Früherziehung und der Frühförderung, in dem die Bewegungshandlung zu einem ganzheitlichen Gestaltungsprinzip von Entwicklungsprozessen avanciert (Fischer 1996; Tietze-Fritz 1997; Franke/Fischer 2001).

2. Der bewegungsfreudige Kindergarten – ein Beitrag zur konzeptionellen Entwicklung der Vorschulpädagogik

Bewegungserziehung ist nicht allein auf die Förderung der motorischen Fähigkeiten gerichtet, sie ist vielmehr grundlegender Bestandteil einer frühkindlichen Erziehung, deren Ziel es ist, eine gesunde, harmonische Persönlichkeitsentwicklung des Kindes zu erreichen. Kinder haben ein natürliches Bedürfnis sich zu bewegen. Auf verschiedene Spiel und Bewegungssituationen reagieren sie mit Freude und Lust. Indem Kinder ihre Bewegungsbedürfnisse ausleben können, wird ihre Fantasie, Kreativität und Spontaneität angeregt und gefördert. Diese Begründungszusammenhänge sind heute allgemein anerkannt, so dass der Bewegungserziehung eine tragende Bedeutung in der Vorschulerziehung zukommt. So hat etwa das größte Bundesland Nordrhein-Westfalen in einer ersten Reformphase der Jahre 1989 bis 1991 *die Rahmenkonzeption Bewegungserziehung im Kindergarten* neugefasst. Diese zeichnet sich durch drei Merkmale aus:

- Situationsorientiertheit
- Ganzheitlichkeit
- Kindorientiertheit.

Ziel der Erziehung ist die Unterstützung der Gesamtentwicklung des Kindes durch Bewegung im sozialen Kontext. Dabei wird das Kind in seiner emotionalen, sozialen, geistigen und körperlichen Ganzheit betrachtet. Die Bewegungserziehung verfolgt das Ziel Kinder zu befähigen, sich über Bewegung

- mit sich selbst (Selbstkompetenz),
- mit ihren Mitmenschen (Sozialkompetenz),
- mit den räumlichen und materialen Gegebenheiten ihrer Umwelt auseinander zu setzen (Sach- und Handlungskompetenz) (Zimmer 1996, 151).

Aus diesen Zielbereichen werden differenziertere Ziele für die Bewegungserziehung formuliert. Danach soll es Ziel und Aufgabe der Bewegungserziehung im Kindergarten sein,

- dem Bewegungsdrang der Kinder entgegenzukommen und ihr Bewegungsbedürfnis durch kindgerechte Spiel- und Bewegungsangebote zu befriedigen,
- Kindern Möglichkeiten zu geben, ihren Körper und ihre Person kennen zu lernen,
- zur Auseinandersetzung mit der räumlichen und dinglichen Umwelt herauszufordern,
- motorische Fähigkeiten und Fertigkeiten zu erweitern und zu verbessern,
- das gemeinsame Spiel von leistungsschwächeren und leistungsstärkeren Kindern zu ermöglichen,
- Gelegenheit zur ganzheitlichen, körperlich-sinnlichen Aneignung der Welt zu geben,
- zur Erhaltung der Bewegungsfreude, der Neugierde und der Bereitschaft zur Aktivität beizutragen,
- Vertrauen in die eigenen motorischen Fähigkeiten zu geben und eine realistische Selbsteinschätzung zu ermöglichen (Zimmer 1996, 153).

Hier wird zum ersten Mal ein psychomotorisches Konzept zum tragenden Konzept eines (Fach-) Curriculums. Kindergärten versuchen zunehmend das Medium Bewegung in ihren Alltag zu integrieren. Dies kann in Form von offenen, aber auch angeleiteten Bewegungsstunden bzw. -angeboten umgesetzt werden.

Neben freien Bewegungsspielen der Kinder und den offenen Bewegungsangeboten gibt es auch regelmäßige, zeitlich geplante Bewegungsangebote, in denen in Anlehnung an den Situationsansatz ganz bestimmte inhaltliche Schwerpunkte im Vordergrund stehen können. Den Erzieherinnen ist es vorbehalten, die angemessene Mischung unterschiedlicher Bewegungsangebote zu finden. Die augenblickliche Situation der einzelnen Kinder sollte bei der Auswahl der Aufgaben und Angebote Beachtung finden, da die Inhalte nur greifen können, wenn die Kinder Anregungen erhalten, die sie in ihren individuellen Lebenssituationen mit ihren aktuellen Bedürfnissen erreichen und umsetzen können. Dies schließt auch etwaige Entwicklungsrückstände oder Behinderungen mit ein.

Das Prinzip des bewegungsfreudigen Kindergartens hat sich in den letzten Jahren im Rahmen eines offenen Kindergartenkonzepts durchgesetzt. Dabei handelt es sich um einen Entwicklungsrahmen, der Kindern genügend Zeit und Raum zur Verfügung stellt, sich mit der sozialen und dinglichen Umwelt auseinander zu setzen. Das Kind beeinflusst und prägt seine individuelle Entwicklung selbst. Kinder haben den Willen und die Kraft, ihre Entwicklung durch schöpferische Aktivität zu vollziehen, durch handelnde Auseinandersetzung mit der dinglichen und sozialen Welt zu gestalten (Regel 1997). Offene Kindergartenarbeit wird sowohl ideell-konzeptionell als auch praktisch-räumlich verstanden: Die Auflösung der Gruppenräume und die damit verbundene Entstehung verschiedenartiger Erfahrungsräume (Bewegungsraum, Bastelraum, Ruheraum usw.) eröffnet den Kindern die Möglichkeit eines eigenen *Handlungsspielraumes*, also den Aktionsraum mit den eigenen Bedürfnissen und Befindlichkeiten abzustimmen. In der sogenannten Freispielphase wählen sich die Kinder ihre Spielaktiven selbst. Die Innenräume und das Außengelände können also von den Kindern frei genutzt werden, diese sind so gestaltet, dass sie vielen Bedürfnissen entsprechen können. Neben diesen Freispielaktivitäten gibt es selbstverständlich thematisch geplante Angebote der Erzieherinnen, die Projektcharakter haben und von den Beteiligten gemeinsam geplant und durchgeführt werden.

2.1 Bildungskritik an Situations- und Offenem Ansatz

Seit Mitte der 90er Jahre wird der Situationsansatz kritisch beurteilt, dabei von der Wissenschaft in einigen Grundpositionen infrage gestellt und in der Praxis als unzureichend empfunden. Insbesondere der zentrale Begriff der *Situation* ist dabei in die Kritik geraten. Trotz zahlreicher Bemühungen um Definitionen wird dieser oft beliebig und unzureichend gebraucht. Es wird nicht präzisiert, ob damit das individuelle oder die kollektive Situationskonzept gemeint sind. Obwohl die Bedeutungen gegenwärtiger und zukünftiger Lebenserfahrungen immer wieder von den Beteiligten (Kindern, Erzieherinnen, Eltern) situativ erfasst und rekonstruiert werden müssen – dieses ist die eigentliche Stärke situativen Lernens – strukturiert sich die Praxis nicht selten nach einem überholten Fähigkeits- und Fertigkeitskonzept der Kinder (vgl. Fthenakis 2000, 116). Der entscheidende (wenn auch zeitkritisch allgemein dominierende) Kritikansatz betrifft die unbefriedigende Evaluation von Wirkfaktoren des pädagogisch situativen Interaktionsgeschehens.

Vor allem Schäfer (2000) diskutiert drei wesentliche bildungskonzeptionelle Mängel des Situationsansatzes; diese beziehen sich auf das Verständnis der *Lebenswirklichkeit* des Kindes, auf den Begriff des *sozialen Lernens* und das *didaktische Vorgehen.* Der Situationsansatz erhebt den Anspruch, die beiden wesentlichen Dimensionen kindlicher Lebenswelt, die individuell-biografische und die sozial-gesellschaftliche, aufeinander zu beziehen. Auf der Suche nach Schlüsselsituationen oder generativen Themen werden zwar oft bedeutsame gesellschaftliche Themen, wie Umweltschutz oder Energiemangel berücksichtigt; es ist aber fraglich, ob diese Inhalte auch tatsächlich die Themen der Kinder darstellen. Es entsteht der Eindruck, dass Erziehende eher die Zukunft als die Gegenwart der Kinder im Auge haben und deshalb bemüht sind, Kinder mit derartigen Fragen zu konfrontieren. Obwohl der Ansatz bestrebt ist, die Kindorientiertheit in den Mittelpunkt zu setzen, werden die individuellen Situationen

und Problemlagen der Kinder weitgehend übergangen. „Die Orientierung an der kindlichen Lebenswelt wird proklamiert aber nicht wirklich eingelöst" (Schäfer 2000, 7).
Der Situationsansatz akzentuiert vor allem das Lernen in sozialen Bedeutungskontexten. Es geht nicht nur darum, Sachkompetenzen zu erwerben, sondern diese auch gewissenhaft gegenüber der Gesellschaft zu vertreten. Dies führt in der Kindergartenpraxis oft dazu, dass ausschließlich solche Sachprobleme in den Bildungsprozess eingearbeitet werden, die unmittelbar mit sozialen Fragen in Verbindung stehen und eine gesellschaftliche Relevanz haben. Nicht selten wird eine Verengung der Wahrnehmungs- und Interessenwelt des Kindes auf sozial relevante Themen begrenzt, was zwar einerseits in positiv zu bewertender Weise eine einseitig schulpädagogische Orientierung des Kindergartens verhindert, andererseits die Möglichkeit der kindlichen Betätigung mit einfachen Dingen wie Bauen, Malen und Bewegen wenig berücksichtigt. Genau diese haben in der Psychomotorik u.a. einen traditionell hohen Stellenwert (siehe etwa das Konzept der Bewegungsbaustelle von Miedzinski, 1983). Aus bildungstheoretischer Sicht ist es nicht tragbar, sinnstiftende sachbezogene Kontexte dem Primat des sozialen Aspekts unterzuordnen (vgl. Schäfer 2000, 11 ff). Es ist vielmehr vordringlich, von der Lebenswelt des Kindes, seinem aktuellen Erfahrungshintergrund und Kenntnisstand auszugehen, also die anthropologischen und sozioökologischen Grundbedingungen zu berücksichtigen. Wie anders wäre es sonst möglich, Kindern mit einem besonderen Förderbedarf eine solidarische wie passende Bildungschance zu ermöglichen?

Der Situationsansatz nimmt Abschied von präzisen Tagesplanungen und proklamiert eine „offene Planung". Durch die Öffnung der Gruppen und der Funktionsräume können Kinder selbst entscheiden, wann, mit wem und wo sie spielen wollen. Sie können sich sogar die Erzieherinnen aussuchen, denn nur zu Beginn und am Ende des Kindergartentages sind feste Gruppensituationen vorgesehen. Die Erzieherinnen bemühen sich im alltäglichen Geschehen Vorgänge wahrzunehmen, die sich als Lernsituationen für Kinder eignen und diese zu gestalten. Dieses Vorgehen lässt Erzieherinnen und Kindern viel Raum für eigene Ideen, nötigt andererseits die Erzieherinnen zu einer abwartenden Haltung, weil sie Erfahrungsprozesse der Kinder nicht direkt vorplanen können. Die Alltagspraxis entspricht einem Wechsel von einer „Didaktik des Abwartens" und einer „Didaktik der Anregung" mit vor allem kompensatorischem Charakter für fehlende soziale Kompetenzen vor dem Hintergrund der veränderten Familienverhältnisse. Hier liegen die Stärken, aber auch die Schwächen des Ansatzes, hängen die Erfolge doch im Wesentlichen von den pädagogischen Kompetenzen der Erzieherinnen ab. Auf der Strecke bleiben die individuellen Problemlagen und Bedürfnisse der Kinder, weil die

Erzieherinnen immer auf der Suche nach generalisierbaren Themen bzw. Projekten sind. „Das Interesse des Situationsansatzes erreicht zwar das Subjekt an den Grenzen seiner individuellen Situation, aber nicht seine individuelle Denk- und Erfahrungsweisen selbst" (Schäfer 2000, 11), deshalb ist der Ansatz vielerorts nur rein vordergründig an den Vorlieben und Bedürfnissen des Kindes orientiert.

Situationsansatz und offene Vorgehensweisen haben die Vorschulpädagogik der letzten Jahrzehnte entscheidend geprägt. Die Grundideen, sich an den Lebenssituationen der Kinder zu orientieren und deren Interessen zu berücksichtigen, sind unbedingt hervorzuheben. Die Praxis scheitert oft an Größe und Heterogenität der Kindergartengruppe und gestaltet sich eher nach den persönlichen Kompetenzen und Vorlieben der Erzieherinnen. Wichtige Bildungsgehalte des Alltagsgeschehens, etwa dass Kinder sich gern bewegen und sich handelnd die Welt erschließen, bleiben dann auf der Strecke, wenn die Erzieherin selbst keine Affinität zur Bewegungsthematik aufweist. Dieses wirft das Schlaglicht auf die aktuelle Ausbildungssituation in der Vorschulpädagogik.

2.2 Die aktuelle Ausbildungsreform der Erzieherinnen

Aufgrund der sozioökonomischen, technologischen und demografischen Entwicklungen der Gesellschaft, dem damit verbundenen Wandel der Familien und der veränderten Kindheit steht die Ausbildung der Erzieherinnen heute vor großen Herausforderungen. Deshalb ist auch ein neues Qualifizierungssystem seit längerem Gegenstand der fachlichen Kritik. Gefordert wird eine strukturelle und inhaltliche Reform (von Derschau 1984), eine effektive Verbindung von Aus- Fort- und Weiterbildung (Oberhuemer 1996), eine stärkere Berücksichtigung der europäischen Dimension (Oberhuemer, Ulrich & Soltendieck 1999) sowie eine grundsätzliche Verbesserung der beruflichen Perspektiven für die Fachkräfte (Ebert et al. 1994).

Die Aufgaben der Erzieherinnen in den Einrichtungen der Kinder- und Jugendhilfe werden durch den gesetzlichen Auftrag des Kinder- und Jugendhilfegesetzes § 1 Sozialgesetzbuch (SGB) VIII bestimmt, wonach jeder junge Mensch ein Recht auf Förderung seiner Entwicklung und Erziehung zu einer eigenverantwortlichen und gemeinschaftsfähigen Persönlichkeit hat. So sind Benachteiligungen auszugleichen, zu vermeiden oder abzubauen. Erziehungsberechtigte sollen beraten und unterstützt werden, Kinder und Jugendliche sind hinsichtlich ihres Wohls zu schützen und für junge Menschen und ihre Familien sollen positive Lebensbedingungen geschaffen und erhalten werden (vgl. Entwurf des Lehrplans für Fachschule für Sozialpädagogik 2002, 13). Zum Praxisfeld der Erzieherinnen gehört die Aufgabe, die sich verändernden Lebensbedingungen der Gesellschaft und die jeweiligen Familienkontexte von Kindern und Jugendlichen zu berücksichtigen.

2.2.1 Die KMK-Rahmenvereinbarung zur Ausbildung und Prüfung der Erzieherinnen (Januar 2000)

Da die Ausbildung der Erzieherinnen in unserem föderativen System länderspezifisch geregelt ist, ist die Organisation der Ausbildung für Erzieherinnen im Bundesvergleich sehr komplex. Die KMK-Rahmenvereinbarungen zur Ausbildung und Prüfung von Erzieherinnen soll einen Rahmen auf Bundesebene für die Fachschulen für Sozialpädagogik bieten (vgl. von Derschau/Thiersch 1999, 21). Die neueste KMK-Rahmenvereinbarung für diese Ausbildung stammt vom 28.01.2000 und hebt die bislang gültige von 1982 auf.

Fachleute sind seit langem bestrebt, die Ausbildung zu verändern. So sollen beispielsweise Fächerbenennungen (z.B. Sport oder Bewegungserziehung), die Zugangsvoraussetzungen und Dauer der Ausbildung angeglichen werden, um eine bundesweite Einsetzbarkeit der Erzieher zu gewährleisten. Es ist erfreulich festzustellen, dass die KMK vom Januar 2000 eine neue Rahmenvereinbarung zur Ausbildung und Prüfung von Erzieherinnen beschlossen hat, in der – unter einem ausdrücklichen Verweis auf den Beschluss der Jugendministerkonferenz vom Juni 1998 mit Blick auf das berufliche Anforderungsprofil von Erzieherinnen – die mit der Ausbildung angestrebten Qualifikationen beschrieben und als Bezugsrahmen für den gesamten Ausbildungsprozess bestimmt werden. Darüber hinaus wird der Komplexität und Vielseitigkeit sozialpädagogischer Praxis Rechnung getragen und auf die Festlegung von Fächern verzichtet. Stattdessen werden *Lernbereiche* und didaktisch-methodische Grundsätze vereinbart, die ein ganzheitliches Lernen ermöglichen sollen. Mit dieser Rahmenvereinbarung wird der Praxis als Bezugspunkt der Ausbildung eine größere Bedeutung beigemessen und eine stärkere Mitverantwortung bei der inhaltlich-fachlichen Gestaltung der Ausbildung zuerkannt (vgl. KMK-Rahmenvereinbarung 2000, Ziffer 2; Schmidt-Nitschke 2002, 117). Die mit dieser Rahmenvereinbarung festgeschriebene gemeinsame Verantwortung von Schule und Praxis für die Ausbildung von Erziehern und Erzieherinnen kann aber nur dann verantwortungsvoll wahrgenommen werden, wenn die strikte Zweiteilung der Ausbildung, bei der theoretisches Wissen nur in der Schule und praktische Erfahrungen nur in der Praxis vermittelt werden, zugunsten eines sich ergänzenden Miteinanders überwunden und eine Neubestimmung des Verhältnisses der Lernorte Schule und Praxis vorgenommen wird (vgl. Schmidt-Nitschke 2002, 117ff).

2.2.2 Strukturvorgaben der KMK – Rahmenvereinbarung

Die neue Vereinbarung (KMK 2000) trägt zur Vereinheitlichung und Verbesserung der Erzieherinnenausbildung bei. In Ziffer 7 erkennen die Länder die nach dieser Rahmenvereinbarung erteilten Abschlusszeugnisse gegenseitig an. Die Ausbildung wird als Breitbandausbildung mit Ausrichtung auf alle sozialpädagogischen Tätigkeitsfelder in der Altersgruppe von 0 bis 27 Jahren ausgelegt. Der gesamte Ausbildungsweg unter Einbeziehung der beruflichen Vorbildung dauert in der Regel fünf, mindestens jedoch vier Jahre, und enthält eine in der Regel dreijährige, mindestens jedoch eine zweijährige Ausbildung an einer Fachschule. Eine Ausbildung in Teilzeitform ist möglich (vgl. KMK-Vereinbarung 2000, Ziffer 2).
Als Zugangsvoraussetzung wird der mittlere Schulabschluss und eine berufliche Vorbildung festgelegt. Die Berufliche Vorbildung umfasst eine abgeschlossene einschlägige Berufsausbildung oder eine nach Landesrecht als gleichwertig anerkannte Qualifizierung.

Im Bereich der Inhalte der Ausbildung sind im Vergleich zur früheren Vereinbarung wesentliche Änderungen vorgenommen worden. Neben den Stundentafeln (Tabelle 1) sind nun erstmals spezifische Qualifikationen und didaktisch-methodische Grundsätze beschrieben. Die Angaben der Stundentafel setzten einen weiten Rahmen. So ist dem Bereich der *Weiterentwicklung* und *aktuellen inhaltlichen Akzentsetzungen* Raum gelassen worden und nur größere Lernbereiche wurden festgelegt:

- Kommunikation und Gesellschaft
- Sozialpädagogische Theorie und Praxis
- Musisch-kreative Gestaltung
- Ökologie und Gesundheit
- Organisation, Recht und Verwaltung
- Religion/Ethik (nach spezifischem Länderrecht).

Die Qualifikationsbeschreibungen setzen ein Signal für das Zusammenwirken von Schulen und Praxiseinrichtungen. Es wird die Notwendigkeit verdeutlicht, dass sich die berufliche Ausbildung an der Praxisrealität orientiert. So sollen nachfolgende *Qualifikationen* erworben werden durch fünf *methodisch-didaktische Leitvorstellungen* realisiert werden.

- Erzieherinnen sollen das Kind oder den Jugendlichen in seiner Personalität und Subjektstellung sehen.
- Erzieherinnen sollen im Team kooperationsfähig sein.

1. Verzahnung der Lernorte Schule und Praxis
2. Entwicklung der Berufsrolle
3. Reflexionsfähigkeit
4. Selbständigkeit und Eigenverantwortlichkeit
5. Professionalisierung.

Stundentafel des neuen Lehrplanentwurfs Fächerübergreifender Lernbereich		**Stundentafel des noch geltenden Lehrplans Allgemeiner Bereich**	
	Stunden		Stunden
Deutsch/Kommunikation	160-240	Deutsch mit Kinder- und Jugendliteratur	192
Politik/ Recht/ Verwaltung	160-240	Politik/ Gesellschaftslehre	80
Fremdsprache	80-120	Religionslehre	128
Fachrichtungsbezogener Lernbereich		Erziehungswissenschaft	320
		Biologie/ Gesundheitserziehung	160
Theorie und Praxis sozialpädagogischer Arbeit	560-640	Recht/ Verwaltung	128
Biologie/ Ökologie/ Gesundheit	160-240	Spielzeugerziehung	128
Medien und Methoden in der sozialpädagogischen Arbeit (Spiel, Medien,Kinder- und Jugendliteratur, Musik/ Rhythmik,Kunst/ Werken, Sport/ Bewegungserziehung)	800-880	Didaktik/ Methodik mit sozialpädagogischer Praxis	256
		Medienerziehung	128
		Kunsterziehung	192
Praxis in sozialpädagogischen Einrichtungen im 1. und 2. Ausbildungsjahr (16 Wochen)/ Projektarbeit	560	Musikerziehung/ Rhythmik	192
		Sport/ Bewegungserziehung	192
		Fremdsprache	80
Differenzierungsbereich	0-200	Mathematik 80	
Pflichtunterricht	2800		
Begleitender Unterricht im Praktikum	200-300		
		Fachpraktische Ausbildung insg. 16 Wo im 1. 2. Ausbildungsjahr	
		insgesamt	2640-2800
		Berufspraktikum (3.Jahr)	160
		Praxisbegleiteter Unterricht	

Tab. 1: Vergleich der Stundentafeln des neuen Lehrplanentwurfs von 2002 und des noch geltenden Entwurfs

2.3 Die Fachschule für Sozialpädagogik und das Lernfeldkonzept

Grundlage für die curriculare Neuordnung der Fachschulen für Sozialarbeit in NRW ist ein Rahmenplanentwurf. Dieser beschreibt die Ziele von Fachschulen, ihre organisatorische und didaktische Struktur, die Funktion der Lernbereiche und Unterrichtsfächer sowie inhaltliche Standards auf der Grundlage der Rahmenvereinbarung über den Erwerb der Fachhochschulreife in beruflichen Bildungsgängen und die Aufgaben der Bildungskonferenz für die Umsetzung des Lehrplans.
Es handelt sich bei diesem neuen Lehrplan um einen Lernfeldlehrplan, dessen Grundprinzip darin besteht, den Schulunterricht nach dem Tätigkeitsprofil des späteren Berufes zu strukturieren. Im Vordergrund steht

also das berufliche Handeln und nicht die inhaltlichen Anforderungen der einzelnen Fachwissenschaften (Unterrichtsfächer) (vgl. Pohl-Menninga, 2002, 2). Wesentliche berufsorientierte Qualifikationen sind nach Meinung des Expertenteams zur Grundlegung der Rahmenlehrpläne:

- Handlungsorientierung
- Prozessorientierung
- Ganzheitlichkeit
- Interdisziplinarität bzw. fächerübergreifender Unterricht
- Problemorientiertes Denken
- Selbstgesteuertes Lernen
- Kenntnis konstruktivistischer Ansätze
- Schlüsselqualifikationen (vgl. Pohl-Menninga 2002, 2).

Der Auftrag für die gegenwärtige Planungssituation besteht nun darin, für den jeweiligen Fachschulbildungsgang Berufsbild und Ausbildungsziel zu beschreiben, die Lernfelder der Ausbildung zu erarbeiten und sie nach vorgegebenem Muster inhaltlich zu gestalten. Der durch den Rahmenplan festgelegte Arbeitsauftrag ist eindeutig: Es geht um die Entwicklung von Lernfeldlehrplänen unter der Maßgabe der Berücksichtigung des übergeordneten Strukturmerkmal der Handlungsorientierung. Inhalte sind in Lernsituationen (handlungsorientiert) zu vermitteln und sollen in exemplarischen Lernsequenzen den späteren Berufserfolg der Erzieherinnen sichern.

Genau an dieser Stelle kann die Psychomotorik einen entscheidenden Beitrag leisten. Als ein in der Praxis entwickeltes Konzept wurde sie in den vergangenen Jahrzehnten theoretisch fundiert und differenziert (für einen Überblick siehe Fischer 2001a, b); sie hat dabei aber nie ihren handlungsrelevanten Praxisbezug aufgegeben. Inhaltlich sind die nach SGB VIII formulierten Schwerpunkte des Kinder- und Jugendhilfegesetzes

- Erziehung und Förderung von Kindern und Jugendlichen zu eigenverantwortlichen und gemeinschaftsfähigen Persönlichkeiten
- Ausgleich von Benachteiligungen in Person und Umfeld
- Beratung und Begleitung von Erziehungsberechtigten

Hauptgegenstandsbereich der fachlichen Auseinandersetzung. Dabei eignet sich die Bewegungstätigkeit als pädagogisches Medium im doppelten Sinne: Einmal ist sie als kindgerechter und motivierender Gegenstand höchst wirkungsvoll für den Erziehungsalltag im Kindergarten, zum anderen ist der bewegungsorientierte Handlungsvollzug ein äußerst sinnvolles Bindeglied von Erkenntnisgewinnung und Berufsfeldorientierung in der dualen Ausbildung der Erzieherinnen. Dieses verstehe ich durchaus als Aufruf, sich an der inhaltlichen Ausgestaltung von Lernfeldern und Lernbereichen zu beteiligen.

3. Frühförderung als Handlungsfeld der Psychomotorik

Im Mittelpunkt der Frühförderung steht das Kind und sein familiäres und soziales Umfeld. Die Kinder sollen mit Hilfe eines integralen Förderkonzepts (interdisziplinärer Ansatz) dahingehend gefördert werden, dass sie durch die Entfaltung ihrer Fähigkeiten am Leben in der Gemeinschaft teilnehmen können. Frühförderung umfasst die Altersspanne von 0-6 Jahren. Frühförderung orientiert sich nicht am Nachvollzug der normalen Entwicklung, sondern an den individuellen Bedürfnissen und Möglichkeiten des einzelnen Kindes in seinem psychosozialen Umfeld. Die Frühförderung verfolgt das Ziel, die Handlungs- und Erlebnisfähigkeit des Kindes im Familienalltag zu fördern. Das Ziel einer kindzentrierten Frühförderung besteht darin, das Kind zu stärken, ihm Selbstvertrauen zu geben und auf diesem Wege seine Schwierigkeiten zu verringern. Weiterhin soll seine Lebensfreude, seine Lebenssicherheit, sowie seine soziale Eingliederung in die unmittelbare Umwelt bestmöglich gefördert werden.

3.1 Grundsätze der Förderung

„Das oberste Ziel der Frühförderung ist, die Kinder in ihrer Entwicklung so zu fördern, dass sie ihre Anlagen und Fähigkeiten entfalten und am Leben in der Gemeinschaft teilnehmen können“ (Hessisches Ministerium für Jugend, Familie und Gesundheit 1995, 2). Die Frühförderung hat immer zum Ziel, im Zusammenwirken von Eltern und Fachleuten die Entwicklung behinderter und entwicklungsverzögerter Kinder sowie die Entfaltung ihrer Persönlichkeit anzuregen, zu unterstützen, ihre Erziehung und soziale Entwicklung zu fördern und zu helfen, sie sicherzustellen“ (Bundesvereinigung Lebenshilfe 1996, 9). Im Rahmen einer systemischen Betrachtungsweise besteht die Frühförderung aus drei großen Aufgabengebieten. Das *erste* ist die direkte Förderung des Kindes (Entwicklungsförderung). Das *zweite* ist elternbezogene Beratungstätigkeit zur prophylaktischen Vorbereitung auf entstehende Schwierigkeiten. Der *dritte* Bereich umfasst die Hilfen für die soziale Integration. Die Ziele der Frühförderung sind dann erreicht, wenn sich die Zufriedenheit der Familie verbessert, wenn Ängste und Sorgen abgebaut werden, und wenn sich neue Lebensperspektiven entwickeln.

3.2 Interdisziplinäre Zusammenarbeit

Unter Interdisziplinarität verstehen wir die Zusammenarbeit der einzelnen Fachdisziplinen der Frühförderung. Sie strebt danach, die fachspezifische Kompetenz der einzelnen Mitarbeiter durch Zusammenarbeit im Team zu vergrößern. Eine solche interdisziplinäre Zusammenarbeit bedeutet gleichsam eine Erweiterung der auf das eigene Berufsfeld bezogenen Arbeitsweise. Frühförderung erfordert die Kooperation von verschiedenen Fachleuten und Institutionen. Hierzu gehören Mediziner, Psychologen, Pädagogen, Psychomotoriker, Logopäden, Krankengymnasten und Ergotherapeuten. Da man heute nicht mehr von einer monokausalen Denkweise in der Förderung ausgeht, muss das Kind in seinem Umfeld und zusammen mit seiner Familie betrachtet werden. Ziel der Interdisziplinarität ist, dass die Fachleute eine offene Zusammenarbeit praktizieren, die durch ein spezielles Eigeninteresse an der Frühförderung geprägt ist. Dabei sollte man beachten, dass die Anzahl der Fachleute möglichst klein ist und die Förderung einem einheitlichen Förderplan folgt. Der Aspekt der Interdisziplinarität ist eng verknüpft mit den Gesichtspunkten der Familienorientierung und der Ganzheitlichkeit. Ein ganzheitliches Vorgehen setzt kontinuierliche Zusammenarbeit aller beteiligten Fachkräfte voraus und ist ohne Orientierung an der Situation des Kindes und seiner Familie nicht zu verwirklichen. Eltern sind in das interdisziplinäre Vorgehen bei Diagnostik, Therapie und Förderung partnerschaftlich einzubeziehen.

3.3 Familienorientierung

Die Familie als primäres soziales System nimmt in der Frühförderung einen besonderen Stellenwert ein. Unter Familie versteht man nicht nur die biologischen Nächsten, sondern alle, die an der Erziehung teilhaben und zur Familie gehören. Den Eltern als Primärerziehern, kommt bei der Frühförderung eine aktive Rolle zu. Die Zusammenarbeit mit den Eltern ist immer situationsgebunden und gestaltet sich nach drei Modellvorstellungen (Weiß 1989). Beim *Laienmodell* bestimmt der Therapeut als autoritäre Fachkraft die Therapie. Die Eltern haben die Rolle des erzieherischen und therapeutischen Laien. Die wesentlichen Kennzeichen dieses Modells sind das klare Ungleichgewicht der Kompetenzen und die eindeutige Abhängigkeit der Eltern von den Fachleuten. Die Eltern dienen lediglich als Informationszubringer und Empfänger von Ratschlägen und Anweisungen. Das *Ko-Therapeutenmodell* zeichnet sich durch aktive Mitwirkung der Eltern an der Förderung ihres Kindes unter fachlicher Anleitung aus. Die Eltern werden von den Therapeuten in ihre Methoden und Techniken eingewiesen, so dass sie in der Lage sind, die Übungen mit ihrem Kind zuhause durchzuführen. Dies ist zwar ein Fortschritt gegenüber dem Laienmodell, da die Elternrolle aufgewertet wird und die Eltern nun eine gewisse Mitverantwortung übernehmen, doch entscheidet immer noch der Therapeut allein über Erfolg oder Misserfolg der Therapie.

Das *Kooperationsmodell* hat eine partnerschaftliche Zusammenarbeit zwischen Familie und Therapeut zum Ziel, in der auch die Probleme der Eltern zur Sprache kommen. Die unterschiedlichen Kompetenzen der Eltern und Fachleute ergänzen sich; sie werden als gleichwertig und gleich wichtig akzeptiert. Gemeinsam wird ein Therapiekonzept erstellt, wobei die Eltern aber Eltern bleiben und nur ihre Erfahrungen einbringen. Das Kooperationsmodell zeichnet sich durch einen permanenten Erfahrungsaustausch und die Bereitschaft, sich aufeinander einzustellen aus.

3.4 Der Anspruch der Ganzheitlichkeit

Früherkennung, Frühbehandlung und pädagogische Frühförderung sind Teile eines ganzheitlichen Förderkonzepts. Familienorientierte und interdisziplinäre Frühförderung wird als ganzheitliche Förderung der Gesamtpersönlichkeit des Kindes in seinem sozialen Umfeld begriffen. Im Zentrum der Bemühungen steht also das Kind selbst; die Förderung versucht die kindlichen Eigenkräfte anzusprechen und unter Berücksichtigung des familiären Umfeldes und der Alltagsherausforderungen des Kindes zu unterstützen. Hier wird eine Umzentrierung eines professionellen Arbeitsgebietes deutlich, dessen theoretische Annahmen und Begründungszusammenhänge (man nennt dieses Paradigma) sich zunehmend auf den Hauptgegenstandsbereich der Psychomotorik – *der Bewegungshandlung als Entwicklungsträger* – konzentrieren. Wie ist dieses zu verstehen?

Das neue Paradigma stützt vor allem auf zwei wesentliche kategoriale Veränderungen in der wissenschaftlichen Erkenntnistheorie. Erstens wird jedes Individuum, auch das funktionsbeeinträchtigte Kind, heute als Subjekt, also als unteilbares ganzes Individuum – nichts anderes heißt das Wort In-dividuum (vgl. Speck 1988, 354) – gesehen. Dieses stellt eine Veränderung des Menschenbildes dar. Zum zweiten – und dieses resultiert aus dem veränderten Menschenbild – wird dem Kind die Kompetenz zugeschrieben, sich selbstständig in der Auseinandersetzung mit der personalen und dinglichen Umwelt zu entwickeln. Entwicklung ist somit nicht Folge spezieller therapeutischer Intervention, sondern ein ständiger Interaktionsprozess zwischen dem Kind und seinen Bezugspersonen sowie seiner materialen Umwelt – genau dieses habe ich an verschiedenen Stellen als triadisches Strukturmodell psychomotorischer Entwicklungsförderung ausgewiesen und entwicklungstheoretisch begründet (Fischer 1996, 2000). Die Ausgestaltung der Wechselbeziehungen geschieht im Handeln. Die entscheidenden neuen Begriffe sind somit *Kompetenz, Interaktion* und *Handlung*. Mit dieser konzeptionellen Neuorientierung ist in der Frühförderung ein Medium avanciert, das die tätigkeitsgebundene und damit kindgerechte Entwicklung in geradezu idealer Weise modelliert: die Bewegungshandlung als ganzheitliches Gestaltungsprinzip von Förderprozessen (vgl. Fischer 1991; Walthes 1991).

4. Ausblick auf die folgenden Buchkapitel

Die nachfolgenden Beiträge von Hans-Peter Färber, Peter Bentele und Michael Wendler spezifizieren den Beitrag der Psychomotorik zur Theorielegung einer Pädagogik und Therapie des frühen und mittleren Kindesalters. Zunächst gibt ***Hans-Peter Färber*** einen Überblick zu Historie und Gegenwart der Frühförderung, beschreibt den Wechsel vom alten zum neuen Paradigma, weist der Psychomotorik den gebührenden Platz im Reigen der Interventionskonzepte zu und belegt diese mit Aussagen zur Förderpraxis und deren Wirkungen.

Peter Bentele beschreibt die Psychomotorik im Kindergarten. Ausgehend von sozialwissenschaftlichen Erkenntnissen zur heutigen Kindheit beschreibt er die handelnden Personengruppen: die Hauptgruppe der Kinder und die der Erwachsenen. Der wesentliche Teil des Beitrags spezifiziert das Konzept der Psychomotorik im Kindergarten. Im Einzelnen werden sowohl wichtige theoretische Konzeptbausteine in Anlehnung an Zimmer (1999) und Miedzinski (1983) (Die Bewegungsbaustelle) ausgewiesen als auch die für die Praxis bedeutsamen Rahmenbedingungen (Materialien, Innen- und Außenräume, Waldkindergarten) beschrieben.

Michael Wendler thematisiert ein wichtiges Übergangsgeschehen, den Wechsel der Kindergartenkinder in die Institution Schule. Die neue Situation stellt neue Anforderungen. Als Schüler werden sie mit der Herausforderung des Erwerbs von Kulturtechniken konfrontiert werden. Bei genauer Analyse lassen sich die Rechen-, Lese- und Schreibhandlung als komplexe psychomotorische Leistungen auflösen, die an mehrdimensionale Entwicklungsvoraussetzungen gebunden sind. Genau diese Aspekte sind klassische Themen der psychomotorischen Entwicklungsförderung. So beschreibt Wendler das Feld der *Graphomotorik* als Sonderform des psychomotorischen Förderkonzeptes zu Beginn des Grundschulalters, das wichtige Entwicklungsbereiche ausweist sowie diagnostische Überlegungen und praktische Handlungsanweisungen vermittelt.

Literatur

Bartels, B./Roddis, M. (1996): Manchmal bewegen wir uns vorwärts, manchmal rückwärts und manchmal auch im Kreis. Vom Bewegungskindergarten zur kooperativ-integrativen Kindertagesstätte. In: Sportpädagogik 20, 5, 37-41.

Bundesvereinigung Lebenshilfe (1996): Frühe Hilfen: Frühförderung aus Sicht der Lebenshilfe. Marburg: Lebenshilfe Selbstverlag

Derschau, von, D. (1984): Die Ausbildung des pädagogischen Personals. In: Zimmer, J. (Hrsg.): Enzyklopädie der Erziehungswissenschaft. Stuttgart: Klett Cotta Bd. 6.

Derschau, von, D./Thiersch, R. (1999): Überblick über die Ausbildungssituation im Bereich der Tagesbetreuung von Kindern. In: Thiersch, R./Höltershinken, D./Neumann, K. (Hrsg.): Die Ausbildung der Erzieherinnen – Entwicklungstendenzen und Reformansätze, München: Juventa, S. 13-29.

Ebert, S. (1994): Zur beruflichen Situationen der Erzieherinnen in Deutschland. Bestandsaufnahmen und Perspektiven. Eine Denkschrift. Pestalozzi-Fröbel-Verband (Hrsg.): München: Profil.

Fischer, K. (1991): Psychomotorik und Frühförderung. In: Motorik 14, 1, 17-23.

Fischer, K. (1996): Entwicklungstheoretische Perspektiven der Motologie des Kindesalters. Schorndorf: Hofmann.

Fischer, K. (2000): Psychomotorik und kindliche Entwicklung: Metatheoretische Perspektiven. In: Motorik 23, 1, 22-26.

Fischer, K. (2001a): Etablierung der Psychomotorik als Wissenschaftsdisziplin – psychomotorische Konzepte im Wandel. In: Fischer, K./Holland-Moritz, H. (Hrsg.): Mosaiksteine der Motologie. Schorndorf: Hofmann, S. 75-85.

Fischer, K. (2001b): Einführung in die Psychomotorik. München: Reinhardt.

Franke, A./Fischer, K. (2001): Spielraum anders begreifen und gestalten. In: Motorik 24, 3, 108-118.

Fthenakis, W.E. (2000): Kommentar: Die (gekonnte) Inszenierung einer Abrechnung – Zum Beitrag von Jürgen Zimmer. In: Fthenakis, W.E./Textor, M.R. (Hrsg.): Pädagogische Ansätze im Kindergarten. Weinheim: Belth, S. 115.131.

Hebenstreit, S. (1980): Einführung in die Kindergartenpädagogik. Stuttgart: Klett.

Lehrplanentwurf Fachschule für Sozialpädagogik (Stand: 15.4.2002). In: http//www.erzieherinnenausbildung-nrw.de/main/index1.htm

Hessisches Ministerium für Jugend, Familie und Gesundheit (1995): Fachliche Handanweisungen für die Frühförderung behinderter und von Behinderung bedrohter sowie entwicklungsgefährdeter oder entwicklungsverzögerter Kinder. Wiesbaden: Selbstverlag.

KMK-Rahmenvereinbarungen zur Prüfung von Erziehern/Erzieherinnen. Beschluss der KMK vom 28.1.200. In: http: //www.kindergartenpaedagogik.de/84.html

Oberhuemer, P. (1996): Qualifizierung und Berufsweg: Die Notwendigkeit einer vernetzten Sichtweise. Diskussionspapier des AK-Fortbildung am Staatsinstitut für Frühpädagogik. KITA aktuell, By 8, (7/8), S. 147-152.

Oberhuemer, P./Ulrich, M./Soltendieck, M. (1999): Die deutsche Erzieherinnen-Ausbildung im europäischen Vergleich: Ergebnisse einer Studie in den EU-Ländern. In: Thiersch, R./Höltershinken, D./Neumann, K. (Hrsg.): Die Ausbildung der Erzieherinnen – Entwicklungstendenzen und Reformansätze, München: Juventa, S. 64-76.

Miedzinski, K. (1983): Die Bewegungsbaustelle. Dortmund: Modernes lernen.

Pohl-Menninga, m. (2002): Einführung in die Lernfelddidaktik im sozialpädagogischen Bereich. In: http: //www.erzieherinnenausbildung-nrw.de/main/index1.htm

Regel, G. (1992): Zusammenwirkende Strukturelemente offener Kindergartenarbeit. In: Kindergarten heute. 22, 3, 36-44.

Regel, G. (1997): Der offene Kindergarten – Eine Weiterentwicklung die überzeugt. In: Kindergarten heute. 27, 9, 6-12.

Schäfer, G.E. (2000): Bildungsprozesse im Kindesalter. Selbstbildung, Erfahrung und Lernen in der frühen Kindheit. Weinheim, München: Juventa.

Schmidt-Nietschke, U. (2002): Der „Lernort Praxis" in der Ausbildung von Erzieherinnen und Erziehern: Zur Mitverantwortung der Kinder- und Jugendhilfe. In: Fthenakis, W./Oberhuemer, P. (Hrsg.): Ausbildungsqualität. Strategiekonzepte zur Weiterentwicklung der Ausbildung von Erzieherinnen und Erziehern. Neuwied: Luchterhand, S. 117-125.

Speck, O. (1988): System Heilpädagogik. Eine ökologisch-reflexive Grundlegung. München: Reinhardt.

Tietze-Fritz, P.(1997): Integrative Erziehung in der Frühtherapie. Dortmund: Borgmann

Treeß, H. (2001): Psychomotorik und Gemeinwesenarbeit. In: Praxis der Psychomotorik. 26, 4, 224.229.

Walthes, R. (1991): Bewegung als Gestaltungsprinzip. Grundzüge einer bewegungsorientierten Frühpädagogik. In: Trost, R./Walthjes, R. (Hrsg.): Frühe Hilfen für entwicklungsgefährdete Kinder. Frankfurt: Campus, 35-53.

Weiß, H. (1989): Entwicklungen und neue Problemstellungen in der Zusammenarbeit mit den Eltern. In: Speck, O./Thurmair, M. (Hrsg.): Fortschritte der Frühförderung entwicklungsgefährdeter Kinder. München: Reinhardt, 71-102.

Zimmer, R. (1992): Bewegung, Spiel und Spaß im Kindergarten – Eine Rahmenkonzeption zur Integration von Spiel und Bewegung im Kindergartenalltag. Projektbericht Kultusministerium NRW. Frechen: Ritterbach.

Zimmer, R. (1996): Handbuch der Bewegungserziehung. Freiburg: Herder.

Zimmer, R. (1999): Handbuch der Psychomotorik. Freiburg: Herder.

Zimmer, R. (2003): Es kommt das ganze Kind – nicht nur der Kopf. Bewegung ist Bildung. In: Kindergarten heute. 33, 3, 26-33.

3.1.1 Psychomotorik und Frühförderung[14]

Hans-Peter Färber

Seit fast 50 Jahren wird in Deutschland über die frühe Förderung behinderter und von Behinderung bedrohter Kinder gesprochen und geforscht und es wurden vielfältigste praktische Erfahrungen gesammelt. In dieser Zeit erfuhr der Begriff Frühförderung immer wieder konzeptionelle Neugewichtungen, unterschiedliche Schwerpunktsetzungen und Veränderungen. Seit nahezu 30 Jahren hat sich die Frühförderung mit eigenen Strukturen, Konzeptionen und Ausbildungen fest im sozialpolitischen System der Bundesrepublik etabliert.
Für die Psychomotorik lassen sich hierzu deutliche und in der Regel kaum überraschende Parallelen ziehen: in den fünfziger Jahren des vergangenen Jahrhunderts war ihre „Gründerzeit", gegen Ende der siebziger Jahre etablierten sich eigenständige Ausbildungsgänge und Tätigkeitsbeschreibungen.
Die Parallelen zwischen Frühförderung und Psychomotorik sind aber nicht nur im Hinblick auf den chronologischen Ablauf offensichtlich. Auch die Entwicklung und die Veränderung der gängigen Konzepte, wissenschaftlichen Ausrichtungen und der praktischen Arbeit weist Ähnlichkeiten und Übereinstimmungen auf. Über das rein Zufällige hinaus haben sich die Frühförderung und die Psychomotorik inhaltlich und konzeptionell immer wieder stark beeinflusst und sich gegenseitig neue Impulse gegeben. Die engen Verbindungen zwischen Frühförderung und Psychomotorik sind auch an den nahezu 800 Einträgen in deutscher Sprache in der Internet-Suchmaschine google unter dem Stichwort „Psychomotorik und Frühförderung" abzulesen.
Die Entwicklung der Psychomotorik in Deutschland fand bis heute in Auseinandersetzung mit anderen, angrenzenden Fachbereichen statt. Hier spielte und spielt die Frühförderung eine entscheidende Rolle. Aber auch umgekehrt ist dies der Fall: Ohne die wichtigen Impulse aus der Psychomotorik stünde die deutsche Frühförderung heute an einem anderen Punkt.

Frühförderung

„Die Frühförderung ist ein Hilfeangebot für behinderte oder von Behinderung bedrohte Kinder vom Zeitpunkt der Geburt an bis zum Schuleintritt. Da frühe Hilfen die wirksamsten Hilfen sind, will die Frühförderung bei diesem Personenkreis drohenden Behinderungen begegnen und Auswirkungen vorhandener Behinderungen mildern."[15]

---

[14] Teile dieses Beitrags gehen auf die Zusammenarbeit mit meiner Kollegin Sibylle Burkhard, Dipl. Motologin zurück, bei der ich mich recht herzlich bedanke

[15] Ministerium für Arbeit, Gesundheit und Sozialordnung Baden-Württemberg 1993, 27

Diese Definition entstammt der baden-württembergischen Rahmenkonzeption Frühförderung. Daneben existieren auch eine Reihe anderer Definitionen, die in Details von dieser abweichen. Vor allem über die Alterspanne der Kinder, um die sich Frühförderung kümmern soll, gibt es unterschiedliche Auffassungen. So definiert etwa die Lebenshilfe für Geistigbehinderte[16] Frühförderung als ein System von Hilfen für Kinder bis zum dritten bzw. vierten Lebensjahr. In der Regel ist jedoch mit Frühförderung die Hilfe für Kinder bis zum Schuleintritt gemeint, also auch während der Kindergartenzeit behinderter oder von Behinderung bedrohter Kinder. Peter Bentele befasst sich in seinem Beitrag in diesem Band[17] mit der Psychomotorik im Kindergarten, weshalb im vorliegenden Beitrag der Focus auf der Zeit vor dem Eintritt in den Kindergarten liegen soll. Inhaltliche Überschneidungen werden aber dennoch nicht ausbleiben.
Auf dem Weg zu einem derart offen gefassten Verständnis der frühen Hilfen, wie sie der oben zitierten baden-württembergischen Rahmenkonzeption Frühförderung zugrunde liegt, lassen sich vier Phasen der Entwicklung des Systems Frühförderung beschreiben.[18]

Die Pionier-Phase

In den späten Fünfziger- und frühen Sechziger-Jahren finden sich im Bereich der medizinischen Behandlung sinnesgeschädigter und bewegungsbehinderter Kinder Initiativen einzelner Pioniere (wie z.B. Prof. Löwe, der bereits 1958 eine Pädaudiologische Beratungsstelle für hörgeschädigte Kinder in Heidelberg einrichtete). Diese zeigten die Möglichkeiten frühzeitiger Entwicklungshilfen bei Frühschädigungen überhaupt erst auf und ließen die pädagogischen Dimensionen solcher frühen Interventionen erahnen. In den 60er-Jahren des vergangenen Jahrhunderts wurden auch so genannte „CP-Kinder-Ambulanzen“ für spastisch gelähmte Kinder gegründet. Die innovative Wirkung dieser Pioniertaten blieb aber auf die engen Grenzen der jeweiligen Fachdisziplin beschränkt und war weitgehend dem medizinischen Paradigma verpflichtet.

Die Konstitutionsphase professioneller Dienste

Diese zweite Phase war gekennzeichnet durch die Integration der Pioniererfahrungen in den Ansatz der jeweiligen Fachdisziplin. Früherziehung wurde zum Bestandteil des jeweiligen Fachsystems gemacht. So wurde die Bobath-Therapie in die Krankengymnastik integriert, die Haussprecherziehung in die Sprachheilpädagogik und der sozialpädiatrische Ansatz in die Entwicklungstherapie für mehrfachbehinderte Kinder.

[16] Bundesvereinigung Lebenshilfe für Geistigbehinderte 1985⁶, 4
[17] vgl. Kap. 3.1.2
[18] vgl. Speck 1989

Was als Frühförderung praktiziert wurde, wurde durch „die Vorsatzlinse der eigenen Profession“[19] betrachtet. Frühförderung blieb beschränkt auf einzelne wegweisende Institutionen und Zentren, wie z.B. das Kinderzentrum München, das 1968 von Prof. Hellbrügge gegründet wurde.
In diese Phase fällt auch die gesetzliche Verankerung der Schwangerschaftsvorsorgeuntersuchungen in der RVO[20] (1966) und der medizinischen Vorsorgeuntersuchungen für Säuglinge und Kleinkinder (1971).
Vorherrschend war weiterhin das medizinische Modell, welches das Ziel der Heilung, der Beseitigung medizinischer Ursachen von Behinderung durch Früh-, Entwicklungs- und Lerntherapie verfolgte. Mit dem Hauptaugenmerk auf medizinischen Zusammenhängen galt auch weitgehend ein linear-kausaler Erklärungsansatz für Behinderungen und Entwicklungsauffälligkeit.
Der deutsche Bildungsrat formulierte 1974 in seinen Empfehlungen zur Frühförderung den Anspruch „drohenden Behinderungen vorzubeugen bzw. entstehenden Behinderungen rechtzeitig entgegenzuwirken, so dass sie in ihrem Ausmaß reduziert werden können.“[21]
Mit diesem Anspruch war die Hoffnung verbunden, durch technische Interventionen (im Sinne von apparativer Medizin und im Sinne von Behandlungstechniken) eindeutige Entwicklungsfortschritte bei Kindern mit den unterschiedlichsten Formen von Behinderung bewirken zu können.

Die Phase der interprofessionellen Kooperationssuche

Mit dem Aufbau eines flächendeckenden Organisationssystems von Frühfördereinrichtungen begann eine dritte Phase in der Geschichte der Frühförderung, in der die Suche nach Gemeinsamkeit und Zusammenarbeit der Fachdisziplinen jeweils isoliert im Vordergrund stand. Bis zu diesem Zeitpunkt hatten sich die unterschiedlichen Fachdisziplinen jeweils isoliert um die Entwicklung beeinträchtigter Kinder bemüht. In den Empfehlungen des Deutschen Bildungsrates zur pädagogischen Förderung behinderter und von Behinderung bedrohter Kinder und Jugendlicher wurde 1973 der Versuch unternommen, den bislang fachlich getrennten Disziplinen einerseits in ihrer Differenziertheit, andererseits in ihrem Bestreben nach Kooperation gerecht zu werden. Dies führte zur Empfehlung eines zweigleisigen Ausbaus von „Zentren für pädagogische Frühförderung“ neben „Klinischen Einrichtungen für Frühdiagnostik und Frühtherapie“ durch den Bildungsrat. Eine wenig hilfreiche Kontroverse zwischen Pädagogik und Sozialpädiatrie um das Primat der Zuständigkeit war die Folge, was in vielen Bundesländern den Aufbau einer flächendeckenden Organisationsstruktur behinderte.

---

[19] Speck 1989, 14
[20] Reichsversicherungsordnung
[21] Deutscher Bildungsrat 1974, 44

In Baden-Württemberg erfolgte in den siebziger Jahren auf Betreiben des Kultusministeriums ein zügiger Aufbau Sonderpädagogischer Beratungsstellen, die als Frühfördereinrichtungen organisatorisch den jeweiligen Sonderschulen angegliedert wurden. Ein im Auftrag des Ministeriums für Arbeit, Gesundheit, Familie und Frauen erstellter Bericht zur Situation der Frühförderung in Baden-Württemberg wies 1990 insgesamt 261 Frühfördereinrichtungen im Lande aus.
In anderen Bundesländern erfolgte der Ausbau langsamer, da sich dort die verschiedenen Fachdisziplinen um ein interdisziplinäres Arbeitskonzept für regionale, institutionsunabhängige Frühfördereinrichtungen bemühten (z.B. Hessen). Daher konnte die Psychomotorik gerade in diesen Bundesländern, in denen die Entwicklung langsamer verlief, schon früh institutionell verankert werden. In den anderen Ländern, wie z.B. in Baden-Württemberg gelang dies nicht oder erst Jahre später, da die Berufsgruppen der MotopädInnen und der Dipl. MotologInnen weder eindeutig dem pädagogischen noch dem medizinischen Feld zugeordnet werden konnten und damit Unklarheit über die Kostenübernahme psychomotorischer Förderung bestand.
„Man kann diese Phase auch als erste organisatorische Stabilisierungsphase der Frühförderung bezeichnen. Sie war im Besonderen vom pragmatischen Suchen nach interprofessioneller Kooperation geprägt. Die Notwendigkeit von Frühförderung, die sowohl ärztliche als auch pädagogische, psychologische und soziale Maßnahmen umfasst, wurde allgemein anerkannt."[22]
Um diesem Anliegen nach interdisziplinärer Kooperation und Verständigung auch ein entsprechendes Forum bieten zu können, wurde 1982 die Zeitschrift „Frühförderung interdisziplinär" gegründet.

Die Phase der makrosystemischen Zentrierungsversuche

Die Entwicklungen seit dem Ende der achtziger Jahre des 20. Jahrhunderts sieht Speck geprägt von dem Bemühen um Abgrenzung des Kleinsystems Frühförderung, das von den größeren Sozialsystemen der Behindertenhilfe abhängig ist. Der Frage der gesetzlichen Absicherung und damit der Frage nach einer gesicherten Finanzierung kam hierbei eine Schlüsselrolle zu.
Ohne explizite gesetzliche Verankerung hat sich die Frühförderung nach Speck „darauf einzustellen (...), Versuchen ausgesetzt zu sein, die auf administrative Vereinnahmung abzielen."[23]

---

[22] Speck 1989,15
[23] Speck 1989, 17

Zum Paradigmenwechsel in der Frühförderung

1989 postulierte Prof. Schlack, der Leiter des Kinderzentrums Bonn in einem Artikel die Notwendigkeit, alte Annahmen durch neuere Erkenntnisse in Frage zu stellen. Er forderte einen Paradigmenwechsel. Von welchem Paradigma, also von welchem System von Hypothesen und Schlussfolgerungen, mit denen der Zusammenhang von Phänomenen erklärt wird sollte sich die Frühförderung abwenden? Unter welchem Paradigma stand Frühförderung bis zum Ende der achtziger Jahre?

Das alte Paradigma in der Frühförderung

Die wichtigsten Annahmen des alten Paradigmas, das die Zeit vom therapeutischen Nihilismus der Fünfziger Jahre über die Förderungseuphorie im Glauben an die Machbarkeit von Entwicklungsfortschritten in den siebziger Jahren bis in die achtziger Jahre umfasste, waren:

- Die meisten Schädigungen sind durch prä- und perinatale Komplikationen bedingt.
- Das sich entwickelnde Gehirn besitzt eine immense Plastizität und kann Schädigungen bei entsprechender therapeutischer Intervention weitgehend kompensieren.
- Die Entwicklung und die Formbarkeit des kindlichen Gehirns ist in den ersten drei Lebensjahren besonders groß und kann deshalb in dieser Zeit durch gezielte Förderung nach dem Motto „Frühe Hilfen“ – „Wirksame Hilfen“ nachhaltig beeinflusst werden.
- Im Vergleich mit der normalen Entwicklung des nicht behinderten Kindes lassen sich Entwicklungsdefizite erheben und daraus notwendige Fördermaßnahmen ableiten (Entwicklungstabellen).

Daraus leitete sich folgendes Vorgehen für die Praxis der Frühförderung ab:

- Förderprogramme wurden vom zuständigen Fachpersonal auf dem Hintergrund der jeweiligen Fachdisziplin und ausgerichtet an der Entwicklungsnorm der Altersgruppe erstellt.
- Eltern wurden als Co-Therapeuten angeleitet und waren für die Einhaltung und regelmäßige Durchführung der Programme zuständig.
- „Je mehr Übung – desto größer der Übungserfolg“ wurde zur Maxime für tägliche Förderprogramme.

Solche Schlussfolgerungen basierten auf einer linear-kausalen Ableitung von Ursache und Wirkung, wie sie im medizinisch-naturwissenschaftlichen Denkmodell vorherrscht(e). Bezogen auf die Frühförderung hieß dies bis in die achtziger Jahre:

- Eine frühe und differenzierte Diagnose der Entwicklungsdefizite eines Kindes ist die Grundlage für intensive und methodisch richtige Therapie mit der Zielvorgabe „Normalisierung“ der Entwicklung.

- „D.h. das Hauptinteresse einer so verstandenen Frühförderung gilt der Frage: Welche Behandlungsmethode, welche Therapie ist bei einem bestimmten Störungsbild, einer bestimmten Entwicklungsverzögerung anzuwenden? Die Behinderung ist in wohldefinierte Störungsbilder objektiviert und wird durch Diagnose festgestellt. Die Zielsetzung der Fördermaßnahmen ist in Entwicklungstabellen objektiviert. Die Methode hat in Trainingsmappen und Förderprogrammen objektive Form bekommen."[24]

Ein solch linear gedachter entwicklungsnormativer Ansatz schaffte sich auch monokausalen Erklärungen für Erfolg bzw. Misserfolg der durchgeführten Maßnahmen: Entwicklungsfortschritte wurden als Erfolge der eingesetzten Methoden verbucht, kindliche Verhaltenauffälligkeiten als Ausdruck der vorliegenden Behinderung oder Hirnschädigung interpretiert, und das Unbehagen der Eltern in ihrer Hilfstherapeutenfunktion als psychisches Verarbeitungsproblem der Eltern abgetan.

Neue wissenschaftliche Erkenntnisse, eine veränderte Zielgruppe und die Erfahrungen der Praxis der Frühförderung machten es notwendig, die alten Annahmen zu überprüfen und leiteten so einen Paradigmenwechsel ein:

- Die Anzahl der Kinder mit geburtsbedingten Schädigungen mit relativ günstiger Kompensationsprognose sind rückläufig. Heute überwiegen in der Frühförderung Kinder mit massiveren Schädigungen, die oft zu lebenslanger Behinderung führen, und Kinder ohne nachweisbare hirnorganische Schädigungen, die durch ihre Verhaltenprobleme auffallen.
- Die Hoffnung auf die Kompensationsfähigkeit und Plastizität des kindlichen Gehirns und die daraus abgeleiteten Möglichkeiten der Einflussnahme durch Förderung wurde durch neuere Untersuchungen[25] relativiert.
- Eine strukturell-morphologische Kompensation scheint kaum, eine funktionelle Kompensation geschädigter Funktionen nur in begrenztem Umfang möglich zu sein
- Das „je früher, je mehr – desto besser" erwies sich als unzutreffend. Zeitpunkt, Methode und Umfang einer Fördermaßnahme sind im Einzelfall sorgfältig abzuwägen.
- Die Co-Therapeutenrolle der Eltern führte zu vielfältigen innerfamiliären Problemen Kind und erwies sich für das System Familie als wenig hilfreich.

---

[24] Kautter, H.; Klein, G.; Laupheimer, W.; Wiegand, H.-S.1988, 119

[25] vgl. u.a. Schlack 1989, 1991

- Die Entwicklung behinderter Kinder verläuft im Vergleich zur Normalentwicklung nicht nur verzögert, sondern oftmals auch atypisch, da der Transfer erworbener Fertigkeiten ins Alltagsverhalten häufig erschwert ist oder ganz ausbleibt.
- Förderprogramme, die sich auf den Erwerb von Funktionen beschränken, werden der Komplexität der Lebenswelt des behinderten Kindes und seinem subjektiven Erleben nicht gerecht.
- Dies führte nicht zuletzt bei den in der Frühförderung Tätigen mit zunehmender Praxiserfahrung zu einem latenten Unbehagen beim Operieren mit Entwicklungsgitter und Steckbrett.

Fortan galt es all diesen neueren Aspekten gerecht zu werden und eine kindorientierte, realitätstauglichere und auch effektivere Frühförderung zu begründen. Schlack sah es deshalb in einem ersten Rückblick 1991 bereits als Fortschritt, „wenn das subjektive Empfinden und Erleben des behinderten Kindes, seine eigenständige Rolle im Prozess der Frühförderung und seine möglichen Beiträge zur Gestaltung der Behandlung als wichtiges Korrektiv zu den Zielsetzungen der Fachleute erkannt worden ist.“[26]

Das veränderte Paradigma in der Frühförderung

Auf dem Hintergrund einer systemischen Betrachtungsweise, die Frühförderung im Gesamtzusammenhang verschiedener Teileinheiten versteht, postulierte Schlack folgende Grundannahmen eines neuen, humanistisch orientierten Paradigmas für die Frühförderung:

- Frühförderung heute bedeutet weniger Übungsbehandlung als vielmehr Mobilisierung und Entfaltung verbleibender Kompetenzen des Kindes. „Das bedeutet, seine in ihm schlummernden Fähigkeiten bestmöglichst zur Geltung zu bringen, sein Handlungsrepertoire, sein Verständnis und seine sozialen Fähigkeiten zu erweitern und sein Selbstbewusstsein zu stärken“.[27]
- Die wesentliche Grundlage für den Erfolg einer derartigen Frühförderung sieht Schlack im emotionalen Gleichgewicht des Kindes und notwendigerweise auch seiner Familie.
- Dem subjektiven Erleben des Kindes kommt bei der Gestaltung von Frühförderung daher eine wichtige Bedeutung zu. Die Fachleute müssen die Signale des Kindes als Ausdruck seiner inneren Befindlichkeit ernst nehmen und den Versuch machen, ihre Bedeutung zu verstehen.[28]

---

[26] Schlack 1991, 19

[27] Schlack 1989, 17

[28] vgl. hierzu den Beitrag von Richard Hammer in diesem Band zum verstehenden Ansatz in der Psychomotorik (Kap. 2.8.)

- Elternrolle und Therapeutenrolle müssen klar getrennt sein. Die Kompetenz der Eltern, die „keine geringere, sondern eine andere"[29] als die der Fachleute ist, muss respektiert und gestärkt werden.
- Fachleute werden, ob gewollt oder nicht, mit ihrem Auftreten zu einem Teil des familiären Beziehungssystems. „Bei allen Interventionen der Frühförderung ist zu beachten, dass es keine einfache, lineare, unidirektionale Ursache-Wirkungsbeziehung gibt. Vielmehr muss man von wechselseitigen Interdependenzen (systemischen Wechselbeziehungen) ausgehen."[30]

Im Mittelpunkt dieses entwicklungsökologischen Ansatzes steht das Kind als Subjekt, als unteilbar ganzes Individuum, das sich im Rahmen seiner gegebenen Möglichkeiten und innerhalb seiner familiären Lebensumstände als „Akteur seiner Entwicklung"[31] erfährt. Der Umwelt kommt hierbei Aufforderungs- und Gestaltungscharakter bei den Interaktionen zwischen dem Kind und seinen Bezugspersonen zu. Die Förderung hat sich also am Kind, seinem Entwicklungstempo und seinen individuellen Entwicklungsschritten auszurichten, wobei die Wahl der Methoden von der elterlichen Kompetenz zur Förderung ihres behinderten Kindes abhängt. Speck warnt in diesem Zusammenhang davor, dem entwicklungsnormativen Ansatz des alten Paradigmas mit seiner Vielzahl an effektiven Übungsverfahren die Gültigkeit abzusprechen und ihn durch den entwicklungsökologischen Standpunkt eines neuen Paradigmas ersetzen zu wollen. Ein Verdrängen des einen durch den anderen Ansatz stehe „nicht zur Disposition", es gehe vielmehr um eine gegenseitige Bereicherung.[32]
Weiß dagegen schätzt die Gefahr, Erfahrungen und kostbares Erbe aus zwei Jahrzehnten Frühförderung über Bord zu werfen eher gering ein, da er trotz entwicklungsökologischer Sichtweise die These von der faktischen Dominanz funktionsorientierter Ansätze in der sonderpädagogischen Praxis vertritt. Diese bestechen weiterhin durch Planbarkeit, Praktikabilität und Rationalität, die dem Aktivitätsdruck der Pädagogen in der Frühförderung entgegenkommen. Das neue Paradigma bleibe im Problematisieren und im Postulieren notwendigen pädagogischen Handelns unter dem Primat einer oft diffusen Ganzheitlichkeit stecken.
Praxisrelevantes Innovationspotential sei noch nicht entwickelt, was sich in fehlenden Alternativkonzepten im Sinne einer kindzentrierten, familienorientierten Frühförderung zeige.

Einer Frühförderung nach dem neuen Paradigma werden somit folgende Prinzipien zugrunde gelegt:

---

[29] Schlack1989, 17
[30] Schlack 1991, 21
[31] Kautter, H.; Klein, G.; Laupheimer, W.; Wiegand, H.-S. 1988
[32] Speck 1989, S.155

- Ganzheitlichkeit
- Entwicklungsorientierung
- Subjektzentrierung
- Selbsttätigkeit
- Prozess- und Dialogcharakter
- Familienorientierung
- Interdisziplinarität

Die pädagogisch-anthropologischen und sozialwissenschaftlichen Begründungen für diese Grundprinzipien sind in zahlreichen Veröffentlichungen der letzten Jahre zu finden. Was die interessierten PraktikerInnen allerdings schmerzlich vermissten, waren aus diesen Prinzipien abgeleitete Ausführungen zur praktischen Umsetzung in der Frühförderung. Es blieb die Frage weitgehend offen, wie sich der wöchentliche Kontakt zum Kind und zur Familie gestalten sollte.
Folgende Elemente für eine neue Praxis der Frühförderung wurden zwar formuliert:

- Aufbau einer guten, personalen Beziehung zum Kind
- Stärkung von Selbstvertrauen und Kontaktfähigkeit
- Freiraum für selbstbestimmtes Handeln in offenen oder durch Material strukturierten Spielsituationen
- Stärkung von Neugierverhalten und Eigeninitiative
- Verstehen der Thematik, des subjektiven Sinns im Handeln und Erleben eines Kindes (individuelle Bedeutungsschemata)
- Berücksichtigung des häuslichen Milieus und des familiären Wertesystems
- Kooperation und Abstimmung des pädagogisch-therapeutischen Handelns der Fachleute.

Es blieb jedoch eine Lücke zwischen theoretischem Anspruch und praktischer Umsetzung und deshalb die faktische Dominanz funktionsorientierter Ansätze trotz der neu formulierten Grundgedanken bestehen.
Heute noch dominieren Einsetzbretter, Pfeifenputzerketten und Muggelsteine die praktische Frühförderung. Das gemeinsame Tun mit dem Kind blieb trotz geänderter Ansprüche weitgehend unverändert und es blieb bei einer weitgehend funktionalistisch orientierten Frühförderung.
Andererseits erfreuten und erfreuen sich Bewegungsangebote für Kinder in der Frühförderung und Fortbildungsangebote im Bereich Bewegung und Bewegungsförderung bei den in der Frühförderung Tätigen großen Interesses, obwohl sie dem oben beschriebenen Aktivitätsdruck der Frühförderer nicht entgegen kommen.
Das Medium Bewegung scheint also jene Lücke zu füllen, die Weiß ausgemacht hatte zwischen dem theoretischen Anspruch und dem pädagogischen Handeln. Dass Bewegung als Medium und somit die Psychomoto-

rik, welche Bewegung als Medium versteht, hierfür besonders geeignet ist soll im Folgenden gezeigt werden.

Beiträge der Psychomotorik

Die beschriebene Lücke zwischen theoretischem Ansatz und der praktischen Realität hat die Psychomotorik in den letzten Jahren immer mehr geschlossen. In vielfältigen Fortbildungen strebten Fachleute der verschiedensten Berufsgruppen praktisches Know-how im Sinne des neuen Paradigmas an. Bewegungs- und Psychomotorik-Gruppen schossen wie Pilze aus dem Boden und die Nachfrage von Eltern nach Psychomotorik wurde immer größer.
Was macht nun aber diese Attraktivität und den Erfolg der psychomotorischen Angebote für Fachleute, Eltern und Kinder aus und wie könnte sich die Psychomotorik innovativ auf Frühförderpraxis auswirken bzw. wie hat sie sich tatsächlich ausgewirkt?
Hier hilft ein Blick auf die Praxis:
In der Psychomotorik gelingt es ohne Mühe, über den Spaß und die Freude an der eigenen Bewegung, Kindern Entwicklungsfortschritte zu ermöglichen. Dies gelingt jedoch weitaus seltener, wenn die Kinder als „Patienten" betrachtet und mit symptomorientierten Therapien behandelt werden (sollen). Ein psychomotorischer Zugang erleichtert die Arbeit mit einem Kind, aktiviert seine Selbstheilungskräfte und steigert somit die Effektivität einer Intervention. Die Attraktivität psychomotorischer Förderung liegt für die betreuten Kinder im Ansatz an ihrer eigenen Aktivität. Hier liegt auch ihr Erfolg begründet. Die Attraktivität der Psychomotorik für die Fachleute liegt wiederum im therapeutischen Erfolg dieses Förderansatzes.
Diese Erklärung klingt einfach, beschreibt jedoch einerseits ein hochkomplexes Wirkungsgeschehen und ist andererseits Ausdruck des Dilemmas der Psychomotorik. Solchermaßen einfache Erklärungen setzen sich natürlich der Kritik aus unterschiedlichsten Bereichen aus. So bezeichnet etwa Homburg die Psychomotorik als „Kitekat-Pädagogik"[33] und nicht wenige Mediziner bezweifeln die Effektivität psychomotorischer Förderung im Hinblick auf die Erlangung spezifischer motorischer Fertigkeiten.[34]

Beiträge im interdisziplinären Dialog der letzten 50 Jahre

Wie die Frühförderung, so hat sich auch die Psychomotorik in den letzten 50 Jahren weiterentwickelt.

---

[33] zit. n. Speck 1989, 155

[34] Dem Skeptizismus der Medizin ist schließlich auch zuzuschreiben, dass die Psychomotorik nicht in die Liste der verordnungsfähigen Heilmittel aufgenommen wurde, wenngleich hierfür auch zu einem gewissen Maß die wenig fundierten Zulassungsanträge der Psychomotorik verantwortlich sind.

In den 50er-Jahren wurde zunächst der Begriff „Psychomotorische Übungsbehandlung" von Kiphard geprägt. Dieser Begriff kennzeichnet das Bemühen, das Medium Bewegung in die Therapie bewegungsbeeinträchtigter und hirngeschädigter Kinder vorrangig einzubeziehen.
Die Psychomotorische Übungsbehandlung wurde an einer Klinik für Kinder- und Jugendpsychiatrie entwickelt und stellte den „Versuch dar, das Brauchbarste und zur Förderung der Entwicklung rückständiger Kinder Wesentliche aus den Übungsbereichen der Rhythmik, der Gymnastik, des Turnens und Sports, der Sinnesschulung, des Rollenspiels und anderem mehr, unter heilpädagogischem Aspekt zusammenzustellen."
In diesem Sinnzusammenhang nennt Kiphard die Psychomotorik ein Frühförderverfahren, „in dem über ein elementares Sinnes- und Bewegungstraining gezielte Hilfen angeboten (werden), um Schwächen und Störungen innerhalb dieses perzeptiv-kommunikativen Regulationssystems auszugleichen"[35]
Diese Sichtweise Kiphards resultierte aus einer medizinischen Sichtweise und war, wie die Bezeichnung „Psychomotorische Übungsbehandlung" schon verrät, funktional-übend ausgerichtet und deutlich defektorientiert. Die von den Erwachsenen gesteuerten, funktionsorientierten Übungen standen oft unter der Gefahr, ohne Transferwirkung auf das Alltagshandeln der Kinder zu bleiben, da diese wenig eigene Themen und Interessen einbringen konnten. Der Schwerpunkt psychomotorischer Übungsbehandlung lag eher auf dem behandelt-werden als auf dem Handeln. Derartige relativ isolierte Funktionsbehandlungen (Wahrnehmung, Koordination, Aufmerksamkeit, usw.) werden gegenwärtig aus entwicklungspsychologischer Sicht generell in Frage gestellt. Heute werden komplexe Erfahrungssituationen angeboten, weil dies die Kinder stärker anspricht und sie die gewonnenen Erfahrungen besser in ihren Erfahrungsschatz integrieren können.
Die psychomotorische Übungsbehandlung stellte zwar auch schon den Anspruch ganzheitlich zu arbeiten, war jedoch zu funktional übend ausgerichtet, als dass sie diesem Anspruch hätte umfassend gerecht werden können.
Jetter formulierte den Unterschied zwischen funktionalen Ansätzen (hier am Beispiel der Krankengymnastik) und einem ganzheitlichen Zugang einmal so: das Ideal des Krankengymnasten ist die aufrechte Haltung und der aufrechte Gang, das Ideal des Psychomotorikers ist der handlungs- und kommunikationsfähige Mensch.
Jetter hat hiermit den Anspruch des Konzeptes der Motopädagogik aufgegriffen, die sich als Weiterentwicklung der Psychomotorik verstand. Mit der Entwicklung der Motopädagogik zeigte sich auch eine ganzheitliche

[35] Kiphard 1979, 181

Definition von Psychomotorik, die enge Parallelen zur Frühförderung nach dem neuen Paradigma aufweist:
„Beim Kind sind leibliche und seelische, gefühlsmäßige und geistige Vorgänge noch eng miteinander verbunden.
Denken und Handeln, Vorstellung und Wahrnehmung, Wunsch und Wirklichkeit, Alltag und Traumwelt werden noch nicht deutlich unterschieden; sie trennen sich erst im Laufe der Entwicklung. Die unterschiedlichen Sinneswahrnehmungen sind noch enger miteinander verknüpft als bei Erwachsenen und auch Gefühls- und Körperbewegungen sind aufeinander bezogen.
Mit dem Begriff Psychomotorik wird die enge Verbindung des körperlich-motorischen mit dem geistig-seelischen gekennzeichnet.“[36]

Beiträge der „Psychomotorik als Prinzip“

Die Prinzipien der Psychomotorik haben vielfältige Beiträge für die Entwicklung der Frühförderung geleistet. Wenngleich diese Prinzipien jeweils für sich genommen nicht alle originär psychomotorisch sind, so kann doch gesagt werden, dass sie über die Psychomotorik Zugang zur Frühförderung gefunden haben.
Als erstes Prinzip gilt, dass innerhalb einer psychomotorisch orientierten Frühförderung das Kind immer Akteur seiner Entwicklung ist. Dies hat mit dem impliziten Entwicklungsbegriff der Psychomotorik zu tun, in dem Sinne, dass bei jeglicher therapeutischen oder pädagogischen Intervention auf den Versuch verzichtet wird, das „krumme Kind gerade zu biegen“. Jede Entwicklung geht vom Kind selbst aus. Hieraus folgt die weitgehende Zurückhaltung der Pädagogen oder Therapeuten in psychomotorischen Frühfördersituationen. Eine psychomotorische Sichtweise kindlicher Entwicklung trägt dem Therapeuten auf, dem Kind dort zu begegnen wo es steht und es ein Stück auf dem Weg seiner Entwicklung zu begleiten.
Wenn heute nicht mehr von Entwicklungstherapie, nur noch selten von Entwicklungsförderung, in sämtlichen Bereichen der Frühförderung aber häufig von Entwicklungsbegleitung gesprochen wird, so ist dies auch zu einem entscheidenden Teil auf Einflüsse der Psychomotorik zurückzuführen.
Neben diesen Aspekten gibt es ein zweites und drittes Prinzip, mit denen die Psychomotorik großen Einfluss auf die Frühförderung genommen hat: Die Gewichtung der Motorik als zentrales Element der kindlichen Entwicklung und die hohe Wertschätzung des kindlichen Bewegungsspiels als therapeutischem Ansatz sowie die Etablierung der Bewegung als therapeutisches Medium.

[36] Zimmer 1989, 21

Kompetente Frühförderung ist (heute) bewegungsorientierte Frühförderung. Förderansätze, die Bewegung als Medium begreifen, Therapieansätze, die über die Wahrnehmungsförderung eine ganzheitliche Entwicklungsförderung betreiben wollen, gibt es mehr denn je. Das Medium Bewegung ist in der Frühförderung fest verankert. Dies liegt sicherlich darin begründet, dass die Motorik in der kindlichen Entwicklung eine grundlegende Rolle spielt und ihr Einsatz als Medium in der Arbeit mit kleinen Kindern somit nur konsequent ist.
Kinder erschließen sich die Welt über die Motorik. Daher war der Schritt der Psychomotorik, Bewegung nicht als etwas Störendes, als etwas, das vom Lernen und von der eigentlichen Entwicklung abhält, sondern als Motor und Medium der Entwicklung aufzufassen, schlüssig und überfällig. Diese Erkenntnis fand Eingang in sämtliche Bereiche der pädagogischen und therapeutischen Frühförderung. Heute finden sich kaum mehr Frühfördermaßnahmen, die den Bereich der Motorik ausklammern; allerdings haben Bewegungspausen oder Tobephasen oft nur eine Alibifunktion oder sollen die störende Bewegung kanalisieren und ausgrenzen. Dennoch wird schon allein an der Tatsache, dass es kaum mehr eine Frühfördermaßnahme gibt, in der die Bewegung nicht angesprochen wird, deutlich, wie groß der Einfluss der Psychomotorik als quasi-theoretischer Ansatz, aber vor allem auch als praktisch erfolgreicher Ansatz für die Frühförderung gewesen ist und immer noch ist.
Man kann wohl zu Recht konstatieren, dass die Psychomotorik als Prinzip breiten Eingang in die Frühförderung gefunden hat. Sie hat das gesamte Arbeitsfeld Frühförderung in den letzten 30 Jahren verändert, sie hat in vielen Förderansätzen ihre Spuren hinterlassen, und sie ist als eigenständiges Förderangebot aus der Frühförderung nicht mehr wegzudenken.

„Kindliche Entwicklung ist also zugleich auch immer psychomotorische Entwicklung. Psychomotorische Erfahrungen sind Erfahrungen, die das Kind mit seinem ganzen Leib und seiner Seele, seiner ganzen Person macht.
Nach diesen Überlegungen müsste die Erziehung von Kindern zugleich auch psychomotorische Erziehung sein. Bewegung ist hier kein fachspezifisches Anliegen, sondern ein grundlegendes Medium der Entwicklungsförderung, das täglich berücksichtigt werden muss.“[37]

Im Zuge des Paradigmenwechsels in der Frühförderung unter dem Einfluss der Psychomotorik setzte sich mehr und mehr die Erkenntnis durch, dass das Kind Akteur seiner Entwicklung sei. Nicht die Fachleute bewir-

[37] Zimmer 1989, 21

ken kindliche Entwicklung, sondern das Kind selbst. In der Fähigkeit jedes Kindes, sich aktiv mit seiner Umwelt auseinanderzusetzen liegt die Ursache für Entwicklungsfortschritte.
Nicht von Ungefähr spricht Fischer[38] vom psychomotorischen Paradigma in der Frühförderung, handelt es sich doch beim Kind –verstanden als Akteur seiner Entwicklung- um ein (bewegungs-) handelndes Subjekt und somit um den psychomotorisch *aktiven Menschen.*

Das psychomotorische Paradigma

Kinder als aktive, handelnde Individuen zu sehen, bedeutet, sie zu unterstützen, anzuregen und anzuleiten, sich handelnd ihre Umwelt zu erschließen, eigenen Bedürfnissen entsprechend auf sie einzuwirken. Diesen Anspruch einzulösen versucht eine psychomotorische Entwicklungsbegleitung, indem sie die Integration vielfältiger Wahrnehmungs- und Bewegungsmuster in konkreten Handlungssituationen initiiert. Psychomotorik ist auf die Ganzheit der menschlichen Persönlichkeit gerichtet, weil sie nicht die Verbesserung bestimmter motorischer Fertigkeiten eines Kindes in das Zentrum ihrer Bemühungen stellt, sondern die Entwicklung der menschlichen Persönlichkeit als wesentliches Ziel und das selbstbestimmte Bewegungshandeln als wesentliches Mittel einer solchen Förderung versteht.
Psychomotorik ist entwicklungsorientiert, weil sie beachtet, dass Lern- und Entwicklungsfortschritte nur auf dem jeweiligen Stand der individuellen und sozialen Entwicklung gemacht werden können.
Wo Lernen noch vorrangig über Bewegungshandlungen abläuft, wo die Bewegung den Zugang zum Kind erleichtert und wo motorische Erfahrungen die Basis der kindlichen Entwicklung bilden, kann Bewegung genutzt werden, um ganzheitliche Entwicklungsprozesse in Gang zu setzten.

„Fasst man die vielfältigen Aspekte, unter denen Bewegung nach diesen Überlegungen betrachtet werden kann, zusammen, so kann sie für Kinder folgende Funktionen haben:

- Den eigenen Körper und damit auch sich selber kennen lernen; sich mit den eigenen körperlichen Fähigkeiten auseinandersetzen und ein Bild von sich selbst entwickeln. – (Personale Funktion)
- Mit anderen gemeinsam etwas tun, mit- und gegeneinander spielen, sich mit anderen absprechen, nachgeben und sich durchsetzen. – (Soziale Funktion)
- Selber etwas machen, herstellen, mit dem eigenen Körper etwas hervorbringen (z.B. eine sportliche Fertigkeit wie einen Handstand oder einen Tanz. – (Produktive Funktion)

[38] vgl. Fischer 1989

- Gefühle und Empfindungen in Bewegung ausdrücken und körperlich ausleben. – (Expressive Funktion)
- Gefühle wie Lust, Freude Erschöpfung oder Energie empfinden, in Bewegung erfahren. – (Impressive Funktion)
- Die dingliche und räumliche Umwelt kennen lernen und sich erschließen, Objekte und Geräte ausprobieren und ihre Eigenschaften erfassen, sich den Umweltgegebenheiten anpassen bzw. sich passend machen. – (Explorative Funktion)
- Sich mit anderen vergleichen, sich miteinander messen, wetteifern und dabei sowohl Siege verarbeiten als auch Niederlagen verkraften zu lernen. – (Komparative Funktion)
- Belastungen ertragen, die körperliche Leistungsfähigkeit steigern, sich selbst gesetzten und von außen gestellten Anforderungen anpassen. – (Adaptive Funktion)“[39]

Als Ziel psychomotorischer Förderung gilt die Befähigung des Kindes, sich sinnvoll mit sich selbst, mit seiner materialen und personalen Umwelt auseinanderzusetzen und entsprechend handeln zu können. Daraus werden die bekannten Kompetenzbereiche Ich-, Sach- und Sozialkompetenz abgeleitet, denen die inhaltlichen Lernbereiche Körpererfahrung, Materialerfahrung und Sozialerfahrung zugeordnet werden.

Handeln und damit auf seine personale und materiale Umwelt einwirken kann der Mensch nur durch seinen Körper. Den Körper kennen zu lernen, ihn anzunehmen und einsetzen zu lernen ist wesentliche Voraussetzung, um die gegenständliche Umwelt beeinflussen und mit Menschen umgehen zu können. So ist die Grundlage jeder Orientierung im Raum die Orientierung am eigenen Körper, so ist das Maß des eigenen Körpers die Bedingung allen Messens.
Doch nicht nur die Beziehung des Menschen zu seiner Außenwelt hängt von der Erfahrung seines Körpers ab, sein Körper macht ihm zugleich sein inneres Seelenleben erlebbar. Jedes Gefühl drückt sich in einer spezifischen Befindlichkeit des Körpers aus. Die Erfahrung des Körpers ist also auch Erfahrung des Ich.
In der psychomotorischen Sichtweise können Bewegungen sowohl Gegenstand als auch Medium von Erfahrungen sein. Im ersten – engeren – Sinne sind die Objekte an und mit denen man sich bewegt nur der Anlass zur Variation und Ausformung der Bewegungen. Hier geht es also um die Differenzierung des Bewegungsrepertoires. Ziel ist die Ökonomisierung, also die Verbesserung ihrer Ausführung, wie auch die Erweiterung des Erfahrungsraumes durch Kompetenzerweiterung.

---

[39] Zimmer 1989, 23f

Wird die Bewegung als Medium der Erfahrung betrachtet, rücken andere Zielvorstellungen in den Vordergrund. Hier steht dann im Vordergrund, wie Kleinkinder über Bewegung ihre räumlich-dingliche Umwelt und die Eigenschaften und Gesetzmäßigkeiten der Spielobjekte und Bewegungsgegenstände erfahren. Scherler[40] spricht in diesem Zusammenhang von „materialer Erfahrung" und bezieht sich dabei auf die Entwicklungstheorie Piagets und den von ihm verwandten Begriff der Erfahrung.
Im Umgang mit Spielgegenständen und Bewegungssituationen gewinnt das Kind Erkenntnisse, die für das Verstehen der Umweltgegebenheiten von grundlegender Bedeutung sind. Begriffe wie Schwung, Gleichgewicht, Schwerkraft, Reibung sind unmittelbar an die Handlung gebunden und können von Kleinkindern nur über grundlegende Bewegungstätigkeiten beim Schaukeln, Rutschen, Balancieren, Rollen, Klettern und so weiter erworben werden. Über die Variation der Handlungsbedingungen (z.B. Laufen auf unterschiedlichem Untergrund – Wiese, Asphalt, Waldweg, Sand, schiefe Ebene) erleben Kleinkinder unmittelbar Ursachen und Wirkungen und lernen Zusammenhänge erkennen.[41]

Bewegung ist die erste und wichtigste Kommunikationsform des Kleinkindes[42]. Sie ist Mittel des Ausdrucks, somit Mittel der Verständigung. Vor jeder sprachlichen Äußerung lernt das Kind zunächst, sich mittels seiner Bewegungen mitzuteilen (ganzkörperlicher Ausdruck, Mimik, Gestik) und seine Wünsche und Befindlichkeiten über seinen Körper zu äußern. Später begleitet diese Form der Kommunikation auch jede sprachliche Äußerung. Ajuriaguerra spricht in diesem Zusammenhang vom tonischen Dialog zwischen Mutter und Kind. Von Lüpke[43] rückt sogar den kommunikativen Aspekt der Bewegung in den Vordergrund und stellt die Hypothese auf, dass Koordinationsstörungen auch als Ausdruck eines gestörten Dialogs zu betrachten sind.
Motorik ist also das früheste Medium der Kommunikation. Motorik und motorische Auffälligkeiten sind immer individuell sinnvoll und können, ja müssen verstanden, nicht behandelt werden.
In Zweiersituationen und in Kleingruppen lernt das Kind, mit anderen zu kooperieren, es lernt Formen des Vergleichs kennen, das heißt, es entwickelt seine Individualität und lernt, sich von Anderen zu unterscheiden.

Beiträge der Psychomotorik als ergänzende Fördermaßnahme

Psychomotorik als eigenständiges therapeutisches Angebot wird in der Regel als ergänzende Fördermaßnahme etwa zur Betreuung eines von Behinderung bedrohten Kindes in einem integrativen Kindergarten ange-

[40] 1975
[41] vgl. Zimmer 1983
[42] vgl. Schilling 1979; Prévost 1990
[43] 1985

boten. Die Aufgabe der Psychomotorik ist hierbei formal in etwa gleichzusetzen mit der einer Sprachtherapie, die über die Verbesserung der sprachlichen Kompetenzen eines Kindes diesem ermöglichen soll etwa einen Regelkindergarten zu besuchen. In der Psychomotorik muss jedoch eine Zuordnung zu bestimmten Funktionsbereichen unterbleiben. So sind in der Psychomotorik nicht nur Kinder zu finden, die deutliche motorische Defizite aufweisen, sondern in erster Linie Kinder, für die eine Entwicklungsförderung bzw. -begleitung über das Medium Bewegung sinnvoll erscheint. Die Psychomotorik als ergänzende Fördermaßnahme kann sich daher nie symptomorientiert oder defizitorientiert verstehen. Sie findet häufig auch parallel zu symptomorientierten Ansätzen wie z.B. der Sprachtherapie statt und steht nur selten in Konkurrenz zu diesen. Vielmehr kann die Psychomotorik weitere Fördermaßnahmen unterstützen oder auch Wegbereiterin für diese sein. Sie kann z.B. bei einem Kind mit einer Dyslalie über die Verbesserung der Körperwahrnehmung und des Körperbewusstseins auch zu einer Verbesserung der Wahrnehmung der Mundregion und der eigenen Sprache beitragen. Sie kann somit Wegbereiterin für eine gezielte Sprachtherapie sein. Die Psychomotorik kann aber auch – und hier liegt nach meiner Auffassung der Schwerpunkt und auch die Stärke der Psychomotorik – dem Kind den Aufbau eines anderen, eines positiven Selbstbildes unterstützen. Die Psychomotorik kann dem Kind helfen, eigene Entwicklungsressourcen (wieder) für sich zu erschließen und es in seinem Willen zur Entwicklung unterstützen. Gelingt dies, so ist die Psychomotorik nicht Wegbereiterin anderer symptomorientierter Spezialtherapien, sondern sie bietet den Raum in dem „ein Knoten platzen kann“ und in dem Entwicklung für das Kind wieder möglich, sinnvoll und lustvoll sein kann.

Ambulante psychomotorische Förderung

Ein derartiger „Entwicklungsraum“ steht Kindern in so genannten Psychomotorik-Gruppen zur Verfügung. Häufig sind dies Gruppen, die sich von der Kindergartengruppe unterscheiden, (z.B. durch die kleinere Gruppengröße oder die Zusammensetzung). In der Regel sind in der Frühförderung nicht mehr als vier bis sechs Kinder in einer Gruppe. Auch kleinere Gruppen, in manchen Fällen auch Einzeltherapie sind denkbar. Die psychomotorische Einzeltherapie nimmt hier jedoch eine Sonderstellung ein. Sie ist meiner Erfahrung nach deshalb kritisch zu hinterfragen, da sie die Gefahr in sich trägt, das Wissens-, Erfahrungs- und Machtgefälle zwischen Erwachsenem und Kind nicht ausschalten zu können und somit einen selbstregulierten Entwicklungsweg für das Kind zu erschweren.
Der Ablauf ambulanter Psychomotorikgruppen in der Frühförderung ist von einer weit gehenden Offenheit geprägt. Materialien können vom Erwachsenen eingebracht werden, die Besetzung dieser Materialien mit individuellem Sinn bliebt jedoch den Kindern vorbehalten. So können sich

z.B. mit dem Material Rollbrett unterschiedlichste Stunden entwickeln. Freies Experimentieren und Sammeln unterschiedlichster Bewegungserfahrungen, die Erweiterung des Bewegungsrepertoires sind ebenso denkbar wie die selbständige Erarbeitung eines Farbbegriffs oder die Entwicklung nonverbaler und verbaler Kommunikation über Spielhandlungen, in denen das Rollbrett Medium der Kontaktaufnahme ist (z.B. Auto fahren, Unfälle verursachen, Krankenwagen, Feuerwehr und Polizei spielen). Nicht zuletzt kann in besagtem Beispiel das vom Erwachsenen bereitgestellte Rollbrett Medium zur Entfernung und Wiederannäherung, (sei es in komplexen Spiel- oder in Experimentiersituationen) und somit Medium der Identitätsstiftung sein.
Die Rolle des Erwachsenen in ambulanten Psychomotorikgruppen in der Frühförderung ist also nicht direktiv, nicht vorgebend und nicht be-handelnd. Der Erwachsene ist vielmehr Begleiter, Mitspieler und Projektionsfläche für Ideen und Bilder aller oder einzelner Kinder. Echte Entwicklung findet in echter, authentischer, ernsthafter Handlung und Auseinandersetzung statt. Diese ernsthafte Auseinandersetzung – dies mag paradox klingen – ist für die Kinder das Spiel. Dieses Spiel findet vorwiegend zwischen den Kindern statt und nicht zwischen Kindern und Erwachsenen. Hier liegt die Begründung für die Vorrangigkeit von Gruppenangeboten gegenüber Einzelsituationen. Erwachsene als Begleiter in der psychomotorischen Frühförderung sind in den Gruppen gefordert, verlässliche Strukturen zur Verfügung zu stellen, sich situativ als Spielpartner einzubringen, als Beobachter sich zurückzuhalten, als Supervisor die kindliche Handlung und Interaktion zu begleiten (spiegeln, übersetzen, deuten) und schließlich zur richtigen Zeit am richtigen Ort zu sein.

Psychomotorik als Maßnahme im Rahmen der Einzelintegration behinderter oder von Behinderung bedrohter Kinder

Behinderte oder von Behinderung bedrohte Kinder werden heute zunehmend in Regelkindergärten betreut mit dem Ziel sie in den Lebensraum des Regelkindergartens zu integrieren und somit eine tragfähige Einbindung in bestehende soziale Bezüge zu gewährleisten. Neben positiven Aspekten für die nicht behinderten Kinder (vor allem im Hinblick auf deren soziale Fähigkeiten), wird von Einzelintegrationsmaßnahmen auch erwartet, dass eine Integration in die gewohnte Umgebung des behinderten Kindes möglich ist. Durch die Einbettung gezielter Fördermaßnahmen für behinderte Kinder in den Alltag eines Regelkindergartens soll ein stärkerer Lebensweltbezug in der Förderung erreicht und verhindert werden, dass behinderte Kinder aufgrund ihrer Behinderung in eine Außenseiterposition geraten.
Die Erfahrung zeigt, dass dieses Bestreben einerseits ideal durch gezielte Förderung des betroffenen Kindes im Rahmen des Kindergartens unterstützt werden kann. Hierbei können und sollen Themen und Schwer-

punkte aus dem Kindergartenalltag beachtet werden. Andererseits sind dringend Maßnahmen und Angebote erforderlich, die das Miteinander und die soziale Integration unterstützen. Hier bietet sich einem psychomotorischen Angebot ein ideales Wirkungsfeld. Im Rahmen vielfältiger offener Bewegungsangebote bietet sich für die betroffenen Kinder die Möglichkeit, an den Aktionen der nicht behinderten Kinder teilzuhaben und im Rahmen ihrer individuellen Möglichkeiten am Gruppengeschehen teilzunehmen. Für die nicht behinderten Kinder öffnet sich ein breites Feld für Sozialerfahrungen. Kooperation und Rücksichtnahme aufeinander erhalten für die nicht behinderten Kinder in solch offenen Bewegungsangeboten unmittelbar erlebbare Bedeutung.
Neben offenen Bewegungsangeboten, die, möglichst häufig während der Woche angeboten, über das Kommunikations- und Interaktionsmedium Bewegung die Kinder ansprechen, haben in der Regel auch gezielt angebotene psychomotorischer Fördergruppen in integrativen Kindergärten ihren festen Platz. Diese bergen nicht die Gefahr einer Ausgrenzung der behinderten Kinder oder eine Stigmatisierung, sondern unterstützen die soziale Integration, da sie weder von den behinderten, noch von den nicht behinderten Kindern als etwas Unangenehmes oder Belastendes empfunden werden, sondern eher als ein Angebot, das diesen Kindern so zur Verfügung steht wie anderen Kindern andere Angebote.
Psychomotorische Therapiegruppen sollten daher auch immer auf eine Mischung von behinderten und nicht behinderten Kindern achten.
Neben dem Ziel, die soziale Integration behinderter Kinder zu unterstützen verfolgt die Psychomotorik jedoch auch das Ziel, dem Kind über den Weg einer Verbreiterung des Bewegungsrepertoires auch den Erwerb eines erweiterten Handlungs- und Verhaltensrepertoires zu ermöglichen. Motorische Förderung steht also auch hier nicht isoliert für sich, sondern immer im Dienst eines weiter gefassten Ziels im Sinne von Handlungs- und Kommunikationsfähigkeit. Inhalte sind häufig Angebote zu einer Weiterentwicklung der Gleichgewichtsregulation, der Körperkoordination und der Bewegungssteuerung, Ziel sollte jedoch immer sein, dem Kind eine Erweiterung seiner Handlungs-, Kommunikations- und Sozialkompetenzen in seinen konkreten Lebensbezügen zu ermöglichen.

Eltern-Kind-Gruppen

Eine familienorientierte, ganzheitliche Frühförderung erfordert, dass Eltern und Bezugspersonen in die Förderung der behinderten oder von Behinderung bedrohten Kinder intensiv einbezogen werden. Psychomotorische Eltern-Kind-Gruppen bieten hierfür den notwendigen Raum. Wichtigstes Ziel einer solchen Gruppe ist es, das unbeschwerte (Bewegungs-) spiel zwischen Eltern und Kind zu ermöglichen und zu unterstützen. Eltern dürfen allerdings nicht in eine Co-Therapeutenrolle geraten. Das gemeinsame Leben von Eltern und ihren behinderten Kindern ist nicht sel-

ten durch vielfältige Vorerfahrungen mit Klinikaufenthalten, Ärzten, Therapeuten usw. vorbelastet. In psychomotorischen Eltern-Kind-Gruppen soll den Eltern (wieder) ein unvoreingenommener Blick auf ihr Kind ermöglicht werden, in dem nicht die Defizite oder Probleme des Kindes im Vordergrund stehen, sondern dessen Stärken und Fähigkeiten. Im gemeinsamen Spiel ist ein Kind eben ein Wolf mit gewissen Fähigkeiten und Eigenheiten und nicht etwa ein guter oder ein schlechter Wolf. So ergeben sich für Eltern und Kinder die Möglichkeiten über die Spielhandlung in direkten Kontakt zueinander zu kommen und nicht über die speziellen Eigenschaften (z.B. die Behinderung). Daher sollten gerade in psychomotorischen Eltern-Kind-Gruppen Übungssituationen, in denen Defizite und Schwierigkeiten der betroffenen Kinder thematisiert werden grundsätzlich ausgeschlossen werden. Allzu schnell besteht die Gefahr, dass Eltern und Kind in alte und im Sinne der Entwicklungsförderung wenig produktive Verhaltens- und Interaktionsmuster hineingeraten.
Ein weiteres wichtiges Element psychomotorischer Eltern-Kind-Gruppen ist die behutsame Betreuung und Beratung der Eltern. Hierbei sollte es in allererster Linie um Hilfen zum Verständnis und Hilfen zum Verstehen bei den Eltern gehen. Mit Hilfe zum Verständnis sind z.B. Informationen über motorische Lernprozesse gemeint und Informationen darüber, warum es wichtig ist, bestimmte Bewegungen oder Handlungen immer wieder auszuführen oder Informationen über den Ablauf der motorischen Entwicklung.
Hilfe zum Verstehen bedeutet, mit den Eltern über den Sinn bestimmter (Bewegungs-) Verhaltensweisen ihrer Kinder ins Gespräch zu kommen.[44]

Die Kinder

In der Frühförderung begegnen wir Kindern mit den verschiedensten Besonderheiten und Problemen. In der Arbeit mit körperbehinderten Kindern geht es z.B. vorrangig darum, diesen Kindern erlebbar zu machen, dass sie trotz ihrer motorischen Einschränkungen etwas bewirken können. Häufig ist der Bewegungsbereich für körperbehinderte Kinder schon sehr früh negativ besetzt. Frühe Erfahrungen mit Bewegungstherapie, die mit den besten Absichten versucht, von Außen die Bewegungen der Kinder zu normalisieren, haben den Kindern den Spaß und die Freude an der eigenen Bewegung genommen und ihre eigene Motivation in Mitleidenschaft gezogen[45]. In einfachsten Bewegungslandschaften und -arrangements ist das Ziel der Psychomotorik mit körperbehinderten Kindern in der Frühförderung nicht, eine gestörte Motorik zu normalisieren, sondern freudvolle Eigenaktivität zu ermöglichen. In diesem Prozess spielen die Grundbe-

[44] vgl. hierzu Hammer in diesem Band
[45] vgl. Leyendecker, 2000

wegungsarten, die den Kindern zur Verfügung stehen, eine ganz entscheidende Rolle. Mit Unterstützung der Psychomotorik können die Kinder wieder Freude an der eigenen Aktivität, an der eigenen Bewegung und am eigenen Körper finden. Über die Erweiterung des Bewegungsrepertoires kann somit nicht nur eine Erweiterung der Handlungsmöglichkeiten des einzelnen Kindes erreicht werden, sondern auch die Entwicklung eines positiven Selbstbildes unterstützt werden.
In der Arbeit mit stark entwicklungsverzögerten oder geistig behinderten Kindern steht häufig die Differenzierung beschränkender Bewegungs- und Handlungsmuster im Vordergrund. Auch hier sind das Medium vielfältige und einfache Gerätearrangements, welche die Kinder ansprechen und sie ermutigen zu experimentieren und sich (wieder) auf Neues einzulassen. Auch der Arbeit mit geistig behinderten Kindern ist die Erweiterung des individuellen Handlungsrepertoires ein wichtiges Ziel. So wenig die Psychomotorik mit körperbehinderten Kindern in der Frühförderung eine Normalisierung im Bewegungsbereich anstrebt, so wenig geht es in der Psychomotorik mit geistig behinderten Kindern in der Frühförderung um eine Normalisierung kognitiver Funktionen. Es geht vielmehr jeweils darum gemeinsam mit den Kindern Voraussetzungen zu schaffen, die ihnen einen Zugang zu ihren eigenen Entwicklungsressourcen, sei dies im kognitiven, im motorischen oder in einem anderen Bereich, eröffnen oder wieder wiedereröffnen.
Die selben Schwerpunkte der Psychomotorik finden sich auch in der Arbeit mit sprachbehinderten, entwicklungsverzögerten oder verhaltensauffälligen Kindern in der Frühförderung wieder. Daneben hat die Psychomotorik für diese Kinder jedoch immer auch die Funktion, einen Raum zur Verfügung zu stellen, in dem die Symbolisierung eigener Themen – sprachlich oder außersprachlich – möglich und sinnvoll sind. Hier ist die Kommunikation über das Medium Bewegung entscheidend. Gemeint ist sowohl die Kommunikation zwischen Individuen, (also die Nutzung von gemeinsamen Symbolen, die festgelegten Konventionen unterworfen sind, wie z.B. die Sprache) sondern auch die Möglichkeit, eigene Befindlichkeiten (etwa Ängste) über den Ausdruck des Körpers kommunizierbar zu machen. Phantasiespiele sind häufig Inhalt der Psychomotorikstunden. Von den Therapeutinnen wird in diesen Stunden ein besonderes Maß an Einfühlungsvermögen und Verstehen-wollen, wie auch die Fähigkeit zur Affekt-Abstimmung und Responsivität gefordert.[46]
So wie sich in der Realität einzelne Behinderungen, Beeinträchtigungen oder Störungen nicht klar voneinander abgrenzen lassen und ineinander übergehen, so sehr sind die beschriebenen praktischen Schwerpunkte in der Psychomotorik variabel und müssen den konkreten Bedürfnissen der

---

[46] vgl. Stern 1992

betroffenen Kinder angepasst werden. Viele verhaltensauffällige Kinder haben auch motorische Defizite, und körper- oder geistig behinderte Kinder können Verhaltensweisen entwickeln, die als auffällig beschrieben werden. In sofern ist die inhaltliche Schwerpunktsetzung in der psychomotorischen Entwicklungsbegleitung behinderter oder von Behinderung bedrohter Kinder in der Frühförderung nicht in erster Linie abhängig von der diagnostizierten Behinderung, sondern von den aktuellen Bedürfnissen, Problemen und Wünschen der betreuten Kinder.

Psychomotorik als Element pädagogischer und therapeutischer Ansätze

Physiotherapie / Bobath-Therapie und Psychomotorik

Im Zuge der Entwicklung des Systems Frühförderung in Deutschland kam der krankengymnastischen Therapie in der Frühförderung behinderter oder von Behinderung bedrohter Kinder jeweils unterschiedliche Bedeutung zu. Zu Zeiten der Fördereuphorie (als davon ausgegangen wurde, dass die frühesten Hilfen auch die wirksamsten Hilfen seien und in denen von einer großen Plastizität des kindlichen Gehirns ausgegangen wurde), hatte die Krankengymnastik (heute: Physiotherapie) eine zentrale und herausragende Stellung. Vor allem auf die Bobath- und Vojta-Methode wurden große Hoffnungen gesetzt. Durch gezielte Krankengymnastik sollten Bewegungen gebahnt, über die physiologische Ausführung von Bewegung die Fähigkeit zur zentralen Steuerung von Bewegungsabläufen erreicht werden.

Dieses Verständnis spiegelte ein linear-kausales Modell, das im Zuge der Weiterentwicklung des Systems Frühförderung immer mehr in Frage gestellt wurde. Vor allem im Bereich der Bobath-Therapie fand ein Umdenken statt, das eine Abkehr von reinen Behandlungstechniken hin zu der Förderung von Handlungskompetenz nach sich zog. In diesem Prozess waren Einflüsse der Psychomotorik von wesentlicher Bedeutung. Heute wird im Bobath-Konzept überwiegend handlungsorientiert und kind-zentriert gearbeitet. Entwicklungstabellen und Meilensteine der statomotorischen Entwicklung spielen, wie in der Psychomotorik, nur noch eine untergeordnete Rolle. Psychomotorische Übungsgeräte und Spielmaterialien sind in der Bobath-Therapie ebenso anzutreffen und lassen bisweilen den Eindruck entstehen, es handle sich um „Baby-Psychomotorik". Entsprechend den neueren entwicklungstheoretischen Ansätzen steht in der Bobath-Therapie wie in der Psychomotorik die Eigenaktivität und die Beachtung individueller Entwicklungswege im Vordergrund. Im Unterschied zur Psychomotorik findet Bobath-Therapie jedoch in der Regel in Einzelsituationen statt. Dass in diesem Bereich immer wieder eine Tendenz zur Defektorientierung zu beobachten ist, liegt wohl auch an der Tatsache, dass eine Voraussetzung für die Ausbildung zur Bobath-Therapeutin eine

Grundausbildung in einem medizinischen Heil-/Hilfsberuf ist (z.B. Physiotherapie, Ergotherapie oder Logopädie). Da diese Angebote alle im Bereich der Medizin angesiedelt sind und ärztlicherseits verordnet werden müssen, herrscht hier – trotz aller guten Ansätze – immer noch das Primat der Medizin eines linear-kausalen medizinischen Models.

Ergotherapie und Psychomotorik

Die Ergotherapie hat in das System Frühförderung erst später Eingang gefunden als z.B. die Krankengymnastik. Ergotherapie stellt in der Regel im Rahmen eines handlungsorientierten Ansatzes die sensomotorisch-perzeptive Förderung behinderter oder von Behinderung bedrohter Kinder in den Mittelpunkt. Ursprünglich war der Ansatz der Ergotherapie, vor allem über Wahrnehmungstrainingsprogramme, die kognitive Entwicklung der betroffenen Kinder zu fördern. Die Erkenntnis, dass Wahrnehmungsprogramme allein nicht genügen, wenn die Tätigkeiten des Kindes nicht von ihm selbst aktiv mit Sinn besetzt werden führte auch hier dazu, dass viele Elemente und Prinzipien der Psychomotorik Eingang in die Ergotherapie fanden. In der ergotherapeutischen Frühförderung hat die Förderung der Motorik (mit dem Fokus auf der Wahrnehmung) eine zentrale Rolle ein. Für die Arbeit mit entwicklungsverzögerten Kindern in der Frühförderung gilt innerhalb der Ergotherapie das Konzept der sensorischen Integration nach Jean Ayres als wichtigstes Therapieelement, obwohl es im Hinblick auf seinen Erklärungsansatz und sein Entwicklungsmodell sehr umstritten ist. Mit vielen ähnlichen oder gleichen Therapiematerialien, wie sie in der psychomotorischen Förderung eingesetzt werden, verschwimmen die Grenzen zwischen sensorischer Integrationstherapie und psychomotorischer Förderung in der ergotherapeutischen Praxis. So kann durchaus manche Psychomotorikstunde bei Ergotherapeuten beobachtet werden, die für sich in Anspruch nehmen, sensorische Integrationstherapie zu betreiben.

Logopädie und Psychomotorik

Das Aufgabengebiet der Logopädie in der Frühförderung ist relativ eng umschrieben. Neben der Mund- und Ess-Therapie und den Hilfen zur Nahrungsaufnahme bei schwerstbehinderten Kindern steht die Sprachtherapie im Mittelpunkt. Hier ist im Bereich der medizinischen Heilhilfsberufe, wie sie in der Frühförderung tätig sind, sicherlich noch am wenigsten Einfluss der Psychomotorik wahrzunehmen. Zwar zeichnet sich innerhalb der Logopädie ein Streben nach Erneuerung und eine stärkere Orientierung an entwicklungspsychologischen Erkenntnissen ab[47], ein de-

---

[47] So steht z.B. die diesjährige Jahrestagung des Berufsverbandes der Logopädie unter dem Titel „Sprache und Motorik“

fizitorientierter Ansatz[48] dominiert dennoch weiterhin. Therapieprogramme bestimmen die tägliche Arbeit. Spielangebote werden eher als methodische Kniffe eingesetzt, als mit der Absicht zu spielen. So ist auch der Einsatz eines Rollbretts in der logopädischen Therapie zu beobachten, jedoch hauptsächlich mit der Absicht das Kind hierdurch zur Produktion von Blas- Reiblauten zu animieren. Häufiger als das Rollbrett, dem das Kind noch einen eigenen Sinn und eine versteckte Freude abgewinnen kann, die dem Logopäden verborgen bleibt, kommt jedoch das Spielzeugauto zum Einsatz, das drei- bis viermal über den Tisch geschoben wird. Anders als in Physiotherapie und der Ergotherapie führt nach meiner Erfahrung das verlässlich einsetzende Unbehagen der Therapeuten mit ihrer Arbeit selten zu einer Suche nach Kompetenzerweiterung außerhalb des engen medizinischen Feldes. In der Regel begegnen Logopädinnen diesem Konflikt mit verstärkten Fortbildungsbemühungen in immer spezielleren Therapiemethoden.
Zunehmend ist jedoch eine Öffnung der Logopädie für einen psychomotorischen Förderansatz zu beobachten.

Sonderpädagogik / Heilpädagogik und Psychomotorik

Im Bereich der Sonder- bzw. heilpädagogischen Frühförderung hat die Psychomotorik ihren festen Platz. Nicht zuletzt durch eine umfangreiche theoretische Auseinandersetzung mit der Psychomotorik an vielen Ausbildungsinstituten, sowie vielfältigen Veröffentlichungen namhafter Autoren[49], führte das Unbehagen pädagogischer Frühförderer schon früh zu einer Integration psychomotorischer Gedanken und Ansätze in die Theoriegebäude, die sich mit der frühen Förderung von Kindern auseinandersetzen.

Wirkungen

In der psychomotorischen Frühförderung kann häufig eine Wirkung beobachtet werden, wie sie bereits Kiphard beschrieben hat. Ein Kind erweitert sein ursprünglich eingeschränktes Bewegungsrepertoire im Verlauf einer psychomotorischen Entwicklungsbegleitung und Zug um Zug erweitert sich auch sein Handlungs- und Kommunikationsrepertoire, Unsicherheiten nehmen ab und das Kind ist weniger leicht irritierbar. Es entwickelt ein positives Bild von sich und seinen Fähigkeiten, es lernt sich selbst als Verursacher positiver Effekte und Entwicklungen kennen. Das Selbstbild der Kinder verändert sich. Sie können sich selbst als aktive, agierende Persönlichkeiten wahrnehmen und sich entsprechend verhalten. Sie

[48] Dies kann auch aus dem o.g. Kongress-Programm abgelesen werden
[49] vgl. z. B. Leyendecker / Horstmann 1996; auch Jetter 1984

sind nicht mehr auf eine passive, reagierende Rolle festgelegt. Ihr Selbstbewusstsein wächst in dem Maße, in dem sich auch ihr motorisches Repertoire erweitert – manchmal auch in viel stärkerem Maß als dies die Verbesserung der motorischen Fähigkeiten und Fertigkeiten erwarten lassen würde. Meines Erachtens greift hier jedoch die „klassische" psychomotorische Erklärung dieses Phänomens zu kurz: Nicht nur die Erweiterung der motorischen Fähigkeiten, bildet sich quasi 1:1 im Bereich Selbstbewusstsein ab und wirkt somit positiv für das Kind. Vielmehr ist es bereits die Befähigung zu einem je individuellen sinnvollen Tun[50], das unabhängig von messbaren Veränderungen im Bereich der motorischen Kompetenzen seine positive Wirkung auf die kindliche Entwicklung entfaltet. Ein Raum für dieses förderliche autonome Tun wird in der Psychomotorik eröffnet.

Die Frage „Was bewirkt Psychomotorik in der Frühförderung?" ist berechtigt. Sie ist nicht klar mit einem Wenn-Dann-Schema zu beantworten.

Hinweise können empirische Studien über die (Un-) Wirksamkeit spezieller therapeutischer Verfahren geben. Verschiedenste Untersuchungen haben gezeigt, dass der „Erfolg von Frühförderung bei schweren organischen Schädigungen, niedrigem Entwicklungsniveau und spätem Förderungsbeginn äußerst begrenzt war."[51] Möglicherweise ist es also gerade der von PsychomotorikerInnen so verunsichernd erlebte an Mangel spezifisch psychomotorischer Techniken, der mit der Wirksamkeit der Psychomotorik in der Frühförderung zu tun hat. Vergleichsuntersuchungen über die Effekte spezifischer Therapiemaßnahmen und eher unspezifische Spielanregungen haben gezeigt, dass sich gerade die Kinder, denen man spezifische Therapien angedeihen ließ, nicht besser entwickelten, sondern jene, die von eher unspezifischen Spielanregungen profitieren durften. Diese konnten früher laufen und hatten sich auch kognitiv besser entwickelt. Hier wird deutlich, dass eine Frühförderung, die das kindliche Spiel in den Mittelpunkt ihrer Bemühungen stellt, effektiver und kindgemäßer ist, als ein Training nach Förderprogrammen[52]. Es scheint also weniger um spezifische Techniken zu gehen, die angewandt werden, als vielmehr um das Bereit stellen von Situationen, die eine selbstbestimmte Entwicklung ermöglichen.

In diesen Situationen ist psychomotorisches Handwerkszeug von großer Bedeutung. Das Wissen über psychomotorische Entwicklung und den Einsatz von psychomotorischem Spielmaterial kann aber nicht der einzige Faktor sein. Weit entscheidender ist die der Psychomotorik innewohnende Möglichkeit zur Gestaltung anregender Fördersituationen.

---

[50] vgl. Leyendecker, 2000
[51] vgl. ebd.
[52] vgl. ebd.

Die Person des Therapeuten, seine Fähigkeit, in Beziehung zum Kind zu treten ist hierbei von entscheidender Bedeutung. Hier sind von den Therapeuten oder Pädagogen Fähigkeiten gefordert, wie sie als förderliche Aspekte der Eltern-Kind-Beziehung beschrieben wurden[53]: Affektabstimmung und Responsivität. Mit Affektabstimmung ist ein einfühlendes Verstehen gemeint, das sämtliche Äußerungsformen des Kindes berücksichtigt, also vor allem auch die motorischen. Responsivität verlangt Zurückhaltung von den Erwachsenen. Die Aktion des Kindes soll prompt und angemessen beantwortet werden, ohne vorzugreifen. Gut gemeinte Hilfestellungen sind meistens eher schädlich. In der psychomotorischen Frühförderung sind von Pädagogen und Therapeuten Fähigkeiten gefordert, wie sie von „hinreichend guten Eltern"[54] gefordert sind. Mit dem Stichwort Responsivität ist bereits angedeutet worden, wie das Kind zum „Akteur seiner Entwicklung"[55] werden kann. Dies alles bezieht sich nicht nur auf positive Äußerungen oder erfolgreiche Handlungen des Kindes, sondern vor allem auch auf Situationen, die vom Erwachsenen nicht sofort als produktiv erkannt werden. Grundsätzlich können und müssen aber alle Handlungen und Äußerungen eines Kindes als eigenständige Handlungen verstanden werden und als Versuche, mit einer Situation zurecht zu kommen. In der Psychomotorik ist dies möglich, gilt hier doch das Prinzip, dass es weder „richtig" noch „falsch" im Bemühen gibt. Hier ist Zurückhaltung und Geduld von den Erwachsenen gefordert. In ganz besonderem Maß trifft dies auf das Loben zu: ob ein Kind sich als wirksam oder nicht wirksam erlebt, hängt nicht primär davon ab, ob und wie viel es gelobt wird, sondern eher davon, wie gut es ihm gelingt seinen Erfolg oder Misserfolg mit seinem Selbstbild in Einklang zu bringen und sich dementsprechend zu verhalten. Lob und positive Verstärkung, die als kontrollierend und wertend empfunden werden können, wirken sich eher hemmend als fördernd aus.

Psychomotorik kann in der Frühförderung durch die Gestaltung tragfähiger Beziehungen und förderlicher Entwicklungssituationen dazu beitragen, dass Kinder Akteure ihrer Entwicklung werden können. In der therapeutischen Beziehung können sie ihre eigene Wirksamkeit erleben und selbsttätig Entwicklungsfortschritte machen.

Die Betonung der Beziehung in der psychomotorischen Frühförderung verweist auf die grundsätzliche und grundlegende Bedeutung des Dialogs in der Frühförderung. Der Dialog in der Psychomotorik ist zunächst ein tonischer, dann auch ein handelnder und sprachlicher. Die Möglichkeit in der Psychomotorik sowohl den tonischen als auch den handeln-

[53] vgl. Stern 1992

[54] vgl. Winnicott 1983

[55] vgl. Kautter, H.; Klein, G.; Laupheimer, W.; Wiegand, H.-S. 1988

den Dialog zum zentralen Inhalt des gemeinsamen Tuns zu machen bietet m.E. auch eine besondere Möglichkeit, Handlungen und Bedeutungen zu verstehen.
Psychomotorik in der Frühförderung kann dazu beitragen, individuelles Entwicklungsgeschehen zu verstehen, sie kann dem Kind Lern- und Erfahrungsräume zur Verfügung stellen, die es ihm erlauben, sein individuelles Entwicklungspotenzial optimal auszuschöpfen. So kann es dem Kind möglich werden, seine eigene Wirksamkeit zu erleben und ein positives Selbstkonzept als Grundlage jeder weiteren Entwicklung aufzubauen.

Literatur

Bundesvereinigung Lebenshilfe für geistig Behinderte: Denkschrift zur Frühförderung. Frühe Hilfen für behinderte und von Behinderung bedrohte Säuglinge und Kleinstkinder. Marburg 1985[6]

Deutscher Bildungsrat: Empfehlungen der Bildungskommission: Zur pädagogischen Förderung behinderter und von Behinderung bedrohter Kinder und Jugendlicher. 1974

Färber, H.-P. (Hrsg.): Wege zum selbstbestimmten Leben trotz Behinderung. Tübingen 2000

Fischer, K.: Das Psychomotorische Paradigma in der Frühförderung. in: Irmischer, T. /Fischer, K. (Red.): Psychomotorik in der Entwicklung. Schorndorf 1989

Homburg, G.: Bewegung und Sprache aus der Sicht der Sprachheilpädagogik. in: Irmischer, T. / Irmischer, E. (Hrsg.): Bewegung und Sprache. Schorndorf 1988

Jetter, K.: Leben und Arbeiten mit behinderten und gefährdeten Säuglingen und Kleinkindern. Stadthagen 1984

Kiphard, E.J.: Erziehung durch Bewegung, Bonn-Bad Godesberg, 1979

Kautter, H.; Klein, G.; Laupheimer, W.; Wiegand, H.-S.: Das Kind als Akteur seiner Entwicklung, Heidelberg, 1988

Leyendecker, Ch.; Horstmann, T.: Frühförderung und Frühbehandlung. Heidelberg 1996

Leyendecker: "(E)Motion" Oder: Was bewegt frühe Förderung? in: Färber, H.-P.: Wege zum selbstbestimmten Leben trotz Behinderung, Tübingen, 2000

Lüpke, von, H.: Auffällige Motorik – Versuch einer Erweiterung der Perspektive. In: Praxis der Kinderpsychologie und Kinderpsychiatrie 34 (1985), 219-225

Ministerium für Arbeit, Gesundheit und Sozialordnung Baden-Württemberg: Rahmenkonzeption zur Früherkennung und Frühförderung behinderter und von Behinderung bedrohter Kinder in Baden-Württemberg. Stuttgart 1993

Prévost J.-J.: Grundzüge der Psychomotorik in Frankreich. in: Motorik3/1990

Scherler, K.H.: Sensomotorische Entwicklung und materiale Erfahrungen, Schorndorf, 1975

Schilling, F.: Störungen der Bewegungsentwicklung. In: Willimczik, K. / Grosser, M.: Die motorische Entwicklung im Kindes- und Jugendalter. Schorndorf 1979

Schlack, H.G.: Paradigmawechsel in der Frühförderung. In: Frühförderung interdisziplinär, 8, 15-18; 1989

Schlack, H.G.: Familienorientierte Frühförderung. In: Verein für interdisziplinäre Frühförderung (Hrsg): Familienorientierte Frühförderung, München, 1991

Speck, O. / Thurmair: Fortschritte der Frühförderung entwicklungsgefährdeter Kinder. München, Basel 1989

Stern, D.: Die Lebenserfahrung des Säuglings, Stuttgart, 1992

Weiß, H.: Frühförderung bei Kindern mit Down-Syndrom. In: Wilken, E: Neue Perspektiven für Menschen mit Down-Syndrom. Erlangen 1997

Winnicott, D.W.: Von der Kinderheilkunde zur Psychoanalyse, Frankfurt a. M., 1983

Zimmer, R.: Materiale Erfahrung und Umweltbewältigung, Lemgo 1983

Zimmer, R.: Kreative Bewegungsspiele, Freiburg, 1989

3.1.2 Psychomotorik im Kindergarten

Peter Bentele

1. Kindheit heute

Auf den ersten Blick erscheint uns diese frühe Lebensphase als eine sichere Ausgangsbasis für alle weiteren Entwicklungsprozesse. Im optimalen Fall erleben die Kinder diese Phase wirklich als Schonraum, als eigenen Entwicklungsabschnitt. Geliebt von den Eltern, ausgestattet mit allen notwendigen materiellen Dingen entwickeln sie sich zu selbständigen, selbstbewussten Persönlichkeiten.
Auf den zweiten Blick bekommt dieses Bild doch deutliche Kratzer. Häufig sind die Beziehungsgefüge nicht stabil, die Kinder sind der Spielball im Kampf um Sorgerecht und Geld. Alleinerziehende Mütter und Väter müssen zum Arbeiten, um die Lebensgrundlage zu sichern. Häufig gehen aber Eltern zum Arbeiten, um sich eine entsprechende Lebensführung zu sichern. Meistens geht das auf Kosten der Kinder. Gemeinsame

Zeiten werden stark reduziert, nach einem langen Arbeitstag ist die Bereitschaft zur Kommunikation nicht mehr groß. Sie laufen so quasi neben den Großen her. Und so schwindet die breite Basis von Liebe, Vertrauen und Angenommensein, Grundlage für jede positive Entwicklung. Aber auch das Zudecken der Kinder, die Überbehütung oder ein zu hohes Anspruchsniveau können zu großen Krisen führen. Die Kinder reagieren darauf auch mit deutlichen Reaktionen. Neben den herkömmlichen Kinderkrankheiten zeigen sich immer mehr Symptome, die auf eine deutliche Dysbalance hinweisen. Angefangen von Ess- und Schlafstörungen, Magenbeschwerden, vermehrten chronischen Erkrankungen wie Neurodermitis zeigen sich auch immer mehr Auffälligkeiten im Bereich der Konzentrationsfähigkeit, Bewegungs- und Impulssteuerung usw. Aufgrund der Gegebenheiten von Familie und Umwelt zeigen sich auch deutliche Tendenzen der Veränderung kindlichen Verhaltens und damit verbundene Konsequenzen:

- Die Auseinandersetzung mit der Umwelt geschieht nur noch in einem reduzierten Maße. Vielleicht liegt es auch daran, dass die Umwelt nicht mehr, zumindest in den Städten, zur Exploration reizt. Oder üben Fernseher und Computer einen solch starken Reiz aus? Dies führt zu einem reduzierten Tätigkeits- und Erfahrungsniveau, was letztendlich in einer geringeren Leib- und Materialerfahrung sich niederschlägt. Dies bedeutet aber auch erhebliche Erfahrensverluste im Bereich der taktilen, vestibulären und kinästhetischen Wahrnehmung, die Grundlage sind für die Gesamtentwicklung (VGL. KOHNEN/HÖSE 1997,1)
- Die Bevorzugung medialer Betätigungen (also Fernseher, Computer, Gameboy und bald auch Handy), führt zum Aufbau einer Wirklichkeit, die nur in der Vorstellung existiert, real aber noch nicht erlebt wurde. Der Bezug zur Wirklichkeit ist abstrakt. Dies zeigt sich z.B. in Kung Fu Kämpfen von Kindern, die häufig ohne Kraftdosierung und Steuerung ablaufen, was zu erheblichen Verletzungen führt.
- Das Sitzen vor Computer, Fernseher usw. verhindert soziale und emotionale Erfahrungen. Im Umgang mit anderen Kindern fehlen geeignete Strategien, Regelbewusstsein, kooperative und interaktive Kompetenzen. Die Folge davon ist weitere Isolation und Vereinsamung.
- Dies geht meistens einher mit einem gesteigerten Anspruchsverhalten. Immer mehr und neue Spiele und Handys, ohne dafür etwas tun zu müssen. Dies funktioniert auch meistens, da die Bezugspersonen ihre Vernachlässigungen spüren und es mit materiellen Dingen auszugleichen versuchen. Für die Kinder bedeutet das, dass man ohne Anstrengung zu seinem Ziel kommt. Diese Erfahrung ist zwar im ersten Moment sehr angenehm, führt aber im weiteren Leben zu erheblichen Schwierigkeiten.
- Trotz veränderter Bedingungen entwickeln sich die meisten Kinder „normal“. Offensichtlich sind die Rahmenbedingungen gerade noch aus-

reichend oder die Kinder haben einen solchen Puffer, dass es ihnen nichts anhaben kann.

- Aber die Zahl der Kinder, die deutliche Probleme haben, nimmt zu. Ersichtlich wird dies meist in ihrem Bewegungs- und Wahrnehmungsverhalten. Wir erleben Kindern mit unterschiedlichen Wahrnehmungskompetenzen, deutlichen Erfahrungsbedarf in der sog. taktil-kinästhetischen Wahrnehmung. AFFOLTER (1987) beschreibt in ihrem Buch „Wahrnehmung, Wirklichkeit und Sprache“ diese Kinder. Sie beziehen z.B. zu wenig eindeutige Informationen aus ihrer Umwelt, meiden unangenehme Reize, erleben die Umwelt anders. Deutlich wird dies in einer anderen Umweltauseinandersetzung, sie berühren Gegenstände nur kurz, beschäftigen sich nicht lange mit einem Thema oder einem Material.
  Die Bewegungsteuerung ist häufig nicht angepasst, sie setzen zu viel Kraft ein, sind häufig laut usw. Ein gesteigerter Bewegungsdrang bringt ihnen die Etikettierung „hyperaktiv“ ein, bereits im Kindergarten erhalten Kinder Ritalin. Vielen fehlt die breite Erfahrung im Bereich Motorik und Wahrnehmung, Kommunikation und Interaktion. Aber sie sind in gesicherten Bezügen auch offen, fordern uns Erwachsene heraus, senden deutliche Signale und nehmen neue Erfahrungen gerne auf. Diese individuellen, autonomen Entwicklungsprozesse zu begleiten und zu unterstützen ist unsere Aufgabe und dabei kann die Psychomotorik einen wesentlichen Beitrag leisten.

2. Kinder im Kindergarten – Entwicklungslinien

Der Kindergarten ist in der Regel die erste Regelinstitution, die ein Kind besucht. Dies bedeutet meist eine große Neuerung und Umstellung für die Kinder. Mehrere Stunden am Tag sind sie jetzt herausgelöst aus den engen Familienbanden und im Kindergarten ist im ersten Moment fast alles neu.
25 -30 Kinder in einem Raum bedeutet eine extreme Einschränkung in der Bewegungsfreiheit.

Aber diese erste „Bildungsinstitution“ eröffnet den Kindern auch ganz neue Möglichkeiten. Bewegung muss nicht immer eingeschränkt sein, neue Konzeptionen z.B. offener Kindergarten bieten den Kindern optimale Betätigungs- und Entwicklungsmöglichkeiten.
Bewegung wird wohl von den meisten Pädagogen als zentraler Faktor für die Entwicklung des Kindes gesehen. Trotz dieser unbestrittenen Tatsache wird Bewegung häufig unterdrückt, als störend und lästig empfunden. Und wenn sich Kinder bewegen dürfen, werden sie häufig von den Erwachsenen bewegt. Dies geschieht dann oft in vorgegebenen Situationen, häufig im Sitzen. Dabei ist Bewegung zentrales Ausdrucksmittel, ist beteiligt an allem Tun.

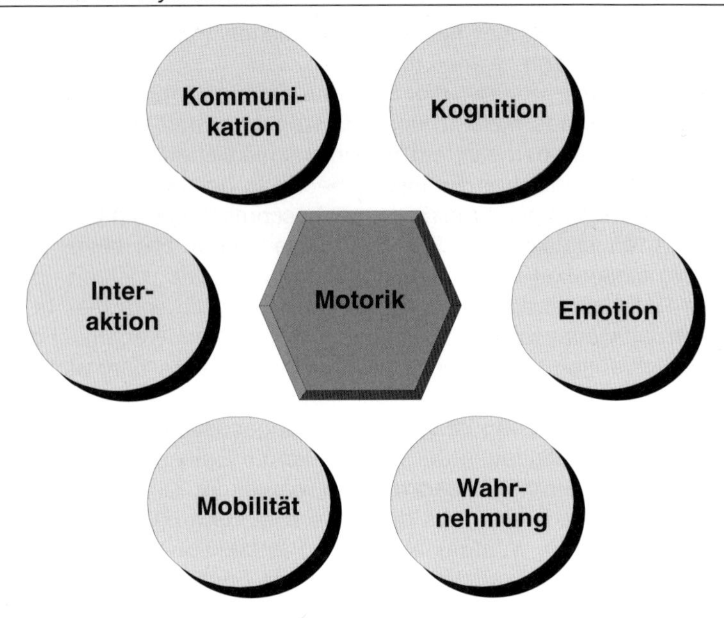

Abb. 1: Bedeutung der Motorik in der Entwicklung des Kindes

In der Bewegung zeigt sich die Befindlichkeit des Kindes. Behutsame (nicht ängstlich) Kinder bewegen sich anders als Draufgänger, niedergeschlagene Menschen anders als fröhliche. Entscheidend ist, das Bewegungsbild zu akzeptieren und dem Kind zu signalisieren, so wie du bist, ist es in Ordnung. Über die Bewegung, über das erfolgreiche Handeln in meiner Umwelt, wenn ich meinen Körper, meine Bewegungen und Interaktionsangebote als erfolgreich erlebe, kann sich auch ein positives Selbstkonzept entwickeln.
Bewegung ist Grundlage und gleichzeitig Teil von den Entwicklungsprozessen. Nur über Bewegung ist die Entwicklung der Wahrnehmung möglich. Schaukeln, Drehen, Hüpfen, Springen ermöglichen kinästhetische, taktile und vestibuläre Erfahrungen. Über das Greifen be-greifen wir die Welt. In der materialen Auseinandersetzung mit der Umwelt reifen die Sinne, vernetzen sich, komplexe Leistungen werden möglich. Als Beispiel wäre die Figur – Grund Unterscheidung zu nennen. Beginnend mit dem ersten Greifen bis hin zur Gestaltung von Räumen speichern die Kinder die Erfahrungen, die ihnen später Leistungen ermöglichen, die von entscheidender Bedeutung sind. So ist z.B. das Orientieren in fremden Räumen, das Lesen eines Tafelanschriebes, das akustische Differenzieren von Stimmen (z.B. die des Lehrers) und Nebengeräusche nur aufgrund einer guten Figur – Grundunterscheidung möglich. In der täglichen Aus-

einandersetzung mit der Umwelt entstehen Serien von Handlungen, die später eine Vielzahl an Handlungsfolgen ermöglichen.
Aufgrund der vielfältigen Erfahrungen reift aber auch die Motorik. Ein 2-3 jähriges Kind geht die Treppe noch im Nachstellschritt und mit Hilfe des Geländers hinab, mit 6 Jahren kann es Seilspringen, auf einem Bein stehen und sich im Hopserlauf fortbewegen. Ein dreijähriges Kind greift noch mit der ganzen Hand (Quergriff) mit gestrecktem Zeigefinger, am Ende der Kindergartenzeit greift es mit dem Pinzettengriff und fängt auch schon kleinere Bälle (vgl. HOLLE 1988, 220ff). Mit dem Übergang in die Schule muss auch die Seitigkeit (Lateralität) ausgebildet sein. Dies bedeutet, das Kind muss vor allem eine deutliche Bevorzugung einer Hand zeigen.
Bewegung bezieht sich aber auch auf die psychosoziale Seite menschlicher Entwicklung. Über die Bewegung erlebt das Kind seinen Körper als erfolgreich und stark, es baut einen positiven emotionalen Bezug auf. Dieser Aspekt ist auch besonders wichtig für das Selbstkonzept. Auf der anderen Seite können über den Körper Gefühle ausgedrückt werden.

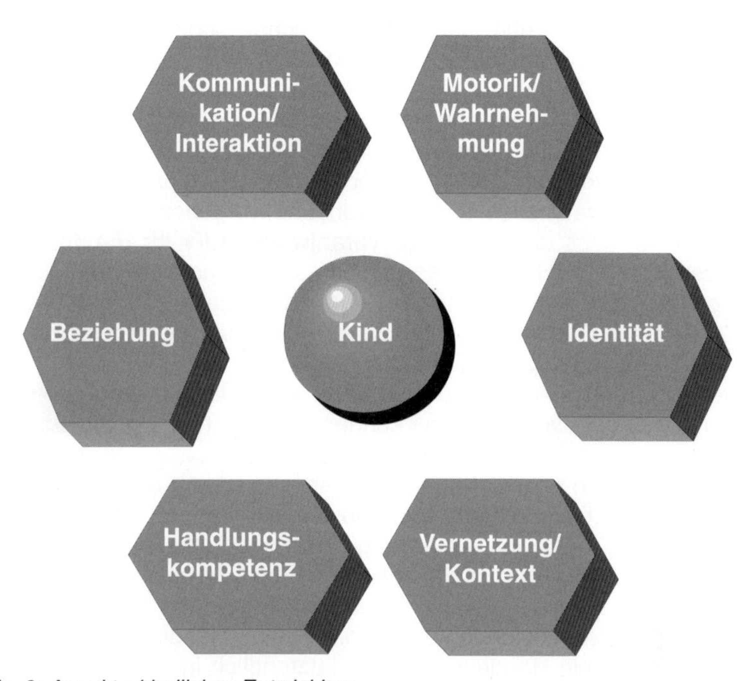

Abb. 2: Aspekte kindlicher Entwicklung

Entscheidende Grundlage pädagogischen Geschehens ist jedoch meines Erachtens die Beziehung zwischen den beteiligten Personen. Welche Sichtweise über Kinder hat der Erzieher verinnerlicht? Sind sie kompe-

tente Individuen (in Anlehnung an DORNES 1993) oder sind sie noch auf die „Hilfe“ der Erwachsenen angewiesen, muss ihnen alles gesagt und vorgemacht werden.
Beziehungsgestaltung heißt, sich Zeit nehmen für den anderen, Kommunikation aufbauen, Tätigkeitsfelder des anderen erspüren bzw. beobachten, gemeinsam handeln. Viele Begegnungen festigen Beziehung, über Begegnung kann Beziehungen gestaltet werden. Diese Qualität ist nicht leistbar, wenn der Auftrag im Kindergarten so verstanden wird, alle Kinder anzuleiten, zu beaufsichtigen, in jedem Moment alles zu kontrollieren. Freiraum ist für Kinder und Erwachsene gleich wichtig. Zeit ist ein großes Thema. Begegnung braucht Zeit, Kommunikation braucht Zeit. Kinder spüren, wenn man keine Zeit hat. Sich Zeit nehmen für den anderen zeugt von großem Respekt und Achtung!
Aus einer guten und verlässlichen Beziehung entsteht Sicherheit. Dies ist absolute Grundlage für Entwicklung. Wenn wir Neues wagen, wenn Kinder neue Dinge ausprobieren, verlassen wir/sie sichere Positionen. Dies führt immer zu Anspannung. Diese löst sich erst, wenn die Situation wieder einschätzbar ist. Fühlt das Kind sich sicher, beginnt die Spiellust in den Vordergrund zu treten. Es entdeckt neue Materialien, neue Handlungsfelder, neue Räume.
Nur wenn sich Kinder sicher und geborgen fühlen, akzeptiert und frei von Zwängen, ist Entwicklung und Veränderung möglich.
Sicherheit wird von den Erwachsenen häufig falsch interpretiert. Viele meinen, den Kindern alles vorschreiben und vorgeben zu müssen, mit dem Ergebnis, dass die Kinder die Verantwortung für ihr Handeln abgeben. Aussagen wie „Hab ich das gut gemacht“, sind deutliche Hinweise auf Fremdbestimmung. Genau dies verhindert, dass Kinder lernen, eigenständig neue Handlungsmuster zu entwerfen und durchzuführen oder bekannte Handlungen zu variieren.
Nur wenn ich den Kindern vertraue, kann ich loslassen. Vertrauen kann ich aber nur haben, wenn wir uns kennen, wenn wir eine gute Beziehung haben.
Über das Vertrauen bzw. Zutrauen des Partners erlangt der Andere Handlungskompetenz. Dazu braucht ein Kind vor allem am Anfang Handlungserlaubnis. Damit meine ich am Anfang die tatsächliche Erlaubnis zu handeln. „Du darfst das tun“. Aus dieser Erlaubnis heraus entsteht Handlungssicherheit. Aus der Vielfalt der selbstgesteuerten Handlungserfahrungen, aus Transferleistungen und erfolgreichem Handeln entsteht Handlungskompetenz, ein Handeln, das sich letztendlich in Motorik ausdrückt.

Um Dinge „bewegen“ zu können, muss ich in Kommunikation treten. Über die Interaktion mit der Umwelt können Situationen geplant, Erfahrungen ausgetauscht und Gefühle ausgetauscht werden. Kindliche Äußerungen brauchen Wirkung, ansonsten verblassen sie, oder das Kind muss zu

deutlicheren Mitteln greifen. Wirkung bedeutet, dass die unmittelbare Ausführung erfolgen muss.
Erfahrungen zeigen oft die Verwunderung (Verblüffung) der Kinder darüber, dass ihre Aussagen ernst genommen werden. Sie sind es gewohnt, dass die Ausführungen häufig erst dann erfolgen, wenn sie in das Handlungskonzept der Erwachsenen („das machen wir später") passen.
Die spannendste Veränderung stellt aber die vielfältige Interaktion mit den anderen Kindern und Erwachsenen dar. War zuhause der Aktionsraum geschützt und die Interaktionspartner berechenbar (oder auch manipulierbar), so müssen jetzt ganz neue Strategien entwickelt werden, um die Bedürfnisse zu befriedigen. Um Räume oder Nischen nutzen zu können, muss man mit anderen Kindern kooperieren oder Strategien entwickeln, um sie zu erobern. So lernt das Kind schnell mit den Anderen Kooperationen und Allianzen einzugehen, um so erfolgreich die eigenen Interessen vertreten zu können.
Im Laufe der Kindergartenkarriere werden verschiedene Rollen eingenommen und ausprobiert und zuletzt verlässt man als Große den Kindergarten. Die Erfahrungen im Kindergarten werden für das Kind Bedeutung haben, wenn die Erfahrungen im aktuellen Kontext und vernetzt erlebt werden. Aktueller Kontext meint in diesem Zusammenhang, dass aktuelle Themen des Kindes wahrgenommen werden und Bedeutung bekommen. Das Wiederfinden eigener Themen erzeugt eine intrinsische Motivation und hilft den Kindern Wirklichkeiten zu verarbeiten. Jedes Thema beinhaltet eine gewisse Komplexität und Vernetzung. So sind bei Thema „Winter" viele Zusammenhänge möglich. Bewegung im Schnee, Snowboarden und Skifahren, Bauen und Gestalten mit Schnee, aber auch Schneeräumen, Salz und Räumfahrzeuge. Geschichten und aktuelle Nachrichten, kurze Tage, Kälte, Weihnachten, Jahreswechsel usw. Zusammenhänge ergeben sich aber auch in Beziehungen, Mutter/Vater, Geschwister, Oma, Opa, Freunde, Nachbarn. Beziehungen lösen sich auf, neue entstehen. Unterschiedlich ist die Betroffenheit der Kinder.
Aus all diesen Faktoren bildet sich Identität. Unter Identität verstehe ich das Ich-Sein, das Menschsein. Das Bewusstsein meiner Gefühle, der Umgang mit ihnen, meine Wünsche und Hoffnungen, meine Wirklichkeit, erkannt und gelebt, individuell und doch auch in Abstimmung mit meiner Umwelt. Aber auch mein Können und Nichtkönnen, meine Kommunikation- und Interaktionsmöglichkeiten, selbstbestimmt, ist Identität. Sie kommt von innen heraus, ist nicht fremdbestimmt, sondern eigendefiniert.

3. Zur Situation der Erwachsenen

Die Erwachsenen in Kindergarten sind hauptsächlich Frauen. In der Ausbildung zum Erzieher/in tauchen immer wieder vereinzelt Männer auf, aber insgesamt ist es doch eine Frauendomäne. In dieser Aussage liegt keine Wertung, aber jeder der in Teams arbeitet, weiß, dass ein geschlechtsgemischtes Team eine andere Dynamik entwickeln kann, als ein geschlechtshomogenes. Zum anderen spielt die Sozialisation des Einzelnen für seine spätere pädagogische Arbeit eine bedeutende Rolle. Die geschlechtsspezifischen Erziehungsanteile sind immer noch aktuell, so dass Männer und Frauen andere Vorerfahrungen und Kompetenzbereiche aufbauen. Mehr Erzieher im Kindergarten würden die Situation bereichern und die bisherigen, eher spärlichen Erfahrungen bestätigen dies.

Entscheidend für die pädagogische Arbeit sind jedoch die persönlichen und fachlichen Kompetenzen.

Viele Erzieherinnen haben noch eine Ausbildung „genossen", in der das Fach Bewegungserziehung mit klassischen Inhalten gefüllt war. Geturnt wurde mit einem Material, die Erzieherin spielte die zentrale Rolle, Kinderwünsche fanden nur dann Berücksichtigung, wenn sie gerade ins didaktische Konzept des Erwachsenen passten. Über feststehende Zeiten hinaus war Bewegung (im Sinne von freiem Bewegen) kein Thema, gemeinsame Tätigkeiten im Sinne „alle müssen zum gleichen Zeitpunkt das Gleiche tun" waren erwünscht. Auch beim situativen Ansatz war der Bewegungsgedanke eher eine Randerscheinung, bzw. die meisten taten sich schwer, Bewegung und Situationsansatz unter einen Hut zu bringen.

In neueren Ausbildungskonzepten findet das psychomotorische Gedankengut immer mehr Verbreitung. So ist der Anteil der Psychomotorik mit 120 Unterrichtsstunden in manchen Fachschulen (z.B. Ravensburg) recht beachtlich. Auch in der Psychomotorischen Basisqualifikation Motopädagogik der AK'M ist der Anteil der Erzieherinnen mit über 70 % sehr hoch, so dass die Psychomotorik im Kindergarten immer mehr Verbreitung findet. Aber jede Idee braucht in praktischer Umsetzung Zeit, die Umgebung (Eltern, Träger usw.) muss überzeugt werden. Aber auch innerhalb des Teams müssen die Einzelnen offen sein für neue Erfahrungen, Fortbildungen besuchen und neue Wege beschreiten. Häufig erzwingen auch die Kinder Veränderungen.

Erzieherinnen, die psychomotorisch arbeiten, berichten von vielen gelungenen Situationen und einer hohen Akzeptanz seitens der Kinder. Vor allem die Auflösung der zentralen Rolle der Erzieherin wird als große Erleichterung empfunden. Wenn die Planung verschiedener Aktionen gemeinsam mit den Kindern erfolgt, die Kompetenzen der Kinder in Vordergrund gerückt werden, bleibt mehr Zeit zum Schauen, sich zurücknehmen und Kommunizieren. Erst über das Beobachten lernen wir viel über die Kinder, erfahren von ihren Bedürfnissen, Wünschen und Kompetenzen. Wenn wir dann den Kindern etwas zu-trauen und ver-trauen, wird sich eine sehr fruchtbare Basis ergeben.

Wenn sich die psychomotorische Idee von den Bewegungssituationen hin zu einem Gesamtkonzept entwickelt, so erleben wir häufig ein entspanntes Miteinander, in dem sich die Kinder und ihre Erzieherinnen gemeinsam weiterentwickeln können.

Entwicklung ist ein lebenslanger Prozess. Entwicklung bedeutet Offensein, nicht alles wissen.

4. Zur Institution Kindergarten

Seit der Auflösung der ehemaligen Deutschen Demokratischen Republik (DDR) gibt es in ganz Deutschland keine Bildungs- und Erziehungspläne mehr für den Bereich der Vorschule. Waren in der DDR die Ziele der „Körpererziehung“ noch „ gesunde und leistungsfähige Kinder heranzubilden und einen Beitrag zur sozialistischen Erziehung der kindlichen Persönlichkeit zu leisten“ (Autorenkollektiv 1989,14), so gehen die Meinungen über die Aufgaben des Kindergartens in der heutigen Zeit eher auseinander. Manche Eltern sehen den Kindergarten als Vorbereitung für die Schule und fordern damit eher einen funktional ausgerichteten Kindergarten, andere erwarten, dass erzieherische Aufgaben im Vordergrund stehen, um so auch eventuelle familiäre Probleme zu lösen.
Vielen alleinerziehenden Müttern und Vätern ermöglicht der Kindergartenbesuch ihre Kinder wieder den Eintritt ins Berufsleben. Dafür ist jedoch eine Abstimmung Kindergarten/Eltern notwendig. Flexible Öffnungszeiten, eventuelle Ganztagesbetreuung eröffnen den Eltern diese Möglichkeit, fordern aber von den Erzieherinnen hohe Flexibilität und eine entsprechende Personalausstattung seitens des Dienstgebers.

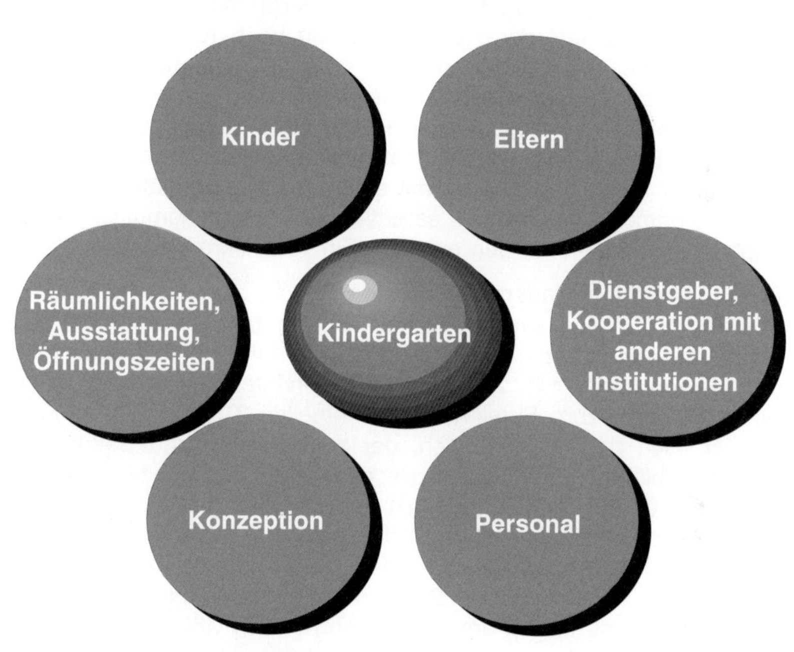

Abb. 3: Kindergarten und Einflussfaktoren

Auf der anderen Seite steht die Erzieherin mit ihren Vorstellungen. Sind diese in Einklang mit der Gesamtkonzeption des Kindergartens und Kolleginnen, so kann sie zumindest authentisch handeln. Häufig jedoch unterscheiden sich die Ansichten der einzelnen Kolleginnen und jeder wurstelt vor sich hin, mehr im Untergrund und verdeckt. Pädagogische Arbeit kann aber nach meiner Überzeugung nur gelingen in dem Offenlegen der Arbeitsweisen, in der Diskussion und in dem Respekt vor anderen Arbeitsweisen. Veränderungen können nicht angeordnet werden, sie müssen sich entwickeln. Dabei verändern sich die Erwachsenen, Kinder und Umfeld.

Die Kinder werden meist gar nicht gefragt. Bei der Konzeption eines Kindergartens bestimmen Erwachsene („ein Kindergarten, der funktioniert" Wunsch/Aussage eines „leidgeplagten" Bürgermeisters). Meist hat der Pfarrer mehr Einfluss als die Hauptbeteiligten, die Kinder. Ob dies am Bild von den Kindern liegt oder an unserer eigenen Unzulänglichkeit, ist schwer zu beantworten. Es hängt aber auch wesentlich von unserer Zielorientierung ab. Wenn Kinder sich zu selbstbewussten, handlungsfähigen Individuen entwickeln sollen, müssen sie in Entscheidungsprozesse eingebunden werden.

Wichtig für alle Beteiligten ist die räumliche, finanzielle und personelle Ausstattung des Kindergartens. Bis zu 30 Kinder in einer Gruppe und vormittags 2, am Nachmittag 1 Erzieherin sind Rahmenbedingungen, die höchste Kompetenz erfordern. Dazu kommen noch Kinder, welche die deutsche Sprache erst erlernen müssen oder viel Betreuung brauchen. Wenn geeignete Räumlichkeiten zur Bewegung und anderer Betätigungen fehlen, werden die Angebote sich verringern. Ein Bewegungsangebot im Gang/Flur erfordert viel Phantasie, das Ausräumen der Gruppenräume ist sehr aufwendig. Kinder mit starkem Bewegungsdrang können sich nicht angemessen bewegen, es entstehen Verhaltensmuster, die immer mehr reglementiert werden müssen. Ein Teufelskreislauf entsteht.

In gut ausgestatteten Kindergärten gibt es Räume zum Bewegen, Ausruhen, Betätigen (Spielen, Werken/Basteln, Bauen, usw.). Meist steht auch ein Kindercafe zur Verfügung, das wiederum in unterschiedlichster Weise genutzt werden kann (z.B. zur Kommunikation/Interaktion zwischen den einzelnen Kindern, zum Spielen und eventuellen Theateraufführungen). Wichtig ist auch der Außenbereich, der zum Spielen und Betätigen in freier Natur einlädt. Grundsätzlich gilt, dass alle Räume bzw. Außengelände für die Kinder veränderbar sein müssen. Nur in der Veränderung der Räume können die kindlichen Bedürfnisse zur Geltung kommen und umgesetzt werden. Ein Spielplatz mit festinstallierten Geräten gibt Funktionen vor, eine Ausstattung im Sinne der Bewegungsbaustelle (Bewegungsbaustelle siehe unten) ermöglicht den Kindern viele Konstruktionen und Erfahrungen. Im Umgang mit unterschiedlichen Materialien (z.B. Bretter, Holzklötze, Matratzen, Reifen usw.) sucht sich das Kind seine Betätigung, es spürt die Wirkung seiner Handlung unmittelbar, kann die Welt nach seinen Bedürfnissen gestalten.

5. Psychomotorik und Kindergarten

In Kern des Begriffes Psychomotorik steht der Mensch (PsycHOMOtorik). Der Mensch, der uns gegenübertritt ist zuerst einmal Mensch, was ihn zu einem einmaligen, unverwechselbaren Individuum macht. Auf der Grundlage des humanistischen Menschenbildes sehen wir in unserem Gegenüber ein Individuum, das ausgestattet ist mit Fähigkeiten, Kompetenzen und unsere Kommunikation/Interaktion mit ihm ist geprägt durch Offenheit, Reversibilität, Achtung und Respekt.
Persönlichkeitsentwicklung ist immer ein ganzheitlicher Prozess. Physische und psychische (Geist, Seele, Gefühle) Bereiche sind so stark miteinander vernetzt, dass sie untrennbar sind. Zimmer (1999) beschreibt dies anschaulich: „So sagen beispielsweise die körperliche Haltung oder die Art und Weise, wie man sich bewegt, einiges über den seelischen oder emotionalen Zustand aus, in dem sich die Person befindet. Auch bei Kindern ist das so. Bewegungshandlungen beeinflussen nicht nur ihre körperlichen – motorischen Fähigkeiten, gleichzeitig wirken sie sich auch auf ihre Einstellung zum eigenen Körper, auf das Bild von den eigenen Fähigkeiten, auf die Wahrnehmung der eigenen Person aus. Die körperlichen, seelischen, emotionalen und rationalen Vorgänge sind bei ihnen noch besonders eng miteinander verbunden, die Ganzheitlichkeit im Handeln und Erleben ist bei Ihnen besonders stark ausgeprägt." (www. Kindergarten heute, 2000,1). Der Begriff der Psychomotorik beinhaltet dies und stimmt meiner Ansicht nach auch von der Begrifflichkeit besser als der Ausdruck Motopädagogik.

Die Psychomotorik ist für den Bereich Vorschule wie geschaffen. Die Kinder sind in Bewegung, immer auf der Suche nach neuen Erfahrungen und Betätigungen. Über Handeln, Erleben, Interagieren und natürlich aufgrund ihrer individuellen Ausstattung entwickeln sich Persönlichkeiten. Intention der Psychomotorik ist die Entwicklung eines positiven Selbstkonzeptes (vgl. Zimmer 1999, 51ff). Vielfältige Erfahrungen im Bereich Bewegung und Wahrnehmen, Erleben und Gestalten, Handeln und Kooperation/Interaktion, bilden die Grundlage für eine selbständige Entwicklung. Das Selbstkonzept, also welches Bild ich von mir selber habe, sollte geprägt sein von vielen positiven Erfahrungen. Wie entsteht ein Selbstkonzept?

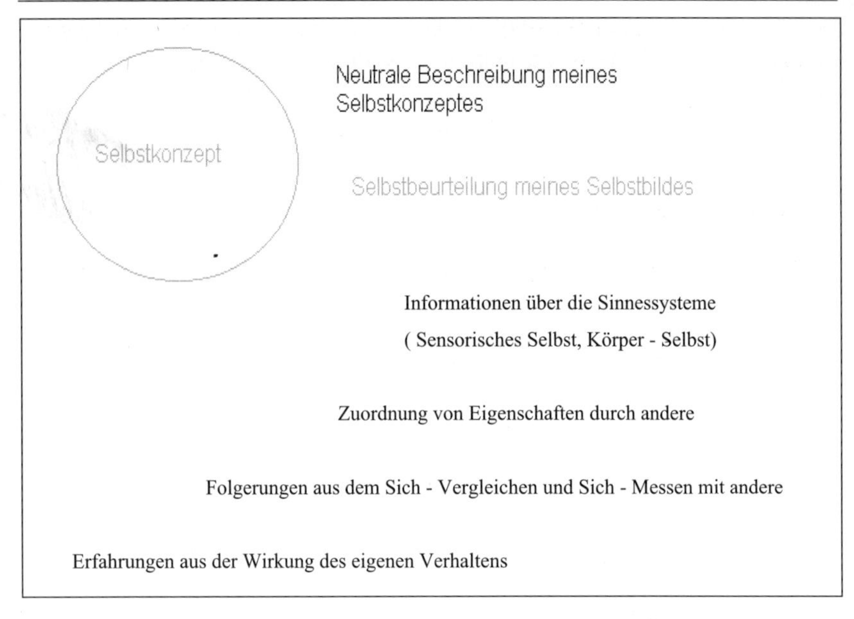

Abb. 4: Entstehung des Selbstkonzeptes (vgl. Zimmer 1999,62)

Die Erfahrungen mit dem eigenen Körper/Leib, die Auseinandersetzung mit der materialen und personalen Umwelt führen zu Erfahrungen, die prägend sind für das weitere Leben. Wird ein Kind wegen seiner „Leibesfülle" immer gehänselt, bei Aktivitäten ausgeschlossen, wird es nicht vor Selbstbewusstsein strotzen. Häufig erfolgen dann noch Zuordnungen über Erwachsene (z. B. Väter) wie: „Das kannst Du nicht", „Stell Dich nicht so an" usw.

In der Psychomotorik kann es sich dennoch als sehr erfolgreich erleben, denn die verschiedenen Betätigungsfelder ermöglichen eine Vielzahl an Möglichkeiten. Entscheidend dabei ist die Selbstbestimmung. Das Kind sucht sich seine Betätigungen selbst, wählt selber, ob es die schräge Ebene herunterrollt oder welche Rolle es einnehmen möchte. So kann es vielleicht im Zirkus als Jongleur auftreten, im Wald die größten Lasten schleppen und hat die meiste Kraft beim Spannen von Seilen. Erfolg und Misserfolg werden unmittelbar erlebt, entscheidend ist, dass das positive Erleben überwiegt. Mit einem gut gefüllten „Haben-Konto" lassen sich manche Schwierigkeiten gut meistern.

Aber auch die Erwachsenen können hier einen Beitrag leisten, um ein stabiles Selbstkonzept aufzubauen. Grundlage ist eine individuelle, kompetenzorientierte Sichtweise des Kindes. Hier einige konkrete Möglichkeiten in Anlehnung an Zimmer (1999, 76ff):

- → Sinnvolle Aufgabenstellung; „Wer kann..." impliziert das Nichtkönnen. „Wie kann..." lässt viele individuelle Lösungsmöglichkeiten zu. „Stell Dich nicht so an" verfestigt das negative Selbstkonzept
- → Keine Entwertung der Aufgaben
  „Das ist doch einfach", „Das kann doch jeder...????" Vieles kann man halt nicht!!!!!
- → Negatives Selbstkonzept nicht bestätigen, sondern verändern. Auf Stärken aufbauen
- → Situationen müssen vom Erwachsenen so gestaltet sein, dass Kinder Erfolge haben.
- → Anbieten von Situationen, in denen das Kind selbst aktiv werden kann
- → Möglichst großer Handlungsspielraum innerhalb einsichtiger und sinnvoller Grenzen
- → Entscheidungsspielraum einräumen z.B. in der Ausführung von Aufgaben oder Einsatz von Materialien
- → Der Zugang zum Kind wird über körperliche, spielerische und handlungsbezogene Aktivitäten wesentlich erleichtert.
- → Spiel und Bewegung bilden eine Einheit, die dem Kind den unmittelbaren Ausdruck von Gefühlen und Eindrücken ermöglicht.
- → Spielmaterial, Geräte und Bewegungssituationen fordern das Kind zur Aktivität auf, wobei Grenzen in erster Linie durch die Eigengesetzlichkeit des Materials, die Gruppe und die gemeinsam getroffenen Vereinbarungen gesetzt werden.

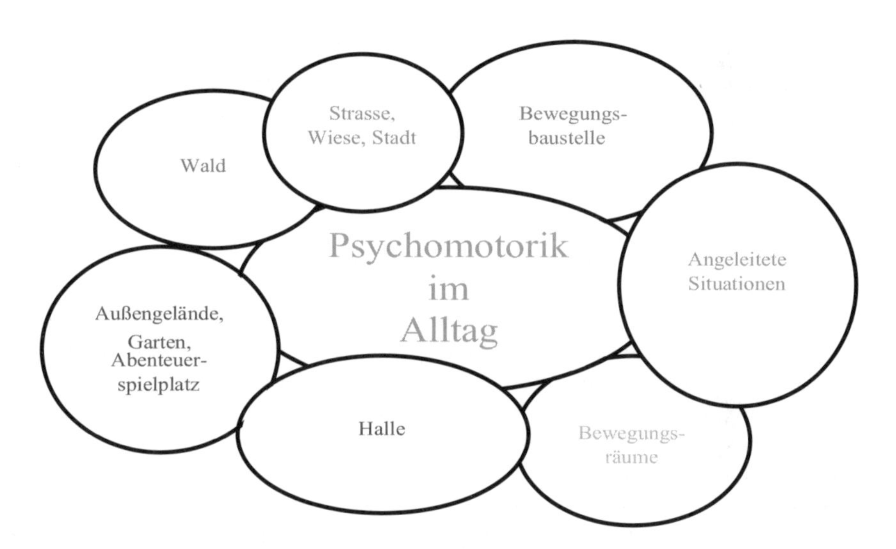

Abb. 5: Psychomotorische Praxis im Kindergarten

Die praktische Umsetzung von Psychomotorik in Kindergarten kann sehr vielfältig sein und hängt von vielen Faktoren ab. Vor allem konzeptionelle Überlegungen können das Feld für die Psychomotorik öffnen oder schließen.
Bewegung zu ermöglichen, zu fördern und auszubauen macht Sinn. Bewegung zu unterdrücken bedeutet starke Reglementierung und in irgendeine Art und Weise kommt der Bewegungsdrang wieder zum Vorschein meist in Formen, die nicht erwünscht sind.
Als erste Möglichkeit können den Kindern morgens bei der Ankommphase Materialien und Räume zur selbsttätigen Beschäftigung angeboten werden (vgl. AWO Landesverband Thüringen e.V. 1997, 99). Damit gibt es erste Begegnungen und Interaktion. Eine gemeinsame Besprechung mit allen Kindern der Gruppe am Morgen ist nicht immer nötig und sinnvoll. Da die Ankunftszeiten recht unterschiedlich sein können, sind einige Kinder schon intensiv im Spiel/Betätigung und sollten nicht unnötig herausgenommen werden. Aber eine gemeinsame Besprechung (Kinderkonferenz) pro Tag erscheint mir sehr sinnvoll, (eventuell am Ende des Tages).
Neben freiem Spiel und Betätigung gehören auch angeleitete Situationen, gemeinsame Themen und Aktionen zum Alltag. Möglich wird vieles, wenn die Angebote gruppenübergreifend organisiert werden. Die räumliche Struktur bzw. Ausstattung eröffnet Möglichkeiten, sollte aber von seiner Aussagekraft eindeutige Hinweise auf die Betätigung geben. Ein Entspannungsraum/-ecke lädt ein zum Ausruhen, Entspannen, Erzählen und Träumen. Die Bewegungsbaustelle setzt ganz andere Signale. Spannend ist die Frage, wie viel Struktur brauchen die Beteiligten, Kinder wie Erzieherinnen. Dies muss wohl individuell für jede Gruppe, Kindergarten bzw. Hort ausprobiert, ausdiskutiert und eventuell immer wieder verändert werden. Wichtig ist, dass sich in diesem System alle orientieren können und sich wohl fühlen.

Ein wichtiger Bestandteil in der Interaktion mit Kindern sind angeleitete Situationen. Sei es einmal, weil das vorgegebene Medium/Gerät, z. B. Trampolin, gewisse Sicherheitsstandards erfordert, oder weil Neues gelernt werden soll, z. B. Knoten als Voraussetzung für späteres Bauen, oder Variationen eines Themas im Sinne einer Bewegungsgeschichte entwickelt werden. Angeleitete Situationen sind aber häufig zu beobachten bei Erstbegegnungen zwischen Erzieherinnen und Kindern, bzw. wenn Erwachsene wenig Erfahrung im Umgang mit Kindern haben. Sie helfen, Erfahrungen zu sammeln, Sicherheit zu gewinnen und führen zu einer ersten Einschätzung der Kompetenzen der Kinder. Am Beispiel Rollbrett, einem „klassischen psychomotorischen Gerät“, möchte ich jetzt aufzeigen, dass auch angeleitete Situationen spannend sein können und viel Freiraum ermöglichen.

Rollbretter

Absprache von Regeln:

- Niemals auf das Rollbrett stehen
- Rollbretter, die nicht gebraucht werden, parken (Rollbrett drehen, Rollen nach oben)
- Keine Zusammenstöße

Am Anfang steht die individuelle freie Beschäftigung mit dem Material. Die Kinder haben viele Gestaltungsmöglichkeiten

Freies Fahren mit dem Rollbrett

- Veränderung des Untergrundes, z.B. mit Folie, Luftpolsterfolie, Pappe, Isomatten, schräge Ebene, Seile
- Veränderung des Raumes z.B. mit vielen Luftballons, Kartons, Bälle jeglicher Art, Spannen von Seilen zum Hangeln usw.
- Verschiedene Positionen auf dem Rollbrett
- Verschiedene Spiele (z.B. Fangspiele/Ballspiele) auf dem Rollbrett
- zu zweit ein Rollbrett
  Ein Partner zieht den anderen mit Reifen, Stäben, Seilen, usw., ein Partner schiebt den anderen am Rücken, zieht ihn an den Füßen, usw.
  Beide sitzen Rücken an Rücken auf einem Rollbrett, gemeinsames Bewegen vorwärts, rückwärts, seitwärts
- Bei größeren Kindern ein Rollbrett / zwei Kinder
  Zwei Mannschaften, je ein Mitglied einer Mannschaft sitzt auf einem gemeinsamen Rollbrett. Jetzt Spiele wie Fußball, Handball, Kegel abwerfen, usw.
- Wie viel Kindern passen auf ein Rollbrett und kann es sich dann noch bewegen lassen?
- Kinder auf ihren Rollbrettern verbinden sich zu Tandems, bilden einen Zug mit drei, vier, fünf usw. Waggons, wie kommt der Zug vorwärts?

Bewegungsidee Formel 1 / Testfahrt in Maranello

Organisation: In der Mitte des Raumes befindet sich das Fahrerlager. Abgrenzung mit Hütchen, Kegel, Bänder oder ähnlichem. Das Fahrerlager hat dabei eine gekennzeichnete Aus- und Einfahrt.

Geschichte: Ihr habt ein Testwochenende bei Ferrari in Maranello gewonnen. Die neuesten Modelle warten nur darauf, von euch getestet zu werden. Jeder Test hat eine feste Reihenfolge von Aufgaben, die wir jetzt kennen lernen werden! Immer zwei Kinder gehen zusammen, ein Kind auf dem Rollbrett ist die Karosserie, das andere Kind, welches zieht oder schiebt ist der Motor. Verbindung mit Holzreifen, dicken Seilen, Stäben usw..

1. Wir lassen die Motoren an, alle machen die Motorengeräusche eines Formel 1-Renners nach
2. Alle Testfahrzeuge müssen zu einer Aufwärmrunde (warm-up) auf die Strecke, dabei gilt, gleiches Tempo und Überholverbot.
3. Nachdem das Aufwärmen so gut funktioniert hat, kommt jetzt das freie Training, d.h. Jetzt darf schnell gefahren werden!!
   Hinweis: Der Motor darf nur so schnell fahren, dass der Karosserie nichts passiert. Jeweils 4 Paare dürfen auf die Rennstrecke.
4. Erstes Zeittraining: Jeweils 1 Auto mit Motor darf auf die Rennstrecke. Die anderen Kinder zählen laut mit, wie lange das jeweilige Paar für 2 Runden braucht.
5. Verfolgungsrennen: Zwei Paare stehen auf den gegenüberliegenden Seiten der Rennstrecke: „Kann ein Ferrari den anderen einholen?“ Die anderen Kinder im Fahrerlager feuern die Aktiven an.
6. Vertrauensaufgabe: Zusammenspiel zwischen Motor und Karosserie – „Kann ich meinem Motor vertrauen?“
   Das Kind auf dem Rollbrett schließt die Augen (nicht verbinden) oder zieht eine Brille auf, die unterschiedliche Sehmöglichkeiten/Einschränkungen simuliert, z.B. eine Schweißerbrille, wo nur Sehschlitze, Löcher, vorhanden sind. Jetzt 2 Runden, der Ziehende ist verantwortlich, dass dem Gefährt nichts passiert!
7. Jetzt testen wir die Zugfestigkeit unsere Autos: Zwei/drei/vier Autos hängen sich aneinander. Die Kinder, je auf einem Rollbrett halten sich an dem Vordermann fest oder umklammern ihn mit den Füßen. Jetzt wird die Autokolonne von mehreren Kindern gezogen und geschoben.
8. Jetzt werden verschiedene Crash-Tests durchgeführt: „Wir wollen mal schauen, was unsere Autos so alles können und aushalten“. Organisation: Das Fahrerlager wird an eine Längsseite des Raumes/ Halle verlegt. Die andere Seite des Raumes wird mit einer Weichbodenmatte, alten Matratzen, usw. abgepolstert. An einem Bergseil geht die Fahrt zurück. Die Fahrzeuge werden nun gegen die Matten geschoben, kurz vor dem Loslassen werden die Fahrer so gedreht, dass man mit dem Rücken in die Weichbodenmatte fährt. Der Fahrer kann die Geschwindigkeit frei wählen (langsam, schnell, superschnell)
9. Crash-Test 2: wie vorher, nur werden im Raum zusätzlich LKW-Schläuche, Schaumstoffteile, Matratzen usw. zusätzlich ausgelegt. Beim Aufprall werden die Fahrer leicht seitlich verschoben.
10. „Wie leise sind eigentlich unsere Autos?“ Dazu schieben wir unsere Autos an und warten dann, bis sie ausgerollt sind. Wie viel Kraft braucht man, damit die Fahrzeuge genau bis zu Matte rollen. Die Fahrer schließen dabei die Augen.

11. wie vorher, nur dass dabei der Untergrund noch verändert wird, z.B. Luftpolsterfolie, normale Folie, Zeitungspapier, Packpapier, Kartonagen usw.
    „Wir fahren jetzt noch in unterschiedlichem Gelände".
12. Autos waschen: Zum Abschluss der Testfahrten müssen jetzt noch alle Fahrzeuge gewaschen werden. Aufbau einer Waschstraße. Die Kinder bilden eine Gasse, jedes Paar hat ein Material (z.B. Bürsten, Tücher, Schaumstoffteile, Massageroller usw.) und „reinigt und poliert" damit das Auto. Dieses bewegt sich selbständig durch die Waschstrasse oder wir langsam von einem Kind durchgezogen. Natürlich müssen alle bezahlen, der Preis richtet sich nach dem Verschmutzungsgrad der Autos.
    Zum Abschluss erhalten alle Kinder eine Bestätigung über die erfolgreiche Teilnahme an der Ferrari-Testfahrt.
    So ungefähr kann eine Bewegungsidee entwickelt werden, wobei Vorschläge der Kinder immer aufgegriffen werden können. Viele Aufgaben können auch zu Mehreren angegangen und gelöst werden.

Ein wesentlicher Gesichtspunkt in der Psychomotorik ist nach meiner Ansicht das Bauen, Gestalten und Konstruieren. Mit Rollbretter lassen sich z.B. wunderbare Fahrzeuge bauen – angefangen von einfachen Konstruktionen z.B. Fahrzeugen – 2 Rollbretter und eine Matte / Langbank/Kastendeckel bis hin zu Piratenschiffen, Zügen und anderem verwegenen Konstruktionen.
Mit diesen Fahrzeugen lassen sich verschiedene Abenteuer bestehen, Bewegungsgeschichten erfinden und verschiedene Rollen einnehmen.

Abb. 6: Ein selbstgebautes Fahrzeug

Durch die Gestaltung, bzw. Veränderung der Räume lassen sich weitere Themen und Betätigungsfelder erschließen. So können im Kindergarten die Gänge mit zusammengeklebter Wellpappe (ca. 1/4 wird nicht verklebt und auseinandergeklappt, so dass die Pappe „steht") in verschiedene Zonen und Verzweigungen unterteilt werden, so dass ein richtiger Irrgarten entsteht. In verschiedenen Räumen entstehen Parkzonen, Kreisverkehre, Einbahnstraßen, Tunnels/Unterführungen und Schnellstrassen. Dazu wird der Untergrund verändert, schräge Ebenen beschleunigen das Fahren, Sackgassen fordern zum Umkehren auf.

Bewegungsbaustelle

Der Begriff BEWEGUNGSBAUSTELLE wurde von der sog. Frankfurter Arbeitsgruppe (1982) geprägt. In Deutschland bekannt geworden ist die Idee der Bewegungsbaustelle vor allem durch MIEDZINSKI (1983). In vielen Projekten hat MIEDZINSKI zusammen mit seinen Studenten, zuerst an dem Institut für Sportwissenschaften der Technischen Universität Braunschweig und jetzt an der Universität Hannover, die Idee der Bewegungsbaustelle in der Praxis erprobt.
Entstanden ist die Idee der Bewegungsbaustelle wahrscheinlich an vielen Orten. Kinder in Südamerika spielten mit Baumaterialien, oft weil herumliegendes „nutzloses" Material das Einzige war, was zum Spielen zur Verfügung stand. In den sog. Industrieländer war es eher wieder eine Rückbesinnung auf einfaches, zur Aktivität herausforderndes Material. Viele Spielplätze bieten nur normierte Spielgeräte, die keine Veränderung zulassen und damit die Kinder zu keinen Konstruktionen herausfordern. Bewegung wird durch die Spielgeräte vorgegeben und verliert dadurch bald an Reiz. Typische Sportgeräte wie Langbänke, Kästen und Barren sind für die Kinder zu groß, zu schwer, so dass eine freie Betätigung meist nicht möglich ist.
Die Bewegungsbaustelle soll den Kindern eine selbständige Auseinandersetzung mit dem Material ermöglichen, dabei soll das Kind in seiner Ganzheit angesprochen werden.

Materiale Erfahrungen sind in der Entwicklung des Kindes von entscheidender Bedeutung. In dem Prozess der Akkommodation lernt das Kind die Umwelt als solche zu definieren und zu akzeptieren. Eigenschaften wie hart, rauh, rund, leicht/schwer usw. werden Materialien richtig zugeordnet, entsprechende Schemata bilden sich aus. Neben den Eigenschaften lernt das Kind aber auch den Umgang mit dem Material. Vierkantklötze ermöglichen andere Konstruktionen als Rundhölzer, Steine müssen anders geschichtet werden als z.B. Kartons.
Beim Bauen mit unterschiedlichen Materialien lernt das Kind verschiedene physikalische Prinzipien kennen. Bei einer einfachen Wippe erfährt das Kind viel über Hebelgesetze, beim Schaukeln und Drehen, z.B. auf

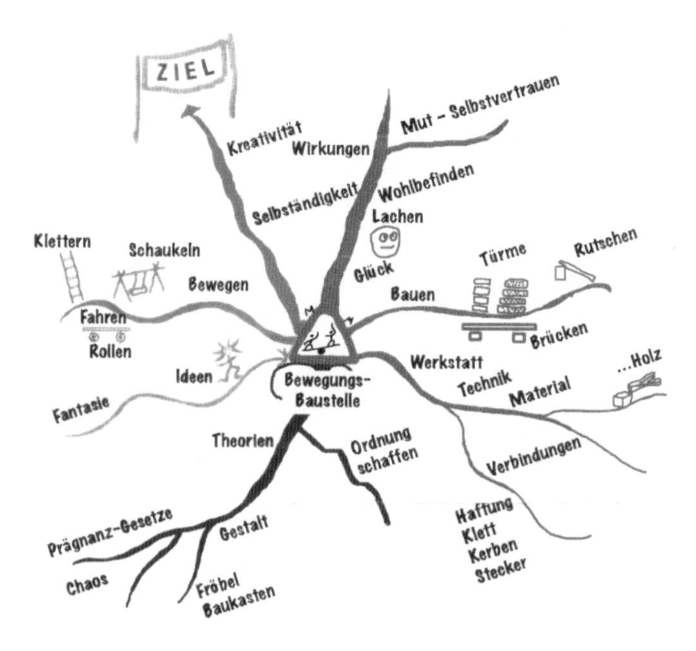

Abb. 7: Bewegungsbaustelle (Miedzinski 1998)

der Drehscheibe werden intensive Erfahrungen bezüglich Schwerkraft und Flieh- und Bremskräfte gemacht.
Wichtig dabei ist mir vor allem aber der Gedanke, dass vernetztes Denken entsteht. Der Appellcharakter verschiedener Materialien fördert ganz grundsätzlich eine „bewegte" Auseinandersetzung mit dem Material. Dies führt zu vielen neuen, veränderten und sich wiederholenden Situationen. Spontan werden immer wieder neue Baupläne entwickelt, einfache Anordnungen werden zu komplexen Gebilden verändert. Uns so entstehen aus einfachen Denkmustern vernetztes Denken. Wenn wir z.B. über die Bewegungsbaustelle Erfahrungen in komplexen Situationen gemacht haben, wird es uns später auch gelingen, komplexe Situationen aufzulösen und damit umzugehen.
Materiale Erfahrungen sind von großer Bedeutung für die Entwicklung Wahrnehmung und Bewegung, die sog. Sensomotorik. Das Greifen nach einem Gegenstand, und später das Werfen und Fangen gelingt nur auf-

grund des guten Zusammenspieles zwischen visueller Wahrnehmung und Motorik. Wichtig in diesem Zusammenhang ist die Entwicklung der Figur-Grundunterscheidung. Damit ist die Fähigkeit gemeint, Räume und Gegenstände in ihrer Dimensionalität und Zuordnung zu erkennen. Ein Kind, das Gegenstände im Raum bewegt, neu ordnet, den Raum neu gestaltet, wird diese Erfahrungen verinnerlichen.

Über die aktive Auseinandersetzung mit Material wird eine angemessene Kraftdosierung, ein adäquater Krafteinsatz sich ausbilden. Dies hat auch positive Rückkoppelung auf den Gesamttonus des Körpers. Ein angepasster Tonus ermöglicht optimale Wahrnehmung, aber auch differenzierte motorische Steuerung, z.B. bei der Sprache (Artikulation).

Die Auseinandersetzung mit dem Material führt zu einem intensiven Erleben des eigenen Körpers. Jede Berührung von Material (aktiv oder passiv) führt zu einer Betätigung der taktilen Wahrnehmung, verbessert das Körperschema, entwickelt die Handlungsplanung (Praxie) und führt u.a. zu Ausbildung von Lateralität. Über die Auseinandersetzung mit der materialen Umwelt entwickelt sich Seitigkeit, im speziellen Händigkeit. Eine Hand entwickelt sich zur operierenden Hand, die andere zur Unterstützenden.

Diese Entwicklung der Händigkeit/Seitigkeit ist bedeutend, da sie wesentlich mit der Gehirnorganisation zu tun hat. Eine Entwicklung der Lateralität, die Ausbildung von Gehirndominanzen ist ein wesentlicher Faktor für unsere Identität.

Eine wiederholende Auseinandersetzung mit Material bewirkt eine verbesserte Bewegungsausführung, bzw. Bewegungsgüte. „Beim Erlernen von Bewegungen führen die Prägnanztendenzen zu einer fortlaufenden Verbesserung der Ausführungsgüte, die über das Gefühl bewirkt wird. Mit zunehmendem Können übernehmen intermodale gefühls- oder ausdruckartige Gestaltqualitäten die Feinsteuerung der Handlungsstrukturen (THOLEY 1987,100). Die hohe Bewegungsqualität erzeugt beim Ausführenden Zufriedenheit und Stolz.

Eine solch erfolgreiche Tätigkeit stärkt das Selbstbewusstsein, vermittelt Sicherheit und Wohlbefinden. Die Bedeutung von Gefühlen bei der Verarbeitung und Speicherung von Reizen/Informationen ist erst in letzter Zeit (vgl. CIOMPI 1982) wieder in den Vordergrund gerückt worden.

Aber auch der Misserfolg wird sehr unmittelbar erlebt. Die Verarbeitung von Misserfolgserlebnissen gelingt aber aufgrund durchschaubarer Situationen meist problemlos, zumal auf der anderen Seite viele Erfolgserlebnisse stehen. Die positiven Erfahrungen bewirken ein Wohlbefinden und Sicherheit, die eine Wiederholung und Variation von Situationen bewirken.

Viele Tätigkeiten und Handlungen sind aber nur in sozialer Interaktion möglich. Die Kinder müssen kooperieren, Rücksicht nehmen, einfach gemeinsam handeln.

Dies geht aber nur über Sprache, Kommunikation. Viele Erzieher/innen registrieren ein Verkümmern der Sprache. Offensichtlich sind die Kommunikationsanlässe in den Familien nicht mehr so zahlreich, sprachliche Artikulation fällt schwer. In der Bewegung, im Handeln fallen sprachliche Leistungen leichter. Aktionen werden kommentiert, gelungene Situationen sprachlich aufgearbeitet, Planungen sprachlich verdeutlicht.

Welche Rolle nehmen in diesem Prozess die Erwachsenen ein?

- Sie sind auf jeden Fall verantwortlich für das Zustandekommen der Situation. Egal ob im Wald, im Freigelände oder im Bewegungsraum, Kinder brauchen Handlungserlaubnis. Erwachsene müssen oft das Loslassen wieder lernen. Absprachen mit Kindern z.B. Verwendung von Material, Festlegen von Grenzen funktionieren oft problemlos. Die Absprachen müssen aber für alle einen Sinn ergeben.
- Die Materialbereitstellung und -auswahl, entsprechend dem Appellcharakter, ist Aufgabe des/r Erzieher/in. Einfaches Materialangebot ermöglicht eher einfache Konstruktionen, Veränderungen im Materialangebot ermöglichen neue Handlungsmöglichkeiten. LKW-Schläuche, Matratzen reizen eher zum Springen, Holzklötze, Bretter, Leitern usw. zum Bauen. Das Angebot an Material kann auch differenziert erfolgen, eine Ecke zum Bauen, die andere zum Springen usw.
  Ein Materialüberangebot kann zur Verunsicherung der Kinder führen, da unterschiedliche Materialqualitäten unterschiedliche Themen ermöglichen und damit eventuell zu einer Überforderung der Kinder führen.
- Die Ausstattung des Raumes, z.B. mit Haken, Großgeräten, Nischen usw. ermöglicht weitere Betätigungsfelder. Allerdings ist hier teilweise die Mithilfe des Erwachsenen gefragt, um z.B. die Schaukeln aufzuhängen oder andere Konstruktionen zu bewältigen.
- Häufig diskutiert wird die Anwesenheit/Nichtanwesenheit des Erwachsenen. Grundsätzlich ist die Nähe, die Aufmerksamkeit der Erzieherin für Kinder ein positiver Faktor. Andererseits soll der Dialog des Kindes mit dem Material nicht beeinflusst werden.
  Meinen Vorstellungen nach sollte der Erwachsene die Rolle des Beobachters, auf Anfrage des Helfers, eines Kommunikationspartners einnehmen. Die Initiative zur Interaktion mit der Erzieherin sollte auf jeden Fall vom Kind kommen.
- Im optimalen Fall sollten die Kinder dann Zugang zu Bewegungsräumen, Freigelände usw. haben, wenn sie dieses Bedürfnis haben. Eine zeitliche Begrenzung macht wenig Sinn, da die Auseinandersetzung mit Material und Thema Zeit braucht. Allerdings müssen hier auch die örtlichen Gegebenheiten berücksichtigt werden. Für viele Erzieherinnen ist die Öffnung fester Strukturen ein schwieriger, wenn auch lohnender Prozess.
- Zum Abschluss dieser Betrachtungen kann ich nur jedem empfehlen, selbst alles auszuprobieren, Konstruktionen zu entwickeln und die Freude an der Betätigung zu spüren. Auch das intensive Schaukeln kann

für uns wieder zu einem Erlebnis werden.
- Sicherheitsrelevante Aspekte sind ebenfalls von großer Bedeutung. Die, zur Verfügung stehenden Materialien müssen sicher sein, alle unnötigen Risiken z.B. unsachgemäße Knoten bei Befestigen von Schaukeln müssen vermieden werden.

Psychomotorik im Wald

Natürliche Bewegungs- und Erlebnisräume sind natürlich allen künstlichen Welten vorzuziehen. Trotzdem gibt es viele Vorbehalte von allen Seiten. Die Eltern haben Angst vor Zecken oder dass ihre Lieblinge im Wald zu wenig für die herannahende Schule lernen. Die Erzieherinnen scheuen den meist langen Weg, das Wetter und die Überraschungen des Waldes. Trotzdem wird der Wald mehr immer von den Kindergärten entdeckt. In fast jeder Stadt gibt es einen Waldkindergarten und viele werden noch dazu kommen. Und wer mit Kindern im Wald war, geht wieder. Dabei erscheint es mir wichtig, daraus keine Doktrin zu machen. Ich kenne Kinder, die mit dem Waldkindergarten wenig anfangen konnten, andere sind begeistert.
Im Vorfeld sind einige Überlegungen wichtig. So muss man mit dem Förster des Reviers Kontakt aufnehmen, damit eventuelle Schonräume für Tiere und Pflanzen nicht beschädigt werden. Außerdem möchte jeder Förster gerne wissen, wer sich in seinem Revier aufhält.
Eine Erkundung der Wegstrecke und des Geländes ist im Vorfeld selbstverständlich. Weiterhin müssen mindestens 2 Betreuungspersonen (mit Handy) die Kinder begleiten, so dass bei unvorhergesehen Dingen z.B. Bienenstich; Verletzungen usw. sowohl die Gruppe, als auch das Einzelkind betreut werden können. Auch ein Informationsabend für Eltern über Idee, Kleidung, Ausstattung, Zecken usw. ist wichtig. Noch besser ist ein Tag im Wald zusammen mit den Eltern. Hier können sie eigene Erfahrungen sammeln, die Vielfältigkeit dieses natürlichen Erlebnisraumes selbst erleben und entdecken, welche Ausstattung (z.B. Kleidung) sich eignet.
Der Wald bietet ein Höchstmaß an Möglichkeiten zu Bewegungs- und Wahrnehmungserfahrungen (vgl. GESSLER 2000):

- vestibulär: balancieren, schaukeln, wippen...
- kinästhetisch: hangeln, ziehen, drücken, schleppen...
- taktil: tasten, barfuß gehen, aufscheuern, stechen, streicheln, berühren, berührt werden...
- auditiv: hören, lauschen, Tierstimmen, rascheln, knacken...
- visuell: sehen, wiedererkennen, vergleichen, unterscheiden, zuordnen...
- olfaktorisch: feuchte Erde, Holz, Fäulnis, Laub, Pilze, Wald...
- gustatorisch: Pilze, Beeren, aber alles nur für Kenner

All diese Erfahrungen bekommt man quasi auf dem Tablett serviert. Vor allem gibt es immer wieder Variationen. z.B. verschiedene Jahres- und

Tageszeiten, unterschiedliches Wetter, Veränderung des Waldes durch Pflege/Bewirtschaftung usw., so dass es nie langweilig wird.
In der Praxis sind einige Überlegungen von Bedeutung. Es empfiehlt sich ein wöchentlicher Waldbesuch (z.B. fester Vormittag). So können sich alle darauf einstellen und die Woche planen. Im Wald wird als erstes ein Treffpunkt/Gemeinschaftsplatz eingerichtet. Dies kann ein einfaches Waldsofa sein, das eventuell mit einer Plane überspannt wird. Alternativen sind Waldhütten, Bauwägen oder ähnliches. Über ein vereinbartes Signal treffen sich hier alle, um Besprechungen abzuhalten, Geschichten zu erzählen oder einfach etwas zu essen. Danach wird der Wald erkundet, Grenzen festgelegt, in dem sich die Kinder z.B. frei bewegen dürfen. Wichtig ist auch für die Kinder, dass sie wissen, wo die Erwachsenen sich aufhalten, damit sie bei Problemen Ansprechpartner finden. Grundsätzlich sollten die Kinder an der Planung der Waldtage aktiv beteiligt werden, es sollten keine starren Programmpunkte abgehandelt werden, sondern viel Freiraum gelassen werden. Trotzdem können die Erwachsenen immer wieder neue Ideen einbringen, um neue Themen zu eröffnen. Dazu folgende Anregungen:

- Taktil-kinästhetische Erfahrungen
  - Blinde Karawane (alle gehen blind an einem Seil, nur der Führende hat die Augen offen)
  - Berg auf, Berg ab (eine Gruppe Kinder muss mit Hilfe eines Bergseiles steiles/stark abfallendes Gelände überwinden)
  - Barfuß – Gehen im Wald, Erspüren von verschiedenen Untergründen
  - Abtasten verschiedener Bäume und wiederfinden, Tastparcours
  - Waldschmuck herstellen
  - Bachbettbegehungen (einen Weg im Wasser, am Wasser suchen, Übergänge bauen, den Bach stauen, Wasserfälle und Strudel erzeugen usw.)
  - Verschiedene Niedergänge bauen mit Bergseile, Spanngurten (z.B. Zwischen eng stehenden Bäumen Seile spannen und so ein Klettergarten bauen usw.)
  - Schaukeln, Wippen, Stege
  - Entspannungstrapez

- Visuelle Erfahrungen
  - Dem Schatten eines Baumes nachgehen
  - Gleiche Gegenstände im Wald suchen, z.B. Ahornsamen
  - Gegenstände, die nicht in den Wald gehören, suchen
  - Naturfarben herstellen mit z.B. Erde, Beeren und Kleister und dann schminken
  - Mandalas: Jedes Kind sucht 5-8 gleiche Teile/Gegenstände, die dann an einem freien Platz ausgelegt werden

- Akustische Erfahrungen
  - Anschleichspiele
  - Geräusche erzeugen mit Waldmaterialien
  - Tierstimmen kennen lernen und imitieren

Ausblick:
Die Umsetzung der psychomotorischen Idee im Kindergarten schafft Freiräume und Entwicklungsmöglichkeiten für alle Beteiligte. Voraussetzung dafür ist der offene Austausch, die Bereitschaft für Neues und das Verlassen sicherer Positionen. Über Fort- und Ausbildung (siehe www.psychomotorik.com) erhält der Einzelne Wissen und Handlungskompetenz, die Erfahrung im Alltag wird noch viele weitere Variationen des Geschehens aufzeigen, vor allem, wenn wir den Kindern Vertrauen schenken und ihren Tätigkeiten Bedeutung geben. Veränderungen brauchen Mut, aber sie müssen auch wachsen, sie brauchen Zeit.

Literatur

Affolter, F. (1987): Wahrnehmung, Wirklichkeit und Sprache, Villingen – Schwenningen

Autorenkollektiv (1989): Lehrplan und Unterrichtsgestaltung. Berlin (Ost)

AWO Landesverband Thüringen e.V. (Hrsg.) (1997): Gelebte Psychomotorik im Kindergarten, Schorndorf, Hoffmann

Bentele, P.; Metzger T. (1996): Didaktik und Praxis der Heilerziehungspflege, Freiburg im Breisgau, Lambertus

Frankfurter Arbeitsgruppe (1982): Offener Sportunterricht- analysieren und planen. Reinbek, Rowohlt

Ciompi. L. (1982): Affektlogik, Stuttgart

Dornes, M. (1993): Der kompetente Säugling. Frankfurt, Fischer

Gessler, E. (2000): Persönliche Unterlagen

Holle, Britta (1988): Die motorische und perzeptuelle Entwicklung des Kindes, Weinheim, Beltz

Hurrelmann, K. (2000): Kindheit heute- Der Platz von Kindern in unserer Gesellschaft, www.kindergarten-heute.de

Kohnen/Höse, M. (1997): Persönliche Aufzeichnungen

Miedzinski, K. (1983): Bewegungsbaustelle. Verlag modernes lernen, Dortmund

Miedzinski, K. (1998): Persönliche Unterlagen und Mitteilungen

Tholey, P. (1997): Prinzipien des Lehrens und Lernens sportlicher Handlungen aus gestalttheoretischer Sicht. In: Janssen, J.P./Schlicht, W. / Strang, H. (Hrsg.): Handlungskontrolle und soziale Prozesse im Sport. Köln: Pahl-Rugenstein.95-106

Zimmer, R. (1993): Handbuch der Bewegungserziehung, Freiburg, Herder

Zimmer, R. (1999): Handbuch der Psychomotorik Freiburg, Herder

3.1.3 Graphomotorik im Übergang von Kindergarten zur Grundschule

Michael Wendler

Einleitung

Wenn Kinder mit etwa sechs Jahren eingeschult werden, bringen sie vielfältige Lebenserfahrungen mit, die sie in vielen unterschiedlichen Handlungssituationen erworben haben. Sie erfahren in diesem Übergang, dass Schule andersartige Anforderungen an sie stellt. Kinder erleben, dass das bisher gewohnte freizügige Sprechen in Bahnen gelenkt wird. Darüber hinaus eine Form erhält und mit Hilfe eines komplizierten Zeichensystems (dem Alphabet) festgehalten werden kann (FISCHER/WENDLER 1994). Bei genauerer Analyse lässt sich die Lese- und Schreibhandlung als eine komplexe psychomotorische Leistung auflösen, die an mehrdimensionale Entwicklungsvoraussetzungen gebunden ist. Dabei spielen besonders im Schreiblernprozess Optimierungsprozesse der feinmotorischen Bewegungsabläufe, die die Geschwindigkeit und Ausdauer des Schreibens zum Ziel haben (vgl. MAI 1991), eine ebenso bedeutsame Rolle wie Aspekte der Raumgestaltung und visuellen Kontrolle, der Formgebung innerhalb der Reproduktion, der Einhaltung der Schreibrichtung, der bedeutungsgetreuen Sprechbildung sowie die psycho-emotionale Situation eines Kindes eingebettet, in seinen sozialen Kontext. Diese Anteile bilden die Voraussetzungen, die in ihrem Zusammenspiel den Schreiblernprozess ermöglichen (ISB 1991). Wir verwenden für das Ineinandergreifen verschiedener Bewegungs- und Wahrnehmungsprozesse den Begriff „Graphomotorik“. Welche Systeme an der entwicklungslogischen Handlungskette Handeln – Sprechen – Schreiben beteiligt sind, zeigt die nachfolgende Tabelle.
Erfahrungen eines motologischen Schulversuches im Raum Marburg[56] haben aber gezeigt, dass aus schulischer Sicht natürlich die adäquate Vermittlung der Kulturtechniken immer im Vordergrund stehen. Wenn graphomotorische Entwicklung mit den Voraussetzungen des Schriftspracherwerbs gleichgesetzt wird, ist neben dem erweiterten, notwendigen Verständnis kindlicher Entwicklung auch die Frage der „adäquaten Vermittlung“ für die Menge kindlicher Individualitäten einer Klasse zu beantworten.
Gerade bei Kindern mit Entwicklungsverzögerungen wird die Hilflosigkeit groß; kein Wunder, wenn ich nicht weiß, was die kindlichen Voraussetzungen sind, wie soll mir dann als Lehrer die „adäquate Vermittlung“ ge-

[56] Fünfjähriger Schulversuch zur motopädagogischen Betreuung von bewegungsauffälligen Kindern und Jugendlichen von Prof. Dr. F. SCHILLING am Institut für Sportwissenschaft und Motologie Marburg.

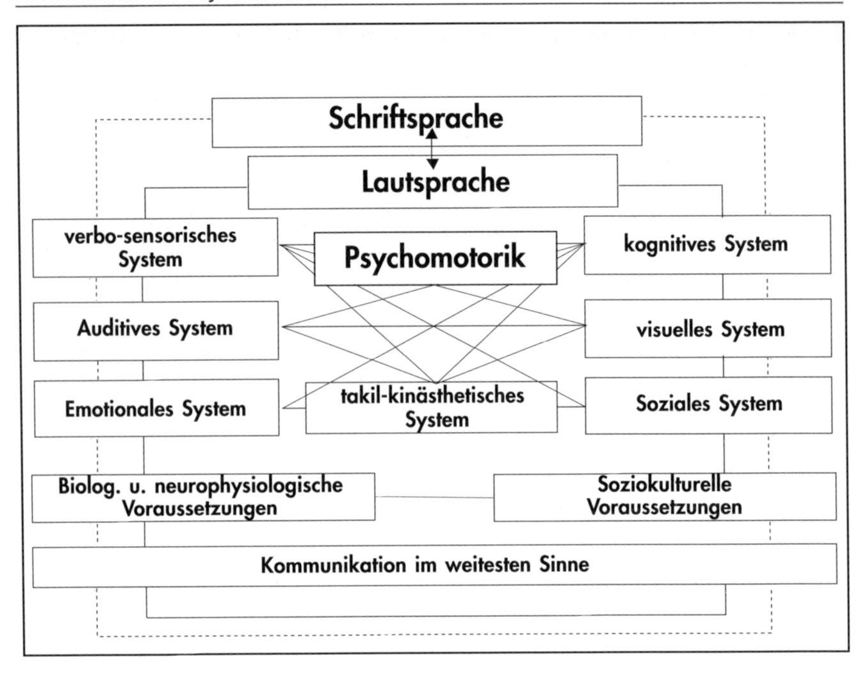

Abb. 1: Die Voraussetzungen für den Schriftspracherwerb (vgl. GÜNTHER 1994).

lingen? Bei genauerer Betrachtung wird deutlich, der Umgang mit dieser Situation ist vielschichtig:

- Das Kind hat das Problem, was sich irgendwie auf seine Persönlichkeit auswirkt und seine Umweltbeziehung beeinflusst.
- Die Eltern, die das Problem sehen bzw. verdrängen und häufig durch vermehrtes Üben, das „Defizit" auszugleichen versuchen oder durch Ignoranz (Zuhause schafft es das Kind) versuchen, den Druck weiterzugeben.
- Die Lehrer, die in ihrem Studium gelernt haben, den Anfangsunterricht in Teilschritten für das Lesen, das Schreiben und das Rechnen anzugehen, aber nie die Frage aufgetaucht ist, welche (graphomotorischen) Entwicklungsvoraussetzungen das Kind besitzt!

Graphomotorik als Sonderform der Psychomotorik in der Grundschule[57]
Aus Sicht des graphomotorischen Ansatzes stehen in dem erweiterten psychomotorischen Verständnis für das Gelingen des Schriftspracherwerbs folgende Fragen im Vordergrund:

---

[57] Dieser Teil ist eine Überarbeitung des Aufsatzes: „Kinder mit Lese- und Schreibschwierigkeiten: Zum Einsatz eines graphomotorischen Komplexbildes im Rahmen eines schulischen Beratungsangebots" von SEIFFERT/WENDLER (1995).

- Welche Wahrnehmungsfähigkeiten (Ausdifferenzierung der Sinne) hat das Kind?
- Über welche motorischen Fähigkeiten (Koordination, Gleichgewicht, Handgeschicklichkeit) verfügt das Kind?
- Wie sieht die körperliche Entwicklung (Lateralitätsentwicklung, Entwicklung des Körperschemas, Selbstkonzept des Kindes) aus?
- Über welche Möglichkeiten verfügt das Kind, räumliche Strukturen zu erkennen, einzuordnen und mit ihnen zu hantieren (Kenntnis von oben-unten, vorne-hinten, rechts-links) und sich im veränderten Raum zu bewegen?

Die Fragen tragen neben der Evaluation der psycho-sozialen Lebensbedingungen eines Kindes mit dazu bei, die Schulschwierigkeiten nicht nur auf ein oder mehrere Lernfächer zu beziehen, sondern diese Schwierigkeiten als Teil der kindlichen Gesamtentwicklung zu verstehen. Wenn wir die kindliche Entwicklung während des Übergangs von Kindergarten zur Schule betrachten, dann finden hier die wesentlichen Prozesse statt, von denen ein erfolgreicher Schulbesuch abhängt:

- Die motorische Entwicklung, insbesondere die feinmotorische Entwicklung kommt zu einem relativen Abschluss.
- Die räumlichen Vorstellungen und Kenntnisse entwickeln sich in diesem Zeitraum entscheidend.
- Der Lateralisierungsprozess (die Entwicklung der Seitigkeit am Körper, wie etwa sie Bevorzugung und Leistungsdominanz eines Beines oder einer Schreibhand sowie die kognitive Kenntnis beider Körperseiten) wird abgeschlossen.

Diese Entwicklungsaspekte fließen unausgesprochen als Voraussetzungen bei der Beurteilung der kindlichen Schulreife mit ein. Da die Entwicklung komplex und vielschichtig und es außerdem eine menschliche Eigenschaft ist, eigenen Schwächen auszuweichen bzw. sie zu kompensieren, werden Kinder, die in einem der oben genannten Bereichen Entwicklungsverzögerungen aufweisen, oft erst dann „auffällig", wenn sie längst im 1. und 2. Schuljahr sind.
Wenn wir von den beiden motorischen Entwicklungsrichtungen ausgehen, von der cephalocaudalen als vertikaler Entwicklungsrichtung des Aufrichtens und Fortbewegens sowie von der der pheripheren als der von innen nach außen orientierten Entwicklungsrichtung, in der sich die Ausdifferenzierung der Feinmotorik als letztes vollzieht (vgl. FONSECA 1985), so kann nachvollzogen werden, dass sich die eingeschränkten körperkoordinativen Fähigkeiten auf die feinmotorische Entwicklung auswirken und in der Schule zu Schwierigkeiten führen können. Wie sollte es einem Kind auch gelingen, diese differenzierten Muskel- und Gelenkabstimmungen der Hand zu leisten, wenn dies in der gesamten Körperkoordination

noch große Schwierigkeiten bereitet?
Ein weiteres Problemfeld graphomotorischer Diagnostik und Förderung sind Vertauschungen von Buchstaben und Zahlen der Kinder. Schüler, die die 3 und das E, die 12 und die 21 verwechseln, umständlich und langsam handeln, fehlen oft schon in ihrer motorischen Entwicklung grundlegende Voraussetzungen an Körper-, Raum- und Bewegungserfahrungen sowie deren kognitive Verarbeitung. Damit ist ihr räumliches Bezugssystem schon im Zentrum (also in ihrem Körper) wenig entwickelt. Wenn die Basis nicht genügend ausgebildet ist, so wird es allzu verständlich, dass diesen Kindern die räumliche Orientierung in der Umwelt Schwierigkeiten bereiten muss, denn eine lange, energieaufwendige Kompensation dieser mangelnden Entwicklungsvoraussetzungen ist nicht unbegrenzt leistbar. Aus diesem Grund scheint es notwendig, hier rechtzeitig entsprechende Entwicklungsanregungen auf der Basis einer differenzierten und begleitenden Diagnostik zu geben.

In welchen Teilschritten erfolgt die graphomotorische Diagnostik?
Um Lern- und Verhaltensschwierigkeiten individualisiert zu erfassen und in adäquate Interventionen umzuleiten, bedarf es nicht einer generell anwendbaren Batterie graphomotorisch relevanter Tests, sondern differenziert beschriebener Analysesituationen, die gemäß des konkreten Problemspektrums zur Anwendung kommen können. EGGERT (1993, 41) schlägt zur Erfassung motorischer Basiskompetenzen eine Untersuchungsstrategie in drei Schritten vor, die sich in unserem Kontext als wirksam erwiesen haben:
Beginnen soll die Begutachtung mit „*Eisbrechersituationen*“, die sich inhaltlich als sehr leichte und von den Kindern mit Sicherheit lösbare Aufgabenstellungen darstellen. Die Schaffung einer guten Arbeitsatmosphäre und eine aufmunternde und partnerschaftliche Haltung des Diagnostikers gehören zu seinen wesentlichen Kompetenzen zur Gestaltung des Erstkontakts.
Daran schließt sich eine Auswahl von Erhebungssituationen nach den spezifischen Erfordernissen im Sinne eines *Screenings* (1. Diagnostische Phase) an (vgl. SEIFFERT/WENDLER 1995).
Zur weiteren Orientierung erfolgt eine differentielle Überprüfung auffälliger Bereiche durch eine intensive Beschäftigung mit einzelnen, im Schwierigkeitsgrad ansteigenden Aufgaben (2. Diagnostische Phase), ohne die Stärken eines Kindes zu vernachlässigen. Sind die Ergebnisse unzulänglich interpretierbar, beginnen im Sinne eines Ausschlussverfahrens weitere Erhebungen auf der Grundlage der 1. Phase anhand anderer Hypothesen.
Aus der Synthese der Ergebnisse werden Entwicklungsaufgaben abgeleitet, die in die parallel angelaufene Förderung münden. In der Diagnostik- und Beratungstätigkeit erweist sich die mehrphasige sequentielle Strate-

gie von besonderem Nutzen, weil sie ein breites Spektrum für das Kind relevanter Handlungssituationen bereitstellt und gleichzeitig die ständige Überprüfung und gegebenenfalls Revidierung der Arbeitshypothesen gewährleistet.

Im Erstkontakt wird die Problemsituation des Kindes beschrieben, die die Bereiche

- psycho-soziale Situation;
- Lateralität;
- Motorik;
- Handgeschicklichkeit;
- Wahrnehmungsfähigkeit betreffen können.

Anhand des Erstgespräches (und ggf. der Hospitation in der Schule) wird das diagnostische Instrumentarium für die Erstdiagnostik zusammengestellt.
Dieses umfasst in der Regel ca. drei bis vier Beobachtungs- bzw. Testsituationen, die eine Stunde und Pausen nicht wesentlich überschreiten sollen. Tabelle 1 beschreibt die von uns angesetzten Verfahren und ordnet sie der jeweiligen Problemstellung zu. Besondere Aufmerksamkeit wird neben Kontaktaufnahme und Kooperationsbereitschaft auf die affektiv-emotionale Befindlichkeit des Kindes gelegt, zumal es in der Regel weder Räumlichkeiten, Diagnostiker noch die auf es zukommenden Situationen adäquat einzuschätzen weiß. Eine „Eisbrechersituation" und eine aufmunternde und partnerschaftliche Haltung des Testleiters sind daher unablässlich.

Fallen Kinder durch Schwierigkeiten in den verschiedenen Erhebungsebenen auf, so empfiehlt ich eine eingehende Erfassung des graphomotorischen Entwicklungsstandes. Diese Untersuchung und Beratung steht in dem Bemühen, möglichst differenzierte, umfassende Informationen über Art und Ausmaß der vorliegenden Schwierigkeiten des Kindes zu erhalten. Diagnostik wird nicht als Mittel der Selektion, sondern als eine Informationssammlung für gezielte Fördermaßnahmen verstanden. Die graphomotorische Begutachtung ist deshalb auch nicht ein einmaliger Akt, sondern sie versteht sich als eine förderungsbegleitende Prozessdiagnostik. Zunächst wird ein spezifisches Entwicklungsprofil erfasst, das sowohl personenbezogene als auch kontextuelle Aspekte berücksichtigt, von dem aus verschiedene Fragenkomplexe entwickelt werden. Im weiteren Verlauf erhalten diese eine Passung mit den entwicklungsorientierten Aufgabenstellungen im Sinne der psychomotorischen Förderung. Das Interpretationskonstrukt „Entwicklungsprofil" wird in weiteren Gesprächen mit Eltern und Lehrern überprüft und zu einem vorläufigen Förderkonzept unter Berücksichtigung der Stärken und Vorlieben des Kindes zusammengefasst. Sind spezifische Förderthesen gebildet, gilt es für die weitere

Abb. 2: Das diagnostische Vorgehen im Überblick

Förderplanung, Schwerpunkte festzulegen und in der Folge spezifische, also auf den Schriftspracherwerb bezogene Förderaspekte im Umgang mit Papier und Stift zu integrieren (Fischer 1996).

Allzu oft lässt sich im Erstgespräch die Problematik nicht den einzelnen Bereichen zuordnen. Vielmehr basiert die Darstellung der Problematik auf der phänomenologischen Ebene:

Das Kind

- hat Schwierigkeiten beim Schreiben, ermüdet leicht;
- stellt Formen und Zeichen seitenverkehrt dar;
- verwechselt ähnlich aussehende Buchstaben;
- wechselt häufig die Hand;
- hält den Stift völlig verkrampft;
- stellt sich ungeschickt an, kann nichts malen, nichts ausschneiden;
- hat Schwierigkeiten bei der Umstellung von Druck- zur Schreibschrift;
- kann die Lineatur überhaupt nicht einhalten;
- verweigert die Hausaufgaben.

Die Ätiologie der aufgeführten Beispiele ist vielschichtig und häufig überlagert. Um über den allgemeinen Entwicklungsstand der Graphomotorik Aussagen treffen zu können, setzen wir ein von der Arbeitsgruppe Graphomotorik des oben bereits genannten Schulversuchs entwickeltes Bild ein. Dieses Verfahren lässt vielschichtige Beobachtungen und Aussagen zu.

Das Graphomotorische Komplexbild als Ausgangspunkt

Als Ausgangspunkt unserer Diagnostik und Beratung verwenden dieses Vorlage- und Ergänzungsverfahren, weil es verschiedene, für graphomotorische Entwicklung des Kindes bedeutsame Elemente enthält.
Ausgehend vom Übungsbeispiel der Marburger Graphomotorischen Übungen: Spielen, Malen, Schreiben von SCHILLING (1986) sind wir bei der Entwicklung des Bildes von der kindlichen Malwelt ausgegangen. In welcher (Er-)lebniswelt befindet sich das Kind im Grundschulalter? Was malten Kinder im Grundschulalter? Wie können aus einer kindorientierten Bildstruktur diagnostisch relevante Aussagen getroffen werden?
So sind zu den bei Schilling enthaltenen Elementen Haus mit Zaun und Baum, die Sonne und die Blume als formgestaltendes Element geblieben und kindliche Tätigkeiten (Drachensteigen lassen, Seifenblasen, Fahrradfahren, Luftballons) als völlig neue Elemente dazugekommen. Die Gestaltung der Elemente fand unter graphomotorischen Gesichtspunkten in drei Dimensionen statt, die in kindgerechtem Umfang im Bild enthalten sein müssen:

1. Graphomotorische Grundelemente,
hierunter sind Punkte, Striche, Bögen und Kreise zu verstehen. Natürlich bestehen alle Elemente des Komplexbildes aus der Grundform. Diagnostisch betrachtet sind hierfür aber isolierte Grundelemente bedeutsam.

2. Gestaltanordnung von Grundelementen
Grundelemente werden hier additiv in eine bestimmte Anordnung gebracht. Dies kann durch Aneinanderreihung der Elemente (Sonne) oder durch ihre bloße räumliche Beziehung zueinander (Seifenblasen) gegeben sein.

3. Komplexe graphomotorische Muster
Elemente überlagern oder überkreuzen sich hierbei und werden integrativ zusammengesetzt (Dach, Zäune).

Die Durchführung und Auswertung verschiedener Entwürfe bei Grund- und Sonderschulkinder haben nach der Überarbeitung zur jetzigen Fassung als Vorlage und als Arbeitsblatt geführt.

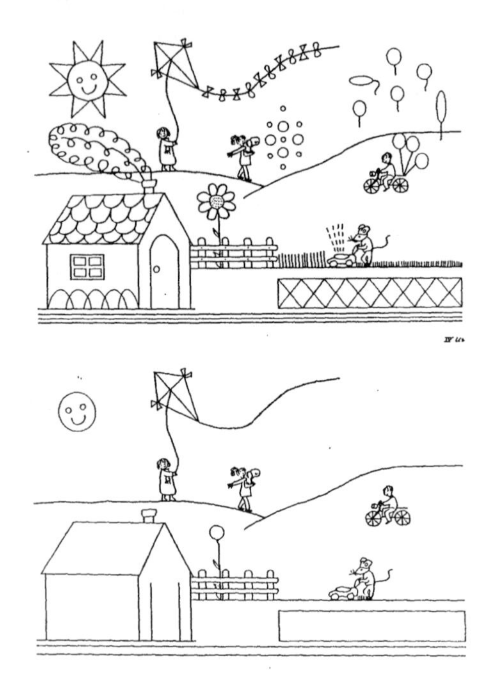

Abb. 3: Vorlage und Bearbeitungsvorlage des Komplexbildes

Zur Durchführung des Komplexbildes
Aufgabeneinführung:
Für die Durchführung erhält das Kind zuerst die Vorlage mit folgender Anweisung:
Hier auf dem Bild (Vorlage) sind ganz viele Dinge zu sehen (Kind soll einige Elemente benennen). Dem Maler hat das Bild so gut gefallen, dass er es noch einmal malen wollte. Aber leider ist er damit nicht fertig geworden. Er bittet Dich, alles was fehlt zu ergänzen. Schau Dir bitte das Bild (Arbeitsblatt) genau an. Welche Dinge fehlen?
Deine Aufgabe ist es nun, alle fehlenden Dinge so genau wie möglich zu malen, damit es der Vorlage sehr ähnlich sieht. Vergleiche also immer wieder mit der Vorlage. Du kannst anfangen, wo Du willst:

Durchführung:
Das Kind soll die fehlenden Elemente mit einem Bleistift (ohne Lineal) ergänzen, damit auch Aussagen über den Andruck getroffen werden können. Nach Möglichkeit soll es auch auf einen Radiergummi verzichten.
In Gruppensituationen können jeweils zwei Kinder eine Vorlage benutzen. Wenn sie mit den Ergänzen fertig sind, können sie die Vorlage mit Buntstiften ausmalen. Ihr Arbeitsblatt geben sie ab, damit es dem Maler gezeigt werden kann.

Hilfestellung:
Je nach Aufgabensituation gibt es verschiedene Möglichkeiten:

Keine Hilfestellung:
Dadurch wird der optischen Differenzierungsfähigkeit eine große Bedeutung beigemessen (Was erkennt das Kind?). Ein Problem dabei ist es, dass es im nachhinein schwer zu unterscheiden ist, ob ein Kind fehlende Elemente nicht gesehen hat, nicht sehen wollte (weil es zu schwer erschien) oder nicht motiviert war.

Hilfestellung durch gezielte Hinweise:
Hierbei gehen wir verschiedene Elemente mit den Kindern durch (die Blume hat ihre Blätter, das Dach ist gedeckt etc.) und geben gezielte Hinweise: „Sieh Dir das noch einmal genau an“ oder „was fehlt denn noch auf Deinem Bild?“. So erhält die feinmotorische Leistung einen höheren Stellenwert. Es ist dann sinnvoll, die Hinweise für die Auswertung aufzuschreiben. Das Problem dieser Durchführungsmöglichkeit ist die Frage: Wie differenziert ist das Kind in der Lage, optisch wahrzunehmen?

Auswertung des Komplexbildes
In die Auswertung des Komplexbildes fließen die Beobachtungen der Durchführung ein. Hat das Kind die Anweisungen genau verstanden und fängt das Kind unmittelbar an, dass Bild zu bearbeiten. Zu berücksichtigen ist ferner die Reihenfolge der Bearbeitung und der Zeitumfang, da die motivationale Befindlichkeit und die Ausdauer des Kindes bedeutsam sind. Zudem können Körperhaltung, Sitzposition, Stifthaltung evtl. Stiftwechsel, Tonus, Atmung, Grimassen, sprachliche Aussagen des Kindes und die Lage des Blattes wichtige Aufschlüsse geben.
Die Bearbeitung des Bildes wird durch Sachwissen und -zusammenhänge des Kindes geprägt und muss bei der diagnostischen Auswertung berücksichtigt werden (Kopie z.B. Seifenblasen werden in einer Folge rausgeblasen).

Auswertung eines Komplexbildes am Fallbeispiel Steven

Personenbeschreibung:
Steven ist ein Junge von 7,5 Jahren. Er besucht als Schüler eine Integrationsmaßnahme (8-10 Stunden pro Woche zusätzliche Betreuung in

Doppelbesetzung des zweiten Schuljahres einer Grundschule im Umland von Marburg. Besondere Schwierigkeiten im Lese- und Schreiblernprozess führen zur Kontaktaufnahme der Mutter zu uns und unserem Diagnostik- und Beratungsangebot. An diese Maßnahme knüpfte sich seitens der Eltern und Lehrerinnen die Hoffnung, von einer umfassenden Diagnostik Hinweise auf Fördermöglichkeiten zur Unterstützung seiner graphomotorischen Entwicklung zu finden.

Auswertung:
Die Auswertung des Komplexbildes erfolgt in drei Arbeitsschritten:

1. Allgemeine Aussagen zur Bearbeitung,
2. Beschreibung der Auswertungsebenen (graphomotorische Grundformen, räumliche Beziehungen der Elemente und graphomotorische Muster),
3. und anschließend erste Auswertungsinterpretationen.

Abb. 4: Bearbeitetes Komplexbild eines siebeneinhalbjährigen Jungen

Allgemeine Aussagen:
Die Aufgabenstellung wurde von Steven verstanden, die fehlenden Merkmale benannt. Steven hat mit der Bearbeitung unmittelbar begonnen und ausdauernd fortgesetzt. Alle Aufgabenteile konnten vollständig bearbeitet

werden. Während der Bearbeitung leitete Steven das Gespräch immer wieder auf Dinge im Raum, um mehr darüber zu erfahren. Besonders großes Interesse zeigte Steven an technischen Dingen. Eine im Raum zur Dekoration stehende Windmühle musste von ihm begutachtet werden.

Erste Auswertungsebene: graphomotorische Grundformen:
Steven unterscheidet keine kurzen und langen Stricke. Die Anbindung der Stricke gelingt selten und wenn, dann an anderer Stelle. Eine Differenzierung der unterschiedlichen Seilformen wird nicht vorgenommen. Punkte an der Sonnenblume und als Zaunnägel gelingen ihm nicht. Bei den Rundformen gelingt es ihm manchmal, Anfangs- und Endpunkte zusammenzubringen, jedoch wirken sie eher unrund. Bei der Blume wird die Rundform eckig, genauso wie beim Dach. Die runden Elemente beim Drachenschwanz sind als solche nicht zu erkennen. Eckige Formen gelingen Steven besser. Die unten am Blattrand zu ergänzende Linie gelingt ihm mit zwei Mal absetzen.

Zweite Auswertungsebene: räumliche Beziehungen
Die räumliche Beziehung von Grundformen erscheint noch zu schwer für ihn zu sein. Die Anordnung der Seifenblasen gelingt genauso wenig die Anbindungen der Grundformen an der Sonne und der Blume. Die Dachziegel als sehr komplexe Anordnung gelingt ihm nicht, wobei er die Form verdreht. Genauso wenig gelingen beide Zäune.
Die alternierende Anordnung des Drachenschwanzes kann er motorisch nicht differenziert umsetzen. Die Seifenblasen haben eine völlig andere Gesamtgestalt.

Dritte Auswertungsebene: graphomotorische Muster
In diese Kategorie fallen vor allem die Raum-Lage-Beziehungen auf. Die räumliche Richtung der Grundformen von den Element Blume und Sonne ist erkennbar umgesetzt. Zudem wird die veränderte Lage eines Luftballons dargestellt. Eine Bewertung der Seifenblasen entfällt. Die Linksrichtung des Rauches aus dem Schornstein wird nicht, wie auf der Vorlage vorgegeben, bearbeitet. Die komplexen Muster (Zaun vor dem Haus, Dachziegel und Zaun rechts) können von Steven noch nicht umgesetzt werden.

Auswertungsinterpretationen
Die Ausführungsinterpretationen dürfen lediglich als erste Anhaltspunkte betrachtet werden, die es weiter zu beobachten bzw. abzuprüfen gilt. Erste Hinweise auf mögliche Förderschwerpunkte sind nach unserer Erfahrung möglich. Die Auswertung findet auf mehreren Ebenen statt:

- Beziehungs- und Arbeitsatmosphäre
- Sachwissen
- Mimik und Gestik
- Stifthaltung

- Numerisches Umsetzen
- Optische Wahrnehmungsentwicklung
- Feinmotorische Entwicklung
- Weitere Beobachtungen

Beziehungs- und Arbeitsatmosphäre:
Steven zeigte sich in der Situation sehr aufgeschlossen, so dass auch unmittelbar begonnen werden konnte. Während der Bearbeitung des Komplexbildes ging er wiederholt auch auf im Raum stehende Gegenstände ein und ließ sich auch von anderen Gegebenheiten sehr leicht ablenken. Zwischendrin wirkte er müde und abgespannt.

Sachwissen:
Die Teile „Rasenmäher“ und „Seifenblasen“ beruhen in ihrer inadäquaten Umsetzung zum Großteil auf sein Sachwissen. Bereits angedeutet wurde sein starkes Interesse an technischen Dingen. Zum einen war er wohl der Überzeugung, dass Seifenblasen „so“, also als Kette herausgepustet werden, zum anderen lag sein Verständnis scheinbar beim Rasenmäher darin begründet, aus dem Rasenmäher komme doch sehr viel mehr raus.

Mimik und Gestik:
Bei der Bearbeitung des Bildes waren während der gesamten Zeit starke Mitbewegungen von Mund und Gesicht zu beobachten bis hin zu ständigen Bewegungen der Beine. Sein Blick kann als recht ernst bezeichnet werden. Neben häufigem Drehen des Blattes war auch ein etwas auffälliges Drehen und Kippen des Kopfes zu registrieren.

Stifthaltung:
Der Griff ließ sich durch den Wechsel zu einem Dreiecks-Bleistift (Triple) optimieren. Der Tonus der Malhand war sehr hoch, was sich im Bild an dem verhältnismäßig hohen Andruck widerspiegelt.

Numerisches Umsetzen:
Steven kann drei Dinge malerisch wiedergeben. Bei der dualen Reihe ist er noch überfordert.

Optische Wahrnehmungsentwicklung:
Ihm gelingt es, einfache Grundformen zu erkennen. Komplexere Formen bzw. Anordnungen überfordern ihn noch.

Feinmotorische Entwicklung:
Die ungelenke, oft eckige Ausführung der Grundformen deuten auf eine für sein Alter stark auffällige feinmotorische Entwicklung hin.

Ergänzende Beobachtungen:
Bei der Benennung einzelner Elemente fiel eine leichte Beeinträchtigung der Sprache auf. Des weiteren muss sein verunsichertes Selbstbild angeführt werden; mehrmals sagte er, dass er so etwas nicht könne (z.B.

bei eckigen Schleifen am Drachenschwanz). Nur auf ermunterndes Auffordern wurde die Arbeit fortgesetzt.

Zusammenfassung und Ausblick

Stevens graphomotorische Entwicklungsrückstände spiegeln sich in der Ausführung des Komplexbildes wider. Parallel erhobene Ergebnisse im feinmotorischen Bereich testieren eine starke Auffälligkeit. Die Wahrnehmungsdifferenzierungsfähigkeit kann nicht als altergemäß umschrieben werden. *Steven benötigt eine umfassende Entwicklungsförderung.*
Darüber hinaus wurde als ein weiteres Ziel der Beratung die Sensibilisierung für Stevens Lese- und Schreiblernproblematik formuliert. Das allzu oft von den Eltern interpretierte „Nicht wollen" musste im Verständnis in „nicht können aufgrund unzureichender Voraussetzungen" umgewandelt werden. Pures stundenlanges Üben hilft nicht weiter. Eine Gesprächs- und Auswertungsrunde mit Eltern, Lehrerinnen und Beratern bestätigte nicht nur die Notwendigkeit außerschulischer Förderung, sondern auch Handlungsanweisungen für den Umgang mit Steven. Als Voraussetzungen für einer erfolgversprechende Förderung bildeten:

- die positive Akzeptanz,
- die Vermeidung von Überforderung,
- Hilfen für den alltäglichen Umgang.

Um dies erreichen zu können, ist es notwendig, sich mit den Schwierigkeiten, aber auch mit den Stärken vertraut zu machen. Welche Lernsituationen können gelöst, welche nicht adäquat bearbeitet werden? Daneben sind Fragen, welche Erfahrungsräume eröffnet werden müssen von großem Interesse. Kenntnisse über den graphomotorischen Entwicklungsstand sowie individuelle Bedürfnisse des Kindes bilden die tragende Säule einer erfolgreichen Förderung. Diese kann unserer Ansicht nach aber nur gelingen, wenn wir akzeptieren können, dass sich Kinder völlig unterschiedlichen Entwicklungsverläufen mitbringen und dementsprechend individuelle Hilfe benötigen.
Bezogen auf Steven hat unsere Diagnostik gezeigt, dass die Wahrnehmungs- und Bewegungsentwicklung noch so ungenügend ausgebildet ist, dass die Gefahr besteht, die eigene Hand nicht nur negativ zu erheben, sondern dass weitreichende Auswirkungen auf die Gesamtpersönlichkeit zu erwarten sind.
Jene fortwährenden und immer wieder in der Schule zu beobachteten Ablenkungsmanöver sind erste Anzeichen einer Kompensation dieser Entwicklungsrichtung. Um dieser negativen Entwicklung, besonders die Ablehnung mit Papier und Stift zu arbeiten, entgegenzuwirken, scheinen positive „Hand"-Erlebnisse aus dem Werk- und Kunstbereich einen Ansatzpunkt zu bieten. Damit kommen wir seinem Interesse an technischen Dingen entgegen. Ein Beispiel soll unseren Förderansatz verdeutlichen:

Projekt Boot bauen und schwimmen lassen

In diesem fächerübergreifenden Projekt innerhalb des 2. Schuljahrs standen neben Spaß und Freude, Erfahrungen im Umgang mit Wasser und Natur förderrelevante Aspekte zur Graphomotorik, insbesondere der Förderschwerpunkt Handgeschicklichkeit im Vordergrund. Im weiteren Verlauf möchten wir uns auf diese förderrelevanten Aspekte beschränken[58]. Das Projekt lässt sich in die Bereiche „Boot bauen“ und Schwimmenlassen trennen:

Bau des Bootes
Jeder Schüler musste für den Bau des Bootes folgende Aufgaben selbständig bearbeiten:

- Die Form des Bootes auf einer Holzplatte anzeichnen,
- das Holz passend zurechtsägen,
- das Holz feilen oder schmirgeln,
- das Boot zusammennageln und/oder schrauben,
- die Reling mit Nägeln und Faden befestigen,
- Segel ausschneiden und befestigen.

An vielen Stellen lässt sich das handlungs- und erlebnisorientierte Lernen herausstreichen. Jedes Kind musste nicht nur ständig messen und probieren, ob z.B. die Holzstange nun endlich passt, auch das Nacharbeiten und Weiterplanen (wie soll die Aufteilung der Pfosten für die Fahrgastplattform werden?) war wichtiger Bestandteil. Besondere Freude bereitete der bevorstehende Stapellauf des Bootes.

Schwimmenlassen des Bootes
Für diesen Teil lassen sich folgende Erfahrungsfelder beschreiben:

- eine Halteschnur befestigen,
- die Halteschnur auf einen Stock aufrollen,
- das Boot ankern (festknoten),
- das Boot langsam von der einer Brücke zu Wasser lassen (Abrollen),
- das Boot treiben/schwimmen lassen (Abrollen/Aufrollen).

Bei allen Arbeitsgängen fällt auf, dass beide Hände beteiligt sind. Die Haltetätigkeit der einen Hand etwa beim Sägen oder Nageln ist dabei wesentlich differenzierter und vielfältiger als das nur Festhalten eines Blattes Papier. Die Förderung der Handgeschicklichkeit bezieht sich nämlich nicht nur auf die Schreibhand. Drehbewegungen und Pinzettengriff und

---

[58] Im fächerübergreifenden Kontext ließen sich weitere Bezüge zum Deutsch- und Mathematikunterricht herstellen, wie etwa durch die Anfertigung einer Passagier- und Versorgungsliste (wer darf mit und was müsste für die Fahrt eingekauft werden?) oder das Berechnen der Ladekapazität (wieviel Ladung kann das Boot aufnehmen?).

Fingergeschicklichkeit und Kraftdosierung der Nicht-Schreibhand sind genauso wichtiger Förderinhalt. Zudem lassen sich bei dieser Form von Projektarbeit weitere Beobachtungen wie etwa die Zusammenarbeit beider Hände machen. Die Art und Weise der Handlungsplanung gibt uns Aufschlüsse über die Sicherheit, die das Kind von seiner Seitigkeit hat. Weiß das Kind etwa nicht genau, wie es beim Sägen stehen soll? Manchmal wirkt es auf uns so, als laufe das Kind um den heißen Brei herum, dann sind wir geneigt zu sagen, das Kind ist umständlich oder es ist unerfahren. Allzu oft neigen wir dazu zu sagen, das Kind sei umständlich oder es sei unerfahren. Aber es sind doch nicht alle unerfahrenen Kinder umständlich. Wenn wir unsere Beobachtungen anders hinterfragen, – warum macht das Kind es so? – kommen wir zu Fragen wie

- wie nimmt das Kind seine beiden Körperhälften bei sich und der Beziehung zum Raum wahr?
- wie sicher ist das Kind in der Bevorzugung einer Hand?
- bevorzugt es immer **eine** Hand?
  Das Kind erlebt diese förderdiagnostische Situation aber nicht als Testsituation, sondern völlig anders. Es hat mit seinen Händen, die vielleicht noch nicht mal schön schreiben können, etwas eigenhändig hergestellt. Es ist vorzeigbar und es schwimmt....

Fazit:
Dieses Beispiel als fächerübergreifender Unterricht scheint eine geeignete Form für die Auseinandersetzung beider Hände zu sein, um positive Erlebnisse mit den Händen zu erreichen, vor allem dann, wenn wir einen Jungen mit starken Interesse zu technischen Gegenständen erreichen wollen. Für die Förderung der Bereiche Körperkoordination und Wahrnehmung erscheint es uns aber unerlässlich, zusätzliche Psychomotorik einzuleiten, die viele Bereiche der Gesamtpersönlichkeit von Steven ansprechen, um die Entwicklung einer positiven Beziehung zum eigenen Körper zu verstärken.

Konsequenzen für den Lese- und Schreiblernprozess
Der schulische Lese- und Schreiblernprozess darf bei der Förderung nicht außer Acht gelassen werden. Schließlich geht dieser Prozess innerhalb der Klasse weiter. Somit ergibt sich die Notwendigkeit, auch diesen Bereich in die Förderung einzubeziehen und weitreichende Hilfen anzubieten. Als Lernmaterial für die Weiterentwicklung der Grundelemente bieten sich ausgewählte Arbeitsblätter im handlungsorientierten Kontext aus den Konzepten „Spielen, Malen, Schreiben von Schilling (1986) und „Vom Strich zur Schrift“ von Naville (1991) an.
Dem graphomotorischen Entwicklungsstand von Steven entsprechend, erscheint die Beibehaltung der Druckschrift notwendig, um den graphomotorischen komplexen Anforderungen der Schreibschrift zu entgegnen.

Innerhalb von Tages- und Wochenplänen kann hier differenziert weitergearbeitet werden, ohne das „sonderpädagogischbehandelte Kind“ in eine Außenseiterposition zu drängen.
Besondere Bedeutung erfährt der Bereich des schriftsprachlichen Ausdrucks durch den Einsatz von Buchstabenstempeln, Schreibmaschinen oder Computern als Kommunikationsmöglichkeit und Erweiterung der sprachlichen Kompetenz. Die Gestaltstrukturen und Unterschiede einzelner Buchstaben muss für ihre Verinnerlichung über verschiedene Sinneskanäle erfahrbar, gefestigt und umsetzbar gemacht werden. Zwischendurch bieten sich als Förderung für die Hände verformbare Materialien an, wie etwa Knautschbälle, Knete, Matsch, Ton, die auf „gleichen Händedruck“ unterschiedlich reagieren und deshalb verschiedene Anpassungen des Handlings erfordern bzw. ermöglichen.
In Verbindung mit der begleitenden psychomotorischen Maßnahme erscheint die Förderung einer Persönlichkeitsentwicklung, insbesondere des schulischen Werdegangs prognostisch positiv.
Übergeordnetes Ziel unseres Beratungsangebotes ist die Begleitung der beginnenden Fördermaßnahmen in Schule und Verein in Form regelmäßiger Austauschgespräche. Diese orientieren sich an den Fragestellungen:

- Wie entwickelt sich das Kind?
- Reichen die eingeleiteten Maßnahmen aus?
- Welches sind die nächsten Entwicklungs- und Förderschwerpunkte?
- Müssen unter den gegebenen Umständen weitere Fachkräfte miteinbezogen werden?

Literatur

Eggert, D. (1993): DMB – Diagnostisches Inventar motorischer Basiskompetenzen bei lern- und entwicklungsauffälligen Kindern in der Grundschule. Dortmund: Borgmann.

Eggert, D. (1997): Von den Stärken ausgehen... . Dortmund: Borgmann.

Fischer, K. (1988): Rechts – Links – Probleme in Sport und Training. Schorndorf: Hofmann

Fischer, K. (1992): Lateralität und Motorik. In: Motorik, 15, 122-134.

Fischer, K. (1996): Entwicklungstheoretische Perspektiven der Motologie des Kindesalters. Marburg: Habilitationsschrift

Fischer, K./Wendler, M. (1994): Der Schriftspracherwerb und kindliche Entwicklung – Neurowissenschaftliche Grundlagen und praktische Konsequenzen für eine graphomotorische Förderung. In: Kind und Entwicklung, 8, 74-83.

FONSECA, Da V. (1985): Die kindliche Entwicklung aus hierarischer Sicht. In: Motorik, 9, 3-13.

GÜNTHER, H. (1994): Zur Relevanz zentraler Funktionen der auditiven Perzeption hinsichtlich der Sprachwahrnehmung. In: Die Sprachheilarbeit, 39, 352-362.

ISB – Staatsinstitut für Schulpädagogik und Bildungsforschung (1991): Handreichung zur Diagnostik für sonderpädagogische Diagnose- und Förderklassen. In: München: Selbstverlag.

MAI, N. (1991): Warum wird Kindern das Schreiben schwer gemacht? Zur Analyse der Schreibbewegungen. In: Psychologische Rundschau, 42, 12-18.

NAVILLE, S. (1991): Vom Strich zur Schrift. Dortmund: Modernes Lernen.

SCHILLING, F., (1986): Spielen, Malen, Schreiben. Dortmund: Modernes Lernen.

SEIFFERT, E.. (1996): Was haben eigentlich die 3 und das E mit dem Grundschulsport zu tun? In: Sportpädagogik, 20, 62-66.

SEIFFERT, E./WENDLER, M. (1995): Kinder mit Lese- und Schreiblernschwierigkeiten: Zum Einsatz eines graphomotorischen Komplexbildes im Rahmen eines schulischen Beratungsangebotes. In: Motorik, 18, 86-96.

3.2 Psychomotorik in der Schule oder Unterricht „inklusive Bewegung"?

Manfred Höhne

Das Schulleben ist geprägt von intensiven Weiterentwicklungen in Bereichen der Unterrichtsgestaltung, Lernentwicklungsförderung oder Qualitätsentwicklung und deren Sicherung. Die Einbindung aller Schüler in den Lernprozess als ein pädagogisches Ziel der Schule verlangt Unterrichts- und Schulkonzepte, die den unterschiedlichen Lernwegen und Besonderheiten jeder Schülerin und jedes Schülers Rechnung tragen und gleichzeitig schulische Standards berücksichtigen.
Die Ergebnisse kultur- und länderübergreifender Studien zur Effektivität des Unterrichts und seine Auswirkungen auf schülerbezogene Kompetenzen (PISA und IGLU- Studien) werden – neben übergeordneten bildungspolitischen Fragen- besonders die Diskussionen über einen veränderten Unterricht in einer veränderten Kindheit in den Mittelpunkt stellen müssen.
Der Umgang mit Heterogenität – und hieraus abzuleiten die Akzeptanz individueller Lernwege – wird in der Unterrichtsentwicklung zukünftig eine vordringliche und noch bedeutendere Rolle spielen.

Um es vorweg zu sagen: wenn Unterrichtsentwicklung – auch hinsichtlich der Einbindung der Psychomotorik in den Schulalltag – thematisiert wird, geht es nicht um mehr Geld für zusätzliche Lehrer, um grundsätzlich kleinere Klassenfrequenzen oder bessere Rahmenbedingungen als unabdingbare Voraussetzungen für „besseren" Unterricht! Eine diesbezügliche Diskussion kann geführt werden; sie ist regional unterschiedlich auch sicherlich notwendig, behandelt aber nicht den Kern möglicher Umgestaltungsprozesse in der Schule. Eine derartige Diskussion beinhaltet eher die Gefahr, primär „äußere" Bedingungen für die Wirkung schulischer Arbeit verantwortlich zu machen. Räumlich- sächliche und personelle Rahmenbedingungen werden vorgegeben und inhaltliche Standards sind durch curriculare Festschreibungen sicherzustellen. Die Qualitätsentwicklung von Unterricht und schulischer Angebote finden ihren Ursprung aber in erster Linie durch schulinterne Auseinandersetzungen mit didaktischen Fragestellungen, die sich am pädagogischen Konzept und an einem standortbezogenem Leitbild der einzelnen Schule orientieren werden.

Wie geht es den Kindern eigentlich in der Schule?

Immer stärker berichten Kolleginnen und Kollegen von Kindern, die offensichtlich ein von der Norm mehr oder minder stark abweichendes Entwicklungs- und Lernverhalten zeigen. Sie scheinen komplexere Sachzusammenhänge nicht zu verstehen, zeigen sich motorisch sehr aktiv, können nur schwer eine gestellte Aufgabe ohne Unterbrechungen zu Ende führen oder sind schnell erregbar und unkonzentriert.
Ist es für den Lern- und Entwicklungsprozess förderlich, mit Beginn des (flexiblen) Schuleintritts viele Stunden still zu sitzen, um dann die gewünschte Leistung zu erbringen?
Natürlich entspricht ein „Stillsitzen" heute nicht mehr dem Bild der Schule! Unterricht und Schulleben gestalten sich aktiv, mit Kreativangeboten und einer Vielfalt methodischer Umsetzungen für gemeinsames Erkunden und Entdecken der unterschiedlichen Lerninhalte. Es werden didaktische Entscheidungen getroffen, die – je nach persönlichem Schwerpunkt des Lehrers – die Art und Weise des Unterrichts entscheidend gestalten – immer mit dem Ziel einer größtmöglichen Gesamtförderung des Kindes zu erreichen.
Für diesen Anspruch, die (Lern)Welt zu erkunden, sie selbstständig zu erproben und gemeinsam mit Lehrern und Mitschülern Rückschlüsse zu ziehen, bedarf es individueller Voraussetzungen bei den Schülerinnen und Schülern.
Und hier taucht dann in den zurückliegenden Jahren immer mehr die Psychomotorik auf – verstärkt im Primarbereich und der sonderpädagogischen Förderung, weniger in der Sekundarstufe I oder II der allgemeinen Schule.

Was soll oder kann die Psychomotorik in Schule leisten?

In der psychomotorischen Arbeit wird die Wahrnehmung und Bewegung des Schülers durch Außenimpulse immer wieder damit konfrontiert, für eine (Lern-)Situation eine individuell passende Antwort zu entwickeln. Dieses geschieht zunächst in den drei großen Lernbereichen zur Körper-, Material- und Sozialerfahrung. In diesen Situationen findet eine Auseinandersetzung des Schülers mit entwicklungsadäquaten Angeboten zum Aufbau seiner Ich-, Sach- und Sozialkompetenz statt.

Die Psychomotorik regt den Schüler an, sich handelnd seine Umwelt zu erschließen, um – entsprechend seiner individuellen Möglichkeiten – auf sie einwirken zu können.

Hierzu bedarf es persönlicher Kompetenzen und Grundlagen – bei Schülerinnen und Schülern und Lehrerinnen und Lehrern.

Orientiert man sich zunächst nur an den Aussagen der Schulärztinnen und -ärzte zum motorischen Entwicklungsstand anlässlich der Einschulungsuntersuchungen (ohne die Kinder, die bereits in Frühfördereinrichtungen betreut werden, Jahresgesundheitsbericht!) wird ein entscheidender Bereich schulischer Eingangsvoraussetzung sichtbar: unzureichende grundlegende Wahrnehmungs- und Bewegungserfahrungen!

Ca. 11 % aller eingeschulter Kinder zeigen erhebliche Bewegungsauffälligkeiten dahingehend, dass sie entwicklungsbezogene Bewegungsabläufe nur sehr unpräzise und nicht zielgenau einsetzen können. Diese individuellen motorischen (und somit auch wahrnehmungsbezogenen) Lerneingangsvoraussetzungen haben eine – leider viel zu häufig unterschätzte – enorme Schulrelevanz. Durch eine angepasste „Alltagmotorik" können die Kinder ihre Bewegungsantwort noch derart kompensieren, dass viele der heutigen Bewegungsspiele und -angebote in der Grobkoordination möglich sind und durchgeführt werden können. Die Auswirkungen der festgestellten Bewegungsbeeinträchtigungen hinsichtlich differenzierter Anforderungen an Raum-Lage- Beziehungen, an die Graphomotorik, an die Entwicklung der Sprach- und Lesekompetenz, mathematischer Grundlagen oder an Konzentrationsleistungen sind in der Schule und im Unterricht derzeit jedoch unübersehbar!

Individuell eingeschränkte oder beeinträchtigte Bewegungserfahrungen von Schülerinnen und Schülern zeigen Wirkungen sowohl in primär kognitiven Bereichen (den traditionellen Unterrichtsfächern oder – übergeordnet – im Bereich der Handlungskompetenz) und sehr stark auch in psychisch-emotionalen und sozialen Entwicklungsbereichen dieser Lebensspanne.

Die bundesweite Zunahme von Schülerinnen und Schüler mit Anspruch auf sonderpädagogische Förderung (durch Pädagogen mit verbindlichen Verfahren festgestellt!) – vornehmlich in den Förderbedarfen Lernen, Emotionale und Soziale Entwicklung und Sprache – belegt eindrucksvoll, dass

– nach Einschätzung der Lehrerinnen und Lehrer aller Schulformen – eine Vielzahl an Kindern aktuell ein Entwicklungs- und Lernverhalten zeigt, das scheinbar mit den schulisch vorausgesetzten „Entwicklungsnormen" nicht in Einklang zu bringen ist.

Eine veränderte Situation heutiger Kindheit, die offensichtlich den Erwerb körpernaher Erfahrungen immer schwieriger werden lässt, konfrontiert Schule zunehmend mit der Aufgabe, unterschiedliche Voraussetzungen für Lernprozesse über Wahrnehmung und Bewegung zu ermöglichen – den Schülern die Möglichkeiten zu eröffnen, „neu" zu erfahren. An dieser Stelle erhält die Psychomotorik eine grundlegende Bedeutung in der Unterstützung schulischer Intentionen.
Schule ist somit aufgefordert, ihren Lernort mit entsprechend verlässlichen und nachhaltigen Angeboten zu erweitern, um diesen Bedingungen gerecht zu werden. Sich dieser Verantwortung bewusst, leitet sie auf Grund der Analyse der Gegebenheiten bereits frühzeitig Präventivmaßnahmen durch „Bewegungslernen" ein und realisiert Lernen in und mit Bewegung auch zum Aufbau kognitiver Strukturen.

Geschieht dieses nicht oder nur unzureichend, besteht die Gefahr, dass sehr frühzeitig ein Prozess von „Auffälligkeitsbeschreibungen" und daraus ableitend eine vorschneller Aussonderung von Schülerinnen und Schülern geschieht, die über mangelhafte motorische Grunderfahrungen verfügen und aus diesem Kontext heraus sichtbare Entwicklungs- oder Lernverzögerungen zeigen.

Gilt es doch spätestens hier, zumindest für diese Schülerinnen und Schüler die inhaltliche Notwendigkeit der Entwicklungsförderung über Psychomotorik sicherzustellen und schulorganisatorisch umzusetzen. Ausgehend vom individuellen Bedarf des Kindes handelt es sich dabei – unter Berücksichtigung der verschiedenen Schulformen – um präventive, interventive oder rehabilitative Maßnahmen. Zu deren Sicherstellung werden zukünftig vermehrt Mitarbeiterinnen und Mitarbeiter mit unterschiedlichen professionellen Fort- und Ausbildungen benötigt.

Welchen Beitrag leistet die Psychomotorik in dieser Situation?
Psychomotorik ist nicht das „Allheilmittel" in der schulischen Entwicklungsförderung, das sogar noch zwangsläufigen Erfolg sichert, nur weil sie eine ganzheitliche Förderung über Wahrnehmung/ Bewegung für sich in Anspruch nimmt!
Psychomotorik ist auch keine Methode, sondern Lernen in und über Bewegung kennzeichnet das Prinzip der Psychomotorik.
Die Schülerin oder der Schüler erweitern durch vielfältige Variationen von Wahrnehmungs- oder Bewegungsgrundmustern ihr Handlungsrepertoire. Dabei erfahren sie, diese Grundmuster in unterschiedlichen Bedingungen situativ und ihren Fähigkeiten entsprechend passend einzusetzen. Eine

so entstandene Handlungsfähigkeit ermöglicht zunehmend Problemlöseverhalten auf der Grundlage eben dieser vielfältigen Variationen motorischer Grundmuster.
Der hierbei entstehende Dialog zwischen dem Kind und der materialen und sozialen Umwelt ist aktiv und erkundend. Individuelle Lösungen des Kindes werden Grundlage für seine subjektive Wertung und Bedeutung der von ihm konstruierten Wirklichkeit.
Wahrnehmung und Bewegung – verstanden als ein eigenständiges System – wird durch „Außenimpulse“ (Variationen) immer wieder neu damit konfrontiert, für eine Situation oder Aufgabe eine individuell passende Handlung zu geben.
Methoden allgemeiner Unterrichtslehre werden einbezogen, ein besonderer Schwerpunkt ist aber der unmittelbare Bezug zum körpernahem Lernen.

Wahrnehmungs- und Bewegungserfahrungen bilden somit **eine** entscheidende Grundlage für die Lernentwicklung.
Sind diese Erfahrungen verzögert oder beeinträchtigt, begründen sie psychomotorische Förderung in der Schule und werden Ausgangspunkt für den Aufbau des Körperkonzepts auf unterschiedlichen Ebenen. Im Bewegungshandeln erlebt das Kind sich selbst in Auseinandersetzung mit materialen und sozialen Bedingungen. In Zusammenhang mit motorischen Beeinträchtigungen stehende Erlebnisse (Gefühle, Haltungen, Unsicherheiten, Belastungen oder Ängste) werden in der psychomotorischen Förderung aufgearbeitet. Auf dem Hintergrund des eigenen Könnens werden Handlungsstrategien aufgebaut, damit sich – im günstigen Fall – das Selbstkonzept der Schülerinnen und Schüler positiv entwickelt. Somit ist Psychomotorik – verstanden als ein Zusammenspiel von Wahrnehmen und Bewegen – sowohl Lerngegenstand als auch Medium des Unterrichts.

Motorische, sensorische, kognitive und emotionale Prozesse bilden als Ganzheit hierbei gemeinsam Möglichkeiten zur Welterschließung. Die Psychomotorik mit ihrem Ansatz der Entwicklungsförderung über Wahrnehmung und Bewegung führt durch Angebote aus diesem Bereich oftmals zu Veränderungen der Ganzheit.
Daher wird sich die Psychomotorik nicht ausschließlich auf die „bewegte Pausengestaltung“ oder auf Teilbereiche des Sportunterrichts beschränken dürfen, sondern muss sich auf eine Vielzahl von Unterrichtsbereichen erstrecken.
Wahrnehmung und Bewegung wird selbst zum Lerngegenstand und rückt – je nach Fragestellung – zeitweise in das Zentrum unterrichtlicher Bemühungen. Weitergehend dient die Psychomotorik über Wahrnehmung und Bewegung zur Ausbildung von abstrakten Strukturen durch konkrete Handlungen im Lernprozess. Psychomotorik in Verbindung mit einem

Schul- bzw. Unterrichtsfach bedeutet ein inhaltlich verknüpftes Lernen in und mit Bewegung zur Ausbildung abstrakter und übertragbarer Denkmuster. So werden z.B. mathematische Sachverhalte durch Bewegungsaufgaben verinnerlicht; Wahrnehmung und Bewegung erhält hierbei eine ermittelnde und explorative Aufgabe.

In einem Gesamtkonzept „Psychomotorik in der Schule" sind unterschiedliche Einbindungen der Psychomotorik in den Schulalltag möglich:

- spezielle Stunden für psychomotorische Förderung durch festgelegte Anteile in der Stundentafel der Schule
- themenspezifische Angebote im Sportunterricht
- Wahrnehmung und Bewegung als integratives Lernprinzip in den Unterrichtsfächern
- Psychomotorische Angebote für die Pausengestaltung

Über die Gestaltung einer bewegungsanregenden Umgebung der Schule hinaus ist psychomotorischer Unterricht ein absichtsvolles und strukturiertes Geschehen, das hinsichtlich seiner Dynamik und inhaltlichen Gestaltung von allen am Unterrichtsprozess Beteiligten mit bestimmt wird. Das Ziel der Psychomotorik, über Wahrnehmung und Bewegung möglichst zahlreiche Handlungsräume und -strukturen körpernah zu erproben und übertragbar anwenden zu können, verlangt Grundkompetenzen der Lehrerin oder des Lehrers in diesem Bereich. Es wird dabei immer um die Anwendung und die Vernetzung zwischen Inhalten der **Körper-, Sach- und Sozialkompetenz** gehen. Innerhalb dieser „psychomotorischen Ausgangsebenen" wird jeder Schüler Möglichkeiten erhalten, seine individuellen Körpererfahrungen mit Bewegungs- und Gefühlserleben in unterschiedlichen Raum- und Zeitdimensionen zu machen. Dabei ist eine Bewegungsleistung des Schülers nicht von seiner geistigen, emotionalen oder sinnlichen Ebene zu trennen.
Darauf aufbauend gilt es den Schülerinnen und den Schülern über Psychomotorik in weiteren unterschiedlichen Kompetenzfeldern grundlegende Angebote zu ermöglichen. Exemplarisch werden drei Kompetenzfelder kurz skizziert:

Kreativität entwickeln
Kreatives Handeln resultiert aus den Strukturen und Elementen, die den individuellen Erfahrungen entsprechen. Psychomotorik in der Schule schafft durch gezielte und anregende Wahrnehmungs- und Bewegungsangebote Möglichkeiten des experimentellen Ausprobierens und der Übertragung erprobter Handlungsmuster auf neue Situationen. Dadurch wird die Bereitschaft des Schülers, sich darzustellen und eigene Berührungsängste zu überwinden positiv unterstützt.
Schattenspiel und Schwarzlicht, Rollenspiel oder Ausdruckstheater sind nur einige Möglichkeiten der Anwendung, das Potenzial der Schüler zum

Aufbau ihrer Kreativität zu nutzen und erlebnisorientiert sichtbar zu machen.

Mit den eigenen Fähigkeiten umgehen können

Im Schulalltag werden Schülerinnen und Schüler täglich mit ihren Fähigkeiten und Fertigkeiten, also auch mit ihren individuellen Besonderheiten und motorischen Beeinträchtigungen konfrontiert. Die pädagogische Perspektive in der Psychomotorik ist nicht die Beseitigung einer Beeinträchtigung oder Störung. Die in heterogenen Gruppen durchgeführten Maßnahmen geben Gestaltungsmöglichkeiten für das Erkunden von Fähigkeiten und eigenen Lösungen des Schülers. Hierbei werden die Unterschiede und die Verschiedenheit der individuell passenden Antworten für alle Beteiligten sichtbar. Schülerinnen und Schüler lernen in der Psychomotorik mit schulischen und persönlichen Anforderungen und Belastungen angemessen umzugehen und vorhandene Handlungsmuster variabel einzusetzen.

Sich Einschätzen und etwas wagen

Psychomotorische Förderung ermöglicht den Schülerinnen und Schülern über Bewegungsangebote verantwortungsvoll in Risiko- und Wagnissituationen angemessen zu agieren. Dabei müssen Grenzerfahrungen möglich sein, die zunehmend eine realistische Selbsteinschätzung der eigenen Möglichkeiten sowie der Grenzen bewirken. Die methodischen Prinzipien der Situationsoffenheit und das Problemlöseverhalten durch Variationen individueller Wahrnehmungs- und Bewegungsmuster ermöglichen Hemmschwellen und (Bewegungs-)Ängste zu überwinden und sind wichtiger Baustein im Aufbau des Selbstwertes und der Identitätsentwicklung des Schülers.

Elementare Erfahrungen und gezielter Umgang in den Bereichen der Wahrnehmung, der Grob- und Feinmotorik und eine Vielzahl an Körper-, Material- oder Sozialerfahrungen stellen Grundlagen für Basisqualifikationen – wie Spielfähigkeit, Handlungsplanung; Konzentrationsfähigkeit oder Arbeitshaltung und Motivation – dar.

Psychomotorik in der Schule bietet in diesem Zusammenhang eine Möglichkeit grundlegender Lern- und Entwicklungsförderung, in der Schülerinnen und Schüler immer in Auseinandersetzung mit personaler und materialer Umwelt zunehmend Basisqualifikationen erwerben und dabei ihr Selbstkonzept entwickeln. Darüber hinaus bezieht die Psychomotorik als Lernprinzip im Unterricht vielsinnig und ganzheitlich den gesamten Körper und die Bewegungsmöglichkeiten des Schülers in das Lernen kognitiver Inhalte mit ein.

Die Beiträge in diesem Buch zeigen die unterschiedlichen Dimensionen der psychomotorischen Entwicklungsförderung und die fächerübergreifende Bedeutung der Bewegung als Unterrichtsprinzip im Bereich schulischer Förderung.

Eine für die Schülerinnen und Schüler nachhaltig wirkungsvolle psychomotorische Lern- und Entwicklungsförderung in Schule und Unterricht erfordert neben Fachkompetenz verlässliche Formen der Kooperation aller Beteiligten. Diese ist dialogisch im Sinne systemischer Beratung und dient der Weiterentwicklung inhaltlicher und organisatorischer Bedingungen.

Nach diesen grundlegenden Aussagen zur Psychomotorik in der Schule wird in den folgenden Kapiteln praxisnah dargestellt, wie die Psychomotorik als Unterrichtsprinzip oder als konkrete Maßnahme in der Schule für Körperbehinderte, für Geistigbehinderte, für Sprachbehinderte, sowie in der Schule für Erziehungshilfe und als methodisches Prinzip der Unterrichtsgestaltung entfaltet werden kann.

Literatur

Balgo,R./Voß, R. (1995): Kinder, die sich auffällig zeigen. Die systemisch-konstruktivistische Wende in der Psychomotorik. In: Kiphard, E.J., Olbrich, 1. (Hrsg.). Psychomotorik und Familie. Dortmund

Balgo, R./Höhne, M. (1997): Die Konstruktion von Wirklichkeiten durch die Einheit von Wahrnehmung und Bewegung. In: Landesinstitut für Schule und Weiterbildung. Bönen

Foerster, H. von (1987): Entdecken oder Erfinden – Wie lässt sich Verstehen verstehen? In: Rotthaus, W. (Hrsg.): Erziehung und Therapie in systemischer Sicht. verlag modernes lernen, S. 22-58 Dortmund

Eggert, D./Lütje-Klose, B.(1991): Psychomotorik in der (Sonder-)Schule? Empirische Studien zu den Grenzen eines Förderkonzepts. In: Praxis der Psychomotorik 16, 3, 156-168

Eggert, D. (1997): Von den Stärken ausgehen ... Dortmund: borgmann

Fischer, K. (2000): Psychomotorik und Entwicklung: Metatheoretische Perspektiven. In: Motorik 23, 1,22-26

Fischer, K. (2001): Einführung in die Psychomotorik, München, Basel: Reinhardt

Hölter, G. (1995): Motopädagogik – Modell für eine allgemeine Bewegungserziehung oder paramedizinische Spezialdisziplin? In: Praxis der Psychomotorik 20, 4, 186-193

Hölter, G. (1998): Entwicklungslinien der Psychomotorik im deutschsprachigen Raum. In: Motorik 21, 2, 43-49

Irmischer, T./Fischer, K. (1993): Psychomotorik in der Entwicklung. Schorndorf: Hofmann

Rogers, C. (1988): Lernen in Freiheit. Zur inneren Reform von Schule und Universität. Frankfurt/M.: Fischer

Rumpf, H. / Kranich, E.M. (2000): Welche Art von Wissen braucht der Lehrer? Stuttgart: Klett-Cotta.

Schilling, F. (1990): Das Konzept der Psychomotorik – Entwicklung, wissenschaftliche Analysen, Perspektiven. In: G. Huber/H. Rieder / G. Neuhäuser (Hrsg.): Psychomotorik in Therapie und Pädagogik. Dortmund: verlag modernes lernen (S. 57-77)

3.2.1 Psychomotorik in der Schule für Körperbehinderte

Helmut Köckenberger

Veränderung findet statt, wenn jemand wird, was er ist, nicht
wenn er versucht zu werden, was er nicht ist.
Der Mensch ist sehr stark, wenn er nur ist, was er ist.
(Autor unbekannt)

Nach der Darstellung der Begrifflichkeiten werden wir uns zwei Hauptansätzen in der Körperbehindertenschule zuwenden, weitere wichtige Aspekte für ein besseres Verstehen beleuchten, um damit und anhand psychomotorischer Themen die verschiedenen Möglichkeiten der Psychomotorik in der Praxis aufzuzeigen.

I. Definitionen
Die Begriffsdefinition von „Behinderung“ kann unter verschiedenen Gesichtspunkten betrachtet werden

Wer ist normal?
Als erstes trägt die Definition der Behinderung einen Vergleich in sich, den Vergleich mit der Norm. Behinderung kann allgemein als „jede Beeinträchtigung“ gesehen werden, „die das geschädigte Individuum erfährt, wenn man es mit einem nicht geschädigten Individuum des gleichen Alters, Geschlechts und gleichem kulturellen Hintergrund vergleicht“ (Bärsch 1973 in: Hensle, 1979, S. 17). Schädigung ist jede Abweichung von der Norm. Knop (1988), selbst körperbehindert, berichtet z.B. „dass für ihn im Kindesalter seine Körperlichkeit ‚normal‘ war. Dass sie anders ist als die Körperlichkeit der anderen Menschen, wurde ihm erst bewusst, als er durch Verwandte, Bekannte und Freunde darauf aufmerksam gemacht wurde, dass sie ihm körperlich überlegen sind. Erst dieses Bewusstsein machte ihn zum Behinderten“ (in: Bergeest / Hansen, 1999, S. 245).
Jedoch wird nicht nur der Vergleich mit der Norm als Definitionskriterium herangezogen. So gelten nach einer von der Generalversammlung der

Vereinten Nationen 1975 beschlossenen Definition als behindert..." alle Personen, die auf Grund einer angeborenen oder erworbenen Schädigung körperlicher oder geistiger Art nicht in der Lage sind, sich voll oder teilweise aus eigener Kraft wie ein Nichtbehinderter die entsprechende Stellung in Arbeit, Beruf und Gesellschaft zu sichern" (Christiansen-Berndt in: Böckmann 1989, S. 37).
Häufig treten auch Mehrfachbehinderungen auf (Deutscher Bildungsrat 1973, S.32). Man erkennt zunehmend, dass es keine isolierte Behinderung gibt, weil jeder Defekt eine Störung der `somatopsychosozialen Einheit´ zur Folge hat, aus der Verhaltensänderungen und Veränderungen der Persönlichkeitsstruktur resultieren. Störungen müssen immer die Gesamtentwicklung des Kindes betreffen (Gantenbein 1979, S. 81). Auf Grund der Komplexität ist es im einzelnen Fall schwer zu entscheiden, welches als Grundbehinderung oder als sekundäre Behinderung zu gelten hat. Trotzdem existiert immer noch in der Bezeichnung der Körperbehinderung eine Unterscheidung zwischen primären Sinnesschädigungen (Gehörlosigkeit, Blindheit, Beeinträchtigung der Bewegungsfähigkeit oder Sprache usw.) und Sekundärfolgen, die als Reaktionen auf diese Behinderung entstehen. Schwerstbehindert wird als eine Lebenssituation angesehen, „die durch schwerste Entwicklungsbehinderungen in allen Bereichen gekennzeichnet ist" (Fröhlich 1983, S. 210). „Schwerstbehindert nennen wir ein Kind, wenn es absehbar nicht in der Lage sein wird, die vergleichbaren Leistungen eines gesunden Säuglings von sechs Monaten zu erreichen" (ebd.). Schwerstbehinderte Menschen zeigen deutlich eine extreme Hilflosigkeit und bedürfen in allen Lebenslagen der Unterstützung ihrer Mitmenschen.

„Wenn ich meine krummen Hoppelbeine zeige, muss ich wieder stundenlang trainieren, sie zu strecken", klagt das Kaninchen in der Storchenschule.

Etikette?

Zweitens ist der Begriff Behinderung zwar als anerkannter und allgemeiner Terminus zweckgerichtet „zur Verständigung notwendig, um Rehabilitationsmaßnahmen und den Nachteilsausgleich zu organisieren" (für ‚Behinderte' und ‚von Behinderung bedrohte Menschen'; vgl. Schwerbehindertengesetz 1993 und Cloerkes, 1997 in: Bergeest 2000, S. 16).
Allerdings signalisiert diese Benennung eine Dauerhaftigkeit und eine Etikettierung, eine soziale Etikettierung „im Sinne einer negativ bewerteten Abweichung" (Bergeest 2000, S. 15). Körperbehinderten werden z.B. oft „naturwüchsig negative Eigenschaften und verminderte Leistungsfähigkeit" (Bläsig 1987 in: Seifert 1999, S. 84) zugeschrieben, Vorurteile werden beschönigt und Diskriminierungen schneller gerechtfertigt (Seifert 1999). Eine weitere Tatsache ist, dass unter der Etikette „behindert" eine in sich ganz unterschiedliche Gruppe von Menschen einer einzigen Kategorie

zugeordnet werden, obwohl sie nichts Wesentliches gemeinsam haben – zu dieser Kategorie zählen Menschen, die eine körperliche Beeinträchtigung haben (z.B. des Sehens, Hörens, der Sprache oder des Stütz- und Bewegungsapparates), die eine verminderte Intelligenz oder eingeschränkte Emotionalität aufweisen, sowie Menschen mit bestimmten chronischen Erkrankungen.

Der 40-jährige Ludwig lehrt als Universitätsprofessor (mit leichter Kinderlähmung), die 55-jährige Sandra spielt gerne Puzzles (Trisomie 21) und der 20-jährige Heinz liegt seit 16 Jahren auf speziellen Lagerungsbetten und beginnt seit einigen Tagen Kontakt über Lächeln aufzunehmen.

Menschen-bilder?

Dem Verständnisses von Behinderung liegt als dritter Aspekt auch immer das Menschenbild zugrunde, das zu einem Zeitpunkt in einer Gesellschaft existiert. Bis ins 17. Jahrhundert wurden Behinderte nicht als Teil der Gesellschaft anerkannt, sie besaßen kein bedingungsloses (angeborenes) Lebensrecht. Als Hofnarren oder Dorfdeppen, zurückgezogen oder ausgestoßen lebten sie in Lethargie und/oder als Bettler, wenn sie nicht schon als Säugling ausgesetzt oder getötet wurden. Eine Veränderung mit nachhaltigen Auswirkungen hat mit dem Gedankengut der Aufklärung im 18. Jahrhundert begonnen. Das statische Menschenbild, das unveränderbare und angeborene Schwächen proklamierte, und in dem Krankheit oder Behinderung als Strafe Gottes galt, wurde insbesondere in der Erziehung aufgelöst und durch ein beeinflussbares, entwicklungsfähiges und veränderbares Bild des Menschen ersetzt. Erstmals entwickelte sich die Überzeugung, dass z.B. auch Körperbehinderte erwerbsfähig seien, und eine berufliche Eingliederung möglich sei. Die ersten Impulse für eine Körperbehindertenpädagogik wurden zu Beginn des 20. Jahrhunderts gesetzt. Die im Beginn karitativen Beweggründe, den Krüppeln zu helfen – „was noch Anfang des letzten Jahrhunderts als Krüppel genannte wurde, fand nach und nach zur Bezeichnung Körperbehinderung. Erst 1957 wurde in der Kasseler Fassung das Körperbehindertengesetz verabschiedet, das konsequent das Wort Krüppel durch Körperbehinderte ersetzte“ (Hensle 1979, S. 15) – veränderten sich im Laufe der Zeit über gesundheitspolitische Motivationen („Krüppelfürsorgegesetz“) bis hin zu einer „Rehabilitation im Lebenslauf“ (Stadler 1998 in: Bergeest 2000, S. 11) für Menschen mit einer körperlichen Beeinträchtigung oder chronischen Erkrankung.
Der Begriff Behinderung wird in letzter Zeit immer häufiger durch den Begriff des ‚Menschen mit einer Beeinträchtigung‘ ersetzt. Es beschreibt die Beeinträchtigung, die eine Teilhabe am Leben der Gesellschaft wesentlich erschwert. Dadurch soll stärker auf das Vollwertige jedes Menschseins verwiesen werden. Dieses humanistische Menschenbild betont u.a.

Individualität, Gleichberechtigung und Streben aller Menschen nach Selbständigkeit und Zufriedenheit.
Beeinträchtigte Menschen haben inzwischen ihren Platz als Mitglieder unserer Gesellschaft, der durch Gesetzgebung verankert ist. Kosten werden von Krankenkassen und Sozialversicherungen, von Landeswohlfahrtsverbänden und Schulämtern getragen. Inwieweit sie als vollwertige Mitglieder von der Gesellschaft anerkannt sind, ist trotzdem fraglich. Durch unangemessene, ablehnende oder vernachlässigende Reaktionen der Umwelt und durch unterschiedliche Rollenerwartungen (Briefs 1954, Barker 1953 in: Hensle 1979, S.46) kann das Selbstwertgefühl der Menschen mit einer Beeinträchtigung immer noch stark belastet werden.

Wer behindert?

Nicht nur der Behinderte wird zum Vergleich mit der Norm und sozialen Erwartungen herangezogen. Auch der Gesunde, Nicht-Behinderte muss sich, wird er mit Behinderung konfrontiert, mit diesen Themen auseinandersetzen. Wie geht er mit der Andersartigkeit des Mitmenschen um? Welche Reaktionen und Gefühle werden in ihm ausgelöst? Benimmt er sich einem Menschen mit einer Beeinträchtigung gegenüber „normal" oder verspürt er eine gewisse Unsicherheit, ein Ge-hindert-sein? Woher rührt diese Unsicherheit?
Die Bevölkerung fühlt sich unsicher gegenüber Behinderten und geht grundsätzlich lieber auf Distanz. Diese Distanz kann aus ungenügenden Informationen über das Leben und den Umgang mit Behinderten entstehen (Bracken 1976 in: Hensle 1979). Sie kann sich auch aus dem Halo-Effekt entwickeln, bei dem von einer äußeren auf eine generelle Andersartigkeit geschlossen wird. Des weiteren bevorzugt die Gesellschaft normales, rationales und optimales Funktionieren und „stigmatisiert alle, die durch Unvermögen zur konformen Leistung aus dem Arbeits(- bzw. Schul-) verhältnis herausfallen" (Hensle 1979, S.213). Aber auch diskriminierende Verhaltensweisen wie übertriebenes Mitleid, unverhohlenes Anstarren oder Ansprechen, ästhetische Barrieren bis hin zum Ekel (Seywald 1977 in: Hensle 1979), aber auch Schuldgefühle der Gesunden gegenüber dem Behinderten schaffen Hindernisse. Dies erschwert dem Behinderten sich seiner Identität, Qualität und Aktivität gewiss zu werden, er wird so in eine Isolation gedrängt. Körperbehinderte z.B. erleben oft „eine Spannung zwischen Selbst-Wahrnehmung (als ganzheitlich personale Empfindung) und sozialer Erfahrung", die eine „Suche nach innerem Gleichgewicht und Stabilität und die Ablösungsprozesse erschweren" kann (Bergeest 1993 in: Bergeest 2000, S. 178).

Auch betroffene Eltern klagen über Vorurteile und Isolation innerhalb der Gesellschaft. Eine indirekte Folge kann sein, dass das Verhältnis der Eltern zu ihrem behinderten Kind erschwert und negativ beeinflusst wird. Das normale Familienleben leidet unter dem Sonderstatus. Oftmals sind die Eltern überfordert und ihr gesamtes Leben ist nur auf die Förderung ihres Kindes ausgerichtet. Beim Ausbleiben der erwarteten kindlichen Reaktionen sind die Eltern ihrerseits frustriert; ihr Impuls, dem Kind neue Reize zu bieten, wird nicht verstärkt, sondern abgeschwächt. Die Eltern reagieren eventuell auf die normabweichende Entwicklung ihres Kindes normabweichend. Aus verborgenen Schuldgefühle und einer Verunsicherung im Hinblick auf den Wunsch, das ‚Richtige' zu unternehmen, kann überbehütendes Erziehungsverhalten entstehen, das jedoch das Erfahrungsfeldes des Kindes einschränkt. Dagegen bewirkt überfordernde Erziehungshaltung möglicherweise eine Abwehr aller späteren Leistungsanforderungen (Hensle 1979).

> ***Die Eigenart, wenn sie nicht paßt, wird oft als Unart aufgefaßt:*** *Dem Esel ging das Lied der Nachtigall auf die Nerven. Er steckte sich hinter den Wolf und der brachte ein Verbot durch. „Wenn sie wenigstens was Zeitgemäßes singen würde", hatte er erklärt, „aber so ist das ohne Nutzen". Da die Nachtigall nicht mehr singen durfte, wurde sie krank und starb. Da kam es den Tieren so vor, als ob ihnen etwas fehle. „Wir konnten sie nicht verstehen", sagten sie, „was die Nachtigall sang, aber jetzt verstehen wir es: Sie sang sich selbst, und weil sie das nicht mehr durfte, ist sie gestorben". – „Wer konnte das wissen", meinte der Wolf, „ich dachte, sie würde sich umstellen" (Branstner 1995).*

Die Chance der Medizin?

Die Definition der Körperbehinderung nahm ihren Ursprung in der weiter oben erwähnten Veränderung des Menschenbildes während der Zeit der Aufklärung. Für die Umsetzung dieser grundlegenden Veränderung „mussten medizinische und pädagogische Mittel bereitgestellt werden" (Bergeest 2000, S.62). Mit Hilfe der medizinisch-organischen Zuschreibung wurde die Körperbehinderung greif- und behandelbar. Jedoch bezeichnet der Begriff „körperbehindert" (ähnlich wie der allgemeine Begriff „Behinderung") bis heute eine sehr heterogene Gruppe von Menschen, die ein medizinisches Leitmerkmal – die unterschiedlichen Erscheinungsformen und Schweregrade in der Beeinträchtigung des Stütz- und Bewegungsapparates – aufzeigen, bevor „die sich daraus ergebenden Besonderheiten in den psychosozialen Funktionsbereichen" (Seifert 1999, S. 7) angesprochen werden. Die medizinische Diagnostik, Ätiologie, die damit verbundenen Therapiemethoden und Rehabilitationsmöglichkeiten haben einen sehr hohen Stellenwert, da sie als Grundlage für die Rechtfertigung erzieherischer und pädagogischer Zielsetzungen dienen.

Obwohl die motorische Beeinträchtigung auch heute noch als zentrales Kriterium der Definition dient, darf sie jedoch nicht isoliert gesehen werden. Die Verbindung zu den Eigenschaften und Fähigkeiten des Kindes mit einer Beeinträchtigung muss nachdrücklich erwähnt werden. Eine einseitige Sichtweise auf das körperliche und motorischen Handicap birgt die Gefahr, dass sich die Pädagogik den schulmedizinischen Aspekten unterordnet oder anpasst und dadurch sehr funktionell geprägt wird.

Den Körperbehinderungen – insgesamt zwischen 6 % – 8 % eines Geburtenjahrgangs gelten als behindert und 0,3 – 0,5 % als speziell körperbehindert (Hensle 1979, S.25) – können folgenden Formen zugeordnet werden (Staatsinstitut für Schulpädagogik und Bildungsforschung (ISB) 1993):

a. Zerebrale Bewegungsstörungen:
- Infantile Zerepralparesen als abnormer Muskeltonus im Rumpfbereich und/ oder den Extremitäten mit abnormen Haltungsmustern und gestörten, funktionsinadäquaten Bewegungsabläufen durch eine Schädigung des Gehirns *vor* (Rhesusunverträglichkeit), *während* (Asphyxie, Kernikterus) oder kurz *nach* der Geburt (Enzephalitis) – zum Beispiel als Hemiplegie, Diplegie, Tetraplegie, Ataxie, Athetose oder als eine Mischform.
- frühkindliche Gehirnschädigung durch Schädel-Hirn-Trauma meist nach Verkehrsunfällen oder Befall mit bösartigen Tumoren

b. Erkrankungen des Nervensystems:
- Poliomyelitis als spinale Kinderlähmung durch Virusinfektion des Rükkenmarks oder
  Stammhirns.
- Epilepsien als zerebrale Krampfanfälle
- Spina bifida als Querschnittssyndrom mit schlaffen Lähmungen und Sensibilitätsausfällen unterhalb des betroffenen Rückenmarkabschnittes, da sich die Wirbelbögen nicht vollständig um den Rückenmarkskanal geschlossen haben, besonders im Lenden- und Kreuzbeinbereich.

c. Muskelerkrankungen:
- Muskelatrophie als stark verminderter Aufbau von Muskulatur
- progressive Muskeldystrophie, die zum Schwund der quergestreiften Muskulatur führt. Beide Formen sind erblich bedingt. Die Kinder, die von der Sonderform Duchenne betroffen sind, sterben meist bis zum 20. Lebensjahr.

d. Chronische Krankheiten und Funktionsstörungen von Organen

e. Erkrankungen und Fehlbildungen des Skelettsystems
- Dysmelien als Gliedmaßenfehlbildung.

– Glasknochenerkrankung bei sehr porösen und brüchigen Knochen

f. Traumatische Verletzungen oder Amputationen von einzelnen Körpergliedmaßen nach Unfall

g. Teilleistungsstörungen als Wahrnehmungsprobleme, grob- und feinmotorische Koordinationsstörungen oder stark auffällige Hyperaktivität mit deutlich sichtbaren neurologischen Anzeichen

Und sekundär?

Es können auch weitere Probleme beobachtet werden.

Durch eine spastisch gestörte Motorik kann das Kind weitaus weniger seine Umwelt erfahren. Es muss seine Wahrnehmungstätigkeit und Intelligenzerfahrung von konkreten Handlungen loslösen und auf dem Weg der Verinnerlichung dieser Handlungen ermöglichen (vgl. Piaget). Da sich Wahrnehmungstätigkeit und intelligentes Verhalten aus dem gleichen aktiven Handeln des Kindes heraus entwickeln und in immerwährenden Wechselbeziehungen gegenseitig beeinflussen (Jetter in: Schönberger 1977), werden kognitive Lernprozesse als hierarchischer Aufbau von Wahrnehmungs- und Intelligenzleistungen gehemmt. Dies kann bei 75 % der zerebralparetischen Kindern zur intellektuellen Leistungsreduktion führen (Schmidt in: Hensle, 1979 S. 177).

Genauso werden den körperbehinderten Kindern oftmals pauschal eine Vielzahl von Gefühlen zugeschrieben. Sie seien verbittert, unzufrieden, empfindlich, unsicher, leidend, neidisch auf Nichtbehinderte, sich minderwertigfühlend, seelisch gehemmt, frustriert, aggressiv, sozial isoliert, resigniert oder mit starkem Bedürfnis nach Aufmerksamkeit, ehrgeizig, depressiv oder regressiv. Außerdem passiv, antriebs- und interesselos, Leistungsanforderungen ausweichend, emotional instabil und beeinflussbar (Esser, Jansen, Tönnies, Adler, Dollard in: Hensle 1979, S. 45-50).

Der Aufbau sozialer Interaktionen wird erschwert durch eine schwierige Geburt, die schnelle und längere Trennung von der Mutter, durch klinisch stationäre Behandlungen und Klinikaufenthalte – es kann die starke Mutter-Kind-Bindung, Beziehung und Geborgenheit fehlen, die liebevolle Zuwendung und der tatsächliche Körperkontakt. Dadurch können Misstrauen oder anscheinende Gleichgültigkeit entstehen, aber auch Isolierung durch mangelhafte Sprachentwicklung. Auch eine mangelhafte Definition der Gruppenzugehörigkeit kann die Identitätsgewissheit mindern, mangelhafte Definition des Status kann die Qualitätsgewissheit mindern, mangelhafte Definition der Rolle kann die Aktivitätsgewissheit mindern (Schönberger 1977, S. 222).

Von einem anderen Standpunkt aus können den Menschen mit einer Körperbehinderung genau konträre Eigenschaften zugeschrieben werden. Diese Menschen sind energievoll, lebensfroh und lernbereit, empfindsam, sanftmütig, feinfühlig und spüren deutlich zwischenmenschliche Spannun-

gen, sie sind hilfsbereit, gutmütig, ideenreich für eigene Wege, genießerisch, geben nicht sofort auf, sind direkt und klar.
In diesem sensiblen Feld erscheint es zwingend notwendig, tatsächlich nicht pauschal, sondern immer von dem individuellen Kind, seinen Fähigkeiten, Bedürfnissen, Erfahrungen und seiner speziellen Umfeldsituation auszugehen.

II. Körperbehindertenpädagogik

Als behindert im erziehungswissenschaftlichen Sinne gelten alle Kinder, Jugendlichen und Erwachsenen, die in ihrem Leben, im sozialen Verhalten, in der sprachlichen Kommunikation oder in den psychomotorischen Fähigkeiten so weit beeinträchtigt sind, dass ihre Teilhabe am Leben der Gesellschaft wesentlich erschwert ist. Deshalb bedürfen sie besonderer pädagogischer Förderung, der Sonderpädagogik.
In der Sonderpädagogik ist Körperbehinderung ein relativ junger Begriff, denn obwohl Pestalozzi (1746-1827) als „Pionier des heilpädagogischen Denkens“ (Haeberlin 1996a in: Bergeest 2000, S. 62) galt, „der die systematische pädagogische Bildungsarbeit für alle Kinder propagierte“, waren das „Verständnis für körperbehinderte Kinder und das Zutrauen in ihre Bildungsfähigkeit“ (Bergeest 2000, S. 62) noch lange nicht im Bewusstsein der Gesellschaft zu erkennen. Zwischen 1960 und 1975 entstanden die ersten Körperbehindertenschulen.
Die Körperbehindertenpädagogik orientiert sich an den Grundlagen der Allgemeinen Pädagogik, da für körperlich beeinträchtigte Schüler pädagogische Zielsetzungen nicht erheblich anders sein können wie für Nichtbehinderte. Allerdings erfordern die Schwierigkeiten, die im Bezug auf die Lebensgestaltung der Kinder entstehen genauso wie die beeinträchtigten Möglichkeiten des Lernens eine spezifische Weise des Lehrens, um auf einzelnen Problembereiche individuell eingehen zu können. „Sonderschulbedürftig im Sinne der Körperbehindertenpädagogik sind schulbildungsfähige Kinder und Jugendliche, bei denen eine gesundheitlich bedingte Bewegungsbehinderung schädigende Auswirkungen, die im pädagogischen Sinn wesentlich sind, zeigt oder erwarten lässt“ (Sander 1971, S. 96).

Zwei Prinzipien

Heutzutage werden in der Praxis der Körperbehindertenpädagogik zwei eher konträre Ansätze gefunden, wie Kinder mit einer körperlichen Beeinträchtigung unterstützt und gefördert werden können und sollen.

Die 10-jährige Melanie kam letztes Jahr nach Deutschland in eine Körperbehindertenschule. Sie hatte bisher noch keine Therapie oder Förderung erhalten. Ihre Gelenke waren versteift, die Wirbelsäule verkrümmt, sie konnte nur noch mit Mühe sitzen, ein Gehen war unmög-

lich. Sie war antriebsarm, äußerlich passiv und meinte ständig „Ich kann nicht". Keine Freunde, anscheinend keine Lebensfreude.

Der erste – ältere – Ansatz entspricht dem Normalisierungsprinzip. Die äußeren Lebensumstände des körperbehinderten Kindes werden so weit wie möglich an der Norm orientiert. Deshalb ist das Hauptziel die Förderung von formalen Tätigkeiten und Bewegungsabläufen, von Handlungen und Verhalten, die auf Anpassung und Unauffälligkeit zielen. Defizite, die das zu therapierende Kind aufweist, dienen der Orientierung für die Symptombehandlung. Mit Hilfe von funktionellem Training und Übungsbehandlungen wird die weitgehendste Anpassung an die Normalität angestrebt. Der angebliche Integrationsgedanke wird zur Richtschnur: durch bestmögliche Hilfsmittelversorgung, Frühförderung und therapeutische Unterstützung soll eine Eingliederung in das Leben der Nichtbehinderten erreicht werden. Die Andersartigkeit des körperbehinderten Kindes soll weitgehendst normalisiert werden, um so das Kind als vollwertiges Mitglied in die Gesellschaft integrieren zu können. Individuelle Schwierigkeiten sollen durch leistungsorientierte Behandlung behoben werden. Es erscheint als sinnvoll, dass ein Kind, das bisher nur krabbeln konnte, endlich selbständig laufen lernt. „Jede Lösung wird darauf basieren, dass das... beeinträchtigte Kind lernt, sich besser, geschickter, geordneter, leichter zu bewegen" (Heese 1979, S. 14). Der Antrieb zu solch einer Förderung basiert auf der Angst des Erwachsenen, dass das körperbehinderte Kind sich nur entwickelt, wenn es gezielt an seinen Defiziten gefördert wird. Es gilt, keine Zeit zu verlieren und möglichst viele Förder- und Übungssituationen in der Schule und im Alltag unter Einbeziehung der Eltern anzubieten.

Der 8-jährige Michael ist auf einen Rollstuhl angewiesen. Kleine Strekken kann er mühsam mit Hilfe zweier Unterarmstützen gehen. Er erhält seit seiner Geburt intensiv Physiotherapie, um besser laufen zu lernen. Die engagierten Eltern üben mit ihm in jeder freien Minute. In anderen Therapien lernt er reiten, Handgeschicklichkeit, bessere Aussprache und über seine Probleme zu reden. Die Lehrerin ermahnt ihn ständig zum Aufrechtsitzen und gibt ihm spezielle Arbeitsblätter mit nach Hause. Der Urlaub wird in Rehabilitationszentren verbracht. Michael kann selbst in seiner knappen Freizeit nicht spielen. Er hat es nicht gelernt. Er hat nichts zum Lachen. Er hat keine eigenen Ideen. Er hat nur noch das richtige Gehen und normale Schulleistungen im Kopf.

Dagegen betont der zweite Ansatz – nach dem pädagogischen Paradigmenwechsel, auch unter Einfluss der Psychomotorik – die Akzeptanz der individuellen Andersartigkeit, da „nicht der Fall... behandelt und beschult werden" soll, „sondern ein ganz bestimmter Mensch" (Biesalski 1996 in:

Bergeest 2000, S. 15). Der körperbehinderte Schüler hat ein Recht nicht nur auf Veränderung, sondern in erster Linie auf Akzeptanz seiner Individualität und Andersartigkeit, das heißt auch der körperlichen Beeinträchtigungen, er hat ein Recht (wie jeder Mensch!) auf Imperfektheit, ohne ständig allgemeingültige normative Anforderungen genügen, ohne ständige unerreichbare Vergleiche mit einer anscheinenden Norm standhalten zu müssen. Gerade für Kindern mit einer Beeinträchtigung sind das Wissen und das Gefühl der Sicherheit, die durch Akzeptanz entstehen, die Grundlage jeder Entwicklung. „Wie soll ein Kind seinen geschädigten Körper, seine gestörte Bewegungsfähigkeit akzeptieren können, wenn es nicht Akzeptanz von Eltern und Erziehern fühlen und allmählich übernehmen kann?“ (Kunert in: Seifert 1999, S. 27). Saal erkennt, dass es „nicht die Tatsache der Behinderung an sich ist ..., die primär ein tiefgreifendes Minderwertigkeitsgefühl hervorruft, das zerstörend wirkt; vielmehr muss die Reaktion der sozialen Bezugswelt auf eine vorhandene Behinderung als auslösendes Moment betrachtet werden“ (Saal 1992 in: Bergeest 2000, S. 178). Das verlangt nach einer Verhaltensveränderung in der Gesellschaft.
Den Kindern soll die Möglichkeit geboten werden, ein positives und spannungsfreies Selbstkonzept aufzubauen, ihrer Beeinträchtigung innerlich anzunehmen und innerhalb der bestehenden Grenzen und Möglichkeiten ihre Persönlichkeit genauso wie Selbstbewusstsein, Selbstbestimmtheit und Sozialisation zu entwickeln.

Der sehr bewegungshungrige Stefan passt im Unterricht nicht auf. Dafür muss er in der Mittagspause zur Förderung den verpassten Unterrichtsstoff nacharbeiten und erhält manchmal statt der angesetzten Psychomotorik Einzelförderung. Trotzdem wird er immer unruhiger und fällt immer mehr im Klassenlernniveau zurück.

Ein weiterer Anspruch an die Pädagogik ist, die Stärken zu stärken. D.h. gerade bei Kindern mit Auffälligkeiten ist festzustellen, was das Kind kann: welche Fähigkeiten hat das Kind schon entwickelt? Welche positiven Qualitäten hat es aufzuweisen? An welche Begabungen kann angeknüpft und welche können weitergefördert werden? Berndt sieht als „vornehmste Aufgabe der Sonder- und Rehabilitationspädagogen ... die sozial bedingte Ausweitung der Schädigung zu verhindern“ (Berndt in: Seifert 1999, S. 56). Haupt nennt die Abkehr von Symptombehandlung und defizitorientiertem Funktionstraining Kompetenzorientierung. „Die Förderung setzt nicht an der ‚Störung´ an, sondern unterstützt Entwicklungsimpulse und -möglichkeiten des gesamten Entwicklungsbereiches unter der Berücksichtigung wichtiger Voraussetzungen ... Dieses ‚organische´ Vorgehen ist nicht von außen planbar. Es ist ein ständiger Kommunikations- und Interaktionsprozess mit dem Kind; es ist ein Weg, der sich im Gehen erschließt“ (Haupt 1996 in: Bergeest 2000, S. 21).

Körperbehindertenschule

Obwohl in der Körperbehindertenschule die gleichen Theorien der Pädagogik wie in der Regelschule gelten, ist es nicht ratsam, konventionelle Regelpädagogik ohne eventuell notwendige Adaptionen auf den beeinträchtigten Schüler zu übertragen und entstehende Schwierigkeiten mit einem Funktionstraining verhindern zu wollen (Bergeest in: Bergeest / Hansen 1999, S. 194). Eine Schule für Körperbehinderte darf nicht zu einer Sammelstelle für behinderte Kinder werden ohne ein spezielles Angebot, sondern sie muss „höchst individuell arbeiten..., um trotz der Vielfalt der Schädigungen und Störungen im motorischen und sensorischen Bereich individuelle mögliche Lern- und Bildungsziele zu erreichen" (Kunert in: Seifert 1999, S.44). Individuelle Förderung ist unablässlich, da „alles... im Kind quantitativ und qualitativ unterschiedlich angelegt" (Kunert in: Seifert 1999, S.32) ist. Um das gesunde Mittelmaß zwischen Normalität und Sonderbeschulung zu finden, führt Bednarz die Faustregel von Hausmann an: „Nur soviel Besonderung, Spezialisierung, Differenzierung und Arbeitsteilung wie für Behinderte unbedingt nötig, und soviel Generalisierung, Verbindung zum Allgemein- und Normalpädagogischen, soviel Koordination, Kooperation und Integration innerhalb des Erziehungs- und Bildungswesens wie möglich" (Bednarz in: Wolfgart 1971, S. 42).

Eine große Chance für eine ganzheitliche Förderung in Körperbehindertenschulen – aber auch eine Gefahr der Überfütterung mit pädagogischen und therapeutischen Inhalten – liegt darin, dass sich dieser Teilbereich der Pädagogik zu einem interdisziplinären Arbeitsfeld entwickelt hat, indem sich in der Körperbehindertenschule die medizinische Diagnostik und Behandlung mit den Ansätzen aus der Sonderpädagogik treffen. Heutzutage arbeiten in den verschiedenen Institutionen und speziellen Fördereinrichtungen viele unterschiedliche Professionen – Sonderschulpädagogen, Fachlehrer, Heilpädagogen, Mediziner, Psychologen, Physiotherapeuten, Ergotherapeuten, Logopäden und andere – eng zusammen. Alle Mitarbeiter handeln nach einem gemeinsam entwickelten Erziehungskonzept. Außerdem werden auch die Familie und das soziale Umfeld in das Erziehungskonzept miteinbezogen.
Aus Sicht des körperbehinderten Schülers ermöglicht die Körperbehindertenschule ferner eine Auseinandersetzung mit Fragen der eigenen Behinderung und mit der Welt. Er erlebt das Zusammentreffen mit Altersgenossen und die Gemeinschaft mit anderen körperbehinderten Mitschülern. Die wahrgenommene Breite der möglichen Behinderungen kann ihm zu einer angemessenen Selbsteinschätzung verhelfen.

Förderziele

Grundsätzlich gilt: individuelle Förderpläne für jeden einzelnen Schüler werden interdisziplinär erstellt und beruhen auf einer kontinuierlichen und unterrichtsbegleitenden Diagnostik. Förderpläne stellen einerseits eine

unentbehrliche Grundlage in der Erziehung und Bildung dar und unterstützten, auf Grund der Beteiligung aller zuständigen Fachkräfte, eine einheitliche Ausrichtung im Blick auf das gestellte Förderziel. Andererseits müssen sie im hohen Maße flexibel bleiben und immer wieder neuen Situationen, den Bedürfnissen der Schüler und Veränderungen angepasst werden.
Beim Erstellen der Förderziele ist es ausschlaggebend, welches Menschenbild, welcher Behandlungsansatz dem Team zugrunde liegt. Auch wenn ein pädagogisch-therapeutischer Paradigmenwechsel seit einigen Jahren zumindest theoretisch vorliegt, ist die Umsetzung der neueren Ideen in der Praxis doch noch sehr unscheinbar und zögerlich. Meist ist außer der Unwissenheit, wie diese konkret umgesetzt werden können, vor allem Misstrauen im Spiel, bei zu wenig gezielter Förderung wertvolle Zeit für kindliche Entwicklungsschritte zu vergeuden.

Wird noch nach dem mechanistischem Menschenbild bzw. nach dem Normalisierungsprinzip vorgegangen, sind folgende Förderziele zu erwarten:

körperlich
- Hemmung von pathologischen Muskeltonus und unwillkürlichen Bewegungsmustern, Anbahnung von physiologischen und gezielten Bewegungen
- Erhaltung und Erweiterung der Bewegungsfähigkeit und Raumerfahrung
- Verbesserung der sensorischen Integrationsfähigkeit
- Verbesserung der allgemeinen Leistungsfähigkeit, Ausdauer und Belastbarkeit
- Akzeptanz und Benutzung von Hilfsmittel und operativen Methoden

kognitiv
- Verbesserung von Planung und Durchführung von Handlungen
- Schaffen eines Ausgleichs bei behinderungsspezifischen Nachteilen durch Förderung der Eigenwahrnehmung von Fähigkeiten und Fertigkeiten
- Verbesserung der Transferleistung von theoretischem Wissen auf konkrete Situationen
- Aneignung der Kulturtechniken

sozial
- Verbesserung von Handlungen und Selbständigkeit im sozialen Bezug
- Benutzung technischer Hilfsmittel, die der Kommunikation dienen
- Verbesserung der Fähigkeit, Grundbedürfnisse eindeutig äußern zu können

Diese funktionellen Förderziele werden von den Erwachsenen als optimale Ziele für das Kind gestellt. Sie sind wichtig für eine weitere Entwicklung des Schülers. Dabei kann allerdings das Zusammenspiel verschiedener kindlicher Aspekte genauso wie die selbständige Entwicklung und Selbstverantwortung des Schülers übersehen werden.

Steht die Kompetenzorientierung beim Erstellen der Ziele im Vordergrund, treten die Förderziele einzelner Funktionen an die zweite Stelle. Es werden zuerst ganzheitliche Förderziele als Basis kindlicher Entwicklung genannt, im Wissen, dass durch diese Grundlage erst die Voraussetzung für eine zwanglose aber fundierte selbständige Entwicklung entsteht:

- Stärkung des Selbstbewusstseins, des Selbstvertrauens und der Selbstakzeptanz
- Entfaltung der Persönlichkeit
- Entwicklung von aktivem Teilhaben am Leben, von Neugier und Eigenmotivation
- Förderung der spezifischen Möglichkeiten und individuellen Ressourcen, auch kompensatorischer Fähigkeiten,
- Strategien zur Lebensbewältigung, Handlungs- und Spielkompetenz
- Vermittlung von Erlebnissen, Anregung von Phantasie und Kreativität
- Bei Schwerstbehinderten: Aktivierung von Erlebnisfähigkeit, von Aktion und Reaktion, von Kommunikation, von Emotionen und deren Ausdruck

Um die Belange des Kindes nicht zu vergessen und sich immer wieder der Sinnhaftigkeit der Förderziele bewusst zu werden, verlangt Klafki (1962), dass Lehrer sich immer wieder die Frage stellen, ob sich das, was den Schülern angeboten wird, für die Lebenswirklichkeit der Kinder lohnt, und wo die Bedeutung des Inhalts für die Zukunft des Schülers liegt. In der schulischen Förderung körperbehinderter Kinder spielt das Wecken von Neugier „eine herausgehobene, dauerhafte und gleichzeitig eine äußerst vielschichtige Rolle", um kreative und schöpferische Energien für die weitere Lebensgestaltung freizusetzen (Bergeest 2000, S.230). Statt gezielter Fördermaßnahmen bietet der Erwachsene ´Orientierungshilfe´ an als „Unterstützung eines Menschen bei der Entwicklung seiner Handlungs- und Lebensorientierung" (Kuckhermann in: Bergeest 1999, S.189), d.h. der Schüler wird unterstützt in seiner Wissensansammlung von objektiven Informationen, von subjektiver Interpretation und emotionalem Wohlbefinden, das alles zusammen mit seiner Behinderung integriert wird, und eine Erleichterung beim Erreichen seiner Ziele darstellt. So wird der Erwachsene zum Entwicklungsbegleiter (Fichtner 2000), der hilft, das Verlangen des Schülers nach neuen Entdeckungen und Wissen zu begleiten, damit das Kind die bestmögliche Ausschöpfung seiner Lebensqualität erreichen kann (Bergeest 2000) und zu einem sinnerfüllten Leben befähigt wird.

III. Wichtige Aspekte

Um ein besseres Verständnis für die spezielle Situation der Kinder zu gewinnen, ist es wichtig, einige Bausteine kindlicher Entwicklung wie Sicherheit, Selbstverantwortung, Kreativität, Lernspiel, Motivation und Sensomotorik zu betrachten.

Körperlich?

Der Körper besteht aus Haut und Knochen, aus Muskeln und Sehnen, aus Innereien und Blutgefäßen. Der Körper kann also anatomisch untersucht und funktionell, z.B. als ‚Bewegungsapparat', betrachtet werden. Der Körper ist aber nicht nur ein unpersönlicher Apparat, mit dem wir uns bewegen, sondern er ist das individuelle Ausdrucksmittel unserer Persönlichkeit. Der Körper ist die Voraussetzung für jegliche Art der Erfahrung. Er ist die Grundlage unserer Wahrnehmung, ohne Körper können wir keine Gefühle erleben, wir empfinden weder Enttäuschung und Schmerz noch Freude, Lust oder Spaß. Wir haben keine Möglichkeit, zu lernen. Ohne Körper findet weder eine Orientierung im Raum statt, noch können wir mit der Umwelt in Kontakt treten. Durch unseren speziellen Körper werden wir zu unterschiedlichen Individuen mit unterschiedlichen Möglichkeiten und Fähigkeiten, mit unterschiedlichen Ausprägungen und Vorlieben.

Auch jedes körperbehinderte Kind hat nicht nur einen Körper, der offenkundig nicht ganz der Norm entspricht, einen Bewegungsapparat, der nicht alle Funktionen einwandfrei ausführt, sondern es hat auch eine Leiblichkeit. Es ist sein Körper, es erlebt sich über seinen Körper. Es stellt über seinen Körper Kontakt zu sich, zu anderen oder zur Umwelt her. Und es ist gewohnt, sich und seine Gefühle mit seinem Körper auszudrücken. Es ist gewohnt, mit diesem Körper seine Bedürfnisse zu befriedigen. Jedes seiner Bewegungen und Handlungen hat Sinn und eine tiefere Bedeutung. Emotionale und kognitive Fähigkeiten werden durch Bewegung entwickelt (Kampmeier in: Bergeest 2000), auch mit anscheinend pathologischen Bewegungsmustern.

So wie wir in unserer Individualität gesehen und akzeptiert werden wollen, wollen auch beeinträchtigte Kinder in ihrer Einzigartigkeit erkannt werden. Sie wollen nicht ständig funktionell und anatomisch geteilt und verbessert werden, sondern ganzheitlich angenommen werden. Neben funktionell korrekten (und notwendigen) Bewegungsübungen wollen sie sich auch in ihrer eigenen Art ausdrücken und einen eigen-willigen Kontakt zur Umwelt aufbauen. Sie wollen berührt werden, andere Menschen in anderen Körper spüren.

> *Der schwerstbehinderte Sebastian genießt es genauso wie die bewegungshungrige Annette auf dem Bauch des vertrauten Erwachsenen zu liegen, dessen Atemzüge und Herzschläge zu hören und sich gehalten zu wissen. Einfach so und ganz lange.*

Auch körperbehinderte Kinder haben eine eigene Modalität zu leben, Erfahrungen über ihre Bewegung zu sammeln und sich zu entwickeln.

Wahr-nehmung?

Wahrnehmung ist ein physiopsychischer Prozess, bei dem äußere Reize (Farbe, Geruch, Klang...) und innere Reize (Empfindungen, Stimmungen, Erwartungen, Gedächtnis...) verarbeitet werden. Diese Verarbeitung führt zu einem größtenteils bewussten Erkennen von Gegenständen und Vorgängen. Die Aufgabe der Wahrnehmung ist nicht so sehr die Erfassung der einen realen Wirklichkeit, sondern die Entfaltung seiner eigenen Weltsicht, die dem Menschen ermöglicht, sich erfolgreich in seiner Umwelt verhalten zu können (Meyers großes Taschenlexikon 1987, Bd. 23). Nur ein Bruchteil unserer Wahrnehmung besteht aus äußeren Reizen, der größte Teil wird vom Gehirn aus vorhandenen Gedächtnisspeichern und Erfahrungsmustern ergänzt. Jeder Mensch – ob normal, wahrnehmungsgestört, entwicklungsverzögert oder körperlich beeinträchtigt – konstruiert sich seine eigene Welt (vgl. Watzlawick u.a.). Wer kann wirklich wahrnehmen, wie ein solches Kind tatsächlich wahr-nimmt? Was für uns von außen gesehen eine Störung zu sein scheint, braucht das körperbehinderte Kind noch lange nicht in der Wahrnehmung seiner individuellen Wirklichkeit zu stören. Wenn die Wahrnehmung immer ein subjektives Konstrukt jedes Einzelnen ist, können wir nur respektvoll uns einem Verstehen-Wollen der anderen Wirklichkeit des körperbehinderten Kindes annähern, ohne es tatsächlich jemals erreichen oder auch beschreiben zu können.
Dies hat konkrete Auswirkungen nicht nur auf Diagnostik und Förderpläne, sondern vor allem direkt auf unser Erwachsenenverhalten. Wir begegnen dem Kind nicht mehr mit arroganter Allwissenheit, sondern mit respektvoller Achtung. Wir beachten mehr das momentane Bedürfnis und die individuelle Lernmethodik des Schülers. Wir müssen von den Kindern lernen, da wir ihre besondere Situation nicht kennen. Der körperlich Beeinträchtigte fühlt sich erst dann akzeptiert. Er muss seine innere Wahrnehmung nicht mehr zwischen eigener und von außen geforderter Wirklichkeit verzerren (Rogers nach Haupt 1983, S. 208).

„Ent-wicklung?“

Entwicklung bedeutet Veränderung und Wandel. Entwicklung „wird als naturgegebene Transformation aufgefasst, als Entfaltung eines inneren Bauplanes“ (Oerter / Montada 1995, S.1 f). Anstelle von Ver-wicklung als Fixiertsein auf die unbedingte Förderung einzelner Teilaspekte. Vor einigen Jahren noch war das Stufenmodell der Entwicklung bedeutsam, bei dem frühere Prozesse und Erfahrungen des gleichen Bereiches die direkte und notwendige Voraussetzung für spätere Stufen darstellten (vgl. ebd.). Linearität und eindeutige, aufeinander aufbauenden Entwicklungsstufen, die förder- und trainierbar waren, gehörten zum Verständnis der

Entwicklungsförderung.

> *Zuerst kommt die Entwicklung der Grobmotorik. Erst dann und darauf aufbauend die Möglichkeit der Feinmotorik. Erst dann Sprachentwicklung und Graphomotorik.*

Universelle Therapiepläne wurden auf alle Kinder angewandt. Weit verbreitet war und ist immer noch die Meinung, dass die motorische Entwicklung der behinderten Kinder ein zwar weniger differenziertes Leistungsniveau zeigt, aber wahrscheinlich „einen den Normalen ähnlichen Entwicklungsverlauf aufweisen" (Stamer / Eggert 1979, S.31). Dies implizierte, dass ein Vergleich zwischen der Normalentwicklung eines Kleinkindes und der verzögerten oder behinderten Entwicklung eines körperlich beeinträchtigten Kindes möglich sei und dadurch auch wichtige Erkenntnisse über die nächsten Entwicklungsschritte gewonnen werden könnten.

Heutzutage wird davon ausgegangen, dass Entwicklung aus komplexen Zusammenhängen aller Persönlichkeitsaspekte (körperlich, emotional, sozial, kognitiv....) heraus entsteht. Auf vielen verschiedenen Entwicklungsfeldern müssen immer wieder Erfahrungen gesammelt werden, damit ein sogenannter Entwicklungssprung entstehen kann.

> *Johannes hat das ganze Schuljahr vergeblich versucht, alleine in seinen Rollstuhl zu gelangen. Nach den – in den Augen der wohlmeinenden Förderer immer zu langen – Sommerferien kann er dies problemlos, ohne dafür extra geübt zu haben.*

Welche Erfahrung letztendlich den Sprung, die Veränderung bewirkt, kann oftmals nicht rekonstruiert werden. Dies führt zur Konsequenz, dass statt einseitig funktionellen Übungen ein Angebot von komplexen Lernfeldern notwendig ist, um Entwicklung tatsächlich von allen Seiten vorzubereiten und zu begünstigen, ohne das genaue Ergebnis der Förderung exakt planen und festlegen zu können. Außerdem ist ein individuelles Lerntempo der einzelnen Schüler in eigener Methodik zu berücksichtigen.

„Ist es sicher?"

Neben der Beeinflussung durch die Erfahrungen auf vielen verschiedenen Lernfeldern passiert der Ablauf von Entwicklungsphasen, bei sowohl normal entwickelten als auch bei körperbehinderten Kindern, in allen Ebenen, sei es motorisch, kognitiv, emotional oder sozial, immer wieder nach dem selben Schema. Als Voraussetzung für einen neuen Schritt müssen wir zunächst das bisher Gelernte beherrschen. Die Situation wird dadurch für uns kontrollierbar. Fühlen wir uns sicher, beginnt die Spiellust in den Vordergrund zu treten. Wir können neue Räume, neue Bewegungsformen, neue Handlungsfelder, neue Strategien entdecken, ausprobieren und schließlich erobern. Wir wollen die neuen Fähigkeiten perfektionieren. Feinheiten und Geschicklichkeit werden entwickelt. Damit auf dem neuen Terrain wieder Kontrolle und Sicherheit herrscht, wiederholen wir die neuen Entwicklungen solange, bis sie abgespeichert und dadurch jederzeit abrufbar sind.

Reaktion auf Schwerkraft	*Kontrolle*	Wiederholen
Stabilität	*Sicherheit*	Speichern
Spiel mit der Schwerkraft	*Spiel*	Verändern
Gleichgewicht	*Selbständigkeit*	Entdecken
Grobmotorik	*Eroberung*	Ausprobieren
Feinmotorik	*Beherrschung*	Verfeinern

Jede Entwicklungsphase benötigt unbedingte Sicherheit und Kontrollierbarkeit in der bisherigen Situation. In jeder unsicheren Situation werden wir zuerst reflexartig versuchen, die momentane Situation zu sichern, um uns darin wohl fühlen und somit entspannen zu können. Unsichere Situationen führen zuerst immer zu Anspannung, um Stabilität und Schutz aufzubauen. Veränderungen können nur dann erreicht werden, wenn eine sichere Basis, Geborgenheit und Routine erreicht sind.

Die 12-jährige Fiona kann mit zwei Unterarmstützen gut gehen. Die zielorientierten Erwachsenen erlauben daraufhin das Gehen mit nur einem Stock. Fiona geht verkrampfter. Fiona braucht außerdem während des Unterrichts mehr Zeit zum Verstehen und Lernen. Sie spürt den Leistungsdruck in der Klasse. Warum macht Fiona seit einigen Wochen keine Fortschritte mehr, dafür in die Hose? Die sich bemühenden Erwachsenen fühlen sich brüskiert und reagieren mit noch mehr Druck und Strafe.

Körperbehinderte Kinder erleben oft Ungeduld von den Erwachsenen und Zwang, unter dem sie sich entwickeln oder verändern sollen. Aus eigener Erfahrung wissen wir jedoch, dass Stress Unsicherheit und tatsächlich erst Pathologie erschafft und dadurch Veränderung verhindert (Köckenberger 1999, 2001).
Aus diesem Wissen heraus lassen sich folgende Schlüsse ziehen: Veränderungen werden maßgeblich erleichtert, wenn wir den Kindern bedingungsloses Vertrauen in die jetzigen Fähigkeiten und die weiteren Entwicklungskompetenzen vermitteln können. Die Kinder fühlen sich sicher, wenn wir den jetzigen Zustand wirklich akzeptieren und als sichere Basis ansehen, dass sie sich von dieser Basis aus zum geeigneten Zeitpunkt bei entsprechend reizvoller und sicherer Umgebung weiterentwickeln können. Sie sollen selbst kontrollieren, wann und wie sie den nächsten Schritt gehen oder welche Kompetenz sie als nächstes erlernen wollen.

Verantwortungslos?
Oft übernehmen wir Erwachsene die Verantwortung für die kindliche Entwicklung, besonders bei den körperbehinderten Kindern. Wir entwerfen

Entwicklungspläne, um die Kinder best- und schnellstmöglich zu fördern. Die Kinder geben daraufhin die Verantwortung für ihr Handeln ab oder müssen sie an uns Erwachsene abtreten. Diese Rollen sind sehr schnell festgelegt und werden unmerklich zur Gewohnheit. Zuviel Kontrolle, Hilfestellung und Verantwortung entbinden die Kinder aus ihrem eigenen Verantwortungsgefühl. Genau dies verhindert, dass sie lernen, eigenständig neue oder bekannte Handlungen zu entwerfen, durchzuführen, zu verbessern und einzuordnen. Das erschwert den körperbehinderten Kindern, kreative, kritische und logisch-intellektuelle Fähigkeiten auszubilden. Im Gegenteil, sie werden lernen, ihre Schwachstellen weiterhin zu verstekken, neue ungewohnte Situationen zu vermeiden und jederzeit Hilfe in Anspruch zu nehmen. Neugierde, Bewegungs- und Experimentierfreude verschwinden. Sie erleben sich nicht mehr als Verursacher von sinnvollen, zielgerichteten oder spielerischen Handlungen und Ergebnissen. Das Vertrauen in die eigene Leistungsfähigkeit schwindet oder wird nicht ausgebildet (Köckenberger 2001).
Fazit: Der einzige Weg aus dem versteckten oder offensichtlichen Kampf um die Verantwortung ist, den Kindern genügend Zeit und Raum zur Verfügung zu stellen, damit sie selbständig den ersten Schritt aus dieser Verantwortungslosigkeit tun können. Sie brauchen genügend Zeit, um sich zur Selbstverantwortung entschließen zu können, ein attraktiv und sinnvoll gestaltetes Angebot (statt Förderübungen!), um die Verantwortung für eine selbständige Entwicklung zu übernehmen. Klare Bedingungen und nicht zu hohe Ansprüche sind notwendig, genauso wie geduldige und aufmerksame Erwachsene, die weder er-drücken, er-ziehen noch ständig ein-greifen. Das Lernen wird leichter, wenn der Lernende verantwortlich am Lernprozess beteiligt ist, wenn das Lernen bedeutsam ist, d.h. relevant für seine eigenen Ziele (Haupt 1980, S.208).
Selbstverantwortung und Selbständigkeit kann nur durch Selbsttätigkeit erreicht werden!

Ein einziges Blättchen Erfahrung ist mehr wert
als ein ganzer Baum voll guter Ratschläge.
(aus Litauen)

Lernen oder Spielen?

Spielen wird oft als Gegensatz zum Arbeiten gesehen. Spielen sei Entspannung und Erholung, Lernen ist nur mit Übung möglich: ernst, ruhig und konzentriert. Nur zufällig und selten darf Lernen auch Spaß machen. Wer hat diesen grundlegenden Irrtum in die Welt gesetzt? Die Kinder auf keinen Fall. Alle Kinder, auch die körperbehinderten, bewegen sich und lernen gerne in Spielsituationen. Spielen ist ein menschlicher Trieb, der besonders in der kindlichen Entwicklung stark im Vordergrund steht.
Spiel ist ganzheitlich und hat unterschiedliche Aspekte: die gesamte Entwicklung wird vorbereitet und geübt; im Spiel Gelerntes kann bei Gele-

genheit im Alltag Anwendung finden; Spiel unterscheidet nicht nach körperlichen, psychischen oder sozialen Entwicklungsinhalten; es dient der gesamten Persönlichkeitsentwicklung, nicht zielorientiert und geradlinig, eben spielerisch und im Augenblick vertieft; die Realität wird nachgespielt, verändert, neu geformt oder mit Wünschen angereichert und verzerrt; Aufmerksamkeit und Identifizierung mit der momentanen Situation lassen das Herz höher schlagen und erweitern die gefühls-volle Erlebnisbereitschaft; im Spiel gibt es die Gelegenheit für alle Menschen, den Ernst des Lebens mit dem Leichten, Unverfänglichem und Lustvollem zu verknüpfen (Köckenberger 2001).

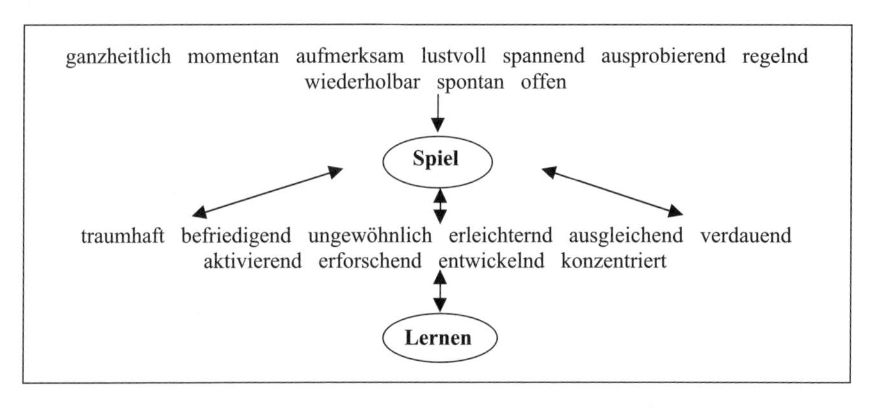

Fazit: Wenn körperbehinderte Kinder an einigen Stellen aufgegeben haben, ihre Entwicklung selbständig voranzutreiben, benötigen sie weniger unser „brennendes" Interesse an ihren Auffälligkeiten, unsere helfende Förderung und Betonung heikler Schwachstellen, sondern vielmehr den wohltuenden „sicheren" Rahmen des normalen Spiels, das erleichtern und heilen kann, um wieder Raum für Aktivität, Forschung und Weiterentwicklung ohne Überforderung zu gewähren. Auch wenn es uns Fachleuten schwer fällt, ist es ein weit verbreiteter Irrtum anzunehmen, dass körperbehinderte und entwicklungsverzögerte Kinder sich nur über gezielte Übungen und ständige Korrekturen von außen weiter entwickeln können. Im Gegenteil, sie haben genauso wie normal entwickelte Kinder die Fähigkeit, bei entsprechendem Angebot, spielerisch zu lernen und lernend zu spielen. Kindliches Lernen ist kindliches Spiel!

Ist Kreativität überflüssig?

Kreativität ist die Fähigkeit, produktiv zu denken, bisherige Informationen neu zu verarbeiten und schöpferisch umzusetzen. Im Gegensatz zum Auswendiglernen, zum Wiedergeben bekannter Lösungsstrategien und zum Anhäufen von möglichst viel Wissen beruht Kreativität auf Variationsreichtum, überraschenden Einsichten und Originalität, auf der Vielzahl möglicher Lösungen und Assoziationen zu einem Thema. Dazu müssen wir Freude am Spiel haben, neugierig werden, Gewohnheiten in Frage stellen, Vieldeutigkeit ertragen können, selbständig eigene Erfahrungen machen, uns genügend Zeit und Raum nehmen, aufmerksam die Vielfalt der Umgebung wahrnehmen, spontan und flexibel denken und intuitiv handeln. Kreativität benötigt Übung im spielerischen, ziellosen Denken und qualitatives, fundiertes Wissen, das wirklich begriffen ist. Sie kann aber ohne angehäuftes, auswendig gelerntes Wissen auskommen. „Phantasie und Kreativität sind wichtiger als Wissen" (Einstein), da dadurch körperbehinderte Schüler bekannte Informationen neu kombinieren können, kreativ den Alltag spielerisch leicht bewältigen, neue Situationen angstfrei entdecken und auf überraschende Veränderungen beweglicher reagieren können (Köckenberger 2001).

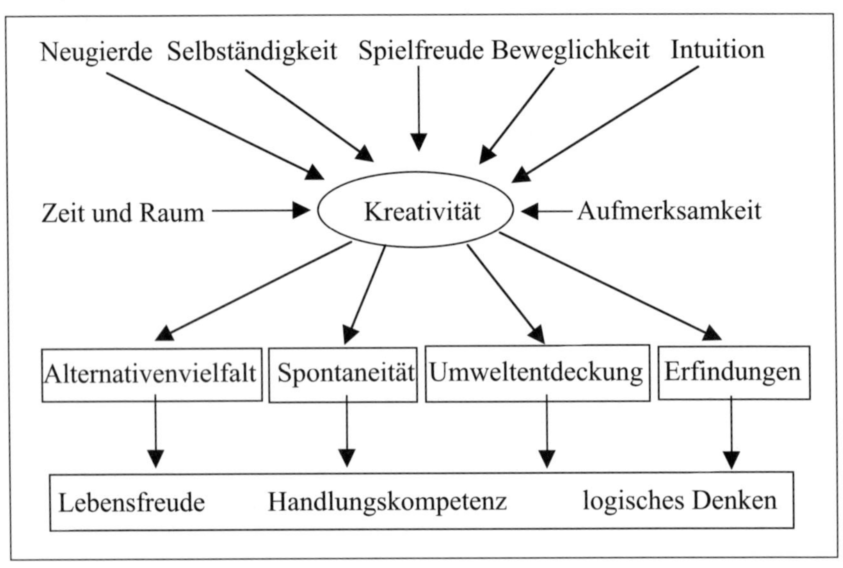

In der kindlichen Entwicklung Körperbehinderter sind diese Eigenschaften – Lebensfreude, Handlungskompetenz, logisches Denken – von großer Bedeutung. Erst sie schaffen die Voraussetzung, die Umwelt mit eigenen Mitteln und Fähigkeiten zu entdecken und zu begreifen. Folglich werden vorgegebene methodische Wege der Besonderheit jedes körperbehinderten Kindes nicht gerecht. Wir Erwachsene können oftmals nicht die Handlungsstrategien und Entwicklungswege der einzelnen körperbehinderten Kinder vorhersehen.

Daraus entsteht die Forderung, besonders die Kreativität der körperbehinderten Kinder anzuregen oder ihre schon vorhandene Kreativität zu fördern. Die Kinder benötigen zum Beispiel viel Zeit und Raum, um selbständig den Umgang mit Gegenständen auszuprobieren, zu verändern und mit anderem Material zu kombinieren. Dabei darf nicht vergessen werden, dass Kreativität von einem engen Handlungsrahmen verhindert wird genauso wie von ‚wichtigen' Zielen und exakten methodischen Wegen; sie wird von reiner Wissensvermittlung und abgestumpfter Aufmerksamkeit, von zuviel Regeln oder extrinsischer Motivation unterdrückt. Auch Leistungsstress und Zwang vereiteln der Kreativität ihre Entfaltungsmöglichkeit. Kreativität lässt sich eben nicht erzwingen oder einüben.

Müssen wir motivieren?

Jede Handlung, jedes Verhalten und jede Äußerung bedarf eines Impulses. Motivation ist immer vorhanden. Alle Kinder sind deshalb immer motiviert. Die Frage ist nur: wofür?

Motivation ist nie gleichbleibend, sie ändert sich ständig. Dieser Antrieb zur Bewegung, zum Nachdenken, zur Ruhe, zur Verweigerung oder zum Kommunizieren wird von verschiedenen Faktoren ausgelöst und beeinflusst. Es besteht eine Unterscheidung zwischen intrinsischen und extrinsischen Faktoren.

Eigenmotivation (intrinsische Motivation) entsteht aus sich selbst heraus, aus einem Streben nach Selbständigkeit, und besteht hauptsächlich aus Neu-gierde, Neues zu entdecken, die Umwelt zu erforschen, zu begreifen und einzuordnen, und aus Bewegungslust, den eigenen Körper zu entdecken, ihn zu spüren, einzusetzen, die Sinne immer wieder erneut zu reizen und die Lebensenergie zu erleben. Obendrein entsteht sie aus Bequemlichkeit, Erlerntes und Bekanntes zu vereinfachen. Diese angeborenen Eigenschaften treiben automatisch jede Entwicklung voran.

Natürlich spielen auch viele äußere Faktoren eine Rolle. Beziehungen begünstigen durch Zuneigung, Wünsche und Hilfe. Kinder vergleichen sich mit anderen. Sie wollen Anerkennung und Lob. Bedingungen versprechen Lohn oder Strafe, während Erwartungen. Ermahnungen und Regeln leiten. Es ist allerdings erwiesen, dass ein zuviel an äußerer Motivierung die Eigenmotivation hemmen und sogar abbauen kann (Köckenberger 2001).

Felix machte große Fortschritte im Training des Gehens. Er hatte Spaß, sogar in den Pausen zu üben. Der Therapeut versprach sich bald ein selbständiges Gehen ohne Stöcke. Er forcierte die Übungseinheiten, ermahnte und lobte. Aus heiterem Himmel verweigerte Felix das Üben, saß in den Pausen immer im Klassenzimmer, wollte nur noch mit zwei Unterarmstützen laufen und fährt jetzt im Rollstuhl.

Wenn ein Lernthema für die Kinder Bedeutung hat, wenn es sie anspricht und sie weder über- noch unterfordert, dann erkennen die Kinder einen Sinn darin. Die Beschäftigung mit diesem Thema wird sinnvoll und bedeutsam für sie. Sie werden ihre Sinne öffnen und sich aufmerksam ler-

nend ins Spiel vertiefen, weil es ihnen wichtig erscheint, dieses Wissen einordnen zu können. Lernen ist leichter, wenn der Lernende verantwortlich am Lernprozess beteiligt ist, wenn das Lernen bedeutsam ist, d.h. relevant für seine eigenen Ziele (Haupt 1983).
Deshalb muss es ein Anliegen in der Körperbehindertenpädagogik sein, durch interessante, bedeutsame Inhalte, durch reizvolles kindgemäßes Materialangebot und vor allem durch Selbstverantwortung, Handlungsfreiraum und genügend Zeit die Aufmerksamkeit und Eigenmotivation der Schüler zu wecken.

IV. Psychomotorik in der Körperbehindertenschule

Psychomotorische Prinzipien

Das humanistische Menschenbild der Psychomotorik betont die Akzeptanz der individuellen Andersartigkeit sowie das Streben des Kindes nach Selbständigkeit und nach Entfaltung seiner Persönlichkeit aufgrund seines inneren Entwicklungsplanes.
Dies beeinflusst die Grundprinzipien der Psychomotorik:

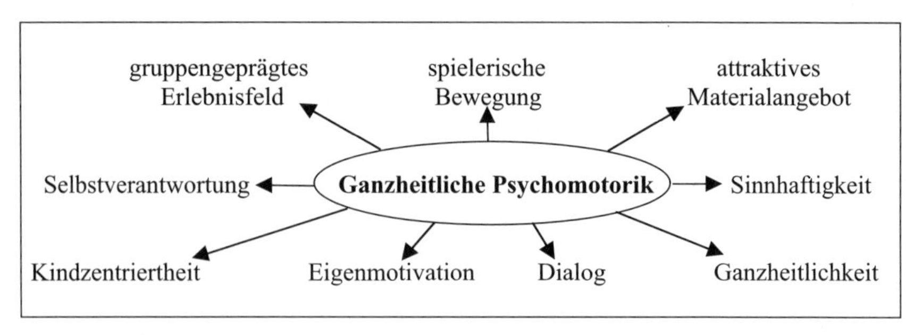

Die Psychomotorik weiß um die ständige Wechselbeziehung und das Zusammenspiel von allen Aspekten der Persönlichkeit, von Wahrnehmung, Psyche, sozialer und materieller Umwelt, sie weiß um die Ganzheitlichkeit des behinderten Kindes.

Durch Bewegung wird der gesamten Persönlichkeit Ausdruck verliehen. Psychomotorik bietet körperbehinderten Schülern möglichst viel spielerische Bewegung. Ganzheitliche, bewegende Erfahrungen bereichern direkt und unverfänglich die kindliche Persönlichkeitsentwicklung.
Die Psychomotorik betont die Bedeutung der Motivation. Eigenmotivierte Kinder lernen mit Neu-gier, Bewegungsfreude und Konzentration. Dazu muss das kindliche Selbstbewusstsein gestärkt sein bzw. wieder gestärkt werden. Neben Sinnhaftigkeit des Angebotes und Freiraum für Selbstverantwortung sind eine ermutigende Lernatmosphäre, erreichbare Ziele, sichere Rahmenbedingungen und Minimalregeln Grundvoraussetzungen in einer psychomotorischen Fördereinheit. Zudem wird attraktives Material

angeboten, denn vielseitige und variationsreiche Materialerfahrungen führen das Kind zur Körper- und Sozialerfahrung genauso wie zur Handlungsfähigkeit (Praxie) und Umweltbewältigung. Die Psychomotorik findet innerhalb einer Gruppe statt, denn Kinder lernen auch durch Beobachtung anderer Kinder, durch Nachahmung, Vorbildfunktion, Konkurrenz und Rollenwechsel. Diese spielerische Erfahrung von Interaktion, Toleranz, Kooperation, Konfliktbewältigung oder Abgrenzung hilft den Kindern, problematische Verhaltensweisen zu erkennen und zu verändern. Die kindzentrierte und dialogische Psychomotorik baut auf den Stärken des Kindes auf. Sie berücksichtigt kindzentriert seinen individuellen Entwicklungsstand und seine momentane Bedürfnislage. Das Kind darf eigene methodische Wege und Zeitplanung ausprobieren und gehen. Der Erwachsene ist präsent und steht im gleichberechtigten und offenen Austausch mit dem Kind. Er nimmt das Kind in seiner momentanen Situation ernst und versucht, es in seinem Handeln und Verhalten zu verstehen.
Ganzheitliche Psychomotorik beabsichtigt des Weiteren, nicht nur dem Kind die Möglichkeit der selbstverantwortlichen Entwicklung zu ermöglichen, sondern auch das betroffene Umfeld in den Wachstumsprozess des Kindes mit einzubeziehen. Es ist schwer, in einem festen System nur eine Personengruppe (hier die Kinder) verändern zu wollen; besonders, wenn davon ausgegangen wird, dass Körperbehinderung – oder Behinderung allgemein – „zuerst ein ‚Problem' der nichtbehinderten Menschen" (Kampmeier in: Bergeest 2000, S. 250), ist. Psychomotorik will eine Veränderung im Bewusstsein der sozialen Umwelt schaffen. Dialoge können in Eltern- und Lehrergesprächen, aber auch in Eltern/Lehrer-Kindpsychomotorikgruppen angebahnt werden, um ein erweitertes Verständnis für die Kinder zu schaffen und eventuell problematische Beziehungen zu verändern, z.B. können Videoaufnahmen von monatlichen gemeinsamen Spielstunden den Eltern ihr eigenes Verhalten mit ihren Kindern spiegeln.

Die Psychomotorik ist kindgerecht,
das heißt immer spielerisch, lustbetont, ohne Zwang,
ohne Leistungsvergleich
und an den Bedürfnissen des Kindes orientiert.

Psychomotorische Themen in Körperbehindertenschulen

Das Anliegen, eine Verbindung zwischen einerseits schulmedizinisch-körperlicher und andrerseits humanistisch-individueller Förderung herzustellen, kann in der Körperbehindertenschule durch die psychomotorische Förderung aufgrund ihrer ganzheitlichen Grundlage geleistet werden. Dabei kann sie die Aufgabe übernehmen, in allen Bereichen der Sonderschule für die Betonung der Akzeptanz und der Stärkung des kindlichen Selbstbewusstseins neben einer sensomotorischen Förderung zu sorgen. Sie entdeckt und benutzt die kindlichen Kompetenzen. Das körperlich beeinträchtigte Kind lernt genauso wie das nicht behinderte durch Bewegung und Selbsterfahrung. Es braucht das Spiel wie jedes andere Kind und benötigt das Vertrauen der Erwachsenen in die eigenständigen kindlichen Kräfte und Fähigkeiten. Wegen der körperlichen Beeinträchtigung erhält es jedoch oft weniger Gelegenheit, ‚normal' Erfahrungen zu sammeln, sich ‚normal' zu entwickeln. „Die Forschung hat gezeigt, dass körperbehinderte Kinder im Allgemeinen weniger ausgehen und Ausflüge machen und nicht so viel Spielzeug besitzen wie andere Kinder" (Hale / Glorya 1981, S. 234 f). Aus diesem Grund brauchen diese Kinder mehr als andere vielfältige spielerische Bewegungsangebote, taktile und sensorische Erfahrungen, Möglichkeiten zum Experimentieren, ausreichend Zeit und einen sicheren Rahmen, innerhalb dessen sie neue, ungewohnte Bereiche selbständig erkunden und erobern können. Die Schüler begegnen einem Erwachsenen, der bereit ist, mit ihnen so oft wie möglich im schulischen Alltag und während des Unterrichts in einen ebenbürtigen Dialog zu treten, um Normalität in der Beziehung genauso wie Offenheit für Neues zu entwickeln. „Der höchste Wert des Menschen ist seine Würde, d.h. mit seinen (eigenen) Fähigkeiten identisch zu sein" (Klee 1980, S. 283). Die Schüler werden als einzigartige Individuen gesehen, ohne sie mit einer wie auch immer entstehenden Norm zu vergleichen. Das bedeutet, sie erhalten die Chance, das prägende Etikett der Behinderung und seiner Konsequenzen gemeinsam mit dem Erwachsenen zu überwinden.

Der 10-jährige Jan benutzt einen Elektrorollstuhl, da er sich aufgrund einer starken Muskelatrophie kaum selbst halten und bewegen kann. Nach einigen Wochen Teilnahme an einer Psychomotorikgruppe berichtet die Mutter, dass diese Stunde für ihn die Schönste der ganzen Woche geworden ist, weil er gemeinsam mit der Klasse Planungen, Handlungen und Spiele erleben kann. Er schließt Freundschaften, setzt seine Meinung durch und beginnt aufzublühen. Das hat natürlich auch positive Auswirkung auf das Familienleben und Jans Lernbereitschaft.

„Man ging von der Illusion aus, dass erst, wenn die Behinderung durch Behandlung vermindert sei, ein normales Leben möglich werde. Dagegen stellen wir jetzt fest, dass Rehabilitation mit der Einbeziehung des normalen Lebens beginnt und ohne dieses zum Scheitern verurteilt ist" (Milani-Comparetti in: Klee 1980, S. 105).
Der beeinträchtigte Körper der Kinder wird nicht mehr als unbedingt zu veränderndes Hindernis, sondern als Erlebnis- und Ausdrucksmöglichkeit gesehen. Psychomotorische Förderung bietet den Raum, in dem die Schüler vielfältige Erfahrungen in verschiedenen Entwicklungsfeldern machen können, ohne überfordert zu werden.

Deshalb können psychomotorischen Förderthemen sein:

- Akzeptanz der einzigartigen Besonderheit ohne Vergleiche mit der Norm
- Stärkung der Individualität, des Selbstbewusstseins, des Selbstvertrauens und der Selbstakzeptanz
- Entfaltung der ganzen Persönlichkeit ohne Etikettierung
- Stärkung der Kommunikations- und Beziehungsfähigkeit
- Vermittlung von Erlebnissen, Anregung von Kreativität
- Entwicklung von Sicherheit, Neugier, Eigenmotivation, Selbstverantwortung
- Strategien zur Handlungs- und Spielkompetenz
- Erweiterung der sensomotorischen, aber auch psychischen Erfahrungsmöglichkeiten
- Bei Schwerstbehinderten: Aktivierung von Erlebnisfähigkeit und Aktion/Reaktion, von Kommunikation, von Emotionen und deren Ausdruck über das körperliche Erleben

Und die Diagnostik?

Wenn wir die spielenden körperbehinderten Kinder beobachten, zum Beispiel in Bewegungsräumen oder während des bewegten Lernens an den Lernspielstationen, erhalten wir wichtige und kompetente Hinweise für pädagogisch und therapeutische Situationen. Die spielenden Kinder zeigen uns ihre aktuellen Lernthemen und Bedürfnisse, ihre eigenen Lern-, Vermeidungs- und Kompensationsstrategien. Es wird sichtbar, welche Sinneskanäle und Bewegungsmuster bevorzugt verwendet werden, auf welche Weise Handlungen erfolgreich geplant, ausprobiert und durchgeführt werden, wie aufmerksam und intensiv sich die Kinder Spiel-, Bewegungs- und Beziehungssituationen schaffen. Die Kinder geben ihre momentanen Bedürfnisse und Stärken preis. Sie zeigen im Rollenspiel ihre Wünsche, Ängste oder Erinnerungen. Neben sichtbaren Einschränkungen werden vor allem derzeitige Entwicklungsaufgaben, Lernfelder, Ressourcen und Fähigkeiten der Kinder verdeutlicht. Und dies wird nicht isoliert in künstlichen Experimentalsituationen als Schwäche einzelner Teilbereiche hervorgehoben, sondern immer im Rahmen der gesamten kindlichen Persönlichkeit während einer relativ natürlichen Spielsituation im Zusammenhang von Stärken und Bedürfnissen betrachtet.

Allerdings muss bei dieser Art von beobachtenden Diagnostik auf standardisierte Vergleichswerte zu einem fiktiven Normbereich verzichtet werden, was speziell im Bereich der Körperbehinderung naheliegend ist. Gerade deshalb entsteht aus der Beobachtung heraus der Versuch, die körperbehinderten Kinder in ihrem individuellen Verhalten und Handeln zu verstehen. Dies erweist sich in einer kind- und stärkenzentrierten Pädagogik und Therapie als Vorteil. Somit ergibt sich keine festgeschriebene, fixierende, eindeutige Diagnose, sondern eher ein roter Faden, der

immer wieder neue Impulse für das Verständnis der kindlichen Situationen ermöglicht. Dies hat Einfluss auf das weitere Verhalten von uns Erwachsenen, aber auch auf die Einrichtung oder Veränderung der Lern- und Spielstationen.
Nur unser Wunsch oder das Bedürfnis der körperbehinderten Kinder selbst, zielgerichtet einzelne Fertigkeiten zu verbessern, verlangt nach einer defizitorientierten Diagnostik. Dies scheint notwendig, wenn es um Verhinderung von Kontrakturen geht, genauso wie um Klärung nach methodischen Zwischenschritten im schulischen Bereich.

Psychomotorische Bereiche

In Körperbehindertenschulen ist es sinnvoll, in vielen Bereichen Lerninhalte möglichst ganzheitlich anzubieten und die Schüler über spielerische und kommunikative Bewegung zu fördern. Die Kinder benötigen Erfolgserlebnisse, die sie nicht auf den ständig helfenden Erwachsenen beziehen, sondern auf ihre Eigentätigkeit. Sie wollen bewegen und spielen, toben und entspannen, entdecken und verstecken, berührt und gerührt sein.
Das kann unter anderem in folgenden Schulfeldern passieren:

1. Therapeutische Psychomotorikgruppen

In den sogenannten Psychomotorikgruppen wird über das Medium des körperlichen Spiels und mit Hilfe von attraktivem und sinn-vollem Materialangebot den Schülern der Raum für Erfahrungen in allen Persönlichkeitsbereichen angeboten.
Dazu gibt es für die Zusammenstellung der Gruppe verschiedene Gesichtspunkte:

1.1 ***In einer Gruppe im Klassenverband*** spielt die sozial-emotionale Komponente des gemeinsamen Erlebens eine große Rolle. Bestehende Klassenstrukturen und bewährte Freundschaften können ein neues Vorzeichen bekommen, unerwartete Verbindungen sich entwickeln, Kräfte erprobt und gemessen werden, Konflikte in geschütztem Rahmen bereinigt werden. Durch das Gefühl des Miteinanders und durch Lernen über Nachahmung erweitern die Schüler ihre bisherigen Grenzen, die sie in einer Einzeltherapiesituation vielleicht niemals überwinden würden. So werden sie durch das Beispiel der anderen animiert, Sachen auszuprobieren, die sie sich sonst nie zutrauen würden.

Die 9-jährige Angelika mit athetotischer Bewegungseinschränkung verweigert die physiotherapeutische Einzeltherapie. Im Klassenverband sieht sie Mitschüler beim Stelzenlaufen. Nach kurzer Zeit hat sie am meisten Ausdauer und erlernt das Gehen mit den Stelzen, obwohl sie schon Gleichgewichts- und Koodinationsprobleme beim normalen Gehen hat.

Da die Klassen einer Körperbehindertenschule auch in Bezug auf ihre motorischen Fähigkeiten meist sehr heterogen sind, ist es notwendig, verschiedene Bewegungs-, Handlungs- und Ausdrucksmöglichkeiten anzubieten, so dass jedes Kind ihm entsprechende Rollen besetzen kann.

- Rettungswacht: Auf einer schrägen Ebene klettern Schüler oder ziehen sich mit Hilfe eines Seiles hoch. Ein verletzt spielendes Kind wird an einem Seil zum Boden abgeseilt. Ein Kind im Rollstuhl zieht den Verletzten, der auf ein Rollbrett gelegt wurde, zu einem Operationstisch (Krankenhaus). Ein anderes Kind im Rollstuhl spielt Oberarzt und versorgt den Verletzten.
- Boxkampf: Die verschiedenen Stationen (Armkräftigung, Punchingball, Sandsack, Massage, Boxkampf) sind für alle Kinder benutzbar, variabel und attraktiv. Die Schüler in Rollstühlen fahren mit dem Rollstuhl oder mit einem Rollbrett von Station zu Station.
- Im Bus (Weichbodenmatte auf mehreren Rollbrettern) kann der körperlich mehr beeinträchtigte Schüler zum Busfahrer werden, während die Klassenkameraden öfters vom fahrenden Bus springen können, um wichtige Sachen zu erledigen.
- Bei Partnerspielen können Paare entweder immer aus je einem Bewegungsstärkeren und einem körperlich mehr Beeinträchtigten gebildet werden (zum Beispiel beim gemeinsamen Rollbrettfahren) oder

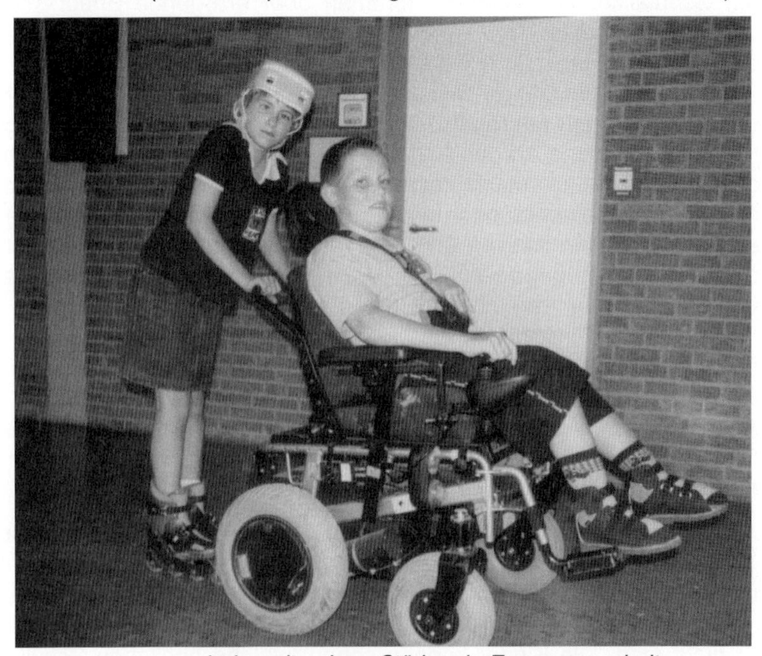

Jeder mit seinen Stärken in Zusammenarbeit

sie finden sich zu Paaren mit körperlich ähnlichen Fähigkeiten zusammen (zum Beispiel zur Massage).

- Bei Bewegungsräumen sollte ein Bewegungsangebot auf unterschiedlich motorische Niveaus angeboten werden (zum Beispiel eine flache breite und eine steile schnelle Rutsche) zur Auswahl verschiedener Schwierigkeitsstufen.
- Mit (Konstruktions-)Hilfen können Kinder im Rollstuhl Ähnliches erleben wie ihre bewegungsbegabteren Mitschüler (zum Beispiel kann der Schüler im Elektrorollstuhl mit Hilfe einer Rampe auf die Schaukel auffahren).
- In für stärker beeinträchtigte Kinder gewohnten Situationen können sie auch den Vorteil gegenüber Mitschülern bemerken (zum Beispiel wenn alle Schüler mit einem Elektrorollstuhl durch einen Parcours fahren, oder wenn gehfähige Schüler Beinschienen tragen).

1.2. *In Gruppen zu einem speziellen Thema* können die Kinder Erfahrungen sammeln, die in solch einen bestimmten Rahmen als besonderes Angebot stattfinden. Die teilnehmenden Schüler dieser psychomotorischen Gruppe können alle aus einer Klasse sein oder jeweils aus verschiedenen Klassen kommen.

- Eine Tagtraum- oder Entspannungsgruppe ist hilfreich, um im bewegten Schulalltag zur Ruhe zu kommen oder erregende Erlebnisse zu verdauen. Dabei ist das Geniessen und Loslassen können immer wichtiger als die Totenstille (Köckenberger 1996)
- Sensorische Stimulation wird nicht nur von schwerstbehinderten Kindern verlangt und gebraucht. Auch körperlich weniger auffällige Schüler genießen diese Art des Angebotes. Dies kann ein Snoezelen-ähnlicher Raum sein, ein Matschraum, eine Erste-Hilfe-Station mit Verbandsmaterial und Schienen oder ein Massagezelt. Es kann ein Rollenwechsel zwischen den Aktiven und den Kindern, denen in anderen Situationen viel herangetragen wird, geschehen, indem sie die sonst aktiveren Kameraden mit taktilen Reizen verwöhnen.
- In einer Natur-Erlebnisgruppe werden nicht nur Wald und Wiese erforscht, kleine Tiere entdeckt oder mit allen Sinnes- und Bewegungsbereichen die Umgebung erfahren. Auch das gemeinsame Erleben von Abenteuer bei Wind und Wetter und Lösen von Aufgaben lässt sich mit beweglichen und schwerer körperbehinderten Schülern gleichermaßen durchführen.

1.3. *In körperlich relativ homogenen Psychomotorikgruppen* können die Schüler klassenübergreifend zusammengefasst werden. Sie haben den Vorteil der Identifikationsmöglichkeit und des Gefühls, genauso zu sein wie die Anderen. Der Vergleich zwischen den einzelnen Behinderungen findet nicht statt. Die Kinder können sehen, welche ähnlichen Schwierigkeiten andere Schüler bei bestimmten Tätigkeiten haben und wie mit ihnen umgegangen werden kann. Auch hier erfolgt ein Lernen durch Nachahmung. Tipps und Tricks werden ausgetauscht oder abgeschaut.

- Im Rollstuhltraining besteht die Vielfalt des Angebotes nicht nur in der Unterschiedlichkeit der Fortbewegungsmöglichkeiten, sondern auch in der Geschicklichkeit und Wendigkeit mit einem bestimmten Fahrzeug.
- Bewegungshungrige Schüler können sich in einem sicheren Rahmen auszutoben und körperlich ihre Grenzen erfahren (Bewegungsraum, Kletterwand.....).
- In der Trampolingruppe (Airtrampgruppe) steht nicht nur das Erlernen motorischer Fertigkeiten im Vordergrund.

2. Bewegungsräume

Bewegungsräume gelten als bedeutsame Räume für eigenständiges Handeln.

Nicht nur für Kletterkünstler als großartige Kletterlandschaften sind Bewegungsräume reizvoll, sinnvoll und attraktiv, auch körperbehinderte Kinder werden zu selbstverantwortlichen Gestaltern ihrer eigenen Bewegungs- und Begegnungsanlässe. Sie treffen dort durch Materialaufbauten eine vorgegebene Struktur an, in der sie sich nach eigenen Wünschen und Bedürfnissen bewegen, austoben, bauen oder sich zur Erholung in eine Ecke verkriechen können. Kinder nutzen in den Bewegungsräumen alle verschiedenen Formen des Spiels:

Sensomotorisches Spiel, Informationsspiel, Konstruktionsspiel, Symbolspiel, Rollenspiel und Regelspiel (Köckenberger 1996).

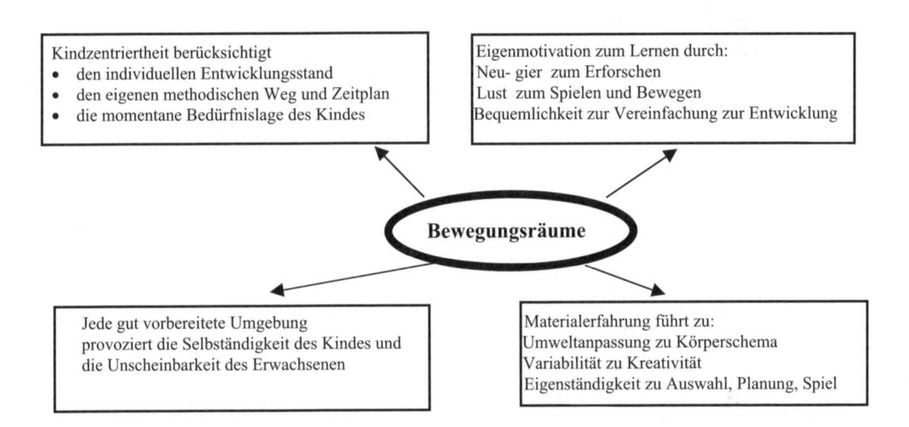

Die Bewegungsräume werden kind-zentriert, d.h. nach den Bedürfnissen der Kinder und deren aktuellen Entwicklungsstand und nicht nach theoretischen Überlegungen der Erwachsenen, eingerichtet. Die Kinder dürfen

sich die Räume selbständig auswählen. Sie können innerhalb eines Raumes die vorstrukturierten Aufbauten verändern oder das angebotene Material nach ihren Wünschen verwenden. Sie bewegen sich in dem Bewegungsraum nach ihren Fähigkeiten, ohne von den Erwachsenen zu Handlungen aufgefordert, überredet oder sogar gezwungen zu werden. Mit der Sicherheit, nicht überfordert und doch zugleich beachtet zu werden, können die Kinder im geschützten Rahmen spielerisch neue Rollen ausprobieren oder auch alte Muster „ungestraft“ beibehalten.
Die Eigenmotivation der Kinder wird durch Bewegungsräume unterstützen und gefördert, da freies Handeln und Bewegen erwünscht und obendrein erforderlich ist. Die Kinder können sich nach ihrem eigenen methodischen Weg und Zeitplan entwickeln. Sie dürfen ihre individuelle „sensible Phase“ ausnutzen, um für sie Wichtiges zu erkunden. Die momentane Bedürfnislage der Kinder entscheidet über Austoben, Konzentration, Entspannung, Gruppenspiel oder Alleingang.
Eine weitere Besonderheit der Bewegungsräume ist die Vorstrukturierung der Bewegungslandschaft. Durch eine gut vorbereitete Umgebung – dem Entwicklungsstand und Bewegungsbedürfnis der Kinder angepasst – wird die Selbständigkeit, Eigenmotivation und Neugierde der Kinder angeregt, gleichzeitig tritt der Erwachsene als Er-zieher und Animateur in den Hintergrund. Seine zweifellos wichtige Anwesenheit drückt sich durch konzentrierte Präsenz aus, in der er als meist unscheinbarer Beobachter und, wenn vom Kind gewünscht, als Helfer in besonderen Situationen fungiert. Durch dieses unterstützende Zugegensein erfährt das Kind Sicherheit und kann sich so im freien Spiel entfalten.
Bewegungsräume leben von attraktiven Materialien, die bestimmte Bewegungsformen, Strukturen oder Themen beinhalten. Vielseitige und variationsreiche Erfahrungen mit reizvollem Material führen die Kinder zu Körper- und Sozialerfahrungen genauso wie zu Handlungsfähigkeit und Umweltbewältigung. Die Anpassung an und der Umgang mit einem bestimmten Material führt zu einem verbesserten Körperschema, die Variabilität und Veränderungsmöglichkeit regt die Phantasie und Kreativität an, durch die Erlaubnis der Eigenständigkeit wird die Fähigkeit zur Auswahl und Planung einer Spielsituation gefördert.

Die Bewegungsräume können während der psychomotorischen Therapie, aber auch während des Unterrichts als Anreiz für eine Bewegungspause, im Klassenverband mit der Lehrkraft oder nach Bedarf einzeln mit einer Aufsichtsperson, zum Ausagieren oder auch Entspannen genutzt werden. Zudem können die Bewegungsräume ebenso als Pausenangebot (z.B. in der Mittagspause) beansprucht werden.

- In einem Raum mit vielen dreiteiligen Sprungfedermatratzen können Berge zum Klettern, Springen oder Fallen lassen entstehen. Senkrecht aufgestellte Matratzen können mit einer darauf gelegten Matrat-

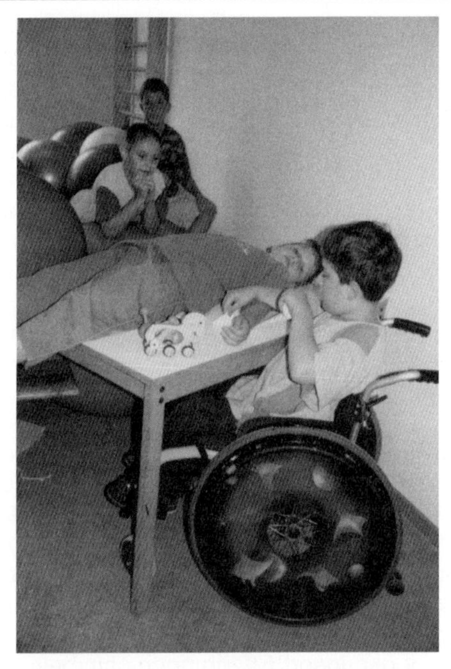

Der Oberarzt versorgt Verletzte am Rande des Riesenballbades

ze zum Haus gebaut werden. Genauso können große Höhlenlandschaften zum Verstecken oder ein Labyrinth zum Durchkriechen hergestellt werden. Übereinandergeschichtet werden die Matratzen zum wackeligen Turm, zur Balanciermauer oder zur gefährlichen Höhenstraße. Sie dienen als schwere Bettdecke, als belastendes Sandwichbrötchen für einzelne „Würstchen"- Kinder. Die Kinder können die Matratzen schieben oder von beiden Seiten gleichzeitig drückend ihre Kräfte messen.

- Im Rollbrettland gestalten Tunnels aus Stühlen, Garagen aus Tischen, Rampen und Wippen aus Brettern, Mauern aus Kartons eine abwechslungsreiche Landschaft für die Rennfahrer auf den Rollbrettern.
- Im Schaumstoffland werden aus Schaumstoffmatratzen geschnittene Bausteine angeboten – zum Werfen in großen ungefährlichen Schlachtfeldern, zum Bauen von Mauern, Häusern und Türmen, zum Eingraben von mutigen Kindern, zum Verstecken, zum Ausstopfen von Kleidung, zum Legen von Formen und wackeligen Straßen.

Gibt es nur einen Bewegungsraum, muss der Raum eventuell in mehrere Zonen für Ruhe, Bauen und Austoben unterteilt werden. Ist das Thema „Entspannende Wahrnehmung", müssen die Kinder außerhalb des Raumes die Möglichkeit des Austobens z.B. auf der Schaukel oder mit Rollbrettern erhalten. Bei mehreren, schwerpunktmäßig verschieden einge-

richteten Räumen können die Kinder nach ihren Bedürfnissen die Räume wechseln. So könnte ein Bewegungsraum eher das Austoben und den Einsatz des ganzen Körpers erlauben, ein anderer Raum dagegen das konzentrierte Erspüren von verschiedenen Materialien, ein dritter Raum das Konstruieren mit Bausteinen anbieten. Bewegungsräume können in der Natur, im Schwimmbad, in Umkleideräumen genauso wie in Turnhallen, Gymnastikräumen, Therapie- oder Gruppenzimmern und in Vorräumen entstehen. Große leere Räume fordern eher zu großräumiger Bewegung und Austoben, Eigeninitiative oder Regelspiele auf, enge oder kleine Zimmer eher zur Behutsamkeit, zu unausweichlichem Kontakt, zu sicherer Geborgenheit oder Entspannung. Ist der Raum mit viel und großem Material angefüllt, werden eher basale Bewegungs- und Wahrnehmungssysteme angesprochen, wenig Material lässt eher kreative oder soziale Handlungen entstehen.
Auch die Zeitdauer, in der die Bewegungsräume erforscht werden dürfen, prägt das Spiel der Kinder. Die ersten Stunden benötigen die Kinder zum Austoben, zum Ausprobieren und zum Erforschen der Möglichkeiten. Nach genügend Wiederholungen werden neue Ideen erfunden, bekannte Spiele variiert oder verändert. So bleiben die Räume meist einige Tage oder Wochen mit einem ähnlichen Aufbau oder Angebot eingerichtet. Sie sollten erst dann verändert oder neu eingerichtet werden, wenn die Kinder mit dem bisherigen Materialangebot genügend Erfahrungen sammeln und sie integrieren konnten, d.h. wenn die Bedeutsamkeit des Raumes schwindet und andere Themen auftauchen.

3. Psychomotorik im Klassenzimmer

Sie wollten nur den Kopf,
doch es kam das ganze Kind in die Schule.

Im Unterricht kann Psychomotorik – in adaptierter Form als „Bewegtes Lernen“ – ebenfalls angewandt werden (Köckenberger 1997 und ausführliche Beschreibung in diesem Buch im Kapitel Bewegtes Lernen). Denn auch im Unterricht von kognitiven Lerninhalten trifft es zu, dass das Kind am besten in der und mit Bewegung lernt, wenn es sich selbst die Lernziele anhand von Lernstationen aussuchen kann und wenn es mit Neugier und Freude innerlich am Geschehen beteiligt ist. Wichtig ist das Bewegte Lernen für körperbehinderte Schüler, da sie so durch eine vielfältige Bewegungs- und Sinnesbeanspruchung ganzheitliche und körperliche Anregung erfahren. Durch konkrete Handlung und verringerter logischer Abstraktion kann die Praxie besser ausgebildet werden. Es werden Selbständigkeit, Eigenaktivität und Selbstverantwortung gefördert. Der Schüler muss immer wieder eine bewusste Auswahl aus dem Angebot treffen. Soziale Erfahrungen werden während des spielerischen Lernens wie nebenbei gemacht.

Bewegtes Lernen ist auch sehr gut mit gehbehinderten Kindern und Kindern in Rollstühlen durchzuführen. Die Lernstationen werden entweder unter Berücksichtigung der Möglichkeiten eines Rollstuhlfahrers eingerichtet oder die Schüler benutzen Rollbretter. Die Inhomogenität einer Klasse muss kein Hindernis für Bewegtes Lernen darstellen, sofern unterschiedliches körperliches Niveau oder Bedürfnis und die unterschiedlichen Fähigkeiten der einzelnen Kinder in den Lernstationen berücksichtigt werden.

„Bewegtes Lernen: Wo ist der fehlende Buchstabe, damit er zum Wort transportiert werden kann?

- Mächtigkeit erfahren: Der Schüler zieht sich die Langbankschräge hoch bis zur Markierung, die er zuvor erwürfelt hat. So wird er bis zur „6“ eine doppelt so weite Wegstrecke zurücklegen wie zur „3“. Natürlich ist erlaubt, sich auf Polster hinunterfallen zu lassen oder wieder die Schräge hinunter zu rutschen.
- Multiplikation: Der Schüler fährt auf dem Rollbrett (in seinem Rollstuhl) viermal im Kreis, um immer wieder auf die sieben verteilten Blechdosen zu schlagen, während er jeden Schlag mitzählt, bis er das Ergebnis 28 erreicht.
- Rückendiktat: Der Schüler liest das Wort, das auf seinen Rücken geschrieben wird, legt es mit Holzbuchstaben nach und schreibt es in sein Arbeitsheft.

4. Psychomotorik in der Physiotherapie und Ergotherapie

Die Physiotherapie innerhalb der Körperbehindertenschule ist zuständig für die therapeutische Intervention, für die Hemmung pathologischer Reflexmuster und der Anbahnung motorischer Fähigkeiten. Dies basiert oft auf speziell neurologischen Behandlungsverfahren, wie zum Beispiel nach Bobath oder Vojta. Physiotherapie ist außerdem wichtig zur Verhinderung von Gelenksversteifungen, zur Versorgung mit Hilfsmitteln (Rollstuhl, Stehbrett, Schienen) und zur Einrichtung von geeigneten Sitzpositionen.
Die ergotherapeutische Behandlung hat die Aufgabe, die Wahrnehmungsbereiche und die Handgeschicklichkeit als Grundlage für die Kulturtechniken zu fördern. Dies beinhaltet unter anderem Übungen zur Auge-Hand-Koordination, Förderung der Feinmotorik und als Basis meist die sensorische Integrationstherapie nach Jean Ayres.
Die Ziele der Physiotherapie als auch die der Ergotherapie können von der psychomotorischen Therapie wesentliche Unterstützung erfahren.

Das kann im sensomotorischen Bereich geschehen:

- Die Verbesserung des Körperbewusstseins durch eine Vielzahl von psychomotorischen Körperbild- und Körperschemaerfahrungen kann optimale Voraussetzung für koordiniertere Bewegungen und erfolgreichere Handlungen mit dem eigenen Körper und mit dem Material der Umgebung sein.
- Der spielerische Einsatz von Materialien sorgt für Spiellust, Bewegungsfreude und Experimentierbereitschaft. Außerdem können dadurch „nebenbei" sogar gezielt physiologische Bewegungsmuster angebahnt werden: Skistiefel sorgen durch einen sichereren Stand für verbesserte Aufrichtung in Knie-, Hüftgelenken und Rumpfbereich. Ski oder Flossen verhindern die Innenrotation der Beine, Inlineskaten verlangt eine Außenrotation der Beine, Riesenluftballons lassen die notwendige Zeit für Auge-Hand-Koordination, Trampolinspringen und Rollbrettfahren stimulieren den Gleichgewichtssinn und bauen Muskeltonus auf, Pedalofahren übt flüssige Koordination bei stabilem Oberkörper und gehemmten Mitbewegungen, Stelzenlaufen schult Gleichgewicht und Stabilität, Wäscheklammern fördern Feinmotorik und taktile Wahrnehmung.
- Die Einrichtung von Sitzpositionen, besonders für körperlich schwerer beeinträchtigten Schülern (auch in Rollstühlen) richtet sich nicht nur nach der anatomisch optimal aufrechten Sitzhaltung, sondern benutzt die wichtige Bedeutung von Abwechslung, im Wissen, dass unsere Muskulatur, aber auch alle Sinnessysteme nicht für den Stillstand, sondern für die Bewegung und ständige Aussteuerung geschaffen sind. Deshalb müssen die Schüler nach maximal einer Unterrichtsstunde eine andere Sitzposition bzw. eine andere Lage erhalten (zum Bei-

spiel im Stehständer, auf dem Bauchlagekeil), wenn nicht wieder eine Bewegungspause Erholung und Entlastung verschafft.

Das kann aber auch allgemein durch die Betonung psychomotorischer Situationen passieren.
Die Erfahrung zeigt, dass Kinder, die gezielt funktionelle, für sie evt. bedeutungslose leere Übungen ausführen „müssen", auch wenn sie dabei durch freundliche Animation abgelenkt werden, wesentlich weniger lernbereit und aufnahmefähig sind als Kinder, die durch Stärkung ihres Selbstwertgefühls, durch Spielfreude, durch dialogische Beziehung wieder selbst Verantwortung für ihre eigene Entwicklung übernehmen und dadurch ihre Grenzen, auch im sensomotorischen Bereich, erweitern wollen.

- Die Verwendung von Bewegungsräumen, von spielerischen Freiräumen oder von selbstbestimmter Auswahl der Bewegungsanlässe sind deshalb auch in der therapeutischen Situation sinnvoll.
- Raum für Kreativität oder Selbstverantwortung im Handeln stützen die Eigenmotivation, aber beeinflussen zum Beispiel auch kognitive Entwicklungsprozesse.
- Abweichend von einer üblichen Einzelbehandlung gelingt es häufig auch bei schwerer körperlich beeinträchtigten Kindern, im gemeinsamen Spiel mit zwei oder drei anderen Kindern, ein natürlicheres Lernen unter Kindern anzubieten, ohne die speziellen körperlichen Förderziele zu vernachlässigen.
- Von der Basis der Bewegung als kindgerechtes Medium ausgehend lassen sich bei einem offenen therapeutischen Rahmen alle therapeutischen und pädagogischen Förderziele erleben und somit einem ganzheitlichen Anspruch eher Rechnung tragen.

5. Psychomotorischer Sportunterricht

Der Sportunterricht an einer Körperbehindertenschule kann sich nach dem Sportunterricht der Normalschulen oder an physiotherapeutisch funktionellen Zielen richten. Beide Zielsetzungen vernachlässigen allerdings, dass die körperbehinderten Schüler vor allem wieder Zugang zu ihrem Körper, Freude an Bewegungen und ihrer Leiblichkeit finden sollen. Infolgedessen ist anzuraten, sich nicht zu sehr von ehrgeizigen Zielen lenken zu lassen, indem mit den Schülern z.B. bestimmte Balltechniken oder Turnabfolgen eingeübt werden. Gerade im Sportunterricht ist es möglich, sich an den Zielen und Inhalten der Psychomotorik zu orientieren. Bewegung darf Spaß machen, die Grenzen des beeinträchtigten Körpers können positiv erfahren werden, die Auseinandersetzung mit den eigenen körperlichen Fähigkeiten muss das Selbstbild stärken. Dazu dürfen nicht Leistungsvergleich, vorgegebene methodische Schritte bis hin zu einem sportlichen Endergebnis, veraltete Sportdidaktik mit Vormachen, Anstehen und

Nachmachen oder dreigegliederten Stundenaufbau mit Aufwärmen, Hauptteil und abschließenden Gruppenspiel im Vordergrund stehen. Dazu ist die Zeit für Bewegungsmöglichkeiten zu schade.

- Projektaufbauten oder Bewegungsräume, wie zum Beispiel Kletterparcours, Berglandschaften, Rollbahnen, verschiedene Stationen zum Springen auf dem Airtramp, großes Ballbad mit Pezzibällen und Schaumstoffquadern, die einen Teil der Turnhalle in Anspruch nehmen und über einen längeren Zeitraum (ein Schultag bis hin zu einigen Wochen) bestehen bleiben können, werden klassenübergreifend von allen Schülern genutzt. Oder jeder Sportunterricht gibt den einzelnen Klassen Gelegenheit, sich auf Grund ihrer speziellen Bedürfnisse den Hallenaufbau zu erobern.
- Bewegungsgeschichten können jüngeren Schülern das Erleben der Bewegungsanlässe spielerisch erleichtern.

Werden von den Schülern – meist ab der Hauptschule – von sich aus verstärkt Sportspiele, Leistungsvergleiche und Regelspiele gefordert, müssen diese an die unterschiedlichen körperlichen Voraussetzungen spielerisch und nicht diffamierend angepasst werden:

- Die Schüler werden mitbestimmend und verantwortlich in die Stundeninhalte einbezogen.
- Notwendige neue oder veränderte Regeln werden auch von den Schülern selbst kreativ erschaffen.
- Olympiaden werden mit selbstbestimmten Zielen von den Schülern geplant, vorbereitet und durchgeführt.

6. Psychomotorischer Schwimmunterricht

Im Wasser gilt ähnliches wie in der Turnhalle: Spaß, Spiel und Freude sind das oberste Gebot, nicht nur bei der Wassergewöhnung. Behutsam und Schritt für Schritt wird der individuelle Entwicklungsstand jedes einzelnen Schülers berücksichtigt, bis in dem Schüler von selbst der Wunsch entsteht, Schwimmen lernen zu wollen. Durch die unterschiedlichen körperlichen und psychischen Voraussetzungen muss besonders im Wasser auf eine notwendige Differenzierung geachtet werden. Da das Wasser lebensbedrohlich und angsterregend ist, braucht es viel Einfühlvermögen und Zeit für die Schüler, sich behutsam daran zu gewöhnen. Andererseits ist es als sehr lebendiges und spielförderndes Element zu wertvoll, als dass es im Unterricht nur als Rahmen zum Erlernen einer einzigen motorischen Fertigkeit, nämlich dem Schwimmen, dienen sollte. Es lassen sich auch hier ganzheitliche Erfahrungen machen, ähnlich dem normalen kindlichen Spiel am Bach, im See oder im Freibad. Eine Vielzahl von Wasserspielen und -materialien aus der Psychomotorik stehen zur Verfügung:

- Auf Airexgummimatten lassen sich Schüler durchs Wasser ziehen, die Matten können erklettert, ersprungen oder durchtaucht werden; sie dienen zum Einwickeln einzelner Kinder; mehrere Matten aneinandergereiht werden zur wackeligen Brücke, über die die Schüler rennen, krabbeln oder rollen können.
- Schwunghörner animieren zum ins Wasser blasen, zum Anspritzen, zum Wassertransport oder zum Darauflegen.
- Aufgeblasene Lastwagenschläuche treiben als Inseln, Boote, wackelige Türme über das Wasser, werden durchtaucht oder geschoben.

Für körperlich stärker beeinträchtigte Schüler ist das Element Wasser wegen des Auftriebes, der anscheinenden Schwerelosigkeit und der vermehrten Bewegungs-, Wahrnehmungs- und Kommunikationsmöglichkeiten kostbar. Zur individuellen Förderung sind Anregungen und Ideen aus dem spielerisch-psychomotorisch modifizierten McMillanprogramm von der Wassergewöhnung bis hin zum selbständigen Schwimmen hilfreich:

- Die Kinder fassen sich im Kreis an der Hand, hüpfen im Kreis und singen dabei „In Australien hüpft das Känguru“, wobei die letzte Silbe unter Wasser gepustet wird.
- Auf dem Bauch gestreckt liegend wird das Kind als Postpaket adressiert, abgestempelt und zur „Oma“ einige Meter weitergeschoben.
- Ein Kind rollt sich über das Schwungtuch seitlich (Rücken- in die Bauchlage....), während die anderen Kinder das Schwungtuch im Kreis drehen, oder als Schikane leicht auf und ab bewegen.

Auch schwerstbehinderte Kinder können die Qualitäten des Wassers genießen, indem sie liebevoll in guttemperierten Wasser bewegt und geschwenkt werden. Sie erleben die Erleichterung des tragenden Wassers. Durch den gleichmäßigen sanften Druck des Wassers werden Atmung und Blutzirkulation angeregt. Verspannungen lösen sich. Die Kinder erleben Berührung, Bewegung, Rhythmus, haltende Begrenzung, Geborgenheit und tonisch-motorische Zwiesprache mit dem Erwachsenen (zum Beispiel Wassershiatsu).

7. Psychomotorik und Psychotherapie

Wenn in der Schule Psychotherapie angeboten wird, ist es wünschenswert, nicht im Gespräch über den behinderten Körper oder unerwünschtes und erstrebenswertes Verhalten stecken zu bleiben. Da die beeinträchtigte Körperlichkeit im Mittelpunkt des körperlich Beeinträchtigten steht und oft Auslöser für viele negative Emotionen und Erfahrungen ist, ist es sinnvoll und hilfreich, über körperorientierte Methoden (wie Psychodrama, therapeutisches Tanzen oder Bioenergetik) dem Körper Ausdruck zu verleihen, Emotionen auszudrücken und Leiblichkeit zu spüren. Diese Methoden aus

der Erwachsenentherapie benötigen dringend eine kindgerechte Übersetzung und Umgebung. Dies kann tatsächlich die Psychomotorik leisten. Sie hat genügend Erfahrung, sich mit psychotherapeutischen Elementen zu verbinden. Daraus sind ja einige der neueren Ansätze der Psychomotorik entstanden. Die Psychomotorik besitzt einen humanistischen Zugang, der den Schülern auch bei psychischen, emotionalen oder sozialen Problemen genügend Raum und Sicherheit für individuelle Akzeptanz, Selbstverantwortung, Selbsterfahrung und -erkenntnis gewährt. Aber eben auch einen spielerisch leichten, bewegenden und bewegten, sensiblen und klaren Rahmen, der die Schüler ermutigt und be-stärkt, alte Verletzungen auszuleben, offene Fragen anzuschauen und neue Rollen auszuprobieren.
Die expressive Psychomotorik im Kontext mit dem Psychodrama Morenos benutzt psychomotorisches Material, um Einstieg, spielerische Handlung und Erleben in der Auseinandersetzung mit der kindgerechten Umgebung zu vereinfachen. Es entstehen indirekte, aber spielintensive, stimulierende und projektive Situationen. So können die Schüler in eigener Regie dramatische Aufführungen als körperlichen Ausdruck bisheriger Erlebnisse und erhoffter Wünsche gestalten (Köckenberger 2000 und Kapitel 2.10 in diesem Buch).

8. Psychomotorik mit Schwerstbehinderten

Die Förderthemen der Psychomotorik sind auch mit Kindern mit einer schwersten Beeinträchtigung immer die selben: der Schüler mit seiner Imperfektheit steht im Mittelpunkt, erfährt Akzeptanz in seinem Sosein der Andersartigkeit und erhält den Rahmen, sich selbständig zu entfalten und das Leben zu genießen.
Für Schwerstbehinderte heißt das, dass auf einer sehr basalen Ebene begonnen wird, für ein Wohlbefinden des Schülers, und dann für ein Wohlbefinden zu zweit, des Schülers und des Erwachsenen zu sorgen. Dadurch kann ein erster Schritt eines intuitiven, sensiblen, tonischen oder lautierenden Dialoges angebahnt werden. Erst wenn der Erwachsene wirklich mit dem Kind in Kontakt getreten ist, sie sich aufeinander be-ziehen können, wird eine Kommunikationsfähigkeit sichtbarer und dadurch manifester. Ausdruck der Kommunikation können auch materiell-eindeutige, klar differenzierbare Erfahrungen werden.
Aufzupassen ist, dass eine basale Stimulation nicht zur passiven Berieselung wird. Denn wer kann beweisen, von welchen Kindern welche taktil-kinästhetisch-vestibulären Reize auf welche Weise wahrgenommen werden, wenn der Kontakt zwischen den Beteiligten noch dürftig ist, die Reaktionen des Kindes noch unscheinbar oder wenn die Aufmerksamkeit der Beteiligten schwindet? Deshalb ist neben Kontakt und Aufmerksamkeit vor allem der Respekt und die Achtung vor dem anderen Menschen im Dialog wichtig.

Als weiterer Schritt sind zusätzlich solche Situationen anzubieten, die eigenständige sensomotorische, praktische, sozio-emotionale Aktionen des Schülers, Reaktionen auf wahrgenommene Reize oder Kommunikationsangebote ermöglichen. Denn diese Reaktionen und Eigenaktivitäten ermöglichen erst ein Auswählen, eine sensomotorische Integration, ein Abspeichern, ein Motiviertsein zum aktiven Leben, ein erstes Planen, Handeln und einen erster Schritt zur Selbstverantwortung.

- Es ist bereichernd, mit geringem körperlichen Einsatz große, deutliche Effekte zu erfahren (z.B. die über dem Bett hängende Geräuschdusche wird berührt; ein Luftballon an einem Pendel hängend wird gestoßen; der Schüler bewegt sich auf dem Wippbrett oder der Schaukel liegend; der Schüler dreht sich seitlich oder rutscht auf einer Schräge).

Jeder braucht Körperkontakt und Nähe

- Die Kinder liegen dicht beieinander, so dass geringe Bewegungen schon die Körper der Mitschüler spüren lassen.
- Die Andersartigkeit verschieden gestalteter Räume (eng, niedrig, hoch, weit) wird langsam im Wechsel erfahrbar (zum Beispiel auf einem Rollbrett).

Der soziale Kontext in gemischten oder homogenen Gruppen ist für diese Kinder gleichfalls von Bedeutung. Schwingungen, Atmosphäre und Energien werden von ihnen vielleicht noch stärker empfunden als bei Kindern mit größerem Bewegungsspielraum und geringerer körperlicher Beeinträchtigung.

- Sie nehmen am Spiel bewegungsfreudiger Mitschüler teil indem sie zuhören oder beobachten, die Bewegung oder ihren Körper erleben, zum Beispiel in einer großen Kiste auf dem Rollbrett durch den Raum geschoben zu werden.
- Sie erleben das selbe wie alle Mitspieler, zum Beispiel gemeinsam auf der Schaukel.
- Sie sind in die Handlungen aktiv mit einbezogen, sie werden Teil der Handlung und nehmen eine wichtige Position ein, zum Beispiel in dem sie auf einem Rollbrett sitzend ihr „blindes Zugpferd“ mit Signalen durch die Hindernisbahn dirigieren.

Psychomotorik als Grundeinstellung

Die Idee der Psychomotorik kann neurologisch-medizinisch-körperliche und humanistisch-pädagogisch-ganzheitliche Aspekte als wesentliches Zusammenwirken in der Arbeit mit körperlich beeinträchtigten Schülern verbinden. Sie lässt sich in vielen Bereichen der Körperbehindertenschule mühelos integrieren, sie kann andere Lernmethoden wertvoll ergänzen und neue Anregungen in dem Schulalltag ausprobieren.
Einigen Mitarbeitern fällt es leicht, ob sie es nun Psychomotorik nennen oder nicht, nicht nur Elemente aus der Psychomotorik stundenweise einzusetzen. Sie übernehmen die psychomotorische Idee als pädagogisch-therapeutische Grundhaltung im Umgang mit den Schülern, den Kollegen und in Elterngesprächen. So erhält die Psychomotorik Einfluss auf eine Vielfalt von Bewegungs- und Begegnungssituationen während und außerhalb des Unterrichts. Und natürlich auch auf den Erwachsenen selbst. An oberster Stelle steht die respektvolle Akzeptanz der individuellen Andersartigkeit der Mitmenschen. Deren Lebensfreude, Wohlbefinden und gesundes Selbstkonzept erscheint wichtiger als einzelne funktionelle Übungsziele. Das Vertrauen auf die eigenständigen Entwicklungskräfte bei entsprechendem reizvollen und bedeutsamen Angebot und sicherem Rahmen hilft den Schülern einen großen Lernfreiraum zu gewähren. Viele Unterrichtsthemen werden spielerisch und in Bewegung, gemeinsam oder individuell, erkundet und erfahren. Die einzelnen Entwicklungsbereiche der Schüler werden durch möglichst ganzheitliche Angebote verschiedener Entwicklungsfelder bereichert. Die momentane Bedürfnis- und Interessenlage der einzelnen Schüler werden genauso wie der jeweilige Entwicklungsstand berücksichtigt. Kreativität, Aufmerksamkeit und Flexibilität helfen gemeinsam Neues zu entdecken. Der Kontakt zu den Schülern, Eltern und Kollegen wird durch stärkende Beziehungsbildung im offenen dialogischen

Prinzip aufgebaut. Arrogante Überheblichkeit der Fachspezialisten als omnipotente, aber einseitige Ratgeber wird durch gemeinsames Lernen im Team, mit den Schülern und Eltern ersetzt. So kann nicht nur der postulierte Bildungs- und Erziehungsauftrag in der Körperbehindertenschule erreicht, sondern auch gemeinsam das Leben entdeckt werden.

Literatur

Bergeest, H./ Hansen, G. (Hrsg.) (1999): Theorien der Körperbehindertenpädagogik. Klinkhardt, Bad Heilbrunn

Bergeest, H. (2000): Körperbehindertenpädagogik. Klinkhardt, Bad Heilbrunn

Böckmann, A. (1989): Zum Aufbau von nonverbalem Verhalten bei schwerstbehinderten, nichtsprechenden Kindern, dargestellt am Beispiel einer Schülerin im Grundschulalter, Dortmund

Brandstner, G. (1995): Der Esel als Amtmann, Frankfurt

Christiansen-Berndt, K. (1981): Vorurteile gegenüber geistig behinderten Kindern. Pädagogik der Gegenwart 715. Verlag Jugend und Volk, Wien/München

Deutscher Bildungsrat (1973): Empfehlungen der Bildungskommission. Zur pädagogischen Förderung behinderter und von Behinderung bedrohter Kinder und Jugendlicher. Stuttgart

Fichtner, G.(2000): Vom Leistungssport zum Doppelmord, in: Wendler et al., Psychomotorik im Wandel, Lemgo

Fröhlich, A.(1983): Integrierte Entwicklungsförderung für schwer mehrfachbehinderte Kinder, in: Haupt, U./Hansen, G.W., Handbuch der Sonderpädagogik, Bd. 8, Pädagogik

Gantenbein, H.: Was ist psychomotorische Therapie, in Heese, G. (Hrsg.) (1979): Rehabilitation Behinderter durch Förderung der Motorik, Carl Marhold Verlagsbuchhandlung Berlin

Hale, G. (Hrsg.) (1981): Handbuch für Körperbehinderte: ein Ratgeber zur Alltagsbewältigung: Hilfsmittel, Anregungen, Adressen. Maier-Verlag, Ravensburg

Haupt, U./Hansen, G.W. (1983): Handbuch der Sonderpädagogik, Bd. 8, Pädagogik der Körperbehinderten. Carl Marhold Verlag, Berlin

Heese, G. Was haben Behinderungen mit der Motorik zu tun? in Heese, G. (Hrsg.) (1979): Rehabilitation Behinderter durch Förderung der Motorik, Carl Marhold Verlagsbuchhandlung Berlin

Hensle, U. (1979): Einführung in die Arbeit mit Behinderten, Heidelberg: Quelle und Meyer

Klee, E.(1980): Behindert, Ein kritisches Handbuch, S. Fischer Verlag, Frankfurt am Main

Köckenberger, H. (1992): Spaß ist die beste Motivation in: Fikar/Thumm: Körperarbeit mit Behinderten, S. 121 ff., Stuttg.

Köckenberger, H./Gaiser, G. (1996): Sei doch endlich still! Entspannungsspiele und -geschichten für Kinder, Dortmund

Köckenberger, H. (1996): Bewegungsräume, Dortmund

Köckenberger, H. (1997): Bewegtes Lernen, Dortmund

Köckenberger, H. (1999): Bewegungsspiele mit Alltagsmaterial, Dortmund

Köckenberger, H. (1999): Kinder müssen sich bewegen, Berlin

Köckenberger, H.(2000): Emotionen bewegen leibhaftig in: Praxis der Psychomotorik 1, Dortmund

Köckenberger, H.(2001): Hyperaktiv mit Leib und Seele, Dortmund

Köckenberger, H. (2002): Wie kommt Montessori auf das Rollbrett? in: Praxis der Psychomotorik 2, Dortmund

Oerter, R./Montada, L. (Hrsg.) (1995): Entwicklungspsychologie. Psychologie Verlags Union, Weinheim

Sander, A.: Die statistische Erfassung von Behinderten in der Bundesrepublik Deutschland, in: Deutscher Bildungsrat, Gutachten und Studien der Bildungskommission, Band 25, Stuttgart 1973

Schönberger, F.: Körperbehinderungen – Ein Gutachten zur schulischen Situation körperbehinderter Kinder und Jugendlicher in der Bundesrepublik Deutschland, in Deutscher Bildungsrat Gutachten und Studien der Bildungskommission Band 35, Weinsberg, 1977

Seifert, R. (Hrsg.) (1999): Autobiografische Reflexionen zur Körperbehindertenpädagogik. Ed. Marhold im Wiss.-Verl. Spiess, Berlin

Speck, O. (1986): Ganzheitliche Förderung des mehrfachbehinderten Kindes, in: Hinteregger, F./Meixner, Friederike (Hrsg.): Sprachheilpädagogische Arbeit mit mehrfachbehinderten Kindern. Jugend und Volk, Wien – Diesterweg, Frankfurt/M. – Sauerländer, Aarau

Stamer, H., Eggert, D.: Modelltheoretische Aspekte der Bedeutung der Motorik für die Entwicklung behinderter und nicht behinderter Kinder auf Grund faktorenanalytischer Untersuchungen, in Heese, G. (Hrsg.) (1979): Rehabilitation Behinderter durch Förderung der Motorik, Carl Marhold Verlagsbuchhandlung Berlin

Wolfgart, H.: Zur Organisation und Struktur der Schule für Körperbehinderte, in: Wolfgart, H., Begemann, E. (Hrsg.) (1971): Das körperbehinderte Kind im Erziehungsfeld der Schule. Carl Marhold Verlagsbuchhandlung Berlin, S. 3

3.2.2 Psychomotorik in der Schule für Geistig Behinderte

Barbara Schmidt-Kotyrba

„Unter Psychomotorik verstehe ich eine, über eine biomechanische und physiologische Sichtweise hinausgehende, Interpretation der menschlichen Leiblichkeit und Bewegung, bei der die Wechselwirkung von physischen, psychischen und sozialen Faktoren besonders bedeutsam ist."
G. Hölter, 1990, S. 94

Die Lebenswelt geistigbehinderter Kinder
Wie alle Kinder haben Kinder mit geistiger Behinderung ein Urbedürfnis, sich zu bewegen oder sie vermitteln durch ihr Körperverhalten und ihre Körpersprache den Wunsch nach Bewegtwerden.
Sie sind auf der ständigen Suche nach Erfahrungen und Erlebnissen, sei es, einen Raum zu erforschen, sei es, ein Spielzeug zu begreifen, sei es, sich gegenseitig zu spüren oder auch einfach ganz still zu sein und lediglich die Wärme der Sonne zu genießen, die durch das Fenster scheint.
Durch die unterschiedliche Behinderungsintensität sind Kinder mit geistiger Behinderung auf individuelle Weise mehr oder weniger eingeschränkt in der Möglichkeit, von sich aus Erfahrungen im Bereich des Körperempfindens und -erlebens, der Körperorientierung in Raum und Zeit, der Körperbegrifflichkeit und Körperräumlichkeit zu machen. Sie sind auf die Unterstützung der Lehrer angewiesen, um Wahrnehmungs- und Ausdrucksfähigkeiten zu entwickeln.
Die Lehrer selbst sind auf ihre Wahrnehmungsfähigkeit angewiesen, um zu erkennen, dass auch ein geistigbehindertes Kind auf beeindrukkende Weise seine Umwelt wahrnimmt, begreift und diese Erfahrungen, durch seine ihm eigene Persönlichkeit wiedergibt.
Die Kinder bei ihrer handelnden Auseinandersetzung mit der Welt, ihrer eigenen Welt, zu unterstützen, wobei ihnen die „Räume" zugestanden werden, die sie brauchen, um ihre Fähigkeiten, Ausdrucksweisen und Kräfte angemessen einzusetzen, das ist ein erklärtes Ziel von Schule in Bewegung und rechtfertigt das Konzept der ganzheitlichen Erziehung durch, mit und in Bewegung.
Geistigbehinderte Schülerinnen und Schüler machen auf unterschiedliche Weise deutlich, wie wichtig Spiel- und Lernräume sind, die ihr Bewegungsverhalten nicht beeinträchtigen oder verhindern. Sie benötigen dringend genügend Freiräume, damit sie sich ihre individuelle Wahrnehmungsfähigkeit, ihre Kontakt- und Kommunikationsfähigkeit, ihre Ich-Stabilität, ihre emotionale Befindlichkeit, die Fähigkeit sich zu orientieren und ihre dingliche und räumliche Welt erschließen können.

Im Vertrauen auf besondere Fähigkeiten der geistigbehinderten Schülerinnen und Schüler orientiert sich ein Konzept der ganzheitlichen handlungsorientierten Erziehung durch Bewegung nicht an den Defiziten, *sondern an den Stärken*. Die Einbindung dieses Konzeptes ergänzt und unterstützt die bereits bestehenden und praktizierten pädagogischen und therapeutischen Konzepte und Unterrichtsinhalte. Individuelle Fähigkeiten im Tun und Handeln können sich entfalten und verbessern und verhelfen zur Ausprägung individueller Lebensperspektiven. Freundschaft und Kommunikation mit den Mitschülern stellen dabei eine ideale Basis dar und bedeuten für jeden einzelnen Schüler einen Gewinn an Identität.

Die Wahrnehmungs- und Bewegungswelt Geistigbehinderter ist anders und bleibt für uns verschlossen. Sie konfrontieren uns mit Unbekanntem von innen und außen. Deshalb wird die Lebenssituation geistigbehinderter Kinder häufig so gestaltet, dass die räumlichen Gegebenheiten von Anfang an stark vorstrukturiert sind. Das geschieht in guter Absicht, um die Kinder durch räumliche Gewohnheiten zu entlasten und ihnen die räumliche Orientierung zu erleichtern. Bei den Kindern, die aufgrund der Schwere ihrer geistigen Behinderung zu keiner räumlichen Vorstellung kommen können, wird die Wahrnehmungsfähigkeit zur räumlichen Vorstellung angeleitet. Handeln ist in bestimmten Räumen oder an bestimmte Situationen gebunden. Räume werden nach Möglichkeit nicht verändert, weil wir zu wissen glauben, dass zuviel Freiraum die Entwicklung von Handlungs- und Orientierungsfähigkeit nicht zulässt und Unsicherheiten provoziert (vgl. Miessler 1985, 124 ff).

Sich immer anpassen, nicht selbst bestimmen und mitbestimmen können, extrem abhängig sein und bestimmt werden ist das, was geistigbehinderte Kinder in der Regel erleben. Es kommt im schulischen Alltag auch heute immer noch vor, dass für die Kinder bestimmt wird, wie sie fühlen, hören, sehen und handeln müssen und es wird nicht beachtet, welche Voraussetzungen sie mitbringen und welche Wahrnehmungsstrukturen angelegt sind.
Geistigbehinderte Kinder haben eigene Bewegungen, ihre eigene Wahrnehmung und eigene Orientierungsmöglichkeiten. Diese entsprechen jedoch im Gegensatz zu nichtbehinderten Kindern nicht der Norm, welche die Öffentlichkeit erwartet. Sie werden von ihr viel zu wenig zugelassen. Auch die Eltern geistigbehinderter Kinder schränken die Erlebnisräume der Kinder ein, um Unsicherheiten erst gar nicht aufkommen zu lassen und Peinlichkeiten zu vermeiden. Was unbekannt ist und verunsichert, wird eingeschränkt und abgelehnt.
Geistigbehinderten Kindern fehlen sehr oft in ihrem häuslichen und schulischen Alltag ausreichende Bewegungserlebnisse in entsprechenden Räumen und die Freiheit, sich diese anzueignen. Das gilt nicht nur für die

äußeren Räume, sondern genauso für die inneren Räume der Gefühle, Träume und Sehnsüchte.

Damit der innere Raum erschlossen werden kann, müssen äußere Räume da sein, in denen spielerische und erlebnisreiche Entfaltung möglich ist. Genügend Freiräume im schulischen Alltag mit entsprechendem Rückhalt bieten den Schülerinnen und Schülern neue Möglichkeiten zu spüren, zu entdecken und Kontakte zu wagen.
Freiräume bieten Raum für vielfältige Bewegungs- und Wahrnehmungserfahrungen, in denen die Schülerinnen und Schüler die emotionale Beziehung zu sich selbst finden können. Sie brauchen Anregung, Förderung und Unterstützung zur spielerischen Entfaltung; den Entfaltungsraum ihrer Leiblichkeit und den Entfaltungsraum ihrer Umwelt. Sie brauchen dazu den behutsamen Begleiter, der ihnen Zugänge und Wege zeigt, sich ihre Welt zu erobern und Anpassungsprozesse an die Umwelt und an ihr Lebensumfeld im Rahmen ihrer Möglichkeiten zu schaffen.
Geistigbehinderte Schülerinnen und Schüler brauchen eine ihrer besonderen Bewegungs- und Wahrnehmungsfähigkeit entsprechende Umwelt, die sich weniger didaktisch ausrichtet, wie dies in unseren Schulen häufig anzutreffen ist. Sie brauchen stimulierende vielfältige Anregungen, so dass intensives Schauen und Beobachten und intensive Bewegungs- und Handlungsmöglichkeiten neue Blickwinkel und Perspektiven eröffnen.

Gestaltung der Lebenswelt Schule für Geistig Behinderte
Aneignung der Umwelt findet im Besonderen in der Schule statt, in einer Schule, in der Schülerinnen und Schüler eine lange Zeit verbringen – dort leben.

Kinder krabbeln, hüpfen, springen, rennen, toben, klettern – *sie bewegen sich gerne.*
Dazu brauchen sie ausreichend Raum und Zeit.
Kinder singen, spielen, staunen, lieben, träumen, entspannen – *sie entdecken und erfinden gerne.*
Kinder hören gerne zu, denken – *sie handeln und verstehen gerne.*
Dazu brauchen sie ausreichend Raum und Zeit und ihresgleichen.
Sich ungehindert im Raum bewegen, diesen füllen mit eigenen Ideen von Bewegungsvariationen und Spielen, ihn mit anderen teilen und gemeinsam gestalten, das ist ganzheitliches Erleben und steht gleichbedeutend für „Sich seine Welt erobern“.
Sich seine Welt erobern können, stärkt das Vertrauen in sich selbst und die anderen, in das Leben und in das Kindsein an sich.
Dabei drückt Ganzheitlichkeit ein Verständnis der menschlichen Persönlichkeit aus, das die psychischen, somatischen, sozialen und materiellen Aspekte in dieser Persönlichkeit vereinigt. Geistigbehinderte Schülerinnen und Schüler mit ihren besonderen Bedürfnissen haben ein Recht auf

ein Konzept des ganzheitlichen Lernens.
Dieses beruht im Schulalltag auf einem ganzheitlich orientierten Erziehungs- und Bildungskonzept, das sich an den Bedürfnissen und Interessen der geistigbehinderten Schülerinnen und Schüler orientiert.
Selbstbestimmung im Rahmen der individuellen Möglichkeiten bezieht sich dabei auf den individuellen Entwicklungsprozess und stellt einen Erfahrungsbezug zur Alltags- und Lebenswelt her. Fächerübergreifendes Tun, z.B. in den Bereichen: Psychomotorik, Musik, Bildnerisches Gestalten, Spiel, sowie Lesen, Schreiben und Rechnen aktivieren die Sinne durch ganzheitliches Erleben. Im Rahmen von Epochenthemen, z.B. Epochenthema ERDE werden Naturerfahrungen im Wald, auf Feldern, Wiesen und am Wasser im jahreszeitlichen Wechsel gemacht und strahlen in alle anderen Fachbereiche aus.
Gemeinsame und klassenübergreifende Aktivitäten wie Ausflüge, Klassenfahrten, Feste, Aufführungen, Projektwochen, Interessengemeinschaften (Musik, Töpfern, Schwarzlichttheater, Kunst und Gestalten, Werken, Gartenarbeit) etc. bedeuten die Öffnung der Erlebenswelt vom geschützten Raum Schule nach außen und fördern Kooperation und gemeinsames Handeln. Dabei haben Handlungsziele vor Lehr- und Lernzielen absolute Priorität. Dazu gehören die Ermöglichung von:

1. Selbsterfahrung und sozialen Beziehungen

Der Aufbau der Selbstwahrnehmung ist untrennbar an soziale Bezüge geknüpft. Im gegenseitigen Austausch können die Schülerinnen und Schüler Entdeckungen machen und erfahren: Ich bin begrenzt – das bin ich – das sind die anderen. Ein Bewusstsein individueller Eigenschaften und ein gewisses Neugierverhalten kann wachsen. Sich selbst erleben und wahrnehmen, den Körper in seiner Gesamtheit erleben und wahrnehmen, sind unabdingbare Voraussetzungen für die Wahrnehmung der eigenen Person. Sich dabei in angenehmer Atmosphäre wohlfühlen, über die Haut Berührungen an Körperteilen wahrnehmen, personale Zuwendung erleben und diese Zuwendung vertrauter Personen als angenehm empfinden, sind wichtige Voraussetzungen, um sich eigene Räume erschließen zu können.
Die Gegenwart anderer Personen ertragen, personale Zuwendung suchen, Kontakte aufrechterhalten wollen und die Fähigkeit, die eigene Person in der Begegnung mit anderen bewusster erleben zu können, verhilft den geistigbehinderten Schülerinnen und Schülern, sich aus ihrer Isolation zu lösen.
Einfühlsame soziale Beziehungen tragen zur Teilhabe an der Gemeinschaft bei und dazu, den Schülerinnen und Schülern die Räume erschließen zu helfen, die zu Lebenssinn, Lebenswillen und Lebensfreude führen.

2. Erfahrung mit Material und Gegenständen

Hat der Umgang mit Material und Gegenständen nicht nur Beschäftigungscharakter, sondern entwickelt sich für die Kinder zu gewinnbringenden Handlungen mit lebenspraktischem Bezug, dann erweitert sich ihr Handlungsspielraum. Dieser verhilft dazu, sich in der Umwelt, und damit ist gemeint, der ihnen eigenen Umwelt, zunehmend zurechtzufinden. Es ist ein Glück und eine wichtige Erfahrung, mit der dinglichen Umwelt in Beziehung zu treten und sich so mit der eigenen Persönlichkeit auseinanderzusetzen.

3. Erfahrung mit Raum und Zeit

Raum zu geben und Zeit zu lassen, Handlungsveränderungen erlebbar zu machen, unterstützt die Entdeckung der eigenen Identität.
Raum zu geben und Zeit zu lassen, den Kindern Lebens-, Umwelt und Raumbedingungen in besonderer Weise nahezubringen und erfahrbar zu machen, ist bei beeinträchtigtem Entwicklungsverlauf in der Bewegung und Wahrnehmung mit allen Sinnen, in der Raumwahrnehmung und in der Aneignung des Raumes zwingend notwendig.
Raum zu geben und Zeit zu lassen, durch Bewegungsanreize, Bewegungsfähigkeiten entdecken zu helfen, ist einer der wichtigsten Aufträge an die Lehrerinnen und Lehrer.
Es ist nicht wichtig, die Erarbeitung räumlicher Begriffe in den Vordergrund zu stellen, sondern durch Wahrnehmen, Bewegen und Handeln vielfältige Eindrücke räumlicher Gegebenheiten möglich werden zu lassen.
Räumliche Dimensionen erleben und wahrnehmen, wie eng-weit, hoch-tief, klein-groß, kurz-lang, um nur einige zu nennen, *unterstützen die Suche nach eigenen Räumen.*
Räumliche Beziehungen wahrnehmen, wie oben-unten, vor-hinter, neben-auf und in sich selbst *unterstützen die Suche nach eigenen Räumen.*
Mit einem Raum vertraut werden, seine Konstanz erleben, sich darin orientieren sowie Veränderungen im Raum erleben und ertragen, *unterstützen die Suche nach eigenen Räumen.*
Sich auf unterschiedliche Räume einstellen, ihre Nutzungsmöglichkeiten kennenlernen und akzeptieren, unterstützt die Suche nach eigenen Räumen. *(Vgl. ISB 1992)*
Welche Wege können geistigbehinderte Schülerinnen und Schüler selber finden und bewältigen, um nicht nur ein räumliches Ziel zu erreichen?
Ganzheitliches Erleben von vielfältigen Bewegungs- und Wahrnehmungsanlässen geschieht immer dann, wenn die Schülerinnen und Schüler genügend Freiräume und ausreichend Zeit in allen Lernbereichen des Schulalltages für sich nutzen können, in dem sie mitmachen oder nicht mitmachen, sich bewegen oder innehalten, anfassen oder loslassen, ausprobieren oder nicht ausprobieren als Konsequenz ihres eigenen Handelns.
Sinnvolle Lebensgestaltung ist an Freiräume gebunden, um eigene Verantwortung zu erleben. Viele Selbstgestaltungsmöglichkeiten sind notwendig,

um mit der Zeit eine Vorstellung vom eigenen Tun zu haben. Nur so baut sich der Erfahrungsschatz auf, der an die eigenen Grenzen stoßen lässt und die Grenzen der eigenen Möglichkeiten erlebbar macht.

Psychomotorik als Unterrichtsprinzip

Das Konzept der ganzheitlichen Erziehung durch, mit und in Bewegung verlangt im besonderen Maße differenzierte Kenntnis der individuellen Lernbedingungen und Lernvoraussetzungen der Schülerinnen und Schüler.
Dabei müssen die kindorientierten, individuellen Zielebenen in sich schlüssig sein. Die sich immer weiterentwickelnde Gesamtpersönlichkeit der Schülerinnen und Schüler muss achtungs- und respektvolle Berücksichtigung finden. Für alle Unterrichtsangebote müssen logisch aufgebaute Unterrichtsreihen auf der Grundlage der von den Klassenteams erstellten ausführlichen Stoffverteilungspläne entwickelt werden.
Das bedarf der individuellen Abstimmung der Inhalte und Methoden, um die Schülerinnen und Schüler zielsicher zum Lernerfolg zu führen, wobei der Weg das Ziel ist.
Gerade weil sehr viel in Bewegung kommt und sich dadurch der Stundenablauf anders gestaltet, muss dieser sehr gut strukturiert und abgestimmt sein auf die individuellen Lernfähigkeiten der Schülerinnen und Schüler in den verschiedenen Jahrgangsstufen.
Jedem einzelnen Schüler werden angemessene, lebendige und zielgerichtete Aktivitäten ermöglicht, eigenverantwortliches Handeln initiiert und die dazu nötigen Freiräume für vielfältige Bewegungsanlässe zur Entwicklung der Selbstständigkeit und Persönlichkeit zugestanden.
Die psychomotorischen Unterrichtsinhalte sind geprägt von Offenheit, Einfühlungsvermögen und andauernder Aufmerksamkeit den Schülerinnen und Schüler gegenüber.
Ihre individuelle Lernausgangslage und die damit verbundenen behindertenspezifischen Differenzierungsmöglichkeiten finden Berücksichtigung, ebenso der Aufbau eines sozial-emotionalen Unterrichtsklimas, das ohne Empathie und Verlässlichkeit nicht auskommen kann.

1. **Über Wahrnehmung und Bewegung werden ganzheitliche Lernprozesse in Gang gesetzt, die letztlich erst abstraktes, von der konkreten Handlung losgelöstes Denken ermöglichen.**
2. **Unterricht wird so angeboten, dass die Schüler ihrer (Lern-) Welt durch Handlung, durch das Zusammenspiel von Bewegen und Wahrnehmen begegnen können.**
3. **Immer neu muss die Frage gestellt werden, ob dieser Lernweg die Handlungsfähigkeit des Schülers vergrößert und für ihn aktuelle oder zukünftige Lebensbedeutung hat.**

(Vgl. Höhne 1997, 7)

Nach dem, in der Königin-Juliana-Schule, Schule für Geistigbehinderte in Bonn erstellten Schulkonzept der ganzheitlichen Erziehung durch Bewegung – *„Psychomotorik als Unterrichtsprinzip“,* kann jedes Lernziel nach gegebenen Voraussetzungen durch die Pädagoginnen und Pädagogen fachorientiert, projektorientiert und handlungsorientiert im Klassenverband, klassenübergreifend oder als Interessengemeinschaft den Schülerinnen und Schülern nahegebracht werden.

Unterrichtsplanung mit psychomotorischem Förderschwerpunkt ...

- Kind – Umfeld – Analyse
- Beschreibung des derzeitigen Entwicklungsstandes in den Bereichen Körpererfahrung, Wahrnehmung, Motorik, Materialerfahrung, Sozialerfahrung, Emotion, Kommunikation und Sprache, Kognition und Lern- und Arbeitsverhalten
- Planung der einzelnen Unterrichtseinheiten durch Stoffverteilungspläne unter Einbeziehung des Konzeptes der ganzheitlichen Bewegungserziehung
- Die individuelle Abstimmung der Inhalte und Methoden
- Durchführung der einzelnen Unterrichteinheiten in Ruhe mit kind- und altersgemäßer Motivation, abwechslungsreichen Erarbeitungsphasen und spielerischen und entspannenden Schlussgestaltungen
- Regelmäßige Reflexion mit der Bereitschaft zur Flexibilität und angemessenen Änderungen orientiert sich an den Bedürfnissen der geistigbehinderten Schülerinnen und Schüler

... gezeigt am Beispiel Peter

Peter nimmt seine Welt wahr, indem er seine Wahrnehmungen und Erlebnisse auf einer ihm eigenen und besonderen Weise interpretiert. Er schafft sich auf seine Weise Zugang zur Welt und beschreitet eigene Wege, die Welt kennen- und verstehen zu lernen. Er erlebt und gestaltet seine Beziehungen zur Welt und zu anderen Menschen.

Doch – wie verleiht er seinen Eindrücken Ausdruck? Welchen Weg beschreitet er, um sich seine Freiräume zu erschließen und seinen Weg zu finden? Wie versteht er es, die Welt zu durchdringen und den eigenen Standort zu finden?

Peter ist oft verzweifelt. Er sagt, dass für ihn alles ganz durcheinander sei. Verwirrung, anscheinende Ziel- und Richtungslosigkeit, vieles, was er tut und begreifen will, verstärkt seine Verzweiflung. Seine außergewöhnliche seelische Angespanntheit hat wohl mit seiner besonderen Empfindlichkeit/Sensibilität zu tun. Besitzt er ein zu wenig solides Abwehrsystem gegenüber zu vielen Reizen, die auf ihn einströmen?

Peter kann oft sehr wütend werden und laut schreien. Er sagt, dass er nicht weiß, wo er ist. Er fragt oft: *„Hab‘ ich das schon einmal gesehen?“* oder *„War ich da schon einmal?“* oder *„Wo ist meine Klasse?“* oder *„Hat* *sich da etwas bewegt?*" (Anmerkung: Es ist nichts da) oder *„Sind das meine Sachen?"* oder *„Welcher Schuh kommt an welchen Fuß?"* oder *„Warum tust du mir immer weh, wenn du mich anfasst?"* (Anmerkung: er wird gestreichelt) oder *„Ich finde das nicht!"* oder er sagt auch: *„Heute ist kein guter Tag!"* oder *„Ich bin dumm!"* oder *„Ich bin ungeschickt!"* oder *„Das gelingt mir nie!"* oder *„Ich weiß nicht den Weg!"*

Peters frühe Entwicklung
Peter wurde 10 Wochen zu früh geboren. Er verbrachte 6 Monate in einem Brutkasten ohne positiv stimulierende Interaktionen, isoliert von seiner Mutter, der Wärme ihres Körpers und ihrer Zuwendung und Hingabe. Er war an Schläuchen angeschlossen, die in seinem kleinen Gesicht befestigt waren und erlebte mehrere Operationen.
Es stellt sich die Frage, welche Entwicklung ein zu früh geborenes Kind vollzieht, denn selbst wenn ein Kind zur rechten Zeit geboren wird, braucht sein Gehirn noch 4 Monate nach der Geburt zur Reifung und Entwicklung und benötigt dafür viele Reize. Welche Reize erhielt Peter? Welche Erfahrungen machte er, damit die Entwicklung des Gehirns beeinflusst werden konnte? Bedeutete die Dauerbeatmung und die Dauermedikation eine physische und psychische Störung bei der Entwicklung?
Peter konnte sich nicht wie ein gesundes neugeborenes Kind selbst berühren und spüren. Er konnte sich nicht so bewegen, dass er nach Objekten greifen, diese an sich nehmen oder gar in den Mund stecken konnte. War es unter den vorherrschenden Bedingungen möglich, sich selbst als räumlich begrenzt zu spüren und zu erleben? Weiterhin stellt sich die Frage, ob ihm seine eigenen Leibgrenzen immer nur schmerzhaft bewusst wurden. Hatte Peter im ersten Halbjahr seines Lebens nur negative Empfindungen und Gefühle? Konnte er in dieser Situation überhaupt ein Gefühl für Geborgenheit und ein Lebensgefühl entwickeln?
Wie gut ist er in sich zu Hause?
Alarmiert durch die Abgestumpftheit ihres Kindes wurde Peter von seiner Mutter frühzeitig aus dem Krankenhaus nach Hause geholt. Es zeigte sich, dass Körpererfahrung und Bewegung wesentlich zur körperlichen, geistigen und seelischen Entwicklung beitrugen. Wie intensiv und mit welchen Empfindungen Peter nun in seiner weiteren Entwicklung Bewegungs- und Wahrnehmungserfahrungen und Erfahrungen von Raum und Zeit machen konnte, ist nicht beschreibbar.
Das Auskundschaften und Erobern von Räumen, das Kennlernen der dinglichen Welt und die Begegnung mit Menschen waren gekennzeichnet durch die besondere Empfindlichkeit und Abwehrhaltung, sich berühren zu lassen. Peter erlebte mit Sicherheit ungewöhnliche körperliche Reaktionen und eine andere innere Befindlichkeit.
Welche Orientierungsmöglichkeiten ergeben sich für Peter, wenn der Leibraum der Ausgangspunkt aller Wahrnehmungs-, Erfahrungs-, Erinnerungs-

und Erlebnisprozesse ist und darüber hinaus Kontaktstelle zur Außenwelt?
Wenn Peter nervös und gereizt ist und plötzlich aufspringt, in den Raum hineinläuft und nicht mehr aufhören kann zu laufen, bedeutet das für ihn, dass er auf der Suche nach sich selbst ist?
Wenn er plötzlich mit ganz steifen Beinen losrennt und laut schreit, will er sich dann spüren, um die Sicherheit zu erlangen, sich in Räumen wahrzunehmen?
Wenn er ganz lange still steht im engen Kontakt zu einem oder mit einem Gegenstand, bemüht er sich dann um die Aufnahme von Reizen, um diese entsprechend für sich einordnen zu können?
Obwohl Peter eine überängstliche und doch ehrgeizige Umgebung erlebt hat und von innen heraus die Angst der Erwachsenen widerspiegelt, ist das Faszinierende an ihm, dass er sich trotz seiner Orientierungsschwäche und der damit verbunden Ängste immer wieder seine eigene Ordnung schafft, um sich sicher zu fühlen und zurechtzufinden. Er schafft sich ein Gleichgewicht, das sich ständig in Richtung Selbstregulation bewegt, womöglich auf der Suche nach der eigenen Zeit und dem eigenen Raum.
Ausreichende Erlebenszusammenhänge zur Raumerfassung und zur Entwicklung des Körperbildes, der Raumwahrnehmung und Orientierung im Raum, der Rechts-Links-Orientierung und des Richtungssinnes sowie zum Erfassen der „Dimension Zeit" haben für Peter die größte Bedeutung, nicht nur für seinen Wunsch Lesen, Schreiben und Rechnen zu lernen sondern für seine Persönlichkeitsentwicklung.
Seine emotionalen Probleme und Schwierigkeiten in der räumlichen Orientierung und die Schwäche oder Unfähigkeit, sich ihre Sinneseindrücke vorzustellen, können durch psychomotorische Förderung geringer werden und sich weitgehend abbauen.

Peters schulische Situation

Peter besucht in der Schule für Geistigbehinderte eine Unterstufenklasse. Er geht gerne zur Schule, hat guten Kontakt zu den Mitschülern und lässt sich auf Freundschaften ein. Er beobachtet alles um sich herum sehr aufmerksam, nimmt Gelegenheiten, Besonderheiten und Veränderungen wahr und ist bemüht, sich damit immer wieder neu auseinander zu setzen.
Der Ganztagsunterricht für Peter findet an 5 Tagen in der Woche statt und beinhaltet Lernen im lebenspraktischen Bereich und Lebenskunde, psychomotorische Bewegungserziehung, rhythmisch-musikalische Erziehung, bildnerisches Gestalten, Kulturtechniken (Lesen, Schreiben, Rechnen) und Kochen. Darüber hinaus besucht Peter im Klassenverband einmal in der Woche ein Förderzentrum für Psychomotorik und nimmt in Epochen mit einer kleinen Gruppe am Schwimmunterricht teil. Zusätzlich

erhält er Einzelförderung im Rahmen der Unterrichtsinhalte in Rechnen und Lesen und gezielte psychomotorische Bewegungs- und Spielangebote zur Raumorientierung. Peter erhält oft Gelegenheit, sich im Schulgebäude alleine zurechtzufinden, indem er kleine Botengänge übernimmt. Neben räumlichen Orientierungshilfen erleichtert ihm ein bildhafter Stundenplan die zeitliche Orientierung. Er liebt Bilderbücher und Geschichten und interessiert sich für fast alles, was ihm geboten wird. Es fällt ihm nicht schwer, sich gut zu erinnern und Zusammenhänge und Tatsachen zu erfassen. Ergeben sich für Peter jedoch extreme Belastungssituationen, kann er sein schwankendes Verhalten nicht immer steuern. Er braucht dann die einfühlsame Hilfe und Unterstützung der schulischen Bezugspersonen, um sich nach einem Wutausbruch, extremer Verstörtheit oder Panikverhalten wiederzufinden. Damit ihn seine großen Versagensängste nicht unnötig belasten, sind alle Angebote ganz individuell auf ihn abgestimmt. Peter liebt Musik, singt, tanzt und bewegt sich gerne. Seine Sicherheit nimmt durch das Angebot kleiner Rollenspiele zu und wird durch positive Erlebnisse beim Malen zusätzlich gestärkt. Grob- und feinmotorische Bewegungsanforderungen sind für ihn eine Herausforderung und machen ihm seine derzeitige Körperlichkeit, Stabilität, Geschicklichkeit, Reaktionsfähigkeit und Koordinationsfähigkeit bewusst. Peter erlebt die täglichen Mahlzeiten gemeinsam mit seinen Klassenkameraden und den schulischen Bezugspersonen. Er erlebt ebenso Feiern und Feste sowohl in der Klasse als auch klassenübergreifend. Er genießt die Pausen, nutzt die Zeit zum Spielen und fährt am liebsten Fahrrad. Die schulische Situation sieht so aus, dass Peter sich im Schulalltag um den Erwerb von Orientierung, Sicherheit und Selbstbewusstsein bemüht. Er will mit sich, den anderen und den Unterrichtsangeboten zurechtkommen. Der Aufbau und Erwerb von Ich-Kompetenz, von Materialkompetenz und von Sozialkompetenz helfen Peter und seinen Klassenkameraden kompetenter in ihren Handlungen zu werden. Er lernt mit ihnen gemeinsam, sich die Räume zu erschließen, die für ihn und die anderen lebensnotwendig sind[59].

Peters Erleben in der Psychomotorik

Durch ein vielseitiges Angebot an Material, Anregungen und Spielsituationen hat Peter die Möglichkeit, Bewegungserfahrungen zu machen und

---

[59] Bei aller positiven Beschreibung der schulischen Situation für Peter darf nicht unerwähnt bleiben, dass trotz größter Bemühungen, guter Absicht und über das normale Maß hinausgehendes pädagogisches und therapeutisches Engagement adäquat geeignete Räume für die beste mögliche Entwicklung Bedingung sein müssen, die der normale Schulalltag nicht immer bieten kann. Durch häufiges Improvisieren und oft zwingend notwendige Organisation muss immer wieder neu Freiraum geschaffen werden, damit Schülern **und** Lehrern genügend Raum für Bewegungs- und Wahrnehmungserlebnisse bleibt, ihre eigenen Räume zu entdecken und die eigenen Vorstellungen von Raum Wirklichkeit werden zu lassen.

auf die verschiedensten Bewegungssituationen zu reagieren. Es gelingt ihm, durch Ausprobieren und Wiederholen Bewegungssicherheit und ein gewisses Bewegungskönnen aufzubauen. Da jede Bewegung, jede Haltung, jeder Körperausdruck aufgrund von vielschichtigen Wahrnehmungsvorgängen zustande kommt, sind Wahrnehmungserlebnisse für Peter eine wichtige Grundlage für seine Bewegungsentwicklung. Durch Anregungen zur Wahrnehmungsfähigkeit für innere und äußere Vorgänge kann Peter mit der Zeit eine Sensibilität entwickeln, die es ihm möglich macht, sich selbst und die Dinge seiner Umwelt leichter zu erfassen. Trotz gelegentlicher Ausbrüche ordnen sich seine Bewegungsabläufe so, dass die Körperfunktionen in ein besseres Zusammenspiel kommen. Die Anregungen und die Differenzierungen der Sinneswahrnehmungen sind sehr umfangreich und betreffen akustische, visuelle und taktil-kinästhetische Erlebnisse. Alles, was Peter hört und sieht, ist für ihn spannend und manchmal sogar aufregend. Er kann sich sehr gut darauf einlassen. Taktil-kinästhetische Erlebnisse dagegen müssen Peter sehr behutsam und sehr einfühlsam vermittelt werden, da seine Bereitschaft zur Kontaktaufnahme noch sehr schwankt. Peter hat gelernt, sich in bestimmten Situationen affektiv abzuschirmen, und so gelangen nicht immer affektive und zugleich kognitive Informationen von außen zu ihm. Peter erlebt aber Angebote zur Krisenlösung, um sich in seiner Leiblichkeit in Raum und Zeit zu orientieren und zurechtzufinden.

Peters Haltung
Peter erfährt durch spielerische Angebote in Verbindung mit Gleichgewichtsaufgaben, dass jede Haltung lebendiges Spiel mit dem Gleichgewicht ist. Inzwischen kann er so im Spiel versinken, dass er ausstrahlt, in dieser Zeit mit sich im Gleichgewicht zu sein. Sein Bewusstsein für eine aufrechte Haltung baut sich jedoch nur langsam auf. Er hat ein ganz bestimmtes Bild von sich und ist noch nicht so weit, bei besonderen Gleichgewichtsanforderungen zur vollen Aufrichtung zu finden.

Peters Rhythmusgefühl
Der Rhythmus gibt Peter in seiner Bewegung unterschiedliche Impulse. Meistens sind sie anregend und vitalisierend, aber auch harmonisierend und ordnend. Er erlebt Raum positiv und nicht beängstigend. Da er Musik besonders liebt und ein gutes Gefühl für Rhythmus hat, macht er gerne elementare Erfahrungen im Raum in Verbindung mit Musik und Bewegung. Peter behält Melodien sehr schnell und ist begeisterter Partner bei Sing- und Sprechspielen. Beim Tanzen weicht er noch aus, hört lediglich der Musik zu oder beginnt zu toben und grölt im wahrsten Sinne des Wortes laut mit, ohne wie sonst die Melodie zu treffen.

Peters Kreativität und Kontakt
Peter kann inzwischen bei guter Befindlichkeit mit Ausdauer und Phanta-

sie die unterschiedlichsten Bewegungsanforderungen und Wahrnehmungseindrücke auf seine eigene Art und Weise variieren, Neues erfinden, Ideen entwickeln und Bewegung anders ausdrücken.
Er wünscht sich immer öfter, mit einem Partner zusammen zu spielen und zu lernen und wird fähiger, im Kontakt mit dem anderen auch dessen Interessen wahrzunehmen, gemeinsam zu spielen, aber auch gemeinsam Aufgaben und Konflikte zu lösen. Dabei erlebt er seine Körpergrenzen, erfährt, wie viel Raum ihm zur Verfügung steht, geht in ganz bestimmte Richtungen und findet so im übertragenen Sinne des Wortes „seinen Weg".

Zusammenfassung
Die Einbeziehung der psychomotorischen Bewegungserziehung ermöglicht den Zugang zu Peter auf besondere Weise. Er benötigt ein Mehr an Freiraum, um Bezug zu seinem Körper und zu seiner dinglichen und personalen Umwelt zu erwerben.
Seine Unruhe, Hektik, mangelndes Zugehörigkeitsgefühl und zu wenig Selbstvertrauen ließen ihn seine Handlungsräume gar nicht richtig wahrnehmen. Er war oft unfähig, Beziehungen zur lebenden und gegebenen Umwelt herzustellen.
Er scheint immer auf der Suche nach sich selbst zu sein, nach seiner Abgrenzung, nach Außenkontakten, nach Standorten und Sicherheiten. Er wirkt manchmal introvertiert oder feindselig und wütend. Da die Psychomotorik Inhalt aller Unterrichtsangebote ist, erlebt er zunächst Bewegung als Freiheit, als Konsequenz eigenen Handelns, er entdeckt Freiräume für sich, in denen er sich wohlfühlen, aber auch wütend sein kann.

Die Bemühungen um ein besseres Verständnis seiner kindlichen Situation dürfen nicht nachlassen, denn wenn sich der Sinn einer solchen Situation mitteilt, kann Peter weiterhin sinnvoll gefördert und begleitet werden. Im Rahmen der Einzelförderung bekommt Peter zusätzlich die Möglichkeit, einmal in der Woche seinen Spielraum einzunehmen. Eine der Anforderungen an sein Wahrnehmungssystem ist die räumliche Orientierung und die Stabilisierung seiner Verhaltenssicherheit. Die Beziehung zwischen Lehrer und Schüler ist immer gekennzeichnet durch situative Flexibilität, so dass ein Missverhältnis zwischen überstarken sensorischen und affektiven Reizen nicht entstehen muss. Peter genießt die Ruhe und Entspannung und ist dadurch in der Lage, immer wieder neue Reize aufzunehmen und ohne Ängste auch an den mit vielen Bewegungsherausforderungen gekoppelten kulturtechnischen Angeboten in begrenzten Zeiträumen teilzunehmen.
Die psychomotorische Bewegungserziehung im Klassenverband und die Einzelförderung werden weiter fortgeführt und sind fest im Stundenplan verankert. Die Arbeit mit Peter ist und wird nicht symptomorientiert sein, denn es geht nicht nur um das bloße Funktionieren. Die Förderangebote

bleiben ganzheitlich, jedoch mit dem Wissen um Teile der Ganzheitlichkeit.

Ausblick und pädagogisches Anliegen

„Sich als Ganzes fühlen, ist für das Kind – wie für jeden Menschen – eine biologische und kulturelle Notwendigkeit: ein lebensnotwendiger Zustand des Wohlbefindens" (Malaguzzi 1984, S. 11).

Die Vermittlung fördernder und heilender Erfahrungen durch ein ganzheitliches Konzept der Erziehung durch, mit und in Bewegung als Unterrichtsprinzip muss im Rahmen der Schule für Geistigbehinderte möglich werden. Dadurch kann sich ein ganzheitliches Verständnis für die Bedürfnisse der Schülerinnen und Schüler entwickeln. Bewegungserleben als Unterrichts- und ganzheitliches Erziehungsprinzip muss anerkannt und praktisch umgesetzt werden.

Immer noch werden in der traditionellen Didaktik körperliche Bewegungen der Kinder überwiegend als Störfaktoren angesehen. Von daher erklärt sich die Absicht, elementare Bewegungserfahrungen lediglich auf den Sportunterricht zu begrenzen. Dies geschieht wahrscheinlich ohne Wissen darum, wie zwingend notwendig Unterricht ist, der die Schülerinnen in ihrer Ganzheitlichkeit mit Leib, Seele und Geist erreichen will. Die generelle Entwicklung, die physische und psychische Gesundheit erfährt dadurch Unterstützung und Stabilisation.

Durch veränderte Aufgabenstellung, durch andere Medien und Materialien, durch eine andere Raumgestaltung und Raumnutzung und mit zusätzlicher psychomotorisch geschulter personeller Unterstützung ist handlungsorientierter Unterricht in Verbindung mit Bildungsangeboten und vielfältigen Bewegungs- und Wahrnehmungserlebnissen gut durchführbar.

Erfreulich ist, dass sich gerade in den letzten Jahren die Einstellung zur Bewegung wesentlich geändert hat, besonders in dem Unterricht, in dem handelndes bewegungs- und wahrnehmungsaktives Lernen im Vordergrund steht. Der Pädagoge heute muss anders/neu denken, zeitliche und räumliche Veränderungen planen und durchsetzen, um den Schülerinnen und Schülern materiale und soziale Auseinandersetzung sowie räumliche Entdeckungen und Eroberungen zu ermöglichen.

Zeitplanungen (Stundenpläne) und Räume (Klassenraum, Gruppenraum, Turnhalle, um nur einige zu nennen) müssen sich verändern und anders gestaltet werden. Der Bereich Schule muss räumlich erlebbar gemacht werden.

Die Wichtigkeit von möglichst vielfältigen Bewegungs- und sinnlichen Wahrnehmungsprozessen als Voraussetzung für eine gute Entwicklung muss verstärkt gesehen werden und im Unterricht mit geistigbehinderten Schülerinnen und Schülern Berücksichtigung finden, genauso wie die Ausbildung flexibler funktionaler Systeme.

Die Förderung der Kreativität stärkt die Lebenskraft, stärkt das Selbstbewusstsein und schafft Raum für phantasievolles Spiel. Der pädagogische

Auftrag besteht darin, Raum zu geben, um selbst zu erfinden, selbst zu tun und selbst zu gestalten. Was gibt es nicht alles zu entdecken und auszuprobieren! Selbst entscheiden und eigenverantwortlich handeln können, stützt alles Lernen im lebenspraktischen Bereich.
Schaffen wir diese Freiräume, und wenn schon geschehen, noch mehr Freiräume für unsere Schülerinnen und Schüler, gelangen sie doch durch viele psychomotorische Bewegungs- und Wahrnehmungsmöglichkeiten zu besonderen Erlebnissen; denn

„Aneignung der Umwelt findet im besonderen in der Schule statt, in einer Schule, in der Schüler eine lange Zeit verbringen – dort leben."

Unterrichtsbeispiele
1. Psychomotorik
Bewegung und Ruhe in der Balance erleben mit und auf dem Trampolin

Förderschwerpunkte:

- Entdecken und Erleben des Körpers in Bewegung und Ruhe.
- Anbahnung eines individuellen Bewegungs- und Ruherhythmus

Struktur der Unterrichtseinheiten für eine Unterstufenklasse

Unterrichts-einheit	Thema	Ziel
1.	Tieridentifaktion – sich als unterschiedliche Tiere auf dem Trampolin bewegen	Einführung und Vertrautwerden mit und auf dem Trampolin
2.	Kindgemäße Körpermassage Pfannkuchen backen auf dem Rücken	Einführung einer Abschlußruhephase auf dem Trampolin
3.-5.	Mit selbstgebautem Bus zum Trampolinspringen, zur Rutsche und zur Wackelmatte fahren	Allmähliches Einführen weiterer Bewegungsangebote als Alternative zum Trampolin
6.-7.	Bau einer Kuschelecke und nach dem jeweiligen Trampolinspringen darin ausruhen	Einrichten einer Ruhezone als Ruheangebot zu den Bewegungsangeboten
8.	Erleben einer Busfahrt zu Bewegungs- und Ruheangeboten	Den eigenen Körper erfahren in unter-schiedlichen Bewegungs- und Ruheangeboten. Erleben von Spannung und Entspannung in der Balance
9.-13.	Erleben einer Bootsfahrt mit starken und ruhigen Wellen auf dem Trampolin	Selbstauswahl zwischen ruhigen und starken Wellen auf dem Trampolin

Als psychomotorisches ganzheitliches Bewegungsangebot stellt in diesen Unterrichtseinheiten das *BEWEGEN AUF DEM TRAMPOLIN* den Schwerpunkt dar.
Aufgrund des hohen Aufforderungscharakters, sich darauf zu bewegen, ist das Trampolin zum Initiieren von Bewegungserlebnissen besonders geeignet. Hierbei stehen dem zunehmenden Schwierigkeitsgrad entsprechend zunächst Tuchfühlung durch Liegen, Sitzen, Krabbeln, dann Wippen, Schwingen, Gehen, Laufen und Springen auch mit verschiedenen

Drehungen im Vordergrund. Durch das Bewegen oder Bewegtwerden auf dem Trampolin wird eine ganzheitliche Aktivierung des Körpers, bei gleichzeitigem Aufbau und Zusammenspiel der Muskulatur und der Verarbeitung von Informationen erreicht. Dabei Spaß an der Bewegung zu erleben, dem Bewegungsbedürfnis nachzugeben, sich individuell intensiv körperlich zu fordern und die Kooperation in der Schülergruppe zu fördern ist das weit gesteckte Ziel.
Beim „zur Ruhe kommen“, dessen nicht sichtbare Endform die Entspannung darstellt, findet ein Abbau körperlicher und seelischer Spannungen statt und eine Hinführung zu einem Zustand physischer und psychischer Gelassenheit. Ruhe ist dabei abhängig von den Bedürfnissen und Möglichkeiten eines jeden Einzelnen. Bei der Auswahl von Ruheangeboten müssen die individuell unterschiedlichen Empfindungen und Erwartungen der Schülerinnen und Schüler und somit Kriterien wie Kindgemäßheit, Anpassung an Lern-, Leistungsvoraussetzungen und Interesse Berücksichtigung finden. Es ist nur möglich, ihnen kindgemäße Ruhemöglichkeiten anzubieten.
Die Ruhephase zum Ende der Unterrichtsstunde wird auf dem Trampolin durchgeführt. Im Rahmen einer Ruhe unterstützenden Atmosphäre werden den Schülerinnen und Schülern neben leichten Schwingungen eine jeweils individuelle Form von kindgemäßer Massage angeboten.
Bedeutend ist jedoch nicht allein die Bewegung oder Ruhe, sondern die Anbahnung eines individuellen Rhythmus durch die Ruhe- und Bewegungsangebote im steten Wechsel von Bewegung und Ruhe, von Ruhe und Bewegung. Das sich einlassen auf diesen Wechsel begründet die Basis, Spannung und Entspannung in der richtigen Balance zu erleben, daraus Erholung, Kraft und Energie zu schöpfen, um neue Bewegungs- und Wahrnehmungsherausforderungen zu wagen.

Didaktische Begründung

Die Bedeutung des psychomotorischen ganzheitlichen Unterrichtsangebotes „Erleben von Bewegung und Ruhe in der Balance“ liegt für die Schülerinnen und Schüler darin, einen individuellen Ruhe- und Bewegungsrhythmus zum eigenen Wohlbefinden zu entwickeln. Es sind jedoch mehrheitlich Schwierigkeiten zu beobachten, physische und psychische Anspannungen wahrnehmen und regulieren zu können, um zu einem inneren Gleichgewicht von Ruhe und Bewegung zu finden. Aus diesem Grund sind Angebote zum Wahrnehmen des eigenen Körpers in Bewegung und Ruhe unverzichtbar, um die jeweilige individuelle Handlungskompetenz zu erweitern und den ganz eigenen Rhythmus zu finden.
Als erstes steht die Anbahnung eines individuellen Bewegungs- und Ruherhythmus im Vordergrund. Es bedarf vieler Unterrichtseinheiten und das Einlassen auf einen langen Prozess, um handlungsorientiert agieren zu können.

Innerhalb einer offenen Bewegungssituation wird den Schülerinnen und Schülern ein Erfahrungs- und Erlebnisraum mit verschiedenen Ruhe- und Bewegungsangeboten ermöglicht, in dem sie ihr eigenes Spiel genießen, ihr eigenes Lernen und ihren individuellen Lernweg entdecken und gestalten können. Dabei gelten folgende handlungsleitende Prinzipien:

- Orientierung an den Interessen der Schülerinnen und Schüler durch die Einbindung der Unterrichtsinhalte in die Rahmengeschichte „Busfahrt", an der sie großes Interesse zeigen und sich so durch das erlebte Spiel gerne auf das große Trampolin wagen.
- Selbstbestimmung im Rahmen der individuellen Möglichkeiten der Schülerinnen und Schüler hinsichtlich ihres Entwicklungsprozesses zur Selbstbestimmung, z.B. Wahl zwischen verschiedenen Bewegungs- und Ruheangeboten, Möglichkeiten zu individuellen Wahrnehmungs- und Bewegungserlebnissen innerhalb der Angebote nach Interesse und Bedürfnislage.
- Erfahrungsbezug zur Alltags- und Lebenswelt (Ausflüge mit dem Schulbus zu Bewegungsangeboten. Diese gehören zum regelmäßigen Unterrichtsinhalt.) (z.B. Trampolinanlage auf einem Abenteuerspielplatz).
- Kooperation und gemeinsames Handeln im Rahmen von Gruppenaktivitäten wie bei der „Busfahrt" auf dem Trampolin und während der Partnersprünge.
- Aktivierung der Sinne durch umfassende Wahrnehmungs- und Bewegungsangebote.
- Priorität der Handlungsziele vor Lehr- und Lernzielen und
- Offenheit und Revisionsfähigkeit des Unterrichts, denn die Planung versteht sich als offene, dynamische und flexible Orientierungshilfe, die sich an den aktuellen Bedürfnissen und Interessen der Schülerinnen und Schüler orientiert. Die Pädagogen sind dabei Lernbegleiter, die den Unterricht organisieren und individuelle verbale und körperliche Hilfestellung im Sinne einer abnehmenden Hilfe und Hilfe zur Selbsthilfe anbieten. Um eine Überforderung hinsichtlich der Selbstbestimmung zu vermeiden, können sie ziellenkende Aspekte innerhalb der Gruppenaktivitäten übernehmen.

Methodisch-mediale Überlegungen

Durch abwechselnde Bewegungs- und Ruheangebote haben die Schüler und Schülerinnen die Möglichkeit, ihr individuelles Bewegungs- und Ruhebedürfnis zu entdecken wahrzunehmen und diesem nachzugeben. Um überhaupt zur Ruhe kommen zu können, müssen vorher Voraussetzungen geschaffen werden, die ein individuelles Bedürfnis nach Ruhe und Entspannung wecken. Zur Ruhe kommen und sich entspannen können ist nicht möglich, wenn sich die Schülerinnen und Schüler nicht darauf einlassen können oder wollen. Ursache kann ein nicht angemessenes

Ruheangebot, eine nicht angemessene Ruheatmosphäre und ein nicht vorhandenes Bedürfnis nach Ruhe sein.
Durch intensive Bewegungsspiele und weitere Bewegungs- und Wahrnehmungserlebnisse auf dem Trampolin kann das Bedürfnis nach Ausruhen und Entspannen geweckt werden. Es ist jedoch genauso wichtig, dass nach einer Ruhephase das Bedürfnis nach Bewegung wieder entstehen kann.
Aus diesem Grund bietet die Unterrichtsreihe einen ständigen Wechsel von Ruhe und Bewegung, wobei die Bewegungsangebote in ihrer Intensität abnehmen und ruhiger werden. Die Schülerinnen und Schüler haben zunehmend die Möglichkeit, sich zwischen Ruhe und Bewegung zu entscheiden, um so zu ihrem eigenen Bewegungs- und Ruherhythmus zu finden.
Folgende Bewegungs- und Ruhewechsel werden angeboten:
Bewegungsphase I: Fangspiel – Ruhephase I: Spüren des Herzklopfens nach der Anstrengung
Bewegungsphase II: Erlebnisgeschichte auf dem Trampolin mit kurzen ruhigen Phasen
Bewegungsphase III: Bewegungs- und Ruheangebote nach Wahl der Schülerinnen und Schüler. Neben dem Trampolinspringen als intensiver Bewegungsanreiz besteht die Möglichkeit sich frei zu entscheiden, auf einer fahrenden Bank bewegt zu werden, sie zu schieben oder sich in der Kuschelecke auszuruhen. Die Unterrichtsinhalte werden kindgemäß in eine Rahmengeschichte eingebettet. Die Schülerinnen und Schüler erleben sich während einer abenteuerlichen Busfahrt auf dem Trampolin. Ziel der Busreise ist ein Spielplatz mit individuellen Spielangeboten, insbesondere das Bauen und Fahren eines kleinen Busses.
Die Abschlussruhephase findet auf dem Trampolin statt. Körpererleben und Ruhe werden unterstützt durch die Gestaltung einer entspannungsfördernden Atmosphäre mit ruhiger Musik und Abdunkelung des Raumes, sowie durch unterschiedliche Angebote einer kindgemäßen Körpermassage durch die Pädagogen. Ideal ist eine letzte Stunde des Schultages, wenn die Schülerinnen und Schüler danach von ihrem Schulbus abgeholt werden.
Den Schwerpunkt der verwendeten Medien stellt das Trampolin dar. Es übt „durch das Gefühl vom Fliegen und Schwerelosigkeit einen besonderen Reiz aus" (vgl. STÄBLER 1996, 13) und besitzt daher einen hohen Aufforderungs- und Motivationscharakter. Vielfältige Erfahrungen werden möglich durch:

Körpererfahrung

- Bewegungsfreude
- Ganzheitliche Wahrnehmungserfahrung (akustisch, visuell, taktil, propriozeptiv-kinästhetisch, vestibulär)

- Förderung der Motorik hinsichtlich Körperaufbau, Haltung, Koordinationsfähigkeit, Geschicklichkeit, Ausdauer, Sprungkraft, sensomotorische Anpassungsfähigkeit,
- Weiterer Aufbau des Körperschemas durch Bewegungs- und Lageerfahrungen
- Förderung der Risikobereitschaft, der Selbsteinschätzung und Aufbau des Selbstvertrauens
- Förderung des Rhythmusgefühls

Materialerfahrung
- des Trampolintuches, seiner besonderen Beschaffenheit durch den federnden Untergrund und dessen unterschiedliche Reaktionen bei Einzel-, Partner oder Gruppenaktivitäten

Sozialerfahrung
- Kontaktfähigkeit bei gemeinsamen Aktivitäten
- Abwarten können,
- Gegenseitige Rücksichtnahme insbesondere bei gemeinsamen Gruppenaktivitäten auf dem Trampolin
- Partnersprünge: die Partner erleben sich bei der gemeinsamen Bewegungsaktivität, müssen sich aufeinander einstimmen und Rücksicht nehmen. Bewegungsaktivitäten zu zweit ergeben eine andere Reaktion des Tuches und erfordern andere modifiziertere motorische Anpassungsreaktionen.
- Einhalten von Regeln

2. Musik und Tanz
Epochenthema: „Mein Körper“ in einer Unterstufenklasse
Unterrichtsreihe: Aufbau von Körperschema und Freude an der Musik beim gemeinsamen Spiel/Tanz
Thema der Unterrichtsstunde: „Zauberlaken nix wie rein“

Klassencurriculum
Eingebunden in die Unterrichtsangebote wird im Rahmen der Psychomotorik, der Rhythmik, bei Musik und Tanz, beim Bildnerischen Gestalten und beim Rollenspiel seit Beginn des ersten Schulbesuchsjahres die Körpererfahrung und Körperbildung zum Erwerb der Ich-Kompetenz in den Mittelpunkt gestellt.

Zielschwerpunkt
- Förderung durch Tanz- und Bewegungsangebote, welche das Selbstwertgefühl und die Stabilität der eigenen Persönlichkeit verbessern.
- Hinführung zur Gemeinschafts-, Bewegungs- und Wahrnehmungsfähigkeit, zur Emotionalität, Ausdrucks- und Gestaltungsfähigkeit.
- Erleben eigener Aktivitäten beim Umgang mit Stoff, in diesem Fall mit dem Zauberlaken.

- Durch das Angebot „Musik und Tanz", den Schülerinnen und Schüler eine mögliche Vielfalt an Körpererfahrungen (Körpergefühl, Körperschema), Raumorientierung und soziale Kontakte erlebbar werden lassen, damit sie darüber hinaus Entspannung und Ausgelassenheit empfinden können.
- Förderung gefühlsmäßiger Erlebnisse, um eine positive Grundstimmung zur Verbesserung der allgemeinen Befindlichkeit anzubahnen.

Ziel der Unterrichtsstunde

- Durch Bewegungsspiele mit dem Zauberlaken sich seines Körpers, d.h. ganz besonders seines Kopfes, seines Bauches und Rückens (Rumpf), seiner Arme und Hände, seiner Beine und Füße bewusst werden.
- Freude am Tanz und gestalteter Bewegung nach Musik.
- Sinnliche Befriedigung und kindliche Lebensentfaltung unter Berücksichtigung der aktuellen Befindlichkeit.
- Verändern der Stimmungslage und des Verhaltens.

Allgemeiner Förderschwerpunkt

Musik – Tanz – Bildnerisches Gestalten sind gerade in unserer heutigen Zeit lebensnotwendig. Die Unterrichtsangebote helfen, die Welt intensiv, sinnhaft und gefühlsmäßig zu erfassen. Sie vermitteln im besonderen Maße den geistigbehinderten Schülerinnen und Schülern individuelle Zugänge.
„*Musik* hat einen direkten Zugang zur Seele" (Schiller)
Sinnliche Erfahrungen und Erlebnisse im Bereich Musik und Tanz vermitteln den Schülerinnen und Schülern viel Spaß und Freude. Beides unterstützt und aktiviert ganz individuelle, natürliche Bedürfnisse nach emotionaler Stabilität und Ausgewogenheit.
Bewegungsspiele und Tanzen berücksichtigen sensomotorische Erlebnisse durch Veränderungsprozesse des Körpers in Raum und Zeit. Durch das Entdecken einfachster Bewegungsformen und durch Körperwahrnehmung werden Kontakte angebahnt, ebenso Kommunikationsfähigkeit und Raumorientierungsfähigkeit.
Tanz muss erfahren werden. Musik ist dabei im Rahmen einer ganzheitlich orientierten entwicklungspsychologisch begründeten psychomotorischen Förderung der Mittler zwischen sinnlicher Erfahrung und vielfältiger körperlicher Gestaltungsvarianten.
Freies Bewegen und Handeln wird stimuliert und emotionale und kommunikative Blockaden werden gelöst oder beruhigt.
Das hauptsächlich eingesetzte Material „Stoff" fasziniert. Stoff kann ebenfalls emotional und kommunikativ stimulieren, lösen, befreien und zu kreativem Handeln anregen.
Durch vielfältige Anregungen zur Selbsttätigkeit, Selbstkontrolle und Selbstständigkeit können sich die Schülerinnen und Schüler Ich-, Sach-, und Sozialkompetenz nach ihren ganz individuellen Möglichkeiten unter Berücksichtigung der individuellen Förderschwerpunkte erschließen.

Sonderpädagogischer Schwerpunkt

- Wecken und fördern der Bewegungslust.
- Aufbau der Wahrnehmungs- und Ausdrucksfähigkeit
- Aktivierung des Körpergefühls durch leibliche Erfahrungen und konkrete Handlungsbezüge mit allen körperlichen, seelischen und geistigen Fähigkeiten, Fertigkeiten und Begrenzungen.
- Bewusster Umgang mit sich selbst, dem Material und den anderen Mitschülerinnen und -schülern.
- Erleben eigener Möglichkeiten und die der Anderen.
- Aufbau emotionaler Qualität zum Erwerb von Selbstvertrauen, Selbstsicherheit, Selbstbewusstsein, Rücksichtnahme, Vertrauen, Achtung, Anerkennung und Verantwortung.

Didaktisch-methodische Überlegungen

Voraussetzung bei diesen Förderschwerpunkten sind Warmherzigkeit, Einfühlungsvermögen, aber auch Konsequenz. Improvisation und Anpassung an die jeweilige Situation sind Konzept.
Durch Offenheit und Geduld finden die Interessen der Schülerinnen und Schüler Berücksichtigung. Die Schülerinnen und Schüler erleben ihren Körper in seiner Funktionsvielfalt im Umgang mit dem Material Stoff. Sie schöpfen die ihnen zur Verfügung stehenden Bewegungsfähigkeiten aus und stärken neben der Ich-Kompetenz auch ihre Sozialkompetenz, sowie ihre Musikalität.
Als Grundsatz gilt, dass Tanzen keiner sprachlichen Ausdrucksfähigkeit zur Kontaktaufnahme bedarf und Musik und Tanz nicht nur äußerlich sichtbar wird, sondern zur inneren Bewegtheit werden kann. Die Aktivierung des Körpergefühls steigert die Bewegungslust und die Freude für alle entwicklungs- und handlungsorientierten Lernbereiche.

Geplanter Unterrichtsverlauf

Ausgangssituation

Die Schülerinnen und Schüler haben sich vorher im Morgenkreis getroffen, gesungen, erzählt und gehört, was sie in der nächsten Stunde erwartet.
Sie gehen in einen anderen Raum und treffen sich im Sitzkreis auf den Teppichfliesen. Nach der Begrüßung und dem Malen von Körpermännchen „Danny“, ziehen sich alle die Schuhe aus und stellen diese in eine Ecke des Raumes. In einer anderen Ecke steht eine Kiste, zugedeckt mit einem Zauberlaken. Die Schülerinnen und Schüler hören den Zauberspruch: *„Zauberlaken, nix wie rein, wo werden die anderen Zauberlaken sein?“* Das Zauberlaken wird gelüftet und gibt die anderen Tücher frei. Die Kiste wird gemeinsam ausgepackt und alle Zauberlaken auf dem Boden ausgebreitet.

„Zauberlaken nix wie rein, wer will zugedeckt wohl sein?“. Alle decken sich gegenseitig mit den Zauberlaken zu, fühlen den Körper und entdekken die einzelnen Körperteile. So wie die Kiste vorher, sind nach und nach alle Schülerinnen und Schüler unter den Tüchern verschwunden. Dabei hören sie die Musik *„Flötenzauber“* (Hufeisen).
„Zudecken vom Kopf, dem Bauch, den Armen und Beinen ist jetzt genug, hört noch einen Zauberspruch: *„Zauberlaken, nix wie rein, wer will jetzt mal ganz klein/ganz groß eingewickelt sein?“* usw. Es folgen noch einige Spiele, bis aus den Zauberlaken Tänzerinnen und Tänzer geworden sind.

Variation I
Die Schülerinnen und Schüler wickeln sich in das Zauberlaken, um sich gut zu spüren und tanzen nach der Musik *„Kleiner Danny“* (Hufeisen) bis das Tuch abgeschüttelt auf dem Boden liegt und der ganze Körper zu sehen ist. Wiederholungen in Verbindung mit dem Zauberspruch.

Variation II
Die Schülerinnen und Schüler legen alle Zauberlaken zu einem großen Zauberberg in die Mitte des Raumes und tanzen ohne Tuch um den Berg herum. Mit Beendigung der Musik kuscheln sich alle auf den Zauberberg.

Variation III
Die Schülerinnen und Schüler stehen mit Handfassung um den Zauberberg herum und tanzen nach der Musik einen kleinen gemeinsamen Tanz.

Ruhephase
„Zauberlaken, nix wie rein, wir wollen jetzt richtige Langschläfer sein.“
Die Schülerinnen und Schüler legen sich ruhig und gemütlich auf oder in die Zauberlaken, um die Befindlichkeit erlebbar zu machen und ein wenig vom Zauberberg zu träumen, in dem Kopf, Bauch und Rücken, Arme und Beine, ja sogar die Hände und Füße verschwunden sind.
Während alle ein letztes Musikstück mit dem Titel *„Das Lied des Windes“* (Hufeisen) hören, können die Schülerinnen und Schüler von den Lehrern behutsam gerollt oder geschaukelt werden.

Abschluss
Alle befreien sich von ihrem Zauberlaken und setzen sich wieder in den Kreis. Gemeinsam singen alle: *„Wir reichen uns die Hände.......“* und ziehen die Schuhe wieder an.
Wer Spaß daran hat, kann das Zauberlaken ganz klein falten und in die Kiste zurücklegen.

Medien: Zauberlaken (Stofftuch)
Die Zauberlaken bestehen aus Baumwolle und sind rechteckig. Sie haben gedämpfte warme Farben und sind so groß, dass sich ein Kind darin ganz einwickeln kann. Das Spielen mit den Zauberlaken ist sehr vielsei-

tig. Die Schülerinnen und Schüler können sich zudecken, zu Spielgeschichten verkleiden, sich auf vielfältige Art bewegen und mit ihnen tanzen. Beim Tanzen werden die Zauberlaken sehr sensibel gehandhabt. Durch die Größe und Art des Materials wird viel Einfühlungsvermögen herausgefordert. Es kann geschwungen, geführt, getragen, geschleudert, gedreht, geknubbelt, geglättet, auseinandergenommen oder gefaltet werden. Über diese Grunderfahrungen entwickeln sich Körper- und Bewegungserfahrungen, sowie Erfahrungen in verschiedenen Raumebenen und Raumwegen.
Damit sich ein Zauberlaken voll entfalten kann, bedarf es in der Weiterführung der Angebote einer großen Bewegungsweite, welche die Schülerinnen und Schüler durch intensiven Körpereinsatz erreichen können. Das Zusammenspiel von Zauberlaken und Körperkontakt kann einfühlsam ausprobiert werden. Es ist möglich, über einen längeren Zeitraum einen harmonischen Bewegungsablauf zu erreichen, der zum Tanzen führen kann.

3. Sachkunde in Bewegung
Epochenthema Erde
Unterrichtsreihe: Erlebniswelt Erde

Übersicht:

1. Matschen mit Erde (Ganzkörpererfahrung auf dem Matschspielplatz)
2. Verschiedene Erdsorten finden und sammeln
3. Verschiedene Arten von Erde: erfühlen, kennenlernen von Lehm, Torf, Blumenerde, Ton
4. Mit Erde spielen
5. Krümelerde und Matsche (Begriffe trocken und feucht)
6. Herstellen von Erdmalfarben
7. Schneckenspuren auf Erdfarben (Bildnerisches Gestalten mit Erdfarben)
8. Schneckenrennen auf Erde (Bildnerisches Gestalten mit Erdfarben)
9. Sammeln unterschiedlicher Erdsorten im Kontrast zu Sand und Steinen
10. Sammeln weiterer Erdsorten (erster Kontakt mit den Füßen)
11. **Eine Fühlstraße für die Füße**
12. Ein Guckloch in die Erde
13. Lustiges Bodengetümmel (Krabbeltiere)
14. Erdcollage

Vorstellung der 11. Unterrichtsstunde *„Eine Fühlstraße für die Füße“*
Förderschwerpunkt: Taktile Wahrnehmung der Füße
Unterrichtsschwerpunkt: Elementares Erleben von unterschiedlichen Erdsorten im Kontrast zu Sand und Steinen

Angestrebte Ziele:

- Wahrnehmen und Erkennen von verschiedenen Erdböden im Vergleich zu Sand und Steinen
- Taktile Wahrnehmung: unterschiedliche Oberflächen mit den Füßen ertasten und evtl. benennen
- Kinästhetische Wahrnehmung und Orientierungsfähigkeit: Raumvorstellung und bewegen im abgedunkelten Raum
- Sozialverhalten: Kontaktfähigkeit, Kooperationsbereitschaft (selbstgewählte Sozialform)
- Verbesserung des Lern- und Arbeitsverhaltens:
  - Konzentration, Ausdauer
  - Umgang mit Hilfestellungen und Kontakt
  - Kreativität, Produktivität (insbesondere Experimentieren und Entdecken)

<u>4. Rechnen in Bewegung mit einer Unterstufenklasse</u>
Angestrebte Ziele:

- Erlernen des Zahlbegriffs
  - Festigung der Menge 1 bis 6 (Invarianz der Menge)
  - Zuordnung der Ziffern zu der entsprechenden Menge (Kardinalzahl)
  - Wiederholung von „Mehr und Weniger" beim Spiel Klickerkönig
- Förderung der Wahrnehmung
  - taktile Wahrnehmung beim Kneten und Tasten in der Schatzkiste
  - vestibuläre Wahrnehmung während des Trampolinspringens
- Förderung der Motorik
  - Grobmotorik beim Trampolinspringen und Fliesengehen
  - Feinmotorik beim Kneten
  - Optische Wahrnehmung und Handgeschick
  - Graphomotorische Übungen
  - Auge-Hand-Koordination beim Kneten
- Förderung des Zeitgefühls
  - Zeit ablesen für den Raumwechsel
- Förderung der Selbstständigkeit
  - Auswahl der einzelnen Stationen mit selbstgewählter Verweildauer

Verlaufsplanung

Phase	Situation und Handlungsfolge	Kommentar
Einstieg	Lied: Wir woll'n uns begrüßen Einteilung der Gruppen 1. Gruppe Rechnen 2. Gruppe vorbereitendes Rechnen 3. Psychomotorik: Bewegungs- und Wahrnehmungs-Erlebnisse Schwerpunkt Körpererfahrung Klein-groß – mehr-weniger etc.	Gemeinsamer Einstieg zweier Unterstufenklassen Singen insbesondere mit instrumentaler Begleitung wirkt sich auf die Schülerinnen und Schüler sehr motivierend aus und fördert ihre Aufmerksamkeit und Konzentration
Beginn	Kreuzkoordinative Bewegungsspiele	Großgruppe sitzt auf den Teppichfliesen und erlebt Bewegungsspiele, welche die Aufnahmebereitschaft und Konzentration fördern
	Spiel Klickerkönig Ein Sch. beginnt zu würfeln, nennt die Zahl und nimmt sich die entsprechende Anzahl Murmeln aus seinem Körbchen. Je nach Leistungsstand können die Schülerinnen und Schüler die zugehörige Zifferkarte zeigen. Der Reihe nach spielen die Schülerinnen und Schüler mit den kleinen Murmeln, um die dicke Murmel im Reifen treffen. Für jeden Treffer wird ein Strich gemalt. Zum Schluß werden die Treffer gezählt und der KLICKERKÖNIG ermittelt.	Arbeit in drei Kleingruppen in verschiedenen Ecken des Klassenraumes Medien: Gymnastikreifen, Murmeln, Zifferkarten, Punktewürfel mit Einkerbungen bei den Punkten, um dort die Murmeln hineinzulegen. Als Differenzierungsmöglichkeit für einzelne Schüler einen Zahlenwürfel Üben des Zahlbegriffs im Spiel Der Wettbewerbscharakter wirkt sich auf die Schülerinnen und Schüler motivierend aus.
	Stationen 1. Station: Trampolinspringen Der Sch. würfelt eine Zahl oder sucht sich eine aus und springt die entsprechende Anzahl. Anschließend kann er die Ziffern- und Mengenkarte einander zuordnen. 2. Station: Fliesentreppe Der Sch. legt Zahlkarten von 1 – 6 an die entsprechende Fliese. Anschließend geht er entsprechend seinen Würfelpunkten auf die zugehörige Fliese. Dabei wird pro Fliese nur ein Doppel-Schritt gemacht. 3. Station: Schatzkiste einer Tastkiste sind Aufgaben bzgl. der Zuordnung von Menge und Ziffer versteckt. Während der Rechenaktion liegen die Sch. auf einem Wackelbrett.	Medien: Großer Würfel, Trampolin, Ziffer- und Mengenkarten Medien: Teppichfliesen, Zifferkarten, Würfel Medien: Tastkiste mit Pistazienschalen, bzw. Linsen, Wackelbrett, Aufgaben Medien:

	4. Station Rechengläser den Deckeln der Gläser ist eine Punktmenge zu sehen. Die Sch. sollen die entsprechende Anzahl von großen Muggelsteinen in das Glas legen und auf die zugehörige Ziffer stellen. Bei dieser Aufgabe können die Kinder auf einem Sitzball am Tisch sitzen. 5. Station Knettisch 6. Entsprechend der gewürfelten Punktzahl malen die Sch. zunächst die entsprechende Menge auf ein Blatt Papier und kneten dann die gleiche Anzahl Kugeln und legen sie auf die gemalten Punkte. Anschließend suchen sie die Zifferkarte heraus und malen mit Hilfe (wenn nötig) die Ziffer auf. Diese Ziffer wird noch gemalt und mit einer Knetschlange nachgelegt.	Gläser mit Schraubverschluß, Muggelsteine, Zifferkarten, Sitzball Medien: Knete, Papier, Wachsmalstifte, Würfel
	Da die Stationen in versch. Räumen sind, werden diese nach 15 Minuten getauscht.	Eine Eieruhr wird zu Beginn mit den Schülerinnen und Schülern eingestellt
Abschluß / Ausklang	Lied: 10 große Rechenmeister..... Entsprechend des Liedtextes verschwinden paarweise die Kinder unter dem Schwungtuch. Zum Abschluß wird das Tuch achtmal geschwungen zu dem Reim: 1, 2, 3, 4, 5, 6, 7, 8 – gut gemacht	

A.Scheuermann-Hoffmann/R.Klandt

Variationen der Stationen für folgende Unterrichtsstunden in Bewegung
- große Tastkiste mit Bällen
- mit dem Rollbrett die Aufgaben holen (selbst gewählter Parcours durch den Raum)
- durch einen Tunnel kriechen, um zur Aufgabe zu gelangen (vorwärts/rückwärts)
- die unter schweren Holzquadern versteckten Aufgaben durch Abbau entdecken
- Spindelspiel
- Kegeln
- Spiel „Tempo kleine Schnecke“ anstatt „Klickerkönig“

Literatur

Ayres, A.J: (1984): Bausteine der kindlichen Entwicklung, Berlin/Heidelberg/New York

Bach, H. (1974[6]): Geistigbehindertenpädagogik, Berlin

Beschlüsse der Kultusministerkonferenz, (1980): Empfehlungen für den Unterricht in der Schule für Geistigbehinderte, Darmstadt

Ciompi, L. (1988): Außenwelt – Innenwelt, Göttingen

Cuomo, N (1982): Schwere Behinderungen in der Schule, Bologna

Landesinstitut für Schule und Weiterbildung : Curriculumentwicklung NRW. Schule anders wahrnehmen – Schule anders bewegen, Soest

Eggert, Dietrich u. Mitarbeit v. Lütje-Klose, B. u.a. (1994): Theorie und Praxis der psychomotorischen Förderung, Textband. Dortmund, vml

Fröhlich, A., (Hrsg.) (1989[2]): Lernmöglichkeiten, Heidelberg

Heits, H., John, E. (1993): Unterrichtsarbeit an der Schule für Geistigbehinderte, Berlin

Höhne, M. (1997): Braucht Schule Bewegung? Bonn

Hölter, G. (2000): Motorik, 4

Hölter, G. (1990): Psychomotorik in Therapie und Pädagogik, Dortmund, 94 ff

Höss, H., Wolf G., (Hrsg.) (1982): Psychomotorische Förderung geistig Behinderter, Stuttgart

Holle, B. (1988): Die motorische und perzeptuelle Entwicklung des Kindes, München/Weinheim

ISB (1992): Erziehung und Unterricht Diagnostik und Förderung schwer geistigbehinderter Schüler, München

ISB (1993): Schritte ins Leben, München

Jacobs, D. (1985[4]): Die menschliche Bewegung, Wolfenbüttel

Joans, V. (1989): Zur Diagnostik des Raumverhaltens und -erlebens bei Kindern. In: Motorik, 12, 4

Kükelhaus, H. (1979): Organismus und Technik, Frankfurt/M.

Mahlke/Schwarte (1994[3]): Raum für Kinder, Weinheim/Basel

Malaguzzi, L. (1985): Für eine Zukunftspädagogik, Vortrag

Malaguzzi, L. (1984): 16 Thesen zum pädagogischen Konzept, Berlin

Maturana, R./Varela, J(1984[3]): Der Baum der Erkenntnis, Bern/München

Miessler, M./Bauer, I. (1985): Das bin ich, Beiträge zu einer persönlichkeitsorientierten Erziehung, Bonn-Bad Godesberg

Molcho, S. (1992): Körpersprache der Kinder, München

Pickler, E. (1988): Lasst mir Zeit, München

Speck, O.(1993[7]): Menschen mit geistiger Behinderung und ihre Erziehung, München

Stäbler, M. (1996): Bewegung, Spaß und Spiel auf dem Trampolin. Schorndorf, Hofmann

Zimmer, R. (1993): Handbuch der Bewegungserziehung, Freiburg/Basel/Wien

Zimmer, R. (1999): Handbuch der Psychomotorik, Freiburg

3.2.3 Psychomotorische Förderung von Kindern mit Sprachbeeinträchtigungen

Birgit Lütje-Klose

Sprachentwicklungsstörungen sind, wie in der neueren sprachbehindertenpädagogischen Literatur durchgängig vertreten wird, nicht als isolierte, einseitige Störungen zu sehen (KNURA 1982, GROHNFELDT 1987, HOMBURG 1995, KMK 1998, WELLING 2000, u.a.). Die individuelle Sprachentwicklung ist vielmehr ein Produkt der Auseinandersetzung des Kindes mit den Menschen und Gegenständen seiner Lebenswelt und damit ein Teil seiner gesamten Persönlichkeitsentwicklung. Sprachentwicklungsstörungen sind also komplexe Beeinträchtigungen, auf die die Umwelt wesentlichen Einfluss hat und die in einem Wechselwirkungsverhältnis zu anderen Dimensionen der Persönlichkeitsentwicklung stehen: Wahrnehmung, Motorik, Kognition, Emotion, Soziabilität.

In meinem Beitrag soll es um die Frage gehen, welche Bedeutung die Psychomotorik als Ansatz zur Förderung von Kindern mit Sprachentwicklungsstörungen in der Schule haben kann. Dazu gehe ich zunächst auf mein Verständnis des Begriffs Psychomotorik ein. Dann beschäftige ich mich mit den entwicklungspsychologischen Zusammenhängen, die für den einzelnen Menschen zwischen den verschiedenen Entwicklungsdimensionen – insbesondere zwischen der Bewegung, Wahrnehmung und Sprache – bestehen. Weiterhin geht es mir darum, wie die Entwicklungsbedingungen für Kinder mit Sprachbeeinträchtigungen in ihrem direkten Umfeld Schule kommunikationsförderlich gestaltet werden können und welche Rolle die Psychomotorik dabei spielen kann. Dies veranschauliche ich am Beispiel der psychomotorisch orientierten Sprachförderung, beschreibe Grundlagen, Prinzipien und methodische Strategien des Ansatzes sowie seine Möglichkeiten und Grenzen.

1. Die Bedeutung der Psychomotorik aus sprachbehindertenpädagogischer Sicht

Psychomotorische Situationen sind komplexe Handlungssituationen, in denen Kinder miteinander spielen, planen, bauen und interagieren. Der eigene Körper, aber auch motivierende Materialien wie Schwungtücher, Schaukeln, Rollbretter, Autoreifen und vieles andere mehr werden dabei phantasievoll eingesetzt, um eine Spielwelt zu gestalten. Dieser eigene Kosmos wird von Kindern im Grundschulalter in hohem Maße auch sprachlich geschaffen. Zum Beispiel beim Bau einer Drachenhöhle in der Turnhalle oder einer „Sandtransportmaschine" auf dem Spielplatz sind handelnd und sprachlich viele Probleme zu bewältigen, man muss sich über das Thema, das Material, den Aufbauprozess und die Rollen der Mitspieler einigen und die Spielhandlung gemeinsam weiterentwickeln.
Aus der Sicht der Sprachbehindertenpädagogik ist dabei wesentlich, dass

die Kinder durch solche Bewegungs- und Wahrnehmungsangebote in komplexen Spielsituationen in ihrer gesamten Persönlichkeitsentwicklung einschließlich ihrer sprachlich-kommunikativen Kompetenzen unterstützt werden sollen. Ich verstehe unter Psychomotorik mit EGGERT (1994, 20) eine ganzheitlich orientierte Entwicklungsförderung von Kindern durch das Zusammenspiel von Bewegen, Wahrnehmen, Denken, Fühlen und Erleben im Spiel oder einer anderen bedeutungsvollen Handlungssituation gemeinsam mit anderen. Die Psychomotorik als ganzheitlich orientierter Ansatz, der körperliche, psychische und kognitive Prozesse nicht getrennt voneinander betrachtet, sondern als Einheit versteht (vgl. BÜELER 1994), hat in den letzten Jahren verstärkt Eingang in die Förderung von Kindern mit Sprachentwicklungsstörungen gefunden. Das zeigen viele Erfahrungsberichte und Untersuchungen (z.B. ECKERT 1985, EGGERT u.a. 1990, KLEINERT-MOLITOR 1986, KRÄMER 1995, V. ORLIKOWSKI 1995, MUDRAK 1997, KRÄMER & LÜTJE-KLOSE 1998): in Sonderschulen und integrativen Grundschulklassen wird die Psychomotorik häufig zur basalen oder auch zur spezifischen Sprachförderung genutzt. Bei aller Unterschiedlichkeit sollen den Kindern dadurch motivierende gemeinsame Erfahrungen ermöglicht und gleichzeitig individuell angemessene Förderangebote gemacht werden. In strukturierten Situationen mit motivierenden Materialien werden Körper-, Material- und Sozialerfahrungen angeboten. Der Aufbau äußerer und innerpsychischer Handlungsstrukturen wird angestrebt. Bewegung und Spiel stehen als kindgemäße Ausdrucksformen im Mittelpunkt, darüber hinaus sollen auch alle anderen Persönlichkeitsbereiche – Wahrnehmung, Denken, Fühlen, Motivation, Sozialität, Sprache – angesprochen werden (vgl. EGGERT 1993, 1994). Bewegung wird dabei verstanden als *„Sinnbild für eine äußere wie innere Aktivität des Kindes. Über äußere Aktivitäten (Bewegungsförderung) kann die innere Persönlichkeitsentwicklung wirkungsvoll und sinnvoll so beeinflusst werden, dass Kinder in der Auseinandersetzung mit ihrer dinglichen und personalen Umwelt handlungsfähiger werden – das ist eine der Grundannahmen psychomotorischen Denkens" (EGGERT 1994, 22).* So ermöglicht zum Beispiel das Ausprobieren verschiedener Materialien, die sich für die „Sandtransportmaschine" eignen, die Erfahrung physikalischer Gesetzmäßigkeiten. Das Erleben des eigenen Erfolgs als wichtiger Teil der Gruppe hat Folgen für die Motivation, sich zukünftigen Anforderungen zu stellen. Die Unterstützung beim Aufbau eines positiven Selbstkonzepts durch Erfolgserlebnisse und Kompetenzerfahrungen spielt also eine wesentliche Rolle. Aus konstruktivistischer Perspektive ist dabei zu betonen, dass Kinder als selbstreferentielle, autopoietische Systeme aus dem Angebot ihrer Lebenswelt immer nur das aufnehmen, was ihren aktuellen Strukturen und Bedürfnissen entspricht, was für sie auf ihrem aktuellen Strukturniveau also wahrnehmbar und bedeutsam ist. Pädagogische oder therapeutische Ansätze wie die Psychomotorik können in diesem Verständnis immer nur Angebote sein, über deren Annahme und Integration in das jeweilige System selbst entscheidet. Die Psychomotorik arbeitet daher mit der hohen Motivation, die Bewegungs- und Spielsituationen für Kinder haben können. Für Kinder mit Sprachbeeinträchtigungen will sie ein entwicklungsförderndes Potential bieten durch

- eine basale Förderung der Bewegungs- und Wahrnehmungskompetenzen;
- positive Selbsterfahrungen in einer anregenden Umgebung;
- eine soziale Situation, in der gemeinsames Handeln mit anderen Kindern und Erwachsenen unterstützt wird;
- dieses gemeinsame Handeln ist immer kommunikatives Handeln, im Rahmen dessen Sprache als effektives Kommunikationsmittel erprobt und erfahren werden kann.

An diesen Grundsätzen auch knüpfen die Ansätze psychomotorisch orientierter Sprachförderung an, auf die ich später zurückkomme. Zunächst möchte ich aber auf die entwicklungspsychologischen Grundlagen eingehen, auf die ich mich beziehe: die entwicklungstheoretischen Vorstellungen Jean PIAGETs und den interaktionistischen Spracherwerbsansatz von Jerome BRUNER.

2. Entwicklungspsychologische Begründungen aus interaktionistischer Sicht

Aus interaktionistischer Perspektive basiert der Spracherwerb auf zwei wesentlichen vorsprachlichen Erfahrungsbereichen des Kindes: den sensomotorischen Erfahrungen, mit Hilfe derer sich das Kind seine Lebenswelt handelnd aneignet, und den vorsprachlichen kommunikativen Erfahrungen, die es gemeinsam mit seinen Bezugspersonen macht (vgl. FÜSSENICH 1987).

Unter Bezugnahme auf PIAGET stützt sich die Psychomotorik auf die Vorstellung, dass sensomotorische Erfahrungen eine grundlegende Bedingung für Lernen insgesamt darstellen: Bewegung und Wahrnehmung sind für jedes Kind der erste Zugang zur Welt und bleiben lebenslang bedeutsam. Von Anfang an ist es aktiv und reagiert durch Bewegungen auf das, was es von der Welt bereits wahrnehmen kann. Durch diese konkreten Erfahrungen verändern sich die Wahrnehmungsfähigkeiten wiederum, sie differenzieren sich allmählich immer stärker aus und führen zur Bildung kognitiver Strukturen. Durch die beständige, tätige Auseinandersetzung mit dem, was es wahrnimmt, lernt das Kind nach und nach, zielgerichtet mit Hilfe von Bewegung auf die Umwelt einzuwirken (vgl. EGGERT 1994).

Jede Handlung basiert somit auf motorischen Fähigkeiten; die Handlungserfahrungen werden gespeichert und verinnerlicht, so dass aus ihnen innere Handlungen entstehen. Diese werden zu Symbolen für die Handlungen selbst, zu kognitiven Strukturen. Jede neue Erfahrung wird vor dem Hintergrund der bereits bestehenden Struktur wahrgenommen. Auf diese Weise „konstruiert" das Kind sein Weltbild (vgl. PIAGET & INHELDER 1976, 14). Später im Verlauf der Entwicklung werden diese Strukturen durch Sprache repräsentiert: Die angeeigneten Begriffe der Welt bekommen Namen, das Kind kann beginnen, im Gespräch mit anderen auf die Dinge der Welt zu verweisen und darüber zu kommunizieren. Der Spracherwerb basiert demzufolge auf sensomotorischen Erfahrungen und ihrer Verknüpfung zu kognitiven Strukturen. Die Bewegung ist dabei ebenso wie die Sprache immer nur ein Teil des komplexen Gesamtgeschehens, der ganze Mensch mit allen Dimensionen seiner Persönlichkeit ist daran jederzeit beteiligt.

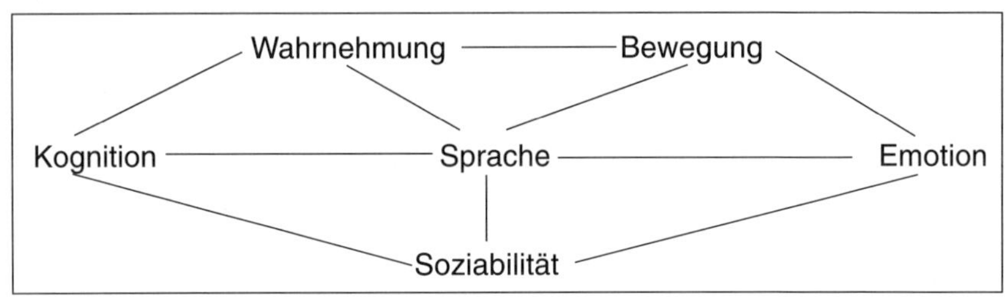

Abb. 1: Verflochtenheit der Dimensionen einer ganzheitlichen Entwicklung (in Anlehnung an Fröhlich 1989, 15)

Um diese Dimensionen zu veranschaulichen, beziehe ich sie auf das Beispiel des Mädchens Marina beim Bau der Sandtransportmaschine. Marina, die oben auf ein Klettergerüst aus Autoreifen und Holzstreben geklettert ist, macht sich mittels ihrer visuellen, auditiven und taktil-kinästhetischen Wahrnehmungsfähigkeiten ein komplexes Bild von der Situation. Sie setzt ihre kognitiven Fähigkeiten ein, um ein Handlungsziel zu entwickeln und einen (vorläufigen) Plan zur Umsetzung dieses Ziels zu entwerfen. Das Ziel ist es, den Sand aus dem Sandkasten nach oben auf das Gerüst zu holen und dann durch eine Röhre nach unten in die Tonne zu transportieren. Marinas kommunikative Fähigkeiten ermöglichen es ihr, mit den anderen beteiligten Kindern in Kontakt zu treten. Sie setzt ihre sozialen Kompetenzen ein, um mit ihnen gemeinsam einen Handlungsplan zu entwickeln, zu erproben und solange immer wieder zu verändern, bis er zum Ziel führt. Dazu wird der Plan in Bewegungshandlungen umgesetzt, die vielfältige motorische Basiskompetenzen erfordern: über eine Menschenkette reichen die Kinder den Sand in Förmchen über die einzelnen Stufen des Klettergerüsts bis ganz nach oben und lassen ihn von dort durch eine Röhre wieder nach unten in die Tonne rutschen. Von hier aus wird er wieder nach oben gereicht usw. Durch die Koordination

ihrer Handlungspläne erreichen die Kinder einen flüssigen Ablauf. Sie sind aus vollem Herzen bei der Sache, denn sie haben Spaß am gemeinsamen Handeln und sind bereit, sich anzustrengen um das gemeinsame Ziel zu erreichen. Die Erfahrung des Gelingens und lustvollen Spiels wird ihre Motivation, sich zukünftige Aufgaben zu suchen und sich ihnen zu stellen, erhalten. Die sprachlich-kommunikativen Fähigkeiten Marinas und der anderen Kinder sind nicht isoliert zu verstehen, sondern bilden ein Teilsystem ihrer Handlungsfähigkeit insgesamt.
Die Auseinandersetzung des Kindes mit seiner Wirklichkeit erfolgt demzufolge niemals isoliert auf nur einer Ebene; daran ist immer der Mensch als Ganzes mit seinen bisherigen Erfahrungen auf den verschiedenen Ebenen, mit seinen Bewegungs- und Wahrnehmungsfähigkeiten, seinen Gefühlen sowie seinen sozialen und kognitiven Möglichkeiten beteiligt. Diese Dimensionen seiner Entwicklung sind jederzeit untrennbar miteinander und mit dem sprachlichen System verknüpft. So definiert EGGERT die psychomotorische Handlung als *„soziale Interaktion und Kommunikation mit anderen Menschen und zugleich Reaktion auf physikalische Bedingungen der Umwelt ... sie ist auf Ziele gerichtet und deshalb mit dem kognitiven System verknüpft, indem sie Ziele, Pläne, das Bild von der Welt, vom Körper und vom eigenen Ich in die Handlung mit einbezieht" (EGGERT 1994, 14).*

Im Sinne des interaktionistischen Spracherwerbsansatzes ist es von großer Bedeutung, dass Kinder diese Entwicklungsprozesse nicht allein vollziehen müssen, sondern in Kooperation mit ihren Bezugspersonen. Entwicklung ist, wie der amerikanische Entwicklungspsychologe BRUNER sagt, kein „Soloausflug" des Kindes, es erwirbt seine Handlungskompetenzen vielmehr in der Interaktion mit den Menschen seiner Lebenswelt: Eltern, Geschwister, Erzieher/innen, Lehrer/innen, Spielkamerad/innen u.a. In der Auseinandersetzung mit vertrauten Menschen lernt es seine Kultur kennen: dazu gehören alle sozial akzeptierten Denk- und Handlungsweisen, seien sie motorisch, kognitiv, sozial oder sprachlich. Dabei spielt die Sprache als „Vermittlerin der Kultur" eine zentrale Rolle. Sprache wird von BRUNER nicht in erster Linie als ein abstraktes System verstanden, das Kinder sich um seiner selbst willen aneignen, sondern als Handlungsmittel, durch dessen Gebrauch Kinder ihre Absichten verwirklichen und an der Kultur teilhaben können, in der sie leben. BRUNER geht davon aus, dass Form, Inhalt und Gebrauch von Sprache nicht isoliert, sondern immer gleichzeitig und in ihren Wechselwirkungen existieren – und auch von Kindern nicht isoliert, sondern als komplexes, bedeutungsvolles System erworben werden. Dabei ist in der Kommunikationsfunktion der Sprache, dem Sich-Mitteilen und Verstehen in der sozialen Gemeinschaft, die Triebfeder für ihren Erwerb zu sehen. Die Unterstützung der Erwachsenen besteht in zwei zentralen Aspekten: in der Strukturierung gemein-

samer Handlungssituationen und in der Feinabstimmung des sprachlichen Angebots der Erwachsenen auf die aktuellen Fähigkeiten der Kinder.
Eltern (und andere erwachsene Interaktionspartner/innen) entwickeln BRUNERS Forschungen zufolge im frühen Spracherwerb im gemeinsamen Handeln mit ihren Kindern einfache Kommunikationsschemata, die immer wiederholt werden. Diese standardisierten Situationen, von BRUNER als ***Formate*** bezeichnet, zeichnen sich dadurch aus, dass sie für beide Partner kommunikativ und sozial bedeutungsvoll sind. Es handelt sich dabei zunächst primär um Bewegungshandlungen, die von den Erwachsenen lautmalerisch und später zunehmend auch sprachlich begleitet werden. Die Bedeutung der Handlung wird also zunächst über Bewegungen, Berührungen etc. kommuniziert, bevor Sprache zielgerichtet eingesetzt wird. Dies geschieht in alltäglichen Handlungssituationen wie beim Füttern, Wikkeln und Zu-Bett-bringen, oder auch in Spielsituationen. Ein klassisches Spielformat, bei dem BRUNER diese Abläufe systematisch untersucht hat, ist das Kuckuck-da-Spiel (vgl. BRUNER 1987, 103). Dieses Spiel ist gekennzeichnet durch die wiederkehrenden Elemente des Versteckens, Kukkuck Rufens und wieder Auftauchens. Es enthält – genau wie ein Gespräch – die Eröffnung (Aufforderung zum Spiel), den Wechsel der Akteure und die Beendigung. Durch die klare und gleichbleibende Strukturierung der Situation stellen die Erwachsenen den Kindern eine Art „Baugerüst“ für die Kommunikation zur Verfügung und ermöglichen ihnen, in der „Zone der nächsten Entwicklung“ zu handeln. BRUNER (1978) spricht in diesem Zusammenhang von „scaffolding“. Er bezieht sich damit auf die von WYGOTSKY (1962) formulierte Theorie, dass ein Kind mit Unterstützung durch einen Menschen auf höherem Entwicklungsniveau handeln und so seine Fähigkeiten erweitern kann. Typisch für dieses „Baugerüst“ ist nach BRUNERs Untersuchungen das Übergabe-Prinzip. Die Mutter führt ein neues Element, z.B. eine Bewegung, einen Laut oder ein Wort, ein und übergibt die neue Funktion nach und nach an das Kind, bis es fähig ist, das Neue selbst auszuführen. Auf diese Weise lernt es allmählich, den Sprecherwechsel zu vollziehen, kommunikative Absichten zu entwickeln und auszudrücken. In vielen Spielen und Alltagshandlungen lässt sich diese Formatstruktur wiederfinden, die BRUNER zufolge eine wesentliche Grundlage für den Erwerb vorsprachlicher kommunikativer Regeln und darauf aufbauend auch sprachlicher Strukturen darstellt (Geben-Nehmen, Aufforderungen, Vorläufer sprachlicher Formen wie Hinweisen, Zeigen usw.).
Auch sprachliche Strukturen werden dem Kind in diesen Situationen von den Bezugspersonen in systematischer, vereinfachter Weise angeboten. Die Sprache, die die Bezugsperson an das Kind richtet („motherese“), ist weniger komplex als die Erwachsenensprache und entspricht, wie seine Untersuchungen zeigen, erstaunlich genau den aktuellen Fähigkeiten des

Kindes (vgl. BRUNER 1987, 33 f). BRUNER nennt diese Fähigkeit der Erwachsenen ***„finetuning"*** (Feinabstimmung). Das Kind signalisiert über den Grad an Aufmerksamkeit und andere nonverbale Mittel, ob es die Mitteilung verstanden hat oder über- bzw. unterfordert ist.
Voraussetzungen für eine gelingende Feinabstimmung zwischen Bezugsperson und Kind sind nach BRUNER, dass der Kontakt von beiden Personen als angenehm erlebt wird, sie füreinander Interesse haben und Zeit aufwenden, so dass ihre Aufmerksamkeit sich auf dieselben Gegenstände richten kann. Eine stabile, vertrauensvolle Beziehung ist damit grundlegend für eine gelingende Kooperation und das gemeinsame Handeln.
Das Sprachverständnis des Kindes erwächst zunächst aus solchen gemeinsamen Handlungsrahmen. Voraussetzung für die eigene Sprachproduktion des Kindes sind darüber hinaus in den bereits angesprochenen sensomotorischen Erfahrungen und einem dadurch gewonnenen Weltwissen zu sehen, das durch Sprache symbolisiert werden kann. Im Sinne von PIAGETs konstruktivistischer Entwicklungspsychologie, auf die BRUNER sich bezieht, macht sich das Kind auf jedem Entwicklungsniveau ein Bild von der Welt und auch von der Sprache seiner Kultur, das seinen bisherigen Erfahrungen entspricht. Durch neue Erfahrungen und Erlebnisse im handelnden Umgang mit den Gegenständen und den Personen seines Kontextes wird diese Wirklichkeitskonstruktion erschüttert, sie „passt" nicht mehr und muss verändert werden. Kinder erwerben das sprachliche Regelsystem also konstruktiv durch seinen Gebrauch in bedeutungsvollen Situationen, in denen sie ihre aktuellen Hypothesen über das System überprüfen und gegebenenfalls verändern. Aus dem sprachlichen Angebot ihrer Umgebung nehmen sie jeweils die Aspekte wahr, die ihrem aktuellen Strukturniveau entsprechen oder leicht darüber liegen, so dass eine angemessene, verarbeitbare Verunsicherung entsteht und zur Weiterentwicklung des individuellen Systems genutzt werden kann.
Damit das Kind Sprache erwerben kann, kommen dem interaktionistischen Spracherwerbs zufolge demnach verschiedene Bedingungen zusammen:

- Das Sprache erwerbende Kind konstruiert aktiv das sprachliche Regelsystem, in dem es im Kontext seiner Lebenswelt und in Kooperation mit seinen Bezugspersonen handelt.
  Die Erwachsenen müssen ihm dazu eine kooperative Beziehung, einen strukturierten gemeinsamen Handlungsrahmen und ein entwicklungsangemessenes Sprachangebot zur Verfügung stellen.
- Sprachentwicklung ist ein in Stufen verlaufender Anpassungsprozess, jede Stufe ist in sich schlüssig und strukturdeterminiert. Abweichungen von der sprachlichen Norm der Umwelt gelten als individuelle Variationen, die sich für das einzelne Kind im Prozess seiner Hypothesenbildung als Teil der aktuellen Wirklichkeitskonstruktion entwicklungs-

logisch ergeben haben. Solche „Fehler" liefern Anhaltspunkte über den aktuellen Stand des individuellen Sprachsystems. Auf der Grundlage förderdiagnostischer Beobachtung können, daran anknüpfend, Situationen strukturiert werden, die die weitere Hypothesenbildung in Richtung einer Annäherung an die Sprachnorm anregen.

- Sprache wird als hierarchisches System gesehen, innerhalb dessen die einzelnen Ebenen (Aussprache, Grammatik, Semantik, Pragmatik) miteinander vernetzt sind. Diese Strukturebenen werden dementsprechend nicht getrennt, sondern gleichzeitig und in ihren Wechselwirkungen erworben. Der Erwerb wird wesentlich durch den Wunsch des Kindes motiviert, sich mitteilen und seine eigenen Absichten verwirklichen zu können. Die Erfolgserlebnisse, die es dabei macht, sind grundlegend für seine Bereitschaft, sich wieder neu verunsichern zu lassen, und damit für die weitere Auseinandersetzung mit dem sprachlichen System.

Für die Förderung von Kindern, die beim Erwerb sprachlich-kommunikativer Fähigkeiten besondere Unterstützung benötigen, kann man aus diesem Ansatz folgende **Konsequenzen** ziehen: Ziel des Spracherwerbs und damit auch der Sprachförderung ist nicht nur die Aneignung des Systems Sprache als Selbstzweck, sondern der Erwerb einer umfassenderen kommunikativen Kompetenz. Diese umfasst das situationsadäquate Verständnis und den angemessenen Gebrauch verbaler ebenso wie nonverbaler Kommunikationen (vgl. MOTSCH 1989). Die Prinzipien der Unterstützung des frühen Spracherwerbs werden dabei auf die Fördersituation übertragen. Daraus ergibt sich die Notwendigkeit, Sprachförderung als Kommunikationsförderung zu verstehen und sie nicht in isolierten Formen, sondern in „natürlichen" Kontexten, eingebettet in alltägliche und bedeutungsvolle Handlungszusammenhänge zu praktizieren: *„...denn je weniger die Situation realer Interaktion entspricht, je künstlicher die dem Kind abverlangten Übungen und Reaktionen sind, desto unwahrscheinlicher wird es, dass das Kind die angebotenen sprachlichen Strukturen aufgreift" (DANNENBAUER 1983, 438).* Und damit komme ich zurück zur Psychomotorik, die meines Erachtens eine solche Situation – unter anderen denkbaren – sein kann.

3. Ansätze psychomotorisch orientierter Sprachförderung

Die Psychomotorik hat als Kontext der Förderung von Kindern mit Sprachentwicklungsstörungen in den letzten 15 Jahren immer stärker an Bedeutung gewonnen. Psychomotorische Situationen werden inzwischen von vielen Lehrerinnen in allen organisatorischen Modellen der Sprachbehindertenpädagogik genutzt, um Kinder beim Aufbau sprachtragender Basiskompetenzen zu unterstützen, ihnen bedeutungsvolle gemeinsame Handlungssituationen anzubieten und vielfältige Sprachlerngelegenheiten zu eröffnen. Dazu haben vor allem die Veröffentlichungen von drei Autorin-

nen beigetragen, die seit Ende der 70er und Beginn der 80er Jahre ihre Ansätze entwickelt haben: Ingrid OLBRICH, Renate ECKERT und Barbara KLEINERT-MOLITOR. Ihr Verdienst als „Grenzgängerinnen" der Sprachbehindertenpädagogik und der Psychomotorik ist es, als erste die Dimensionen der Kommunikation und Sprache in die Welt der Psychomotorik eingebracht zu haben und gleichzeitig zu einem frühen Zeitpunkt psychomotorische Erfahrungen in die Sprachbehindertenpädagogik integriert zu haben. Ihre Vorstellungen wurden seitdem von verschiedenen Autorinnen aufgegriffen und weiterentwickelt.
OLBRICH und ECKERT haben viele Jahre in Kooperation an der integrierten Sprach- und Bewegungstherapie (ISBT) gearbeitet und sich dann in unterschiedliche Richtungen weiterentwickelt. Während OLBRICH (vgl. Kap. 2.5.) eine gestaltpädagogische Fundierung ihrer pädagogischen Praxis entwarf, integrierte ECKERT neoreichianische und körpertherapeutische Elemente in ihren Ansatz der integrierten Entwicklungs- und Kommunikationsförderung (IEK) (vgl. Kap. 2.6). Der Name KLEINERT-MOLITOR steht für den Ansatz der psychomotorisch orientierten Sprachförderung, den ich im Hinblick auf ein förderdiagnostisches Vorgehen weiterentwickelt habe und auf den ich mich beziehe. KLEINERT-MOLITOR bezieht sich in ihrer theoretischen Fundierung auf einen handlungstheoretischen Ansatz sowie auf die sprachbehindertenpädagogische Didaktik und betont besonders den Stellenwert eines bedeutsamen, kommunikationsanregenden Handlungsrahmens, der die Kinder zum Gebrauch und zur Weiterentwicklung ihrer sprachlichen Mittel anregt. Gemeinsame Grundannahmen dieser Ansätze sind folgende:

1. Sensomotorische und sprachliche Entwicklung sind miteinander verbunden und aktivieren sich gegenseitig.
2. Kinder mit Sprachentwicklungsstörungen sind aktive Lerner, die ihre Lernprozesse gestalten können, sofern die äußeren Bedingungen es erlauben.
3. Motorisch akzentuierte Spielhandlungen gemeinsam mit anderen regen zur Kommunikation und Sprache an und sind daher die Grundlage für eine psychomotorisch orientierte Sprachförderung.

Trotz gemeinsamer Grundannahmen setzen die Vertreterinnen dieser Ansätze deutlich unterschiedliche Schwerpunkte. OLBRICH und ECKERT binden die Bezugspersonen der Kinder in einem therapeutischen Setting direkt in die psychomotorische Arbeit ein und nehmen so Einfluss auf die familiären Interaktionsstrukturen, im Rahmen derer das sprachentwicklungsgestörte Kind seine sprachlichen Kompetenzen weiterentwickeln soll. Sie verzichten weitgehend auf eine direkte Einwirkung auf die Sprache der Kinder. Der Satz von Perls: „Don´t push the river, let it flow" kennzeichnet ihr Verständnis über die Gestaltung von Lernprozessen. Wichtige Ziele sind die indirekte Beeinflussung sprachlicher Lernprozesse ei-

nes Kindes durch das Modell der Sprachbehindertenpädagogin und die Stärkung der Interaktion von Kind und Bezugsperson. Durch den Aufbau einer Ich-, Sach- und Sozialkompetenz soll die sprachliche Handlungskompetenz aufgebaut werden.
Im Unterschied zu dieser eher familientherapeutischen Ausrichtung ist KLEINERT-MOLITORs Ansatz auf die Umsetzung im Kontext Schule bzw. Kindergarten ausgerichtet. Sie favorisiert sonderpädagogische und integrative Kleingruppen von Kindern, die miteinander interagieren und voneinander lernen. Im Anschluss an eine Phase der Konzentration auf Angebote zur Wahrnehmung und Bewegung hält sie auch eine direkte Einwirkung auf sprachliche Strukturen für notwendig. Das großräumige Bewegungsspiel stellt für sie den „Sprachlernort" dar, innerhalb dessen die Kinder aktiv und kreativ mit Sprache umgehen und angebotene Sprachstrukturen aufgreifen können. Ihr wichtigstes Anliegen ist es, sprachliche Lernprozesse durch solche Angebote herauszufordern, die gezielt an das aktuelle Entwicklungsniveau der einzelnen Kinder angepasst sind. Das geschieht unter anderem durch eine bewusst geplante unterschiedliche Akzentuierung des Bewegungs- und des Sprachhandelns im Rahmen des Sprachförderprozesses. Dieser vollzieht sich idealtypisch in drei Phasen:

1. Bewegung und Wahrnehmung stehen als sprachtragende Basisfunktionen im Vordergrund, Sprache wird handlungsbegleitend eingesetzt.
2. Psychomotorische und sprachliche Förderanteile sind gleichrangig.
3. Sprachförderung wird durch Bewegungshandlungen unterstützt.

Das thematische Handeln im Rahmen eines Themas oder einer Spielidee fungiert immer als Rahmen, um den Sinnzusammenhang der einzelnen Stunden und Einheiten zu gewährleisten. Dabei sind folgende **Prinzipien** zu berücksichtigen:

- Förderung der Sprachentwicklung als Teil der Gesamtentwicklung
- Sprache fungiert als „Schlüsselwerkzeug des Handelns" (KLEINERT-MOLITOR (1986))
- Spracherwerb ist problemlösendes Lernen, das vorrangig in der Kommunikation mit anderen Kindern und Erwachsenen stattfindet;
- „Feinabstimmung" von Kind und Bezugsperson (Bruner) durch Anknüpfen am aktuellen Entwicklungsstand;
- Betonung der Rolle des Spiels als gemeinsame Handlungssituation;
- Strukturierung formatähnlicher Situationen;
- Offenheit in der Gestaltung der Spielhandlungen;
- Anknüpfen an den Alltagserfahrungen, Interessen und Bedürfnissen der Kinder;
- Bedeutsamkeit durch thematische Gebundenheit der Förderinhalte.

Das Förderangebot knüpft in motorischer, sozial-emotionaler, kognitiver und sprachlicher Hinsicht am individuellen Entwicklungsstand der Kinder an und strebt immer auf die Zone der nächsten Entwicklung hin. Die Fördersituation muss deshalb auf der Grundlage diagnostischer Erkenntnisse so vorstrukturiert sein, dass die Kinder darin handlungsfähig sind. Sprachliche Strukturen werden insbesondere in der dritten Phase so angeboten, dass sie explizit wahrnehmbar sind. Folgende „sprach- und kommunikationsfördernden Initiativen" (vgl. HEIDTMANN & PIEPGRAS 1993, 6) der Sprachbehindertenpädagogin können dazu eingesetzt werden:

- Schaffung einer entspannten, vertrauensvollen Kommunikationssituation;
- Nutzung von Formaten als Strukturierungshilfen für sprachliche Handlungszusammenhänge (Rituale, Gesprächskreise, Spiele etc.);
- Gelegenheit zur Rollenübernahme im Spiel;
- problemlösende Gespräche in situativen Handlungszusammenhängen;
- Anregung zur Reflexion über Sprache durch Thematisieren kommunikationsrelevanter Sachverhalte;
- Unterstützung des eigenaktiven Entdeckens sprachlicher Regeln und Zusammenhänge;
- gezielter Einsatz der eigenen verbalen und nonverbalen Kommunikation durch die Sprachbehindertenpädagogin durch aufmerksamkeitszentrierende Strategien, den strukturierenden Einsatz von Mimik, Gestik, Raumverhalten, Prosodie oder den Verweis auf Bilder und Schrift.
  Im Rahmen des Spiels soll die Bereitschaft zur sprachlichen Kommunikation erreicht und eine sachliche Notwendigkeit zur Produktion von förderdiagnostisch beschriebenen, individuell relevanten Zielstrukturen hergestellt werden. Zur Veränderung nicht-normgerechter Strukturen werden Strategien des Modellierens eingesetzt (vgl. DANNENBAUER & KÜNZIG 1989).

4. Eine kind- und umfeldbezogene Förderdiagnostik als Grundlage psychomotorisch orientierter Sprachförderung

Eine kooperativ durchgeführte und gemeinsam von den Lehrkräften reflektierte Förderdiagnostik ist im Sinne des Prinzips Entwicklungsorientierung grundlegend für die Überlegung, welche Förderziele angestrebt werden und wie entwicklungsfördernde Bedingungen im Umfeld hergestellt werden können. Im Rahmen der Psychomotorik ist zu entscheiden, welche Inhalte, Methoden und Förderkontexte für das einzelne Kind ausgewählt werden. Dabei ist zum einen das Kind mit seinen aktuell entwickelten sprachlichen Strukturen und zum anderen sein Umfeld – vor allem seine Familie und seine Schulklasse – mit seinen Ressourcen und Problemen zu betrachten. Beide Bereiche sind in einem förderdiagnostischen Prozess zu beschreiben, damit eine Passung zwischen den individuellen

Fähigkeiten und den kulturellen Anforderungen in der Klasse und im Schulleben hergestellt werden kann (vgl. EGGERT & KRETSCHMANN 1989). Diagnostik und Förderung sind dabei als ein aufeinander bezogener, zirkulärer Prozess zu verstehen (vgl. Abb.S 13).
Für das **Kind** ist nach seinen aktuellen Fähigkeiten und Schwierigkeiten zu fragen, damit das Förderangebot daran anknüpft und bedeutsames Handeln ermöglicht. Dazu muss es in motorischer, sozial-emotionaler, kognitiver und sprachlicher Hinsicht dem individuellen Entwicklungsniveau des einzelnen Kindes entsprechen und Angebote in der Zone der nächsten Entwicklung vorhalten. Ziel der Förderung ist der Erwerb kommunikativer Kompetenz für das Kind, um in der eigenen Lebenswelt – hier der Lebenswelt Schule – handlungsfähig zu sein. Die **Strukturen im Umfeld** sind daraufhin zu untersuchen, inwieweit sie entwicklungsfördernde Bedingungen bieten. Dabei sind verschiedene Aspekte zu berücksichtigen (vgl. WIIG & SECORD 1994):

- die Handlungen der Kommunikationspartner (Lehrerin, Mitschülerinnen) und die Beziehung des Kindes zu ihnen;
- die Unterrichtsgegenstände, die für alle Beteiligten bedeutungsvoll sein sollten, damit sie zum gemeinsamen Thema werden können;
- und die Anforderungen und Regeln des Kontexts Schule bzw. Klasse.

Gemeinsam mit den Bezugspersonen des Umfelds ist daran anknüpfend zu überlegen, wie unterstützende Strukturen entstehen können oder was zugunsten des Kindes mit Förderbedarf verändert werden könnte. Ein geeignetes Material zur Beschreibung dieser Bedingungen bieten der IEP von EGGERT und WILLENBRING in seiner neuen Version (EGGERT 2000) sowie die Analyse sprachlich-kommunikativer Fähigkeiten eines Kindes in seinem Umfeld nach KRÄMER (1994). In regelmäßigen Abständen kommen alle an der Förderung des Kindes beteiligten Personen (Eltern, Lehrkräfte, ggf. Sozialpädagogin, Therapeutin ...) zu einem Round-Table-Gespräch zusammen. Gemeinsam werden aktuelle Entwicklungen besprochen und eingeschätzt, Förderschwerpunkte gesetzt, Ziele vereinbart und Aufgaben aufgeteilt. Für die schulische Förderung werden diese Aspekte im Team von Grundschullehrerin und Sprachbehindertenpädagogin gemeinsam konkretisiert und sind bestimmend für die Strukturierung der Fördersituationen.
Das förderdiagnostische Vorgehen kann folgendermaßen dargestellt werden:

Förderdiagnostik als zentrales Prinzip einer psychomotorisch orientierten Sprachförderung

Diagnostik	<———————————>	Förderung
Beschreibung der aktuellen Fähigkeiten und Probleme sowie der nächsten Entwicklungsschritte	<———>	Ziel: Erweiterung der (sprachlichen) Handlungskompetenz
* Erfassung der Voraussetzungen für entwicklungsfördernde Bedingungen (Beobachtung und Befragung)	<———>	* Gestaltung einer angemessenen Fördersituation und Auswahl bedeutsamer Lerngegenstände
* Beschreibung der individuellen psychomotorischen Basiskompetenzen anhand strukturierter Bobachtung (DMB)	<———>	* Aufbau sprachtragender Basiskompetenzen: Bewegung – Wahrnehmung – Erleben
* Beschreibung der sprachlich-kommunikativen Fähigkeiten auf den sprachlichen Strukturebenen Aussprache, Grammatik, Semantik, Pragmatik (Beobachtung, Analyse freier Sprachproben)	<———>	* Anbieten strukturierter Kommuni kationsgelegenheiten durch kommunikationsfördernde Initiativen und Strategien des Modellierens

5. Darstellung einer typischen Psychomotorikstunde: „Abenteuer im Schlaraffenland“ mit der Fördergruppe einer ersten Klasse

Zur Veranschaulichung stelle ich eine psychomotorisch orientierte Sprachförderstunde vor, die in einer integrativen Grundschule in einem sozialen Brennpunkt durchgeführt wurde. Psychomotorik wird an dieser Schule – neben anderen Fördermaßnahmen in innerer und äußerer Differenzierung des Unterrichts – als additive Kleingruppensituation vor allem im ersten und zweiten Jahrgang angeboten und mit basaler Sprachförderung verbunden. Sprache wird dabei vor allem in ihrer kommunikativen Funktion erfahren: Sie fungiert – wie bereits angesprochen – als „Schlüsselwerkzeug des Handelns“, denn sie ermöglicht es den Kindern, ihre kommunikativen Absichten auszudrücken und so die Spielsituation gemeinsam mit anderen zu gestalten.

Die vorzustellende Stunde fand im Rahmen der Einheit „Märchenreisen mit der kleinen Hexe“ in der Fördergruppe einer ersten Klasse statt, die zusammen mit Marion Georg und Christian Larisch (StudentInnen im Schwerpunktstudium sonderpädagogische Psychomotorik) durchgeführt wurde. Die Gruppe besteht aus sechs Kindern (drei Jungen und drei Mädchen), von denen zwei besonders in ihrem Sprach- und Kommunikati-

onsverhalten auffällig sind. Diese Kinder beschreibe ich hier in aller Kürze, um an ihrem Beispiel das Vorgehen exemplarisch zu erläutern. (Die Namen der Kinder sind verändert.)
Fatma ist ein bewegungsfreudiges, aktives Mädchen türkischer Herkunft, aufgrund ihres Übergewichts und ihrer geringen Bewegungserfahrungen in der vorschulischen Entwicklung ist sie teilweise in ihren koordinatorischen Kompetenzen und Orientierungsfähigkeiten eingeschränkt. Während sie sich im Klassenunterricht zurückhaltend verhält und nicht gerne mit anderen Kinder zusammenarbeitet, spielt sie in der Psychomotorikgruppe sehr gerne Rollenspiele und kooperiert dabei besonders mit den anderen Mädchen. Fatma verfügt trotz kompetenter deutschsprachiger Sprachvorbilder in der Familie erst über einen wenig differenzierten deutschen Wortschatz, vertauscht stimmhafte und stimmlose Plosive und Frikative sowie einige Vokale und äußert sich spontan nur in Zwei- bis Dreiwortsätzen. Sie möchte sich gerne mitteilen und bringt sich des öfteren durch schrille Lautäußerungen ein, hat aber in Bezug auf komplexere Äußerungen schon im Kindergarten ein Störungsbewusstsein entwickelt, weil sie häufig nicht verstanden wurde. Sie traut sich in der Klassensituation nur selten, sich zu äußern. In der strukturierten Kleingruppensituation gelingt ihr das zunehmend besser, nachdem sie gemerkt hat, dass sie damit die Themen und den Spielverlauf beeinflussen kann.
Mesut, ein großer und schwerer Junge kurdischer Herkunft, zeigt starke Auffälligkeiten im sozial-emotionalen Bereich. Er wächst in einer sehr behütenden Großfamilie auf und hatte noch wenig Gelegenheiten zur eigentätigen Exploration seiner Lebenswelt. In seiner motorischen Entwicklung ist er stark verzögert. Es fällt ihm besonders sehr schwer, sich am eigenen Körper und im Raum zu orientieren oder das Gleichgewicht zu halten. Auf Verunsicherungen des Untergrundes reagiert er mit panischer Angst. Er hat große Schwierigkeiten, mit anderen Kindern und auch Erwachsenen in sozial adäquater Weise Kontakt aufzunehmen und gemeinsame Handlungen zu strukturieren. Seine Mittel der Kontaktaufnahme sind häufig aggressiv, indem er anderen Kindern etwas wegnimmt, sie ärgert oder bedroht. Sprache setzt er im Alltag nur selten ein, seine Äußerungen bestehen dann aus Ein- oder Zweiwortsätzen. In Zweier-Interaktionen kann er sich komplexer äußern, wobei seine grammatischen Strukturen noch nicht altersgemäß entwickelt sind. In der psychomotorischen Situation gefällt es ihm besonders gut, gemeinsam einen Aufbauplan zu entwickeln und Geräte auf- bzw. wieder abzubauen. Dabei gelingt es ihm mit Unterstützung zunehmend besser, andere Kinder um Hilfe zu bitten und seine Handlungspläne mit denen der anderen zu koordinieren.
Der Förderschwerpunkt für beide Kinder liegt in dieser Stunde in den basalen Bereichen der Selbstwahrnehmung und Kontaktaufnahme. Es geht uns in der Erfahrungsphase des „Pizzateig Belegens“ vor allem darum,

ihnen intensive Tiefenwahrnehmungen des eigenen Körpers zu ermöglichen. Die Intensität und Schwere des „Belags“ können sie durch verabredete verbale und nonverbale Signale selbst bestimmen und dadurch erfahren, dass ihre Kommunikationen eine direkte Auswirkung haben. Außerdem werden verschiedene Formate angeboten, die den Kindern vertraut sind und in denen sie handlungsfähig sind.

Die Psychomotorik-Stunden haben eine gleichbleibende Strukturierung in ihrem Gesamtaufbau: sie beginnen mit einem offenen Anfang, während dessen die Kinder mit Kleingeräten frei spielen, sich auf die Situation, den Raum und aufeinander einstellen können. Im folgenden Sitzkreis wird das Thema der Stunde eingeführt und der Ablauf gemeinsam geplant. Es folgt die Erfahrungsphase, in der im Rahmen dieser Einheit meistens die besprochene Märchenlandschaft in zwei Gruppen aufgebaut, erprobt und zum Rollenspiel genutzt wird. Auf eine eher strukturierte Phase folgt jeweils eine eher offene Phase, ebenso wie sich Elemente der Spannung und der Entspannung abwechseln. Nach dem Verlassen des Märchenlandes und dem Aufräumen gibt es eine Rückmeldungsrunde, bei der die Kinder sich dazu äußern, was ihnen gefallen oder nicht gefallen hat und was sie sich für die nächste Stunde wünschen. Zum Abschluss wird ein Bewegungsspiel gespielt oder eine Entspannung durchgeführt. Ein wesentliches methodisches Prinzip ist es, dass die Kinder die Inhalte und den Ablauf mitbestimmen und so die Stunden zu ihrer Sache machen. Dazu dient zum einen der Abschlusskreis der vorhergehenden Stunde, in dem die Kinder äußern, welche Elemente bleiben und welche sich verändern sollen. Hier können sie auch neue thematische Ideen oder Aufbauvorschläge einbringen. Zum anderen wird im Anfangskreis der aktuellen Stunde die jeweilige Feinplanung gemeinsam vorgenommen.

Abenteuer im Schlaraffenland

O Körpererfahrung O Materialerfahrung O Sozialerfahrung	O motorische Kompetenzbereiche: ____________ O Selbstkonzept/innere Situation O Kooperation/Interaktion	O visuelle Wahrnehmung O auditive Wahrnehmung O taktile und kinästhetische Wahrnehmung O Raum- und Zeitwahrnehmung
Schwerpunkt: O Bewegung	O Bewegung/Sprache	O Sprache

Anfang **A** Aufwärmen	Offener Anfang Sitzkreis: Die „kleine Hexe“ (Handpuppe) begrüßt die Kinder erzählt ihnen die Geschichte vom Schlaraffenland, wo die Landschaft aus leckeren Sachen zum Essen besteht. Sie gibt den Kindern Beispiele (Pizza-Berg, Limonadenfluss, Schokoladentunnel), und die Kinder erfinden weitere Gegenstände mit ihren eigenen Lieblingsspeisen. Die Gruppe einigt sich auf zwei Elemente, die aufgebaut werden, z.B. Pizza und Schokoladentunnel. (Je nach den Ideen der Kinder können auch andere Stationen aufgebaut werden, ausgewählte Materialen liegen zur Anregung an der Seite). Die Aufbauten werden von der Lehrerin mit Unterstützung der Kinderäußerungen aufgezeichnet, jede Gruppe (a drei Kinder) bekommt einen Plan und baut ihre Station mit Unterstützung durch einen Erwachsenen auf.	Kleingeräte Kreis: Gymnastikreifen als Orientierung Schokoladentunnel: Gymnastikmatte in vier Reifen, mit Schwungtuch zugedeckt
Erfahrungen **E** Erlebnisse	Spiellied: „Ich bin die kleine Hexe“; die Kinder reiten zur Musik auf ihren Besen (Gymnastikstäbe) durch die Halle, am Schluss parken sie die Besen auf dem „Parkplatz“ und krabbeln durch den Schokoladentunnel ins Schlaraffenland. Dort legen sich einige auf den Pizzaberg, die anderen sind Pizzabäcker und sollen sie mit leckeren Dingen belegen. Die liegenden Kinder können sich äußern, ob sie mit Tomaten, Käse, Salami ... belegt werden wollen (verschiedene Sandsäckchen). Wenn alle einverstanden sind, wird die Pizza „zugeklappt“ (der andere Weichboden wird darauf gelegt, die Köpfe und Arme bleiben frei). Die Pizzabäcker legen sich oben auf den Berg oder laufen darüber. Wer es im Inneren der Pizza nicht mehr mag, kann mit der Hand auf den Boden schlagen, das ist das Stopp-Signal zum Aufhören. Dann werden die Rollen gewechselt. Wenn alle genug Pizza hatten, legen sie sich zum „Nachtisch“ quer in einen der Schokoladentunnel und lassen sich gemütlich zurück in die Schule schaukeln. Dort angekommen wird aufgeräumt.	Musik Gymnastikstäbe; Pizzaberg: zwei Weichböden, verschieden farbige und verschieden schwere Sandsäckchen 2 Schokoladenschaukeln (jeweils zu dritt)

Schluss S Spiel	Im Abschlusskreis wird die Handpuppe herumgegeben. Wer sie hat, erzählt (ggf. unterstützt durch Fragestrategien): Mir hat gefallen..., mir hat nicht gefallen..., ich schlage vor. Es erfolgt eine Einigung über das Thema der nächsten Stunde. Zum Abschluss wird das Schlafspiel gespielt: alle legen sich hin und schließen die Augen. Wer berührt worden ist, schleicht in die Umkleide zum Umziehen.	Handpuppe

Psychomotorische Förderschwerpunkte:	Sprachförderschwerpunkt:
- Handlungsplanung und Umsetzung in Bewegungshandlungen (beim Auf- und Abbau); - taktil-kinästhetische Wahrnehmungserfahrung im „Pizzateig" - eigene Grenzen spüren und ausdrücken beim Liegen im Pizzaberg.	Verwirklichung kommunikativer Absichten und sprachlicher Handlungsplanung erfahren - einen Aufbau vorschlagen, als Plan gespiegelt bekommen und umsetzen - Wünsche (nach Pizzabelag...) sprachlich äußern und erfüllt bekommen

6. Möglichkeiten und Grenzen des Ansatzes

Die Psychomotorik wurde, wie eingangs angesprochen, in ihrer Anfangszeit in der sprachbehindertenpädagogischen Praxis recht enthusiastisch aufgenommen. Die lange von der Fachrichtung vernachlässigten „sprachtragenden Basisfunktionen" (HOMBURG) stehen im Zentrum der Psychomotorik, und damit verband sich die Hoffnung, dass eine psychomotorische Förderung sich direkt auf die Sprachentwicklung und die kognitive Entwicklung auswirken könne. Die entwicklungspsychologischen Zusammenhänge von motorischer und sprachlicher Entwicklung wurden dabei als Begründung herangezogen (z.B. ECKERT 1985).
Diese sogenannte „Transferhypothese" wurde, zusammen mit der „trivialen Förderhypothese", in den 70er und 80er Jahren in Deutschland ebenso wie in den USA in zahlreichen Effektivitätsuntersuchungen überprüft. Die triviale Förderhypothese besagt, dass eine psychomotorische Förderung sich auf die Bewegungs- und Wahrnehmungsfähigkeiten positiv auswirkt. Die Transferhypothese geht darüber hinaus von weitergehenden Auswirkungen auf Sprache und Kognition aus (vgl. EGGERT & LÜTJE 1991).

Hypothesen psychomotorischer Förderung
1. Die *triviale Förderhypothese*, d.h. die Annahme, dass die motorische Entwicklung durch direktes Training motorischer Funktionen gefördert werden kann.
2. Die *Transferhypothese*, d.h. die Annahme, dass über die Bewegungs- und Wahrnehmungsförderung auch eine Steigerung der kognitiven und sprachlichen Fähigkeiten und schulischen Lernleistungen erreicht werden kann.
3. Die *Stabilisierungshypothese*, d.h. die Annahme, dass durch eine psychomotorische Intervention die Gesamtpersönlichkeit im emotionalen und sozialen Aspekt stabilisierend beeinflusst wird.

Betrachtet man die Untersuchungsergebnisse vergleichend, so ist im Hinblick auf die **triviale Förderhypothese** fast durchgängig eine Bestätigung feststellbar. Positive Veränderungen in den motorischen und Wahrnehmungsfähigkeiten wurden in so gut wie allen Untersuchungen festgestellt (ebd.). Hinsichtlich der **Transferhypothese** sind die Ergebnisse dagegen außerordentlich unterschiedlich. Direkte Veränderungen im kognitiven und sprachlichen Bereich wurden nur in wenigen Untersuchungen festgestellt. Dort, wo das der Fall war, lag neben der Bewegungs- und Wahrnehmungsförderung ein deutlicher Schwerpunkt der Maßnahmen auf der direkten Unterstützung sozialer und sprachlicher Aspekte (z.B. KESSELMANN 1992, EUNICKE-MORELL 1989). In den meisten anderen Untersuchungen war ein Transfer von psychomotorischer Förderung auf sprachliche Fähigkeiten dagegen nicht nachweisbar. Die hohen Erwartungen wurden nicht bestätigt.
Allerdings wurden von fast allen WissenschaftlerInnen immer wieder komplexe Auswirkungen besonders auf den sozial-emotionalen Bereich und eine Stabilisierung der Persönlichkeit berichtet (z.B. ECKERT 1985, JOHANNKNECHT & LÜTJE 1989). Neben den operationalisierten Variablen spielten offensichtlich weitere Effekte eine wesentliche Rolle, die im Rahmen der Untersuchungen nicht beschreibbar waren. Die individuellen Voraussetzungen der Kinder und der fördernden Personen, des schulischen und familiären Lebenskontexts wurden nicht berücksichtigt werden. Genau in diesem Bereich liegen aber anscheinend die wirkungsvollen Aspekte: betrachtet man die Untersuchungsberichte und die existierenden Fallstudien (z.B. OBERMANN 1993, LÜTJE 1991), so werden immer wieder die individuelle Entwicklungsbezogenheit der Fördermaßnahmen, die Beziehungen der Kinder untereinander und zur Pädagogin sowie die hohe Motivation der psychomotorischen Situation als Faktoren herausgearbeitet, die sich auf die Entwicklung der Kinder in diesem Kontext positiv auswirken.

EGGERT formulierte aufgrund dieser Ergebnisse die sogenannte **Stabilisierungshypothese**: Es kann davon ausgegangen werden, dass die Psychomotorik als motivierende, kindgerechte und kooperative Handlungssituation Auswirkungen auf die sozial-emotionale Stabilisierung der Persönlichkeit hat. Gesichert kann von direkten Fördereffekten auf die Bereiche der Bewegung und Wahrnehmung im Sinne von „sprachtragenden Basisfunktionen" ausgegangen werden. Die Psychomotorik bietet also **allgemein entwicklungsfördernde Bedingungen**.
Auf spezifische Störungsformen z.B. im sprachlich-kommunikativen Bereich kann allerdings nur dann Einfluss genommen werden, wenn konkret die individuellen Entwicklungsbedingungen der Kinder in einem förderdiagnostischen Prozess untersucht und zum Ausgangspunkt individuell geplanter, spezifischer Fördermaßnahmen genommen werden. Diese können gegebenenfalls im psychomotorischen Kontext erfolgen, denn Bewegungshandlungen und Sprachhandlungen sind, wie das Beispiel der Sandtransportmaschine gezeigt hat, stark aufeinander bezogen. Die Psychomotorik kann als einer unter anderen motivierenden Förderkontexten gelten, der unter bestimmten Bedingungen auch für Kinder mit Sprach- und Kommunikationsstörungen entwicklungsfördernd auswirken kann. Ein direkter Zusammenhang von sensomotorischer und sprachlicher Entwicklung besteht allerdings nur für die sensomotorische Entwicklungsphase, er nimmt auf höheren Entwicklungsniveaus immer weiter ab (vgl. EGGERT u.a. 1990). Auch wenn konkrete, leibliche Erfahrungen lebenslang bedeutsam bleiben, so treten andere Zugänge zur Welt neben die Bewegung.
Die von mir befragten ExpertInnen, die psychomotorisch orientierte Sprachförderung in integrativen Settings durchführen (vgl. LÜTJE-KLOSE 1997), sahen seine Wirkungen dementsprechend in folgenden Bereichen:
1. als Möglichkeit der basalen, unspezifischen Förderung sprachtragender Basiskompetenzen in den Bereichen Wahrnehmung und Bewegung,
2. als soziale Situation, in der gemeinsames Handeln unterstützt wird und in der pragmatische Fähigkeiten angesprochen werden
3. als motivierende und lustbetonte Kommunikationssituation, die den Einsatz spezifischer sprach- und kommunikationsfördernder Strategien im Rahmen des Spiels erlaubt.
Folgt man dieser Argumentation, so ist die Möglichkeit zum Einsatz sprachspezifischer Förderstrategien wesentlich für die Einschätzung der Psychomotorik als Weg integrativer Sprach- und Kommunikationsförderung

7. Fazit

Die langjährigen Erfahrungen und Einschätzungen vieler Sprachbehindertenpädagoginnen – einschließlich der befragten Expertinnen – zeigen, dass psychomotorische Situationen sich aufgrund ihrer Prinzipien und Methoden gut für den Einsatz im Rahmen der Sprach- und Kommunikationsförderung eignen. Das gilt im schulischen Kontext sowohl für die Schule für Sprachbehinderte als auch für den gemeinsamen Unterricht. Insbesondere im letztgenannten Bereich profitieren die Kinder in hohem Maße voneinander, denn das gemeinsame Handeln ermöglicht es voneinander zu lernen und die eigenen Kommunikationsfähigkeiten in einem natürlichen Kontext zu erproben und zu erweitern. Neben der Bewegungs- und Wahrnehmungsförderung können psychomotorische Situationen den Aufbau eines positiven sozialen Klimas in der Gruppe unterstützen, das auf den übrigen Unterricht zurückwirken kann, denn sie gestatten eine Individualisierung bei gleichzeitiger Betonung der Gemeinsamkeit aller Kinder. Weiterhin regen sie zur Kommunikation und zum Gebrauch von Sprache in hohem Maße an. Durch motivierende Bewegungshandlungen im Spiel mit anderen werden entwicklungsfördernde Situationen geschaffen, im Rahmen derer die Gemeinsamkeit aller Kinder betont und gleichzeitig individuelle Sprachförderstrategien gezielt eingesetzt werden können.

Literatur

BRUNER, J.S. (1978): The Role of Dialogue in Language Acquisition. In: SINCLAIR, A. & LEVELT, W. (Eds.): The Child´s Conception of Language. Berlin, Heidelberg, New York 1978, 243-256.

BRUNER, J.S. (1979): Von der Kommunikation zur Sprache. Überlegungen aus psychologischer Sicht. In: MARTENS, K. (Hrsg.): Kindliche Kommunikation. Frankfurt/Main: Suhrkamp, S. 9-60.

BRUNER, J.S. (1987): Wie das Kind sprechen lernt. Bern, Stuttgart, Toronto: Huber.

BÜELER, X. (1994): System Erziehung. Ein bio-psycho-soziales Modell. Bern u.a.: Verlag Paul Haupt.

DANNENBAUER, F.M. (1983): Der Entwicklungsdysgrammatismus als spezifische Ausprägungsform der Entwicklungsdysphasie. Ladewig: Birlach

DANNENBAUER, F.M. & KÜNZIG, A. (1991): Aspekte der entwicklungsproximalen Sprachtherapie und des Therapeutenverhaltens bei entwicklungsdysphasischen Kindern. In: GROHNFELDT, S.167-189.

DEPPE-WOLFINGER, H. (1994): Integration im gesellschaftlichen Widerspruch. In: EBERWEIN, H. (Hrsg.): Behinderte und Nichtbehinderte lernen gemeinsam. Handbuch der Integrationspädagogik. Weinheim & Basel: Beltz, S. 25-30.

ECKERT, R. (1985): Auswirkungen psychomotorischer Förderung bei sprachbehinderten Kindern. Frankfurt: Peter Lang.

ECKERT, R. (1989): Integrierte Entwicklungs- und Kommunikationsförderung. In: GROHNFELDT, S. 267-277.

EGGERT, D. (Hrsg) (1990): Veränderte Kinder – andere Schule? Universität Hannover: Theorie und Praxis, Band 30.

EGGERT, D. (1992) (unter Mitarbeit von RATSCHINSKI, G.): Diagnostisches Inventar motorischer Basiskompetenzen. Dortmund: Borgmann.

EGGERT, D. (1994) (unter Mitarbeit von LÜTJE-KLOSE, B.): Theorie und Praxis der psychomotorischen Förderung. Dortmund: Borgmann.

EGGERT, D. (1997): Von den Stärken ausgehen ... Individuelle Entwicklungspläne (IEP) in der Lernförderungsdiagnostik. Dortmund: Borgmann.

Eggert, D. (2000): IEP – neueste Version: Universität Hannover, unveröffentlicht.

EGGERT, D. & KRETSCHMANN, R. (1989): Sonderpädagogische Förderung in der Grundschule. Sonderschule in Niedersachsen 2, 39-49.

EGGERT, D., JOHANNKNECHT, A. & LÜTJE, B. (1990): Die Bedeutung der Psychomotorik für die Sprachbehindertenpädagogik. In: Die Sprachheilarbeit 35 (1990) 3, S. 106-121 und 5, S. 230-245.

EGGERT, D. & LÜTJE, B. (1991): Psychomotorik in der (Sonder-) Schule? Empirische Studien zu den Grenzen eines Förderkonzepts. In: Praxis der Psychomotorik 16 (1991) 3, S. 156-168.

EUNICKE-MORELL, C.(1989): Untersuchung zum Zusammenhang von Motorik und Intelligenz. In: Motorik 12 (1989) 2, S. 57-62.

FRÖHLICH, A. (1989): Kommunikation und Sprache körperbehinderter Kinder. Dortmund: Verlag Modernes Lernen.

FÜSSENICH, I. (1987): Gestörte Kindersprache aus interaktionistischer Sicht. Fragestellungen, methodische Überlegungen und pädagogische Konsequenzen. Heidelberg: Edition Schindele.

FÜSSENICH, I. & HEIDTMANN, H. (1995): Formate und Korrekturen als zentrale Elemente in der Sprachtherapie: Das Beispiel Mirko. In: WAGNER, K.R. (Hrsg.): Sprachhandlungserwerb. Essen.

GROHNFELDT, M. (Hrsg. (1989): Grundlagen der Sprachtherapie. Handbuch der Sprachtherapie Bd. 1. Berlin: Marhold.

GROHNFELDT, M. (Hrsg.) (1995): Sprachstörungen im sonderpädagogischen Bezugssystem. Handbuch der Sprachtherapie Bd. 8. Berlin: Edition Marhold.

GÜNTHER, H.H. (1994): Teilintegration sprachbehinderter Grundschüler durch Unterricht in Partnerklassen. In: Die Sprachheilarbeit 39 (1994) 1, S. 13-24.

HEIDTMANN, H. & PIEPGRAS, M. (1993): Planung, Beobachtung und Analyse von sprach- und kommunikationsförderndem Unterricht. Richtlinienpapier Universität Kiel.

HOMBURG, G. (1995): Zur Komplexität gestörter Sprache. In: GROHNFELDT, M., (Hrsg.), S. 15-35.

JOHANNKNECHT, A./ LÜTJE, B. (1988): Untersuchungen zur Effektivität psychomotorischer Förderung sprachbehinderter Kinder in einer integrativen, kindorientierten Förderung der Eingangsklasse einer Schule für Sprachbehinderte. Examensarbeit: Universität Hannover.

KESSELMANN, G. (1992): Konzeptionelle Entwicklungen und Effektivität in der Psychomotorik. Gesamthochschule Kassel.

KLEINERT-MOLITOR, B. (1985): Überlegungen zu einer psychomotorisch orientierten Sprachförderung in Kindergarten und Anfangsunterricht. In: Die Sprachheilarbeit 31 (1985) 3, 104-116.

KLEINERT-MOLITOR, B. (1986): „Früher konnte ich nicht mal Mamalade Sagen" – 10 Jahre Frühförderung konkret. In: Die Sprachheilarbeit 31 (1986) 5, 241-248.

KLEINERT-MOLITOR, B. (1987): Bewegen – Spielen – Sprechen. Psychomotorisch orientierte Sprachförderung als pragmatische Forcierung sprachlichen Lernens. In: dgs-Landesgruppe Rheinland (Hrsg.): Sprach- und Erwerbsstörungen. Hamburg: Wartenberg u. Söhne.

KLEINERT-MOLITOR, B. (1994): Sprachbildung im Spiel – zu einigen Grundgedanken und Problempunkten einer psychomotorisch orientierten Sprachförderung. In: LOTZMANN, G. (Hrsg.): Sprache und Bewegung.

KNURA, G. (1980): Grundfragen der Sprachbehindertenpädagogik. In: KNURA, G. & NEUMANN, B. (Ed.): Pädagogik der Sprachbehinderten. Handbuch der Sonderpädagogik Bd. 7. Berlin: Marhold, S. 3-64. (2. Auflage).

KRÄMER, I.K. (1994): „Und wenn du nicht sprichst wie alle ..." Zur schulischen Nichtaussonderung von Kindern mit Sprachbehinderungen. Pfaffenweiler: Centaurus.

KRÄMER-KILIC, I.K. (1995): Sprechblumen – psychomotorisch orientierte Sprachförderung in Integrationsklassen. In: Der Sprachheilpädagoge 1 (1995), S. 13-25

KRÄMER-KILIC, I.K. & LÜTJE-KLOSE, B. (1998): Grundlagen, Prinzipien und Förderstrategien psychomotorisch orientierter Sprachförderung und ihre Verwendung in integrativen Arbeitszusammenhängen. In: MEIXNER, F. (Hrsg.): Sprache und Bewegung. Wien: Verlag Jugend & Volk, S. 70-90.

KULTUSMINISTERKONFERENZ (KMK) (1998): Empfehlungen zum Förderschwerpunkt Sprache. In: DRAVE, W., RUMPLER, F. & WACHTEL, P. (2000): Empfehlungen zur sonderpädagogischen Förderung. Edition Bentheim, 230-240.

LÜTJE, B. (1991): Zur Bedeutung psychomotorisch orientierter Ansätze für die Förderung sprachentwicklungsverzögerter Kinder im Regelkindergarten. Diplomarbeit Universität Hannover.

LÜTJE-KLOSE, B. (1994): Psychomotorik als Methode integrativer Sprachförderung im Kindergarten. In: Motorik 17 (1994) 1, S. 10-17.

LÜTJE -KLOSE, B. (1997): Wege integrativer Sprach- und Kommunikationsförderung in der Schule. Konzeptionelle Entwicklungen und ihre Einschätzung durch deutsche und amerikanische ExpertInnen. Saarbrücken: Röhrig Verlag.

LÜTJE-KLOSE, B. (2001): Spielen mit Zottel, Zaubern mit Zilly und andere Geschichten. In: dgs Doppelpunkt (Hrsg.): Sprach-, Sprech- und Stimmstörungen. Pädagogisch-therapeutische Aspekte ganzheitlicher Unterstützung. Karlsruhe: von Loeper.

MOTSCH, H.J. (1989): Sprach- oder Kommunikationstherapie? In: GROHNFELDT, M. (Hrsg), 73-95.

MUDRAK, A. (1997): Die Zauberprüfung. Sprachförderung in der Fördergruppe. In: Zeitschrift für Heilpädagogik 4 (1997), 158-166.

OBERMANN, C. (1992): Mehrdimensionale Förderung bei Kindern mit Aussprachestörungen. Examensarbeit Universität Hannover.

OLBRICH, I. (1989): Die integrierte Sprach- und Bewegungstherapie. In: GROHNFELDT, M. (Hrsg.), 252-265.

ORLIKOWSKI, I. VON (1995): Unterrichtsentwurf „Die Tiere erleben Abenteuer im Dschungel". In: Zeitschrift für Heilpädagogik 10 (1995), 495-501.

PIAGET, J. & INHELDER, B. (1976): Die Psychologie des Kindes. Olten 1976, 3. Auflage.

WELLING, A. (2000): Förderschwerpunkt Sprache – eine kopernikanische Wende im Kleinen. In: DRAVE, W., RUMPLER, F & WACHTEL, P. (Hrsg.): Empfehlungen zur sonderpädagogischen Förderung. Edition Bentheim.

WIIG, E.H. & SECORD, W.A. (1994): Communication and Language Assessment in the Classroom. Eugene, OR: Oregon Speech-Language-Hearing Association.

WYGOTSKI, L.S. (1934): Thought and Language. Cambridge 1934.

3.2.4 Psychomotorik an der Schule für Erziehungshilfe

Richard Hammer

Der Umgang mit Gewalt und die Probleme des Umgangs mit „hyperaktiven“ Kindern stellen den Focus der Aufmerksamkeit in der Schule für Erziehungshilfe dar. Nicht die „einfachen“ Erklärungen helfen hier weiter, sondern der Blick auf die gesellschaftlichen Rahmenbedingungen und eine vertiefende Auseinandersetzung mit der Problemlage der Kinder und Jugendlichen vor dem Hintergrund der Entwicklungstheorien von WINNICOTT und ERIKSON. Das Ergebnis ist eine bewusste Gestaltung von psychomotorischen Situationen im „Sportunterricht“.

In der Schule für Erziehungshilfe ist die Auseinandersetzung mit Gewalt ein zentrales Thema, mit dem die Kinder und Jugendlichen, aber auch die Erwachsenen immer wieder und in einem zunehmenden Maße konfrontiert werden. Als weiteres Kernproblem kann hier ADHS genannt werden, das vielfach beschrieben und leider viel zu häufig als ausschließlich medizinisches Problem behandelt wird (vgl. PAULUS/HAMMER 2002). Gewalt und Hyperaktivität gehen als Problem häufig Hand in Hand, viele Lösungsvorschläge, die hier vorgeschlagen werden, können deshalb sowohl für die Auseinandersetzung mit Gewalt, als auch für den Umgang mit Hyperaktivität angewandt werden.
Beides ist kein spezifisches Problem der Schulen für Erziehungshilfe. Sie sind hier nur komprimiert anzutreffen, da es sich in diesen Schulen um Schüler handelt, die in Regelschulen nicht mehr tragbar waren, also eine allgemeine Problematik konzentriert verkörpern. Deutlich wird hier, dass eine Institution wie die Schule an ihre Grenzen stößt. Es zeichnet sich das Ende ihrer Möglichkeiten ab, d.h. sie ist nicht mehr in der Lage, ihren Auftrag, Kindern und Jugendlichen Wissen zu vermitteln, zu erfüllen. Man rettet sich aus dem Dilemma, indem man die „schwierigsten Fälle“ aussondert, um das Feld für den Rest der Schüler frei zu bekommen. Eine Notlösung, denn eigentlich werden hier nur die allgemeinen Probleme der Gesellschaft widergespiegelt. Gewalt und Unruhe sind Themen dieser Gesellschaft und nicht nur der Institution Schule.

Zur Gewalt
Nach dem 11. Kinder- und Jugendbericht waren im Jahre 1999 2,3% der Kinder und 7,2% der Jugendlichen verdächtig eine kriminelle Tat begangen zu haben. Dabei haben vor allem Gewaltdelikte erheblich zugenommen: 20% der Tatverdächtigen sind Gewalttäter. Neben diesen „Hellziffern“ (=Polizeistatistik) gibt es Untersuchungen zu den Dunkelziffern. Hier zeigt sich, dass 18,3% der Jugendlichen in München im letzten Jahr Gewalttaten begangen haben und 19,1% Opfer von Gewalt geworden sind. Dabei ist jedes 3. Opfer Täter und umgekehrt. Sie werden um so mehr zum Täter, je häufiger und intensiver die eigenen Gewalterfahrungen sind.

Die Lebensbedingungen der Täter sind in der Regel gekennzeichnet durch: desolate Familienverhältnisse, soziale Ausgrenzung und Benachteiligung, Krankheit und Abhängigkeit im unmittelbaren familiären Umfeld, gesellschaftliche Chancenlosigkeit, massive Schulprobleme und -verweigerung, Mitgliedschaft in devianten Gleichaltrigengruppen, Sprachprobleme, ungeklärter Aufenthaltsstatus, eigene psychosoziale Belastungen, lange Hilfekarrieren mit zahlreichen Ab- und Ausbrüchen und ähnliches. Nach einer Studie von WETZELS und PFEIFFER (1997) spielt in diesem Kontext vor allem die körperliche Gewalt gegen Kinder eine zentrale Rolle: ca. die Hälfte aller Eltern geben an, ihr Kind zumindest einmal geschlagen zu haben, einen Klaps oder leichtes Schütteln bekennen ca. dreiviertel aller Eltern. 81,8% der Jugendlichen sind schon geohrfeigt worden, deftige Ohrfeigen erhielten 43,5%, eine Tracht Prügel 30,6%. 74,9% haben physische Gewalt seitens der Eltern erlebt (Männer mehr: 77,9: 71,9), 10,6% wurden misshandelt. Opfer von Kindesmisshandlung haben mit 59,0% eine mehr als dreimal so hohe Rate der Beobachtung elterlicher Partnergewalt aufzuweisen als Nichtopfer mit 18,2%. Hier drückt sich ganz eindeutig ein Familienklima der Gewalt aus.
Dies ist nicht alles. Auch in Politik und Wirtschaft herrscht das Recht des Stärkeren. Der Schwache geht unter. Wen wundert es, dass auch Kinder und Jugendliche davon geprägt werden. Wird es ihnen doch immer und überall vorgelebt – mit dem Akzent, dass Gewalt nur dann schlecht ist, wenn es der „Falsche“ anwendet.

Werfen wir ein besonderes Auge auf die Gewalt an Schulen (vgl. MEIER, U. 1997), so lässt sich ganz sachlich feststellen:

1. Gewalthandlungen werden vornehmlich von Jungen ausgeübt. Nur bei nicht-körperlichen und psychischen Gewalthandlungen sind bei Mädchen nennenswerte Häufigkeiten feststellbar. Jungen sind auch eher bereit, Gewalt zu billigen.
2. Die häufigsten Vorkommnisse werden bei verbaler und non-verbaler Gewalt festgestellt. Vandalismus und Prügeleien haben einen geringeren Verbreitungsgrad.
3. Sonder-, Haupt- und Berufsschulen sind am häufigsten betroffen.
4. Täter sind oftmals auch Opfer – und umgekehrt (44%). Die Bedroher fühlen sich am meisten bedroht und sind deshalb häufig bewaffnet.
5. Schulhöfe sind am häufigsten die Orte der Gewalt, aber auch Flure, Klassenräume und Schulwege. Vornehmlich in Pausen geschehen die Auseinandersetzungen, etwas seltener vor Schulbeginn und nach Schulende.
6. Ausländische Schüler weisen eine höhere Gewaltbereitschaft und ein höheres Maß an Gewaltbilligung auf. Bei der Gewaltausübung sind keine Differenzen konstatierbar.

Was die Entwicklung von *Gewalt an Schulen* betrifft besteht in der Wissenschaft weitgehend Konsens: von einer massiven Zunahme der Gewalt an Schulen „auf breiter Front" kann nicht gesprochen werden. „Viele Befunde deuten auf eine Verschärfung der Intensität von Gewalthandlungen bei einer Minderheit der Kinder und Jugendlichen hin. Es ist eher von einer qualitativen Veränderung in Richtung höherer Gewaltbereitschaft und größerer Brutalität der Handlungen die Rede" (172). „Nach den Untersuchungen von OLWEUS in Norwegen fallen zwischen 5 bis 10% als notorische Angreifer auf (...). Angegriffen werden auch nicht „die" Mitschüler, sondern typischerweise eine Minderheit von körperlich schwachen, ängstlichen und oft auch unbeliebten Mitschülern" (NOLTING 1997, 196).
Wenngleich sich die Wissenschaftler streiten, ob Gewalt an Schulen zugenommen hat oder nicht, Lehrkräfte an Schulen für Erziehungshilfe sind sich hier wohl einig: Gewalt hat hier zugenommen – sowohl quantitativ, wie auch qualitativ: die Auseinandersetzungen werden härter und brutaler und sie sind auch immer häufiger ein zentrales Problem in der Schule für Erziehungshilfe.

Zur Hyperaktivität

Nicht anders das Problem der Hyperaktivität. „In Deutschland rechnet man gegenwärtig mit etwa 170000 bis 350000 behandlungsbedürftigen Kindern. Mit Ritalin oder einem ähnlichen Präparat dauerbehandelt wurden davon im Herbst 2001 etwa 50000. 1990 waren es noch lediglich 1500" (HÜTHER/BONNEY 2002; 12). Auch auf diesem Problemsektor ist also eine rapide Steigerung zu beobachten. Bedauerlicherweise werden die Lösungen für dieses Problem nur zu oft auf der Seite des Kindes gesucht. Nach Meinung der „Experten" funktioniere das Gehirn der Kinder nicht richtig und müsse deshalb mit dem entsprechenden Medikament korrigiert werden.
Doch wie das Phänomen der Gewalt lässt sich auch Hyperaktivität nicht auf die mangelnde Funktionalität der Gehirne von Kindern und Jugendlichen reduzieren und schon gar nicht auf die Wirkung eines einzelnen Stoffwechselproduktes im Gehirn. BIERBAUMER/SCHMIDT schreiben dazu in ihrer „Biologischen Psychologie": „Theorien dieser Art, in denen ein bestimmter Wirkstoff für die Entstehung einer komplexen, meist äußerst heterogenen Verhaltensstörung (bestehend aus mehreren abgrenzbaren Erkrankungen) verantwortlich gemacht wurden, erwiesen sich in allen Fällen als unrichtig. Dies um so mehr, als bei allen psychiatrischen und psychologischen Störungen nichtneuronale Faktoren eine wesentliche Rolle spielen" (z.n. V.LÜPKE 2001, 122). Befunde dieser Art sind eher Ausdruck der zur Zeit in der Wissenschaft dominierenden biologischen Untersuchungs- und Erklärungsansätze.

Es gibt im Gehirn Billionen von Nervenzellen, die über Synapsen miteinander vernetzt sind, so dass bei den Vorgängen im Gehirn mehr oder weniger immer seine Gesamtheit aktiviert wird. An jeder Synapse sind mehrere Transmitter aktiv, die für die entsprechende Abstimmung sorgen. Dieses „Zusammenspiel ist nicht durch Moleküle, Nervenzellen und (...) Rezeptoren gesteuert, sondern durch die Bedeutung der Hirnaktivität" (ROTH 1999, 247). Und es sind nicht die Transmitter, sondern es ist die Bedeutung, welche die Wachstums- und Vernetzungsprozesse im Zentralnervensystem organisiert. Diese Bedeutung einer Information lässt im Gehirn bestimmte Teilnetzwerke in denselben Erregungstakt geraten. Nervenzellen synchronisieren sich und bilden damit kurzfristig eine Bedeutungseinheit. Es geht also um die Frage ob Informationen überhaupt eine Bedeutung haben und wenn ja, welche.
Ob eine Information, die von unserem Sinnessystem aufgenommen wird wichtig – unwichtig oder bekannt – unbekannt ist, wird von Hirnarealen entschieden, die noch vor der Bewusstseinsebene liegen. Vorerfahrungen und die emotionale Gestimmtheit spielen hier eine zentrale Rolle. Nach dieser „Entscheidung" in der „retikulären Formation" wird dem Großhirn über den Neuromodulator Noradrenalin die Anwesenheit neuer und auffallender Reize gemeldet, über die Ausschüttung von Acetylcholin die Wichtigkeit von Reizen. Damit wird der Grad an fokussierter Aufmerksamkeit und der Gedächtnisbildung beeinflusst. Über das Serotonin werden bestimmte Zielgebiete, vor allem im Cortex gedämpft. „Sie verhindern vorschnelle impulsive Handlungen, indem sie melden: „Alles ist gut, wie es ist!" (Roth 2002, 40).
Könnte dieser Zusammenhang nicht die Beobachtung verständlich machen, dass hyperaktive Kinder sich sehr gut konzentrieren, sehr lange ruhig sitzen und auch in einem hohem Maß ihre Impulsivität steuern können, wenn sie an einer Aufgabe Interesse haben? Eine Stunde Game-Boy spielen oder Mandalas malen ist kein Problem, wenn die Atmosphäre stimmt. Wie sollte dies alles mit einer Insuffizienz im Transmittersystem erklärbar sein? Viele Fragen sind hier noch offen. Trotzdem hat die Diagnosestellung, welche eine Verabreichung von Psychopharmaka verlangt, in inflationärer Weise zugenommen.
Hätten diese Kinder einen Psychomotoriker als Therapeuten, dann würde dieser die auffälligen Verhaltensmuster des Kindes als Signalverhalten interpretieren, d.h. „als agierte sinnkonstitutive Elemente eines Lebensschicksals, als „Selbstmitteilung" bzw. als grundsätzlich sinnvolle Äußerung der Selbstheilungstendenzen des Kindes begriffen und sinnerschließend erfasst" (MATTNER 2001, 23). Diese Kinder verhalten sich so, weil sie sich so verhalten müssen. Es sind ihre Lebensumstände, die sie dazu zwingen, sich „überaktiv" zu bewegen. Sie müssen es tun, um sich zu spüren, um sich selbst ihrer Existenz zu versichern, die ihnen in einer

chaotischen Welt immer wieder verloren geht. Ihnen fehlt die Verortung in einer stabilen Welt.

Die festgestellten Differenzen zum Normalverhalten sind deshalb auch nicht als bösartiges oder krankhaftes Verhalten zu verstehen, sondern als Selbstheilungsversuch, ein Versuch, der in unserer Lebenswelt nicht adäquat ist, der in der Regel auch nicht verstanden wird. Dieses Nicht-Verstehen führt zu einer Störung der Kommunikationsprozesse, deren Sinnhaftigkeit nur dann verstanden werden kann, wenn gefragt wird, „welchen Sinn die einzelnen Handlungs- und Kommunikationsbeiträge im Problemsystem ‚Hyperaktivität' für wen möglicherweise haben" (BALGO/KLAES 2001, 155).

Damit geht der Aufmerksamkeitsfocus weg von der Stoffwechselstörung im Gehirn und richtet sich auf das Individuum im Kontext seiner Lebensumwelt. Hyperaktivität ist dadurch zum Ergebnis eines Zusammenspiels von Individuum und Umwelt geworden – womit auch der Schwerpunkt der Therapie genannt ist: Ziel ist die Stärkung des Individuums, das sich in einer veränderten Umwelt besser zurechtfinden kann.

Was tun?

Vor dem Hintergrund dieser komplexen Situation bleibt den Schulen für Erziehungshilfe nun der Doppelauftrag, Kinder und Jugendliche zu erziehen – was Regelschulen nicht selten ablehnen – und ihnen gleichzeitig auch das nötige Wissen beizubringen, um in unserer Gesellschaft eine erfolgreiche berufliche Laufbahn einschlagen zu können.

In der Schulordnung des Saarlandes – nicht viel anders vermutlich in anderen Bundesländern – liest sich das so:

§1 Unterrichts- und Erziehungsauftrag der Schule

(1) Der Auftrag der Schule bestimmt sich daraus, dass der junge Mensch ohne Rücksicht auf Herkunft oder wirtschaftliche Lage das Recht auf eine seinen Anlagen und Fähigkeiten entsprechende Erziehung, Unterricht und Ausbildung hat und dass er zur Übernahme von Verantwortung und Wahrnehmung von Rechten und Pflichten in Staat und Gesellschaft vorbereitet werden muss.

(2) Daher hat die Schule durch Erziehung und Unterricht den Schüler zur Selbstbestimmung in Verantwortung vor Gott und den Mitmenschen, zur Anerkennung ethischer Normen, zur Achtung vor der Überzeugung des anderen, zur Erfüllung seiner Pflichten in Familie, Beruf und der ihn umgebenden Gemeinschaft, zu sorgsamen Umgang mit den natürlichen Lebensgrundlagen, zur Übernahme der sozialen und politischen Aufgaben eines Bürgers im freiheitlich-demokratischen und sozialen Rechtsstaat und zur Mitwirkung an der Gestaltung der Gesellschaft im Sinne der freiheitlich-demokratischen Grundordnung zu befähigen und ihn zu der verpflichtenden Idee des friedlichen Zusammenlebens der Völker hinzuführen (1980).

Ein starker erzieherischer Auftrag ist hier herauszulesen. Dennoch gibt es immer noch zu viele Lehrerinnen und Lehrer, die den Auftrag der Wissensvermittlung an erste Stelle setzen, obwohl ihnen ihre Erfahrung doch immer wieder zeigt, dass dies eigentlich nicht möglich ist. Greifen wir zurück auf die Entwicklungstheorie von Erikson (1973), so wird dies sehr schnell deutlich: die Entfaltung von „*Werksinn*", das heißt also, der Wunsch, mit anderen gemeinsam „etwas Richtiges zu machen", wie es der schulische Lernprozess verlangt, ist nur möglich auf der Grundlage von entwickeltem Vertrauen zu sich selbst und der Umwelt.

Und dies fehlt diesen Kindern und Jugendlichen, es fehlt also die Basis für schulisches Lernen. Aufgabe sollte es also sein, diese Basis erst zu schaffen. Ein Blick auf die Entwicklungstheorie von Erikson hilft, diesen Prozess besser nachvollziehen zu können.

Erikson beschreibt diesen Prozess als Aufeinanderfolge von „psychosozialen Krisen", die jeweils durch die Gegenüberstellung von einem Kriterium „relativer psychosozialer Gesundheit" und „relativer psychosozialer Störung" gekennzeichnet sind.

Besonders aussagekräftig für das Verständnis des theoretischen Zusammenhangs sind die, den Krisen zugeordneten psychosozialen Modalitäten, da diese ziemlich deutlich das Lebensgefühl des Kindes in den jeweiligen Entwicklungsabschnitten wiedergeben. Im ersten Lebensjahr ist der Säugling völlig von seiner Umwelt abhängig, da er keine Möglichkeit hat, sich selbst zu versorgen. Er lebt also mit dem Gefühl: „Ich bin, was man mir gibt" und muss sich auf die Versorgung durch seine Mutter verlassen können. Nur wenn er die Umwelt mit seinen immer wiederkehrenden Elementen als stabil und gleichmäßig erlebt, nur dann kann er das *Vertrauen* entwickeln, das die Grundlage für sein gesamtes Menschen- und Weltbild sein wird.

Hat das Kleinkind diese „psychosoziale Krise" befriedigend bewältigt, so kann es – darauf aufbauend – *Autonomie* entwickeln und damit einen weiteren wichtigen Schritt zur Entwicklung von Ich-Identität machen. „Ich bin, was ich will" ist hier das entscheidende Thema für das Kind. Es ist die Zeit, in der es zunehmend Herrschaft über sich selbst bekommt und lernt, auf eigenen Füßen zu stehen.

In der folgenden Phase soll das Kind *Initiative* entwickeln und sich allmählich aus den familiären Banden lösen, um sich der Gruppe der Gleichaltrigen zuzuwenden. Gehen und Laufen werden jetzt zur „bemeisterten Kunst" und dienen als Mittel, sich frei und kraftvoll in den Raum hinein zu bewegen. „Ich bin, was ich mir zu werden vorstelle" nennt Erikson den „psychosozialen Modus" in dieser Phase und weist damit hin auf die zunehmende Bedeutung des Rollenspiels, in dem die Rivalität gegenüber dem Erwachsenen in der Phantasie – verbunden mit Allmachts- und Ohnmachtsträumen – ausgespielt wird, oder im Spiel Wunschträume für die eigene Zukunft entfaltet werden.

Aus dem Bestreben, es den Erwachsenen gleich zu tun, entwickelt sich die „Lust an der Vollendung eines Werkes durch Stetigkeit und ausdauerndem Fleiß" (ERIKSON 1973, 103). Die Kinder wollen jetzt nützlich sein, etwas „Richtiges" mit anderen zusammen machen und sich durch ihr schöpferisches Tätigsein Anerkennung bei den anderen Kindern, aber auch bei den Erwachsenen verschaffen.
Der Traum eines jeden Lehrers, der nur dann in Erfüllung gehen kann, wenn die psychosozialen Grundlagen erarbeitet sind.
Doch wie soll dies möglich sein, beim herrschenden Chaos, dem Kinder und Jugendliche, aber auch die Erwachsenen ausgesetzt sind. SPECK (1997) allerdings sieht in diesem Chaos eine Chance der Fort- und Weiterentwicklung – eine Sichtweise, die man auch bei WINNICOTT finden kann, wenn er „Aggressivität als Zeichen der Hoffnung" bezeichnet und damit anerkennt, dass sie sich noch wehren gegen ihre Lebensbedingungen. Im Chaos findet sich Raum für Originalität und Selbstbestimmung. Starre Ordnungen – wie wir sie aus unserer Geschichte kennen – sind eher lebensfeindlich und führen zum Tod.
Chaos sorgt aber auch für Unsicherheit und manchmal Hilflosigkeit bei den Kinder und Jugendlichen, wie auch bei den Erwachsenen. Und daraus entsteht Gewalt, Verschleiß, Hoffnungs- und Mutlosigkeit.
Wie können also aus dem Chaos neue Strukturen entstehen?
Wenn der Begriff Verhaltensstörung dann greift, „wenn es dem Beobachter nicht gelingt, für eine bestimmte Verhaltensweise einen Sinn zu konstruieren, die dieses Verhalten für ihn in diesem konkreten Kontext plausibel erscheinen lässt" (PALMOWSKI 2002, 237), dann gilt es letztlich, die Kinder und Jugendlichen in ihrem Tun, das in bestimmten Situationen nicht den normativen Vorstellungen des Beobachters entspricht, verstehen zu lernen. Sie haben Wünsche, Ideen und Vorstellungen, die nicht mit denen der Erwachsenen einhergehen und sorgen damit für die Entstehung von Problemen. Wenn mir ein Jugendlicher mitteilt, dass seine Gewaltäußerungen „nur" Symptome einer emotionalen Stimmungslage sind, dann muss ich hellhörig werden und mit einem offenen Blick auf seine Lage eingehen. Er teilt mir mit, dass er in Problemsituationen nicht immer gleich reagiert, sondern – je nach Stimmung – sich mal in eine Ecke zurückzieht und weint, ein andermal draufhaut und schließlich auch Drogen nehmen kann. Hier wird mir klar, dass er verzweifelt und auf der Suche nach eigenen Lösungswegen ist und – in Ermangelung einer „adäquaten" Lösung – schließlich zur Fremdaggression, zur Autoaggression oder auch zur Depression greift. Die Beweggründe sind letztlich in seiner Lebensgeschichte wieder zu finden. Von den Eltern wird er vernachlässigt, mit seinen Schwierigkeiten allein gelassen und schließlich – als er zu schwierig wird – in ein Heim abgeschoben. Auch dort geht es ihm nicht besser: er wird wie ein kleines Kind behandelt und mit seinen Wünschen und den Bedürfnissen eines Heranwachsenden nicht Ernst genom-

men. Als er mit seinen Mitschülern eine gute Lösung für die Gestaltung der Unterrichtspausen sucht und die Beschallung ihres Pausehofteiles mit Musik vorschlägt, wird ihnen dies genehmigt, allerdings nur, solange sie die Musik spielten, die auch den Erwachsenen genehm ist. Das Anhören einer Kassette von den „Bösen Onkels", also der Musik, die ihr Lebensgefühl widerspiegelt, wird ihnen verwehrt. Sie werden mit ihren Interessen nicht Ernst genommen. Wen wundert es, dass sie hier losschlagen und sich wehren gegen die Bevormundung durch Erwachsene, die letztlich nur ihren Weg ins Leben versperren. Kann es nicht sein, dass ihre mangelnde Bereitschaft, Normen, Regeln und Grenzen zu akzeptieren und einzuhalten darin zu finden ist, dass sie nicht Ernst genommen werden und damit den Sinn solcher Achtung nie selbst erfahren konnten? „Bei wissenschaftlichen Untersuchungen zeigt sich, dass Kinder und Jugendliche, die durch ihre Gewalttätigkeit auffallen, in aller Regel Menschen sind, die in Familie und Schule zu wenig Achtung von Seiten anderer erfahren haben. (...) Wenn keine emotionale und soziale Kopplung auf der Basis von gegenseitigem Vertrauen und gegenseitiger Achtung entsteht, kann sich kaum eine hinreichende normative Einbindung ausbilden" (SPECK 1997, 17).
Gehen wir davon aus, dass es in der heutigen Zeit nicht mehr möglich ist, Kinder und Jugendliche mit autoritärer Gewalt zu regieren, dann müssen wir diesen Gelegenheiten bieten, zu autonom handelnden Menschen zu werden, also zu Persönlichkeiten, die in der Lage sind, sich selbst Gesetze zu geben (auto = selbst; nomos = Gesetz) und danach auch zu handeln. Richten wir nochmals unseren Blick auf die Entwicklungstheorie von ERIKSON (1973), dann ist dies aber nur möglich auf der Grundlage von Vertrauen zu sich selbst und auf die Umwelt. Dies aber ist nur möglich in einer Umwelt, die den heranwachsenden Kindern und Jugendlichen Halt gibt und Sicherheit, die sie brauchen, um das Wagnis Persönlichkeitsentwicklung einzugehen. WINNICOTT (1973) spricht hier vom Halten, vom „holding" einer „good enough mother", wobei er „mother" als Metapher für eine enge Bezugsperson versteht.

Das Halten bildet die Grundlage für die Entstehung von Vertrauen zur Umwelt (entsprechend dem Begriff des Urvertrauens bei ERIKSON) und der Entwicklung einer Lebenslinie, die bereits durch die physiologische Fürsorge in der pränatalen Phase ihren Anfang findet. Dieses Halten, bedeutet für den Säugling, bei dem „Physis und Psyche sich noch nicht geschieden haben oder gerade dabei sind es zu tun, v.a. das physische Halten, das eine Form von Liebe ist" (WINNICOTT z.n. DAVIS/WALLBRIDGE 1981, 154). Die Fürsorge stärkt „die angeborene Tendenz des Kindes, den Körper zu bewohnen, die Körperfunktionen zu genießen und die Begrenzung durch die Haut zu akzeptieren, die eine begrenzende, das `Ich´ vom `Nicht-Ich´ trennende Membran ist" (z.n. ebd. 161). Es schützt vor

physischer Beschädigung und umfasst immer den gleichen Ablauf der Pflege. Wird das Kind älter, gewinnt das „Psychische Halten" zunehmend Bedeutung für die Ich-Unterstützung, die teilweise bis zum Erwachsenenalter noch nötig wird, wenn Belastungen oder Verwirrungen zur Desintegration der Persönlichkeit zu führen drohen.
„Das Spannungsfeld zwischen Kleinkind und Mutter, zwischen Kind und Familie, zwischen dem Einzelnen und der Gesellschaft oder der Welt hängt von Erfahrungen ab, die Vertrauen schaffen. Es ist für den einzelnen gewissermaßen etwas Geheiligtes, denn in diesem Bereich erfährt er, was kreatives Leben ist" (WINNICOTT 1973, 119).
Nur in diesem Raum des Vertrauens in die Verlässlichkeit der Mutter kann ein Bereich geschaffen werden, in dem sich Kreativität entwickelt und in dem – je nach Fähigkeit und emotionaler Reife – das Kind sich die Elemente des kulturellen Erbes aneignen und sein Potential entwickeln kann.
Die Mutter hilft ihm dabei durch eine adäquate Unterstützung, die auf der Identifikation mit dem Säugling basiert. Weil die Mutter von Anfang an ihren Säugling als ganze Person sieht, sieht der Säugling sich selbst, wenn er in das Gesicht der Mutter blickt und findet darin die Bestätigung seines Seins. „Wenn ich sehe und gesehen werde, bin ich. Jetzt kann ich mir erlauben, um mich herumzublicken und zu sehen. Ich schaue jetzt kreativ: Was ich sehe, nehme ich auch wahr. Ich achte darauf, nicht etwas zu sehen, was nicht sichtbar ist" (Winnicott z.n. DAVIS/WALLBRIDGE 1981, 184f).
Das Kind sucht die Bestätigung seines In-der-Welt-Seins durch die Mutter, deren Sein mit dem des Kindes korrespondieren muss. Erhält es nicht die Zuwendung der Mutter, zieht es sich zurück, wendet sich von der Wirklichkeit ab und lässt seine Kreativität verkümmern. Dieses Eingehen auf das Kind verlangt von der Mutter ein hohes Maß an Einfühlsamkeit. Blicke können auch töten, ebenso wie ein zu massives Eingreifen in die Aktivitäten des Kindes das Entwicklungspotential abtöten kann.

Was also brauchen Kinder und Jugendliche in unserer Gesellschaft, der zusehends die Orientierung verloren geht, die keine klaren Normen und Werte mehr anbieten kann und nur noch diejenigen ertragen kann, die es schaffen mit einer „patchwork-identity" zu leben? Was machen wir mit den sog. „Modernisierungsverlierern", die ihre Probleme in Gewalt und Hyperaktivität äußern müssen, da ihnen keine anderen Mittel zur Verfügung stehen und vor allem, da häufig ihre Lösungsversuche nicht richtig verstanden werden. Verhaltensänderungen lassen sich nur dann erreichen, wenn wir nicht mehr auf die Probleme blicken, die Schülerinnen und Schüler machen, sondern auf die Probleme, die Schülerinnen und Schüler haben, weil sie dann auch bereit sein werden, sich auf die Probleme anderer – auch der Erwachsenen – einzulassen.

Diese besonderen Probleme, denen sich eine Schule für Erziehungshilfe gestellt sieht, sind nur lösbar, wenn – mit systemischer Sichtweise – das Ganze berücksichtigt wird und die Konfliktlage nicht einseitig auf der Seite des Kindes festgemacht wird.
Gehen wir davon aus, dass die Gewalt von Kindern und Jugendlichen häufig eine Folge selbst erlebter Gewalt ist, dann hilft der ordnende Blick von GALTUNG (1978), der neben der unmittelbar erlebten *„personalen Gewalt“* die *„strukturelle Gewalt“* in den Vordergrund rückt. Hier sind für die Lebenssituation der Kinder und Jugendlichen besonders zu nennen:

1. Die Lebensbedrohung durch Umweltzerstörung und Krieg.
Die Kinder unserer Gesellschaft leiden unter der Bedrohung ihrer Umwelt und unter der starken Präsenz von Krieg und Zerstörung in unseren Medien. Wenn ihnen hier vermittelt wird, dass der Stärkere im Recht ist, auch wenn er Gewalt ausübt, werden sie dieses Muster übernehmen und auf ihren Alltag übertragen. Hilfreich dagegen könnte eine *Friedenserziehung* sein, die leider in den Curricula der Schulen nicht genügend vertreten ist. Den Kinder und Jugendlichen müssten hier die Themen wie Abbau gesellschaftlicher und politischer Gewalt nahe gebracht und die Möglichkeit geboten werden zur Entwicklung von Werten für eine Kultur des Teilens, der Solidarität und Partizipation.

2. Die einschränkenden Wohnbedingungen
Bekannt ist, dass das Aggressionspotential zunimmt, wenn die Wohnräume klein sind, zu wenig Ruhezonen bieten und eher zu Monotonie und Langeweile verführen als ein attraktives Freizeitangebot ermöglichen. Aggressionsabbauend ist also eine politische Aktivität, die für bessere *Umweltbedingungen* sorgt. Gegen die Zerstörung von Sachen hat sich auch bewährt, Kindern und Jugendlichen die Verantwortung für diese Sachen zu übergeben. Lassen wir beim Kind natürliche *Neugierde und Forscherdrang zu* und ermöglichen über manuelle Betätigung die direkte Auseinandersetzung mit den Dingen entsteht daraus die „Liebe zum Objekt“ und bietet dem Kind die Möglichkeit, sich die Umwelt aktiv anzueignen („Welteroberung“) und einen positiven Umgang mit der Natur zu entwikkeln.

3. Die psychosozialen Folgen der Leistungsgesellschaft
Kinder und Jugendliche leiden unter dem Diktat der Ellbogengesellschaft, nach dem es gilt, sich unter allen Umständen durch zu setzen und besser zu sein, als der andere. Dieses Klima setzt sich zunehmend auch in der Schule durch und gewinnt bereits in der Vorschule zunehmend an Bedeutung. Es ist nahe liegend, dass sich hier Gewalt und Aggression breit machen und sehr schnell zu neuen Werten hochstilisiert werden können. Dagegen könnte helfen, Schule als Lebensraum darzustellen und zu entwickeln, wo sich ein Klima der Solidarität breit machen kann. Vor-

aussetzung dafür ist, dass die Schule einen Bildungs- und Erziehungsauftrag annimmt, der gleichberechtigt neben der Vermittlung von Wissen steht.

4. Die Auswirkungen unserer mediatisierten Gesellschaft.
Hier sind die Standpunkte sehr umstritten. Eine Studie zeigt: Fernsehen allein macht Kinder nicht aggressiv. Nicht das Fernsehen, sondern eher die sozialen Begleitumstände sind dafür verantwortlich, wenn Kinder durch das Fernsehen aggressiv werden. Das berichtet die Zeitung «Die Welt» unter Berufung auf eine Studie auf St. Helena. Prof. Tony Charlton, der Leiter der Studie sieht den Grund für die zunehmende Aggressivität fernsehender Kinder in Europa eher darin, dass viele Kinder allein erzogen werden oder beide Elternteile arbeiten. Dadurch könnten sie unkontrolliert auch Filme sehen, die nicht für ihr Alter geeignet sind. In St. Helena dagegen ist die soziale Welt noch in Ordnung. (Quelle: www.netdoktor.de). Eine mögliche Maßnahme dagegen läge in der Indizierung der Medien, vor allem aber auch die aktive Auseinandersetzung mit diesen Medien in Familie und Schule.

Neben diesen Formen der „strukturellen Gewalt", die als Wegbereiter von Gewalt bei Kindern und Jugendlichen gelten können, nennt GALTUNG insbesondere die *„personale Gewalt".* Er meint damit das Ertragen eines autoritären Erziehungsstils, dem in der Regel eine pädagogische Haltung zugrunde liegt, die geprägt ist von der Vorstellung, die gefährlichen Triebkräfte des Kindes in Schach zu halten und – meist durch Druck – in ungefährliche Bahnen zu lenken. Dieser Erziehungsstil ist gekennzeichnet durch Dirigismus seitens des Erziehers und durch Angst beim Kind. Die, aus dieser Beziehung entstehenden Aggressionen werden in der Regel nicht im jeweiligen Kontext entladen – hier sind sie ja nicht zugelassen. Sie werden verdrängt und unterdrückt. Versteckt zeigen sie sich als „Unterwürfigkeit, Lustlosigkeit, Bedrücktheit, Resignation, Bescheidenheit, Apathie, Langeweile, im autoritär-pädagogischen Jargon bezeichnet als Disziplin, Ruhe und Ordnung" (PLACK 1980, 302).
Diese Zusammenhänge sind längst bekannt – spätestens seit den Untersuchungen von einer Arbeitsgruppe um Horkheimer und Adorno zum „autoritären Charakter" im Faschismus. Die entsprechenden Maßnahmen gegen die Folgen erlebter *personaler Gewalt* sind vielfältig und treffen den Kern psychomotorischer Entwicklungsbegleitung.
Pädagogisch und präventiv geht es zunächst einmal darum, sich für einen *partnerschaftlichen Erziehungsstil* einzusetzen, bei dem die Kinder und Jugendlichen ernst genommen werden, und bei dem der Erwachsene sich authentisch auf Beziehungen einlässt, dabei sich selbst in der Beziehung als verletzlich, aber nicht als „zerstörbar" zeigen muss. Standhalten in Konflikten nimmt den Kindern und Jugendlichen die Angst und gibt ihnen Sicherheit.

Als notwendig erweist es sich auch, den *Umgang mit Gewalt* kennen und anwenden zu lernen. Dies heißt, dass Aggressionen zugelassen werden müssen und zur rechten Zeit, am richtigen Ort mit den betroffenen Personen bearbeitet werden müssen. Weniger reden und dafür mehr gemeinsam tun ist hier sehr hilfreich.
Gehen wir davon aus, dass Spielen für die Kinder entlastend ist, da sie hier die Möglichkeit nutzen, mit ihren Problemen besser umzugehen und sich zudem ein hohes Maß an sozialen Kompetenzen aneignen können, dann ist es unsere Aufgabe, *Spielräume einzurichten*. Hier ist es dem Kind möglich, eigene Phantasien mit Anregungen aus der Umwelt zu seinem Spiel zu verschmelzen. Hier können Gefühle erlebt und durchgelebt werden. „Spielhandlungen realisieren den Gewaltimpuls (...) in einer Art und Weise, in der diese sich zwar real anfühlen, d.h. erlebbar sind, aber doch nicht real werden" (SCHWABE 1996, 165). Dies hat vorbeugenden, aber auch rehabilitativen Charakter gegen die Gewalt, denn: *„Was nicht symbolisiert werden kann, kehrt in der Realität wieder"*.

Werfen wir jetzt unseren „systemischen Blick" auf das Konkrete, dann geht es im einzelnen darum, wie wir Situationen gestalten, die für Kinder und Jugendliche entwicklungsfördernd sind.
Dazu gehören geeignete *Räume*, die nicht zu eng sind, die genügend Möglichkeiten bieten, nach angespannten Situationen immer wieder für Entlastung zu sorgen. Notwendig sind also Räume, die einladen zur Bewegung, die aber auch die Gelegenheit bieten, sich zurück zu ziehen und in ruhiger, entspannter Atmosphäre sich auszuruhen von den Anforderungen der schulischen Leistungen, aber auch von dem Stress, den die Gruppe immer wieder erzeugt. Bewährt hat sich hier ein Häuschen, das gemeinsam mit den Kindern in einem Klassenzimmer gebaut wurde. Hier ist Ruhe, ist ein Ort der Abgeschiedenheit, der aber auch noch die Möglichkeit offen hält, zur Aktivität der Klasse Kontakt zu halten (vgl. HAMMER 2001).
Ähnliches kann über den Umgang mit der *Zeit* gesagt werden. Auch hier gilt es, abgewogene Einheiten zu bieten, welche die Phasen der Anstrengung mit Zeitabschnitten der Ruhe abwechseln lassen. Nur so kann es gelingen, den Schülern einen rhythmisierten Alltag zu bieten, der bei ihnen immer wieder ausreichend Möglichkeiten zum Kräfte sammeln aber auch Herausforderungen bietet um genügend Motivation bei der Erbringung schulischer Leistungen zu erzeugen.
Besonderes Augenmerk verdient hierbei der Beginn der Unterrichtseinheit und deren Ende. Hier eignen sich immer wiederkehrende Rituale, welche den Schülern Sicherheit geben und sie gleichzeitig in das folgende Thema einstimmen. Schwieriger ist es oft, das Ende zu gestalten, da hier die Kinder und Jugendlichen aus ihrer Arbeit herausgerissen werden. Ein ritualisierter Übergang bietet sich auch hier an, mit dem Ziel,

etwas aus dieser Stunde in die nächste Begegnung mitzunehmen.
Gerade die Übergänge stellen sich häufig als größte Problemzone dar. Die Pausen, das Warten auf das nächste Ereignis, die Hinführung an die nächste Tätigkeit führen – wie es BETTELHEIM (1971) ausführlich darstellt – immer wieder zu Konflikteskalationen, die bei guter Vorbereitung nicht notwendig wären. Wir stellen uns auf die geplanten Einheiten ein, bereiten sie vor und nach, vergessen dabei aber die konkrete Planung der Übergänge, in die wir die Schülerinnen und Schüler mit einem hohen Maß an Unsicherheit entlassen – und dies führt zu Aggression und Gewalt.
Ein weiteres zentrales Element der Situationsgestaltung stellt die Berücksichtigung *sozialer Komponenten* dar. Wie groß darf die Gruppe noch sein, um konzentriertes Arbeiten zu ermöglichen? Ist es möglich sie zu teilen um dadurch ein höheres Maß an Arbeitsfähigkeit für alle zu erreichen? Dürfen und sollen wir manche Schüler alleine oder in Kleingruppen arbeiten lassen, wo sie ihre Interessen und Bedürfnisse stärker einbringen können?
Welche Rolle spiele ich als Erwachsener in diesen Gruppen? Bin ich „Mitspieler", Mitarbeiter, Helfer, Unterstützer, Terminator, Konfliktregler, Streitschlichter oder einfach nur Wissensvermittler? Es ist sehr hilfreich, sich über diese Rolle immer wieder Klarheit zu verschaffen – für mich selbst, aber vor allem auch für die Schüler, die sich an meiner Rolle orientieren müssen.
Hilfestellung für die Orientierung ist auch der gezielte Einsatz von *Material.* Hier darf nicht der Zufall und auch nicht Willkür herrschen. Es muss natürlich in engem Zusammenhang mit den vorgestellten Zielen sein, es muss aber auch und vor allem mit den personalen und sozialen Kompetenzen in Einklang sein. Haben wir es mit einer noch sehr unstrukturierten Gruppe zu tun, dann hilft uns Material, das von sich aus klare Strukturen anbietet. Im Unterricht können dies klar gegliederte Unterrichtsaufträge sein, im Bewegungsunterricht sind dies Langbänke, Kastenteile, Weichbodenmatten, also alles Geräte, die in sich ein hohes Maß ein Strukturen anbieten und wenig Variationsmöglichkeiten bergen. Ganz anders sind dies kleine Bälle, Bierdeckel, Zeitungen oder Luftballons, die frei beweglich und vielfältig einsetzbar sind. Und dies nicht immer im Sinne des Erwachsenen, denn die Kinder und Jugendlichen folgen hier dem „Appell des Materials" (KLIPHUIS 1977), sie verwenden dieses Material spontan so, wie es das Material hervorruft: ein Seil lädt ein zum Fesseln, ein Gymnastikstab zum Fechten, Bälle zum Schießen und Werfen usw. Berücksichtigen wir nicht diese Bedeutung des Appellcharakters von Materialien, dann sorgen wir durch den unreflektierten Einsatz schnell für Chaos in der Gruppe und müssen mit hohem Energieeinsatz wieder Ruhe erzeugen.

Schließlich bleibt als letztes Element einer Situationsgestaltung das *Thema* einer Gruppenstunde. Wir müssen als Erwachsene immer auf dem Laufenden sein, was die aktuellen Inhalte der Medienlandschaft betrifft. Die Kinder spielen He-man, Pokemón, Digimon, Knightrider, Starwars. Diese Inhalte wandeln sich, sie gehen mit der Zeit und den Moden, Nicht aber die Themen, die hinter diesen Inhalten stecken. Sie bleiben gleich und treten nur in unterschiedlichsten Formen auf. Und es sind diese Themen, die für unsere Arbeit wichtig sind, da sie es sind, welche das Erleben der Kinder und Jugendlichen beeinflussen. Es handelt sich hierbei um Themen wie: Macht – Ohnmacht, Nähe – Distanz, Angst, Verlassen werden. Dies sind die Themen, welche die Kinder und Jugendlichen belasten und die nur dann nicht gewaltfördernd sind, wenn sie im Spiel be- und verarbeitet werden können. Für uns als Erwachsene ist es wichtig, die in der Psychomotorikgruppe aktuell vorherrschenden Themen zu berücksichtigen, d.h. genau zu beobachten, was in der Gruppe gerade an Beziehungsthemen oder Entwicklungsthemen vorherrscht. Nur mit diesen Themen und nicht gegen diese Themen können wir die Psychomotorikstunden gestalten.

Die hier aufgezeigten Hilfestellungen für die Gestaltung von Situationen wurden in Psychomotorikstunden erarbeitet, sind aber auch übertragbar auf andere Unterrichtssituationen. Bleibt uns die Frage, welchen Beitrag die Psychomotorik im engeren Sinn, also als konkrete Maßnahme, an einer Schule für Erziehungshilfe leisten kann.
Der kann sehr vielfältig sein. Wir können dafür sorgen, dass in der Schule die Bewegung als wesentlicher Bestandteil des schulischen Alltags integriert ist. Dies ist möglich über die Gestaltung von Räumen, die auch den LehrerInnen zur Verfügung stehen. Dazu gehört aber auch die Überzeugungsarbeit, dieses Bewegungsangebot zu nutzen – zum Wohle der Kinder aber auch der Lehrer, denn sie erleichtern sich dadurch ihr Leben.
Bewegung sollte auch Bestandteil des Unterrichts sein. Es ist eine Notlösung, wenn Schulklassen nach einem anstrengenden „Sitzunterricht“ auf den Spielplatz geführt werden, um sich dort auszutoben. Viel besser wäre es, wenn der Unterricht an sich bewegt wäre (vgl. KÖCKENBERGER 2000, s.a. Kap. 3.2.5). Die Kinder hätten hier die Möglichkeit sich handelnd Wissen anzueignen und es dadurch aktiv in ihren Erfahrungsschatz einzuordnen. Wissen wäre dadurch integrierter Bestandteil ihrer Lebensbiographie. Dies ist nicht nur ein frommer Wunsch von Psychomotorikern. Es gibt genügend lernpsychologische Untersuchungen, die zeigen, dass Menschen von dem, was sie lesen 10% behalten, während das, was sie tun mit 90% in ihrem Gehirn dauerhaft abgespeichert wird – ein gutes Argument also für einen handlungsorientierten, d.h. psychomotorischen Unterricht. Ein gelungenes Beispiel stellt der oben schon erwähnte Bau

eines Häuschens dar, bei dem nicht nur handwerkliche Kenntnisse vermittelt werden konnten. Hier wurde auch der Hausbau aufgegriffen, um unterschiedliche Modelle im Laufe der Geschichte von den Griechen, Römern, Germanen, Kelten und im Mittelalter zu besprechen. Es war interessant für die Kinder, weil sie eigenhändig erfahren haben, was es heißt, ein Haus zu bauen, welche Pläne angefertigt werden müssen, welche Berechnungen notwendig sind, um das nötige Holz zu kaufen und vor allem, um letztlich ein gerade uns stabil dastehendes Haus zu errichten. Das Protokollieren der Bauabschnitte in einer „Richtfest-Zeitung" vervollständigt das ganzheitliche Geschehen, das seinen Eingang gefunden hat in den Geschichts-, Mathematik- und Deutschunterricht. Erweiterungen wären hier sicher noch möglich (vgl. dazu ausführlich HAMMER 2001).

Die Psychomotorik muss natürlich auch Eingang finden im „regulären Sportunterricht" der Schule[60]. Kinder aus Schulen für Erziehungshilfe scheitern vor allem an den hohen Leistungsanforderungen die ihnen im System Schule abgefordert werden. Hier kann in einem psychomotorisch gestalteten Sportunterricht entgegengesteuert werden dadurch, dass die Leistungen nicht mehr an der Norm der Allgemeinheit orientiert werden, sondern in erster Linie die Steigerung der eigenen Leistungsfähigkeit bei der Lösung individueller Aufgaben im Vordergrund steht. Damit besteht die Chance, das Selbstwertgefühl der Schüler zu steigern und – damit einhergehend – entscheidende Entwicklungsschritte im Umgang mit den anderen Kindern in der Gruppe zu vollziehen.
Nehmen wir hier das Beispiel einer Schwimmstunde, dann geht es hier bereits los beim „anständigen" Gehen zum Schwimmbad und dem „normengemäßen" Verhalten in dieser öffentlichen Einrichtung. In der Öffentlichkeit wird ein anderes Verhalten gefordert als in dem Schonraum Schule. Dies ist oft mit Ängsten verbunden, die Unsicherheit verursachen und ein Potential aggressiver Stimmung erzeugen. Dies zu bewältigen ist oft eine hohe Herausforderung, welche die Kinder mit der Hilfe des Lehrers bewältigen müssen. Diese Situation wird entspannt, wenn im Schwimmbad dann nicht die Höchstleistung des Schwimmens gefordert, sondern die Möglichkeit geboten wird, sich in positiver Art und Weise darzustellen: bei fantasievollen Sprüngen ins Wasser oder auch bei Schwimmwettkämpfen, die nicht den schnellsten belohnen, sondern spielerische Aspekte in den Vordergrund rücken. Bei den kleineren Kindern bieten sich hier z.B. Tauchaufgaben an, die in Geschichten eingebunden sind (eine Pipeline unter Wasser bauen, der Kampf gegen gefährliche Tiere), während bei den größeren es das Ziel sein kann, das DLRG-Abzeichen zu erwerben. Verbesserte Technik dient dann nicht dem schnelleren Schwimmen, son-

---

[60] Für den folgenden Abschnitt bedanke ich mich für die Mitarbeit von Eilert v. Busch

dern der Fähigkeit, besser und schneller andere Menschen retten zu lernen. Besondere Leistungen werden dann nicht über die Note, sondern durch das Lob des Bademeisters belohnt, der seine Geschichte über die Rettung eines Menschen zum Besten gibt. Hier wird Nähe zum Lebensalltag hergestellt, die zu einer gesteigerten Motivation verhilft.

Bewegungsangebote können neben dem „regulären Sportunterricht" aber auch als entlastendes Element in den schulischen Alltag integriert werden. Dazu gehört die Bewegungsstunde nach intensiven kognitiven Leistungsanforderungen. Hier können sich – vor allem die hyperaktiven – Kinder austoben und ihrem Bewegungsdrang freien Lauf lassen. Drohende Strukturlosigkeit in dieser Situation, die vor allem die ängstlichen Kinder am Mitmachen hindert, wird begegnet durch ein klares Regelwerk, nach dem keiner dem anderen weh tun darf, nach dem Selbstverletzungen verhindert werden müssen und nach dem auch die Beschädigung von Material unterbunden wird. Ansonsten ist den Kindern freie Bahn gelassen. Die Einhaltung von Regeln muss natürlich streng beachtet und deren Überschreitung auch konsequent sanktioniert werden. Gelbe Karten mit zeitlichem Ausschluss bis hin zum Abbruch der Stunde sind hier Standart. Bewährt hat sich auch die Unterbrechung der Stunde, mit der Chance zum Neubeginn. Klappt also der Beginn einer Unterrichtsstunde nicht, dann wird noch einmal begonnen. Die ganze Klasse geht wieder aus der Halle heraus und startet von Neuem: wieder rein in die Halle, Sitzkreis, Besprechung der Stunde, Beginn der Stunde usw. bis es endlich klappt.
Diese Stunden verlaufen nur dann in geregelten Bahnen, wenn der Ablauf nach einem immer wiederkehrenden Schema abläuft: Anfang mit einem wiederkehrenden Ritual (z.B. Sitzkreis), dann das Aufwärmen in spielerischer Form, und der vorsichtige Aufbau von sportiven Kompetenzen über „kleine Spielchen", also von Wurf- und Zielspielen zum Basketballspiel. Die Anforderungen müssen langsam gesteigert werden, um drohende Frustrationen zu vermeiden. Hilfreich ist es, in die Wettkampfformen immer wieder kooperative Spielformen einzubauen: auf der Langbank gegeneinander laufen, Henne und ihre Küken (Helferfangspiel), das aus der Erlebnispädagogik entlehnte „Spinnennetz", der Vertrauensfall mit geschlossene Augen in die auffangenden Hände der Klassenkameraden oder das blinde Überschreiten von Hindernissen unter Führung eines Mitschülers. Hier handelt es sich jeweils um Spielformen, die nur durch die intensive Kooperation in der Gruppe zu bewältigen sind.
Der immer wieder auftauchende Wunsch, mit anderen Kindern – oder Erwachsenen – die Kräfte zu messen sollte in diesen Stunden grundlegend erfüllt werden. Kämpfen ist eine geliebte Bewegungsform und kann dann zum sozialen Lernfeld werden, wenn es in geregelten Formen abläuft: sich vor dem Kampf verbeugen, beim Kämpfen die Zeichen zum

Abbruch des Gegners respektieren und befolgen hilft, eine faire Auseinandersetzung zu gewährleisten, bei der schließlich der „Ritter der Woche“ als Sieger den Mattenberg verlässt.
Bewegt sollte auch die Pause sein, weil sie nur dann eine gute Entspannung nach dem oft konzentrierten „Sitzunterricht“ bietet. Hier hat sich das Fußballspiel als „Rollenspiel“ bewährt. Bayern München spielt gegen Bayer Leverkusen. Wer ist Ballack, wer Elber, wer Kahn. Jeder kann sich seinen Lieblingsstar als Identifikationsfigur aussuchen. Der Sieg ist wünschenswert, aber nicht alles. Ziel sollte es sein, in einer fairen Mannschaft zu spielen und auch zu gewinnen. Im Vordergrund stehen dabei Fairnis und Teamgeist, wobei auch hier wieder das Einhalten bestimmter Rituale unterstützend wirken: Mannschaftsbildung durch einen Schüler, mit der Aufgabe gleichstarke Mannschaften zu bilden, Akzeptanz der Schiedsrichterentscheidungen (gelbe Karte= zeitweiliger Ausschluss), Versöhnungsrituale ...

Zusammenfassend stellen wir fest, dass es die Aufgabe des Erwachsenen sein muss, Lern- und Entwicklungssituationen passend zu gestalten, d.h. das richtige Maß zwischen *Struktur und Offenheit* anzubieten: ein klar definierter Rahmen, der die Grenzen verdeutlicht, innerhalb denen sich die Kinder und Jugendlichen bewegen dürfen. Dieser Rahmen wird bestimmt durch den Auftrag, den wir haben, die institutionellen Bedingungen, unsere eigenen Möglichkeiten und durch die vorhandenen Kompetenzen der Schüler. Wir sollten aber auch großen Wert darauf legen, dass innerhalb dieses Rahmens ein möglichst hohes Maß an Bewegungsfreiheit herrscht, in denen die Kinder und Jugendlichen ohne ständige Gängelei ihre eigenen Interessen, Bedürfnisse und Stärken einbringen können. Sie werden dadurch ernst genommen und können sich an den gebotenen Grenzen reiben um damit ihre Schritte zur Persönlichkeitsentwicklung zu gehen.
Erprobt wurde dieses Konzept im Rahmen psychomotorischer Maßnahmen. Was hier unter dem Strich blieb ist ein deutlich zu beobachtender Rückgang an Brutalitäten untereinander, und die Kompetenz, miteinander zu spielen und zu kämpfen. Die Schüler erlebten, dass es Erfolg bringt, gut und harmonisch zusammen zu spielen. Sie hatten mehr Spaß daran und entwickeln mit der Zeit ein gutes Gefühl für Kooperation und Zusammenarbeit. Allerdings: es braucht einen langen Atem um bis dahin zu kommen.

Literatur

Balgo, R. / Klaes, R. (2001): Über die Koordination von Verschiedenheit. „Hyperaktivität" als Problem und Bewegungstherapie als lösungsorientiertes Angebot. Eine systemische Perspektive. In: Passolt, M. (Hrsg.): Hyperaktivität. München, Reinhardt, 140-167

Bettelheim, B. (1971): Liebe allein genügt nicht. Stuttgart, Klett

Davis, M. / Wallbridge, D.(1983): Eine Einführung in das Werk von D.W.Winnicott. Stuttgart, Klett-Cotta

Erikson, E.H. (1973): Identität und Lebenszyklus. Frankfurt, Fischer

Galtung, F. (1978): Strukturelle Gewalt. Reinbek, Rowohlt

Hammer, R. (2001): Bewegung allen genügt nicht. Dortmund, vml

Hüther,G. / Bonney, H. (2002): Neues vom Zappelphilipp. Düsseldorf, Walter

Kliphuis, M. (1977): Die Hantierung kreativer Prozesse in Bildung und Hilfeleistung. In: Wils, L. (Hrsg): Spielenderweise. Leverkusen, Putty

Köckenberger, H. (2000): Bewegtes Lernen. Dortmund, vml

Lüpke, H.v. (2001): Hyperaktivität zwischen „Stoffwechselstörung" und Psychodynamik. In: Passolt, M. (Hrsg.): Hyperaktivität. München, Reinhardt, 111-130

Mattner, D. (2001): Hyperaktivität aus der Sicht der Heilpädagogischen Anthropologie. In: Passolt, M. (Hrsg.): Hyperaktivität. München, Reinhardt, 13-27

Meier, U. (1997): Gewalt in der Schule. In: Prax.Kinderpsychol.Kinderpsychiat., 169-181

Nolting, H.-P. / Knopf, H. (1997): Gewaltverminderung in der Schule. In: Prax.Kinderpsychol. Kinderpsychiat., 195-205

Palmoswski, W. (2002): Verhalten und Verhaltensstörung. In: Werning, R. (Hrsg.): Sonderpädagogik. München, Oldenbourg

Paulus, F. / Hammer, R. (2002): Pharmakotherapie mit Ritalin® oder Medikinet® bei sog. AD(H)S. In: Motorik, 2, 78-81

Plack, A. (1980): Die Gesellschaft und das Böse. München, List

Roth, G. (1999): Das Gehirn und seine Wirklichkeit. Frankfurt, Suhrkamp

Roth, G. (2002): Gleichtakt im Neuronennetz. In: Gehirn und Geist, 38-46

Schwabe, M. (1996): Eskalation und De-Eskalation in Einrichtungen der Jugendhilfe. Frankfurt, IGfH

Speck, O. (1997): Chaos und Ordnung. Die Schule zur Erziehungshilfe vor neuen Herausforderungen. In: Verband kath. Einrichtungen der Heim- und Heilpädagogik (Hrsg.): Identität und Perspektiven der Schule zur Erziehungshilfe. Freiburg, Lambertus, 10-25

Wetzels, P. / Pfeiffer, C. (1997): Kindheit und Gewalt. In: Prax. Kinderpsychol. Kinderpsychiat., 143-152

Winnicott, D.W. (1973): Vom Spiel zur Kreativität. Stuttgart, Klett

3.2.5 Bewegtes Lernen – Psychomotorik im Klassenzimmer Lesen, Schreiben, Rechnen Lernen mit dem ganzen Körper

Helmut Köckenberger

Bewegung ist nicht alles,
aber ohne Bewegung läuft nichts!!

Mehr Bewegung braucht die Schule – mehr Abwechslung im Schulalltag! Diese Forderungen sind nicht neu. Reformpädagogen wie Montessori, Freinet, Dewey u.a. propagierten vor Jahrzehnten, was heutzutage auch Kinderärzte und Orthopäden dringend empfehlen. Werden doch schon in der Grundschule massiv auftretende Haltungsschäden, steigende Anzahl von Lernstörungen, fehlende Spiel-, Frei- und Bewegungsräume, einseitige Freizeitgestaltung und Reizüberflutung und auf ein Minimum reduzierte Handlungsanforderungen beobachtet. Die Schulen müssen neben der gewohnten Wissensvermittlung auch noch die gesellschaftlich bedingte „Löcher stopfen".
Viele sogenannte Entwicklungsrückstände oder -defizite sind durch fehlende oder fehlerhafte alltägliche Erfahrungen im sensomotorischen Bereich zu suchen. Auffällige Kinder signalisieren deutlich ihren Bedarf an viel Bewegung, Abwechslung und Aufmerksamkeit, auch während des Unterrichts. Dies findet deutlichen Ausdruck im nicht zu übersehenden Spannungsfeld von ADS und Hyperaktivität. Lernschwierigkeiten wie zum Beispiel auch Dyslexie und Dyskalkulie genauso wie Sprachstörungen treten oft in Gemeinschaft mit Koordinationsstörungen oder mangelhafter Bewegungserfahrung auf. Probleme in verschiedenen Wahrnehmungsleistungen müssten über andere Wahrnehmungskanäle und Bewegungssysteme ausgeglichen werden. Dies alles legt ein handlungsorientiertes Unterrichten mit viel Bewegung, Körpererfahrung und Abwechslung nahe.

Allgemein betrachtet gibt es keinerlei Lernen ohne Bewegung. Jegliches Lernen benötigt den Körper mit all seinen Sinnen, seinen Wahrnehmungssystemen und seiner Fähigkeit, reflexartig oder über Handlungspläne Neugier und Wissen in Aktivität umzusetzen.
Kinder lernen in allen Bereichen – mit Hilfe ihres Körpers – über Ausprobieren und Nachahmung, über konkrete Erfahrungen und Reaktionen, über ständige Auseinandersetzung mit der Umwelt. Der Körper dient als Bindeglied zwischen dem Subjekt (dem Kind) und dem Objekt (Außenwelt). Keine Kommunikation, sei es durch Sprache, Gebärden oder Mimik, ohne Bewegung. Keine soziale Interaktion ohne Berührung, Austausch und Ausdruck. Keine Konzentration und Entspannung ohne bewußte oder unbewusste Muskeltätigkeit. Selbst das Lesen, Schreiben und Rechnen benötigt nicht nur frühkindliche Bewegungserfahrung als unbedingte Basis und

sensomotorische Voraussetzung, sondern den tatsächlichen, konkreten und höchst differenzierten Einsatz einer Vielzahl von komplexen Wahrnehmungs-, Bewegungs- und Handlungsabläufen.
Die Kinder wissen intuitiv von der Untrennbarkeit, der Ganzheitlichkeit und der ständigen Zusammenarbeit seiner persönlichen Erfahrungsbereiche. Für sie gibt es vor dem Besuch der Schule noch keine Aufteilung in Lernen nur mit dem Kopf, den Augen und Ohren, Lernen nur mit dem Körper und Bewegung, Lernen nur mit Gefühlen und sozialen Begegnungen; und davon getrennt erholende Spielphasen ohne Lernen.
Das Kind lernt spielerisch nach einem inneren Entwicklungsplan, ohne von den Erwachsenen „er – zogen“ oder geschoben werden zu müssen. Dazu benötigt es allerdings eine entsprechend reizvolle Umgebung, die erforscht werden will, und einen zuverlässigen Rahmen für Geborgenheit und Sicherheit. Jedes Kind will lernen. Es will aber kindgemäß lernen. Soll es auf Art und Weise der Erwachsenen lernen, fühlt es sich nicht nur missverstanden und überfordert, sondern verliert auch schnell die Freude am Lernen.

Das einjährige Kind übt von sich aus Aufstehen und Gehen. Es benötigt dazu nicht die Aufforderung durch seine Eltern. Dagegen bereitet ein vorzeitiges Üben des Gehens allen Beteiligten Stress und Frustration und endet meist in einer Verweigerungshaltung des Kindes.

Es erscheint schon beinahe als Normalität, dass Kinder von den ersten Lebenstagen an sich ständig wissbegierig um Erweiterung ihrer Horizonte bemühen, und dass Kinder, die noch vor der Einschulung eigenständig anfangen, die Geheimnisse der ersten Rechen- und Schreibschritte zu ergründen, nach spätestens zwei Jahren Schulerfahrung den Ehrgeiz und die Motivation am Lernen verlieren.
Die Ideen der Psychomotorik in der Schule, der Bewegten Schule und speziell des Bewegten Lernens versuchen, diesen Problemen entgegenzuwirken.

1. Die Schule bewegt sich
Die Initiative „Bewegte Schule“ fand folgende leicht zu realisierende Möglichkeiten für einen kindgerechteren Lebensraum Schule, um den Schülern mehr spielerische Bewegung anzubieten:

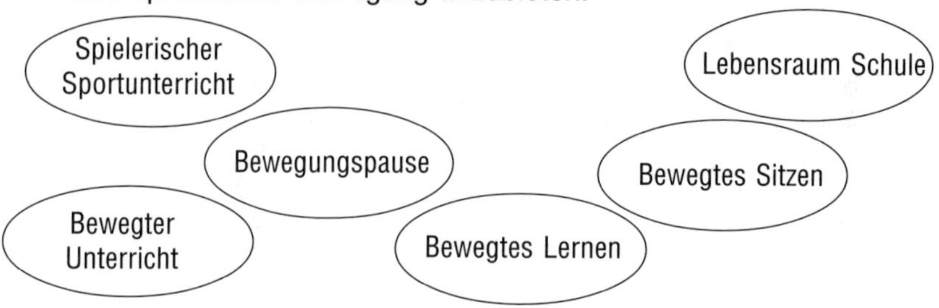

1.1 Spielerischer Sportunterricht

Kinder brauchen Bewegung. Sie wollen sich austoben, sich großräumig und schnell bewegen, möglichst ohne viele Regeln eingeengt und kontrolliert zu werden. Dies können sie im Alltag oftmals nicht mehr erleben. Der Sinn des Sportunterrichts ist verfehlt, vor allem in den ersten Schulklassen, wenn Kinder lange ansitzen, zuhören und gezielte Übungen nachturnen sollen, ohne den Sinn der Bewegungen zu verstehen. Für die bewegungshungrigen Kinder liegt der Sinn der Bewegung in Bewegungsfreude, Bewegungsausdruck und Bewegungserlebnis, weniger darin, in möglichst kürzester Zeit angestrengt eine für sie sinnlose Übung (*z.B. Feldaufschwung am Reck oder einen sauberen Schlusssprung mit geschlossenen Beinen*) einzuüben. Sie wollen Dampf ablassen, spielen, ihren Körper und ihre eigenen Grenzen spüren. In späteren Jahren kommt das Bedürfnis nach Regelspielen, nach Wettkampf und Leistung von alleine. Durch einen veränderten Sportunterricht erhalten Kinder die Chance, sich positiv zu erleben, nicht ständig an viele durch Regeln gesetzte Grenzen zu stoßen und selbständig eine Erholungspause zu suchen.
Sportunterricht bietet dabei eine gute Gelegenheit, Kindern Selbstvertrauen, Bewegungsfreude und Kreativität zu vermitteln. In der Turnhalle ist genügend Raum. Die Kinder können ihren Bewegungsdrang ausleben, verloren gegangene Spielfreude und Körpererfahrung wieder entdecken, selbständig zur Selbststeuerung und zu Partnern bzw. Gruppen finden. Sie erhalten durch offene Bewegungssituationen und Bewegungsaufgaben die Freiräume, um aktiv Probleme zu lösen oder neue Ideen zu erfinden. Die gezeigten Bewegungslösungen werden nicht miteinander verglichen. In diesem Bereich konnte die Psychomotorik schon erhebliche Impulse setzen und ein Umdenken in der Bewegungserziehung einleiten.

1.2 Schule als Lebensraum

Kasernenartige, eingeebnete und asphaltierte Pausenhöfe, gerade kahle Gänge und Treppenhäuser wecken nicht die Lebens- und Lernfreude der Kinder, sie reizen eher zum planlosen Herumrennen, ohne auf andere Kinder zu achten. Sie sind eintönig und übersichtlich, aber provozieren mehr Unfälle als abwechslungsreiche Pausenhof- und Schulgebäudegestaltungen. Die Kinder lieben die Abwechslung, die verschiedenartigen Reize, das Rennen über Rasenflächen oder verschlungene Wege, das Erkunden von interessanten Spiel- und Geländeecken, das Balancieren über Hängebrücken, das Verstecken in Büschen, das Konstruieren mit der Bewegungsbaustelle, das Klettern an einer Querkletterwand knapp über dem Boden, das Spielen mit verschiedenen Sport- und Bewegungsgeräten, zum Beispiel mit Stelzen, Softball, Pedalos, Einrädern, Federballschlägern, Riesenmikados und Jongliermaterial. Die Materialien kommen zumeist aus der Psychomotorik oder dem Freizeitsportbereich. Auch in den Gängen wollen sie an verschiedenen Formen und Materialien der Wandverkleidung mit den Händen entlang streifen oder Veränderungen in der Wandgestaltung herausfinden. Durch die Vielfalt können alle Sinnes- und Bewegungssysteme zum Einsatz kommen. Die Pause wird zum Erlebnis, aktiv und konstruktiv. Die konzentrationsschwachen Kinder kommen wieder erholt und entspannt in ihr Klassenzimmer zurück. Die Schule, in der die Kinder sich immerhin einige Jahre überwiegend aufhalten, wird zum attraktiven Lebensraum. Die reizarme Lernanstalt wird zum lebensfrohen Lernraum, in dem alleine durch die äußere abwechslungsreiche Gestaltung sich auch auffällige Kinder wohler fühlen, deshalb entspannter und aufnahmebereiter sind, und das Lernen wieder mehr Spaß macht. Selbst an den Nachmittagen kann das Schulgelände von allen Kindern genutzt werden, weil freie Bewegungsräume innerhalb einer Stadt selten geworden sind.

1.3 Bewegungspausen entspannen

Schon für Erwachsene ist es anstrengend, länger als eine halbe Stunde aufzupassen. Eine Unterrichtsstunde ist für die Konzentration vieler Schulkinder eine Überforderung. Das merken LehrerInnen deutlich, wenn die allgemeine Konzentration in der Klasse nach zwanzig Minuten stark abfällt. Besonders die konzentrationsschwachen und bewegungshungrigen Kinder benötigen öfters kurze erholende Pausen. Diese Pausen sind kein Zeitverlust. Fünf Minuten Bewegungs- oder Entspannungspausen schaffen Abwechslung, fördern die Durchblutung und dadurch die Sauerstoffversorgung des Gehirns, befreien vom Bewegungsdrang, lassen die zappeligen Körperteile sich bewegen und verkrampfte Rücken wieder lokkern. Dadurch entstehen sofort erneute Aufnahmekapazität und Konzentration, bessere Lernbereitschaft und Spaß an einer effektiven Mitarbeit im Unterricht. Statt den Rest der Unterrichtsstunde mit Ermahnungen, Aufmunterungen oder Motivierungsversuchen zu verbringen, kann der Unterrichtsstoff leichter, fast spielerisch, vermittelt werden. Für die Durchführung der Bewegungspausen wird keine methodische Unterrichtsumstellung, keine Sporthalle und kein großen Aufwand benötigt. Alles ist erlaubt, was ohne große Vorbereitung möglich ist und den Bedürfnissen der Schüler entspricht.

Die Kinder öffnen die Fenster und holen als Lokomotiven mit „schrecklichen“ Geräuschen tief Luft.
Sie rennen in den Pausenhof und wieder zurück.
Sie probieren verschiedene verrückte Positionen auf dem Stuhl aus.
Sie massieren sich gegenseitig.
Sie stupsen Luftballons hoch.
Sie schütteln erst einzelne Gliedmaßen, dann den ganzen Körper.

1.4 Bewegung bewegt den Unterricht

Für die auffälligen Kinder ist nicht nur in den Pausen oder im Sportunterricht Bewegung sinnvoll und notwendig. Bewegung schafft auch im „normalen" Unterricht körperliche und geistige Entlastung und fördert Konzentration durch Abwechslung zwischen geistiger und körperlicher Aktivität. Es ist ein Irrtum zu glauben, dass nur eine Klasse mit ruhig sitzenden Kindern gut lernen kann bzw. leicht zu unterrichten ist. Es ist nämlich erwiesen, dass das Gehirn unter leichter Bewegungsbelastung bis zu 20 % besser arbeiten kann als in Ruhe.
Eine normale Schulstunde bietet vielerlei Möglichkeiten, Bewegungsangebote einzubauen, ohne den Unterrichtsfluss zu unterbrechen.

Bewegung während des Unterrichts

Die Kinder können die Arbeitsblätter von verschiedenen Stellen im Raum abholen. Wenn die LehrerIn selbst öfters die Position im Raum wechselt, hören die Kinder ihre Stimme aus einer anderen Richtung. Sie müssen sich drehen, um zur Tafel an der Seite oder zum Overheadprojektor an der Rückseite des Klassenzimmers zu schauen.
Konzentrationsschwache oder bewegungsunruhige Kindern brauchen nach kurzen Arbeitsphasen individuelle Bewegungspausen oder Bewegungsaufträge. So können sie die Tafel wischen, Kreide holen gehen, Arbeitsblätter zum Kopieren bringen, dem Hausmeister kurzzeitig beim Kehren helfen, Fenster öffnen oder die Karte aufhängen.

Abwechselnde Arbeitsplätze

Individuelle Arbeitsplätze können von den Kindern abwechselnd benutzt werden; der Gruppentisch für die Gemeinschaftsarbeit, das Stehpult, die Liegematte oder ein niedriger Tisch zum Sitzen auf dem Boden. Die Stehleiter oder Fensterbank ermöglichen ein erhöhtes oder verändertes Blickfeld. Entspannungsnischen dienen dem kurzzeitigem Abschalten und Erholen. Am Trimmpolin oder Wippbrett können sie kurz Dampf ablassen oder in der Hängematte lesen oder ein Gedicht auswendig lernen. Tische und Stühle sollten höhenverstellbar sein, so dass Kinder auch im Stehen schreiben können. Verschiedene Lernzonen teilen das Klassenzimmer in ruhige und bewegte Gebiete auf.

Abwechselnde Methodik

Verschiedene Unterrichtsmethoden bringen Abwechslung und Bewegung in die Klasse. Frontalunterricht kann durch Gruppenarbeit, Partnerübungen und Freiarbeit ergänzt werden. Projektunterricht verbindet fächerübergreifende Wissensvermittlung mit eigenständiger Planung, Handlung und konkreten Erlebnissen. Sing- und Sprechspiele unterstützen die Merkfähigkeit durch bessere Einprägung und rhythmisches Lernen. Falls möglich sollten im Stundenplan einer Klasse Lernfächer (Mathematik und Deutsch) mit Bewegungsfächern (Sport, Werken, Musik) abwechseln.

1.5 Bewegtes Sitzen konzentriert

Lernen und Konzentration benötigen Motivation, Interesse und Bewegung – und nicht absolute Ruhe und Stillsitzen. Die aufrechte Haltung bedarf der ständigen Arbeit gleicher Muskelgruppen. Sie ermöglicht deshalb nur für kurze Zeit eine bessere Statik und Atmung. Danach verbrauchen die Kinder all ihre Konzentration, um sich immer wieder zu dieser aufrechten Haltung zu zwingen. Dabei ist bekannt, dass ungünstige Arbeitshaltungen bis zu 40% der persönlichen Leistung binden. Sitzpositionen müssen ständig verändert werden, um andere Gelenkstellungen und Muskelgruppen zu beanspruchen.
Es gibt viele verschiedene Möglichkeiten, auf einem Stuhl zu sitzen:

mit Rückenlehne seitlich, Arme über die Rückenlehne vorne hängend, auf dem Stuhl kniend.

Es können verschiedene Sitzgelegenheiten benutzt und abgewechselt werden:

Sitzkeil, Meditationshocker (auf den Fersen sitzend), Reitersitz (schräg gestellter, schmaler Hocker), Barhocker, Liegekeil, Kniestuhl (halb kniend, halb sitzend), großes Reiskissen.

Der menschliche Körper ist weniger für starre Haltung als vielmehr für Bewegung geschaffen. Bewegungsunruhige genauso wie ermüdete Kinder besorgen sich automatisch über Bewegung und Veränderung die nötigen Reize, um sich besser gegen die Schwerkraft aufrichten zu können. Bewegungen während des Sitzens helfen außerdem, sich besser konzentrieren zu können. Dazu werden bewegliche Sitzgelegenheiten angeboten:

Sitzbälle, luftgefüllte Sitzkissen, Schaukelstuhl, Melkschemel, große Rolle, Wippstuhl, Stuhl zum Federn, Bürodrehstuhl.

Es ist ausreichend, neben normalen Stühlen einige verschiedene Sitzgelegenheiten im Klassenzimmer bereit zu stellen. Die Schüler können nach jeder Unterrichtsstunde selbständig ihre Sitzmöbel wechseln.

2. Bewegung ist mehr

Bewegung ist mehr als funktionelle Übungsabläufe aus dem verstaubten Koffer von Turnvater Jahn. Bewegung ist mehr als der normale Sport in der Turnhalle. Bewegung begleitet unser gesamtes Leben. Bewegung ermöglicht Leben, Bewegung ist Leben. Leben findet in ständiger Bewegung statt. Ohne Bewegung kein Leben. Die LebensBewegung als Dialog zweier Pole, als Schwingung zwischen Vertrautem und Unbekanntem, als Wechsel zwischen Eroberung und Einordnung der Umgebung, als Wechsel zwischen Spannung und Erholung, als Wechsel zwischen Sichern und Entsichern.

„Bewegung ist das A und O des Lernens“

Bewegung bedeutet genügend Stabilität und Gleichgewicht zu besitzen. Nur wenn der Stand-punkt gesichert ist, gibt es Frei-heit für Bewegung und Spiel.
Bewegung bedeutet Beweglichkeit und Flexibilität, auch von uns Erwachsenen. Um sich ent-wickeln zu können, benötigt Bewegung und Leben beides, nämlich zugleich Sicherheit und Neugierde, Geradlinigkeit und Anpassungsfähigkeit, den Halt und das Spiel. Stabilität ohne die erforschende Neugier ist erstarrte, leblose Fixiertheit, dagegen ständige Bewegung ohne ge-halt-volles Fundemant nur fassungslose Rastlosigkeit.
Bewegung ist präsent und einzigartig. bedeutet mit allen Sinnen anwesend sein, wach sein und empfangsbereit sein für die Verschiedenartigkeit und Einzigartigkeit, zum Beispiel nicht nur routiniert die einzelnen funktionellen Bereiche der Kinder er-ziehen oder be-handeln.
Bewegung ist gehaltvoll. Jede Bewegung ist gefüllt mit Erinnerungen, Absichten, Träumen und dem Wunsch nach Ausdruck Bewegung bedeutet Vielfalt statt Einfalt, abwechselnde Multi-tonie statt ermüdender Monotonie.
Bewegung bedeutet Mut zum Dialog statt eines einseitigen Monologs, Mut zum situativen und kreativen gemeinsamen Lernen. Erwachsene und Kinder befinden sich im Austausch, eben in Bewegung.

Bewegung bezieht sich, das heißt, sie ist mit Inhalt und Ausdruck, mit Kommunikation und Träumen gefüllt. Es gibt keine sinnlose Bewegung. Bewegung bedeutet dann – und nur dann – bedeutsames, sinnhaftes Lernen.
Bewegtes Lernen ist sinn-voll – die Kinder sind mit geöffneten aufnahmebereiten Sinnen vom Lernen bewegt. Sie sind bereit, ihre konkrete Umgebung zu entdecken, sich den Materialien anzupassen oder die Materialien für ihr Begreifen der Umgebung anzupassen und einzusetzen.
Bewegung heißt, sich auf dem Weg befinden, oftmals auf einem unbekannten Weg, nicht auf einem Weg aus der Konservendose, nicht in einer begrenzenden Sackgasse, nicht an einem vorge-fertigten Ziel. Bewegung bedeutet, dass Schritte als Fort-schritt schon gegangen wurden und dass weitere Ent-wicklung folgen darf. Im Moment präsent und akzeptiert sein, aber ohne Zwang perfekt sein zu müssen.
Schulisches Lernen kann sich dem natürlichen Lernen der Kinder vor und außerhalb der Schule oder Therapie annähern – zur Erleichterung aller Beteiligten.

Kindliches Lernen ist
spielerisches und handelndes Entdecken von Problemlösungen -
selbständig, neugierig und lustbetont,
ziellos, aber sinnvoll.

So zeigt auch Psychomotorik innerhalb der Schule nicht nur die Erziehung durch den Einsatz von möglichst viel Bewegung und Material. Sie kann die oben genannten Inhalte als pädagogische Grundhaltung, sogar als Lebenseinstellung im Unterricht benutzen, um wieder selbständiges, kindgerechtes und freudvolles Lernen zu ermöglichen: Lernen darf Spaß machen!

3. Bewegtes Lernen

Bewegtes Lernen trägt diese psychomotorischen Ideen in das Klassenzimmer und verbindet dort „gehaltvolle“ Bewegung direkt mit den schulischen Inhalten, in der Sicherheit einer verstehenden und bestärkenden Beziehung. Denken ist nicht gleichzusetzen mit kontrolliert, ruhig und still sitzend lernen. Das Lernen von Lesen, Schreiben und Rechnen wird im Dreidimensionalen, mit Hilfe des gesamten Körpers, aller Sinnes- und Bewegungssysteme und mit psychomotorischem Übungsmaterial durchgeführt. Es lassen sich kognitive und pädagogische Lernziele mit den Zielen aus Psychomotorik, Bewegungserziehung, Physiotherapie, Ergotherapie und Psychologie im Unterricht verbinden.

„Mit dem Rollbrett wird die Buchstabenform erfahren"

3.1 Warum bewegt lernen?
Es gibt viele Gründe, um Bewegtes Lernen im Unterricht anzubieten.

Bewegtes Lernen begreift
Dieses multisensomotorische Lernen schafft eine sichere Basis für logisches Denken, nicht nur beim Kleinkind, sondern auch im Schul- und Erwachsenenalter. In allen unbekannten Situationen greift das Kind auf bewährte Vorgehensweisen und Lernmethoden zurück, um sich schrittweise an das Neue anzunähern. Dazu setzt es vertraute Bewegungs- und Handlungsmuster ein und viele verschiedene Wahrnehmungsleistungen, um ein möglichst umfassendes Begreifen, Erfahren und dadurch Wissen zu erreichen. Erst diese Vertrautheit und Sicherheit ermöglichen einen weiteren experimentellen, abstrakteren oder logischen Umgang damit.
Kognitive Inhalte werden dabei von verschiedenen Seiten und in ihren unterschiedlichen Aspekten verstanden. Die große Anzahl der einzelnen sensorischen, motorischen und praktischen Verständnis- und Erinnerungszentren hilft über den Zugriff und Vergleich auf früher Erlebtes und Abgespeichertes. Abgesehen davon wird sich das Kind das Erlebte bei Beanspruchung aller dieser Zentren durch die wesentlich größere Speicherkapazität besser einprägen und merken können.

Das konkrete Erleben und das aktive Handeln unterstützen ein sinnvolles Verständnis einer Situation. Auch kognitive Inhalte lassen sich dadurch direkter und sicherer begreifen und erfahren. Es wird eine stabile Abspeicherung ermöglicht. Die Anwendung eines auf diese Weise erworbenen Wissens wird leichter fallen. Ähnliche und veränderte Bedingungen können schneller bewältigt werden.
Das Lernen mit Hilfe des ganzen Körpers schafft Abwechslung. Die einzelnen Sinneseindrücke und die Beanspruchung verschiedener motorischer Leistungen wechseln sich ab und erhalten genügend Erholungszeit. Sie ergänzen sich im Begreifen der gesamten Problemstellung. Sie helfen dem Kind, sich immer wieder neu in Bewegung und Denken der Situation anzupassen.
Das Kind wird als Gesamt-Persönlichkeit wahrgenommen und in seiner Komplexität ernst genommen. Die Vielfalt des Ganzen ermöglicht dem Kind individuelle Zugänge zu einer Problemstellung. So kann es Neues mit eigener Methodik begreifen und den Freiraum nach seinen Bedürfnissen besetzen.

Das Denken fängt im Körper an

Zufallsbewegungen
isolierte Bewegungen
gesteuerte koordinierte Bewegungen
automatische Bewegungsmuster
Bewegungskonsistenz und Bewegungskonstanz
Körperschema
Handlungserfahrung
Handlungsplanung
Handlungsschema
Handlungsvorwegnahme
Handlungsersatz
abstraktes Denken

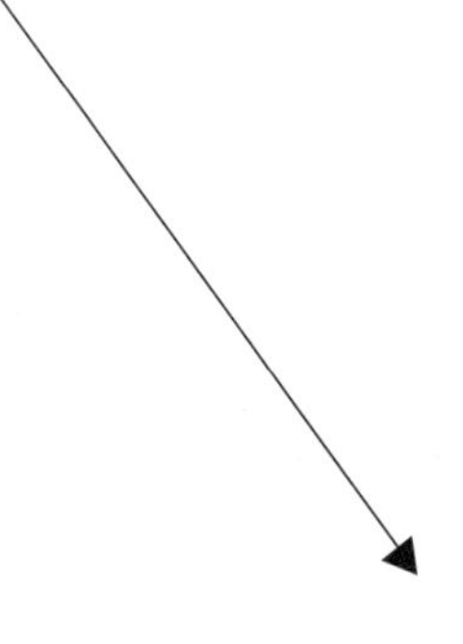

Bewegtes Lernen motiviert

Attraktives Material spricht die Spiel-Lust, Bewegungsfreude und Neugier des Kindes an, sich mit dieser Situation auseinanderzusetzen. Das Kind lernt freiwillig, um das Material zu erfahren, um Neues zu entdecken und ohne Leistungsdruck die Aufgabe mit seinen Bewegungsmöglichkeiten zu bewältigen. Andererseits kann eine bekannte oder interessante kognitive Aufgabe das Kind animieren, neue Materialien und Bewegungsmuster auszuprobieren.
Verbissenheit, Anstrengung und Stress erschweren oder blockieren sogar die Lernbereitschaft.
Im direkten Vergleich wird jedes Kind die Spielsituation der Prüfungssituation vorziehen.
Es wird sich während des spielerischen Lernens oft neuen Erfahrungen

aussetzen, die „natürlich" in Prüfungen vermieden werden. Die Lust am Spielen und die Ungezwungenheit beim Lernen ermöglichen dem Kind, die Angst vor Überforderung, Versagen oder Unfähigkeit abzulegen. Kindgemäßes Lernen wird immer spielerisch stattfinden.

Bewegtes Lernen fördert
Bewegungsmangel, Haltungsschäden, vermehrte Defizite in einzelnen Teilleistungsbereichen, Lese-Rechtschreibschwäche, Rechenschwäche, Bewegungsunruhe und Hyperaktivität, fehlende Bewegungserfahrung und Bewegungsängstlichkeit, sensomotorische Ausfälle oder Entwicklungsrückstände bedürfen einer speziellen Berücksichtigung in Grund- und Hauptschulen, erst recht in allen Sonderschulen. Dies kann nicht alleine im Sportunterricht, in einzelnen Sportförderstunden oder Bewegungstherapien aufgefangen werden. Die Integration von sensorischen und motorischen Förderungsinhalten in den allgemeinen Unterricht bedeutet eine bedeutende Hilfe für diese auffälligen Kinder. Sie können individuell noch unbekannte oder ungefestigte sensomotorische Entwicklungsfelder während des Unterrichts erkunden und vervollständigen. Sie erhalten die Gelegenheit, ihren Bewegungsdrang zu befriedigen und mit der Zeit selbständig Ruhe und Eigenkontrolle zu erlernen bzw. ihre motorischen Defizite und Bewegungsängstlichkeit abzubauen. Weniger gut ausgebildete Wahrnehmungsbereiche werden durch andere Sinneskanäle ergänzt, beeinflusst oder ersetzt.

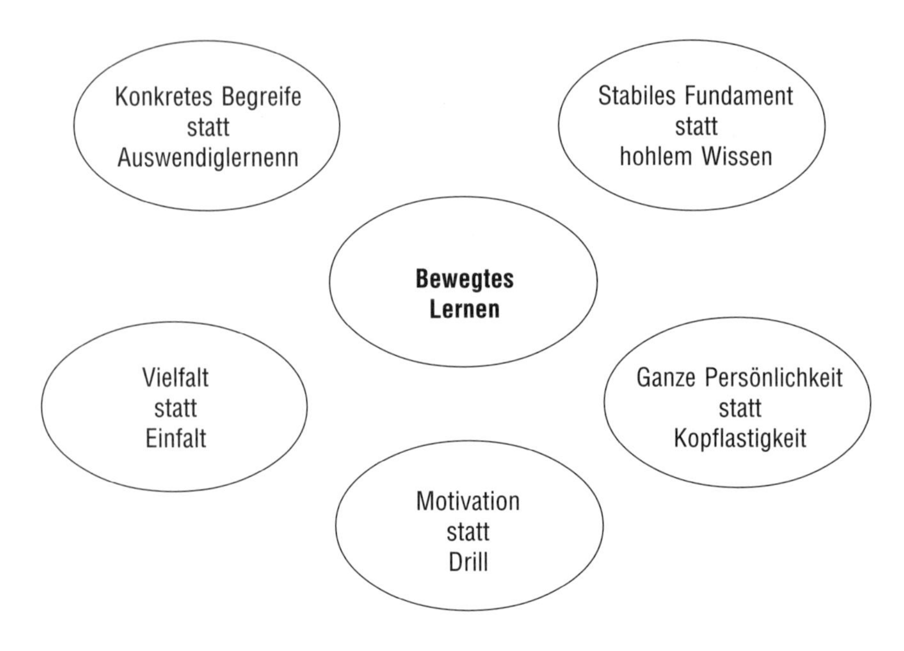

3.2 Wie bewegt lernen?

Bewegtes Lernen kann auf vier verschiedene Arten angewandt werden.

– Abwechslung von kognitiver und sensomotorischer Belastung

Durch die sich öfters wiederholende Abwechslung wird der Ermüdung und Unaufmerksamkeit in einzelnen Bereichen entgegnet. Der Körper kann sich durch die Bewegungssituation entspannen, die Durchblutung wird gefördert und somit auch das Gehirn vermehrt mit Sauerstoff versorgt. Die Konzentrationsfähigkeit wird erneuert, auch durch Stimulierung des Gleichgewichtssystems.

Das Kind hat ein Arbeitsblatt fertig. Es darf für kurze Zeit auf einem Trimmpolin springen. Dann nimmt es sich ein zweites Arbeitsblatt.

– Gleichzeitige Reizsetzung ohne Verknüpfung

Das Kind darf sich bewegen, während es bestimmte kognitive Aufgaben löst. Dies kann für das Kind eine Motivationshilfe bedeuten. Durch die Bewegung kann die Aufmerksamkeit erhöht werden. Es schafft Abwechslung und Unterscheidung im Vergleich zu anderen Aufgaben. Die kognitive Anforderung steht aber in keinem direkten Zusammenhang mit der Bewegungsaufgabe.

Das Kind erhält eine Kopfrechenaufgabe. Es löst die Rechnung, während es mit dem Pedalo zur anderen Raumseite fährt und trägt dort das Ergebnis in das Arbeitsblatt ein (Rechnen, grobmotorische Koordination).

– Sinnvolle Verknüpfung

Bei der sinnvollen Verknüpfung benötigt das Kind die Bewegung, um die kognitive Aufgabe zu bewältigen. Das Kind erkennt den Sinn des Spiels und der kognitiven Aufgabe mit Hilfe
der Bewegungsaufgabe.

Das Kind fährt mit dem Rollbrett zu einer Kiste mit Korken. In dieser Kiste sind Plastikbuchstaben versteckt. Das Kind ertastet sich den Buchstaben, der in der Wortkarte fehlt. Das Kind fährt mit dem Rollbrett zurück zum Start und setzt den fehlenden Buchstaben in die Wortkarte ein (Lesen, taktile Wahrnehmung, Grobmotorik).

– Inhaltliche Verknüpfung

Das Kind erfährt durch die konkrete Handlung in der Bewegungsaufgabe den Sinn und Inhalt der kognitiven Aufgabe. Das Kind lernt über die Bewegungs- und Körpererfahrung den symbolischen oder kognitiven Inhalt zu verstehen. Ohne diese Verknüpfung wäre die einzelne Bewegungsaufgabe sinnlos.

Es ist eine Treppe aus Hockern aufgebaut. Das Kind würfelt eine Zahl (z.B. die 5), steigt mit lautem Abzählen die entsprechend vielen Treppenstufen hoch und springt hinunter auf eine Matte (Mächtigkeit einer Zahl Erfahren, Abzählen, Balancieren, Grobmotorik).

3.3 Wann bewegt lernen?

Das Bewegte Lernen kann in jedem Unterrichtsfach eingesetzt werden. Viele der Lehrinhalte lassen sich in sinnvolle Handlungen umsetzen oder mit Bewegung unterlegen. Dazu stehen drei verschiedene methodische Modelle zur Verfügung:

– als gemeinsam durchgeführtes Spiel

Alle Kinder nehmen an dem Spiel teil. Sie lernen zur gleichen Zeit mit dem gleichen Spiel.

Stadt, Land, Fluss: Der Fänger ruft einen Buchstaben. Die Kinder versuchen, vor dem Fänger davon zu laufen oder ihm ein Wort aus einem abgesprochenen Bereich mit diesem Anlaut zu nennen (Anlaut, Grobmotorik).

Bewegte Zahlen: Jede Zahl bekommt eine bestimmte Bewegung (1 = am Boden schlängeln, 10 = krabbeln, 100 = gehen, 1000 = mit Arme in Hoch-

halte gehen) zugeordnet. Welche Zahl befindet sich insgesamt im Raum, wenn sich alle Kinder gleichzeitig als verschiedene Zahlen bewegen? (Zahldarstellung, Mengenbündelung, Körperschema)

Europapark: Der Raum wird Europa. Norden und Süden werden gezeigt. Jedes Kind begibt sich auf den Platz seines Lieblingsurlaubsortes. Höhenmeter werden mit Mobiliar oder Turnmaterial aufgebaut. Eisenbahnlinien entstehen aus Seilen, Städte werden besucht, Flugrouten gewählt, Bodenschätze gefunden, Handelszonen eröffnet ... (Erdkunde, Raumorientierung)

Ein Wort wird mit den Körpern der Kinder gebildet, entweder auf dem Boden liegend oder nebeneinander stehend. Ein Kind liest das gebildete Wort und rollt die Kinder mit einem Sitzball ab (Wortanalyse, Buchstabenform, Körperschema, Entspannung).

– als eine Lernspielstation während des herkömmlichen Unterrichts
Die Kinder können an ihren Schreibtischen mit Arbeitsblättern oder an einer Lernspielstation lernen. Das Thema der Station könnte auf das Arbeitsblatt ins Zweidimensionale übertragen und weitergeführt werden. Entweder dürfen die Kinder zwischen Bewegung und Sitzen wählen oder sie wechseln regelmäßig zwischen Lernspielstation und Schreibtisch.

Lernspielstation Addition auf der Teppichfliesenstraße:
Das Kind würfelt und geht entsprechend viele Schritte die Straße entlang. Die einzelnen Teppichfliesen sind durchgehend mit einer Zahl als Zahlenreihe numeriert.
Arbeitsblatt: Das Kind löst Additionsaufgaben, die auch mit Hilfe eines Würfels entstehen können (Addition, Abzählen, seriale Leistung, Bewegungsanpassung).

– als Unterrichtseinheit (Doppelstunde) oder Projektwoche mit mehreren aufgebauten Lernspielstationen
In einer Unterrichtseinheit kann ein kognitives, sensorisches oder motorisches Hauptthema das Lernziel aller Stationen sein:

Thema Rechnen mit den Stationen

- *Addition im Grobmotorischen:*
Das Kind klettert auf zwei der unterschiedlich hohen Leitern und nimmt aus dem von der Decke hängendem Joghurtbecher die entsprechende Anzahl Wäscheklammern und zählt sie zusammen. Den verschiedenen Leitern sind entsprechende Zahlen zugeordnet.

- *Zuordnung im Feinmotorischen:*
Das Kind legt in die Ziffernform entsprechend viele Murmeln (in die Ziffer Fünf werden fünf Murmeln gelegt).

- *Subtraktion im Visumotorischen:*

Das Kind rollt mit einem Ball eine Anzahl Kegel um.

Thema Abzählen mit den Stationen

- *Grobmotorik: Das Kind zieht eine Zahlenkarte und darf entsprechend viele Autoreifen als Reihe legen und laut zählend von Reifen zu Reifen springen.*
- *Taktile Wahrnehmung: Das Kind sucht aus einem Kopfkissenbezug entsprechend viele gleiche Gegenstände heraus und schreibt die Anzahl auf.*
- *Feinmotorik: Das Kind zählt Linsen ab und ordnet sie zu Zehnerhäufchen.*

In einer Unterrichtseinheit können verschiedene Fächer an verschiedenen Stationen mit unterschiedlichem Material und aus verschiedenen sensomotorischen Bereichen angeboten werden:

- *Rechnen mit der Säge:*

Das Kind sägt von einem Hölzchen, auf dem in gleichen Abständen Striche aufgemalt sind, ein Stück ab. (Subtraktion)

- *Schreiben mit Rollbrettern:*

Das Kind fährt mit dem Rollbrett die Buchstabenform ab, die mit Kreide (anfangs doppelspurig) auf dem Boden aufgezeichnet ist.

- *Lesen mit Drehkreisel:*

Das Kind liegt auf dem Drehkreisel und ordnet aus den umliegenden Karten Wortkarten entsprechenden Bildkarten zu.

Stehen zwei Räume für den Unterricht zur Verfügung, können die Räume themenspezifisch eingerichtet werden:

- *in einem Raum Schwerpunkt Deutsch mit drei Stationen*
  in einem Raum Schwerpunkt Rechnen mit drei Stationen oder
- *in einem Raum Schwerpunkt Grobmotorik mit zwei Stationen*
  in einem Raum Feinmotorik mit vier Stationen
  in einem kleinen abgedunkelten Raumteil konzentrative Wahrnehmung

Die Lernspielstationen werden als Parcours hintereinander durchlaufen. So wird gewährleistet, dass jedes Kind an allen Stationen lernt.
Oder: Die Lernspielstationen sind von den Kindern frei wählbar (siehe 3.5 Die Chefstunde).

3.4 Lernspielstationen

1. Sinnvolle oder inhaltliche Verknüpfung von sensomotorischen und kognitiven Lerninhalten ermöglichen ein Erleben von kognitiven Inhalten über handelndes Erfahren von Körper und Material und umgekehrt.

2. Einfache, klare Spielregeln und sinnhafte Spielideen erlauben dem Kind ein schnellstmögliches selbständiges und identifizierendes Benutzen der Stationen, ohne auf die Hilfe des Erwachsenen angewiesen zu sein. Eine eigenständige und sofortige Lernspielerfolgskontrolle sollte in das Spielgeschehen integriert sein.
3. Spielfreude und Motivation entstehen durch attraktives und altersgemäßes Material- und Bewegungsangebot, durch Einfachheit der einzuhaltenden Spielregeln und durch die Möglichkeit der Abwechslung.
4. Die Variationsmöglichkeit des Lernniveaus hilft der Heterogenität innerhalb der Klasse gerecht zu werden. Die Kinder können ihr eigenes Lernniveau auswählen, so dass bessere und schwächere Schüler die gleiche Station nach einander benutzen können.

Station Tennisballwerfen:
Abzählen der aufgemalten Punkte auf dem Tennisball bedingt ein Werfen in den entsprechenden Karton in der Karton – Reihe.
Zuordnung Würfelbild zu Ziffer kann über Abzählen des aufgemalten Würfelbildes auf dem Tennisball und Werfen in den mit der entsprechenden Ziffer gekennzeichneten Karton geübt werden.
Addition kann geübt werden, indem das Kind in einen Netzverband (Strumpf) zwei Tennisbälle stopft und in den entsprechenden Karton wirft.

weitere Beispiele:
- *Buchstabendomino: große Holzklötze werden hintereinander auf den Boden zu einem Buchstaben aufgebaut und mit einem Stoß zum Umfallen gebracht (Buchstabenform, Behutsamkeit).*
- *Buchstabenstraße: Mit zwei Tauen gelegter Buchstabe wird mit einem ferngesteuerten Auto abgefahren (Buchstabenform, feinmotorische bilaterale Koordination).*
- *Rückenschrift: Wort auf den Rücken schreiben im Ruheraum (Schreiben, taktile Wahrnehmung, Entspannung)*
- *Silbenrutsche: Mit dem Rollbrett eine Schräge hinunterrollen und währenddessen die auf dem Boden liegenden Silben zu einem Wort schleifen (Silbensynthese, vestibuläre Wahrnehmung).*
- *Laufdiktat: Das Kind fährt mit Fahrzeugen (Pedalos,...) zur gegenüberliegenden Wand, merkt sich einen Satz von einem Diktatzettel, fährt zurück zu seinem Papier und schreibt ihn auf (Lesen, Schreiben, Merkfähigkeit, Grobmotorik).*
- *Rechenmemory: auf großen Pappkartons sind verschiedene Rechenaufgaben zu lösen und gleiche Ergebnisse zu finden (Rechnen, Raumorientierung, Merkfähigkeit).*
- *Holzbrettchendivision: Eine Anzahl Holzklötzchen werden unter entsprechender Anzahl Körperteile gleichmäßig verteilt (Division, Körperschema).*

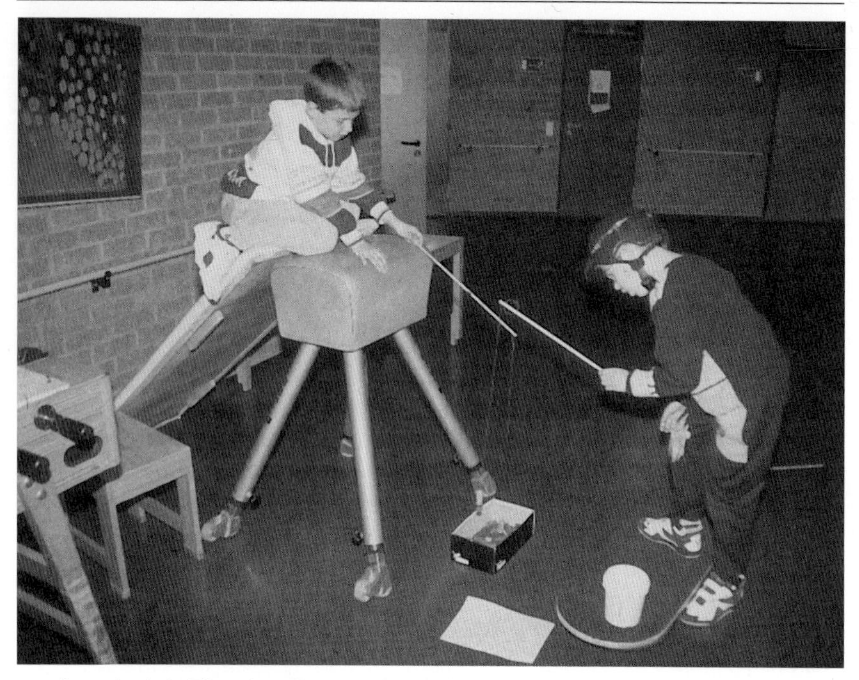

- *Angelspiel: Eine bestimmte Anzahl Fische (zwei Farben) wird aus einem Becken geangelt. Die Farbverteilung wird notiert. Das Kind steht auf dem Tisch, auf einer Leiter oder einem Sportkreisel (Zahlzerlegung, Gleichgewicht, Visumotorik).*

3.5 Das Unterrichtsmodell „die Chefstunde"

Die Chefstunde entstand vor über 12 Jahren als Projekt in einer Körperbehindertenklasse. Nach dreijährigem Versuch konnte sie sich nicht nur in dieser gesamten Schule, sondern auch über Fortbildungen, Kongresse und Unterrichtsbesuchen im ganzen deutschsprachigen Raum ausbreiten. Sie wurde Mitglied in der Initiative der Bewegten Schule (U.IIIi).
Dieses Unterrichtsmodell wird von drei Hauptaspekten getragen:

1. Das Lernen von Lesen, Schreiben und Rechnen wird im Dreidimensionalen, mit Hilfe des gesamten Körpers, aller Wahrnehmungssysteme und mit psychomotorischem Übungsmaterial durchgeführt. Es lassen sich kognitive und pädagogische Lernziele mit den Zielen aus Bewegungserziehung, Krankengymnastik, Ergotherapie und Psychologie im Unterricht verbinden.
2. Durch eine kindzentrierte und handlungsorientierte Vorstrukturierung der Schulräume wird ein selbständiges und eigenverantwortliches Benutzen der einzelnen Lernspielstationen im Sinne von Freiarbeit ermöglicht. Dadurch ist eine hohe Lernmotivation der Kinder gegeben.

3. Da die Kinder, vielleicht sogar die erwachsenen Menschen, am leichtesten und liebsten im Spielgeschehen und mit Freude statt Zwang lernen, sind die Lernstationen an der jeweils motivierenden Spiellust und der momentanen Neu-gier der Kinder orientiert.

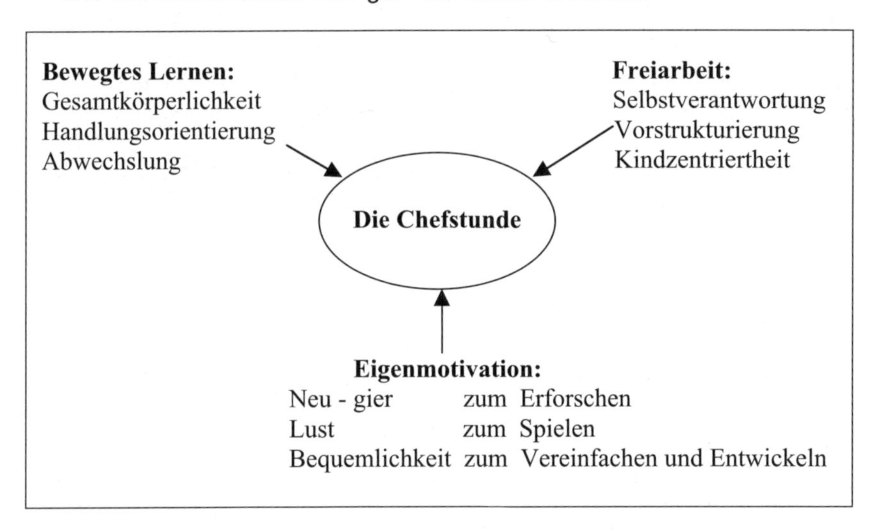

In der „Chefstunde“ ist das Kind der „Chef“ mit all seinen Fähigkeiten, Bedürfnissen und Ideen. Der äußere Rahmen bietet den Schülern die freie Auswahl zwischen den verschiedenen Lernspielstationen, deren Lernthemen und deren Lernniveaus. Die Schüler dürfen selbstverantwortlich entscheiden. Sie wählen jeweils das Fach, das sie interessiert bzw. den interessanten sensomotorischen oder materiellen Bereich. Sie finden ihre individuelle Handlungsebene, um das gemeinsame Thema zu erfahren. Sie benutzen ihren eigenen methodischen Weg, um sich das Thema anzueignen. Sie bestimmen die Zeitdauer ihrer Auseinandersetzung in diesem Lernbereich. Dies ermöglicht die freie Entfaltung des inneren Entwicklungsplanes des Kindes, ohne dass es er-zogen oder überredet werden muss. Das setzt allerdings das Vertrauen des Erwachsenen in die eigenständige Entwicklung des Kindes voraus. Der Erwachsene benötigt Geduld und Aufmerksamkeit. Er wird zum präsenten, manchmal helfenden Beobachter und steht nicht mehr im Mittelpunkt des Geschehens. Er sorgt für den äußeren Rahmen, der den Schülern eine klar strukturierte vorbereitete Umgebung bietet, mit attraktivem Material und für die Kinder bedeutsamen Lerninhalten. Die wenigen Regeln sind klar, eindeutig und verlässlich. Zwang und Leistungsstress entfallen. Das Kind erfährt dadurch Geborgenheit und Sicherheit. Es muss schrittweise gelernt haben, diese Eigenverantwortung und Entscheidungsfreiheit konstruktiv zu nutzen (Köckenberger 1997).

3.6 Bewegtes Lernen verwendet reizvolles Material

Grundsätzlich ist jedes Material aus der Sporthalle, der Psychomotorik, der Heilpädagogik, der Krankengymnastik, der Ergotherapie und aus dem Alltag geeignet. Es sollte jedoch Attraktivität, einen hohen Aufforderungscharakter besitzen und einen variationsreichen Einsatz ermöglichen. Meist motiviert das angebotene Material das Kind, sich freudig, spielerisch und freiwillig damit auseinanderzusetzen und die Aufgabe der Station zu bewältigen. Die Auswahl des Materials richtet sich nach dem Entwicklungsstand, den momentanen Bedürfnissen der Kinder und der Zielsetzung des Lernspiels. Es empfiehlt sich, unterschiedliches Material an verschiedenen Stationen einzusetzen. Dies verschafft dem Erleben an den einzelnen Stationen mehr Abwechslung, spricht in der Vielfalt mehrere Sinne und Bewegungsbereiche an und erleichtert dem Kind die individuelle Zuordnung von Material-, Bewegungs- und kognitiven Lerninhalten.

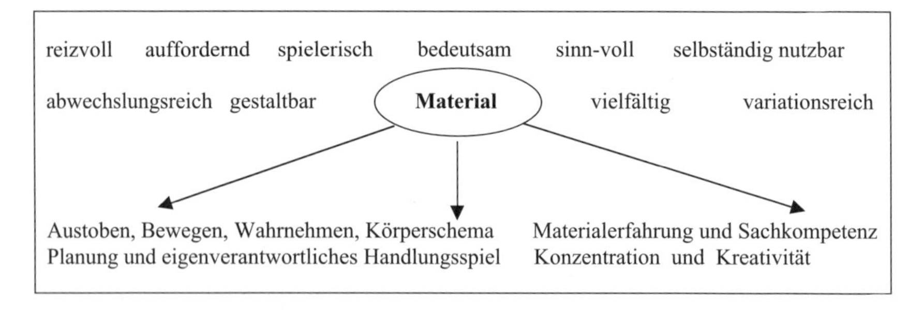

Eine Auswahl von einsetzbaren Materialien:
Rollbrett, Pedalo, Rollschuhe, Inlineskates, Roller, Fahrrad, Dreirad, Schwungtuch, Luftballon, Schaumstoffball, Medizinball, großer Sitzball, Basketball, Fußball, Zeitlupenball, Bettbezug, Sonnenschirm, Luftmatratzen, Linsenwanne, Rasierschaum, Spiegel, Holzklötze, Zeitungspapier, Hocker, Kriechtunnel, Weichbodenmatte, Kästen, Rutschen, Langbänke, Leiter, Seile, Taue, Sandsäckchen, Schleuderhörner, Wäscheklammern, Tennisbälle, Stelzen, Matratzen, Klorollen, Trimmpolin, Autoreifen, große Kartons, Kopfkissenbezug, u.v.m. (Köckenberger 1999)

Blechdosen machen nicht nur Lärm

Buchstabensteg: *Ein Buchstabe ist aus umgedrehten Blechdosen auf dem Boden aneinandergereiht. Das Kind balanciert von Blechdose zu Blechdose, und schreitet den gesamten Buchstaben in Schreibrichtung ab (Buchstabenform, Gleichgewicht).*

Briefkästen: *Die Blechdosen sind als Briefkästen im Raum verteilt (versteckt?). Sie sind mit je einem Buchstaben gekennzeichnet. Das Kind sucht den Briefkasten für den Anfangsbuchstaben seiner Bildkarte (Zuordnung Anlaut – Buchstabe, Raumorientierung, Grobmotorik).*

Das Kind sucht den Briefkasten für den Umlaut (ü, ä, i ...), der sich in den Worten befinden.

Wortbau: *Alle Blechdosen besitzen einen Buchstaben auf dem Boden. Das Kind sucht die entsprechenden Blechdosen zusammen, um damit ein Wort zu bilden (Buchstabensynthese, Raumorientierung).*

Lagefahrt: *Das Kind fährt mit dem Rollbrett und wirft die Bildkarte in eine der drei hintereinander stehenden Blechdosen, je nach Lage (Anfang – Mitte – hinten) des auf der Rückseite der Bildkarte geschriebenen Buchstaben im Wort (Lage des Buchstaben im Wort, Raumorientierung, Grobmotorik).*

Wortkette: *Zwei Kinder rollen sich eine Blechdose zu (spielen Tennis mit Blechdosen als Schläger) und rufen dabei jeweils ein Wort, dessen Anlaut der letzte Endbuchstabe war (Wortkette, Visumotorik).*

Syntheseroller: *Alle Blechdosen sind an ihrem Boden mit einem Buchstaben gekennzeichnet. Das Kind sucht sich zwei Blechdosen heraus. Es stellt beide in Entfernung von einander auf und rollt eine Blechdose zu der anderen. Dabei tönt das Kind solange den rollenden Buchstaben, bis die zweite Blechdose und damit der zweite Buchstabe bewegt wird. Diese Berührung schafft den Übergang, den zweiten Buchstaben zu lesen (Synthese beim Lesen, Auge-Hand-Koordination).*

Satzbau: *Auf den Blechdosen befinden sich Subjekt-, Prädikat- und Objektkarten. Die Blechdosen sind als Straße nebeneinander aufgereiht. Das Kind balanciert von einer Subjekt- über eine Prädikat- zu einer Objektdose und liest dabei den entstehenden Satz (Satz bilden, Balancieren).*

Würfelbild: *Das Kind baut aus Blechdosen ein Würfelbild auf, balanciert von Punkt zu Punkt und zählt sie. (Abzählen, Punktmenge, Balancieren)*

Zifferbild: *Das Kind baut mit Punktmengen (zum Beispiel drei Punkte) gekennzeichneten Blechdosen das entsprechende Ziffernbild („3") auf dem Boden auf (Zuordnung Menge – Ziffer, Feinmotorik).*

Turmbau: *Das Kind baut einen Turm aus Blechdosen, zählt die Anzahl der verwendeten Blechdosen und schreibt die entsprechende Zahl auf eine Ergebniskarte (Abzählen, Behutsamkeit).*

Aus mehr als zehn Blechdosen werden 10-er Türme gebaut (Zehneraufteilung, Praxie).

Trommelzahl: *Ein Kind trommelt langsam auf eine Blechdose. Das Partnerkind zählt die Schläge mit und notiert die Anzahl (Abzählen, akustische Wahrnehmung).*

Trommeladdition: *Ein Kind trommelt langsam nacheinander auf zwei verschieden tönende Blechdosen. Das Partnerkind zählt die Schläge mit und notiert die Gesamtanzahl (Abzählen, Addition, akustische Wahrnehmung).*

Treibball: *Eine Blechdose wird mit Tennisballwürfen über eine Ziellinie getrieben. Das Kind zählt mit, wie viele Würfe es dafür benötigt (Abzählen, Auge-Hand-Koordination).*

Entfernungen: *Die Blechdosen stehen als Wegmarkierung in gleichen Abständen entlang einer Strecke. Sie enthalten entsprechend viele Bällchen (die erste Blechdose einen, die vierte Blechdose vier...). Das Kind geht auf Stelzen bis zu der Markierung, die seiner Anzahl mitgenommener Bälle und seiner geschriebenen Ziffer entspricht. Dort vergleicht es die Richtigkeit (Mächtigkeit Erfahren, Gleichgewicht).*

Additionsturm: *Aus zwei verschiedenfarbigen Blechdosenmengen baut das Kind einen Turm. Es notiert jeweils die Anzahl jeder Farbenmenge und endlich die Gesamtsumme der verwendeten Blechdosen. Zwischen beiden Farben wird ein „+"- Zeichen aus Pappe gelegt (Addition, Behutsamkeit).*

Turmzerlegung: *Das Kind nimmt sich eine gewisse Anzahl Blechdosen, notiert sie und baut damit zwei Türme nebeneinander. Die Anzahl beider Türme wird wiederum notiert (Zahlzerlegung, Behutsamkeit).*

Tauschen: *Zehn flache Blechdosen werden in eine hohe Blechdose eingetauscht (Zehnerdarstellung).*

Wurfzahl: *Das Kind versucht, in drei verschieden große Blechdosen (gekennzeichnet mit 100, 10, 1) zehn kleine Bällchen (Murmeln, Sandsäckchen) zu werfen. Die Anzahl der Treffer werden entsprechend ihrer Blechdose gewertet (Zahldarstellung bis Zahlenraum 1000, Zielmotorik).*

Bocciazahl: *Auf dem Boden sind Zielkreise mit Kreide aufgemalt- der kleinste Kreis in der Mitte ist der 1000er Kreis, der zweitkleinste Kreis der 100er, der dritte Kreis der 10er und der größte Kreis außen als 1er Kreis. Das Kind schlittert Blechdosen in diese Kreise und zählt die so erreichten Punkte als Zahl zusammen (Zahldarstellung, Zielmotorik).*

Subtraktionsturm: *Der Turm aus Blechdosen wird mit einem Ball umgeworfen. Die „weg"-gefallenen Blechdosen werden gezählt. Das Ergebnis der Subtraktion kann am Rest-Turm nachgeprüft werden (Subtraktion, Zielmotorik).*

„Subtraktionsturm mit Blechdosen"

Drehscheibenmultiplikation: *Das Kind dreht sich auf einer Drehscheibe liegend und schlägt mit einem Stab auf die bestimmt Anzahl außen herum stehender Blechdosen. Zu jeder Runde nimmt es ein Kärt-*

chen mit der entsprechenden Ziffer mit. Nach jeder Runde notiert es das Ergebnis in sein Arbeitsblatt. Bei vier Blechdosen hat es nach der dritten Runde zwölfmal geschlagen, das dritte „4"- Kärtchen aufgeladen und die Multiplikation 3 mal 4 = 12 notiert (Multiplikation, vestibuläre Stimulation).
Trommelmultiplikation: *Das Kind trommelt auf eine Blechdose und zählt jeden 4. Schlag laut, so dass sich die „4"- Multiplikationskette ergibt (Multiplikation, Feinmotorik).*
Turmdivision: *Das Kind verteilt um sich herum auf eine bestimmte Anzahl Türme seine Blechdosen. Die Anzahl der Türme ergeben den Dividenden, die Höhe der Türme wird als Ergebnis der Division notiert (Division, Behutsamkeit).*
Memorydosen: *In den geschlossenen Dosen sind gleiche Buchstaben (Groß/klein, Rechenaufgaben/Lösung, Punktmenge/Ziffer, Wort/Bild, Formen, Geräusche, Gewicht) versteckt.*

3.7 Wer müsste bewegt lernen?

Prinzipiell freuen sich alle Kinder, wenn sie während des Unterrichts nicht nur still sitzen und zuhören dürfen, sondern sich auf verschiedenste Weise auch bewegen dürfen. Alle Kinder haben ein Bedürfnis nach Abwechslung und nach spielerischem Lernen. Wenn die Kinder selbständig unter mehreren Stationen auswählen können, werden sie meist das für sie angemessene Angebot und Bewegungsniveau benutzen. Alle Kinder können sich bewegen, jedes Kind auf seine Art und Weise, nach seinen Fähigkeiten und momentanen Bedürfnissen. Da die Möglichkeiten der Kinder, aber auch der schulischen Gegebenheiten unterschiedlich sind, müssen die Bewegungsangebote oder die Methodik differenziert an die jeweilige Situation angepasst werden.

Grundschulkinder: In der Grundschule werden zunehmend auffällige Kinder mit Lernschwierigkeiten beobachtet. Diese benötigen nicht nur während des Förder- oder Sportunterrichts körperliche Erfahrungen und Bewegungsmöglichkeiten. Kinder mit Lese-Rechtschreib- oder Rechenschwierigkeiten (Dyskalkulie, Dyslexie) erhalten basale Förderung im sensomotorischen Bereich und konkrete Wahrnehmungs- und Handlungserfahrungen, um kognitive Inhalte zu begreifen. Der Erfolg im tatsächlichen leichten Lernspiel hilft aus emotionalen Sackgassen. Kinder mit geringerer Aufmerksamkeitsspanne (ADS) werden durch die größeren Reize, die lebendige Aktionsmöglichkeit und die Abwechslung ihre Konzentrationsfähigkeit steigern. Bewegungshungrige Kinder (ADHS) erhalten den Bewegungsraum in sinnvoller Strukturierung, um eigenmotiviert sich selbst zu steuern und die Lernspiele auszuwählen und selbständig durchzuführen. Kinder mit Wahrnehmungsdefiziten erfahren und verstehen die Lernthemen mit Hilfe anderer Sinneskanäle, eindeutiger und einprägsamer Sinneseindrücke. Zugleich werden über die sensorische Integration auch die schwächeren Kanäle Informationen erhalten und sich dadurch weiterbil-

den. Verhaltensprobleme werden durch die Selbstverantwortung und das bedeutsame Lernfeld entkräftet. Es gibt wenig Raum für oppositionelles Stören. Es können emotio-soziale Erfahrungen unverfänglich und freiwillig ausprobiert werden.
Aber auch alle anderen Kinder sind von Haltungsschäden, Bewegungsmangel und reduzierten konkreten Handlungserlebnissen bedroht. Deshalb sollte auch in der Grundschule vermehrt Bewegung, Abwechslung und spielerische Handlung die gesellschaftlichen Defizite ausgleichen.
Das Problem von großen Klassen, kleineren Räumen und wenig Erwachsenen wird individuell gelöst mit Hilfe von verständnisvollen und beratenden Kollegen, klassenübergreifendem Unterrichten, unter Einbeziehung von Gängen und Treppenhaus, in Eingangshallen oder auf dem Pausenhof, in Form von Projekttagen oder -wochen mit gemeinsam gestalteten Turnhallen oder Klassenzimmern, mit Schülern als Betreuer an Lernspielstationen, mit schrittweiser Einführung von Lernspielstationen während des bisherigen Unterrichts, mit Arbeitsheften, die selbständiges Benutzen der Stationen auch ohne Erwachsenenaufsicht erlauben (vielleicht mit späterer Korrektur durch die LehrerIn oder anderen Schüler).

Sekundarstufenkinder: Auch ältere Schüler greifen dankbar Bewegung als Lernmedium abstrakter Inhalte, als wohltuende Abwechslung und erneute Motivation auf. Sie sind froh über Freiräume von Eigenverantwortung, aktiven Handlungen und selbstkontrollierbaren Lernergebnissen.

Körperbehinderte Kinder: Auch körperbehinderte Kinder haben Schwierigkeiten, ihren Körper kontrolliert über längere Zeit ruhig und stabil aufrecht zu halten. Sie können ihre Bewegungsfähigkeiten und bevorzugten Wahrnehmungsbereiche einsetzen, um den Lerninhalt zu begreifen. Sie haben einen vermehrten Bedarf nach körperlichen Reizen, um körperliche Entwicklungsfortschritte zu erreichen. Zusätzlich zu den einzelnen Therapiestunden können während des Bewegten Lernens physio- und ergotherapeutische Aspekte mit schulischen Lernzielen verbunden werden. Die Lernspielstationen können mit Planungs- und Handlungsfähigkeit sowie Selbständigkeit gefördert.

Seh- und hörbehinderte Kinder: Bewegtes Lernen bietet eine Vielfalt von Möglichkeiten, durch andere Sinne den Lernstoff zu erfahren. Durch Ergänzung der Information durch andere gesunde Sinnessysteme können die geschädigten Systeme unterstützend gefördert werden. Genauso kann natürlich auch gezielt der Einsatz der visuellen oder auditiven Wahrnehmung mit Schulwissen verbunden im Unterricht geübt werden.

Sprachbehinderte Kinder: Der psychomotorische und praktische Faktor des Bewegten Lernens kann die sensomotorische Basis für Sprachentwicklung fördern. Das Selbstvertrauen wird durch erfolgreiche und eigeninitiierte Lernsituationen gestärkt werden. Spielerische Bewegung schafft

Sprachanlässe und Begegnungs- und Auseinandersetzungsmöglichkeiten mit anderen Kindern. Dies alles kann eventuelle Kommunikationsblockaden abbauen.

Lernbehinderte Kinder: Viele lernbehinderte Kinder zeigen Defizite in körperlichen Bereichen, wie zum Beispiel in körperlicher Stabilität, Koordination, Feinmotorik, Gleichgewicht oder Geschicklichkeit. Außer eventuell im Förderunterricht erhalten sie selten Gelegenheit, therapeutische Unterstützung zu erfahren. Die sensomotorische Basis für das Anbahnen schulischer Ziele kann, nicht nur im Sportunterricht, über aktive Wahrnehmung, konkrete Handlung und Erfahrung kognitiver Inhalte gefördert werden.

Erziehungshilfekinder: Körperliche Erfahrungen und Erfolge können ein Defizit des Selbstvertrauens stärken, emotionale Blockaden der Entwicklung und des Lernens befreien, soziale Erfahrungen und Kooperation behutsam und spielerisch anbieten, Selbstkontrolle und Selbstverantwortung üben.

Geistigbehinderte Kinder: Jegliche kognitive Förderung sollte in diesem Bereich deutlich an das praktische und konkrete Handeln orientiert sein, da logisch-abstraktes Denken meist noch nicht möglich ist. Außerdem fehlt diesen Kindern erst recht das Verständnis, für längere Zeit ruhig am Schultisch sitzen zu bleiben. Spannenden Unterricht können sie nicht nur passiv sitzend zuhören. Sie wollen ihn mitgestalten, mit allen Sinnen erleben, begreifen und immer wieder auf spielerische Weise wiederholen. Dies hilft den Schülern, ihn tatsächlich zu verstehen und abgespeichert wieder in gleichen oder neuen Situationen anzuwenden. Sie brauchen kurze Konzentrationsspannen, überschaubare, sich immer gleich wiederholende Abwechslung und den behutsamen Freiraum, selbständig zwischen zuerst wenigen Möglichkeiten zu entscheiden.

4. Schlussendlich

Einig sind wir bestimmt in dem folgenden Punkt: Wenn es den Kindern Spaß macht, in die Schule zu kommen und zu lernen, wenn sie wieder von sich aus anfangen, nach neuem Wissen zu fragen, wenn die LehrerIn sie nicht mehr zum Lernen manipulieren muss, wenn es auch die LehrerIn begeistert zu unterrichten und die lernenden Kindern zu beobachten – dann ist wieder Bewegung in der Schule.

Ich wünsche uns allen, weitere Fortschritte spielerisch, nicht zwanghaft – eben in Bewegung – zuzulassen und zu unterstützen. Entwicklung und Bewegung hören nie auf, im Gegensatz zu vermeintlichen Patentrezepten.

Literatur

Illi, U./Breithecker, D./Mundigler, S. (Hrsg.) (1998): Bewegte Schule, Gesunde Schule, Zürich

Köckenberger, H. (1992): Spaß ist die beste Motivation, Psychomotorische Entwicklungsförderung in Fikar/Thumm: Körperarbeit mit Behinderten S.121 ff., Stuttg.

Köckenberger, H./Gaiser, G. (1996): Sei doch endlich still! Entspannung mit Kindern, Dortmund

Köckenberger, H. (1996): Bewegungsräume, Dortmund

Köckenberger, H. (1997): Bewegtes Lernen, Dortmund

Köckenberger, H. (1999): Bewegungsspiele mit Alltagsmaterial, Dortmund

Köckenberger, H. (1999): Kinder müssen sich bewegen, Berlin

Köckenberger, H. (2000): Emotionen bewegen leibhaftig, in: Praxis der Psychomotorik 1

Köckenberger, H. (2001): Hyperaktiv mit Leib und Seele, Dortmund

Köckenberger, H. (2002): Wie kommt Montessori auf das Rollbrett? in: Praxis der Psychomotorik 2

Köckenberger, H.: www.bewegtes-lernen.de

3.3 Psychomotorik in der Kinder- und Jugendhilfe

Richard Hammer

Der 11. Kinder- und Jugendhilfebericht, der im Juli 2001 fertig gestellt wurde, hatte das Leitmotiv „Aufwachsen in öffentlicher Verantwortung" und nahm somit „die wachsende Bedeutung der in öffentlicher Zuständigkeit zu gestaltenden Rahmenbedingungen für die Entwicklung junger Menschen in den Blick" (BFSFJ 2002, Vorwort). Dies in einer Zeit, in der die Familie für die Mehrheit der Kinder und Jugendlichen zwar nach wie vor der zentrale Ort des Aufwachsens ist, in der sie aber ihre beherrschende Stellung verloren hat (vgl. ebd., 42). Die öffentlichen Einrichtungen – und damit auch die Kinder- und Jugendhilfe – werden damit vermehrt zur Verantwortung gezogen für das Aufwachsen der Kinder und Jugendlichen und ihre Integration in unsere Gesellschaft.
Dies ist keine leichte Aufgabe, wird doch die Kinder- und Jugendhilfe häufig für das Scheitern von Kindern und Jugendlichen beim Aufwachsen in dieser immer komplexer werdenden Gesellschaft verantwortlich gemacht. Sollten die „Ausgaben den Aufgaben folgen", wie es die Kommission des Kinder- und Jugendhilfeberichts fordert (ebd., 54), dann müsste der finanzielle Rahmen erheblich erweitert werden – was nicht geschieht. „Am

Sozialbudget der Bundesrepublik ist die Kinder- und Jugendhilfe mit nur rund 7% beteiligt“ (ebd., 42), zu wenig um die zunehmenden Anforderungen befriedigend zu erfüllen.
Wir erleben also in der Kinder- und Jugendhilfe eine Zeit knapper werdender materieller Ressourcen, einhergehend mit einer gesellschaftlichen Situation, die in eben diesem Bereich ständig mehr Einsatz und zunehmend kreative, neue Ideen verlangt.
Das in den 90er Jahren des vergangenen Jahrhunderts installierte Kinder- und Jugendhilfegesetz setzte hier vermehrt auf die Bedeutung der Familie. Es mögen finanzielle Gründe sein, die zu einer zunehmenden Zurückhaltung bei der Einweisung in Kinder- und Jugendhilfeeinrichtungen führten. Sicher spielte hier auch die Aufwertung der Familie als Erziehungsinstanz eine große Rolle. Bei den MitarbeiterInnen dieser Einrichtungen führte dies zu einer vermehrten Achtung der Eltern für das, was sie bei der Erziehung ihrer Kinder bereits geleistet haben. Heimerziehung wurde nicht mehr als familienersetzende, sondern als familienergänzende oder –unterstützende Maßnahme betrachtet.
Der Boom und damit auch die Hoffnung, alle Probleme mit intensivierter Familienarbeit zu lösen wurde allerdings bald wieder abgeschwächt. In Zeiten der PISA-Studie wurde nicht selten auch Kritik am mangelndem Einsatz der Eltern in der erzieherischen Arbeit beklagt.
Dies führt zu neuen Herausforderungen für die Kinder- und Jugendhilfe: der Auftrag könnte wieder in die Richtung zeigen, sich vermehrt den Kindern und Jugendlichen zuzuwenden. Dann allerdings mit der Aufgabe, neue Wege für den Zugang zu diesem zunehmend schwieriger werdendem Klientel zu finden. Bewegung Spiel und Sport spielen hierbei eine große Rolle[61]. „Aus fachpädagogischer Sicht ist die gezielte, in die Gesamtkonzeption von Einrichtungen der Heimerziehung einzubindende Bewegungserziehung als unverzichtbar anzusehen, da besonders die Klientel der Verhaltensgestörten im Medium der Bewegung natürlich, unkompliziert und weitgehende nonverbal anzusprechen ist“ (Knab 1999, 191).
Wie der folgende Artikel von Müller zeigt, ist der Gedanke nicht neu, haben doch die bedeutendsten „Klassiker“ der Heimerziehung dem Körper, der Bewegung, dem Spiel und dem Sport einen hohen Stellenwert zugemessen. Bei Betrachtung der „Heimszene“ zeigt sich jedoch, dass das Rad anscheinend immer wieder neu erfunden werden muss.
Es gibt jedoch zunehmend Einrichtungen der Kinder- und Jugendhilfe, die sich diesen Zugang zum Kinde und zum Jugendlichen zunutze machen und vermehrt auf den Akzent des bewegungsorientierten Arbeitens setzen. Haben sich – neben dem „sportlichen Angebot“ – bei Jugendli-

[61] Nicht allerdings im 11. Kinder- und Jugendhilfebericht. Dem Sport wurde in dem mehr als 300 Seiten langen Bericht nicht einmal eine halbe Seite gewidmet.

chen vor allem erlebnispädagogische Angebote bewährt, so fällt bei Kindern (unter spezifischen Bedingungen aber auch bei Jugendlichen, wie Kap. 3.3.2 zeigt) eher die Psychomotorik auf fruchtbaren Boden. Dies gilt für die Gestaltung des pädagogischen Alltags (vgl. HAMMER 2001) wie auch für die Psychomotorik als pädagogische und therapeutische Maßnahme siehe Kap. 3.3.1 und 3.3.2).

Die Psychomotorik in der Kinder- und Jugendhilfe wird zunehmend an Bedeutung gewinnen, wenn sie ihre Wirksamkeit nachweisen kann. Dies wird zurzeit in einer Evaluationsstudie – angeregt durch den Aktionskreis Psychomotorik – in die Wege geleitet (vgl. KLEIN /MACSCENERE 2002, sowie www.ikj-mainz.de).
Diese Wirksamkeit wird aber immer nur innerhalb klar umrissener Grenzen möglich sein. Wie viele andere therapeutische Maßnahmen werden auch die psychomotorischen nur „Hilfe im Leiden" sein, solange sich nicht an der familiären und gesellschaftlichen Situation der betroffenen Kinder und Jugendlichen ändert. Dabei kann sich zunächst die Einbeziehung der Familien in die psychomotorische Arbeit als nützlich erweisen (vgl. HAMMER/PAULUS 2002). Dazu gehört aber auch der politische Einsatz für eine kinderfreundliche Umwelt, die sich vor allem in einer bewegungs- und spielermöglichenden Umwelt äußern würde.
Die beiden folgenden Beiträge entstanden aus der Praxis einer Jugendhilfeeinrichtung im Saarland, die sich das Angebot psychomotorischer Maßnahmen auf die Fahnen geschrieben hat, daneben aber auch die systemisch orientierte Familientherapie, sowie die Erlebnis- und Religionspädagogik als Schwerpunkte der Arbeit mit Kindern und Jugendlichen setzt. Eine Praxis, die sich bewährt, da nur die Ergänzung unterschiedlichster Herangehensweisen Aussicht auf Erfolg verspricht.

Literatur

Bundesministerium für Familie, Senioren, Frauen und Jugend (2002): 11. Kinder- und Jugendhilfebericht. Berlin

Hammer, R. (2001): Bewegung allein genügt nicht. Dortmund, vml

Hammer, R. /Paulus, F. (2002) : Psychomotorische Familientherapie – Systeme in Bewegung. In: Motorik 25, 1

Knab, E. (1999): Sport in der Heimerziehung. Frankfurt, Verlag Peter Lang

Klein, J./Macscenere, M. (2002): Was leisten psychomotorische Interventionen? In: MOTORIK 25, 4

3.3.1 „Ich will doch nur spielen!" – Psychomotorische Entwicklungsbegleitung von Kindern im Heimbereich

Wolfgang Müller

Psychomotorische Arbeit im Kontext Kinder- und Jugendhilfe darzustellen kann heißen, einen Blick in die Geschichte von Spiel und Sport in der Heimerziehung zu werfen, theoretische Hintergründe darzustellen aber auch der Frage nachzugehen, welche Möglichkeiten die Psychomotorik auf praktischer Ebene hat, in diesem Arbeitsfeld wirksam zu werden.
Ein kurzer Artikel, wie der hier vorliegende, kann einer solchen Bandbreite an Erfordernissen nur bedingt gerecht werden. Beschränkung und Auswahl ist erforderlich.
Denkbar wäre, an der Oberfläche zu schwimmen, um die Weite und Vielfalt an Möglichkeiten psychomotorischen Arbeitens im Heimkontext und deren Einbindung in den Gesamtkomplex Kinder- und Jugendhilfe kennenzulernen – denkbar aber auch das tiefe Eintauchen, um die vielen Details, die in der praktischen Arbeit mit den Kindern in diesem Kontext immer wieder zu Tage treten, zu betrachten.
In meinem Vorgehen habe ich mich für die Zwischenlösung des „Schnorchelns" entschieden, das die Weite des Gewässers etwas erfahrbar machen kann, aber auch zumindest beschränkte Blicke in die Tiefe zulässt[62]. Die obigen Themenbereiche werden Leitlinie dafür sein. Beispiele aus der eigenen Praxis sollen der Verdeutlichung der aktuellen Situation dienen. Am Schluss wird der Versuch unternommen, einige perspektivische Ausblicke auf die Zukunft psychomotorischer Arbeit im Heimbereich zu wagen.

Der Blick zurück

> „Jeder junge Mensch hat ein Recht auf Förderung seiner Entwicklung und auf Erziehung zu einer eigenverantwortlichen und gemeinschaftsfähigen Persönlichkeit." (§ 1, Kinder- und Jugendhilfegesetz)

Bereits die Begrifflichkeiten und Zielformulierungen im § 1 des KJHG machen deutlich, dass die Psychomotorik mit dem Heimbereich ein wichtiges Arbeitsfeld vor sich hat, das es auszufüllen gilt.
Aber auch der Blick zurück in die Zeit vor Inkrafttreten des KJHG ist lohnenswert, belegt er doch, dass Bewegung, Spiel und Sport in Arbeitsfeldern der Fremderziehung schon sehr früh als bedeutsame Möglichkeiten der Erziehung/Therapie sogenannter „schwieriger" Kinder erkannt wurden.

---

[62] Für eine intensivere Auseinandersetzung sei an dieser Stelle sehr empfohlen: Hammer, R. (2001): Bewegung allein genügt nicht

Allein in den letzten drei Jahrhunderten finden sich bei Klassikern der Heimerziehung wie Pestalozzi, Don Bosco, Makarenko und Bettelheim vielfältige Hinweise darauf, wie Hammer (1995) in seiner Dissertation über Bewegung in der Heimerziehung aufzeigt.
Körperliche Erziehung spielte bereits in Pestalozzis erzieherischem Konzept vor ca. 200 Jahren eine bedeutende Rolle. So standen im Sinne ganzheitlicher Erziehung neben dem Unterricht für die Kinder u.a. auch vielfältige gymnastische Übungen, Ballspiele, Schwimmen, Voltigieren.
Für Don Bosco (1815-1888) waren Arbeiten, Beten und Spielen zentrale Elemente seiner Pädagogik. Spiel und sportliche Betätigung erfüllten für ihn eine Art Erholungsfunktion, waren Ausgleich zur Arbeit, dienten aber auch dazu, Kinder von der Straße zu holen und als Möglichkeit, Vertrauen – als Grundlage für eine pädagogische Beziehung – aufzubauen.
Makarenko maß Bewegung, Spiel und Sport ebenfalls eine solche Erholungs- und Kompensationsfunktion zur notwendigen körperlichen Arbeit bei, die die ihm anvertrauten verwahrlosten Kinder aufgrund der wirtschaftlichen Gegebenheiten zu leisten hatten. Ihm war aber auch der enorm hohe Stellenwert des Spiels für die kindliche Entwicklung bewusst, wenn er sagt: „das Kind muss immer spielen, sogar dann, wenn es ernsthafte Dinge verrichtet (...). Man muss ihm nicht nur die Zeit zum Spielen geben, sondern sein ganzes Leben mit dem Spiel durchdringen. Sein ganzes Dasein ist Spiel“ (Makarenko z. n. Hammer 1995, 90).
Bewegung, Körper, Spiel waren auch für Bettelheim wesentliche Elemente, um für beeinträchtigte Kinder ein Milieu zu schaffen, in dem sie sich entwickeln, Freude am Leben finden und Autonomie erwerben konnten, um dadurch die Chance zu haben, „aus ihrem Leben ein geschlossenes Ganzes zu machen“ (Bettelheim z. n. Hammer 1995, 96). In der Entwicklung einer positiven Beziehung zum eigenen Körper sah er die Grundlage für die Ich-Entwicklung. Der Körper ist für ihn wesentliches Medium, um innere Prozesse auszudrücken (vgl. Hammer 1995, 118).
Die Fähigkeit, sich bewegen zu können, ist für ihn Grundlage der Persönlichkeitsentwicklung und Basis, um spielen zu können. Dieses „Spielen-können“ – das er als existentielle Fähigkeit betrachtet – hilft dem Kind die Welt zu erobern und eröffnet ihm die Chance, „in symbolischer Form ungelöste Probleme der Vergangenheit zu lösen und sich unmittelbar oder symbolisch mit gegenwärtigen Belangen zu befassen. Auch ist es ein wichtiges Mittel, sich auf die Zukunft vorzubereiten“ (Bettelheim in Hammer 1995, 102). Ideen, die sich in aktuellen Konzepten zur psychomotorischen Arbeit im Kinder- und Jugendhilfekontext wiederfinden lassen.

Nach 1945 stand die Heimerziehung in Deutschland vor ganz besonderen Anforderungen. Materielle und räumliche Unterversorgung, viele Waisenkinder etc. erschwerten das Anknüpfen an die durch die Reformpädagogik beeinflusste, fortschrittliche Heimerziehung der 20er Jahre. In Zei-

ten des Wirtschaftswunders hatte die politische Öffentlichkeit wenig Interesse an einer Verbesserung der Situation der Heimerziehung.
Erst mit der, von der Studentenbewegung initiierten Heimkampagne und Deprivationsstudien von Spitz (1957) und Bowlby (1975) kam es zu größeren Veränderungen (s. Hammer 1995, 106f.). Alternativen zur Heimerziehung wie familienunterstützende und ergänzende Erziehungshilfen, Adoption entwickeln sich, so dass sich in den traditionellen Heimeinrichtungen die Altersstruktur in Richtung älterer Kinder und Jugendlicher verschob und neue Konzepte notwendig wurden. Die Kritik an den bestehenden Verhältnissen führte schließlich zu einer Verbesserung der Gesamtsituation u.a. Anhebung der Pflegesätze, bessere Ausstattung der Einrichtungen, kleinere Gruppengrößen, aber auch zur Möglichkeit Spiel- und Sportplätze einzurichten und Fachpersonal zu beschäftigen.
Obwohl es Bewegung, Spiel und Sport aufgrund ihrer Instrumentalisierung durch die Nationalsozialisten schwer hatten in der erzieherischen Arbeit wieder Fuß zu fassen, war ihre Bedeutung für die Persönlichkeitsentwicklung auch vor obigen Veränderungen durchaus erkannt worden (s. z.B. 9. Bundestagung Heim- und Heilerziehung von 1964) (Hammer 1995, 108). Bestes Beispiel hierfür sind P. Flosdorf und H. Rieder, die schon in den 60er Jahren in Würzburg damit begannen, das Konzept eines „heilpädagogischen Spielsports“ zu entwickeln mit einem breiten Angebot von Versteckspielen, Schwimmen, Fußball bis hin zu Ring- und Raufspielen und erlebnispädagogischen Angeboten.
Bei den in der Folgezeit entstandenen Konzepten, bewegungsorientierte Aktivitäten in das Heimangebot zu integrieren – vom Einsatz einzelner Sportarten bis hin zu einem motopädagogischen Ansatz wie im St. Josephs-Haus in Klein-Zimmern – wird deutlich, dass zum einen dem hohen Erlebniswert und guten sozialen Interaktionsmöglichkeiten bei der Auswahl der Aktivitäten große Bedeutung zukommt. Zum anderen, was auch schon bei Flosdorf / Rieder offensichtlich wird, dass die Person des Pädagogen / Therapeuten und die Beziehungsgestaltung zentrale Rollen einnehmen.
Eine weitere Einrichtung, in der die psychomotorische Entwicklungsbegleitung zum festen Bestandteil gruppenergänzender Maßnahmen zählt, ist das Haus Carl Sonnenstein in Fritzlar (vgl. Joans o.J.). Hier werden in Einzel- und Gruppenförderung, sowie als themenbezogene Förderangebote von einem Motologen bewegungsorientierte und körperbezogene Angebote gemacht, die den Kindern bei der Entwicklung und Stabilisierung ihrer Persönlichkeit helfen sollen. Über gezielte Angebote zur Wahrnehmung und Bewegung des eigenen Körpers und der Auseinandersetzung mit der Umwelt wird ein wesentlicher Beitrag zur Förderung von Selbstbestimmung und Selbstständigkeit, sowie der Handlungskompetenz im sozialen Bereich geleistet. Die Gestaltung von Spielsituationen soll hierbei die Kinder anregen, sich aktiv handelnd seine Umwelt zu erschlie-

ßen, um – ihren Interessen, Wünschen und Bedürfnissen gemäß – sinnvoll auf sie einwirken zu können.

Ähnliches gilt auch für den Bereich der erlebnispädagogischen Aktivitäten, die in unterschiedlichsten Angebotsformen sehr gut Fuß fassen konnten – dies vornehmlich im Jugendbereich, weshalb an dieser Stelle nicht näher darauf eingegangen werden soll.
Ähnlich interessante Entwicklungslinien ließen sich auch für die Rolle der Sportpädagogik in der Arbeit mit verhaltensauffälligen und erziehungsschwierigen Kindern aufzeigen (vgl. Hölter 1978, Hammer 2001, 18ff).
Dieser kurze schlaglichtartige Rückblick zeigt, dass Bewegung, Spiel und Sport seit geraumer Zeit einen festen Platz einnehmen in der Heimerziehung (vgl. Hammer 1995, Knab 1999).
Als eigenständiger Ansatz hat sich die Psychomotorik in der Heimerziehung in den letzten Jahren immer mehr Anerkennung verschafft und eine Angebotsstruktur entwickelt, die von sehr offenen Bewegungsangeboten, in denen die Bewegung und der sportive Charakter im Vordergrund stehen, bis hin zu Einzelstunden mit stärker therapeutischer Orientierung reicht, in deren Mittelpunkt der sich bewegende Mensch steht (Hammer 1995, 118f.).
Die Psychomotorik blickt aber auch in zunehmendem Maße über den Tellerrand einer rein individuumszentrierten Arbeit mit dem Kind.
Somit stellt sich in Anlehnung an die Aussagen Flammers, dass „Praxis, die nicht nur Routine ist, (...) durch Theorie geleitet“ wird und „dass es nichts Praktischeres gibt als eine gute Theorie“ (Flammer 1999, 11f.) die Frage, welche theoretischen Grundlegungen und Sichtweisen innerhalb der inzwischen großen Psychomotoriklandschaft besonders nutzbringend erscheinen für die praktische Arbeit im Kinder- und Jugendhilfekontext.
Von Kiphard, dem handlungsorientierten oder dem kindzentrierten Ansatz – von allen Konzepten kann der/die im Heimbereich tätige PsychomotorikerIn in gewissem Umfang profitieren. Einige Besonderheiten der Situation von Kindern in einer Kinder- und Jugendhilfeeinrichtung und ihrer Familien sowie die Erfahrungen in der praktischen Arbeit legen jedoch nahe, zwei Perspektiven besondere Aufmerksamkeit zu schenken und an späterer Stelle noch näher zu betrachten: einer ökologisch-systemischen Sichtweise und der verstehenden Perspektive.

Der Blick in die Praxis

Die Notwendigkeit der Berücksichtigung von Bewegung und Spiel für kindliche Entwicklung ist in der Literatur vielerorts hinlänglich beschrieben worden und unbestritten. Kinder in der stationären Erziehungshilfe stehen jedoch häufig vor dem Problem, dass ihnen der Zugang zu öffentlichen Sport- und Bewegungsangeboten erschwert ist – aufgrund des z.T. wöchentlichen Lebenskontextwechsels (Heim – Familie), vor allem aber auch wegen ihrer individuellen Schwierigkeiten, die sie oft

in diesen Institutionen scheitern lassen.
Selbst im Heimkontext führen diese Schwierigkeiten, mit der Außenwelt nicht zurechtzukommen, häufig dazu, dass ein gemeinsames Spiel ohne Unterstützung durch Erwachsene meist nur von kurzer Dauer bleibt bzw. gar nicht erst entstehen kann. Dem/der PsychomotorikerIn in der Erziehungshilfe stellt sich somit zum einen die Aufgabe, unterstützend tätig zu sein bei der Integration von Kindern in Vereine etc., sich andererseits aber auch um einen von Bewegung und Spiel gekennzeichneten Heimalltag zu bemühen. Gelände- und Spielplatzgestaltung, Fortbildung von Mitarbeitern zu psychomotorischen Themen aber auch die Durchführung von Aktionstagen bieten sich hier an. Fahrradrennen, Spielfest, Fußballturnier oder Waldtag sind Beispiele für solche Aktionstage, die sich in der eigenen Praxis bestens bewährt haben. Die Einbeziehung der ErzieherInnen aus den Wohngruppen lohnt nicht nur wegen der zeitaufwändigen Planung, Organisation und Durchführung solcher Aktionen.
Regelmäßig stattfindende Spiel- und Bewegungsangebote zu schaffen und zu etablieren, die vielen Kindern zugänglich sind, ihren Bedürfnissen aber auch ihren Möglichkeiten entsprechen, in denen sie Unterstützung, Anregung und Schutz erfahren, um ins Spiel zu kommen, können als Grundstock psychomotorischer Arbeit im Heimbereich angesehen werden. Psychomotorikstunden mit Wohngruppen sind ein Beispiel hierfür. Sie eröffnen den Kindern in einem ihnen bekannten Kontext Möglichkeiten sozialen Lernens auf körper- und bewegungsorientierter Ebene. Sinnvoll und in der Praxis bewährt hat es sich – gerade für ältere Kinder und besondere Zielgruppen (z.B. Mädchen) – themenspezifische Angebote zu bestimmten bewegungsorientierten Aktivitäten und Sportarten (z.B.: Zirkus-Akrobatik, Tanz, Ringen und Raufen) zu entwickeln.
Wie eigene praktische Erfahrungen über viele Jahre gezeigt haben, kann ein einmal wöchentlich stattfindender Spielnachmittag, der allen Kindern offensteht, schnell zu einer festen Institution mit großer Nachfrage werden und für eine große Anzahl an Kindern zu einer für sie nicht wegzudenkenden Größe in ihrem Wochenplan. Ausgehend von beliebten Grundaktivitäten der Kinder wie Schaukeln, Springen, Fahren, Klettern etc. lassen sich Bewegungs- und Spielbereiche gestalten, die den Kindern immer wieder neue Erfahrungs- und Entwicklungsräume eröffnen. Sein Bewegungsrepertoire zu erweitern, Selbstwirksamkeit zu erfahren, sich auf körperlicher Ebene (in einer von der Umwelt als positiv bewerteten Art und Weise) einbringen zu können, Regeln akzeptieren und aushandeln zu können und mit einer, wenn auch begrenzten, Außenwelt zurechtzukommen, sind Möglichkeiten, die der Alltag (Wohngruppe, Schule, Familie usw.) den Kindern in dieser Form nur selten bietet. Über das Verlassen des Bewegungsraums „Turnhalle" und die Berücksichtigung jahreszeitlicher Aspekte kann obiges Spektrum zusätzlich erweitert werden (z.B.: Alte Kinderspiele im Freien, Wasser als Spielraum, Eis- und Schneeak-

tionen etc.). Da von einem/einer PsychomotorikerIn auch bei einem – im Vergleich zur Einzel- oder Kleingruppenförderung – enger strukturierten Rahmen ein solches Angebot nur schwerlich alleine durchzuführen ist, bietet sich auch hier die Zusammenarbeit mit anderen Berufsgruppen (ErzieherInnen, LehrerInnen usw.) an.
Diese sehr „niederschwelligen" Angebote haben von ihrer Grundorientierung her eine lange Tradition und finden sich in ähnlicher Form auch in anderen Arbeitsfeldern. Dies schmälert jedoch in keiner Weise ihre Notwendigkeit und Sinnhaftigkeit. Im Gegenteil: sie sind als Eckpfeiler psychomotorischer Förderung/Entwicklungsbegleitung anzusehen. Nicht wenigen Kindern ermöglichen sie, die in Einzel- oder Kleingruppenstunden gemachten Erfahrungen auf den Prüfstand einer erweiterten aber überschaubaren Außenwelt zu stellen. Manchen Kindern reicht die Struktur dieser Angebote aber auch aus und bietet ihnen ausreichend Entwicklungsmöglichkeiten. Als Beispiel sei hier Paul[63] genannt, der über einen längeren Zeitraum ein solches Spielnachmittagangebot sehr regelmäßig besuchte und sich als recht ängstliches Kind mit wenig Zutrauen in seine körperlichen Fähigkeiten zunehmend neue Aktivitäten erschloss. Zunächst sehr angewiesen auf die Unterstützung durch Erwachsene, konnte er mit der Zeit immer eigenständiger dieses Angebot nutzen. Inzwischen ist es ihm gelungen in einem Fußballverein mitzuspielen und den dortigen Anforderungen dank eines verständnisvollen Trainers standzuhalten.

Kinder annehmen und verstehen

Was aber tun, wenn Kinder uns in ihrem alltäglichen Verhalten immer wieder ihr Überfordertsein mit der Außenwelt vor Augen führen und dies auch in einem relativ geschützten Rahmen eines Spielnachmittags oder einer Wohngruppenstunde?
Was tun, wenn Kinder uns Dinge zeigen, die wir auf den ersten Blick nicht verstehen?
Hier fordern uns die Kinder dazu auf, unseren Blick in die Tiefe zu richten und einen intensiveren Beziehungsraum einzurichten als Basis für eine weitere gemeinsame Entwicklung. An einem solchen Punkt scheint notwendig, Rahmenbedingungen zu verändern bzw. einen anderen äußeren Rahmen zu schaffen (Einzelstunde oder Kleingruppenstunde), um ein „Sich-zeigen-dürfen" und ein „Mehr" an Beziehung, Spiel und Verstehen möglich zu machen.
Die Kinder selbst „wissen" sehr wohl um die Chance solch schützender Beziehungsräume und Beziehungszeiten mit der Möglichkeit des Sich-Spürens und Sich-Erlebens, wenn sie zum Ausdruck bringen, auch zu den Kindern gehören zu wollen, die solch eine wöchentliche Psychomotorikstunde haben. Einem Jungen unserer Einrichtung war dies so wichtig, dass er sein Taschengeld für eine Psychomotorikstunde anbot.

63 Die Namen wurden vom Autor geändert

„Damit Entwicklung und Veränderung in Gang kommen kann, braucht es Kontakt und Berührung. Dies ist nur bedingt herstellbar; vielmehr ist es so, dass wir Begleiter auf die Einladungen durch die Kinder warten müssen“ (Fichtner 2000, 73).
Wie obiges Beispiel verdeutlicht, kann ein erster Schritt zu einer solchen Einladung auch mal auf eine sehr direkte Art erfolgen. Einladungen dürfen jedoch nicht mit „Eintrittskarten zur Förderung“ (Fichtner 2000, 73) verwechselt werden. Absichtslose Annahme des Kindes und seiner Handlungen könnte hier als Idealziel formuliert werden.

Innen und Außen

„Wenn ich Kinder annehmen will, muss ich lernen, sie zu verstehen“ (Fichtner 2000, 71).
Sogenannte hyperaktive Kinder, aggressive Kinder, sozial gehemmte Kinder, Kinder mit großen Schwierigkeiten in der Schule oder in der Familie – bei aller Unterschiedlichkeit ist ihnen zumindest eines gemeinsam: sie haben Probleme damit, ihre Innenwelt in eine Beziehung zur Außenwelt zu bringen, die für Kind und Umwelt akzeptabel erscheint.
Bereits Mitte der 80er-Jahre verwies Hölter darauf, dass dem Individuum mit seinen Gefühlen, seinem Erleben und seiner Geschichte zu wenig Bedeutung geschenkt werde (Hölter 1984).
Im Zentrum des „Verstehenden Ansatzes“ steht der Versuch, sich über verschiedene Dimensionen des Verstehens Einblick zu schaffen in die über Leib und Bewegung, als „Formen primärer Sinnstiftung“ (Seewald 1997, 9) zum Vorschein kommenden Innenwelten des Kindes. Dass dies gerade bei Kindern in der Kinder- und Jugendhilfe bedeutsam wird, kann kaum verwundern, da sie häufig eine ganze Reihe problematischer Situationen und Erlebnisse in unterschiedlichsten Kontexten (Schule, Heim, Familie etc.) hinter sich haben, was sich äußert und Niederschlag findet im (für die Außenwelt) „schwierigen“ Verhalten der Kinder im Alltag aber auch in den Inhalten/Themen und der Intensität ihrer Phantasiespiele in den Psychomotorikstunden. Diese werden für die Kinder und auch den/die PsychomotorikerIn zu Versuchen, Kontakt und Beziehung herzustellen – zu Versuchen, Brücken zu schlagen zwischen Innenwelt und Außenwelt. Als außerordentlich hilfreich erweist sich in diesem Zusammenhang die Persönlichkeitstheorie von Donald W. Winnicott, der sich „ nie mit der, noch von Freud stammenden, Zweiteilung der Welten (Lustprinzip – Realitätsprinzip) abfinden wollte und konnte (Hammer 1995, 123) sondern einen dritten, den *intermediären Bereich* einführte, einen „Zwischenbereich des Erlebens, zu dem sowohl die innere Realität als auch das äußere Leben beitragen“ (Winnicott, z.n. Hammer 1995, 123).
Er ist Ursprungsort schöpferischen Tuns, der zunächst in der Erschaffung von Übergangsobjekten später im Spiel seinen Ausdruck findet. Spiel, verstanden als intermediärer Raum, ist geschützter Raum, in den das

Kind seine Phantasien einbringen und sie in Kontakt bringen kann mit der ebenfalls in diesen Raum einfließenden äußeren Realität.
Das Kind kann also im Spiel seine „Bedürfnisse, Wünsche, Ideen, Vorstellungen, sein Erlebtes und Erhofftes entäußern und ihm Gestalt geben. Es erhält so die Gelegenheit, sich an der Gestaltung der eigenen Zukunft und der Außenwelt mit zu beteiligen" (Hammer 1995, 127).
Erneut stellt sich hier die Frage, was aber tun, wenn das Kind nicht in der Lage ist zu spielen, d.h. nicht den Raum findet, Berührung herzustellen zwischen Innen- und Außenwelt, in dem sich Entwicklung entfalten kann, sondern der Rückzug in die Innenwelten erfolgt oder die Provokation der Außenwelt zur scheinbar einzigen Möglichkeit geworden ist, mit ihr in Kontakt zu treten?
Hammer führt an, dass eine mögliche Ursache, sich nicht kreativ im Spiel entfalten zu können, darauf zurückzuführen sein könnte, „dass das Problem, worüber sie gern sprechen würden, in einer Zeit entstanden ist, in der sie der Sprache noch nicht mächtig waren" (Hammer 1995, 128).
Möglich aber auch, dass Kinder durchaus in der Lage wären im Spiel ihre Phantasien und Vorstellungen, ihr Innerpsychisches darzustellen, ihr fehlendes Vertrauen in die Umwelt – vielleicht auch aufgrund bisheriger negativer Erfahrungen – und/oder in die eigene Stärke sie aber daran hindert, dieses Wagnis des Sich-Öffnens einzugehen. Dem Anderen über das Spiel Einblick zu gewähren in sein Inneres macht verletzbar und birgt auch die Gefahr, dass Gefühle ins Bewusstsein gerückt werden, die die Stabilität des Ichs erschüttern können (vgl. Bald 1999, 24ff.).
Zur vordringlichsten Aufgabe für den/die PsychomotorikerIn im Erziehungshilfekontext wird somit, einen Rahmen zu schaffen, anzubieten und immer wieder neuen Erfordernissen anzupassen, der den Kindern helfen kann dieses Risiko einzugehen – mit der Chance, über das körperbezogene und bewegungsorientierte Spiel Innen- und Außenwelt in Kontakt zu bringen. Einen möglichst guten Rahmen für Entwicklung zu schaffen heißt, auf der einen Seite ein Maximum an ***Offenheit*** zu ermöglichen, damit sich die Innenwelt des Kindes entfalten kann und andererseits die notwendige ***Struktur*** zu bieten, damit das Kind nicht durch die eigene Gefühlswelt überflutet oder durch die Außenwelt überfordert wird.
Hierzu lohnt es sich die ***Gestaltungselemente pädagogisch-therapeutischer Situationen*** *(Beziehung, Raum, Zeit, Material, Inhalte/Themen)* im Verlauf psychomotorischer Entwicklungsbegleitung näher zu betrachten. Das Fallbeispiel eines einzelnen Kindes soll hierbei den roten Faden bilden, da die Kernaspekte hierdurch am klarsten zum Ausdruck kommen können.

Der Beginn – oder: Kannst du mich halten und kannst du (mich) loslassen?

„Wenn ich Kinder annehmen will, muss ich lernen, sie zu verstehen" (Fichtner, s.o.)

Wenn ich Kinder verstehen will, muss ich lernen, sie anzunehmen.
Die Ausgestaltung der *Beziehung* zwischen Kind und PsychomotorikerIn nimmt gerade in der Erziehungshilfe eine Schlüsselfunktion ein, ist Kern der Förderung und schützende Hülle zugleich.
Gelingt diese Ausgestaltung, dann wird die Psychomotorikstunde zum Ort, „wo Kinder in Beziehung zu Erwachsenen ihre Themen gestalten und mit den Erwachsenen gemeinsam einen Sinn darin entdecken können" (Seewald 1992, 210).
„Wolfgang, habe ich heute Wolfgang?", so die Frage eines achtjährigen Jungen, der, indem er seine Psychomotorikstunde mit meinem Namen gleichsetzte, die Wichtigkeit des Faktors „Beziehung" aus der Sicht des Kindes eindeutig zum Ausdruck brachte. Keine Ausnahme, hören meine Kollegin und ich doch neben Bezeichnungen wie Motostunde, Spielen, Turnen immer wieder Fragen wie: Hab ich dich heute? Ist heute Wolfgang-Zeit? Sandra, ist heute Sandra?.
Annahme und Verstehen – in der Praxis nicht immer eine leichte Aufgabe, da sehr viele Kinder im Heimbereich im Hinblick auf die Tragfähigkeit und auch mögliche Dauer von Beziehung stark verunsichert sind, in verschiedensten Kontexten Instabilität oder Abbrüche von Beziehung erlebt haben und zu ihrem Schutz schon zu Beginn der Förderung die Tragfähigkeit von Beziehung auf einen harten Prüfstand stellen – wie auch im folgenden Beispiel der zu diesem Zeitpunkt 10-jährige Eric.
Von Beginn der ersten Stunde an überprüfte Eric, wie ich auf den verschiedensten Ebenen (Körperausdruck, verbale Ebene, Handlungsebene etc.) auf das Überschreiten von Grenzen (Schubsen, Andeuten von Schlägen, Spukken, Beleidigungen, Weglaufen etc.) reagiere und ob mein Beziehungsangebot an ihn dadurch grundsätzlich ins Wanken gerät.
Auch wenn im Verlauf der gemeinsamen Stunden diese Überprüfungen der Beziehung sehr viel seltener wurden, blieb doch immer wieder ein Maß an Unsicherheit bzw. der Wunsch nach Bestätigung der Beziehung. Holte ich ihn von der Schule zu unserer Stunde ab, war es geradezu ein Ritual für ihn, seinen Arm um mich zu legen und mich zu fragen, „ob ich ihn noch lieb habe". Diese Rückversicherung der Beziehung sollte zur Basis der Stunde und Notwendigkeit für ihn werden, mir seine Innenwelt im Spiel zu zeigen.
Seine sich auch im Alltag zeigenden Schwierigkeiten, Innen- und Außenwelt in einen für alle Beteiligten befriedigenden Kontakt zu bringen (z.B.: Stottern, Klauen, mit anderen Kindern nicht spielen können) spiegelten sich in den *Inhalten* seiner Spiele wider: er baute sich oft ein Häuschen, zerstörte es aber dann meistens gleich nach dem Bauen, genoss es über mehrere Wochen hinweg, mich in ein Haus aus Schaumstoffwürfeln, Matten und allen beweglichen Teilen in der Turnhalle „einzugraben" oder baute stundenlang hohe Türme aus obigen Würfeln, um sie dann am Ende der Psychomotorikstunde mit dem Fahrrad in Sekundenschnelle umzufahren. Auf inhaltliche

Angebote meinerseits reagierte er meist sehr ängstlich und vorsichtig, in der Regel begleitet von Aussagen und Fragen wie: „meinst du, ich kann das?", „ich glaube, ich traue mich nicht" oder „was passiert, wenn...?
Hammer verweist darauf, dass Kinder „im freien Spiel immer wieder versuchen, die ungelösten Krisen ihrer Vergangenheit zu bewältigen, um sich neue Entwicklungschancen für die Zukunft zu eröffnen" und uns darin auch zeigen, welches bewegungsorientierte Angebot wir dafür schaffen müssen. Hammer/ Denzer/ Twellmeyer entwickelten hierzu in Anlehnung an die „Theorie der psychosozialen Entwicklung" von Erikson (1973) folgendes Schema, das hilft, die Bewegungs- und Spielaktivitäten der Kinder „verstehen" zu lernen (Diagnostik), das aber auch eine wertvolle Hilfe ist für die Gestaltung zukünftiger Psychomotorikstunden (Planung):

Psychosoziale Krisen	**Psychosoziale Modalitäten**	**Bewegungsorientierte Aktivitäten**
Vertrauen - Misstrauen (*1. Lebensjahr*)	geben - bekommen >Ich bin, was man mir gibt<	• entspannt liegen • gehalten werden • Körperkontakt suchen • sich einwickeln (Wärme) • schaukeln und schwingen • sich fallen lassen • schweben im Wasser
Autonomie - Scham und Zweifel (*2. und 3. Lebensjahr*)	festhalten - loslassen auf eigenen Füßen stehen >Ich bin, was ich will<	• erforschen von Dingen und der Umwelt • erforschen des eigenen Körpers, der eigenen Möglichkeiten • ausprobieren von Materialien (z.B. Fahrgeräte) • Fangspiele (einer gegen alle) • verstecken (= entdeckt werden als Bestätigung der eigenen Existenz) • raufen und balgen
Initiative - Schuldgefühl *(4. - 6. Lebensjahr)*	Tun (Drauflosgehen) Tun als ob >Ich bin, was ich mir zu werden vorstellen kann<	• Rollenspiele (Räuber und Gendarm, Monsterspiele) • Wettkämpfe (Laufspiele) • mit Fahrgeräten in den Raum fahren
Werksinn - Minderwertigkeitsgefühl *(Schulalter)*	mit anderen zusammen etwas >Richtiges< machen >Ich bin, was ich lerne<	• Judo, Tanz • Klettern, Kanu • Segelboot bauen und damit auf Törn gehen • Fahrräder zusammenbauen und damit fahren

Oft schien in der Anfangsphase mit Eric die unsichtbare Frage im Raum zu stehen: akzeptiert dieser Erwachsene das, was ich hier spiele und ist er bereit, mich auf diesem Weg zu begleiten? Eine Frage, die auch in der Förderung anderer Kinder immer wieder in Phasen, die mit Unsicherheit verbunden sind, verstärkt aufkommt (z.B. fehlender Kontakt in den Ferien, neue Kinder in der Psychomotorikstunde, Beginn der Förderung). Die Bereitschaft, mich auf sein Spiel einzulassen, die von ihm eingebrachten Inhalte zu akzeptieren und nicht im Sinne des Erreichens sogenannter Förderziele zu deuten und zu bewerten und selbst auch Risiken einzugehen, signalisierten Eric die notwendige Offenheit. Ist ein Kind in der Lage, die Stunde mit Inhalten zu füllen, ohne von den hinter diesen Inhalten stehenden Themen überflutet zu werden, kann sich in dieser Anfangsphase eine Strukturierung der *Zeit* darauf beschränken, einen eindeutigen Rahmen durch einen klaren Stundenanfang und -ende zu setzen und selbstbestimmter Zeit vor fremdbestimmter Zeit den Vorrang zu geben, das Ende der Stunde jedoch auch zeitlich so vorzubereiten und zu gestalten, dass das Kind sich aus dem Spiel und seinem Thema verabschieden kann und nicht in Sekundenschnelle von Innenwelten in die Außenwelt wechseln muss. Die Einführung von „Entzauberungsritualen" oder das Mitgeben eines Spielmaterials aus der Stunde, um dem Kind die Sicherheit zu geben, wieder kommen zu dürfen, kann einen solchen Prozess erleichtern.

Doch selbst bei guter Vorbereitung erweist sich die Gestaltung des Stundenendes für viele Kinder als außerordentlich schwierig, so auch bei Eric, da es die immense Anstrengung erfordert, einen kreativen und für das Ich bedeutsamen Prozess (Spiel) zeitlich zu kanalisieren. Von Außen betrachtet ein wichtiges Erfordernis, um mit Außenweltstrukturen zurecht zu kommen, von Innen betrachtet nicht einsichtig, oder wie ein anderer Junge es mir gegenüber mit Tränen in den Augen formulierte: „Ich will doch nur spielen".

Gleichzeitig ist dies aber auch ein eindeutiges Zeichen dafür, dass vielen Kindern im Alltag die Möglichkeit fehlt, ihrer Innenwelt Ausdruck zu verleihen und eine Stunde Psychomotorik in der Woche ihnen dafür nicht ausreicht.

Beziehung und *Raum* sind Gestaltungselemente, die in enger Verbindung zueinander stehen. Raum kann Schutz bieten, das Zusammensein nach außen abschirmen, so dass ein Raum des absoluten Vertrauens entstehen kann (vgl. Hammer 2002, 237), was in Zeiten von noch fehlender Sicherheit besondere Bedeutung erhält. Nicht garantieren zu können, dass der Psychomotorikraum während der Förderstunde von fremden Personen nicht betreten wird oder häufige Raumwechsel, erweisen sich hier erfahrungsgemäß als sehr ungünstige äußere Rahmenbedingungen. Bei der Innenstrukturierung des Raumes gilt es zu beachten, dass Kinder von offenen, leeren Räumen ebenso überfordert werden können wie von

überfüllten, engen Räumen. Welche Raumgestaltung für ein Kind die besten Möglichkeiten bietet, um ins Spiel zu finden und darin bleiben zu können, muss jedoch für jedes Kind individuell herausgefunden werden. Bewegliche und der Raumgestaltung dienliche Materialien sowie Möglichkeiten, sich zurückziehen und unterschiedliche Höhen im Raum nutzen zu können, erlauben dem Kind, sich den für die eigenen Bedürfnisse benötigten Raum selbst zu schaffen (s. Häuschenbau von Eric).
Damit sich Innenwelt entäußern kann, braucht es zunächst Beziehung und einen adäquaten äußeren Rahmen, der über die Gestaltung von Raum und Zeit geschaffen werden kann.
Unterstützen lässt sich dieser Prozess, wie im nächsten Abschnitt zu sehen sein wird, durch Materialien. Sie sind die „Hebammen der Phantasien des Kindes, regen sie an, bieten ihnen gleichzeitig aber auch Widerstand. Da sie schwerer zu hantieren sind wie die Ideen, zwingen sie das Kind, sich körperlich mit seinen Phantasien auseinander zu setzen und sie in der Realität der Spielwelt darzustellen. Dieser Prozess hilft, Struktur in die eigene Innenwelt zu bekommen und deren oft vorhandenes Chaos zu ordnen“ (Hammer 2002, 237).
Halt und Sicherheit haben, Vertrauen spüren, Ausdrucksmöglichkeiten finden, Wut rauslassen, autonom handeln können, sich nicht schuldig fühlen, mit der Außenwelt zurechtkommen, Veränderung wollen – so hätten Erics Wünsche aussehen können, die für mich in dieser ersten Zeit mit ihm im Raum standen.
Dem Kind Offenheit und Autonomie zuzugestehen und ihm dadurch Vertrauen zu signalisieren, physisch und physisch präsent zu sein, damit das Kind das Wagnis des Spielens eingehen kann erweisen sich immer wieder aufs Neue als zentrale Aufgaben gerade auch in der Anfangsphase psychomotorischer Förderung.

Ein Lebensthema im Spiel bearbeiten

Kinder finden in ihr Thema und zeigen uns, was sie bewegt, wenn man die dafür notwendigen Rahmenbedingungen geschaffen hat. Innen- und Außenwelt können dann im Spiel, verstanden als „intermediärer Bereich“, als Zwischenbereich des Erlebens zusammentreffen.
Einem siebenjährigen Jungen, ich nenne ihn Frank, der bei mir seit einem halben Jahr eine Kleingruppenstunde mit drei weiteren Kindern besucht, reicht die Beziehungssicherheit, die er dort aufgebaut hat als notwendige Rahmenbedingung aus, um bei einem Spielnachmittag zwischen 20 anderen Kindern mit mir Baby und Papa spielen zu wollen. Raum und Zeit scheinen belanglos für ihn, an Material benötigt er fast nichts. Da ein körpernaher Dialog mit Zuwendung und umfassender Versorgung und eine durch Halten geprägte Beziehung in obigem Kontext nur bedingt zu leisten ist, bleibt die Frage, ob die Bearbeitung dieses Themas innerhalb dieses Rahmens oder das Vertrösten auf einen späteren Zeitpunkt das

kleinere Übel darstellt.
Für Eric war es das Finden des geeigneten Materials (als Element der Außenwelt) durch das bestimmte Saiten seiner Innenwelt angeschlagen wurden, sich seine Phantasien an der Außenwelt brechen und konkrete Gestalt annehmen konnten (vgl. Hammer 2001, 62).
Seine verzweifelten Versuche; den Anforderungen der Umwelt gerecht zu werden und die immer wiederkehrende Erfahrung, unter den gegebenen Bedingungen nicht dazu in der Lage zu sein, ließen ihn seine Wut nach Innen (selbstverletzendes Verhalten) als auch nach Außen (z.B.: Beschädigungen im Haus, Angreifen von Personen) richten.
Die Materialien Luftballons und ein Federballschläger erlaubten ihm dieses Thema in legitimiertem Rahmen auf Körper- und Bewegungsebene auszudrücken.
Nicht selten sind es Zufälle, die dazu beitragen, geeignetes Material zu finden. Auch die Reflexion über das, was das Kind uns zeigt und das auch leibliche Einspüren in die Befindlichkeiten des Kindes und langjährige Erfahrungen sind hierfür wichtige Größen.
Mich nahezu nicht wahrnehmend bestand Erics Spiel über mehrere Stunden nur darin, solange auf einen Luftballon einzuschlagen, bis dieser irgendwann platzte, um danach gleich den nächsten Ballon einzufordern. Wurde bis zu diesem Zeitpunkt in vielen Situationen deutlich, dass Eric seinen Körper als etwas Fragmenthaftes, Unbefriedigendes und Fremdes empfand und es ihn zu kontrollieren und zu beherrschen gilt, schien im Spiel mit dem Ballon sein Körper zum ersten Mal etwas nicht Losgelöstes von ihm und Ganzes zu sein. Dieses Wiederentdecken des eigenen Körpers formuliert Hammer als ein zentrales Ziel der therapeutischen Arbeit (s. Hammer 2000, 39).
Die Aufgabe, die sich dem/der PsychomotorikerIn zu diesem Zeitpunkt stellt, ist, dem Kind über die Sicherstellung äußerer Rahmenbedingungen die Inszenierung seines Spiels zu ermöglichen.
Wurde dieses anfängliche Spiel in der Grundstruktur zwar erhalten, so erfuhr es doch eine zunehmende Ausdifferenzierung und Weiterentwicklung, die hier nur skizzenhaft aufgezeigt werden kann. Nach zwei Stunden, in denen Eric sich intensiv seinen physischen Grenzen näherte, begann er den Ballon massiv zu beschimpfen, machte im weiteren Verlauf deutlich, dass der Ballon ein unmögliches Kind sei, das hart bestraft werden müsse (Schlagen und Zerstören der Ballons) und er gab dem Spiel auch einen Namen. Durfte ich zunächst nur Beobachter sein, bezog er mich später in der Rolle der zurückhaltenden Mutter ins Spiel ein, ermöglichte mir dadurch aber in eingegrenztem Rahmen Anforderungen der Außenwelt ins Spiel zu bringen.
Dem Kind wurden im weiteren Verlauf mehr „Leben"/„Chancen" zugebilligt und Eric initiierte Gespräche über alternative Verhaltensweisen aller Beteiligten.

Wie im obigen Beispiel inszenieren Kinder in Psychomotorikstunden ganz oft ihre eigenen Lebensthemen und häufig stehen dabei Leib- und/oder Beziehungsthemen ganz im Vordergrund (vgl. Seewald 1992, 209).
Die Motive und Gründe, die Seewald für den kindlichen Inszenierungsdrang nennt, finden sich auch bei Eric: Das Nachholen und Aufarbeiten nicht ausreichend gemachter Erfahrungen, das Ausprobieren möglicher Rollen für die Zukunft und die Darstellung eigener Gefühle (Hoffnungen, Wünsche und vor allem Ängste). „Es ist die kindliche Art, die eigene Gefühle durch die Darstellung zu „verstehen", wobei das Verstehen nicht sprachlich gemeint ist. Ganz oft kommt es dabei zum bekannten Phänomen des Rollentausches: Vom Schwachen und Erleidenden in der Realität wechseln Kinder in die Rolle des Starken und Aktiven im Spiel" (Seewald 1992, 209).
Die hierfür notwendige Rahmenstruktur zu finden, gestaltete sich für Eric und mich zu einem spannenden und auch risikoreichen Unterfangen, das aufgrund seiner Komplexität ebenfalls nur bruchstückhaft wiedergegeben werden kann.
Die Idee, eine solche Luftballonstunde unter Mithilfe einer Praktikantin zu filmen, bedeutete – trotz seiner Einwilligung – für Eric ein solches Maß an Verunsicherung, dass er am Ende der Stunde den Federballschläger zerstörte, was ich noch zuließ, ihn aber daran hinderte, ihn gegen Menschen zu werfen.
Für beide Seiten lehr- und folgenreich war auch das sich anschließende kurze Gespräch, in dem Eric mir die Frage stellte, warum ich ihm den Schläger nicht früher weggenommen hätte.
Zunächst völlig irritiert von meiner Aussage, in der ich zum Ausdruck brachte, dass ich hoffte, er könne die Situation selbst in den Griff bekommen, erkannte er zunehmend die Chance auf eine autonome Entwicklung, die ich ihm zubilligte
Auf dieser Grundlage konnten wir Erics Wünsche und Bedürfnisse mit den Anforderungen der Außenwelt verhandeln und ins Spiel übertragen. Die Notwendigkeit einer klaren Außenstruktur sowie Offenheit und Entscheidungsmöglichkeiten für Eric nahmen hierbei bis ins Detail konkrete Gestalt an: z.B.: Gewaltverbot; je Stunde 5 Luftballons, von denen er 3 auswählen durfte; die Entscheidungsmöglichkeit, was mit den Ballons passiert; freie Wahl eines Schlägers, jedoch Taschengeldbeteiligung, falls er ihn absichtlich zerstören sollte etc.
Das Federball-Luftballon-Spiel wurde – immer nuancenreicher die Themen „Vertauen" und „Autonomie" ausgestaltend – für einen langen Zeitraum zu einem zentralen Wunsch in den Psychomotorikstunden. Erics Wunsch, unsere gemeinsamen Ansprachen am Anfang jeder Stunde selbst wiederholen zu wollen, war für mich Zeichen, dass er auf dem Weg war seine Bedürfnisse und die Anforderungen der Außenwelt in Einklang zu bringen.

Sein Ringen um Autonomie und das Bestreben, seiner Innenwelt Ausdruck zu verleihen, äußerten sich außer im Spiel auch im Wunsch, mit Ton etwas „machen" zu wollen und indem er eine Horrorgeschichte schrieb, in der er – unter anderem Namen – immer wieder neuen Bedrohungen standhalten musste.
Was Eric brauchte und sich suchte, erfuhr mit zunehmender Dauer eine Veränderung. Das Spiel mit dem Ballon war kein absolutes „Muss" mehr und er begann sich mehr zuzutrauen (z.B.: Rhönradfahren, Basketballwettkampf mit mir). Als schwierig und teilweise auch frustrierend erweist sich, wenn die Außenwelt mit solchen Veränderungen nicht Schritt halten kann und das Vertrauen in das Kind und somit die Basis für dessen Entwicklung immer wieder in Frage stellt.
Wie bereits erwähnt, ist im Rahmen psychomotorischer Förderung im Jugendhilfekontext nicht für jedes Kind eine solch intensive Begleitung weder erforderlich und sinnvoll noch leistbar.
Tatsache aber auch, dass sehr viele der Kinder diesen Dialog einfordern und dies auch in Situationen, die für sie ein hohes Risiko bedeuten, wie in obigem Beispiel der siebenjährige Frank oder auch der dreizehnjährige Tim, der sich zwischen Skateboardfahren und Fußballspielen Auszeiten zum emotionalen Auftanken nimmt, indem er sich – mit dem Daumen im Mund auf einer weichen Matte liegend – massieren lassen möchte und in Kauf nimmt, von den anderen Jungs als Daumenlutscher und als „schwul" bezeichnet zu werden, weil er sich von einer männlichen Person massieren lässt. Risiko aber auch für den Psychomotoriker/die Psychomotorikerin, da es immer wieder zu entscheiden gilt zwischen dem Eingehen auf die gezeigten Bedürfnisse und dem Schutz der Innenwelten des Kindes.
Der Blick auf die Gestaltungselemente pädagogisch- therapeutischer Situationen erweist sich hier sowohl für die Gestaltung als auch für die Reflexion von Psychomotorikstunden als außerordentlich hilfreich. Im vorliegenden Artikel ist dieser Blick unter dem Fokus „Struktur – Offenheit" erfolgt, ließe sich z.B. aber ebenso unter den Blickpunkten „Nähe – Distanz" betrachten.

Perspektivenwechsel

In seinen Überlegungen zur Alltagsgestaltung für Kinder und Jugendliche auf der Grundlage der wesentlichen Prinzipien der Psychomotorik weist Hammer darauf hin, „dass mit einem automatischen Transfer der Ergebnisse von sportiven oder psychomotorischen Fördererfolgen auf andere Bereiche nicht gerechnet werden kann (Hammer 2001, 71).
„Psychomotorische Entwicklungsförderung kann nur dann seine positive Wirksamkeit als praktische Maßnahme entfalten, wenn sie eingebettet ist in einen Kontext, der von gleichen Ideen und Grundeinstellungen geprägt ist" (Hammer 1999, 120).
Psychomotorische Arbeit kann, wie in obigem Fallbeispiel, die intensive

Begleitung eines Kindes in seine Innenwelten notwendig und außerordentlich sinnvoll machen, doch sollte sie eingebunden sein in die Lebenswelt der Kinder. Auseinandersetzung mit der Innen- und Außenwelt darf sich nicht auf eine Stunde psychomotorischer Förderung in der Turnhalle beschränken, sondern muss den tiefgreifenden Veränderungen von Gesellschaft und Kindheit Rechnung tragen. Kinder im Erziehungshilfekontext sind davon besonders betroffen. Die Bindung „Familie“ gerät für sie ins Wanken, sie sind mit hohen neuen Anforderungen und Zwängen konfrontiert, stehen vor für sie schwierigen Mitbestimmungs- und Entscheidungsprozessen von großer Tragweite. Einer oft extrem hohen „Fragmentierung von Erfahrung“ ausgesetzt, stehen sie häufig vor dem Problem, Erlebnisse und Erfahrungen aus meist recht verschiedenen Lebenszusammenhängen (Familie, Schule und Wohngruppe) verbinden bzw. als Widersprüche nebeneinander stehen lassen zu müssen (vgl. Prenner 2000, 23-26).

Psychomotorische Arbeit im Heimbereich muss darauf reagieren: in therapeutischen Settings gilt es immer wieder zu überprüfen, ob obige Widersprüche nicht verstärkt werden, das Kind die gemachten Erfahrungen gut in seine Lebenswelt außerhalb der Psychomotorikstunde integrieren bzw. in der Stunde belassen kann.

In einer Kinder- und Jugendhilfeeinrichtung gilt es aber auch – aus psychomotorischer Sicht – zu überlegen, wie ein lebensweltnahes Konzept psychomotorischer Förderung aussehen kann, d.h. der Frage nachzugehen, „wie der Alltag gestaltet werden kann, so dass grundlegende Prinzipien der psychomotorischen Therapie sich auch in den *anderen 23 Stunden* des Tages entfalten können“ (Hammer/Paulus 2002, 14).

Obige Gestaltungselemente (Beziehung, Raum etc.) als Strukturierungshilfe zu verwenden scheint auch in Bezug auf die Alltagsgestaltung in einer Wohngruppe ein vielversprechender Weg, wie Hammer in seiner Dissertation sehr prägnant und umfassend veranschaulicht (Hammer 1995).

Müßig zu erwähnen, welche Chancen in einem vernetzten handlungsorientierten Arbeiten mit Familie, Schule etc. liegen, bei dem zentrale Ausdrucksformen des Kindes wie Spiel, Körper und Bewegung ihren Platz haben.

Eine ökologisch-systemische Perspektive scheint auch angebracht aufgrund der Leitideen zur Rolle der Familie im Hilfeplanprozess und der Teilhabe von Kindern und Eltern aber auch aufgrund der berechtigten Kritik an der Psychomotorik, dass sie den Blick zu sehr auf das Individuum richtete und die Umwelt vernachlässigte (Balgo 1998). Auch die Tatsache, dass die Spielthemen der Kinder sehr oft im familialen Beziehungssystem angesiedelt sind und die Kinder Veränderungswünsche für dieses Gefüge im Spiel zum Ausdruck bringen, legt eine Erweiterung der Perspektive nahe.

Die Einbindung von PsychomotorikerInnen in Fall- oder Hilfeplangespräche kann nur ein Schritt in Richtung Vernetzung und interdisziplinäre Zusammenarbeit sein. Denkbar wäre, auch im Kinder- und Jugendhilfekontext den Überlegungen zu einer Psychomotorischen Familientherapie von Hammer/Paulus (2002) zu folgen und die Arbeit mit der Familie und die psychomotorische Arbeit in Beziehung zu setzen. Hammer/Paulus verweisen darauf, dass im Rahmen einer systemischen Familientherapie die bewegungs- und spielorientierten Methoden der Psychomotorik eine kindgerechte Alternative zu den eher erwachsenenorientierten und gerade jüngere Kinder kognitiv wie emotional oft überfordernden Familiengesprächen darstellen. Gelingt es, Familien für ein solches Vorhaben zu gewinnen, werden durch das gemeinsame Spielen und Bewegen positive Auswirkungen auf die Beziehungsgestaltung zwischen den verschiedenen Familienmitgliedern möglich[64]. Übliche Rollenverteilungen können eine Veränderung erfahren, der/die Andere kann im Spiel anders erlebt und gemeinsame Themen können bearbeitet werden. Die besondere Chance einer psychomotorischen Arbeit, die über das Setting „Indexpatient – Psychomotoriker" hinausgeht, besteht darin, dass das Kind Entlastung erfahren kann, da die Ursachen und/oder die Lösung von Schwierigkeiten in der Familie angesiedelt sind (vgl. Hammer/Paulus 2002, 14).
Unter der Perspektive „Förderung der Entwicklung des Kindes – im KJHG in §1 als Recht des Kindes formuliert – könnte eine solche Maßnahme zu einem förderlichen Rahmen für die Entwicklung des Kindes beitragen. Die Sinnhaftigkeit einer psychomotorischen Arbeit, die sich „nur" auf das Kind beschränkt, bleibt davon unberührt.
Es bleibt jedoch festzuhalten, dass die Realität in der Praxis den Möglichkeiten teilweise noch hinterherhinkt, wenngleich schon einige Versuche erfolgversprechende Ergebnisse liefern.

Quo Vadis?

Nach dem einleitenden Blitzlicht zur Bedeutung von Bewegung, Spiel und Sport innerhalb der Erziehungshilfe in der Vergangenheit und einem Einblick in die Gegenwart psychomotorischer Entwicklungsbegleitung soll zum Schluss der Blick in eine mögliche Zukunft nicht fehlen.
Eine Vision wäre, psychomotorischem Denken und Handeln in verschiedensten Bereichen der Erziehungshilfe einen noch höheren Stellenwert einzuräumen – die Kinder jedenfalls stehen wohl nahezu uneingeschränkt hinter dieser Idee. Doch reicht deren Einschätzung nicht aus.
Die Aussage M. Denzers von 1997, dass es der Psychomotorik bis heute nicht gelungen sei, sich in der Heimlandschaft so zu artikulieren und ihre Bedeutung für die Persönlichkeitsentwicklung deutlich zu machen, wie es

[64] Zur Bedeutung von Körper Bewegung und Spiel für die Beziehungsgestaltung zwischen Eltern und ihren Kindern vgl. auch Maturana/Verden-Zöller 1997, 156ff

der Erlebnispädagogik gelang, trifft auch 2003 noch in weiten Teilen zu (Denzer 1997).
Auch spricht der zunehmende Kostendruck eher für die Einschränkung als für eine Verbesserung der äußeren Rahmenbedingungen. Evaluationsstudien über die Wirksamkeit psychomotorischer Angebote könnten hier einen wichtigen Beitrag leisten, die Psychomotorik zu etablieren, anerkannter zu machen und die Kosten für Fachkräfte, Bewegungsräume, Materialien usw. zu legitimieren[65].
Die verstehende Perspektive und eine ökologisch-systemische Sichtweise haben das Spektrum der Betrachtung von Spiel, Körper und Bewegung im Hinblick auf pädagogisch- therapeutische Prozesse erweitert: die Innenwelt des Kindes als auch die Außenwelt finden stärkere Berücksichtigung – die Bandbreite ist größer geworden. Die praktische Umsetzung dieser Einsichten und auch den Diskurs zwischen den verschiedenen Betrachtungsweisen gilt es weiter voranzutreiben.
Das scheinbare Auflösen von „Altersstufen" (gerade schulpflichtig gewordene Kinder treten auf wie 12-jährige, Jugendliche geben sich wie junge Erwachsene, tauchen aber auch im Beisein anderer Jugendlicher in frühkindliche Spielinhalte ab) wird – über eine Betrachtung auf der Grundlage der Entwicklungstheorie Eriksons hinausgehend – verstärkt ins Blickfeld rücken müssen.
Der Austausch und eine intensivere Vernetzung zwischen psychomotorischen und erlebnispädagogischen Konzepten sollten sich hier in der Theorie als auch für die Praxis als fruchtbar erweisen. Der Begriff des „Erlebens" (vgl. hierzu auch: Hammer 1995 und 1997) könnte diesbezüglich eine zentrale Schnittstelle sein.
Viele Kinder im Heimbereich stehen unter dem fortwährenden Druck, ihr inneres Erleben in eine Balance mit den Anforderungen der Umwelt bringen zu müssen. Dem Spiel, im Winnicott'schen Sinne verstanden als Zwischenreich des Erlebens, wo Außen- und Innenwelt sich treffen, muss deshalb ein höherer Stellenwert eingeräumt werden, es muss noch mehr den Status von Normalität erhalten oder besser ausgedrückt:

„Ich will doch nur spielen!"

Literatur

Bald, K. (1999): Kunsttherapeutische Aspekte in der Bewegungstherapie – Bewegungsarbeit mit Masken bei verhaltensauffälligen Kindern und Jugendlichen. Unveröffentlichte Diplomarbeit, Universität Dortmund

Balgo, R. (1998): Systemisch-konstruktivistische Positionen in der Psychomotorik. In: Motorik 1998, 1, 2-12

Bowlby, J. (1975): Bindung. München, Kindler

Denzer, M. (1997): Die mit dem Wind tanzen. In: Motorik 1997, 4, 148-157

[65] vgl. dazu Klein/Macscenere 2002

Erikson, E.H. (1973): Identität und Lebenszyklus. Frankfurt: Fischer

Fichtner, G. (2000): Vom Leistungssport zum Doppelmord. (Leidens-) Geschichten aus der Genese eines Psychomotorikers. In: Wendler, M./Irmischer, T./Hammer, R. (Hrsg.): Psychomotorik im Wandel (2000), 65-76 Lemgo: Verlag Aktionskreis Literatur und Medien

Flammer, A. (1999): Entwicklungstheorien: psychologische Theorien der menschlichen Entwicklung. Bern; Göttingen; Toronto; Seattle: Huber

Hammer, R. (1995): Bewegung in der Heimerziehung Inaugural Dissertation, Universität Dortmund

Hammer, R. (1997): „...in seiner Einheit von Wahrnehmen, Erleben und Bewegen..." - auf der Suche nach dem Erleben in der Psychomotorik. In: Motorik 1997, 4, 134-147

Hammer, R. (1999): Aus Fehlern wird man klug – Ein Handlungsforschungsprojekt zur Psychomotorik in einer Heimwohngruppe. In: Motorik 1999, 3, 120-128

Hammer, R. (2000): Psychomotorische Entwicklungsförderung im intermediären Bereich. In: Wendler, M./Irmischer, T./Hammer, R. (Hrsg.): Psychomotorik im Wandel. Lemgo 2000, 37 – 42

Hammer, R. (2001): Bewegung allein genügt nicht. Psychomotorik als grundlegendes Prinzip der Alltagsgestaltung. Dortmund: verlag modernes lernen

Hammer, R. (2002): Spiel und Bewegung in der psychomotorischen Entwicklungsbegleitung. In: Praxis der Psychomotorik 2002, 4, 232-238

Hammer, R./Paulus, F. (2002): Psychomotorische Familientherapie – Systeme in Bewegung. In: Motorik 2002, 1, 13-19

Hölter, G. (1978): Leistungsmotivation und Verhaltensauffälligkeit. Inaugural Dissertation: Köln

Hölter, G. (1984): „Balancieren ist nicht immer genug!" In: Motorik 1984, 4, 167-171

Joans, V. (o. J.): Konzeption des Haus Carl Sonnenschein/Fritzlar

Klein, J./Macsenaere, M. (2002): Was leisten psychomotorischer Interventionen?

Eine Pilotstudie zur Untersuchung von Prozessen, Effekten und Wirkfaktoren. In Motorik – ak'tuell, Heft 4

Knab, E. (1999): Sport in der Heimerziehung Frankfurt am Main: Peter Lang

Maturana, H. R./Verden-Zöller, G. (1997): Liebe und Spiel: die vergessenen Grundlagen des Menschseins. Heidelberg: Auer

Prenner, K. (2000): Gesellschaftlicher Wandel – Auswirkung auf Kindheit und Psychomotorik. In: Psychomotorik im Wandel, 23-26. Lemgo: Verlag Aktionskreis Literatur und Medien

Seewald, J. (1992): Vorläufiges zu einer „Verstehenden Motologie". In: Motorik 1992, 4, 204-221

Seewald, J. (1997): Der „Verstehende Ansatz" und seine Stellung in der Theorielandschaft der Psychomotorik. In: Praxis der Psychomotorik 1997, 1, 4-15

Spitz, R. (1957): Die Entstehung der ersten Objektbeziehungen. Stuttgart, Klett

3.3.2 Bewegte Jugend – ein neues Arbeitsfeld in der Psychomotorik

Richard Hammer

Die Situation der Jugendlichen in unserer Gesellschaft hat sich in den vergangenen Jahrzehnten dramatisch verändert. Sie haben zunehmend weniger die Möglichkeit sich innerhalb anerkannter Wertesysteme zu verorten. Jedem Einzelnen ist es aufgegeben, sich sein Normensystem zu entwickeln. An dieser Freiheit der Individualisierung scheitern die „Modernisierungsverlierer", die weder die eigenen Kompetenzen, noch die soziale Unterstützung haben, um diese Herausforderung zu meistern.
Was tun? In der Psychomotorik bieten wir diesen Jugendlichen Gelegenheiten, sich selbst zu spüren, sich selbst zu finden, mit einem gesteigerten Selbstwertgefühl positive Kontakte mit Anderen aufzubauen und sich somit in ihrer Welt zu verorten.

Was kann Bewegung, Spiel und Sport zur Erziehung von Jugendlichen beitragen? 1964 wurde dies von Neumann, einem bedeutenden Vertreter der Leibeserzieher so formuliert:
„Die einzige Chance der Leibesübungen liegt doch darin, dass sie der Unruhe, dem Drang nach Erregungszuständen, der stets wachen Affektbereitschaft, der ‚Lust am Klotzen' und der Aggressionslust des Flegels ein weites Feld von Möglichkeiten zur motorischen Entladung zu bieten vermögen. Die für die Leibeserziehung in der ersten puberalen Phase (12 – 14 Jahre) entscheidende Verpflichtung, die ihr von keiner anderen Schuldisziplin abgenommen werden kann, gipfelt demnach darin, dem Jugendlichen *Wege zu öffnen, sich seiner emotionalen Spannungen motorisch zu entäußern, seine Aggressionslust in gekonnte Aktivität umzulenken, seinen überwertigen Antrieben in der Auseinandersetzung mit dem Partner oder Gegner eine spielerische Bewältigungsmöglichkeit zu bieten" (*Neumann 1964, *458).*
Für den 14 – 16-jährigen „ist nunmehr die Zeit gekommen, dem Jugendlichen die sittlich-sozialen Gehalte des Spielens, Wettkämpfens und Leistens in der Gemeinschaft aufzuschließen (...). Die hohe Schule für die Entfaltung zwischenmenschlicher Bezüge bilden zweifellos die *großen Mannschaftsspiele*, besonders nachdem die Jugendlichen nunmehr das notwendige Verständnis zur Übernahme taktischer Aufgaben innerhalb des Teamworks aufbringen (...). Das intensive Engagement des Schülers beim Mannschaftsspiel hat normalerweise zur Folge, dass die gemachten Erfahrungen und Beurteilungsakte über das rechte und unrechte Tun die kurze Zeitspanne des aktuellen Geschehens weit überdauern und zu einer inneren Aneignung der selbständig gefundenen Einsichten, d.h. zur rechten *Gesinnungsbildung* und darüber hinaus zur *Gewissensbildung* führen" (ebd., 483).
Wieder schlechter sieht es aus in der „Phase der Jugendkrise" (16-17

Jahre). „Sie toben laut schreiend umher, trennen sich nicht vom Ball und lassen sich auch nicht von ihm trennen. Mit Rempeln und Stoßen setzen sie sich gegen schwächere Gegner brutal durch. Immer befinden sie sich mitten im Getümmel. An einem harmonischen Spielgeschehen sind sie gar nicht interessiert, geht es ihnen doch wie in den Flegeljahren vor allem um die Stillung des ‚Affekthungers' und ihres Dranges nach rauschartigem Sich-Austoben (...). Der sicherste Weg, solchen schwierigen Schülern das nötige Interesse für die sportliche Leistung abzugewinnen und sie zur festen Einordnung in den Rahmen des Turnunterrichts zu bringen, liegt darin, ihnen die Möglichkeiten eines gesteigerten menschlichen Leistungsvermögens aufzuzeigen und ihnen am Maßstab des Könners die eigenen Schwächen vor Augen zu führen. In die Sprache der Methodik übertragen: In der Jugendkrise müssen den Jugendlichen Leistungsbeweise hohen Grades abverlangt werden. Das erzwungene Eingeständnis des eigenen Versagens beim Pferdsprung oder bei der Flanke vom Hochreck rüttelt den Halbstarken stärker auf und spornt ihn mehr an, als jede wortreiche Ansprache über die Bedeutung mutigen Verhaltens. Blamiert sich der großspurige, von sich selbst überzeugte Halbstarke vor den Augen seiner Klassenkameraden, so fällt sein aufgeblasenes Selbstgefühl zusammen wie ein Kartenhaus. Nur konkrete Leistungsbeweise vermögen ihm danach die Achtung der anderen und seiner selbst wieder einzubringen" (ebd., 486f).
Es gab schon immer Vorstellungen darüber, wie Bewegung, Spiel und Sport für die Erziehung von Kindern und Jugendlichen genutzt werden kann (vgl. 1. Kap.). In diesen Zeilen wird auch deutlich, dass die konkreten Vorstellungen darüber stark gebunden waren an den Zeitgeist. Hier spiegelt sich die erzwungene Anpassungshaltung der 50er Jahre wider, die schon bald von der Jugend unter massiven Protesten in Frage gestellt wurde: „Wer Leistung bringt, der wird es auch schaffen!"
Heute, mit Beginn des neuen Jahrtausends scheinen wieder die gleichen Ansichten zu gelten: gefragt ist wieder die Leistung des Einzelnen. Diese Individualisierung ist gekennzeichnet durch (vgl. Beck 1986, 206):

- die Herauslösung aus historisch vorgegebenen Sozialformen und -bindungen im Sinne traditioneller Herrschafts- und Versorgungszusammenhänge („Freisetzungsdimension")
- den Verlust von traditionellen Sicherheiten im Hinblick auf Handlungswissen, Glauben und leitende Normen („Entzauberungsdimension") und (...)
- eine neue Art der sozialen Einbindung (Kontroll- bzw. Reintegrationsdimension).

Geprägt ist diese Individualisierung von der fortschreitenden Pluralisierung von Lebenslagen und Biographiemustern, verbunden mit einer institutionellen Erweiterung von Entscheidungsspielräumen. Das Leben wird

also komplizierter, da klare Leitlinien für das konkrete Handeln und für die Planung der eigenen Biographie verlorengegangen sind. Kirche, Schule, Vereine, Verbände haben ihren Einfluss auf das Denken und Handeln der Jugend verloren. Diese Befreiung geht allerdings für die Jugendlichen einher mit höheren Anforderungen an die individuelle und soziale Kompetenz der Jugendlichen. Der Erweiterung von Chancen stehen erhebliche Risiken der Überforderung und des Scheiterns gegenüber.
Diese Freisetzung der Jugendlichen wird akzentuiert durch das Aufweichen klar abgrenzbarer Entwicklungsverläufe. Kindheit, Jugend und Erwachsenenalter sind nicht mehr eindeutig voneinander zu trennen. Initiationsriten, die den Eintritt in die Gemeinschaft der Erwachsenen symbolisieren gibt es nicht mehr oder haben zumindest ihre Bedeutung verloren. Die Übergänge sind fließend.
Die Jugendphase, die sich erst mit dem Entstehen der Arbeitsgesellschaft als eigenständiger Lebensabschnitt herausgebildet hat, verliert ihre Grenzen, sie gleitet nach vorne durch die früher einsetzende Geschlechtsreife, sie wird aber auch nach hinten ausgedehnt durch die Verzögerung der ökonomischen Selbständigkeit (länger Ausbildungszeiten), allerdings verbunden mit einer Verkürzung der rechtlichen Jugendphase (z.B. Wahlalter). Sie ist infolgedessen ein „relativ eigenständiger Lebensabschnitt, in dessen Rahmen sich spezifische soziale Lebensweisen, kulturelle Formen und politisch-gesellschaftliche Orientierungsmuster ausbilden“ (ZINNECKER 1991,73).

Ein differenzierter Blick auf die Folgen der Individualisierung enthüllt folgendes:
Die Lebenswelt der Jugendlichen ist geprägt durch eine steigende Zahl nicht-ehelicher Lebensgemeinschaften, durch den Trend zur Ein-Kind-Familie und durch Familientrennungen. Dies bringt mit sich eine erhöhte Selbständigkeit der Jugendlichen, verbunden mit mehr Rechten, aber auch mehr Pflichten (soziale Flexibilität, frühe Reflexionsfähigkeit, Fähigkeit zur Selbstkontrolle, Selbstrepräsentation).
Jugendliche verbleiben immer länger in Schule und Bildungseinrichtungen: 1970 traten 63% der 15-20-jährigen ins Erwerbsleben ein, 1986 nur noch 40,1% (Bundesminister für Jugend 1990, 45). Die Bildungsbeteiligung wurde dadurch um einiges erhöht (Bedeutungsgewinn); verbunden damit war allerdings eine Entwertung des Bildungsabschlusses (Bedeutungsverlust) (ebd.).
Dieser verzögerte Einstieg in das Berufsleben scheint jedoch der Bedeutung der Arbeit nicht abträglich zu sein: Jugendliche wollen sich in der Arbeit selbst verwirklichen (vgl. bmfsfj 2002, 165).
Aber nicht nur da. Sie sind verstärkt Konsumenten und damit Objekte der Werbung geworden, und sie nutzen zunehmend die kommerziellen Freizeitangebote. Damit einher geht ein Bedeutungsverlust der Jugend-

gruppenarbeit in traditionellen Organisationen. Dennoch sind etwa 50% aller Jugendlichen Mitglied eines Sportvereins, wobei der Organisationsgrad von 12 bis 18 Jahren von 60% auf etwa 40% absinkt. Damit stellen sich die Sportvereine insgesamt als größte Jugendorganisation in Deutschland dar (vgl. BRETTSCHNEIDER 2001, 364). Ein differenzierter Blick auf die Statistik macht deutlich, dass es mehr männliche als weibliche Mitglieder gibt, vor allem aber, dass sich diese Mitglieder eher aus sozial privilegierten Schichten rekrutieren.
Mit der Abnahme der Mitgliedschaft in Vereinen gewinnen die peer-groups für fast alle Aktivitäten und Lebensbereiche an Bedeutung: 1962 gaben 16% an einer informellen Gruppe anzugehören, 1985 sind es 57% (Bundesminister für Jugend 1990, 60). 1999 sind es in den westlichen Bundesländern bereits 69% und in den östlichen 63% der 14- bis 25-Jährigen, die sich selbst zu einer Clique gehörig fühlen (bmfsfj 2002, 127).
Das macht das Zusammensein der Jugendlichen offener und loser aber auch kreativer. Gerade bei sportlichen Aktivitäten zeigt sich, dass Jugendliche das traditionelle Angebot der Sportvereine zunehmend ablehnen und eigene Wege gehen (Skateboard, Streetball usw.). Die Sportart muss zum Lebensgefühl der Jugendlichen passen.

Als gutes Beispiel kann das Snowboarding gelten, das zu 80% von Menschen unter 25 Jahren ausgeübt wird (vgl. MARLOVITS 2001, 425). Anscheinend wird hier der Nerv der Jugendlichen getroffen. Bei einer Befragung der Aktiven wird diese Sportart als sehr dynamisch, jung, mitunter sogar frech beschrieben. Beobachten sie Snowboarder so sehen sie diese als radikal, spektakulär und eigenwillig. Besonders beeindruckend seien dabei die Freiheit der Bewegung (Begrenzungslosigkeit), das Risiko und das Gefühl ins Ungewisse zu springen, ein leichtes, fließendes, schwebendes Gefühl von Freiheit und das totale Aufgehen in der Bewegung (ebd., 429f). Mit all dem grenzen sich Snowboarder gegenüber das herkömmliche Schifahren ab. Hier ist beinahe alles erlaubt, was dort verboten ist. „Wenn es zulässig ist, das Schifahren in einem bewegungssymbolischen Gehalt zu verstehen – als Symbol für das Herkömmliche –, dann bietet es sich unweigerlich an, das Snowboard als eine Art Revolte zu verstehen, die sich eben gegen das (gesellschaftliche) Angebot der herkömmlichen Lebensformen abgrenzen möchte" (ebd., 434). Der revolutionäre Akt richtet sich gegen die festgeschriebenen Regeln, die für das Schifahren gelten und stellt die Freiheit des Einzelnen heraus. Der Einzelne ist ungebremst, ungebunden und frei – in seinen Bewegungen, aber auch in der Wahl seiner Kleidung. Damit wird eine „Besonderung möglich, die dem Snowboarder das Gefühl des Individuellen vermittelt" (ebd.).

Diese Individualisierung (Hurrelmann nennt diese Jugendlichen Ego-Taktiker) bringt eine Vielfalt von „Jugendkulturen" hervor, der oft die Orientierung fehlt. Der Kirche gelingt es immer weniger, die Jugendlichen an sich zu binden, auch die Politik verliert an Stellenwert als „offizielle Veranstaltung". Nur noch jeder Zweite Jugendliche vertraut auf das politische System und deren Vertreter. Gefragt nach persönlichen Vorbildern wählen sich 42% der männlichen Jugendlichen Stefan Raab als Idol, gefolgt von Boris Becker. Nur 8% sehen in Gerhard Schröder einen Politiker als Vorbild. Nicht anders sieht es bei den weiblichen Jugendlichen aus: hier steht Steffi Graf mit 32% an erster Stelle. Mit Angela Merkel folgt eine Politikerin an Position vier, gewählt von 5% der Mädchen (Esser/Holzer 2000).

Bei nüchterner Betrachtung könnte man also generell von einem Verlust an Werten und Orientierungsnormen sprechen. Früher von Traditionen oder z. B der Kirche aufrecht erhalten, sind sie entweder ganz verschwunden oder in die individuelle Verantwortlichkeit des Einzelnen gestellt (vgl. Bundesminister Jugend 1990, 59).

Es wäre jedoch falsch, von einer Generation mit „hedonistischer" Lebensorientierung zu sprechen, wie die folgenden Aussagen deutlich machen: Fast 2/3 aller Jugendlichen macht sich häufig Sorgen um einen möglichen Arbeitsplatz und formulieren als größten Wunsch für die nächsten 20 Jahre einen sicheren Job. Sie halten Arbeit für wichtig, zeigen auch ein hohes Maß an Arbeitsorientierung. Allerdings lehnen sie den früher geltenden Pflichtcharakter der Arbeit ab. Spaß, die Qualität der Arbeit, die Möglichkeit der Selbstverwirklichung ist wichtiger als die Sicherheit und das erwartete Einkommen.

Jugendliche sorgen sich aber nicht nur um Ausbildung und Arbeitsplatz. Familie, Partnerschaft und Freunde sind ihre zentralen Themen. „Die Sehnsucht nach emotionaler Harmonie wächst: eigene Kinder (89%), Familie (81%) und Freundschaft (80%) genießen höchste Priorität" (Esser/Holzer 2000, vgl. auch bmfsfj 2002, 125).

Diese Bedürfnisse werden in hohem Maße in der Familie (und im Wunsch danach) verfolgt, aber auch in der peer-group. Dabei sind bei Jungen Freundschaften eher über gemeinsame, nach außen gerichtete Aktivitäten definiert, bei Mädchen haben das gegenseitige Vertrauen und der emotionale Rückhalt eine größere Bedeutung.

Die Suche nach Halt in der Familie und in der Gruppe ist stark – notwendig stark, da die Lebenssituation des Einzelnen eher auf „Eigeninszenierung" hinausläuft. Wie DJs mixen sie ihr Leben zusammen unter der Devise: „denke Pragmatisch, sei schneller und seh besser aus" (ebd.). Vor allem Flexibilität ist gefragt.

Diese zunehmende Freiheit der „Patchwork-Jugend" (25% der Lehrlinge brechen ihre Ausbildung ab) bringt ein hohes Maß an Verunsicherung und Suche nach Geborgenheit mit sich.

Was machen die Jugendlichen, denen diese fehlt, die ohne Rückhalt einer gut funktionierenden und materiell gut versorgten Familie sind und deshalb an den Herausforderungen dieser offenen Gesellschaft scheitern?

Diese gesellschaftliche Situation macht sich fest an der Spaltung der Jugendlichen zwischen „Modernisierungsgewinnern und Modernisierungsverlierern". Die Verlierer werden wegen ungenügender Erfüllung anspruchsvoller Teilnahmevoraussetzungen (z.B. ausreichende Schulbildung, Gesundheit usw.) aussortiert und so als Angehörige der gesellschaftlichen Gemeinschaft disqualifiziert.
Es sind diese Jugendliche, die mit der sozioökonomischen Umbruchsituation unserer Gesellschaft nicht zurecht kommen. Sie sind nicht in der Lage die zunehmende Schwierigkeit ihrer Existenzsicherung und die allgemeine Verunsicherung zu meistern. „Es fehlt an verlässlichen Orientierungen, an denen der eigene Lebensentwurf, die Biographie und Identität ausgerichtet werden kann" (Landtag Saar 1998, 22). Eine „Normalbiographie" gibt es nicht mehr. Die Verlierer scheitern an den erhöhten Kompetenzanforderungen, die, bei zunehmender Individualisierung und mit der einher gehenden Pluralisierung, an sie gestellt werden.
Mit dem besonderem Blick des Psychomotorikers muss noch festgehalten werden, dass diese Jugendlichen die leistungsorientierten Anforderungen unserer Gesellschaft nicht genügen, weil sie „das geforderte Maß an Körperdisziplinierung, Sinneseinschnürung nicht selbsttätig aufbringen und bald körperliche Aktionen gegen jede Planung und gegen jedes Lernen stehen, abenteuerliche Unmittelbarkeitssuche ohne Rücksicht auf körperliche Unversehrtheit gesucht wird" (KOCH/VIETH 1993). Diese Jugendlichen wehren sich körperlich gegen die Disziplinierungsversuche der Gesellschaft, der sie sich nicht ein- und unterordnen können.
Sie entfliehen der Monotonie des Alltags, der Eintönigkeit, Langweile und täglichen Frustration, denen sie in ihrer Umwelt ausgesetzt sind. Der oft verzweifelte Versuch, gegen diese Unterwerfung zu protestieren hat häufig selbstzerstörerische Züge an sich, sei es durch den Eskapismus in die Traumwelt der Drogen oder – quasi als Flucht nach vorne – in Aktivitäten, in denen sie Leib und Leben riskieren müssen um zu ihrem Ziel zu gelangen: sich, ihren Körper in stark risikobesetzten Situationen zu spüren, zu handeln und die Wirksamkeit eigener Handlungen zu erfahren, das Gefühl von Macht und Autonomie vermittelt zu bekommen und dadurch in der eigenen Clique sozial anerkannt zu werden.

Die Lebenssituation von Jugendlichen ist gekennzeichnet von einer eigentümlichen Spannung: die Freiheitsgrade für die Gestaltung der eigenen individuellen Lebensweise ist sehr hoch, andererseits werden diese „Individualisierungschancen" erkauft durch die Lockerung von sozialen und kulturellen Bindungen.
Die daraus entstehende soziale und kulturelle Ungewissheit, moralische und wertemäßige Zukunftsunsicherheit erzeugt für die Jugendlichen eine Belastung, die zu Überforderung und Krankheit führt.
Verhaltensauffälligkeiten und Gesundheitsbeeinträchtigungen drücken des-

halb Probleme aus, „die junge Menschen bei der Aneignung des eigenen Körpers und der sozialen und natürlichen Umwelt haben" (HURRELMANN 1990, 59). Sie sind *Signale* für die erschwerte Verarbeitung von Lebensbedingungen.
Ob solche auftreten oder nicht, hängt von den Kompetenzen des Einzelnen ab, richtet sich also „nach dem Verhältnis zwischen den Risiko- und Belastungsfaktoren und den zur Verfügung stehenden sozialen und individuellen Ressourcen, die den Bewältigungsprozess tragen und steuern" (ebd., 60).
Als *Belastungsfaktoren* gelten: „Beziehungsprobleme und Konflikte mit den Eltern, Anerkennungsprobleme in der Gleichaltrigengruppe, moralische und ethische Orientierungskrisen, schulische Leistungsschwierigkeiten, unzureichende motorische Entfaltungsmöglichkeiten, falsche Ernährung und Schadstoffbelastung von Luft, Wasser und Boden" (ebd., 61).

Der Weg, mit diesen Belastungssituationen fertig zu werden hängt von den persönlichen Ressourcen der Jugendlichen ab. Bei den sog. „Modernisierungsverlierern" handelt es sich hierbei immer um Problemverhaltensweisen, die sich gegen die eigene Person oder gegen die krankmachende Umwelt richten. Sie bergen besondere Risiken für die eigene Person und sind häufig sozial nicht angemessen, obwohl sie eine positive Funktionalität für die Bewältigung altersgerechter Entwicklungsaufgaben haben und meist einen unmittelbaren Gewinn für die Auseinandersetzung mit den Anforderungen an die Lebensgestaltung mit sich bringen.
Untersuchungen zeigen, dass viele dieser Verhaltensweisen stark in Persönlichkeitsmerkmalen angelegt sind, „die durch die soziale Umwelt nur kanalisiert und gesteuert, aber nicht grundsätzlich beeinflusst werden können. Eine impulsive Persönlichkeit mit einem großen Bedarf an Aktivitäten und Entfaltungsdrang kann auch ständig in die Situation kommen, in ‚soziale Fettnäpfchen' zu treten und im Umgang mit anderen aufzufallen und anzuecken, weil es eben tiefsitzende Antriebskräfte in der psychodynamischen Konstitution gibt, die in diese Richtung drängen. Gerade im Blick auf Aggressivitätsverhalten und Drogenkonsum gibt es Hinweise aus der Forschung, dass solche tiefliegenden Strukturen der Persönlichkeitsdynamik und des Temperaments eine erhebliche Rolle spielen. Das Verlangen nach Spannung und Abenteuer, nach ständig neuartigen und ‚nervenkitzelnden' Erlebnissen kann jedenfalls die Wahrscheinlichkeit für die Auswahl von Aggression oder Drogenkonsum als Risikoverhaltensweise erheblich erhöhen" (HURRELMANN/ENGEL 1993, 48).
Bei Risikovermeidern handelt es sich um Jugendliche, die eher eine zurückhaltende, abwägende und explorative Einstellung zeigen. Sie scheuen davor zurück, Gefahren einzugehen und gegen existierende Normen zu verstoßen, sie sind mehr auf Anpassung bedacht (vgl. dazu auch BALINT 1959).

Bei der ersten Gruppe liegt ein erhöhtes Risiko vor, zu Alkohol und Drogen zu greifen oder Gewalt anzuwenden, wenn sie einen geringen Selbstwert besitzen, emotional labil und impulsiv sind und während ihrer Kindheit Gewalt erfahren haben. Sie weisen ein hohes Bedürfnis nach Stimulation, gepaart mit geringer Angstvermeidung auf. Wer das Nervenkitzel liebt, geht auch ein höheres Risiko ein, Alkohol oder Drogen zu missbrauchen.
Jugendliche neigen „zu intensiven Gefühlen, zu starken und unmittelbar erfahrbaren Identitätserlebnissen und Sinneserfahrungen im körperlichen, psychischen und sozialen Bereich und zur Expansion des eigenen Ich mit dem Wunsch nach Stärke und Durchsetzungsfähigkeit" (HURRELMANN/ENGEL 1993, 53). Dies kann schnell in Unzufriedenheit umschlagen, wenn Wünsche nicht unmittelbar befriedigt werden und dann zu Überforderung, Unausgefüllt sein, Leere und Langeweile führen (Scheitern an den Anforderungen, Arbeitslosigkeit...).

Jugendliche wehren sich gegen ihre Entwicklungsbedingungen. Eines der bevorzugten Muster ist dabei die Anwendung von Gewalt gegen sich selbst, gegen Sachen und gegen andere Menschen. Prävention gegen und die Verhinderung von Gewalt gehört deshalb zu einer der zentralen Aufgaben der Jugendarbeit. Die Psychomotorik kann hier *einen* Beitrag dazu leisten. Die Komplexität des Phänomens Gewalt verbietet jedoch den Glauben daran, dass durch *eine* gezielte Maßnahme dieses Problem zu bewältigen wäre. Es gilt auf verschiedenen Ebenen und in vielfältigen Bereichen Einfluss zu nehmen und immer wieder Angebote für Kinder und Jugendliche zu machen (vgl. auch Kap. 3.2.4).
Es gibt in der Literatur zahlreiche Modelle, die Jugendlichen auf ihrer Wegfindung helfen, die aber insbesondere die mangelnden Kompetenzen benachteiligter Jugendlichen ausgleichen sollen (JUGERT u.a. 1999, ABEL/RAITHEL 1998, KRANNICH u.a. 1997, SCHWABE 1996, RATZKE u.a. 1997, GEBAUER 1997, ...)

Ein eigenes Modell (HAMMER/MÜLLER 2001) wurde in der Arbeit mit Jugendlichen in einem Zentrum für Erziehungshilfe entwickelt, wo die Psychomotorik mit Jugendlichen in einem hohen Maß bestimmt wird durch die körperliche Auseinandersetzung unter den Jugendlichen selbst und zwischen Jugendlichen und Erwachsenen. Es kann sich hier um ganz offene Rangeleien aber auch um ganz streng geregelte Wettkämpfe in Anlehnung an das Judo handeln.
Eine andere Form entwickelt sich als Darstellung der eigenen Körperlichkeit: in einem hohen Maße werden Bewegungsaktivitäten bevorzugt, die schnell erlernbar sind und nach außen einen spektakulären Charakter haben (Salti, Sprünge von hoch oben usw.).

Unter dem besonderen Aspekt der Auseinandersetzung mit eigener und fremder Gewalt boten wir in der Einrichtung eine Folge von gemeinsamen Stunden an, die sich auf folgende Schwerpunkte konzentrierten:

- Anfertigung einer Collage zum Thema: „Was verstehe ich unter Gewalt“?
- Bewegungsspiele als Zweikampfspiele, Gruppenspiele, Kooperationsspiele
- Rollenspiel

Die **Collagen** zeigten, dass Bewusstheit von Gewalt in sehr differenzierter Form vorhanden ist. Wir beobachten eine aktive Auseinandersetzung mit dem Thema. Dargestellt wird u. a. eine Nazisymbolik, hinter der (bei Befragen) nur sehr oberflächliche Kenntnisse stehen. Bei drei Mädchen zeigen die Bilder eine deutliche Focussierung auf das Thema „Sexueller Missbrauch“. Ein Bild von Che Guevara vermittelt das Gefühl von Rückzug in die Innerlichkeit.
Andere Bilder machen eine emotionale Blockade deutlich. Die Furcht davor, sich mit dem Thema auseinander zu setzen, führt zur Flucht aus dem Thema.

In zwei Unterrichtseinheiten mit **Bewegungsspielen** machten wir ein Angebot von Spielen zur Konfrontation und zur Kooperation. Die einen, um den Jugendlichen die Möglichkeit zu geben, sich mit ihren Gefühlen auszuleben, die anderen, um ihnen Wege des sozialen Miteinanders aufzuzeigen und damit auch positive Erlebnisse zu vermitteln.
Die *Zweikampfspiele* machten die Schwierigkeiten der Jugendlichen deutlich, sich in exponierter Position auf spielerische Weise dem Thema Gewalt zu nähern und mit ihm umzugehen. Angst davor, bereits im ‚realen Alltag' geklärte Machtpositionen wieder zu verlieren oder auch die Angst, an die tiefen Gefühle von Aggressionen herangeführt zu werden, können mögliche Erklärungsmuster dafür sein.
In der Konstellation Jugendlicher – Erwachsener ließen sie sich wesentlich bereitwilliger auf Zweikampfsituationen ein. Das Thema scheint damit eine andere Qualität zu erhalten. Die eigenen Grenzen in der Konfrontation mit den Erwachsenen auszutesten scheint viel bedeutsamer zu sein, hat einen neuen Reiz.
Die an Rauf- und Balgspielen orientierten *Gruppenspiele* ermöglichten den Jugendlichen freier zu agieren und – durch die Aufhebung der exponierten Position – risikoloser aktiv zu werden. Niederlagen wurden im raschen Wechsel der Geschehnisse in ihrer Bedeutung unwichtiger.
Die Neigung zu aggressivem Verhalten hielt sich jedoch trotz großen kämpferischen Einsatzes sehr in Grenzen, lediglich das Material (großer Pushball) wurde zeitweise härter angegangen.
Im *Kooperationsspiel* (Spinnennetz) spiegelte sich auf markante Weise die Schwierigkeit wider, gemeinsam ein Ziel zu verfolgen. Trotz großen

Engagements gelang es den Jugendlichen nur durch die Strukturierungsfähigkeit eines Einzelnen, die gestellte Aufgabe zu lösen und die Bedeutung des Sich-gegenseitig-Helfens zu erfassen. Dann jedoch wurde das erreichte Ziel als großer Erfolg für die Gruppe gewertet. Sie genossen es, berührt und ganz vorsichtig getragen zu werden. Sie freuten sich gemeinsam über jede gelungene Aktion.
In der Reflexion offenbarte sich die Problematik des Transfers der gemachten Erfahrungen in den Alltag. Die sehr positive Bewertung des Spiels durch die Jugendlichen auf verbaler Ebene wurde von ihnen begleitet durch kleine, teils versteckte, teils offene körperliche Angriffe auf ihrer Mitschüler. Die Probleme der Jugendlichen scheinen zu gravierend, als dass sie über diese Kooperationsspiele alleine gelöst werden könnten.

In der letzten Unterrichtseinheit, dem **Rollenspiel,** zeigt sich, dass die Realität wirklicher ist als das Theater. Sie holt uns ein.
Die Jugendlichen fangen an, eine Szene über einen Streit auf dem Pausehof darzustellen. Sie gehen auf die Details ihrer Rolle ein, spielen sie aber ohne Emotionen, ohne sich wirklich auf ihre Rolle einzulassen. Es war ein Spielchen, nicht die Wirklichkeit, nicht einmal ein Abbild davon.

*Aus Untersuchungen zum Kommunikationsverhalten (restringierter – elaborierter Code) ist bekannt, dass Kinder und Jugendliche der Unterschicht nicht gerne theoretisieren. Sie haben Probleme ihre Wünsche, Bedürfnisse, Interessen verbal zu formulieren, oft sind sie nicht einmal in der Lage zu symbolisieren, also innerpsychisches Geschehen im Spiel darzustellen. In ihren Äußerungen sind sie unmittelbarer, konkreter. Sie haben als Kinder nicht gelernt, „ihre Fantasien in spielerische Formen oder in Weltanschauungsfragen umzusetzen, neigen deshalb dazu, sie unmittelbar in der Realität zu inszenieren“ (*Kannnicht *1985, 256). Den Jugendlichen fehlt die Fähigkeit, ihre (Größen-)fantasien in Tagträumen auszuleben oder in Streitgesprächen mit anderen auszutragen (wie es Josef Knecht mit Plinio Designori im „Glasperlenspiel“ von Herrmann Hesse zur Freude der Zuschauer immer wieder demonstriert). Die Fantasie des Unterschichtjugendlichen drängt zur Realität. Diese Jugendlichen können ihr Bedürfnis nach Macht nur befriedigen, indem sie real über andere Macht ausüben, während der Mittelschichtjugendliche auch seinen Fantasien ein Stück Wirklichkeitsgefühl abgewinnen kann“ (ebd., 257).*

Dies zeigte uns der weitere Verlauf des Rollenspiels. In der Diskussionspause gab es auf dem Pausehof eine Schlägerei. Anschließen hatten wir endlich ein Thema, über das wir reden konnten- mit Emotionen: der Vorfall wurde besprochen und auch geklärt.

In der **Diskussion**, die mit einigen Schülern auf sehr hohem Niveau geführt wurde, zeigte sich deutlich, dass es nicht notwendig ist, ihnen im

Rollenspiel zu zeigen, wie es sein müsste. Das wissen sie. Es fehlt aber das Motiv und auch die Gelegenheit es auch zu tun. Lässt es die peer-group nicht zu? Wie kommt man vom Wissen zum Handeln? Die Jugendlichen selbst schieben immer wieder die Familie vor. Sie wurden nicht richtig erzogen oder von ihren Eltern vernachlässigt. Vor allem werden sie nicht ernst genommen (Beispiel: Sie dürfen im Pausehof Musik machen, die Lehrer bestimmen jedoch, welche Art von Musik).
Was bleibt ihnen anderes übrig, als ihre eigenen Verarbeitungsmechanismen zu entwickeln. Sie müssen ihre Wut, ihre Trauer, den Ärger und ihre Enttäuschungen im Alkohol ertränken, sich verstecken und weinen oder eben losschlagen, gegen die Umwelt, die sie kaputt macht oder eben gegen den nächsten, der ihnen in die Quere kommt.
Richten sie ihre Wut gegen die übermächtige Konkurrenz des Erwachsenen, dem gegenüber sie sich minderwertig fühlen, besteht noch Hoffnung (vgl. Hammer 1992, Winnicott 1988). Es ist ein unvermeidlicher Bestandteil des erwachsen Werdens, sich gegen die Eltern aufzulehnen. Der Aggression kommt hier eine entwicklungsfördernde Qualität zu – allerdings nur dann, wenn sie hier an Grenzen stößt, die dem Jugendlichen helfen aus dem Chaos des Wandels wieder neue Strukturen zu entwickeln. Struktur entsteht am Widerstand. „Nur im Zusammenprall der Aggressionen mit einer Umwelt, die darauf reagiert, besteht für den Jugendlichen eine Chance, Form zu gewinnen und sich zu strukturieren" (Kannnicht 1985, 249).
Wenig hilfreich sind für Jugendliche in der Regel Erwachsene, die sie zerbrechen lassen in ihrem Ansturm, ihnen also ihre gesamte Autorität entgegensetzen, ohne ihnen den Hauch einer Entwicklungschance zu geben. Dem Jugendlichen ist aber auch nicht geholfen mit einem Erwachsenen, der gar nicht da ist oder einen falsch verstandenen „sozial-integrativen" Erziehungsstil praktiziert und sich möglichst non-direktiv verhält. „Sie bieten ihnen keine Reibungspunkte, geben keine Möglichkeiten zur Konfrontation und schenken ihnen die Verantwortung, die sie sich erst erkämpfen sollten. Die Jugendlichen quittieren in der Regel die geschenkte Freizügigkeit mit betonter Nachlässigkeit. Statt das gewünschte Engagement zu zeigen, ziehen sie sich zurück und verhalten sich destruktiv" (ebd., 251). Es fehlt den Jugendlichen die Reibungsfläche um daran Gestalt gewinnen zu können und das Profil einer eigenständigen Persönlichkeit in einem aktiven Loslöseprozess zu entwickeln.
Ihre Lösung ist es, die Erwachsenen zu lange herauszufordern, bis sie reagieren. Sie provozieren, zeigen Widerstand. Sie fordern die Umwelt heraus, um zu erfahren, ob sie ihnen stand hält. Sie fordern die Standhaftigkeit des Erwachsenen heraus, der ihnen Grenzen setzen muss um ihnen Halt zu geben und der sie mit der Realität konfrontieren muss um ihnen Orientierung zu vermitteln.

Sie wollen „richtig erzogen werden", wollen aber auch ernst genommen werden mit ihren Fähigkeiten und Wünschen. Sie suchen die Herausforderung.
Jugendliche wollen und müssen sich ihrer Entwicklungsaufgabe stellen – ein nicht leichter Prozess.

Zusammenfassend lässt sich hier noch einmal festhalten,

- dass Problemverhaltensweisen der Jugendlichen als Signal für nicht zu bewältigende Entwicklungsaufgaben zu deuten sind,
- dass die Art der „Symptome" mit der Biographie und der Persönlichkeit des Jugendlichen zusammenhängt: *Risikosucher* verlangen nach Spannung, Abenteuer und leben diese (bei geringem Selbstwert und erfahrener Gewalt) im Drogenkonsum und der Ausübung von Gewalt aus, die *Risikovermeider* verhalten sich eher zurückhaltend, abwägend, explorativ, ängstlich
- dass Jugendliche intensive Gefühle suchen und starke, unmittelbar erfahrbare Identitätserlebnisse und Sinneserfahrungen aufsuchen.

Die Bedeutung der Psychomotorik in der Jugendarbeit

Jugendliche suchen also Halt, Sicherheit, Grenzen und Orientierung. Sie wollen ernst genommen werden und brauchen Herausforderungen, also Aufgaben, die für sie eine Bedeutung haben.
Ansatzpunkt ist hier sicherlich der Körper, denn wie kann ein Jugendlicher gehalten werden, der nicht in seinem Körper lebt. Die körperlichen Vorgänge während der Pubertät, der Gestaltwandel, die Neuentdeckung der Geschlechterrolle, die Intensität der Gefühle, die für diese Entwicklungsphase typisch ist, bringt hier einiges in Bewegung und muss neu geordnet werden. Der Jugendliche verliert nicht nur seine psychische Einheit, sondern auch seine somatische. „Das Kind lebt, während es geht oder rennt, ganz in seinem Körper. Der Jugendliche wird sich demgegenüber plötzlich gewahr, dass er rennt. Er reflektiert, was zuvor noch als selbstverständlicher Prozess ablief. Nicht nur der Körper gerät in sein Bewusstsein, auch das Bein, der Fuß, auf dem er sich abrollt und die Arme, die sich dazu bewegen" (KANNICHT 1985, 242).
Wie wichtig es ist, dass der Jugendliche lernt, seinen Körper zu behausen zeigen Untersuchungen, die deutlich machen, dass ein negatives Körperbild ein wichtiges Korrelat einer schlechten psychosozialen Anpassung darstellt. „In einer differenzierten Analyse konnte ROTH dabei zeigen, dass besonders von den Jugendlichen häufiger Symptome genannt werden, deren Körperbild sich als ‚desintegriert' kennzeichnen lässt: Diese Jugendlichen waren mit dem Körper besonders unzufrieden und erlebten ihn als entfremdet, losgelöst und außerhalb ihrer Kontrolle" (ROTH 1999, 493).
An dieser Stelle könnte die Psychomotorik ein zentrales Aufgabengebiet bei der Entwicklungsförderung von Jugendlichen besetzen. Es gilt, Bewe-

gungsangebote und Situationen anzubieten, in denen Jugendliche ihren Körper spüren, ihn positiv erleben – für sich und im Kontakt mit anderen Jugendlichen.

Die Auseinandersetzung *mit* dem eigenen Körper kann ein Schritt sein, sich selbst besser kennen und akzeptieren zu lernen und damit – auf der Grundlage eines positiven „Körper-Selbst“ auch ein positives Bild von sich selbst als Persönlichkeit zu entwickeln.

Die reflektierte Auseinandersetzung mit anderen, *durch* den eigenen Körper kann zu besseren Beziehungen führen, da die oft „überschießenden“ Kräfte den Jugendlichen bewusst gemacht werden und damit Beziehungsstörungen vermieden werden können (Körpersprache). In diesem Zusammenhang eigene Gefühle besser kennen zu lernen, zu ihnen zu stehen, sie in adäquater Form zu äußern und auch die Gefühle anderer zu akzeptieren und mit ihnen umgehen zu lernen, kann einen wesentlichen Bestandteil von Bewegung und Spiel mit Jugendlichen darstellen (Spiele mit Änderung der Regeln, Akrobatik, Ringen und Raufen, vgl. dazu auch HAMMER/MÜLLER 2001).

Bei den Bewegungs- und Spielangeboten ist zu berücksichtigen, dass sie für die Jugendlichen attraktiv und herausfordern sein müssen – und möglichst nicht gelernt werden müssen.

Es handelt sich hierbei um Aktivitäten (vgl. dazu auch BECKER 1998, 21 f, REDL/WINEMAN 1984), die einmalig, offen, unberechenbar, schnell, überraschend und außerordentlich, also ohne Routine sind. Sie können ohne wirkliche Entscheidungen ablaufen, da die Struktur der Situation Entscheidungen erzwingt.

Die möglichen Konsequenzen des Ausgangs dieser Aktivitäten verlangen ein hohes Maß an Konzentration beim Agieren im hier und jetzt. Die Subjekte stehen zu ihren Entscheidungen und setzen sie selbstbewusst im Vertrauen auf die eigene Kompetenz durch. Das hohe Risiko der Aktivitäten verleiht innerhalb der Gruppe den Akteuren ein hohes Maß an persönlicher Anerkennung und trägt damit zum Aufbau von Identität bei. Jugendliche können sich beim Sport zeigen!

Diese, aus der Psychomotorik, der Erlebnis- und Abenteuerpädagogik abgeleiteten Strukturmerkmale, können mit Überlegungen aus dem Bereich des Sports verbunden werden.

„Die meisten Jugendlichen (...) interessieren sich für einen Sport, den man in geselliger Runde unter Freunden und mit Partnern betreiben kann. Es sind Situationen des Sport, die man relativ leicht herstellen bzw. erreichen kann und es sind Situationen, die keine besondere sportmotorische Kompetenz (Geschicklichkeit, Ausdauer, Kondition) erfordern“ (SACK 1980, 329f). Dies gilt um so mehr für die „Modernisierungsverlierer“, die ihre Tage mit Vorliebe mit „Herumhängen, blödeln, action machen“ verbringen (KANNNICHT 1983).

Besonders hier gilt es, basale Arbeit zu leisten, d.h.

- Hilfestellung zu bieten bei der Entwicklung alternativer Bewältigungsstrategien gegen Entwicklungsdruck und Hilflosigkeit, verbunden mit dem Aufbau eines positiven Selbstwertgefühls über Körperarbeit und Bewegungsaktivitäten, die auch cool sind und Relaxationsmöglichkeiten beinhalten, die sich Jugendliche sonst über Drogen holen. Hier dürfte ein guter Ansatzpunkt liegen, da Gesundheit bei Jugendlichen einen hohen Stellenwert hat.
- „nonkonforme" Aktivitäten anzubieten, deren Gefährdungspotential begrenzt ist, aber genügend hohen Anreiz bietet um zu einer tatsächlichen Herausforderung zu werden – also „Thrill" als Katharsis? Hier gilt es persönliche Grenzen zu erkennen, sie richtig einzuschätzen und hinauszuschieben und die Bewegungs- und Handlungsfähigkeit des eigenen Körpers zu erleben.
- sinnliche Erfahrungen mit der Natur zu ermöglichen, da dies dem Bedürfnis der Jugendlichen nach intensiven Sinnesreizen entgegenkommt und die Möglichkeit bietet, den Wert der natürlichen Umwelt schätzen zu lernen.
- altersspezifische Freizeitangebote zu machen, die den Zugang zu den Peergruppen erleichtern und die Anerkennung in diesen Gruppen gewährleisten. Gerade das Erleben einer solidarischen Gemeinschaft mit anderen Gruppenmitgliedern, die Integration in diese Gruppen wird zunehmend bedeutsam, da Jugendliche hier ihre Heimat finden, Lebensziele entwickeln aber auch ihre Lebensstile formen. Sie lernen mehr von den Gleichaltrigen als von ihren Eltern.

Im Praxisschatz der Psychomotorik sind nicht immer die passenden Angebote für Jugendliche zu finden. Am nächsten liegen hier stark körperbezogene Aktivitäten wie „Ringen und Raufen" oder Akrobatik, die Herausforderungen eines Bewegungsparcours oder die den Anforderungen der Gruppe angepassten und veränderten Regelspiele.
Zur Erweiterung des Angebots müssen Anleihen genommen werden aus der Erlebnispädagogik und dem Sport, der auf der Suche nach „seinen" Jugendlichen inzwischen sehr offen und flexibel geworden ist.
Die Psychomotorik muss also lernen, über ihren Tellerrand rauszuschauen und in eine verstärkte Kooperation mit anderen Anbietern zu kommen. Nur eine vernetzte Zusammenarbeit mit anderen Anbietern kann das komplexe Arbeitsfeld der Jugendlichen hinreichend pflegen.

Wichtig scheint mir, zum Schluss noch zu betonen, dass, bei allen Bemühungen, Körper- und Bewegungsarbeit an Grenzen stößt und nur bedingt hilfreich ist. Es bleibt „Hilfe im Leiden", wenn nicht die gesellschaftlichen Bedingungen der Jugendlichen verbessert werden (Arbeitslosigkeit, Armut, Perspektive- und Orientierungslosigkeit) und die Jugendlichen „Vä-

ter" und „Mütter" bekommen, die ihnen Halt geben, ihren Herausforderungen standhalten und Orientierung für eine hoffnungsvolle Zukunft anbieten.
Hier wird deutlich, dass der Blick über den Tellerrand sich nicht auf die Übernahme alternativer Bewegungsangebote beschränken darf. Auch „neues Denken" ist angezeigt, die Erweiterung des Blickes vom Individuum auf seinen Lebenskontext, also die Einbeziehung des Systemdenkens in die psychomotorische Arbeit. Dies bringt uns auf neue Wege, die in eine „Vernetzung", d.h. also eine Zusammenarbeit von Experten oder Institutionen einmünden kann (vgl. VOSS/V.LÜPKE 1997) oder in eine „systemischen Psychomotorik" (BALGO 1998), die zu neuen konzeptionellen Überlegungen für eine „Systemische Psychomotorik mit Jugendlichen" (JESSELS 2000), zu einem „familienorientierten Bewegungsdialog" (KLAES/WALTHES 1995) oder zu einer „psychomotorischen Familientherapie" (HAMMER/PAULUS 2002) führen kann.

Literatur

Abel, A./Raithel, J. (1998): Sozialkompetenzstärkende Jugendarbeit. Unsere Jugend, 5, 203-211

Balgo, R. (1998): Bewegung und Wahrnehmung als System. Schorndorf

Balint, (1959): Angstlust und Regression. Reinbek

Beck, U. (1986): Risikogesellschaft. Frankfurt/M.

Becker, P. (1998): Robinson und kein Ende? In: BSJ (Hrsg.): Jahrbuch 1997/98, Butzbach, 9-34

Brettschneider, W.-D. (2001): Sportengagement im Verein und psychosoziale Entwicklung im Jugendalter. Sportunterricht 2001, 12, 364-369

Bundesminister für Jugend, Familie, Frauen und Gesundheit (1990): Achter Jugendbericht. Bonn

Bundesministerium für Familie, Senioren, Frauen und Jugend (bmfsfj) (Hrsg..) (2002): 11. Kinder- und Jugendbericht. Bonn

Esser, B./Holzer, K.: Die romantischen Realisten. In: FOCUS 12/2000

Gebauer, K. (1997): Bearbeitung von Gewalthandlungen im Rahmen eines pädagogischen Konzeptes von Selbst- und Sozialentwicklung. In: Prax.Kinderpsychol.Kinderpsychiat., 182-194

Hammer, R. (1992): Das Ungeheuer von Loch Ness. In: Motorik 4, 241-248

Hammer, R./Müller, W. (2001): Jugendliche und Gewalt. Motorik 2001, 2, 65-72

Hammer, R./Paulus, F. (2002): Psychomotorische Familientherapie – Systeme in Bewegung. Motorik 25, 1, 13-19

Hurrelmann, K. (1990): Familienstress, Schulstress, Freizeitstress. Weinheim

Hurrelmann, K./Engel, U. (1993): Was Jugendliche wagen. Weinheim

Jessels, H. (2000): Systemische Psychomotorik und Jugendliche

Jugert, G./Kreutz, D./ Rehder, A./ Petermann, F. (1999): Fit for life – Kompetenztraining für benachteiligte Jugendliche. Jugendwohl 3, 20-23

Kannicht, A. (1983): Herumhängen, Blödeln, Action machen. In: deutsche jugend, 311-322

Kannicht, A. (1985): Selbstwerden des Jugendlichen. Königshausen + Neumann

Klaes, R./Walthes, R. (1995): Über Sinn und Unsinn von Bewegungsstörungen. In: Prohl, R./Seewald, J. (Hrsg.): Bewegung verstehen. Schorndorf 237-262

Koch, J./Vieth,J. (1993): „Erlebnispädagogik" und Heimerziehung: Aspekte der Geschichte von Körperunterdrückung und Körperthematisierung. In: Sozial extra, 3, 7-10

Krannich, S./Sanders, M./ Ratzke, K./ Diepold, B./Cierpka, M.: (1997): FAUSTLOS. Prax.Kinderpsychol.Kinderpsychiat., 236-247

Landtag des Saarlandes (1998): Erster Kinder- und Jugendbericht für das Saarland 1997. Saarbrücken

Marlovits, A.M. (2001): Snowboarding – Zur Psychologie einer Sportart und heraldischen Funktion einer Gerätschaft. Sportwissenschaft 2001, 4, 425-436

Neumann, O. (1964): Die leibseelische Entwicklung im Jugendalter. München, Johann Ambrosius Barth

Ratzke, M./Sanders, M./Diepold, B./Krannich, S./Cierpka, M. (1997): Über Aggression und Gewalt bei Kindern in unterschiedlichen Kontexten. In: Prax. Kinderpsychol. Kinderpsychiat., 153-168

Redl, F./ Wineman, D. (1984): Kinder, die hassen. München, Piper

Roth, M. (1999): Körperbezogene Kontrollüberzeugungen bei gesunden und chronisch kranken Jugendlichen. Prax.Kinderpsychol.Kinderpsychiat. 48, 481-496

Sack, H.G. (1980): Jugend, Sportverein und sozialer Wandel. In: Sack, H.G. (Hrsg.): Sport, Soziologie und Erziehung, Berlin

Schwabe, M. (1996): Eskalation und De-Eskalation in Einrichtungen der Jugendhilfe. Frankfurt

Voss, R./v.Lüpke, H. (1997): Entwicklung im Netzwerk. Pfaffenweiler, Centaurus

Winnicott, D.W. (1988): Aggression. Stuttgart, Klett-Cotta

Zinnecker, J. (1991): Zur Modernisierung von Jugend in Europa. In: Combe A./ Helsper, W. (Hrsg.): Hermeneutische Jugendforschung. Opladen, 71-98

3.4 Multiples Ich in einer sich wandelnden Welt – Psychomotorik als integrative Kraft im Erwachsenenleben

Ruth Haas

1. Psychomotorik mit Erwachsenen in Deutschland und Europa

Psychomotorik als Ansatz zur Begleitung und Unterstützung der Persönlichkeitsentwicklung erwachsener Menschen war in Deutschland lange Zeit ein spärlich bearbeitetes Feld. Der Gründervater KIPHARD hatte sich auf die Arbeit mit Kindern konzentriert, da bei dieser Zielgruppe der Zusammenhang zwischen Bewegungs- und Persönlichkeitsentwicklung deutlich zutage trat. Außerdem waren Fragestellungen erwachsener Menschen kein Thema der damaligen Entwicklungspsychologie. Die Verbindung von psychischem Geschehen und motorisch-leiblichen Prozessen ist in der Entwicklung von erwachsenen Menschen nicht unmittelbar nachweisbar. Anders als in der kindlichen Entwicklung scheint die Verfügbarkeit der Motorik eine selbstverständliche Tatsache zu sein. Erst durch Schmerz, Beeinträchtigungen oder bei Verletzungen rückt der eigene Leib wieder ins Feld der bewussten Wahrnehmung. Ist beispielsweise der Arm der dominanten Seite nicht wie gewohnt einsetzbar, wird deutlich wie oft dieser im Alltag als selbstverständlich verfügbarer Helfer benutzt wird. Eine auf diese Weise instrumentalisierte Beziehung zum eigenen Leib steht im Erwachsenenalter häufig im Vordergrund. Dies spiegelte sich in der damaligen Bewegungskultur in Deutschland wieder, die sich zur Zeit der Anfänge der psychomotorischen Bewegung in Deutschland als Sportkultur verstand. Sport lag im Zuständigkeitsbereich der Vereine mit ihrem Leistungs- und Breitensportangebot. Bei Störungen im Bewegungsvermögen oder Beschwerden auf der Ebene des Bewegungsapparates erwachsener Menschen war Physiotherapie und bei Störungen auf der Ebene der Psyche die Psychotherapie indiziert. Die Verbindung von Sport, Bewegung und Psyche interessierte nur bei Menschen deren psychische Befindlichkeit sich unmittelbar in der Bewegung niederzuschlagen schien. Menschen mit psychischen oder psychosomatischen Beeinträchtigungen und die mögliche Beeinflussung deren psychischer Gesundheit über das Medium Bewegung gewannen die Aufmerksamkeit von Sport- und Mototherapie.[66] Das erste innovative Basiskonzept der Mototherapie mit Erwachsenen im deutschsprachigen Raum legte HÖLTER (1993) vor. Dieses Konzept basiert sowohl auf psychomotorischen als auch auf sportpädagogischen Wissensbeständen und ist klinisch orientiert. Es werden folgende Basisziele (vgl. HÖLTER 1993, 24) genannt:

[66] Hölter 1993; Huber 1990; Deimel 1988

- Primäre Aktivierung (Überwindung von Passivität; Stabilisierung der somatischen Basis; Steigerung des Wohlbefindens)
- Sekundäre Aktivierung (Rehabilitation einfacher sinnlicher Erfahrungen; Förderung von Körperbewusstsein)
- Vermittlung von Fertigkeiten und Wissen (Vermittlung von Bewegungs-, Spiel- und Sportformen; Vermittlung von körper- und bewegungsbezogenen Lebenshilfen)
- Freizeitgestaltung (Förderung des Wohlbefindens und der Selbstregulation; Vorbereitung eines sozial unterstützenden Netzwerkes)
- Bewegung als Medium der Psychotherapie (Unterstützung der Diagnostik; Begleitung einer verbalen Therapie; Primärtherapie)

Die Umsetzung der Basisziele erfolgt themenorientiert. Die sportlichen und bewegungsorientierten Inhalte werden Themen untergeordnet, die sich aus den Bedeutungsaspekten der Bewegung ableiten lassen. Fragen der Therapieplanung, der Gestaltung einzelner Therapiesequenzen sowie Methoden zur Therapieevaluation werden vorgestellt. Grundlegende Fragen zur Entwicklung erwachsener Menschen und spezifische störungsinduzierte Konzepte werden in HÖLTERS Ansatz nicht bearbeitet.
In den **europäischen Nachbarländern** wie Belgien und Holland wurden zudem klinisch orientierte Konzepte der psychomotorischen Therapie mit Erwachsenen entwickelt. In Belgien entstand die psychomotorische Therapie in der Arbeit mit psychisch beeinträchtigten und geistig behinderten Menschen. Ihre Wurzeln gehen auf die ‚aktive Therapie' von VAN DER SCHEER (1933, 1929)[67] zurück. Zentrale Grundannahme ist es, Bewegungsverhalten als Bestandteil des menschlichen Verhaltens im Allgemeinen zu sehen. Es beinhaltet gleichzeitig Funktionsgeschehen und subjektives Erleben. In Abhängigkeit von der jeweiligen psychotherapeutischen Schulrichtung haben sich mehrere Ansätze ausdifferenziert (vgl. SIMONS 2000). Übereinstimmend zielen diese Ansätze auf *„die Behandlung von Menschen mit psychischen und psychosozialen Problemen"* (...) *„mit Hilfe von Interventionen, die sich auf die Leibeserfahrung und/oder Handlungen in Bewegungssituationen richten"* ab (VAN DER MEYDEN-VAN DER KOLK 2000, 68). Psychomotorische Therapie begleitet Veränderungsprozesse, unterstützt die Bewältigung psychosozialer oder psychischer Problem und vermittelt konkrete Handlungs- und Leiberfahrungen.
Psychomotorische Therapie arbeitet in den Niederlanden sowohl strukturierend und begleitend als auch konfliktzentriert aufdeckend. Psychomotoriktherapeuten werden auf universitärem Niveau ausgebildet und sind in der psychiatrischen Gesundheitsvorsorge und Behandlung sowie in der Rehabilitation geistig behinderter Menschen verortet.

[67] Van der Scheer 1933, 1929 zitiert in: Simons, J. (2000)

Auch in Dänemark hat die Psychomotorik ihre Ursprünge in der Arbeit mit erwachsenen Menschen. Noch immer konzentrieren sich etwa 60% der dänischen Psychomotoriker auf die Altersgruppe der Erwachsenen (FRIMODT 2000). Psychomotorik hat die Intension, die Menschen in ihrer psychophysischen Einheit zu stärken und deren Entfaltung zu unterstützen, um Wohlbefinden und Lebensqualität zu steigern. Schädigungen, die durch einseitige oder zu hohe Arbeitsbelastung oder durch einen ungünstigen Lebensstil bedingt sind, sollen vermindert oder vermieden werden. Eine zentrale Rolle spielt in diesem Ansatz der Zusammenhang zwischen Körperspannung und Psyche. Die Psychomotoriker/innen in Dänemark bezeichnen sich demnach als Entspannungstherapeuten. Ihre wichtigsten Arbeitsfelder sind der klinisch psychiatrische Kontext, Suchtbehandlung, Familienarbeit, Stressbewältigung, Geburtsvorbereitung und psychomotorische Ergonomie. Zentrales psychomotorisches Ziel ist die Unterstützung erwachsener Menschen in ihrer alltäglichen Lebensbewältigung.

2. Angrenzende Ansätze

Psychomotorik mit Erwachsenen in Deutschland befindet sich im Schnittfeld zwischen Bewegungspsychotherapie und Bewegungsphysiotherapie. Sie nutzt Bewegung als Medium zur Erweiterung des Handlungs- und Erfahrungsrepertoires und greift, falls gewünscht und notwendig, auf funktional-übungszentrierte Vorgehensweisen zurück. Bewegung wird verstanden als leibliches Geschehen und erfasst immer den Menschen in seiner gelebten Leiblichkeit, seiner persönlichen Leib- und Lebensgeschichte vor dem Hintergrund der konkreten gesellschaftlichen Realität, in der er sich befindet.

Abgrenzungen zu verwandten, angrenzenden Ansätzen lassen sich zum einen auf der Anwendungsebene beispielsweise durch den Vergleich der Vorgehensweisen und der Zielsetzungen finden. Zum Anderen führen Fragen nach dem impliziten Menschenbild, dem Entwicklungs- und Bewegungsverständnis und den theoretischen Bezügen zu einem weiteren Unterscheidungskriterium. Von bewegungspsychotherapeutischen Verfahren unterscheidet sich die Psychomotorik mit Erwachsenen durch ihre konsequente Erfahrungs- und Handlungsorientierung in der konkreten Umsetzung und eine mehrperspektivische Begründung. Eine ausführliche Analyse der Vielzahl bewegungsorientierter Interventionsformen, deren Anliegen häufig mehr auf der praxeologischen Ebene liegt, übersteigt den Rahmen dieses Beitrages. Exemplarisch wird hier lediglich auf die Konzentrative Bewegungstherapie und die Integrative Bewegungstherapie eingegangen: Die Konzentrative Bewegungstherapie (KBT)[68] richtet ihr Vorgehen an der psychoanalytischen Theoriebildung aus und arbeitet konfliktzentriert aufdeckend. Die Integrative Bewegungs- und Tanztherapie[69] (IBT)

[68] Vgl. Graef (1999); Stolze (1984).
[69] Rahm et al. (1993); Petzold (1990).

greift auf das methodenintegrative Konzept der Integrativen Therapie zurück. Ihre Arbeitsweisen variieren zwischen funktional-übungszentierten, erlebnisorientierten und konfliktzentriert aufdeckenden Modalitäten je nach Klientel, Setting und Auftrag. Beide dieser Ansätze erfordern eine berufsbegleitende Weiterbildung mit hohen Anteil an Selbsterfahrung und Lehranalyse der Ausbildungskandidaten/innen. Dies ist im Rahmen einer universitären und damit leistungsorientierten Ausbildung nicht sinnvoll.

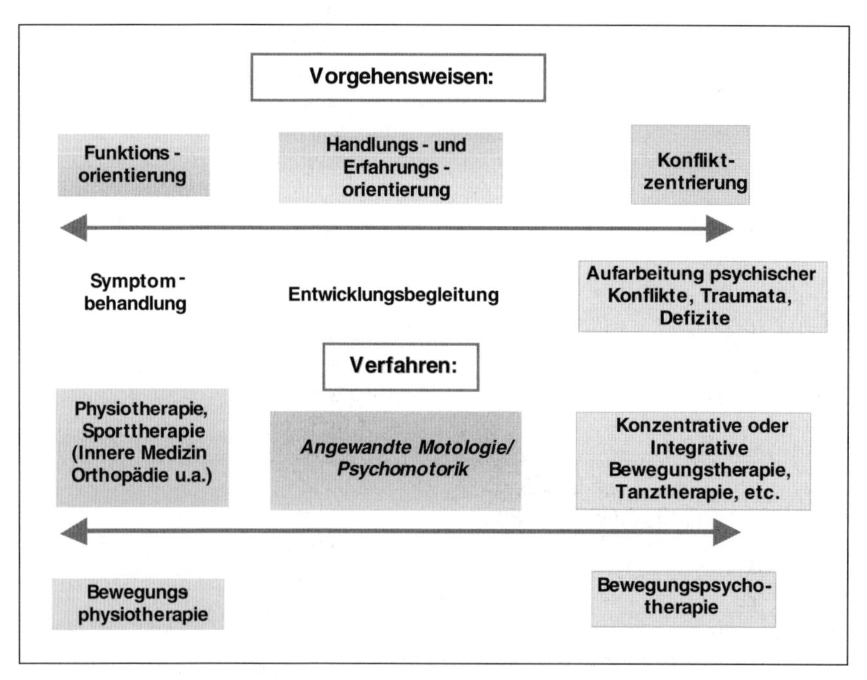

Abb.1: Standortbestimmung der Psychomotorik mit Erwachsenen

Auf der Ebene wissenschaftlichen Diskurses und der Etablierung sind in Deutschland Sporttherapie und Gesundheitssport neben der Motologie die vorherrschenden Ansätze (vgl. WEISS, M./LIESEN, H. 1995; SCHÜLE/HUBER 2000). Die Sporttherapie gründet sich in Deutschland auf Sport- und Rehabilitationswissenschaft und Medizin. Sie hat sich im Bereich der medizinischen Rehabilitation etablieren können. Dabei beansprucht sie eine ganzheitliche Ausrichtung, die über ein reines Trainingskonzept hinausgeht. Ihre Forschungsfragen orientieren sich an indikationsspezifischen Fragestellungen, die sich an den im ICIDH[70] festgelegten Kriterien fest-

[70] Matthesiuis/Jochheim/Barolin/Heinz (1995).

machen. Begründungszusammenhänge werden anhand von biologisch ausgerichteten systemtheoretischen Überlegungen und handlungstheoretischen Ansätzen mit der Fokussierung auf die Motorik dargelegt (VANDEN-ABEELE/SCHÜLE 2000, 8 ff.). Aufgrund der konsequenten Orientierung an den Rahmenbedingungen des Gesundheitssystems gelingt der Sporttherapie eine hohes Maß an struktureller und inhaltlicher Passung mit dem medizinischen System. Dies schlägt sich in der Abrechnungsfähigkeit von Erweiterter Ambulanter Physiotherapie (EAP) und Ambulanter Orthopädische/Traumatologischer Rehabilitation (AOTR) nieder. Psychomotorische Zusammenhänge werden jedoch nicht expliziert oder durch ein psychologisches Theoriefundament untermauert. Die Konzeption der Interventionen, die in einen Rehaplan mündet, richtet sich nach dem jeweiligen *Impairment* (Schaden) bei der medizinischen Behandlung. Bei *Disabilities* (Funktionseinschränkungen) und *Handicaps* (soziale Beeinträchtigungen) werden bewegungstherapeutische Fragestellungen benannt, die im Reha-Team zu planen und gestalten sind (vgl. SCHÜLE/HUBER 2000, 265-287). Die jeweiligen Reha-Konzeptionen nennen neben physischen auch psychosoziale sporttherapeutische Zielsetzungen. Die empfohlenen sporttherapeutischen Maßnahmen im psychosozialen Bereich bedienen sich eher allgemein gehaltener Empfehlungen wie z. B. Aktivierung, Motivation, soziale Interaktion durch Spiel oder Gruppendynamik. Ein Einbeziehen der betroffenen Personen in den Planungs- und Gestaltungsprozess wird nicht genannt. Spezifische Lebensweltbezüge und ein personenzentriertes Vorgehen werden nicht in die Analyse einbezogen.
Psychomotorik intendiert jedoch die Unterstützung und Begleitung von Entwicklungsprozessen von Menschen in ihrer Lebenswelt durch das Medium Bewegung. Deshalb interessiert das Leben erwachsener Menschen in besonderem Maß.

3. Erwachsenenleben eine Herausforderung?

- **Ein ganz normaler Tag im Alltagsleben einer erwachsenen Frau:**

Der Wecker klingelt. Sabine[71] macht ihn aus, doch leider quält er sie nach fünf Minuten schon wieder. Nach dem vierten Mal gibt sie sich geschlagen. Sie streckt sich und setzt sich auf. Schon wieder ist ihr Nacken etwas verspannt. Sollte sie sich doch ein neues Kissen kaufen? Die warme Dusche bringt etwas Erleichterung. Inzwischen ist der Kaffee durchgelaufen, also frühstücken. Sie weckt ihre Tochter, bereitet ihr die Morgenmahlzeit zu und sorgt dafür, dass deren Schultasche richtig gepackt ist. Maja, ihre achtjährige Tochter, ist noch müde

[71] Der Name wurde aus Gründen des Datenschutzes geändert.

und quengelt. Glücklicherweise zieht sie sich inzwischen selbstständig an. Sabine bringt Maja mit dem Auto zur Schule und fährt weiter zur ihrer Arbeitstelle. Sie verdient ihren Lebensunterhalt als Sachbearbeiterin bei einer Versicherungsgesellschaft. Vormittags führt Sabine viele Telephongespräche, arbeitet am PC und steht ab und zu auf, um sich mit einer Kollegin abzusprechen. Die Mittagspause nutzt sie zum Einkaufen und für einen kurzen Imbiss zwischendurch. Sabine holt um 14.00 ihre Tochter von der Schule ab, die dort bereits zu Mittag gegessen hat. Der Nachmittag bedeutet für Sabine Hausaufgabenhilfe, Wäsche waschen, Maja zu ihrer Freundin oder zum Sport zu bringen. Ihre Kaffeepause mit Zigarette gegen 16.00 lässt sich Sabine auf keinen Fall entgehen. Heute ist Donnerstag, da spielt sie immer Squash. Vorher bereitet sie das Abendessen vor und isst mit Maja. Majas Vater kümmert sich heute Abend um seine Tochter. Als Sabine um 23.00 nach dem Sport, einem Glas Wein und Gesprächen mit ihrer Squashpartnerin wieder einmal todmüde, aber zufrieden ins Bett fällt, denkt sie noch daran, was sie morgen alles erledigen will. Leider war das ihr einziger freier Abend für diese Woche.

Dieser fiktive Tagesablauf entspricht dem Alltagsleben einer erwachsenen Durchschnittsfrau. Sabine ist geschieden, alleinerziehend und finanziell unabhängig. Ihr Alltag bewegt sich zwischen Arbeit, Versorgung der Tochter, einigen wenige Kontakten zu Freunden und sporadischen Freizeitaktivitäten wie Sport oder Kino. Für Partnersuche bleibt wenig Zeit und Gelegenheit. Noch straffer wird ihre Zeitplanung während der Schulferien. Sabines Handlungsmöglichkeiten hängen von vielschichtigen Faktoren in diesem komplexen Netzwerk, in dem sie lebt, ab. Zeit für sich selbst und ihre eigenen Bedürfnisse bleibt ihr wenig.
Sorge um die eigenen leiblichen Bedürfnisse rücken im erwachsenen Leben in den Hintergrund, da Lebensbereiche wie Beruf, Familie, soziale Beziehungen, materielle Absicherung, Karriere und soziales Prestige dominieren. ‚Leiblichkeit' wird indirekt in Gestalt von Sexualität und sexueller Attraktivität, Fitness, Leistungsfähigkeit, sportlichem Erfolg, Elternschaft und Gesundheit thematisiert. Erwachsene Menschen sind die 'Pfeiler der Gesellschaft' und tragen, nicht nur finanziell, die Verantwortung für die Heranwachsenden und alten Menschen. Für ihre leiblichen Bedürfnisse existieren nur geringe Spielräume.

- **Leibliche und motorische Entwicklung im Kontext der Lebenswelt**

Die leibliche und motorische Entwicklung findet im Erwachsenenalter im Kontext der hier angesprochenen Strukturen statt. Die biologischen und organismischen Veränderungen stehen in enger wechselseitiger Verbindung mit den zu bewältigenden Entwicklungsaufgaben, den Lebensereig-

nissen und den Lebensräumen, in denen sich erwachsene Menschen bewegen. *„So ist z. B. von erheblichen Unterschieden hinsichtlich der körperlichen Belastung und motorischen Beanspruchungen durch die verschiedenen berufsvorbereitenden bzw. beruflichen Tätigkeiten auszugehen (z. B. Studium vs. physisch stark belastende Berufstätigkeiten). Hinzu kommen weitere Differenzierungen, die geschlechtstypische Bewegungstätigkeiten einschließen“* (WINTER/BAUR 1994, 312). Leibliche und motorische Entwicklung sind nur im Kontext der Persönlichkeitsentwicklung angemessen zu beurteilen.
Gemeinsam ist jedoch dem Alltag erwachsener Menschen ein hohes Maß an Bewegungsmangel. Ergebnisse sportmedizinischer Untersuchungen zeigen (z. B. HOLLMANN 1996), dass die Menschen des 20. Jahrhunderts das Mindestmaß an Bewegung, welches für die langfristige Erhaltung ihrer biologischen Funktionen erforderlich ist, bereits unterschreiten. SCHIFFER (2001) weist nach, dass lustvolle Spielerfahrungen und zeitliche Freiräume sehr bedeutsam für die Gesunderhaltung des Menschen sind. Leibhaftige, sinn-volle Erfahrungen wie Spielen, Toben, Tanzen, Singen, Wandern, Fahrrad fahren, Zärtlichkeiten, Erfahrungen in der Natur etc. erhalten den Menschen lebendig und gesund, indem sie die *„affektu-motorische Basisidentität“* stärken (ebd., 88). Diese leibhaftige Basisidentität wird im Spielen erworben, *„indem wir unsere eigene Leibhaftigkeit, unsere Bewegungen im Raum, unsere Gefühle und unsere Sinnesempfindungen (...) wahrnehmen – in eigenbestimmter bergender Nähe oder abenteuerlicher Distanz zu unseren Bezugspersonen“* (ebd.). Das Leben erwachsener Menschen gestaltet sich individualisiert. BECK (1986) spricht demnach von einer Individualisierung sowie Diversifizierung postmoderner Lebensformen und Lebensstilen vor dem Hintergrund gesamtgesellschaftlicher Prozesse. Das Theorem der gesellschaftlichen Individualisierung beinhaltet eine Herauslösung aus traditionellen Zusammenhängen (Dimension der Freisetzung), von einem Verlust tradierter Sicherheiten (Dimension der Entzauberung) und einer neuen Art von sozialer Einbindung (Dimension der Reintegration). Der einzelne Mensch muss seine Biographie selbst gestalten, zusammenbasteln, sich nach eigenen Werten auf die Suche machen und muss sich selbst inszenieren. Die Normalbiographie wird zur Individualbiographie und das ist harte Arbeit.
NUBER (2001, 20) spricht von der „schwierigen Kunst ein Erwachsener zu sein“. (...) *„Der ‚alte' Erwachsene stirbt aus. Der ‚neue' ist noch in Planung. Schwierige Zeiten. Kein Wunder, dass uns ‚Erwachsenen' ab und zu alles zu viel wird.“.*

- **Erwachsensein – heute**

Das Wort ‚er-wachsen' ist gekennzeichnet von begrifflicher Unschärfe. Er besagt lediglich, die Phase des Wachstums und der Jugend abgeschlossen zu haben. Juristisch betrachtet bedeutet dies u.a. Geschäftsfähigkeit,

Mitbestimmung an gesellschaftlichen Ereignissen mittels Wahlrecht und die Pflicht zur Verantwortung für die eigenen Handlungen und deren Folgen. Erwachsensein impliziert also sowohl Verantwortung und Pflichten als auch Freiheiten und Spielräume. Beide ‚Seiten der Medaille' müssen akzeptiert und integriert werden.
Bly (1998) spricht von der kindlichen Gesellschaft, die sich weigert erwachsen zu werden und der die Verknüpfung von Pflicht und Freiheit misslingt. Doch Verantwortung allein überlastet. Freiheit ohne Grenzen wird sinnentleert und damit wertlos.
Was macht also erwachsene Menschen erwachsen? Geht es um eine Verknüpfung von Lust- und Realitätsprinzip im Freud'schen Sinne? Gibt es zentrale Merkmale des Erwachsenseins? Hudson (1999) beschreibt den ‚idealen Erwachsenen' folgendermaßen:

> Erwachsene Menschen verfügen über ein hohes Maß an Selbstvertrauen und Selbstbewusstsein, denn sie wissen um ihre Autorität. Also stellen sie ihr Licht nicht unter den Scheffel. Dies impliziert auch die Fähigkeit sich Fehler zu erlauben, Kritik zu ertragen und auszuüben. Erwachsene bereiten sich mit einer zukunftsorientierten Lebenseinstellung auf Veränderungen vor und sind auf diese Weise bereit, den Status quo in Frage zu stellen. Eine erwachsene Person vermag es, ihren Gefühlen angemessen Ausdruck zu verleihen. Sie ist vor allem fähig, Dankbarkeit und Anerkennung zu zeigen. In der Alltagsbewältigung bemüht sie sich um angemessene Lösungen für Probleme ohne diese an Andere zu delegieren.
> Die Selektion von Wichtigem und Unwichtigem vermindert Belastungen. Ein klares ‚Nein' in entscheidenden Situationen sorgt für Klarheit und schafft Freiräume die Kompromissbereitschaft, Interesse am Anderen und ein objektives offenes Ohr ermöglichen ohne konformistisch zu werden. Nicht zuletzt hält der Autor es für besonders charakteristisch und bedeutsam, dass erwachsene Menschen nach Ressourcen und Informationen, die bei der Bewältigung des Lebenszyklus helfen können, suchen und dafür sorgen, dass die Freude im Leben nicht zu kurz kommt. Er hält es für Lebenskunst Feste zu feiern, wie sie fallen.

- **Der Leib als Träger gesellschaftlich bedingter Sinndeutungen**

Die aktuelle Lebenswelt fordert Erwachsene heute heraus, indem sie andauernde Flexibilität, Veränderungsbereitschaft und innere und äußere Mobilität verlangt. Bislang gültige Grenzen und Tabus sind verschwunden. Werte sind eine Frage individueller Bewertung und Folge der Mittel-Zweck-Relation geworden. Familiäre Strukturen formieren sich neu und müssen gestaltet und mit Sinn gefüllt werden. Der Generationsvertrag kann so nicht mehr gültig bleiben, weil der steigenden Anzahl alter Menschen, eine schwindende Anzahl von Nachwuchs gegenübersteht. Kon-

sum- und Profitorientierung lassen die Sorge um die Mitmenschen in den Hintergrund treten.
Es gibt Bedürfnisbefriedigung via Internet. Der gesellschaftlich favorisierte Umgang mit dem Leib und der Körperlichkeit ist gekennzeichnet von einer Instrumentalisierung des Körpers für neue „Werte“ wie grenzenlose sexuelle Befriedigung, makellose Schönheit und allumfassende Machbarkeit. Die körperlichen Grenzen werden manipuliert. Sie enthalten weniger identitätsstabilisierendes Potenzial, da körperliche Merkmale, körperliche Fähigkeiten und körperliche Leistungsgrenzen beliebig veränderbar scheinen – vorausgesetzt man arbeitet an sich, hat das optimale Trainingsprogramm, den richtigen Arzt, benutzt die richtige Creme und ernährt sich richtig.
Gleichzeitig wird der Leib für die Alltagsbewältigung zunehmend irrelevant. Fahrzeuge, Haushaltstechnik, Fertiggerichte, maschinelle und industrielle Fertigung der Gebrauchgüter sowie Kommunikation per Handy und Internet führen dazu, dass mehr Kontakte in weniger Zeit gepflegt werden können, ohne in Beziehung treten zu müssen. Sogar Fortpflanzung wird beziehungsfrei möglich.
Wie dieser flexible, manipulierbare Mensch es dabei schafft, Identität zu bewahren, das Selbstbild den Erfordernissen anzupassen, bleibt noch offen.

4. Das multiple Ich in einer sich wandelnde Welt

In der aktuellen Identitätsdebatte existiert eine Vielzahl unterschiedlicher Konzepte, die sich alle mit der Frage auseinandersetzen, wie der Mensch es schafft, sich angesichts der Vielfalt lebensweltlicher Selbsterfahrungen und der Verringerung gesellschaftlich definierter Kohärenzmodelle trotz alledem kohärent zu erleben. Es wird von der *Mannigfaltigkeit der Identitätsbalancen* (KRAPPMANN 1998) und *multiplem Ich* (BITTNER 2000) gesprochen. Identitätsgewinnung wird zum zentralen, überdauernden Entwicklungsthema: *„Für die wissenschaftliche Außensicht müssen, für die subjektive Innensicht können damit Inkonsistenz und Diskontinuität, Doppeldeutigkeit, Widersprüchlichkeit oder Komplementarität der jeweiligen Anteile zum besonders wichtigen Bestandteil von Identität und zum Gegenstand von Reflexionsprozessen werden“* (STRAUS/HÖFER 1998, 271).
Die Autoren (ebd., 270) sprechen von *„Entwicklungslinien alltäglicher Identitätsarbeit“* und entwerfen ein Modell eben dieser alltäglichen Identitätsarbeit. Den Ausgangspunkt sehen sie in situationalen Selbstthematisierungen, die sich aus kognitiven, emotionalen, sozialen und ergebnisbezogenen Selbstwahrnehmungen zusammensetzen. Je nach ausgewählter Perspektive werden diese Selbstthematisierungen zu perspektivischen Selbstbündelungen zusammengefasst, wie zum Beispiel ‚Ich als Berufstätiger', Ich als Partnerin', Ich als leibliches Subjekt'. Diese Perspektivenwahl ist von historisch lebensweltlichen Bedingungen, der jeweiligen Le-

bensspanne, der sozialen Umgebung und von subjektiven Entscheidungen abhängig. Besonders bedeutsam ist dabei, welche Perspektiven den Subjekten gesellschaftlich vordringlich angeboten werden und welche Freiräume Subjekte haben, mit diesen Angeboten umzugehen. In der Epoche der Postmoderne, in der Traditionen und ihre sozialen Träger nicht mehr so bedeutsam sind, haben Individuen mehr die Chance zu eigenständigen Entscheidungen und stehen gleichzeitig unter Entscheidungsdruck. STRAUS/HÖFER (1998, 279) gehen davon aus, dass kleinere soziale Netzwerke zunehmend die Funktion der Gewichtung und konkreten Ausdifferenzierung von identitätsbildenden Perspektiven übernehmen.
Handlungsaufgaben, die eine Verbindung von individueller Biographie und Lebenswelt darstellen, vereinen verschiedene identitätsbildende Perspektiven.[72] Die Integration selbstbezogener, situationsbezogener Erfahrungen unter bestimmten Perspektiven führen dazu, dass ein Individuum ein bestimmtes Bild von sich erhält, durch das die verschiedenen Facetten ihres Tuns übergeordnete Konturen erhalten, sog. *„Teilidentitäten"* (ebd., 281). Unter dem Gesichtspunkt zentraler Handlungsaufgaben (z.B. Erwerben und Weiterentwickeln der leiblichen Identität) verdichten sich Selbstthematisierungen zu Teilidentitäten: *Wie sehe ich mich als Frau oder Mann in meinem Leib? Welche Fremdeinschätzungen in Bezug auf meine leiblichen Fähigkeiten und Merkmale nehme ich wahr? Welche Beziehung/Einstellung habe ich zu meinem Leib? Kann ich mich auf meinen Leib und seine Fähigkeiten verlassen? Was kann ich mit meinem Leib erreichen, welche leiblichen Stärken und Schwächen habe ich?*
Diese Teilidentitäten könne sich durchaus unterscheiden und müssen nicht konsistent sein.
Existieren neben diesen Teilidentitäten auch Identitätskerne im Sinne einer Meta-Identität? Die Autoren gehen davon aus, dass es solche Identitätskerne gibt. Diese stellt eine Person zum einen durch biographische Erzählungen her, welche die Tendenz haben, Kohärenz zu demonstrieren. Eine wesentliche Rolle spielt jedoch die Dominanz von Teilidentitäten. Teilidentitäten werden vorherrschend, wenn sie in einer Lebensphase höhere Bedeutung besitzen und der Person in Fragen von Anerkennung, Selbstachtung, Autonomie und Einzigartigkeit mehr Sicherheit vermitteln als Andere.
Die lebensweltliche Betrachtung im vorausgehenden Abschnitt hat gezeigt, dass der Freiraum für die Identitätsperspektive ‚Leiblichkeit' in Erwachsenenalter eine instrumentalisierte Betonung erhält. Sollen also neue identitätsbildende Perspektiven in Bezug auf das Entwicklungsthema ‚Entwi-

[72] In Abgrenzung von der normativen Tendenz des Begriffs der Entwicklungsaufgaben von Havighurst (1974) verwenden Straus/Höfer (1998, 280) den Begriff der *Handlungsaufgabe.*

ckeln der leiblichen Identität' (vgl. Tab.1) angeregt werden, bedarf dies eines Rahmens, der neue Bewertungen und Erfahrungen mit dem eigenen Leib vermittelt und damit die Chance für neue situationale Selbstthematisierungen eröffnet. Leibliche Teilidentitäten können vorherrschend werden, wenn diese Relevanz erhalten in Bezug auf Anerkennung, Selbstachtung, Autonomie und Einzigartigkeit.
An dieser Stelle sei noch einmal überleitend auf SCHIFFER (2001, 96ff.) verwiesen, dessen zentrale These besagt, dass Wahrnehmung und Anerkennung durch Andere und Spielerfahrungen wesentlich sind für die Identitätsbildung. Räume, die neue Selbstthematisierungen und Anerkennung in Bezug auf die affektu-motorische Basisidentität eröffnen, könnten möglicherweise einen stützenden Beitrag in der alltäglichen Identitätsarbeit leisten, – vorausgesetzt die lebensweltlichen Bedingungen, die sozialen Umgebung und die subjektiven Wünsche und Bedürfnisse werden berücksichtigt.

5. Angewandte Motologie mit Erwachsenen – ein entwicklungsorientierter und personenzentrierter Ansatz

Das Konzept der angewandten Motologie des Erwachsenenalters[73] wurde auf der Basis einer differenzierten metatheoretischen Analyse grundlegender Entwicklungsprozesse im Erwachsenenalter und durch die Synthese komplementärer, interaktionistischer Entwicklungstheorien ausgearbeitet.

5.1 Entwicklung im Spannungsfeld zwischen Gesundheit und Krankheit

Angewandte Motologie des Erwachsenenalters sieht ihren Standort im Schnittfeld von Entwicklungsbegleitung und Therapie. Sie arbeitet sowohl symptominduziert – als auch entwicklungsorientiert. Auf der Grundlage des Salutogenese-Konzeptes von ANTONOVSKY (1979/1987/1997) wird die im medizinischen Modell aufgestellte Dichotomie von Gesundheit und Krankheit zugunsten eines Prozessmodells des *„Helthease/Disease-Kontinuums“* von Wohlbefinden und gestörtem Wohlbefinden aufgehoben. Gesundheit und Krankheit werden als Teile eines Entwicklungsprozesses gesehen, der sich über die gesamte Lebensspanne vollzieht und den Menschen als Ganzen in seiner sozialen und historischen Eingebundenheit betreffen. ANTONOVSKY (ebd.) beschreibt die Prozesse, welche den jeweiligen momentanen Standort eines Individuums auf dem *„Helthease/ Disease-Kontinuums“* bewirken, als hochkomplexe Vorgänge, die weit über ein reines Risikofaktorenmodell hinausgehen und vor allem den sich selbstaktualisierenden Menschen mit seiner Lebenserfahrung und seiner Fähigkeit zur aktiven Teilnahme integrieren. Eine salutogenetische Betrach-

[73] Haas (1999).

tung bedeutet nicht, wie vielfach missverstanden, dass Pathogenese und die Berücksichtigung von Risikofaktoren außer Acht gelassen werden. Es handelt sich vielmehr um eine erweiterte Perspektive, die diejenigen Faktoren einbezieht, die dem Menschen helfen sich trotz Belastungen wohl zu fühlen und somit im *‚Healthease-Disease-Kontinuum‘* auf der Seite des Wohlbefindens zu bleiben. Wesentlich für den Standort des Menschen auf dem Krankheits-Gesundheits-Kontinuum (ANTONOVSKY 1997, 33) ist neben Widerstandsquellen und Belastungen jedoch das Gefühl des Menschen sein Leben als zusammenhängend und konsistent zu erleben. Dazu muss er es verstehen können („Verstehbarkeit"), Strategien zur Alltagsbewältigung besitzen („Handhabbarkeit") und seinem Leben Sinn abgewinnen können („Bedeutsamkeit") (ebd., 34). Psychomotorische Entwicklungsbegleitung sollte demnach Wirksamkeitserfahrungen vermitteln, die leibliche Vorgänge durch Information und Wissensvermittlung erklären helfen und sinnhafte Erfahrungen ermöglichen, die für die Menschen aus eigener Sicht bedeutsam sind.

5.2 Entwicklung im Erwachsenenalter – eine mehrperspektivische Betrachtung

Die Entwicklungseinflüsse im Erwachsenenalter sind komplex und vernetzt. Der sich bewegende Mensch entwickelt sich lebenslang. Er gestaltet seine Entwicklung selbstorganisiert in gegenseitiger Einflussnahme von Mensch, Mitmensch, Kultur und Umwelt in Kausalfeldern.

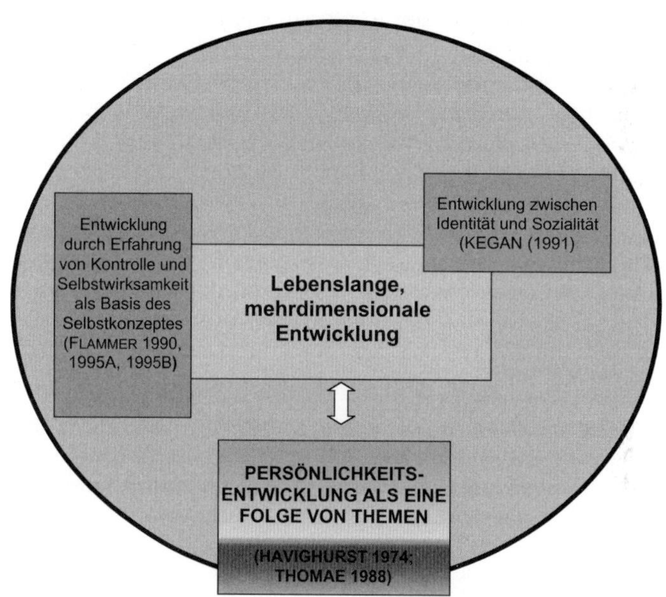

Abb. 2: Komplementäre Entwicklungstheorien des Erwachsenenalters

Die Entwicklungsmöglichkeiten jedes Menschen werden durch sein genetisches Erbe, seine soziokulturelle, geschichtlich bestimmte Umwelt und seine aktuelle Befindlichkeit beeinflusst. Dabei werden Erb- und Umweltfaktoren in einer reziproken Beziehung zueinander gesehen. Diese dynamischen Interaktionen ermöglichen eine bestimmte Anzahl potentieller Entwicklungsverläufe, die eine hohe interindividuelle Variabilität aufweisen. Es kann also niemals von linearen Ursache-Wirkungs-Beziehungen gesprochen werden, sondern nur von *„Ursachenfeldern (causal fields)"* (FORD/LERNER 1992, 57). Im Zentrum stehen die Beziehung des Menschen als vielschichtiges, vielgestaltig organisiertes Lebewesen zu seiner ebenso vielschichtig und vielgestaltig organisierten Umwelt. Die Betonung von Ursachenfeldern im Gegensatz zu linearen Ursache-Wirkungs-Beziehungen erweist sich bei der Analyse von Störungen im klinischen Bereich als besonders wichtig. Der Mensch ist als selbstkonstruierendes und -aktualisierendes Wesen diesen Einflüssen nicht ausgeliefert. Dies widerspricht der Ansicht, man könne von Außen intervenieren, behandeln oder verordnen.[74] Die Selbstorganisations- und Selbstkonstruktionsprozesse eines Individuums können lediglich angeregt werden. Die 'Entwicklungs- oder Heilungsarbeit' muss von jeder Person selbst bewältigt werden.

Wirksam sein, das Leben 'im Griff zu haben', d.h. Kontrolle zu besitzen, ist ein wichtiger Teil des Erwachsenenlebens. Durch Handeln gewonnene, subjektive Erfahrung hat eine Schlüsselrolle in der Ausbildung der kognitiv-emotionalen Struktur der Kontrollmeinung. FLAMMER (1990, 1995a, 1995b) greift dies in seiner *„Theorie des kontrollbesitzenden Selbst"* auf und postuliert ein allen Menschen gemeinsames *„Kontrollgrundbedürfnis"* (FLAMMER 1990, 115). Der Autor zeigt in diesem Konzept den engen Zusammenhang von Selbstkonzept und Kontrollmeinung auf. Kontrollrelevante Erfahrungen sammelt der Mensch an erster Stelle durch persönliche, handelnde Erfahrung. Leib- und bewegungsbezogene Aktivität beinhalten ein besonderes Potential für kontrollrelevante Erfahrungen und selbstgenerierende Prozesse. Über Bewegung wird der Mensch zum aktiven Gestalter und zum Handelnden. Er kann die Erfahrungen machen, Wirkungen auszuüben und das Leben kontrollieren zu können. Gleichzeitig muss er sich mit seinen Grenzen auseinander setzen, da seine Möglichkeiten der Kontrolle und Selbstwirksamkeit begrenzt sind.[75]

Selbstgestaltung stößt an ihre Grenzen, wenn sie nicht im kontextuellen Zusammenhang gedacht wird. KEGAN (1991²) entfaltet eine Theorie der menschlichen Entwicklung unter interaktionistischen Gesichtspunkten.

---

[74] vgl. auch Ludewig (1995³, 28 f.).

[75] Zur Entwicklung von Kontrolle über die Lebensspanne wird auf HAAS (1999, 129-156) verwiesen.

Dabei werden Prozesse der Individuation mit solchen der Sozialisation verbunden. Der Autor vertritt ein dynamisches Menschenbild und spricht (...) *„vom Menschenwesen als Aktivität".* Das Selbst entwickelt sich in einem dialektischen Verhältnis von *Zugehörigkeit* (Nähe/Verschmelzung) und *Unabhängigkeit* (Distanz/ Differenzierung von der Umwelt). Eine zentrale Rolle wird der Außenwelt als *einbindender Kultur* zuerkannt. Dieser Ansatz liefert Hinweise für die Gestaltung von Bewegungsangeboten unter sozialen und interaktionistischen Gesichtspunkten. Konsequenzen in Bezug auf Teilnahmeregeln, Wechsel von Einzel-, Partner- und Gruppenarbeit und Rahmenbedingungen und Regeln sind die Folge.
Havighurst (1974) und Thomae (1988) rücken die Bewältigung von Entwicklungsaufgaben bzw. -themen als Form des Austausches mit der Lebenswelt ins Zentrum der Betrachtung. In der Auseinandersetzung mit den Entwicklungsthemen, die sich im Laufe eines Lebens aufgrund eigener Bedürfnisse, sozialer Anforderungen und biologischer Veränderungen entstehen, entwickelt der Mensch Bewältigungsstrategien, Handlungsmöglichkeiten, emotional-kognitive Strukturen, die sich im weiteren Leben auf zukünftigen Lebensthemen auswirken. Lebensthemen können nur *aktuell* in einem bestimmten Kontext für das Individuum wichtig sein. Darüber hinaus beschäftigen manche Themen die Person für eine bestimmte Zeit, *temporär* in einem bestimmten Kontext.
Überdauernde Lebensthemen begleiten ein Individuum durch sein ganzes Leben. *Themen*, oder das was einen Menschen beschäftigt, unmittelbar betrifft, herausfordert bergen Entwicklungspotential. *„Persönlichkeitsentwicklung ist eine Folgen von Themen"* (Thomae 1988, 58). Die folgende Tabelle (Tab. 1) gibt einen Überblick über mögliche Themen des frühen Erwachsenenalters. Sie können Orientierungshilfen zur Erleichterung der Planung von Förderangeboten bieten. Da THOMAE (1988) nachweist, dass es keine universal gültige Abfolge von Entwicklungsthemen geben kann, können sie lediglich als Orientierungsmarker für die Annäherung an individuelle Biographien betrachtet werden. Diese oben genannten Entwicklungsthemen sind als Orientierungsmarker zu verstehen, die jedoch eine individuelle und kohortenspezifische Ausprägungsform aufweisen.

5.3 Multifaktorielle Ermittlung von Bewegungsthemen

Angewandte Motologie ist eine Methode, die, ausgehend von einer multifaktoriellen Analyse der menschlichen Entwicklungsprozesse, bewegungs- und leiborientierte Angebote als Medium zur Begleitung und Unterstützung der Persönlichkeitsentwicklung einsetzt. Bewegung und Leiblichkeit werden als Bedeutungsträger verstanden und mögliche Bedeutungen genutzt, um die Auseinandersetzung mit Entwicklungsthemen zu ermöglichen. Entsprechend der individuellen Themen der Teilnehmer werden Erfahrungsräume geschaffen und Bewegungsfragen gestellt, die an den Ressourcen der Menschen ansetzen.

	Frühes Erwachsenenalter[76]	Mittleres Erwachsenenalter[77]
Zentrale psychosoziale Entwicklungsthemen:	✓ Psychische und existentielle Ablösung von der Herkunftsfamilie ✓ Entwicklung der leiblichen Identität ✓ Entwicklung der Sorge um das leibliche Wohlbefinden ✓ Entwickeln eines eigenen Freizeitverhaltens und -stils ✓ Schaffen von eigenem sozialen Netzwerk und von Bindungen ✓ Berufswahl und -einstieg ✓ Realisierung und Verwirklichung von Zielen, Interessen und Verarbeitung erster Desillusionierung z. B. durch Arbeitslosigkeit	✓ Wandel des familiären Lebens ✓ Abschied von Elternrolle, neue Großelternrolle ✓ Finden einer neuen Beziehungsform in der Partnerschaft ✓ Pflegen der hochbetagten Eltern im Konflikt mit eigenen Autonomiebestrebungen ✓ Entwickeln neuer, eigener Perspektiven ✓ Beruflicher Wiedereinstieg der Frauen ✓ Auseinandersetzung mit der Endlichkeit der eigenen Lebensspanne ✓ Aktive Auseinandersetzung mit organismischen Abbauerscheinungen im Spannungsfeld zwischen Verleugnung und Akzeptanz ✓ Akzeptieren von beruflichen und persönlichen Grenzen ✓ Überprüfen des bisherigen Lebenskonzeptes, der Lebens- und Beziehungsgestaltung ✓ Ändern von Teilbereichen des Lebens im Spannungsfeld von Offenheit für neue Erfahrungen und Festhalten am „Alten"
Zentrale leibbezogene Entwicklungsthemen (vgl. Winter/Baur 1994):	✓ Festigen und Differenzieren der koordinativen Fähigkeiten ✓ Erhalten der konditionellen Fähigkeiten ✓ Kompensieren erster Alterserscheinungen ✓ Entwickeln einer Form der Pflege und Sorge um das leibliche Wohlbefinden und leiborientierten Lebensstils	✓ Erhalten der konditionellen und koordinativen Fähigkeiten ✓ Akzeptieren der und Umgehen mit den organismischen Alterserscheinungen und damit verbundenen Störungen ✓ Einstellen auf Rückgang der visuellen und akustischen

[76] Zentrale Entwicklungsthemen wurden aus FALTERMAIER et al. (1992, 72-115) entnommen.

[77] Zentrale Entwicklungsthemen wurden aus FALTERMAIER et al. (1992, 116-137) entnommen.

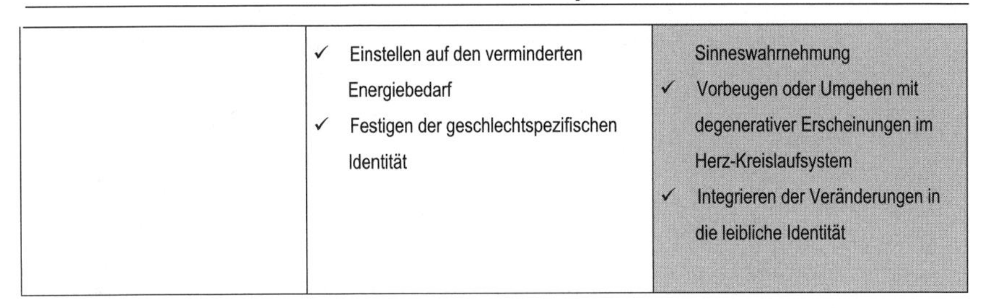

	✓ Einstellen auf den verminderten Energiebedarf ✓ Festigen der geschlechtspezifischen Identität	Sinneswahrnehmung ✓ Vorbeugen oder Umgehen mit degenerativer Erscheinungen im Herz-Kreislaufsystem ✓ Integrieren der Veränderungen in die leibliche Identität

Tab. 1: Zentrale Entwicklungsthemen erwachsener Menschen

Je nach Fragestellung und Auftrag werden zudem Angebote gemacht, die zur Selbstbefähigung im Umgang mit Beschwerden und Störungen beitragen können.
Der Begriff ‚Psychomotorik' wird häufig gleichbedeutend zu angewandter Motologie gebraucht und ist ein Sammelbegriff für eine Vielzahl von Ansätzen, die den Zusammenhang von Bewegung und Persönlichkeit aufzeigen oder deren Integration im Kontext pädagogischer oder therapeutischer Prozesse zum Ziel haben (vgl. ZIMMER 2000, 21). Es mischen sich in diesem Begriff Anwendungsmethoden, anthropologische Grundprämissen und Forschungsperspektiven. Auf diese Weise ist er zu einem Sammelbegriff geworden, dem es an Trennschärfe mangelt und der sich explizit oder implizit in so manchen bewegungsorientierten Zugängen wiederfindet ohne ausreichende theoretische Begründung und saubere Quellenangaben. Deshalb wird der Begriff der angewandten Motologie dem der Psychomotorik vorgezogen.
In der angewandten Motologie werden die Themen der betroffenen Menschen im Sinne einer Entwicklungsbegleitung aufgriffen. Konkrete Erfahrungsräume für die leib- und bewegungsorientierte Auseinandersetzung mit den Themen werden geschaffen. Bewegungsfragen werden gestellt, aufgegriffen und Räume für individuelle Bewegungsantworten gestaltet.
Bewegungsthemen können auf der instrumentellen oder explorativen Bedeutungsebene liegen, wenn Menschen beispielsweise mit dem Wunsch, eine Sportart zu lernen, fit zu werden oder Beschwerden zu vermindern an den Motologen/die Motologin herantreten. Die kommunikative und soziale Bedeutung kann zudem in den Mittelpunkt der thematischen Gestaltung gestellt werden. Werden die Auseinandersetzung mit der eigenen Person im Sinne von elementaren leiblichen Eigenerfahrungen intendiert, wird die personelle Bedeutungsdimension betont.[78]

[78] Eine detaillierte Übersicht über mögliche Bewegungsthemen ist Haas (1999, 217-221) zu entnehmen.

Die beschriebene Komplexität des Erwachsenenlebens hat multifaktorielle Vorüberlegungen als Ausgangspunkt der angewandten Motologie des Erwachsenenalters zur Folge. Mit Hilfe des **m**ulti**f**aktoriellen **G**esamt**b**ild **(MfGb)**[79] können aus folgenden Blickwinkeln die Bewegungsthemen der angewandten Motologie ermittelt werden: Analyse der individuellen Entwicklungsthemen, Betrachtung der Lebenswelt, Bedeutung der Bewegung und Leiblichkeit im Kontext der individuellen Biographie, Berücksichtigung subjektiv erlebter und objektivierter Störungen, Betrachtung der Beziehungsebene sowie der Erfordernisse der Rahmenbedingungen.
Neben dieser individualisierten Methode zur Ermittlung von Themen verweisen Befragungen von HÖLTER (1996 a, b) auf mögliche zentrale Bewegungsthemen in der psychomotorischen Arbeit mit Erwachsenen. Folgende Themen wurden von Teilnehmer/innen mototherapeutischer Interventionen als besonders wichtig betrachtet (HÖLTER 1996 a, b):

- ✓ Erfahrung des eigenen Leibes
- ✓ Erfahrung von Spannung und Entspannung
- ✓ Erfahrung von Spaß und Freude an der eigenen Bewegung
- ✓ Erfahrung emotionalen Ausgleiches über Bewegung

Schiffer (2001) nennt in seinem salutogenetischen Ansatz folgende Faktoren als wesentlich für das Wohlbefinden des Menschen:

- ✓ Stärken der affektu-motorischen Basisidentität durch lustvolle leibhaftige Spielerfahrungen in Freiräumen (Spielen, Toben, Tanzen, Singen, Wandern, Fahrrad fahren, umarmen, Nahrungsaufnahme, Erfahrungen in der Natur etc.)
- ✓ Zwischenmenschliche Wahrnehmung und Anerkennung im Dialog
- ✓ Kohärenzgefühl in der Gruppe
- ✓ Vertrautheit mit der Welt
- ✓ Möglichkeiten eine Sinnperspektive zu entdecken – entgegen der metaphysischen Obdachlosigkeit
- ✓ Erzählte Geschichten als Hilfe zur Akzeptanz von Brüchen

Der Autor betont wie bedeutsam Freiräume und Dialogräume gerade für den erwachsenen Menschen sind. Mit Dialogräumen meint er Räume, in denen das lebensnotwendige Bedürfnis, wahrgenommen zu werden und als Person anerkannt zu werden, gestillt werden kann. Solche Dialog- und Freiräume können in der angewandten Motologie mit Erwachsenen eröffnet werden. Sensibilisierung für die dringende Notwendigkeit sich selbst im alltäglichen Leben – als Form der Selbstsorge- sich solche persönliche Nischen zu schaffen könnte die erwünschte Folge sein. Voraussetzung dafür ist jedoch, dass der Psychomotoriker/ die Psychomotorike-

---

[79] Vgl. Haas (2001).

rin die Teilnehmer/innen dazu anregt die leiblichen Empfindungen zuerst wieder wahrzunehmen und im zweiten Schritt ernst zu nehmen, auch wenn dies bedeuten kann, dass an bestimmtem Aufgaben nicht aktiv teilgenommen wird.

6. Arbeitsfelder – gelebte und innovative Praxis

Angewandte Motologie mit Erwachsenen hat sich in klinischen Anwendungsfeldern, insbesondere in psychiatrischen, psychosomatischen Institutionen und Einrichtungen für Menschen mit Abhängigkeitsproblematik etabliert.[80] Die Tendenz zu zunehmender ambulanter Behandlung und Nachsorge in den letzten Jahren hat dazu geführt, dass Konzepte für neue Arbeitsschwerpunkte wie zum Beispiel für die Nachsorge von Menschen mit koronarer Herzkrankheit (Brechmann 1998) und in der Brustkrebsnachsorge (Meyer 2000) entstanden sind. Psychomotorische Begleitung geistig behinderter Erwachsener stellt zudem einen Bereich gelebter Praxis dar (Grunwald 2000).
Die Ausweitung auf innovative Arbeitsfelder[81] hat ihren Anfang in der präventiv und agogisch orientierten Arbeit genommen (z.B. Schwangerschaftsbegleitung, Harbusch 1999; angewandte Motologie in kommerziellen Fitnessstudios, Zimmer 2000; Psychomotorik im Bereich Managertraining und -beratung (Wenzel 2001). Angewandte Motologie in der betrieblichen Gesundheitsförderung könnte zu einem zukunftsträchtigen Arbeitsbereich werden.

Literatur

Antonovsky, A.(1987): Unraveling the Mystery of Health. How People Manage Stress and Stay Well. San Francisco: Jossey Bass.

Antonovsky, A. (1979): Health, Stress and Coping. San Francisco: Jossey-Bass.

Antonovsky, A. (1997): Salutogenese. Zur Entmystifizierung der Gesundheit. Tübingen: dgvt Verlag.

Beck, U. (1986): Risikogesellschaft. Auf dem Weg in eine anderen Moderne. Frankfurt a.M.: : Suhrkamp.

Birren J. E./Schaie, K. W. (Ed.) (1977): Handbock of Psychology and Aging. New York: Van Nostrand Reinhold.

Bittner, G. (2001): Der Erwachsene. Multiples Ich in multipler Welt. Stuttgart, Kohlhammer.

Brechmann, C. (1998): Konzeptionelle Überlegungen für die Mototherapie in der ambulanten Rehabilitation mit koronarerkrankten PatientInnen. Unveröffentlichte Diplomarbeit. Philipps- Universität Marburg.

---

[80] Vgl. Haas (2001a, 2001b).

[81] Im Jahr 2002 ist ein Schwerpunktheft der Zeitschrift ‚Motorik' zum Thema ‚Psychomotorik mit Erwachsenen' erscheinen. Dort werden einige dieser innovativen Arbeitsfelder aufgezeigt.

Brandtstätter, J./Krampen, G./Baltes-Götz, B. (1989): Kontrollüberzeugungen im Kontext persönlicher Entwicklung. In: Krampen, G. (Hrsg.): Diagnostik von Attributionen und Kontrollüberzeugungen. Göttingen: Hogrefe, 155-171.

Brim, O. G. jr. (1966): Socialisation through the life cycle. In: Brim, O.G. jr./Wheeler, R, S. (Ed.): Socialisation after childhood. New York: Whiley, 1-50.

Bly, R. (1998): Die kindliche Gesellschaft. Über die Weigerung erwachsen zu werden. München: Droemersche Verlagsanstalt Th. Knaur Nachf.

Deimel, H. (1988): Sport und Bewegung in der klinischen Therapie von Erwachsenen. Eine empirische Untersuchung zur Bewertung bewegungsbezogener Maßnahmen. In: Hölter, G. (Hrsg.): Bewegung und Therapie interdisziplinär betrachtet. Dortmund: modernes lernen, 87-105.

Faltermaier, T./Mayring, P./Saup, W./Strehmel, P. (1992): Entwicklungspsychologie des Erwachsenenalters. Stuttgart, Berlin, Köln: Kohlhammer.

Filipp, H.-S. (1981): Kritische Lebensereignisse. München: Urban & Schwarzenberg.

Fischer,K. (1996): Entwicklungstheoretische Perspektiven der Motologie des Kindesalters. Schorndorf: Hofmann.

Flammer, A. (1990). Erfahrung der eigenen Wirksamkeit. Einführung in die Psychologie der Kontrollmeinung. Bern: Huber.

Flammer, A. (1995°): Developmental analysis of control beliefs. In. Bandura; A, (Ed.): Self-efficacy in changing societies. New York: Cambridge University Press.

Flammer, A. (1995b): Kontrolle, Sicherheit und Selbstwert in der menschlichen Entwicklung. In: EDELSTEIN, W. (Ed.): Entwicklungskrisen kompetent meistern. Heidelberg: Asanger, 35-42.

Ford, D. H./Lerner, R. M.(1992): Developmental systems theory. An integrative approach. London, New Delhi: Sage publications.

Frimodt, L. (2000): Psychomotorik als präventives Angebot – ein Schwerpunkt in Dänemark. Vortrag auf der Jahrestagung des AKP „Psychomotorik für Erwachsenen – Sich bewegen, wahrnehmen und genießen, ein Leben lang" vom 16.9.00.

Graef, K. (1999): Konzentrative Bewegungstherapie in der Praxis. Hippokrates: Stuttgart.

Grunwald, V. (2000): Menschen in Bewegung. –Psychomotorik mit geistig behinderten Erwachsenen. In: Wendler, M./Irmischer,T./Hammer, R. (Hrsg.): *Psychomotorik im Wandel* (95-108). Verlag Aktionskreis Literatur und Medien, Lemgo, 95-108.

Grupe, O. (1976): Was ist und bedeutet Bewegung? In: Hahn, E./Preising, W. (Red.): Die menschliche Bewegung – Human Movement. Schorndorf: Hofmann, 3-19.

Haas, R. (1999): Entwicklung und Bewegung. Der Entwurf einer angewandten Motologie des Erwachsenenalters. Schorndorf: Hofmann.

Haas, R. (2000): Entwicklung und Bewegung – psychomotorische Therapie auf der Basis eines Multifaktoriellen Gesamtbildes (MfGb). In: Motorik, 2000, 1, 11-21.

Haas, R. (2001a): Mit beiden Füßen auf der Erde – der Leib als Vermittler zwischen Innen und Außen. In: Praxis der Psychomotorik 26,1, Verlag modernes lernen, Dortmund, 4-15.

Haas, R. (2001b): „Hilflos, Ausgeliefert, Hoffnungslos – oder nicht?! Psychomotorische Maßnahmen zur Prophylaxe und Behandlung von Menschen mit depressiven Störungen. In: Praxis der Ergotherapie, 14, 4, 377-385.

Harbusch, M. (1999): Motopädagogische Betreuung von schwangeren Frauen unter Berücksichtigung ausgewählter psychologischer und medizinischer Grundlagen. Unveröfftl. Diplomarbeit Marburg.

HAVIGHURST, R. J. (1974): Developmental tasks and education. New York: David McKay Company.

Hölter, G. (1993a): Selbstverständnis, Ziele und Inhalte der Mototherapie. In: Hölter, G. (Hrsg.): Mototherapie mit Erwachsenen. Schorndorf: Hofmann, 12-33.

Hölter, G. (1993b): Ansätze zu einer Methodik der Mototherapie. In: Hölter, G. (Hrsg.): Mototherapie mit Erwachsenen. Schorndorf: Hofmann, 52-80.

Hölter, G. (1996): „Mit Spaß... und ohne Angst ... im Körper zu Hause". Ziele der klinischen Bewegungstherapie in Psychiatrie, Psychosomatik und Suchtbehandlung aus professioneller Sicht. In: Gesundheitssport und Sporttherapie 3, 7-12.

Hölter, G. (1996b): Movement therapy in psychosomatics - empirical study on its effectiveness. In: Van Coppenolle, H./ Vanlandewijk, Y./Van de Vliet, P./ Simons, J. (Eds.): Second European Conference on Adapted Physical Activity and Sports: Health, Well-Being and Employment. Leuven: Acco, 111-117.

Hollmann, W. (1996): Gesundheit und Bewegung aus sportmedizinischer Sicht. In: Bachmann, J. (Red.): Gesundheit und Bewegung im Dialog. Perspektiven für Hochschule, Vereine und Kommune. Teil 1.Hamburg: Czwalina.

Huber, G. (1990): Sport und Depression. Ein bewegungstherapeutisches Modell. Frankfurt: Harri Deutsch.

Hudson, F. M. (1999): The adult Years. Mastering the Self-Renewal. San Francisco: Jossey-Bass.

Kegan, R. (1991) : Die Entwicklungsstufen des Selbst. Fortschritte und Krisen im menschlichen Leben. München: Kindt.

Krappmann, L (1998[2]): Die Identitätsproblematik nach Erikson aus interaktionistischer Sicht. In: Keupp, H./Höfer, R. (Hrsg.): Identitätsarbeit heute. Frankfurt am Main: Suhrkamp.

Lehr, U./Thomae, H. (1979): Altersstörungen. In: Baumann, U./Berbalk, H./Seidenstücker, G. (Hrsg.): Klinische Psychologie, Bern: Huber, 227-266.

Ludewig, K. (1995): Systemische Therapie. Grundlagen klinischer Theorie und Praxis. Stuttgart: Klett-Cotta.

Matthesius, R.-G. / Jochheim, K.-A. / Barolin, G. S. / Heinz, Ch. (Hrsg.) (1995): ICIDH. International Classification of Impairments, Disabilities and handicaps. World Health Organization Geneva (WHO) Berlin/Wiesbaden: Ullstein Mosby.

Meili-Luethy E. (1982): Persönlichkeitsentwicklung als lebenslanger Prozess. Progression und Regression im menschlichen Lebenslauf. Europäische Hochschulschriften, Reihe 6, Bd.96.

Meyer, D. (2000): Angewandte Motologie in der Brustkrebsnachsorge. Unveröffentlichte Diplomarbeit, Marburg

Mietzel, G. (1992): Wege in der Erwachsenenpsychologie: Erwachsenenalter und Lebensende. Eine Einführung. München: Quintessenz.

Nuber, U. (2001): Die schwierige Kunst ein Erwachsener zu sein. In: Psychologie Heute, 28, 4, 20-27.

Petzold, H. (Hrsg.) (1990): Integrative Leib- und Bewegungstherapie. Ein ganzheitlicher Weg leibbezogener Psychotherapie. Bd. I und II. Paderborn: Junfermann.

Rahm, D./Otte, H./Bosse, S./Ruhe-Hollenbach, H. (1993): Einführung in die Integrative Therapie. Grundlagen und Praxis. Junfermann, Paderborn.

Schiffer, E. (2001): Wie Gesundheit entsteht. Salutogenese: Schatzsuche statt Fehlerfahndung. Weinheim, Basel, Beltz.

Schneewind, K. A./Vierzigmann, G./Backmund; V. (19953): Scheidung. In: Oerter, R. / Montada, L. (Hrsg.): Entwicklungspsychologie. Ein Lehrbuch. PsychologieVerlagsUnion: Weinheim, 1101-1109.

Simons, J. (2000): Geschichte der Psychomotorik in Flandern. In: Motorik, 2000, 23, 63-68.

Schüle, K. / Huber, G. (2000): Grundlagen der Sporttherapie. Prävention, ambulante und stationäre Rehabilitation. München, Jena: Urban & Fischer.

Stolze, H. (1984) (Hrsg): Die Konzentrative Bewegungstherapie. Grundlagen und Erfahrungen. Mensch und Leben: Berlin.

Straus, F./Höfer, R. (1998[2]): Entwicklungslinien alltäglicher Identitätsarbeit. In: Keupp, H./Höfer, R. (Hrsg.): Identitätsarbeit heute. Frankfurt am Main: Suhrkamp, 270-304.

Thomae, H. (1988): Das Individuum und seine Welt. Eine Persönlichkeitstheorie. Göttingen, Toronto, Zürich: Dr. C. J. Hogrefe.

Vandeen-Abeele, J. /Schüle, K. (1997): Scientific evidence in support of sporttherapy. Paper presented at the 11th international Symposium for Adapted Physical Activity, Quebec.

Van der Meijden-van der Kolk, H. (2000): Psychomotorische Therapie in den Niederlanden. In: Motorik, 2000, 23, 68-71.immer, R. (2000): Handbuch der Psychomotorik. Verlag Herder: Freiburg.

Weiß, M./Liesen, H. (Hrsg.) (1995): Rehabilitation durch Sport: Marburg: Verlag im Kilian.

Wenzel, B. (2000): Angewandte Motologie in der Erwachsenenbildung: ein konzeptioneller Entwurf zur Förderung der Kommunikation im Team. Unveröffentlichte Diplomarbeit. Philipps-Universität Marburg.

Winter, R./Baur, J. (1994): Motorische Entwicklung im Erwachsenenalter. In: Baur, J./Bös, K./Singer, R. (Hrsg.): Motorische Entwicklung. Ein Handbuch. Schorndorf: Hofmann, 356-372.

Zimmer, K. (2000): Angewandte Motologie in der präventiven Arbeit mit Erwachsenen – am Beispiel eines ausgewählten Zentrums für Gesundheitssport. Unveröffentlichte Diplomarbeit. Philipps-Universität Marburg.

Zimmer, R. (2000): Handbuch der Psychomotorik. Verlag Herder: Freiburg.

3.5 Psychomotorik im Alter

Marianne Eisenburger

Vor einigen Jahren wurde das Konzept der Motogeragogik vorgestellt, das die Anpassung des motopädagogischen Gedankenguts an die Entwicklungsaufgaben und Daseinsthemen im Lebensabschnitt Alter bedeutet. Es war zugeschnitten auf die Bedürfnisse der rüstigen, vitalen Älteren und impliziert in einem präventiven Sinne die Förderung der Persönlichkeit durch eine entsprechend gestaltete Bewegungsarbeit, ein „beweglich-Bleiben" auch im Alter – verstanden in dem umfassenden Sinngehalt der Motopädagogik.
Dieses bewährte und praktisch erprobte Konzept findet nun seine Ergänzung, indem es hier auf die Bedürfnisse derjenigen alten Menschen bezogen wird, die in einem Alten- und Pflegeheim leben. Die besondere Lebenssituation hier bedeutet eine hochgradige Gefährdung der Persönlichkeitsentwicklung im Sinne einer „Rück-Entwicklung. Psychomotorische Förderung kann mit ihrem theoriegeleiteten Praxiskonzept auf dem Hintergrund eines fundierten individuumszentrierten Ansatzes und den vielfältigen konkreten Praxisanregungen wertvolle Unterstützung bieten, mehr Lebensqualität und Kompetenz zu erreichen.

Die demographische Entwicklung in unserer Gesellschaft macht es zwingend erforderlich, sich dem Thema „Alter" zu stellen und sich mit den zu erwartenden Aufgaben und Problemstellungen auseinanderzusetzen. Trotz theoretischer „Kompetenzmodelle" und Modellen „erfolgreichen Alterns", die im Individualfall durchaus die Lebensplanung bestimmen, verändert sich das negative Altersbild in unserer Gesellschaft nur ganz allmählich. Mittlerweile hat zwar glücklicherweise das längst überholte Defizitmodell des Alters (Altern = Abbau) auch im allgemeinen Verständnis mehr von seiner Gültigkeit verloren, aber die differenzierte Sicht von Altern und Alter, die in der Gerontologie bestimmend ist, setzt sich in der öffentlichen Meinung erst langsam durch. Auch wenn der Alterungsprozess in biologisch-organischer Hinsicht wirklich Abbau der Funktions- und Leistungsfähigkeit heißt, bedeutet Altern eben nicht generellen Abbau. **Wie** jemand alt wird, hängt von vielen Faktoren ab. Von seinem bisherigen Lebenslauf beispielsweise, seinem Beruf, seiner Gesundheit, seiner sozialen Schicht, seiner psychischen Verfassung und ähnlichem mehr. Es gibt immer mehr Menschen, die vital älter werden, kompetent, selbstbewusst, lebensbejahend – und damit verändert sich auch langsam das Gesellschaftsbild. Die große Zahl rüstiger, mobiler, aktiver Senioren widerlegt das Schreckensbild vom armen, alten gebrechlichen Greis; das Szenario der „drohenden Alterslast" schwebt zwar immer noch über uns, aber manches in der gesellschaftlichen Entwicklung lässt die Hoffnung aufkeimen, dass es doch überwunden wird und einem Leitbild Platz macht, in dem der Entwicklungsabschnitt „Alter" nicht mehr vorrangig als „Verlust der Jugend" gesehen wird, sondern als eigenständige, qualitativ wertvolle Lebensphase erlebt werden kann.

In der Psychomotorik fristet die Arbeit mit älteren und alten Menschen immer noch eher ein Schattendasein. Noch lässt der echte Einbezug des Entwicklungsabschnitts Alter in die Psychomotorik, deren Domäne die Kindheit ist, auf sich warten. Aber auch hier sollte die demographische Entwicklung nicht länger übersehen werden und die Psychomotorik auch den Lebensabschnitt Alter mit seinen vielfältigen Fördermöglichkeiten entdecken.

Vor einigen Jahren schon wurde das Konzept der Motogeragogik vorgestellt, dass sich in seinen Ursprüngen mit seinem präventiven Ansatz auf die Zielgruppe der vitalen, rüstigen Älteren bezogen hatte und immer noch seine Gültigkeit besitzt (vgl. PHILIPPI, 1989). Mittlerweile hat die Erprobung in der Praxis und die weitere theoretische Erarbeitung zu kleinen Modifikationen und einer genaueren Zuordnung und Spezifizierung der Praxisthemen geführt.
Motogeragogik ist eine Anwendungsdisziplin der Motologie. Sie basiert auf den Grundlagen der Motopädagogik, also auf dem Konzept der ganzheitlichen Erziehung und Persönlichkeitsbildung durch Bewegung. Bewegung wird als grundlegend für die Handlungs- und Kommunikationsfähigkeit des Menschen gesehen. Indem die Motopädagogik sich des Mediums Bewegung bedient, setzt sie an der Basis der Persönlichkeit an und wirkt gleichzeitig auf sie zurück. Auf dem Hintergrund des Wissens um lebenslange Entwicklung wurde auch für den Lebensabschnitt Alter die Bedeutsamkeit der Bewegung für die weitere Entwicklung hervorgehoben. Mit dem Konzept der Motogeragogik war der Beitrag geleistet, die Motopädagogik auszuweiten und auf die Zielgruppe Ältere und Alte zu beziehen. Es wurde nachgewiesen, dass das Gedankengut der Psychomotorik auch in der Lebensspanne „Alter“ seine Gültigkeit hat und begleitend und unterstützend nicht nur im Kindesalter, sondern auch im Alter wirken kann. Durch eine gezielte Bewegungsarbeit kann eine Förderung und Stabilisierung der gesamten Persönlichkeit im Alternsprozess erreicht werden. Es geht um Persönlichkeitsentwicklung und Persönlichkeitsförderung durch Bewegung im Alter.

Auf Grundlage der thematischen Analyse wurden die Entwicklungsaufgaben und Daseinsthemen der Menschen im Lebensabschnitt Alter herausgearbeitet. Die Kompetenzen, die der Mensch braucht, um diese Aufgaben zufriedenstellend zu lösen, wurden, entsprechend den Intentionen der Motopädagogik in drei Bereiche unterteilt. Analog zur Aufschlüsselung des Kompetenzbegriffs in der Motopädagogik in Ich-Kompetenz, Sozial-Kompetenz und Sach-Kompetenz lassen sich die auf diesen Entwicklungsabschnitt bezogenen Inhalte zuordnen. Das Wissen über sich selbst (Ich-Kompetenz) im Alter trägt dazu bei, trotz der oder mit den biologisch-organischen Veränderungen des Körpers zurechtzukommen und seine Identität zu behalten. „Ich bin Ich – auch wenn mein Körper alt geworden ist, auch wenn vieles nicht mehr geht wie früher, auch wenn ich anders aussehe“.

Ich-Kompetenz bedeutet aber auch, die geistige Leistungsfähigkeit und die Lernbereitschaft zu behalten, bedeutet, seinen Körper zu kennen und so lange es geht, zur Verfügung zu halten, bedeutet, selbst aktiv zu bleiben und sein Leben selbst zu gestalten. Ich-Kompetenz bedeutet auch, sich der Frage nach dem Sinn des Lebens und der Auseinandersetzung mit der Endlichkeit des Daseins zu stellen. Ich-Kompetenz bezieht sich auf alle die Person, das Individuum, das Selbst betreffenden Fragen.

Das Wissen wie man mit anderen umgeht (Sozial-Kompetenz) begründet sich darauf, dass der Mensch grundsätzlich ein gesellschaftliches Wesen ist. Im Alter bedeutet Sozialkompetenz zu besitzen, dass man z.B. möglichst selbst bestimmen kann, ob, welche und wie tiefe soziale Beziehungen man hat oder haben will. Es bedeutet, veränderte Familienstrukturen zu akzeptieren, es bedeutet aber auch, sein Wissen im Umgang mit anderen Menschen zu gebrauchen (oder vielleicht zu verbessern), bedeutet, Einfühlungsvermögen und Zuhören können, bedeutet auch eigene Ausdrucksfähigkeit und Kommunikationsbereitschaft. Gehalten sein in einem sozialen Netzwerk, das Erleben von Nähe und Wärme, bedarf auch des Zutuns eines jeden einzelnen.

Das Wissen, wie man Aufgaben löst (Sach-Kompetenz) bezieht sich darauf, das der Mensch in seiner Umwelt lebt und handelt, mit ihr interagiert. Dazu benötigt er Fähigkeiten, mit den Geräten und Dingen der Umwelt, mit der physikalischen Welt, mit der Technik, mit der Natur zurechtzukommen und sich in den Bereichen, die für das eigene Leben wichtig sind, auszukennen. Im Alter, wo man längst gelernt hat, was wie beschaffen ist, wie es funktioniert und wofür man es gebraucht, bedeutet der Umweltbezug, das Interesse an der Welt und an ihrer Weiterentwicklung wach zu halten. Es bedeutet, auch neue Erfahrungen und neues Wissen zuzulassen und nicht ausschließlich auf Altvertrautem zu beharren. Sachkompetenz bedeutet aber auch, das Erfahrungswissen, dass sich im Laufe eines langen Lebens angehäuft hat, nicht in Vergessenheit geraten zu lassen. Manch guter Rat könnte aus der Erfahrung des Alters gegeben werden. Der Umweltbezug ist ein wesentlicher Baustein im Erleben sinnerfüllten Daseins.

Diese Kompetenzen zu stärken ist das Anliegen der Motogeragogik, indem über das Medium der Motologie, die Bewegung, bestimmte Persönlichkeitsbereiche gefördert, stabilisiert und erweitert werden. Diesen Persönlichkeitsbereichen wiederum werden bestimmte konkrete Inhaltsbereiche zugeordnet, wodurch das weite Feld „Bewegung" für die Praxis handhabbar wird. [82]

---

[82] Ausführlich nachzulesen in: Philippi-Eisenburger, M. (1991); Bewegungsarbeit mit älteren und alten Menschen. Schorndorf: Hofmann und Philippi-Eisenburger, M. (1991): Praxis der Bewegungsarbeit mit älteren und alten Menschen. Schorndorf: Hofmann

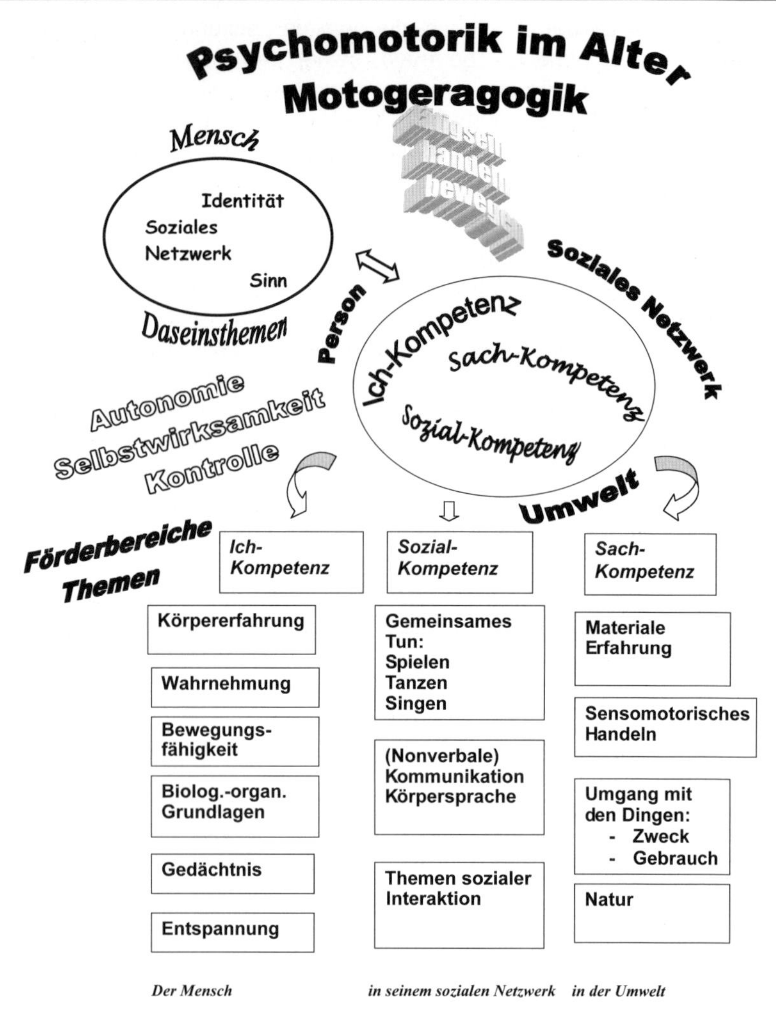

Abb. 1

Zur Bedeutung der Bewegung im Alter

Bewegung ist Leben oder Leben ist Bewegung. Diese Kernthese der Motologie in ihrer Bedeutsamkeit für das Subjekt und seine Entwicklung in der Umwelt wird zunächst den weiteren Ausführungen vorangestellt, um noch einmal deutlich hervorzuheben, warum in der Motologie Bewegung als zentrale Größe des menschlichen Daseins gesehen wird.

Was bedeutet Bewegung im Alter und für das Altern? Bewegung ist Teil der alltäglichen Wirklichkeit, ist Teil des alltäglichen Lebens. Sie wird beeinflusst von der individuellen und sozialen Wirklichkeit, von biographischen wie von gesellschaftlichen, von biologischen wie auch von kulturhistorischen Tatbeständen. Die subjektive Bedeutung der Bewegung ist geprägt von dem individuellen Sinn, der in die Bewegungshandlung gelegt wird und ist nur in ihrem situativen Zusammenhang verstehbar Dieses Bedeutungsgesamt des Phänomens Bewegung im Leben eines Menschen lässt sich aufschlüsseln (vgl. GRUPE, 1976) und so näherem Verständnis zugänglich machen.

Die instrumentelle Dimension
Der Mensch braucht seinen Körper und dessen Bewegungsmöglichkeiten, um handeln zu können. Will er seine Pläne verwirklichen, muss er das „Instrument der Bewegung", den Körper einsetzen. Nehmen wir einmal das Beispiel „Essen": Um essen zu können, geht der Mensch zum Einkaufen, trägt die Lebensmittel nach Hause, schält Kartoffeln, schneidet Fleisch, stellt Töpfe auf den Herd und benutzt dann Finger, Hände und Arme (natürlich mit den Werkzeugen Messer und Gabel), um den ursprünglichen Plan: essen, zu verwirklichen. Es gibt keine Handlung in Alltag, Beruf, Freizeit, die nicht durch Bewegung erst möglich wird. Mit zunehmendem Alter werden aufgrund biologisch-organischer Veränderungen die Bewegungsmöglichkeiten des Körpers (zunehmend) eingeschränkter und möglicherweise behindert. Der Mensch muss neue Strategien entwickeln, um mit den aktuellen Gegebenheiten seines Körpers noch handeln zu können.
Diese Dimension, die im Erwachsenleben – außer bei Krankheiten des Körpers – häufig außerhalb der bewussten Wahrnehmung eher im Verborgenen bleibt, gewinnt mit zunehmendem Alter immer mehr an Gewicht. Die Verfügbarkeit über den Körper zur Realisierung des Daseins beeinflusst die Gestaltung des Lebens. Lässt die Feinmotorik nach, wird Briefeschreiben erschwert, hat man nicht mehr genug Kraft und Ausdauer und kann die Treppe nicht mehr steigen, bleibt man in der Wohnung, kann man nicht genug hören (und will kein Hörgerät), verringern sich die Umwelteindrücke – der Bezug zur Welt ändert sich.
Wenn gar die Selbstversorgung (auch mit Hilfe) nicht mehr gewährleistet sein kann, weil die motorischen (oder geistigen) Fähigkeiten nicht mehr dazu ausreichen, erfolgt häufig die Einweisung in ein Altenheim, wo die Betreuung übernommen wird.

Die erkundende Dimension
Bewegung ist auch das Medium, mit dem wir Erkenntnis über die Geräte, Materialien, Dinge, über die physikalische Beschaffenheit der Umwelt gewinnen. Wenn wir z.B. einen neuen unbekannten Gegenstand in die Hand bekommen, drehen und wenden wir ihn in der Hand, prüfen das Gewicht, den Geruch, fühlen die Oberfläche – alles Bewegungshandlungen, die dazu dienen, Wissen zu erlangen, Wissen, wie die Dinge der Welt beschaffen sind und wie man mit ihnen umgeht. Sensomotorische Er-

kenntnisgewinnung ist einer der wesentlichen Anteile der Intelligenz. Piaget hatte seinerseits ihre Bedeutung für die Entstehung kognitiver Strukturen herausgearbeitet („Begreifen durch Greifen"), mittlerweile weiß man, dass dieses Aspekt des Denkens bis ans Lebensende notwendig ist und – im Unterschied zu höheren kognitiven Funktionen wie schlussfolgerndes Denken, abstrakte Zusammenhänge erkennen etc.- auch bei Abbauprozessen im Gehirn erhalten bleibt. Über sensomotorisches Erfahrungen, also materiales Umgehen – realisiert sich der Umweltbezug.
Im Alter sind die Möglichkeiten, neue Erkenntnisse zu gewinnen, mangels Gelegenheit oft verringert. Leider schränken zusätzlich die Menschen auch oft selbst ihre Möglichkeiten zu sensomotorischen Erfahrungen ein, wenn ihre Lebensweise und Umgebung ein bewegungs- und reizarme Dasein bedeuten. Die Fähigkeiten des Menschen, Denkprozesse auf dieser konkret-sinnlichen Ebene zu realisieren, liegen mehr und mehr brach und geraten, wenn sie nicht gefordert werden, immer mehr in Vergessenheit. Der Umweltbezug kann sich mehr und mehr verlieren.

Die soziale Dimension
Bewegung ist auch das Medium, mit dem wir unsere sozialen Beziehungen verwirklichen. Soziale Kommunikation als ein angeborenes Grundbedürfnis des Menschen realisiert sich in der Regel durch Elemente wie Sprache und Schrift, Körpersprache, Gestik und Mimik. Sich verständlich machen und Verstehen, Lachen und Weinen, Besuche machen, Familientreffen, ins Theater gehen – wie soll man dies ohne Bewegung tun? Nehmen Bewegungs- und verbale Kommunikationsfähigkeit ab, so erschwert dies die Aufrechterhaltung und Gestaltung von Sozialkontakten.
Zu Beginn des Lebens, wo uns noch keine Sprache zur Verfügung steht, sind wir auf intensiven zwischenmenschlichen Kontakt angewiesen, der sich zunächst nur durch Bewegungen (Lächeln, Wiegen, berühren ...tonischer Dialog) realisiert. Auch im erwachsenen Leben ist soziale Kommunikation und Interaktion bestimmt durch Bewegung – auf verschiedenen Ebenen. So sind beispielsweise die Bewegungen der Muskelgruppen im Gesicht notwendig für Mimik und Sprache, die Koordination im Zentralnervensystem zur Organisation und Steuerung der Kommunikation, die Körpersprache als immer präsenter, nicht verbaler Anteil der Kommunikation ist ohne Bewegung nicht möglich. Die Kommunikation muss nicht auf einer verbalen Ebene erfolgen, wenn die Sprachfähigkeit krankheitsbedingt eingeschränkt ist: Sie ist aber nach wie vor ein elementarer Bestandteil menschlichen Lebens, denn das Bedürfnis nach sozialer Nähe ist mit der Unfähigkeit, in unserer Sprache zu kommunizieren, nicht auch verschwunden.

Die personale Dimension
Man kann fast sagen, als Ergebnis dieser drei Bedeutungsdimensionen ergibt sich die nächste Bedeutung, die der Bewegung innewohnt: Bewegung und Körper ist unmittelbar mit der Persönlichkeit verknüpft. Körper

und Psyche, Bewegung und Ich sind so untrennbar miteinander verbunden, dass sie sich immer wechselseitig beeinflussen und immer als „eins" gedacht werden müssen. So, wie im Kindesalter das Vertrauen in die motorischen Fähigkeiten beispielsweise das Selbstbewusstsein stärkt, können leider auch umgekehrt körperliche Behinderungen und Bewegungseinschränkungen im Alter die psychische Befindlichkeit, ja die ganze Persönlichkeit beeinflussen. „Es geht nicht mehr", diese Erkenntnis ist so viel mehr, als nur die motorische Aktion der Beine. So wie im Kleinkindalter der Moment des Laufenlernens einen riesigen Entwicklungsschritt bedeutet und den Zugang zur Welt grundlegend verändert, birgt der umgekehrten Fall ein hohes Gefährdungspotential. Der Zugang zur Welt ändert sich, etwas nicht mehr können, was früher selbstverständlich war – diese Erfahrung muss erst einmal verarbeitet werden.
Andererseits bedeutet dieser enge Zusammenhang auch, dass über eine Förderung der Bewegung ein positiver Einfluss auf die Befindlichkeit, auf die Persönlichkeit genommen werden kann. Wenn Leben wieder mehr Beweglichkeit (körperlich, psychisch, geistig) bedeutet, sind auch wieder mehr Gefühle des „Lebendigsein" spürbar.

Das Sein des Menschen und sein Wohlbefinden ist aber nicht nur in Bezug auf Bewegung und Leiblichkeit zu betrachten. So prägt auf einer übergeordneten Ebene beispielsweise die grundsätzliche Einstellung zum eigenen Leben die aktuelle Befindlichkeit. So kann es sein, dass jemand, der eher optimistisch gestimmt ist, die kleinen Freuden des Alltags häufiger erleben kann, während ein anderer, der eher pessimistisch gestimmt ist, eher Unannehmlichkeiten erwartet. Von einschneidender Bedeutung für das Wohlbefinden des Menschen allerdings ist – so wird uns aus vielen verschiedenen Forschungsrichtungen gezeigt – das Gefühl, selbstbestimmt zu leben und die (unmittelbare) Umwelt gestalten und beeinflussen zu können. So wird das Streben des Menschen nach Autonomie und Selbstbestimmung als einer der „Entwicklungsmotoren" gesehen[83]. In der sogenannten „Wohlbefindlichkeitsforschung „[84] ist als einer der Wirkfaktoren in Bezug auf Wohlbefinden anerkannt, dass die Menschen das Gefühl brauchen, Einfluss auf ihre Umgebung zu haben (Kontrollüberzeugung). Auch die Erfahrung, dass das eigene Tun wirksam und wichtig ist, trägt, wie uns der „empowerment-Ansatz" zeigt, dazu bei, zufrieden leben zu können[85] Und die zentralen „Schutzfaktoren" der Gesundheit des salutogenetischen Modells[86] sind in Abhängigkeit zu sehen von z.B. der Überzeugung, etwas bewirken zu können und genügend Kompetenz dazu zu besitzen.

---

[83] Entwicklungspyschologie, vgl. Oerter/Montada 1997.
[84] vgl. Perrig-Chiello 1997.
[85] vgl. Theunissen/Plaute 1992.
[86] vgl. Antonoswsky 1997.

Ohne hier weiter auf diese und ähnliche Ansätze eingehen zu können, sei festgehalten:

Entscheidenden Einfluss auf menschliches Erleben und Verhalten hat dieses Streben nach Autonomie und Selbstbestimmung, nach Selbstwirksamkeit und Kontrolle. Etwas selbst bestimmen zu können, etwas bewirken zu können, etwas beeinflussen zu können, etwas wert zu sein – das sind untrennbare miteinander verwobene Gefühle, die unser Sein bestimmen. Und die Realisierung dieser Bestrebungen wiederum ist auf einer ganz konkreten (fast banal anmutenden Ebene) unmittelbar an Tätigkeit, also an tätiges Handeln, an Bewegung gebunden.

Daseinsthemen von Menschen in einem Alten- und Pflegeheim

Trotz der positiven Entwicklung, die das gesellschaftliche Altersbild nimmt, es ist nicht weg zu leugnen: es gibt sie, die Menschen, die in Alten- und Pflegeheimen leben (auch wenn es nur ca. 4-5% der über 65-Jährigen sind) und die nach wie vor das Bild des Alters wesentlich mitbestimmen. Und sie leben nur da, weil ihnen körperliche, geistige oder psychische Veränderungen ein selbständiges Leben unmöglich gemacht haben. Dabei ist weniger das chronologische Alter ausschlaggebend als vielmehr die körperliche und/oder geistige Befindlichkeit. Das eigene Aktivitätspotential dieser Menschen ist oft nur noch so gering, dass sie auf Anregungen von außen angewiesen sind, um wenigstens ein Mindestmaß an Aktivität und Bewegung zu haben. Das leider noch all zu oft sinnentleerte Leben in einem Alten- und Pflegeheim mit herkömmlichen Strukturen, die die Institutionalisierungseffekte gerade zu vorprogrammieren, trägt zu einem Abbau der Persönlichkeit, zu einem Verlust der Identität bei. Die dem Menschen eigenen Urbedürfnisse „Arbeit" und „Liebe", die zentralen Grundlagen unserer Identität, sind im Alter oder mit Erreichen der Pflegebedürftigkeit doch nicht einfach verschwunden. Sie äußern sich nur in anderen Formen als in der Phase des mittleren Erwachsenenalters und können eher mit den Begriffen „Tätigkeit" und „Nähe" (vgl. FRIEDAN, 1995) umschrieben werden – aber in der Institution Altenheim lassen sie sich kaum mehr realisieren, die Menschen „verkümmern". Das Leben in einem Alten- und Pflegeheim bedeutet die Unterordnung unter die Strukturen und Regeln der Institution, wo viele der individuellen Persönlichkeitseigenschaften und Lebensgewohnheiten keine Rolle mehr spielen. Das (lebens)notwendige Recht auf Tätigsein, auf Selbstbestimmung und Autonomie, auf Selbstwirksamkeit und Würde, die Überzeugung, Kontrolle über sein Leben zu behalten oder das Erleben von Sinnhaftigkeit, was zu den zentralen „Schutzfaktoren der Gesundheit" (ANTONOWSKI 1997, BRODTMANN, 1999) zählt, sind oft auf ein Minimum beschränkt.

Motogeragogik war ja ursprünglich – vor allem in der Praxis – auf die Bedürfnisse und Erfordernisse der rüstigen, mobilen, vitalen Älteren zugeschnitten. Das dahinterliegende Theoriegebäude allerdings ist generell für **alle** Entwicklungsstufen gültig. Notwendig ist nur die inhaltliche Anpassung an den jeweiligen Altersabschnitt, der jeweils– bei aller interpersonellen Variabilität – überzufällige gemeinsame Merkmale aufweist. Die Entwicklungsaufgaben und Daseinsthemen in den verschiedenen Altersabschnitten sind sehr verschieden voneinander. Für Menschen in der Lebenssituation Alten- und Pflegeheim, die zudem noch unter diesen ganz spezifischen Bedingungen leben, sind die einzelnen Themenbereiche der Motogeragogik demnach recht anders gefüllt als bei selbständig lebenden Menschen. Zentral ist hier eine Entwicklung, in der die Menschen häufig „bewegungslos“ sind (oder gemacht werden) und ihre (lebenslange) Identität hochgradig gefährdet ist. Die Bedeutungsdimensionen der Bewegung verschieben sich und sind in ihrem Gehalt verändert. So nimmt beispielsweise die instrumentelle Dimension eine zentrale Rolle ein (was in den sog. „Selbstversorgungsskalen“ zum Beispiel zum Gradmesser der Pflegebedürftigkeit wird), während die erkundende Dimension fast völlig zum Erliegen kommt. Die soziale Dimension umfasst ein oft ungestilltes Bedürfnis nach Nähe bei gleichzeitigen häufigen Übergriffen auf die Intimsphäre, die sozialen Beziehungen reduzieren sich häufig auf „professionelle“ und sehr einseitige Kontakte mit dem Pflegepersonal, während tiefgreifende Änderungen auf der personalen Ebene Identitätskrisen und Persönlichkeitsverlust bedeuten können. Die zentralen übergeordneten Kategorien erhalten ein enormes Gewicht, aber leider meist mit umgekehrtem Vorzeichen. Die Regeln und Strukturen der Institution erschweren Möglichkeiten zu Selbstbestimmung und Autonomie, zu Selbstwirksamkeit und Kontrolle. Je pflegebedürftiger und abhängiger die Menschen in einem Alten- und Pflegeheim sind (oder werden) desto schwieriger lässt sich ein Leben in Würde, Freiheit und Selbstbestimmung realisieren.

Betrachtet man die Kompetenzbereiche der Motogeragogik, zeigen sich auch hier entsprechende inhaltliche Veränderungen. Wir können hier an dieser Stelle nur jeweils ein einziges **mögliches Beispiel** dafür nennen, welche Auswirkungen das Leben in einem Alten- und Pflegeheim auf den Menschen haben können und wo welche Gefährdungen der Persönlichkeit bestehen.

Gefährdung in Bezug auf die Identität/Persönlichkeit (Ich-Kompetenz)

- **Bereich Körpererfahrung**: Überwiegendes Liegen in weichen Lagerungen, (die einerseits vor Dekubitus schützen) lässt jegliches Gefühl für Körpergrenzen verschwinden, das Gefühl für „sich selbst“ geht verloren.
- **Bereich Wahrnehmung**: Sensorische Reize werden immer seltener – Wahrnehmung und Bewegung werden immer mehr eingeschränkt, was große Auswirkungen auf das Selbst mit sich bringt (Stichwort: Basale

Stimulation).

- **Bereich biologisch-organische Grundlagen:** Funktionen, die nicht mehr gebraucht werden, verkümmern – und wenn man so gut wie nichts mehr tut (oder tun kann), werden auch die Fähigkeiten, zu agieren, seinen Alltag so zu gestalten, dass er Sinn macht, immer weniger – der Alltag wir immer sinnentleerter. Die dauerhafte Bewegungslosigkeit lässt den Bewegungsapparat versteifen – im hohen Alter, wenn die Kompensations- und Adaptationsmöglichkeiten des Organismus nachgelassen haben, sehr schnell. Die Funktions- und Leistungsfähigkeit des Organismus lässt rapide nach
- **Bereich Bewegungsfähigkeit**: Die Möglichkeiten, die jeder hat, sich zu bewegen, werden nicht mehr genutzt, weil man überwiegend nur noch sitzt. Das Leben versinkt in immer größer werdenden Bewegungslosigkeit – nicht weil man alt wird, sondern weil man sich nicht mehr bewegt. Auch die Atmung geht flach und kraftlos und bringt den lebensnotwendigen Sauerstoff nur noch schwach überall hin.
- **Bereich Gedächtnis:** Auch die kognitiven Funktionen des Gehirns brauchen die ständigen Anregungen der Bewegung, müssen in Übung gehalten werden. Je weniger sich die Menschen bewegen, um so größer sind Einschränkungen der geistigen Leistungsfähigkeit, wenn nicht ein entsprechendes geistiges Training erfolgt.
- **Bereich Entspannung**: Das Lebensprinzip Spannung und Entspannung kann nicht mehr eingehalten werden. Entspannung braucht den Gegenpol Anspannung – wenn das Dasein ein gleichförmiger Zustand geworden ist, ist die Gefahr freudloses Dahindämmerns groß.

Gefährdung in Bezug auf Eingebundensein in ein soziales Netzwerk (Sozial-Kompetenz)

- **Bereich Gemeinsames Tun:** Das dem Menschen angeborene, in der Evolution vererbte Bedürfnis nach Geselligkeit und Beisammensein (vgl. Pickenhain 2000) kann nicht mehr gestillt werden. Obwohl die Menschen auf engstem Raum und in ständiger (räumlichen) Nähe mit vielen anderen Menschen leben, entstehen ganz selten Gemeinschaftserleben und Gruppengefühl.
- **Bereich zwischenmenschlicher Kontakt**: Die zwischenmenschlichen Kontakte reduzieren sich mehr und mehr, oft sind es nur noch flüchtige Kontakte zu professionellen „Betreuern“. Die Beziehungen zu ihnen sind oft konfliktbeladen, weil sie einerseits sehr intim sind (Pflegehandlungen), andererseits sehr oberflächlich und distanziert. Die dem Menschen eigene Sehnsucht nach Nähe und Berührung bleibt unerfüllt. Er ist einer der Hauptfaktoren für die Entwicklung der selbstbewussten menschlichen Persönlichkeit, kann aber aus der Erinnerung nicht lange aufrechterhalten bleiben. Für seine dauerhafte persönlich-

keitsfördernde und –stabilisierende Wirkung ist realer Vollzug erforderlich

- **Bereich Kommunikation**: Verbale und nichtverbale Kommunikation als eine Form sozialer Kommunikation ist einer der Bestandteile des Daseins. Sich verständlich machen, verstanden werden, andere verstehen – diese (selbstverständlichen) Grundlagen erwachsenen Daseins werden oft unter den institutionellen Rahmenbedingungen (angeführt werden dann z.B. ein zu enger Dienstplan, die Überlastung des Pflegepersonals, der viel zu geringen Stellenschlüssel etc.) immer mehr zugeschüttet.
- **Bereich Interaktion**: Das Bedürfnis nach Tätigkeit in Gemeinschaft, nach gegenseitiger Wertschätzung aufgrund getaner Leistungen beispielsweise werden nicht zufriedengestellt durch die „verordneten Aktivitäten" (eine Stunde Gymnastik oder eine Stunde Basteln etc), in denen jeder, je nach Vermögen der Leitung, mehr oder weniger für sich bleibt.

Gefährdung des Umweltbezugs (Sach-Kompetenz)

- **Bereich sensomotorisches Handeln**: Sensomotorisches Handeln ist eine Form der Erkenntnisgewinnung. Es ermöglicht materiale Erfahrungen, die auf einer konkret-sinnlichen Ebene das Denken ausmachen. Wenn kaum mehr etwas angefasst, gedreht und gewendet, berührt wird, gehen wertvolle Gedächtnisareale immer mehr verloren. Auch das generelle Erleben von Sinnhaftigkeit seines Lebens ist mit konkret-sinnlichen Erfahrungen verbunden.
- **Bereich Materiale Erfahrung und Umgang mit Dingen**: Die Menschen haben kaum noch Umgang mit Dingen der Umwelt und damit mit der Umwelt überhaupt und verlieren den Bezug dazu.
- **Bereich Natur**: Der Mensch ist ein Naturwesen. Im Erleben der Natur können viele heilsame Einflüsse wirksam werden, die Menschen, die sich nur noch in geschlossenen Räumen aufhalten müssen, verloren gehen.

Entwicklung im Alter kann doch nicht nur **Rück**entwicklung sein! Und wir können Menschen, die pflegebedürftig sind, also in **einigen** Bereichen der Hilfen bedürfen, nicht generell die Möglichkeit zu Entwicklung absprechen oder nehmen. Wir müssen vielmehr danach suchen, welche Potentiale wir haben, Entwicklung – auch unter den Bedingungen des Lebens in einem Altenheim – positiv fördern zu können.

Hier kann das Konzept der Motogeragogik wichtige Anstöße liefern. Diese kleine Zusammenstellung von den Themen, die unter diesen Bedingungen (Lebenswelt Alten- und Pflegeheim) das Dasein und die Identität beeinflussen, zeigt schon auf, welche Möglichkeiten in der motogeragogischen Förderung liegen, welche Anteile der Persönlichkeit gefährdet sind und wo und wie man fördernd eingreifen könnte. Es geht nicht darum, „nette Bewegungsstunden" zu machen, sondern es geht um Entwicklungsförderung, um den Menschen, um seine Identität. Die Weiterentwicklung des Menschen ist unter diesen Bedingungen, wie sie zur Zeit noch häufig in der Institution Alten- und Pflegeheim vorfindlich sind, hochgradig gefährdet, sie droht, wirklich nur eine rapide Rückentwicklung zu sein und die Gefahr der Hospitalisierung in kürzester Zeit besteht nachgewiesenermaßen (vgl. GIELEN, 1996). Und das nicht, weil man alt geworden ist, sondern weil die Lebensbedingungen es einem verwehren, menschlich zu bleiben, und so – trotz Pflegebedürftigkeit in Teilbereichen – so weiter zu leben, wie man es zum Menschsein braucht.

Motogeragogische Förderung im Altenheim bedeutet eine ganzheitliche, persönlichkeitsorientierte Förderung in allen diesen aufgeführten Bereichen, beinhaltet die Möglichkeit, diese lebenswichtigen Anteile im Menschen zu aktivieren, anzuregen, wieder Erfahrungen zu ermöglichen – und so ein Stück Lebensqualität zurückzubringen, das Leben immer noch lebenswert zu machen. Den Grundbedürfnissen des Menschen „Tätigkeit" und „Nähe" und dem Wunsch nach Selbstbestimmung wird entgegengekommen, denn generell durchzieht das Prinzip des tätigen Handelns alle psychomotorischen Interventionen, sind Kommunikation und Interaktion miteinander und mit den Mitarbeitern im Hause explizit Thema oder immer mitschwingendes Prinzip und wenigstens in den uns zur Verfügung stehenden kleinen Teilbereichen wird das Recht auf Selbst- und Mitbestimmung gewahrt.

Idealerweise müsste der ganze Lebensalltag, die „Philosophie" des Hauses auf dieses Konzept hin zugeschnitten sein, noch sieht es aber leider in der Realität meist noch so aus, das Motologen, Motopäden, Sozial- und Bewegungstherapeuten in isolieren Stunden versuchen, diese Prinzipien umzusetzen.

Psychomotorik im Alten- und Pflegeheim

Mittlerweile wird immer deutlicher, dass sich der Begriff „Motogeragogik" nicht durchsetzen kann, während bei dem Begriff „Psychomotorik mit Senioren" bzw. „Psychomotorik im Alter" auf ein allgemeines Verständnis zu treffen ist. Da auch in der gesamten Diskussion allmählich immer mehr der Begriff Psychomotorik (wieder) aufgenommen wird und neben Motopädagogik seine Daseinberechtigung hat, wird auch hier nun nicht mehr von Motogeragogik, sondern von Psychomotorik im Alter gesprochen.

Einschränkend sei nochmals betont: der folgende Beitrag ist nicht zu verstehen als ein Grundsatzbeitrag zu „Psychomotorik im Alter" – dieser ist identisch mit dem Konzept der Motogeragogik und vielerorts veröffentlicht (vgl. u.a. PHILIPPI-EISENBURGER, 1991; EISENBURGER/LIEBMANN, 1996, EISENBURGER, 2001) Hier geht es um eine spezielle „Randgruppe" – nicht um „das" Alter! Nur 4-5% der Bevölkerung der über

65-Jährigen ist betroffen, aber dennoch für das allgemeine Altersbild so eminent bedeutsam und für die Motologinnen und Motologen ein zukünftiges Arbeitsgebiet. Das hier gezeichnete Bild ist nicht „das" Alter. Alt werden birgt wohl die Gefahr eine solchen Entwicklung, sie ist aber beileibe nicht zwangsläufiges, unabänderliches Schicksal! Hier geht es nicht um die präventive, begleitende Anteile der Psychomotorik, sondern um deren rehabilitative, unterstützende Ausrichtung, bezogen auf eine spezielle Zielgruppe.

Lebenssituation Alten- und Pflegeheim

Wir können davon ausgehen, dass es der erklärte Wunsch der meisten Menschen ist, ihre Unabhängigkeit zu behalten und selbständig in den eigenen vier Wänden zu leben. Die Bewohnerrinnen und Bewohner des Alten- und Pflegeheimes dagegen müssen mit der Erfahrung fertig werden, dass sie es alleine nicht mehr bewerkstelligen können. Sie leben nun zwar deswegen in einem Heim, weil sie körperlich und/oder geistig ein selbständiges Leben nicht mehr führen konnten, aber ihr Bedürfnis nach selbständigem Leben ist natürlich mit den veränderten Lebensbedingungen nicht automatisch verschwunden. Sie geraten in einen schweren Konflikt: Übergeordnetes Thema ist die Aufgabe von Autonomie und Selbstbestimmung, „spürbar" in einem Körper, der vielleicht schmerzt, der vielleicht nur noch eingeschränkte Bewegung zulässt, der das Dasein so schwer werden lässt. Jeder Mensch hat von Beginn seiner Existenz an gelernt und erfahren, dass Bewegung dazu dient, das Leben zu meistern. Nun erfährt er, dass ihm sein Körper und seine Bewegungsmöglichkeiten nicht mehr wie gewohnt zur Verfügung stehen. Bewegung und Persönlichkeit, Körper und Selbstvertrauen, Identität und Selbstbild sind so untrennbar und eng miteinander verflochten, dass die (allmählichen) Einschränkungen und Behinderungen des Körpers und seiner Bewegungsmöglichkeiten das gesamte bisherige Leben ungültig zu machen drohen und zukünftiges Leben in Frage stellen. „Ich bin krank und alt und – nichts mehr wert": diese Schlüsse werden oft genug gezogen.
„Es geht nicht mehr" – dieser Satz bedeutet soviel mehr als nur diese Worte oder die Bewegung der Beine. Wie viel Resignation kann da mitschwingen, wie viel Trauer um Verlorengegangenes, aber auch wie viel Angst und wie viel Wut über die eigene Unfähigkeit. „Es geht nicht mehr" – diese Erkenntnis ist immer bitter, gerade weil es sich auf Dinge bezieht, die früher „gegangen" sind. Wir haben gesehen, dass in der frühen Kindheit das Gehen lernen auch heißt: „es geht". Es bedeutet Unabhängigkeit, Selbständigkeit und den Beginn einer unendlichen Reihe von Lebensabenteuern. Nun heißt es: „es geht nicht mehr". Und das bedeutet weit mehr als dass nur die Fortbewegung auf den eigenen Beinen nicht mehr möglich ist.

Sicherlich, das Eingeständnis und Zugeständnis, manches nicht mehr tun zu können, umfasst fast nie alle Bereiche, gilt nicht generell für das gesamte Leben. Aber die Gefahr ist groß, dass genau dies übersehen wird und die Resignation oder der Ärger über die nicht mehr „funktionierenden" Teilbereiche auf die gesamte Person, auf den gesamten Lebenswillen übertragen werden. So kann sich leider die Erfahrung „es geht nicht mehr" auch auf Bereiche und Persönlichkeitsanteile ausbreiten, die im Grunde davon nicht betroffen wären. Und so erfüllt sich die eigene Prophezeiung: „Es geht nicht mehr" wird zum realen, alles überdeckenden Lebensthema.

In diese sowieso schwierige Phase fällt der Einzug in ein Alten- und Pflegeheim. Damit verbunden sind mit dem plötzlichen, absoluten Bruch zu dem bisher gelebten Leben die einseitige Unterordnung und Anpassung an die bestehenden Strukturen und Regeln der Institution. Die Heimordnung regelt nicht nur äußere Rahmenbedingungen (Schlafenszeiten, Essenzeiten, Waschzeiten, Gemeinschaftszeiten etc), sondern bestimmt auch die Struktur der Beziehungen zwischen Bewohnern und Pflegekräften (es ist in eine Machtstruktur, in der die Pflegenden den zu Pflegenden sagen, was wann zu tun ist) und bestimmt indirekt das Selbstwertgefühl des Bewohners. Wir haben gesehen, dass Selbstbestimmung, Selbstwirksamkeit und Kontrolle wirkmächtige Säulen der Identität sind, wir haben gesehen, dass sie als „Schutzfaktoren" der Gesundheit nur dienen, wenn sie auch wirklich gelebt werden können – aber innerhalb der bestehenden Strukturen der Institution Alten- und Pflegeheim wird ihnen kaum Raum gegeben. Und: es gibt nichts mehr zu tun! Alles wird von anderen (schneller und besser) gemacht. Selbst Anziehen, Waschen, Tischabräumen, Bettenmachen oder andere kleine alltäglichen Verrichtungen werden von anderen übernommen. Wesentliche Aspekte dieses Themas haben mittlerweile glücklicherweise unter dem Begriff „Aktivitäten des täglichen Lebens (ATL)" Eingang in viele Ausbildungskonzepte der Altenpflegeschulen gefunden. Statt „Ver-sorgen" und „Be-handeln" treten zunehmend Bemühungen zur Aktivierung und Anregungen zum „Selbst-Handeln". Jeder Bewohner soll soviel, wie es irgend geht, selbst machen, vom Waschen, Anziehen, Essen bis zur Teilnahme an der Verrichtung häuslicher Tätigkeiten wie Küchenarbeit oder Blumenpflege. Auch wenn es oft viel länger dauert, als wenn es eine wohlmeinende Pflegerin „schnell mal eben" selbst macht – es ist das „Herzstück" der Bemühungen um Aktivierung und Selbständigkeit. Wenn jemandem immer die alltägliche – bislang selbstverständlichen – Handlungen abgenommen werden, weil es zu lange dauert oder „unordentlich" ist, wird er entmündigt! Und dann nützt es auch nichts, wenn in einer extra Bastel- oder Bewegungsstunde „Selbsttätigkeit" auf dem Plan steht. Der Alltag muss, so weit es geht, notfalls eben auch in kleinsten Freiräumen, selbstverantwortlich gestaltet werden können. Kontrollüberzeugung und Bedürfnis nach Selbstwirksamkeit als wesentliche Pfeiler der Identität und des Selbstkonzepts haben hier in diesen Alltagsaktivitäten ihren Ursprung. Nur so kann zunehmender Resignation, Lustlosigkeit und Apathie, kann einem schleichenden Verlust der Identität begegnet werden.

Diese Lebensbedingungen in einem Alten- und Pflegeheim und die eigenen Krankheiten und Behinderungen, die die Pflegebedürftigkeit bedingen, münden nicht selten in Rückzug in eine innere Welt. Der Bezug zur Umwelt wird reduziert, die Teilhabe am Geschehen erfolgt häufig nur punktuell. In einer psychomotorischen Förderung können wir (vorläufig) nicht die Lebensbedingungen verändern, aber wir können dahin wirken, jedem einzelnen (auch wenn es nur zeitweilig ist), des Gefühl das Gefühl zu geben, lebendig zu sein, wieder einmal „da" zu sein, wieder etwas spüren – sich wieder zu bewegen. Wir müssen einen Zugang finden (der sehr individuell ist), um ihn zu erreichen, um ihm in der Einförmigkeit eines Daseins einen kleinen „Glanzpunkt" geben zu können und ihn wieder erleben lassen, wie vielfältig das Dasein sein kann – und vor allem: dass er „sich selbst" wieder spürt. Dass er erlebt, dass er doch etwas bewerkstelligen kann, dass er doch etwas bewirken kann, dass er doch etwas leisten kann, dass er doch teilhaben kann, dass er Gemeinschaft erleben kann und: dass er Freude haben kann.

Aber man darf nicht die Augen davor verschließen, dass diese Stunden „Bonbonstunden" sind, die sich aus dem normalen Alltagsleben herausheben und – so wertvoll sie auch sind – nur kleinste Erfahrungen zulassen. Psychomotorik ist von viel existentiellerer Bedeutung als dass sie nur eine einzelnen Stunde in der Woche ausmacht – sie muss das Leben bestimmen! Auch wenn hier wiederum durch die Vorgabe „Institution Alten- und Pflegeheim" – engen Grenzen gesteckt und hohe Mauern gezogen sind – es ließen sich viele fördernde, ganzheitliche, umfassende Umgestaltungen machen.
Vorausgesetzt ist allerdings, dass diejenigen Mitarbeiter, die am meisten Zeit mit den alten Menschen verbringen, die meist am kontinuierlichsten mit „ihren" Bewohnerrinnen und Bewohnern zu tun haben, die am unmittelbarsten mit den Bedürfnissen und Gewohnheiten, mit den Lebensäußerungen konfrontiert werden, die Altenpflegerinnen und Altenpfleger am gleichen Strang ziehen. Und dazu müssen sie – zur Zeit noch – erst einmal Wissen erwerben, Kenntnisse gewinnen. Erst ganz allmählich setzen sich in den Fachschulen in der Berufsausbildung ähnliche Erkenntnisse durch.

Themen der Psychomotorik im Alten- und Pflegeheim
Welches sind denn nun die Bereiche der Persönlichkeit, zu denen wir über Bewegungsförderung Zugang bekommen können? Der Mensch ist

vielschichtig und vereinigt in sich die vielfältigsten Bereiche. Und so können wir auch einen Menschen über viele verschiedene Kanäle erreichen, nicht nur über einen einzigen. Und weil diese Bereiche alle miteinander vernetzt sind, ist immer von wechselseitigen Wirkungen auszugehen. Rufen wir uns noch einmal ins Gedächtnis zurück, dass Psychomotorik darauf hinwirken möchte, die Kompetenzen des Menschen zu stärken, um so seine Selbstwirksamkeit zu erhöhen und seine Möglichkeiten, seine anstehenden Entwicklungsaufgaben zu lösen, zu erweitern. In einem Alten- und Pflegeheim ist eine der vordringlichsten Entwicklungsaufgaben, das Personsein zu wahren und seine Identität zu halten. Psychomotorik möchte den Menschen in seinem Personsein bis zum Tode unterstützen. Wir müssen davon ausgehen, dass Menschen unter diesen bestimmten Lebensbedingungen nur sehr schwer oder fast gar nicht mehr in der Lage sind, sich selbstbestimmt die notwendigen Anregungen zu schaffen. Wir müssen sie ihnen von „außen" – auf der Grundlage des innerhalb des Konzepts der Motogeragogik erworbenen Wissens über Zusammenhänge zwischen Bewegung und Persönlichkeit anbieten.
Die Frage ist also, was braucht der Mensch und was können wir unterstützend anbieten? Allgemein formuliert lässt sich diese Frage auf einen einfachen Nenner bringen: der Mensch muss mit sich – in seinem sozialen Netzwerk- in seiner Umwelt zurechtkommen. Wir werden jetzt sehen, was damit im Einzelnen gemeint ist.

Der Mensch muss mit sich zurechtkommen:

Identität/Persönlichkeit (Ich-Kompetenz)
Bereich Körpererfahrung

Die Erfahrungen, die jeder mit und durch seinen Körper macht, sind Grundlage und Voraussetzung für jede Bewegung. Und weil dieser Bereich so umfassend ist, wird er (theoretisch) in verschiedene Unterbereiche eingeteilt. Im Menschen sind sie immer ineinander verwoben, aber zum Verständnis und zur gezielten Förderung ist es sehr hilfreich, wenn man sich die verschiedenen Akzente klar macht.

Da ist einmal der Aspekt **Körperschema:** Vereinfacht ausgedrückt hat jeder Mensch eine Art Lageplan seines Körpers im Gehirn gespeichert, das Körperschema. Man weiß z.B. ohne nachzudenken, wie der Körper beschaffen ist und wie er funktioniert, wie lang die Arme und Beine sind oder wo vorne und hinten ist. Wenn wir unsere Position verändern, melden automatisch verschiedenen Rezeptoren an Muskeln, Gelenken etc. die aktuelle Lage des Körpers und seiner Teile an das Gehirn. Auf dieser Grundlage können wir, wenn wir eine bestimmte Handlung ausführen, die Bewegungen des Körpers ohne langes Überlegen sinnvoll und gezielt einsetzen. Im Alter jedoch stimmt das im Lauf des Lebens erworbene und funktionierende Körperschema nicht mehr mit den tatsächlichen or-

ganischen Gegebenheiten des Körpers überein. Der biologische Organismus „Körper“ verändert sich im Alter in seiner Funktions- und Leistungsfähigkeit. Ein Arm z.B. lässt sich nicht mehr so hoch heben, ein Schultergelenk schmerzt, eine Beugung des Oberkörpers geht nicht mehr so tief, weil die Wirbelsäule versteift: man muss neue Strategien, neue Bewegungsmuster entwickeln, um seine Pläne zu verwirklichen.
Das Körperschema, also die mentale Vorstellung, die wir von unserem Körper und von seinen Bewegungsmöglichkeiten haben, muss sich an die veränderten realen Bedingungen des altwerdenden Körpers anpassen. Grundsätzlich dienen **alle** Bewegungen, die der Körper ausführt, dieser Anpassung. Allerdings neigen alte Menschen dazu, sich sehr wenig zu bewegen – viel weniger, als sie es eigentlich noch könnten. Von daher fehlen ihnen zunehmend die Bewegungserfahrungen mit dem sich verändernden Körper. Die Bewegungsmuster werden immer stereotyper, das Körperschema verliert seine Anpassungsfähigkeit, die Beweglichkeit wird immer eingeschränkter. Als Folge davon braucht die Ausführung von Bewegung immer mehr Energie und Anstrengung und aus diesem Grund unterbleiben sie immer mehr. Umgekehrt fallen alle Bewegungen bei regelmäßigem Üben leichter, kosten weniger Kraft und werden mit mehr Freude aufgeführt.
Insofern tragen die Betreuerinnen der alten Menschen schon viel Positives zur Anpassung des Körperschemas an die tatsächlichen körperlichen Bewegungsmöglichkeiten bei, wenn sie sie ermuntern, möglichst viele große und kleine Bewegungen auszuführen wie z.B.: Spaziergänge zu machen und dabei Blumen zu pflücken, das Zimmer zu verlassen und im Treppenhaus mal bis unter das Dach zu steigen, selbst das Bett zu machen oder einmal wieder die Kommode auszuräumen und mit neuem Schrankpapier auszulegen. Nicht auf spektakuläre Übungen kommt es an, sondern auf alltägliche, aber vielfältige Bewegungsmuster!
Wesentliche Intensivierung der Anpassung erfolgt durch die Bewusstmachung dessen, was man tut. Man kann zum Beispiel in den Stunden einfach fragen: „Frau K., wie hoch können Sie noch Ihren Arm heben? Geht es nicht ein bisschen höher? oder: „Herr T., können Sie die Rükkenlehne berühren? Wie könnte man das doch noch hinkriegen?

Auch alte Menschen haben oft den Wunsch, über ihren Körper, seine Veränderungen, seine Krankheiten Bescheid zu wissen. In diesem Aspekt der Körpererfahrung, dem Bereich der **Körperkenntnis** können auch Psychomotoriker wirksam werden, indem sie sich z.B. einfach ein bisschen sachkundig machen (oder ihr anatomisches und medizinisches Wissen aus der Ausbildungszeit auffrischen) und diese Informationen an die Bewohnerrinnen und Bewohner weitergeben. Wenn jemand weiß, dass sein Gelenk versteift, wenn er es nicht bewegt, und warum das so ist, wird er viel eher bereit sein, es zu bewegen!

„Was kann ich mit meinen Händen noch machen?“

Ein anderer Aspekt der Körpererfahrung ist es auch, die **Grenzen** seines Körpers zu spüren. Die Haut als ein wichtiges Organ des Menschen, die den ganzen Körper schützend umhüllt, sollte auf vielfältige Weise stimuliert werden (Duschen, Wechselbäder, Bürstenmassagen, Eincremen etc.). Leider ist es den Bewegungsfachleuten meist verwehrt, diese als „Pflegehandlungen“ stattfindenden Situationen entsprechend zu gestalten, damit das elementare Bedürfnis nach Berühren, Anfassen, Festhalten wenigstens ein bisschen gestillt werden kann Körperliches Wohlbefinden und das Gefühl für die eigenen (Körper-)Grenzen bleiben erhalten. Und das wirkt wiederum nach innen auf die psychische Befindlichkeit. Aber auch positive Zuwendung beim Waschen und Baden, nicht das distanzierte „Be-handeln“ des Körpers wird wirksam, wenn es darum geht, dass der alte Menschen ein bejahendes Bild von seinem Körper und eine positive Einstellung zu ihm behält: „Auch wenn er alt und vielleicht auch krank geworden ist – es ist mein Körper, das bin ich und ich stehe zu meinem Körper und zu mir. Ich nehme mich an, so wie ich bin“. Dieser Bereich **Körpereinstellung** ist daher ein weiterer Aspekt der Körpererfahrung. In der Psychomotorik können alle Formen des Ausstreichens, des Abklopfen, des Massierens mit und ohne Materialien gewählt werden.

Ebenso wie auch das **Körperbewusstsein**, d.h. das bewusste Wahrnehmen des eigenen Körpers in Ruhe und Bewegung. So spiegelt sich beispielsweise ein lustloses, freudloses, antriebsloses Leben auch in der Körperhaltung wieder. Und umgekehrt lässt es sich über Bewegungsaktivitäten und Anregung erreichen, dass nicht nur der Körper bewegt wird, sondern sich überhaupt wieder mehr Aktivierung einstellt. In Anlehnung an den Pflegetheoretiker BÖHM (BÖHM, 1999), der die These vertritt, dass, wenn die Seele bewegt wird, sich auch der Körper bewegt, lässt sich sagen, wenn der Körper bewegt (berührt) wird, bewegt sich auch die Seele.

Förderbereiche – Themen – Erfahrungsfelder
Ich-Kompetenz

Körpererfahrung	• Körperschema (neuro)physiolgische Grundlagen, ZNS • Körperkenntnis • Körperbild („Leib sein") - Körperwahrnehmung • Körperbewusstsein (Selbstbild)
Wahrnehmung	• Sinnesschulung • Reaktionsschulung • Wahrnehmungsspiele (Kimspiele) • Wahrnehmung innerer Zustände • Bewusstheit in der Welt
Bewegungsfähigkeit	• Angeborene, persönliche Bewegungsformen • Grundformen der Bewegung • Bewegungsqualitäten • Haltung • Rhythmik • Motorische Grundeigenschaften (Gleichgewicht, Koordination, Reaktion etc.)
Biologisch-organische Grundlagen	• Halte-Stütz- und Bewegungsapparat, Herz-Kreislauf, ZNS ; Atmung etc: Funktionserhaltung durch Bewegung – der Mensch ist auf Bewegung angelegt und braucht Bewegung zur Leistungs- und Funktionserhaltung
Entspannung	• Abbau innerer Unruhe • Genießen können • Loslassen können • Mut zur Stille
Gedächtnis	• Bewegung – geistiges Leistungsvermögen • Bewegungsorientierte Gedächtnisschulung

Abb. 2

Bereich Wahrnehmung

Auch in diesem Themenbereich bestehen verschiedene Möglichkeiten der Förderung.[87]

So ist zum ersten die Sinnesschulung zu nennen. Auch wenn im Alter die Leistung der Sinnesorgane wie Hören, Riechen, Schmecken etc. tatsächlich abnehmen, hängt es doch auch sehr viel von Trainingseinflüssen ab, wie stark die Einbußen sind und wie schnell sie erfolgen. Immer das gleiche Bild an der Wand anzusehen, aktiviert den Seh-Sinn nicht gerade, immer die gleichen Gerüche im Zimmer oder im Haus regen die Geruchsnerven nicht an! Man kann den Bewohnerinnen und Bewohner und Bewohnern einmal Duftfläschchen mit verschiedenen Essenzen (auch aus dem Alltag wie z.B. Gewürzkräuter, Kaffeepulver, Schuhcreme oder Essig) mitbringen oder sie an Alltagsgegenständen riechen lassen wie z.B. Seife oder Putzmittel. Sie können wieder einmal einen Zitronenschnitz kosten oder ein Stück Schokolade! Viele Wahrnehmungsspiele und Kimspiele sind für eine Förderung geeignet Je eingeschränkter das Leben der Bewohnerinnen und Bewohner ist und je weniger Sinnesreize von außen noch vorhanden sind, desto grundlegender müssen die Wahrnehmungsreize sein, die sie bekommen. Basale Stimulation, d.h. die Anregung der einzelnen Sinnesorgane mit einfachsten, grundlegenden, eben basalen Mitteln kann auch für schwere Pflegefälle Momente des Wahrnehmens und Erlebens, der Aktivierung bedeuten.

Ein zweiter Förderbereich betrifft das Reaktionsvermögen. Man muss oft genug auf eine Information von außen (Reiz) mit einer Bewegungshandlung antworten. Wenn z.B. die Blumenvase wackelt, weil man an den Tisch gestoßen ist, muss man schnell hingreifen können, um sie aufzufangen. Dieses Reaktionsvermögen lässt zwar im Alter auch nach, aber vor allem dann, wenn man es nicht schult. Hier können einfachste Übungen schon wirksam werden. Werfen und fangen im Kreis als einfachste Formen seien hier genannt ebenso wie Spiele, in denen die Teilnehmer auf eine bestimmtes optisches oder akustisches Signal mit einer vorher ausgemachten Bewegung antwortet.

Als drittes ist hier noch das „Wahrnehmen innerer Zustände" zu nennen. Vielen (alten) Menschen ist es fremd und ungewohnt, bewusst in sich hineinzuhorchen, sich selbst wahrzunehmen. „Wie sitze ich gerade jetzt? Wie liege ich? Wie fühle ich mich dabei?" Man kann die Bewohnerinnen und Bewohner dazu ermuntern, bewusst zu fühlen, man kann nachfragen, es sich erklären lassen, zu hören! Insgesamt kann auch durch eigenes „bewusstes" Dasein viel erreicht werden: Wenn in der Stunde einmal

[87] Für die meisten der folgenden Förderbereiche finden sich viele praktische Aufgaben und Übungsformen in.: EISENBURGER, M: (1998): Bewegung und aktivieren mit alten Menschen. Aachen: Meyer&Meyer.

kurz gelüftet wird, kann man fragen, wie es riecht, ob es kalt ist, ob man den Lufthauch spürt. Wenn jemanden durch den Flur oder in den Garten begleitet wird, wird nachgefragt, wie sich der Boden unter den Füßen anfühlt. Der Welt mit wachen Sinnen begegnen: Wahrnehmungsförderung ist Lebensbereicherung!

Bereich Bewegungsfähigkeit
Hier geht es um die jedem Menschen eigene persönliche Art, sich zu bewegen. Während in allen anderen Bereichen Bewegung sozusagen das Medium war, mit dem man bestimmte Aspekte der Persönlichkeit fördern kann, wird hier die Bewegung selbst zum Thema. So kann man z.B. ausprobieren: Was verändert sich (in mir), wenn ich die gleiche Bewegung einmal langsam, einmal schnell mache und warum tut es gut, einmal nicht mehr alles im ewig gleichen Trott zu machen? Oder: Was passiert, wenn ich viel Muskelkraft einsetze oder die Bewegungen ganz zart mache? Welche Bewegungsqualität wird damit erzeugt und wie fühle ich mich dabei? Welche Bewegungsqualitäten bevorzuge ich und warum? Diese und ähnliche Fragen werden im Bereich Bewegungsfähigkeit thematisiert.
Dazu zählt auch das Thema **Rhythmus**: jedes Leben ist von Beginn im Mutterleib an (z.B. Herzrhythmus der Mutter) von bestimmten Rhythmen geprägt und entwickelt einen eigenen (Lebens-)Rhythmus. Im Laufe unseres Lebens gerät vieles von unserem ursprünglichen Gefühl für Rhythmus in den Hintergrund oder geht fast ganz verloren. Rhythmusübungen können dieses Gefühl wieder erwecken und helfen mit, Strukturen im Leben zu setzen. Über eine äußere Strukturierung zu einer inneren Struktur zu gelangen ist das übergeordnete Ziel einer Rhythmusschulung. Auch hier geht es nicht um ausgeklügelten, komplizierten Übungen – gerade die einfachen, ursprünglichen Formen sind für hier das Richtige! Zusammen mit den Teilnehmern einmal einen (einfachen) Rhythmus klatschen und sie dann allein weiterklatschen lassen. Oder den Rhythmus einer Musik mit klatschen und den Rhythmus beibehalten, wenn die Musik zu Ende ist. Mit den Fingerspitzen auf die Tischplatte in einem bestimmten Rhythmus trommeln, die anderen machen vielleicht einfach mit (oder vielleicht verändert oder erweitert). Klatschen und stampfen mit den Händen und den Füßen gleichzeitig, abwechselnd oder etwas verschiedenes. Auch mit Klanginstrumenten lassen sich vielfältige Rhythmusübungen umsetzen.

Ein letzter Punkt, der hier angesprochen werden soll, bezieht sich auf **„Haltung“** Gerade bei alten Menschen, die die meiste Zeit des Tages sitzend verbringen, hat die „schlechte Haltung“ früherer Jahre (wir sitzen alle mit mehr oder weniger schlechter Haltung wie mit rundem Rücken, hängenden Schultern, schlaffem Bauch) häufig zu kraftloser Muskulatur und verfestigtem Rundrücken geführt, der sich kaum mehr ganz Aufrich-

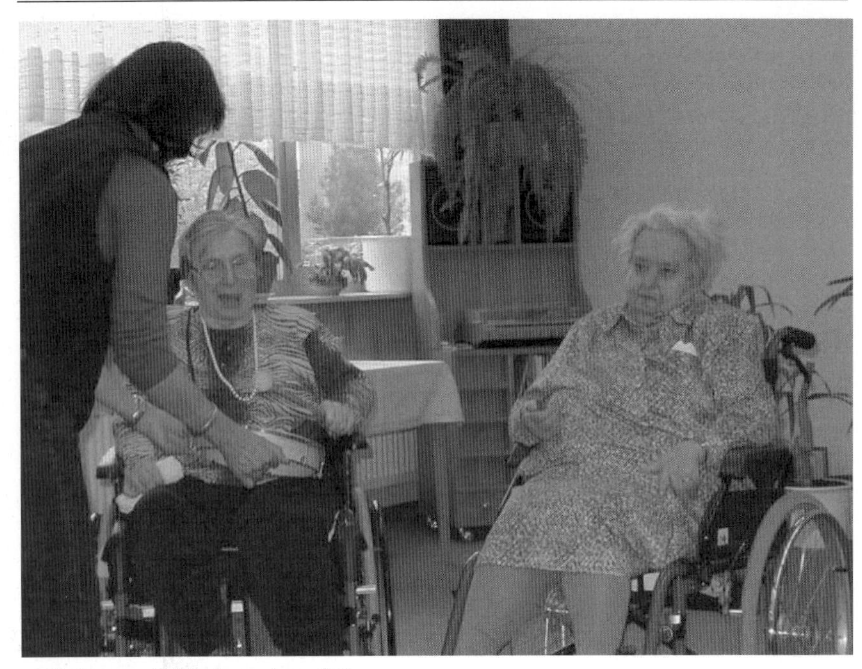

„Rhythmus ist Lebensfreude"

ten lässt. Aber damit diese Haltung nicht noch schlechter wird und die Folgeerscheinungen (wie z.B. Behinderung der Atmung durch eingesunkenen Brustkorb) noch gravierender werden, sind regelmäßige und häufige Übungen für den Rücken und Hinweise zum Aufrichten und Geradesitzen unablässig. Wobei meist zunächst einmal erst behutsam das Gefühl für den eigenen Rücken geweckt werden muss: so sind einfache Massagegriffe in der Schulter-Nackenpartie und Ausstreichungen der gesamten Rückenfläche bestens geeignet, die Aufmerksamkeit auf diese Körperregion zu lenken und verspannte Muskeln ein bisschen zu lockern. Äußere Haltung und innere Haltung sind eng verbunden und ein äußeres „Kopf-hoch" geht auch oft einher mit einem inneren Aufrichten.

Bereich: biologisch-organische Grundlagen

Bewegung

Der Mensch ist (auch) biologischer Organismus und unterliegt bestimmten biologisch-physiologischen Gesetzmäßigkeiten. Der Verlauf von Alternsprozessen des Menschen wird nachweislich auch davon beeinflusst, ob alle körperlichen Leistungs- und Funktionsbereiche „in-Übung" gehalten werden. Denn biologisch-organische Alterungsprozesse vollziehen sich viel schneller und mit sehr viel mehr negativen Wirkungen, wenn dem den Menschen phylogenetisch mitgegebenen Bewegungsbedarf nicht mehr entsprechend begegnet wird. Der Mensch ist auf Bewegung angelegt. Und braucht zu seinem Wohlbefinden und zum „Funktionieren" Bewegungsreize. Auch alle anderen geistigen und psychischen Funktionen und Verhaltens- und Erlebensbereiche sind im Alterungsprozess darauf angewiesen, benützt zu werden. Nur wer sich bewegt, bleibt beweglich – körperlich, geistig, psychisch.

Halte-Stütz- und Bewegungsapparat

Und so ist ein wichtiges Thema der Bewegungsförderung die Erhaltung, Wiedergewinnung oder Erweiterung der körperlichen Beweglichkeit. Die „instrumentelle Dimension" der Bewegung machte die Notwendigkeit deutlich, dass das „Ausführungsorgan", der Körper, zur Verfügung steht, um das Leben zu realisieren. Der biologische Alterungsprozess führt zu Veränderungen am Bewegungsapparat, die Einschränkungen der Leistungs- und Funktionsfähigkeit der Gelenke, Muskeln etc. bedeuten. Aber auch für diesen Bereich ist wissenschaftlich nachgewiesen (ausgenommen bei krankheitsbedingten Schäden): Ein wirksames Mittel gegen fortschreitende Einschränkungen der Beweglichkeit ist die Bewegung. Das biologische Gesetz, nach dem Funktionen und Organe, die nicht gebraucht werden, verkümmern, hat auch hier seine Gültigkeit. Muskeln, die nicht beansprucht werden, werden schlaff und kraftlos, Gelenke, die nicht mehr bewegt werden, versteifen, eine Wirbelsäule, die nicht mehr gebogen wird, verknöchert. Umgekehrt trägt regelmäßige Gymnastik entscheidend dazu bei, die Beweglichkeit zumindest auf dem jetzigen Stand lange zu erhalten. Ja, nicht nur das, es können auch nachweislich wieder Verbesserungen eintreten. Entscheidend ist konsequentes Üben. In den psychomotorischen Stunden dürfen Anteile, in denen es um funktionelle Arbeit geht, nicht fehlen, weil hier der Raum ist, gezielt und unter fachmännischer Leitung den Bewegungsapparat zu stärken. Gerade die Menschen, die im Alten- und Pflegeheim leben, sind durch chronischen Einschränkungen des Bewegungsapparats massiv in ihrer Handlungsfreiheit behindert. Aber auch hier lassen sich nachweislich Verbesserungen erzielen und die Menschen können damit wertvolle Handlungsmöglichkeiten wiedergewinnen.

Aber am besten wäre es, nicht nur einmal in der Woche ein Riesenprogramm zu absolvieren, sondern täglich lieber ein bisschen! Und auch hier müssen es nicht komplizierte Übungen sein! Man kann mit den Bewohnerrinnen und Bewohnern ein kleines Programm zusammen stellen, in dem jede der großen Muskelgruppen (Schultern/Arme, Hände, Rükken, Bauch, Gesäß, Hüfte, Beine, Füße) beansprucht und alle Gelenke einfach bewegt werden. Das Ziel sollte sein, dass die Menschen angeregt werden, jeden Tag selbst zu üben, nicht, dass immer mit jemandem das Programm durch gearbeitet wird. Nach einiger Zeit müsste (idealer-

weise) die Erinnerung an das „Training" genügen, damit sie es durchführen. Vielleicht lassen sich auch auf Anregung der Mitarbeiter hin einige Bewohnerrinnen und Bewohner für eine tägliche „Gymnastik-Viertelstunde" zusammenfinden! Parallel dazu die (immer wiederkehrende) Aufforderung, soviel Bewegung wie es irgend geht, in seinen Alltag zu holen.
Auch bei bettlägerigen Patientinnen und Patienten ist die körperliche Aktivierung dringend notwendig, wenn ein allgemeiner Abbau nicht sehr rasch vonstatten gehen soll. Nicht allein das knitterfreie und fleckenlose Bettlaken trägt zur Entlastung des Patienten bei, sondern positive Zuwendung und Anteilnahme, körperliche Empfindungen und einfachste Bewegungsübungen wie Arme heben und senken, Faust öffnen und schließen, Kopf drehen, Beine anziehen und strecken. Auch Bettlägrige müssen nicht zur Bewegungslosigkeit verdammt sein – nur brauchen sie noch mehr als andere die Anregung von außen!
Desorientierte Menschen können oft nur sehr schwer (oder gar nicht) „abstrakte" Gymnastikübungen nachvollziehen. Eine gute Möglichkeit der Aktivierung besteht darin, altvertraute Gebrauchsbewegungen zu Hilfe zu nehmen. Staubwischen (Schulter/Arm-Bereich), Putzlappen auswringen (Hände und Finger) oder Wäscheaufhängen (Rücken und Bauch): die Aufforderung, so zu tun, als ob, weckt über die vertrauten Bilder noch vorhandene Bewegungsmuster und bietet genügend Anlässe für vielfältige Bewegungsübungen. Gerade die im Themenblock „Materiale Erfahrung" vorgestellten Praxisbeispiele zeigen die vielfältigen Einsatzmöglichkeiten.

Herz-Kreislauf

Auch hier gilt nachweislich, dass die Funktionsfähigkeit des Herz-Kreislauf-Systems in hohem Maß von vernünftiger Belastung abhängen. Viele der sog. „Bewegungsmangelerkrankungen" entstehen durch ungenügende Anforderungen an das Herz-Kreislauf-System. Da Alterungsprozesse die Gefahr bergen, die Leistungsfähigkeit der Organe zu schnell einzubüßen, wenn ihnen nicht entsprechend und vernünftig begegnet wird, wird deutlich, dass Altenheimbewohner mehrfach belastet sind: Sie sind meist weit fortgeschrittenen chonologischen Alters, meist multimorbid und bräuchten dringend Anforderungen an das Herz-Kreislauf-System. Da sie aber unter diesen Lebensumstanden, wie gesagt oft – bewegungslos (gemacht) werden, fehlen die dringend erforderlichen Impulse – der Teufelskreis dreht sich immer schneller und immer weiter und sie werden immer kränker und immer unbeweglicher.
Es geht hier nicht um ein „Ausdauertraining" im Sinne der Sports, es geht darum, den Menschen insgesamt zur mehr Bewegung anzuregen, weil damit die notwendigen Impulse gesetzt werden, auch das Herz-Kreislauf-System in Schwung zu bringen. So ist beispielsweise das Marschieren im Sitzen in Verbindung mit kräftigem Armeinsatz über einen gewis-

sen Zeitraum (z.B. Radezkimarsch von J. Strauß, ca. 3-4 Min.) eine Ausdauerleistung genau so wie die Bewältigung des Wegs vom Zimmer zum Bewegungsraum (oder Speisesaal).

Atmung
Alte, bewegungslose Menschen leiden oft unter einem verknöcherten Brustkorb und einer eingeschränkten Lungentätigkeit. Bewegen und Atmen gehören zusammen. Viele Menschen atmen oft zu flach oder halten bei Anstrengungen die Luft an. Atmen unterstützt die Bewegung und Bewegungsübungen unterstützen die Atmung. Atemübungen bedeuten eine Vitalisierung des gesamten Organismus und beeinflussen unmittelbar das Wohlbefinden. Die Bewohnerrinnen und Bewohner müssen so oft es geht zum „Atmen" aufgefordert werden: am offenen Fenster z.B. ein paar Mal tief Aus- und Einatmen. Man beginnt immer mit dem tiefen Ausatmen, der Impuls zum Einatmen kommt von alleine! Gerade alte Menschen atmen oft nicht genügend aus, so dass zuviel verbrauchte Restluft in den Lungen verbleibt und nicht genügend sauerstoffreiche Frischluft in den Körper gelangt. Vertiefen kann man solche Übungen z.B. dadurch, dass die Arme beim Ausatmen vor der Brust verschlossen, beim Einatmen weit geöffnet werden. Eine lebensstärkende „Sauerstoffdusche" aktiviert den gesamten Organismus und das Gehirn!

Die positiven Auswirkungen von Bewegung auf das **Vegetative Nervensystem** (Verdauung, Schlaf, Gestimmtheit etc.) auf das **Zentralnervensystem** und auf das **Immunsystem** sind von den Untersuchungen der Sportmedizin hinreichen belegt und unterstützen die Notwendigkeit von Bewegungsangeboten.

Motorische Grundeigenschaften
Ein letzter Aspekt bezieht sich auf die sog. motorischen Grundeigenschaften. Der Mensch braucht zur Bewältigung seines Alltags ein gewisses Maß an Muskelkraft, an Gleichgewichtsvermögen, an Ausdauer, an Koordination. Nehmen wir das Beispiel des Spazieren Gehens: Seine Beine müssen ihn tragen können (Kraft), seine Gleichgewichtssinn muss es ihm ermöglichen, kurzzeitig auf einem Bein stehen zu können, wenn er einen Schritt vorwärts macht, sein Koordinationsvermögen muss die Befehle, die das Gehirn an seine Beine aussendet, umsetzen können und er muss sein Herz-Kreislauf-System so weit belasten können, dass er sich einige Zeit bewegen kann (Ausdauer). Nun sind gerade diese motorischen Grundeigenschaften in sehr starkem Maß abhängig von „Training", d.h. davon, ob und wie sie benutzt werden. Abgesehen von manchen der Demenzkranken, die unablässig gehen, ist das Verhalten vieler Menschen in Alten- und Pflegeheimen von einer großen Bewegungslosigkeit geprägt und dem muss in den Bewegungsstunden entgegen gesteuert werden. Es geht nicht um Krafttraining wie in Fitness-Studios, aber um Kräftigungs-

übungen, Koordinationsübungen, Übungen für das Gleichgewicht und Ausdauerschulung – eingebettet in situationsbezogene und handlungsorientierte Aufgaben und Spiele.

Bereich Gedächtnis

Die Leistungsfähigkeit des Gehirns ist Voraussetzung und Bedingung koordinierter Bewegungsabläufe. So besteht beispielsweise das Trinken aus einem Glas aus einer Vielzahl von Einzelhandlungen (das Glas greifen, hochheben, es an den Mund führen ohne zu verschütten, im richtigen Winkel zu kippen, das Glas wieder zurückstellen, die Finger lösen etc.), die zentral gesteuert werden müssen, damit sie koordiniert und fein abgestimmt ablaufen können.

Nur wenn die geistigen Fähigkeiten erhalten bleiben, ist die Kontaktaufnahme und die Verständigung mit der Umwelt überhaupt möglich. Nur ein Mensch, der noch über seine kognitiven Möglichkeiten verfügt, kann – zumindest in Teilbereichen – die Verantwortung für sich selbst übernehmen und die Abhängigkeit von Pflege mildern.

Auch das Gehirn ist, wie alle anderen Körperfunktionen auch, darauf angewiesen, „in Übung" zu bleiben, es bedarf des täglichen Trainings, das die geistigen Fähigkeiten beansprucht. Damit wird seine Förderung erreicht. Statt dessen bestimmt oft bewegungsloses Dahindämmern, stundenlanges Sitzen ohne Anregungen von außen, Eintönigkeit und Lethargie den Alltag in einem Alten- und Pflegeheim.

Die Zusammenhänge zwischen Bewegung und geistiger Leistungsfähigkeit sind eindeutig nachgewiesen (vgl. JASPER, 1996): bei einem Menschen, der sich bewegt, steigt die Durchblutung des Gehirns an und schafft damit bessere Voraussetzungen für jegliche Art von Tätigkeit. Feinmotorische Übungen der Hände und Füße zählen dabei genauso dazu wie großräumige Bewegungen. Alle Bewegungen beanspruchen und fördern gleichzeitig Wahrnehmung, Reaktion, Vorstellungs- und Denkvermögen, setzen ein gewisses Maß an Aufmerksamkeit und Koordinationsvermögen voraus und zielen auch wieder darauf ab – kurz, alle Formen des geistigen Leistungsvermögens werden beansprucht. Insofern wird deutlich, dass Bewegungsförderung immer auch Gehirntraining ist. Psychomotorische Angebote beinhalten immer auch entsprechende Anregungen, ohne dass „Extra-Aufgaben" zum Gedächtnistraining durchgeführt werden. So ist z.B. ein Spiel, bei dem die Teilnehmer beim Fangen eines Balles einen Blumennamen sagen, oder ein Spiel zur optischen Wahrnehmung, bei dem man sich verschiedene Gegenstände unter einem Tuch merken muss, oft explizit in Gedächtnistrainingsprogrammen enthalten (vgl. STENGEL, 1987). In der psychomotorischen Arbeit ist Gedächtnistraining immer integriert. Wobei neben dieser bewegungsorientierten Form das kognitive Gedächtnistraining in Gruppen natürlich durchaus seine Berechtigung hat. Genauso wie der andere Aspekt des Gedächtnistraining, nämlich den Bezug zum gelebten Leben zu behalten, die Erinnerungen aufleben zu lassen, die Verknüpfung mit Erfahrungen des Lebens zu leisten, in der Psychomotorik einen hohen Stellenwert innehat und ständig in den Stunden und im Bezug zu den Bewohnerrinnen und Bewohnern mitschwingt.

Bereich Entspannung

Wer kennt sie nicht – die angespannten, ruhelosen, verhärteten Mitmenschen, die nur sehr schwer oder gar nicht in der Lage sind, Momente der Entspannung zu finden! Wobei Entspannung nicht zu verwechseln ist mit Apathie, Dahindämmern oder Teilnahmslosigkeit. Entspannung bedeutet so etwas wie „Losgelöstheit", bedeutet Loslassen und Ausruhen. Körperliche Verspannungen und Muskelverspannungen sind oft ein Zeichen (oder Folge) von inneren Spannungen. Und so kann z.B. über ein einfaches körperlich-muskuläres Entspannungsverfahren einem angespannten Menschen Erleichterung verschafft werden: nacheinander werden verschiedene Muskeln angespannt, ein paar Sekunden die Spannung gehalten und dann losgelassen: „Machen Sie eine Faust und drücken Sie sie ganz fest zusammen". Oder: „Drücken Sie Ihren Fuß ganz fest auf den Boden". Oder: „Ziehen Sie ganz fest den Bauch ein". Solche konkrete Anweisungen ermöglichen es, einzelne Muskelgruppen gezielt anzuspannen. Die nachfolgende Entspannung bewirkt nicht nur eine Entspannung in der Muskulatur, sondern berührt auch die psychischen Strukturen.
Man kann sich vorstellen, welche Wohltat es sein muss, nicht immer nur angestrengt zu leben, sondern auch Momente der inneren Ruhe, der Gelassenheit, der Muße zu erleben. Oder vor dem Einschlafen zur Ruhe zu kommen und dann eben „beruhigt" einschlafen zu können. Wobei es ganz unterschiedlich sein kann, was dem einzelnen gut tut. Auch hier ist wieder individuelles Beobachten nötig. Was für den einen das Vorlesen einer Geschichte ist, ist für den anderen das Hören von einem Musikstück, was für den einen meditative Gedanken bewirken, bewirken bei dem anderen Atemübungen am offenen Fenster. Manche Menschen werden immer eine Anleitung zum Entspannen brauchen, manche bringt eine passende Anregung dazu, regelmäßig und selbständig Entspannung zu finden.
Nicht zuletzt wird damit auch Gesundheitsvorsorge betrieben: nachgewiesenermaßen wirken Anspannung und Stress negativ auf die Gesundheit (die ja sowieso schon angegriffen ist) und umgekehrt tragen Entspannung und Wohlbefinden zur Stabilisierung der gesamten Person bei.

Der Mensch muss sich in seinem sozialen Netzwerk zurechtfinden:

Soziales Netzwerk (Sozial-Kompetenz)

Dem Bedürfnis nach Nähe, dem Eingebundensein in eine soziale Gemeinschaft, nach Verständnis und Verstehen – was nach Befriedigung der lebensnotwendigen physiologischen Bedürfnisse (Nahrung, Wärme,

Verdauung, Schlaf) (MASLOW, 1977) etwas ganz Elementares ist – wird in der Lebenswelt Alten- und Pflegeheim oft nicht genügend entgegengekommen. Obwohl so viele Menschen auf engem Raum zusammenleben (müssen), prägen oft Vereinzelung, Einsamkeit, Anonymität das Klima. Soziale Kontakte reduzieren sich oft auf die minimalen Kontakte mit den professionellen Pflegern, die wiederum aufgrund ihrer chronischen Arbeitsüberlastung einfach nicht die Zeit haben (oder sie sich nicht nehmen), auf die Menschen einzugehen. Die Beziehungen und Kommunikationsstrukturen sind nicht wie die zwischen gleichwertigen Partnern, sondern geprägt von hierarchischen und einseitigen Strukturen. Das ungestillte Bedürfnis danach, verstanden werden steht oft in krassem Widerspruch zu der tagtäglich erlebten Intimität von Pflegeleistungen, die aber im Grunde eben keine wirkliche Nähe bedeutet. Die Lebenssituation erlaubt es kaum mehr, in Bezug auf seine sozialen Kontakte selbstwirksam und selbstbestimmend zu sein, dagegen wird die Abhängigkeit vom „guten Willen" der Pflegekräfte immer größer. Die Liste der Kommunikationsstörungen und Probleme, die sich für die Bewohnerinnen und Bewohner in einem Alten- und Pflegeheim im Hinblick auf das Entwicklungsaufgabe „soziales Netzwerk" stellen, könnte noch sehr lang werden (hier sei exemplarisch verwiesen auf HEINEMANN-SCHÖNBERGER, 1999, KOCH-STRAUBE, 1996). Für unseren Zusammenhang bleibt festzuhalten:
Eine einzelne Psychomotorikstunde in der Woche wird dieses grundlegende Dilemma, das in dem soziologischen Gebilde „Institution Alten- und Pflegeheim" seinen Ursprung hat, nicht auflösen. Aber dennoch werden in diesen Stunden wertvolle Erfahrungen ermöglicht und Anregungen gegeben, die fördernd und unterstützend wirken. Bewegung ist die Grundlage von Kommunikation, Bewegung ist Träger der Verständigung.

Auch hier wieder können wir davon ausgehen, dass viele kleine Bausteinchen – auch auf einer konkreten erfahrbaren Ebene, das Erleben von Sinnhaftigkeit unterstützen. Soziale Kommunikation ist ein elementares Grundbedürfnis des Menschen – und von nicht zu unterschätzenden Wirksamkeit (allerdings in beide Richtungen: bei ausreichendem Vorhandensein mit deutlich positivem Einfluss, bei geringer oder fehlender Existenz mit deutlich negativen Auswirkungen auf Identität und Wohlbefinden).

Bereich zwischenmenschlicher Kontakt
Hier haben insbesondere die Mitarbeiterinnen und Mitarbeiter der Pflege in ihrem täglichen, z.T. sehr intimen Umgang mit den Menschen, viele Möglichkeiten, die Beziehungen positiv zu gestalten. Allerdings wird hier ein Grundproblem der Altenhilfe deutlich. Die (z.T. heftigen) Diskussionen um „Beziehungspflege" zeigen beispielsweise das Dilemma der Pflege, dass die in den modernen Pflegetheorien vertretenen Konzepte noch längst keinen Einzug in die alltagspraktischen Realität des Pflegealltags genom-

men hat. Strukturen und Regeln der „Institution Altenheim" bestimmen auch die sozialen Beziehungen.

In der psychomotorischen Arbeit kann nur ein Teil aufgefangen werden. Wertschätzendes Umgehen, Achtung der persönlichen Würde und Freiheit des Einzelnen, Wahrung der Selbstbestimmung, um nur einige Elemente zu nennen, bestimmen das Klima in den Gruppen. Kontakte auf einer spürbaren, „handgreiflichen" Ebene (z.B. Massagen und Ausstreichungen) vertiefen zwischenmenschliche Beziehungen. Trotzdem darf nicht vergessen werden, dass unmittelbare zwischenmenschliche Beziehungen einer der Hauptfaktoren der Entwicklung (in früher Kindheit) sind und elementarer Bestandteil eines selbstbewussten Lebens in relativem Wohlbefinden bleiben. Sie sind allerdings in ihrer dauerhaften Wirkung auf den tatsächlichen Vollzug angewiesen und können nicht sehr lange nur aus der Erinnerung und Vorstellung gespeist werden.

Bereich Gemeinsames Tun
Bewegung bietet die Möglichkeit zu sozialen Aktivitäten, Gemeinschaftsgefühl und Gruppendynamik. Miteinander oder auch mal gegeneinander zu spielen, miteinander ein kleines Sitztänzchen zu tanzen, miteinander über Bewegungsspiele lachen – es gibt viele Ideen, wie die Bewohnerrinnen

„Wir kommen in Kontakt"

und Bewohner ein Gruppengefühl erleben können. Gemeinsames Singen altvertrauter Volksweisen lässt beispielsweise eine ganz besonders dichte Atmosphäre der Verbundenheit entstehen zwischen Menschen, die den Rest des Tages nebeneinander sitzen, aber keinen Kotakt haben. Möglicherweise werden sie irgendwann auch im Aufenthaltsraum Kontakt aufnehmen können. Miteinander lachen können – welch lohnende Aufgabe, das auf den Weg zu bringen! Damit leisten wir einen Beitrag gegen Einsamkeit und Leere, gegen Vereinzelung, Apathie und den Rückzug ins eigene Zimmer und kommen dem den Menschen genetisch vererbte, über die Evolution entwickelten Bedürfnis nach Geselligkeit und Nähe entgegen.

Bereich Kommunikation
Wenn die für uns gewohnte Form der Verständigung – die Sprache und Mimik zur Unterstreichung der Worte – nicht mehr ausreichend funktioniert, werden Verstehen und Verständigung schwierig. Es verlangt ein hohes Maß an Geduld, Einfühlungsvermögen und Phantasie, von Suche nach kleinsten Zeichen, Interpretationsvorschlägen und Rückfragen seitens des Gesprächspartners. Aber man sollte unbedingt lieber mal ein Bett ungemacht, als eine Gelegenheit zur Verständigung ungenutzt lassen! Das Gefühl, verstanden zu werden und seine Wünsche äußern zu können, ist viel mehr wert für das Wohlbefinden des alten Menschen als eine sterile Versorgung. Und wenn Worte jemanden nicht mehr erreichen, so ist es für denjenigen doch wohltuend zu spüren, einmal wieder in den Arm genommen und hin- und hergewiegt zu werden oder einmal wieder die Füße massiert zu bekommen!

Bereich Interaktion
Zusammen mit anderen Menschen etwas zu tun, ist im Erwachsenenleben selbstverständlicher Bestandteil, im Alten- und Pflegeheim dagegen eher die Ausnahme. Dennoch ist der Wunsch nach Tätigkeit in Gemeinschaft, nach gegenseitiger Wertschätzung aufgrund getaner Leistungen beispielsweise oder nach einem gemeinsamen Erlebnis aufgrund einer gemeinsamen Aktion nicht verschwunden (eher nur überdeckt von der Realität des Alltags). Die „verordneten Aktivitäten“ (eine Stunde Gymnastik oder eine Stunde Basteln etc.), in denen jeder doch oft jeder mehr oder weniger für sich bleibt, sind dafür nicht unbedingt geeignet. Gemeinsame Back-Nachmittage, gemeinsame Schreinerarbeiten oder gemeinsame Ausflüge können, wenn sie entsprechend gestaltet sind und besonderer Wert auf „Interaktion“ gelegt wird, wertvolle Erlebnisse ermöglichen.

Förderbereiche - Themen – Erfahrungsfelder

Sozial-Kompetenz

Soziale Wahrnehmung
Grundlage allen sozialen Handelns

- *Die Mitmenschen wahrnehmen*

Gemeinsames Tun
Gruppengefühl erleben, aufgehoben sein in einer Gruppe, Angenommensein

- *Miteinander/gegeneinander spielen*
- *Miteinander tanzen*
- *Singen*

Kommunikation
Verstehen und sich äußern, zu hören und mitteilen

- *Körpersprache*
- *Darstellendes Spiel*
- *Gestalten*
- *Nonverbale Kommunikation*
- *Körperkontakt*

Interaktion
Menschen im sozialen Netzwerk: miteinander auskommen, eigene Bedürfnisse erkennen und realisieren, Kompromisse machen, Grenzen setzen (und erleben)

Themen sozialer Interaktion: z.B.:
- *Isolation/Integration*
- *Führen und Folgen,*
- *Macht/Ohnmacht,*
- *Nähe/Distanz*
- *Sich durchsetzen*
- *Sich abgrenzen*

Abb. 3

Der Mensch muss sich in seiner Umwelt zurechtfinden:

Umweltbezug (Sach-Kompetenz)

In der klassischen Motopädagogik kennzeichnet Materialerfahrung die spielerische Wahrnehmung der unterschiedlichen Eigenschaften von Materialien, ihren Funktionen und Verwendungsmöglichkeiten und Erfahrungen

des Umgangs mit ihnen. Es geht vor allem darum, sich in der Umwelt zurecht zu finden, die Eigenschaften der uns umgebenden Dinge und Gegenstände wahrzunehmen und situationsangemessen mit ihnen umgehen zu lernen.
In der kindlichen Entwicklung, in der Handlungs- und Kommunikationsfähigkeit in der Interaktion mit der Umwelt erst aufgebaut werden, nehmen materiale Erfahrungen einen zentralen Stellenwert ein.
Alte Menschen verfügen normalerweise über ausreichende Kenntnisse der materialen Umwelt und detailliertes (oftmals sehr festgelegtes) Wissen über den „richtigen" Umgang mit ihnen, so dass es nicht mehr darum gehen kann, ihnen vielfältige Umwelterfahrungen erst zu ermöglichen, damit sie sich ein Bild von der Welt und von sich darin machen können. Aber dennoch impliziert dieser Bereich absolut notwendige Erfahrungsmöglichkeiten, die Identität und Persönlichkeit beeinflussen. Es sind im wesentlichen zwei Elemente, die diesen Bereich so wertvoll machen: da ist zum einen der Aspekt, der sich auf die Eigenschaften, die Qualitäten bezieht, die jedem Gegenstand zu eigen sind und die (meist auf einer unbewussten Ebene) wirksam werden bei allen Dingen des täglichen Lebens, die uns immer umgeben und die wir benutzen. Es lässt sich mit „Appellcharakter" der Dinge umschreiben. Und der andere Aspekt ist der, dass „Erfahrung" notwendiger Bestandteil lebendiger Existenz ist.

Bereich materiale Erfahrung und Umgang mit den Dingen

Jedes Ding, jeder Gegenstand hat einen eigenen „Charakter", er sendet – meist auf unbewusster Ebene – eine Aufforderung, mit ihm umzugehen. Und zwar auf eine spezielle Weise, die wahr- und aufgenommen wird und zu entsprechenden Hantierungen anregt. So werden sich beispielsweise sehr unterschiedliche Umgangsweisen zeigen, wenn den Gruppenmitgliedern ein Gegenstand in die Hand gelegt und nicht sofort eine Aufgabe gestellt wird, was damit zu machen sei. Sind es z.B. Tücher, werden die Teilnehmerinnen sie, je nach persönlicher Vorliebe und Möglichkeit, knäulen, zusammenlegen, glätten, sie um die Schulter legen, sie um den Kopf binden und ähnliches mehr. Sind es dagegen Stäbe, werden die Teilnehmerinnen Formen des Festhaltens, des Auf-die-Erde-Stampfens oder auch des spielerischen „Kampfes" gegeneinander auswählen. Sind es Einmachringe aus Gummi, werden sofort die Materialeigenschaften des „Ziehens" die Bewegungen bestimmen.
Die Auswahl der Gegenstände erfolgt im Wissen um diesen „Appellcharakter" der Dinge, also darauf, dass verschiedene Materialien und Gegenstände zu unterschiedlichem Gebrauch anregen. Je nach Themenschwerpunkt werden entsprechende Materialien eingesetzt.

Struktur der Dinge

Alle Gegenstände haben eine „äußere" Struktur und eine „innere" Struktur. Die „äußere" Struktur bezieht sich auf die Gesetzmäßigkeiten der

physikalischen Welt: Wie ist die Oberfläche beschaffen? Welche Form hat der Gegenstand? Welche Farbe? Welches Gewicht? Welche Konsistenz (Beschaffenheit)? Welchen Geruch? Welche Temperatur? Welcher Geschmack?
Unsere Sinnesorgane nehmen diese Werte wahr und helfen uns, die Welt zu strukturieren. Die Augen sehen die Farbe, die Hände fühlen Oberfläche, Temperatur und Form, Hände und Arme geben uns Informationen über das Gewicht, die Nase über den Geruch und der Mund über den Geschmack. Wir sind auf diese Informationen angewiesen. Wenn die Sinnesorgane in ihrer Leistungsfähigkeit nachgelassen haben und die Meldungen unvollständig oder gar nicht mehr kommen, können wir aus der Erinnerung noch manches ergänzen (wir wissen noch, wie sich das Seidentuch angefühlt hat, auch wenn die Tastkörperchen der Finger längst nicht mehr so gut arbeiten wie früher), aber die Bilder verblassen mehr und mehr und werden zu schemenhaften Erinnerungen.
Aber auch hier gilt das biologische Funktionsprinzip, nach dem Funktionen, die nicht gebraucht werden, verkümmern: Nasen, die wenig Anreiz habe zu riechen, verlieren schneller ihre Geruchsfähigkeit, Hände, die nicht mehr fühlen, verlieren schneller ihre Fähigkeit zu tasten. Darum ist es von so großer Wichtigkeit, dass wir in den Bewegungsstunden Raum geben und einplanen (und dazu immer wieder auffordern), dass die TeilnehmerInnen materiale Erfahrungen machen, dass sie bewusst wahrnehmen, was sowieso unbemerkt an Informationen an das Gehirn gegeben wird. Die Hände melden ihre Informationen über Form, Gewicht, Temperatur sowieso an das Gehirn, aber meist unterhalb der Bewusstseinsgrenze und es ist an uns, durch Bewusstmachung fördernd Einfluss zu nehmen. Alleine Bewusstmachung und damit differenziertere Wahrnehmung beinhalten schon eine ganze Menge an Fördermöglichkeiten. Psychomotorische Förderung bedeutet, dass bei jedem (neuen) Gegenstand Raum gegeben wird, die Fragen, die obiger Struktur nachgehen, zu stellen.

Und dann besitzt jeder Gegenstand eine „innere“ Struktur. Sie bezieht sich auf Folgendes: Zum ersten ist jeder Gegenstand (außer Naturmaterialien) von Menschen zu einem bestimmten Zweck hergestellt worden: die Klobürste zum Säubern der Toilette, der Kamm zum Kämmen der Haare, der Ball zum Spielen. Wir haben alle im Laufe des Lebens gelernt, was wofür ist und verwenden normalerweise die Dinge nach dem, wofür sie gemacht sind. Bei zunehmend desorientierten und bei dementen Menschen ist zu beobachten, dass sie die Bedeutung des Zwecks, für den die Gegenstände gemacht wurden, zunehmend vergessen und die Dinge so verwenden, wie sie sie gerade brauchen. Zum Beispiel den Kamm zum Essen („Kartoffeln schöpfen“) oder die Schuhbürste zum Tischplatte säubern. Verwirrte alte Menschen sind häufig viel offener für den zweckentfremdeten Gebrauch von Gegenständen. Was – aus Unkenntnis des Pflegepersonals – häufig belächelt oder als „verrückt" abgetan wird, sind nicht selten gerade diese anderen Formen des Umgangs mit den Alltagsdingen. Jedes Ding, jedes Objekt weckt bestimmte Assoziationen, ruft bestimmte Umgehensweisen hervor – und, wenn man offen dafür ist, eben auch andere als die gewohnten. Und wenn jemand den Kamm nicht mehr erkennt als etwas, womit nur die Haare frisiert werden, muss man ihm seine Weise des Umgangs mit dem Kamm lassen. Vielleicht besteht er für ihn darin, ihn als Musikinstrument zu verwenden oder die Kaffeetasse umzurühren (ausgewaschen ist er schnell!).

Und damit kommen wir zu der zweiten Bedeutung, die jedem Gegenstand innewohnt, wenn wir uns der „inneren" Struktur zuwenden: Jeder Gegenstand, jedes Material ist noch zu etwas anderes zu gebrauchen als nur das wofür er gemacht wurde. Und diese Möglichkeiten zu finden und auszuprobieren, sie einfach zu „machen" ist in den Bewegungsstunden möglich. Die Frage: „Was kann man noch damit machen?" ist die Aufforderung, selbst etwas auszudenken, was letztlich aus dem Material selbst entwachsen ist.

Zum dritten erweckt jeder Gegenstand (auch unbewusste) Gefühle und Assoziationen, die mit beeinflussen, was passiert. Mit einem Schaumstoffball zu spielen ist nicht besonders anregend, wenn man keinen Schaumstoff anfassen mag, mit einem angewärmten Kirschkernsäckchen zu arbeiten ist bei kaltem Wetter draußen anders als an einem heißen Sommertag.

Und zum vierten kann jeder Umgang mit Dingen Erinnerungen wecken. Situationen und Bilder längst vergangener Trage tauchen wieder auf, längst vergessen geglaubte Begebenheiten fallen einem wieder ein und können besprochen werden – so können auf spielerische und wirksame Weise wertvolle, lebendige Erinnerungen wieder geweckt werden. Biographisches Arbeiten wird so selbstverständlicher Bestandteil psychomotorischer Förderung.

Schon in der Auswahl der Gegenstände werden also bestimmte Weichen gelegt für das, was wahrscheinlich passieren wird. Und welche Themen sich eher mit welchen Materialien umsetzen lassen, bedürfen eben dieses Wissens um den Appellcharakter der Materialien und der subjektiven „inneren" Struktur der Gegenstände. Grundsätzlich kann und sollte mit jedem Material und jedem Gegenstand in dieser Weise gearbeitet werden und das Wissen um Appellcharakter und Struktur der Dinge in die Aktivierungs- und Bewegungsstunden einfließen.

Bereich Persönlichkeitserfahrung

Nicht nur die Materialeigenschaften des Gegenstandes setzen Grenzen (man kann einen Holzstab nicht biegen, sich auf ein Handtuch nicht aufstützen), sondern sie liegen auch in dem Benutzer selbst, dem bestimmte Umgangsweisen mehr zusagen oder nicht, dem bestimmte Sachen einfallen oder nicht, je nach seine bisherigen Erfahrungen. Aber materiale Erfahrung in der Gemeinschaft mit anderen kann neue Möglichkeiten erschließen und man kann neue Welten entdecken – wenn die eigene Phantasie nicht ausreicht, kann man Anleihen beim Partner machen oder gemeinsam mit anderen etwas Neues entwickeln.

„Miteinander spielen ist miteinander leben“

Bereich Bewegungserfahrung

Materiale Erfahrungen machen bedeutet immer, dass man tätig ist, mit dem Gegenstand umgeht, dass man sich also bewegt. Und oft in einer anderen, als in der vertrauten Weise (mit einem Einmachgummi wird z.B. nicht das Weckglas verschlossen, sondern „Schießübungen“ in eine Schüssel), so dass Bewegungshandlungen, dass Bewegung provoziert wird – dass man tätig ist.

Bereich Sensomotorisches Handeln

Ein Teil menschlichen Erkenntnisvermögens ist das sensomotorische Handeln, der konkrete, sinnliche Umgang mit den Gegenständen. Erst wenn man einen Gegenstand in die Hand nimmt, kann man fühlen, wie er sich anfasst oder wie schwer er ist und erst wenn man an ihm riecht, hat man eine Vorstellung von seinem Geruch. Kinder kommen durch Greifen, also durch anfassen, drehen, heben, schmecken zum „Begreifen“ der Welt – und diese Erkenntnisform bleibt dem Menschen ein Leben lang erhalten. Auch wenn logisches, abstraktes Denken längst nicht mehr möglich ist und „praktisches Denken“ nur noch in Teilbereichen vorhanden ist, sind konkrete Handlungen immer noch möglich. Und das, was mit den Dingen gemacht wird, ist eben nicht ganz zufällig, sondern auch von den Materialien abhängig.

Entwicklung im Alter birgt die Gefahr des Verlustes an realen Erfahrung, die Teilnahme am (gesellschaftlichen) Leben erfolgt oft nur noch sekundär über Medien. Aber: wir brauchen materiale Erfahrung, d.h. konkretsinnliches Handeln mit den Gegenständen der Umwelt, um Erkenntnis zu gewinnen. Wie O. GRUPE es mit seiner „erkundenden“ Bedeutungsdimension der Bewegung anschaulich gemacht hat, brauchen wir sensomotorisches Handeln, um Wissen zu erwerben. Man muss einen Gegenstand in die Hand nehmen, ihn berühren, daran riechen, sein Gewicht fühlen können, um ihn zu verstehen. Ansehen allein reicht nicht aus, seine Funktionen und den eigenen Umgang mit ihm zu erkennen.

Wenn in einem Alten- und Pflegeheim der eigene Aktionsradius oft nur auf das Zimmer oder sogar nur auf einen Sessel beschränkt ist und tätiges Handeln gar nicht erst zugelassen wird, sind materialen Erfahrungen sehr reduziert. Es gibt kaum Möglichkeiten zu sensomotorischem Handeln und bewusstem Umgang mit der Umwelt. Das hantieren mit Objekten ist auf wenige Gegenstände des Alltags beschränkt – die Auswirkungen auf Persönlichkeit und Identität lassen leider nicht lange auf sich warten.
Psychomotorische Förderung bedeutet also auch, Raum zu geben, dass die Menschen (wieder) materiale Erfahrungen machen können und insgesamt ihre kognitiven Fähigkeiten anregt werden. Das oft zu beobachtende „Dahindämmern“ der Bewohner einer Pflegestation wird allzu häufig auf krankhafte degenerative Veränderungen des Gehirns geschoben – und dabei ist es häufig (zumindest zum Teil) die Folge einer mangelnden sensomotorischen Anregung.

Bereich Natur
Der Mensch ist ein Naturwesen, das sich über Jahrmillionen in der Natur entwickelt hat, was in unserem modernen Leben in einer hochtechnisierten Welt fast vergessen scheint. Die Sehnsucht nach Berührung in und mit der Natur steckt tief in jedem Menschen. Eine beruhigende, heilsame, aber auch anregende Wirkung geht vom Erleben der Natur aus. Gerade in dem anregungsarmen Dasein in einem Alten- und Pflegeheim können die heilsamen Einflüsse der Natur ihre harmonisierende, identitätsfördernde und sinnstiftende Wirkung entfalten.

Förderbereiche - Themen – Erfahrungsfelder

Sach-Kompetenz

Materiale Erfahrung

- Elementare Erfahrungen, die jeder im Umgang mit den Dingen macht (wie riecht etwas, fühlt sich etwas an, schmeckt etwas, hört es sich an...)
- Erleben der physikalischen Gesetzmäßigkeiten („äußere" Struktur der Dinge)
- und der Emotionen, Erinnerungen und Assoziationen („innere" Struktur der Dinge)
- der „Appellcharakter" der Materialien ruft bestimmte (subjektiv gefärbte) Umgehensweisen hervor

Sensomotorisches Handeln

- Eine Form der Erkenntnisgewinnung (vom Greifen zum Begreifen – Piaget), die lebenslang von Bedeutung ist,
- Konkret-sinnliche Erfahrungen
- Orientierung und Teilhabe an der Welt
- Gedächtnisschulung

Umgang mit den Dingen:

- Jeder Gegenstand wurde zu einem bestimmten Zweck gemacht (werden zu alltagsorientieren Bewegungsanlässen)
- Sie können darüber hinaus auch anderen, ungewohnten Gebrauchfinden (experimentieren, kreativ gestalten): neue Sichtweisen über die Dinge und über sich selbst,
- (Zweckentfremdeter) Gebrauch von Alltagsmaterialien

Natur

- Den heilsamen, wohltuenden Einfluss der Natur spüren
- Geschlossene Räume verlassen und „draußen sein bei Wind und Wetter"

Abb. 4

Ausblick

Wenn die körperliche und/oder geistige Entwicklung ein selbständiges Leben nicht mehr erlaubt, sondern das Leben in einer Institution erforderlich macht, bedeutet es den Beginn einer Lebensphase, die oft eine hochgradige Gefährdung der Identität und Persönlichkeit beinhaltet. Entwicklung ist hier oft genug nicht mehr Weiterentwicklung, sondern Rückentwicklung. Hier bietet Psychomotorik sowohl die theoretischen Begründungen als auch praktische Handlungsmöglichkeiten, diesen Prozessen – trotz den institutionellen Zwängen – entgegen zu wirken. Psychomotorik überführt sozusagen die theoretischen Kenntnisse in ein ganz konkretes, „handfestes" Förderkonzept.

Hier findet sich ein breites Aufgabenfeld für Motologen und Motopäden – für Psychomotoriker. Das anzustrebende Ziel ist, dass Psychomotorik – wie es schon in dem ursprünglichen Konzept formuliert war, nicht nur Inhalt von einzelnen Bewegungsstunden, sondern Lebensprinzip und Daseinsgestaltung wird.

Die Themen bzw. Bereiche der Motogeragogik waren zunächst einmal gedacht als Strukturrahmen für die präventive und rehabilitative Arbeit der Bewegungsfachleute, die in Einzelstunden außerhalb der „Pflege" agieren. Die weitere Arbeit und die Erprobung in Alten- und Pflegeheimen haben jedoch deutlich gezeigt, dass dieses Raster auch den Pflegekräften vielfältige Möglichkeiten bietet, innerhalb ihres Aufgabengebietes positive Anregungen zu geben, jeden einzelnen Bewohner individuell anzusprechen, zu aktivieren, zu fördern. Psychomotorik im Altenheim ist nicht begrenzt auf die Arbeit einzelner Therapeuten, sondern sie muss vielmehr Eingang finden in den Pflegealltag. Und so können die Bewohner ein Stück Selbständigkeit und Handlungskompetenz und damit mehr Zufriedenheit und Lebensmut gewinnen. Sie werden unterstützt in ihrem Bemühen um Erhalt des Personsein, werden bestärkt in ihrem Bedürfnis nach Autonomie und Selbstbestimmung und erfahren wertvolle Hilfestellungen in ihre Suche nach Selbstwirksamkeit und Kontrolle, nach Wohlbefinden und Lebenssinn.
Und so wird es ein Aufgabenfeld für Psychomotoriker sein, neben der konkreten Arbeit in Einrichtungen, teambezogene Fortbildungen zum Thema lebensbegleitender und alltagsgestaltender Psychomotorik zu konzipieren und durchzuführen. Denn nur kann die Idee der Psychomotorik Eingang finden in den Alltag von Altenheimen.

Zukünftige Aufgabe wird auch sein, dieses Konzept auf die Arbeit mit Menschen mit Demenz zu übertragen. Menschen mit Demenz werden, wie allerorts deutlich formuliert, die Herausforderung der zukünftigen Altenhilfe sein. Die besonderen Bedingungen dieser Zielgruppe machen auch besondere Betreuungskonzepte erforderlich. Neue Pflegetheorien, die

Entwicklung einer neuen „Pflegekultur“ und die Konzeptionierung neuer Wohn- und Lebensformen für die stationäre Unterbringung pflegebedürftiger und verwirrter Menschen entstehen allmählich. Psychomotorik im Sinne von Alltagsgestaltung und Lebensbegleitung hat – auf einer ganz konkreten Handlungsebene – hier entscheidendes beizutragen. Das Ziel ist, nicht einzelne Stunden „Psychomotorik“ anzubieten, sondern den Alltag so zu gestalten, dass Situationsarrangements getroffen werden, in denen sich jeder einzelne das für ihn passende auswählt und für ihn sinnvoll handeln kann (was im Bewusstsein der „vernünftigen Erwachsenen“ all zu oft verrückt, verwirrt und sinnlos erscheint).

Damit erfolgt eine Unterstützung des Personseins

- durch körperbezogene Anregungen auf Grundlage der Förderbereiche der Psychomotorik,
- in tragfähigen sozialen Beziehungen eingebunden in Nähe und Gemeinschaft,
- in einer Umwelt, die zu materialen Erfahrungen und sensomotorischem Handeln geradezu auffordert,
- durch tätiges Handeln: Sinnstiftende Erfahrungen von Autonomie, Selbstwirksamkeit und Kontrolle werden ermöglicht.

Aufgabe der Psychomotorik und des gesamten Teams wird dann sein, individuell und möglicherweise jeden Tag neu diese Arrangements zu planen und jedem einzelnen die größtmögliche, für ihn passende Anregung zu eigenem sinnstiftenden Tätigsein, orientiert an der individuellen Biographie „unauffällig“ bereitzustellen. Die Umwelt, das soziale Milieu und tragfähige Beziehungen sind so zu gestalten, das größtmögliche Normalität den Alltag bestimmt. Neben der körperlichen und medizinischen Pflege sollte die „Pflege der Seele“ (BÖHM 1999) vordringlichstes Anliegen sein.

Literatur

ANTONOWSKI, A.(1997): Salutogenese: zur Entmystifizierung der Gesundheit. Dt. Erw. Hrsg.: Franke, A. Deutsche Gesellschaft für Tanztherapie. Tübingen. Dgvt-Verlag.

BEAUVOIR, de S. (1985): Das Alter. Reinbek: Rowohlt

BÖHM, E. (1999): Psychobiographisches Pflegemodell nach BÖHM. Wien, München, Bern: Maudrich.

BRÄMER, R. (2001): Natur im Gefühl. Marburg: Forschungsgruppe Wandern der Universität Marburg.

BRODTMANN, D. (1999): Neues Denken über die Gesundheit und seine Konsequenzen für das Bewegungsleben älterer Menschen. Düsseldorf: Unver. Vortrag anläßlich der Jahrestagung „Ältere im NTB“ im Juni 1999).

EISENBURGER, M. (1998): Aktivieren und Bewegen. Aachen: Meyer & Meyer.

EISENBURGER, M. (2001): Motogeragogik im Altenheim. Motorik 24,1,10-18.

EISENBURGER, M.; LIEBMANN, B. (1996): Psychomotorik mit Senioren: Motogeragogik. Schorndorf: Motorik 19 (1996)4.

FRIEDAN, B. (1997): Mythos Alter. Reinbek b. Hamburg: Rowohlt.

FRÖHLICH; A. (1991): Basale Stimulation in der Pflege. Düsseldorf: verlag selbstbestimmtes leben.

GIELEN, G. (1997): Soziale Kompetenz im Altenheim. Mainz: Wissenschaftsverlag.

GRUPE, O. (1976): Was ist und was bedeutet menschlichen Bewegung? In: HAHN, E.; PREISING, W. (Red.): Die menschliche Bewegung – Human movement. Schorndorf: Hofmann, S. 3-19.

HEINEMANN-SCHÖNBERGER, CH. (1999): Pflege in Einrichtungen. In: JANSEN, B./ KARL, F./RADEBOLD, H./SCHMITZ-SCHERZER, R.: Soziale Gerontologie. Weinheim, Basel: Beltz, S. 629-645.

JASPER, B.: Fit im Kopf (1996) . In: DTB-Forum 50 plus: attraktive Angebote für Ältere. Frankfurt: Förderges. des DTB, Handbuch, Teil 6.

KOCH-STRAUBE, U. (1997). Fremde Welt Pflegeheim. Bern. Göttingen, Toronto, Seattle: Huber.

MASLOW, A. (1977): Motivation und Persönlichkeit. Olten: Walter-Verlag

OERTER. R./MONTADA, L. (1997): Entwicklungspsychologie. Weinheim: Beltz Verlag.

PERRIG-CHIELLO, P. (1997): Wohlbefinden im Alter. Weinheim und München: Juventa Verlag.

PHILIPPI, M. (1989): Motogeragogik, In: IRMISCHER,T./FISCHER,K.: Psychomotorik in der Entwicklung. Schorndorf: Hofmann, S. 193-210.

PHILIPPI-EISENBURGER, M. (1991): Bewegungsarbeit mit älteren und alten Menschen. Schorndorf. Hofmann.

PHILIPPI-EISENBURGER, M. (1991): Praxis der Bewegungsarbeit mit älteren und alten Menschen. Schorndorf: Hofmann.

PICKENHAIN, L. (2000); Basale Stimulation, Neurowissenschaftliche Grundlagen. Düsseldorf: verlag selbstbestimmtes lernen

STENGEL, F. (1987): Das Gedächtnis spielend trainieren. Stuttgart: Memo Verlag.

THEUNISSEN, G./PLAUTE,W. (1992): Empowerment und Heilpädagogik – ein Lehrbuch. Freiburg i. Breisgau: Lambertus-Verlag.

TOTARSKI, W. (1994): Institutionalisierung. In: OSWALD, W. u.a. (Hrsg.): Gerontologie. Stuttgart, Berlin, Köln, Mainz: Kohlhammer.

4. Epilog

Helmut Köckenberger

Eine Podiumsdiskussion auf einem Psychomotorik-Kongress. Es sitzen Vertreter verschiedener psychomotorischer Ansätze auf dem Podium. Die Frage lautet: Was ist wichtig und richtig in der Psychomotorik von heute? Die Diskussionsteilnehmer stellen die Vorteile ihres jeweiligen Ansatzes vor, während die anderen Podiumsmitglieder dessen Nachteile deutlich benennen und Lücken in der theoretischen Begründung aufzeigen. Es werden verschiedene Erfahrungen gegenübergestellt und über richtige Wege in der Psychomotorik gestritten. Die Zuhörer fragen, was sie alles wissen müssten, um überhaupt Psychomotorik in der Praxis ausüben zu können. Eine wahre dankbare Fundgrube für Gedankenspiele.

Vielfalt statt Einfalt

Die oben geschilderte Situation erinnert an die Geschichte von den Blinden und dem indischen Elefanten:

Eines Abends kam ein Dorfbewohner aufgeregt aus dem naheliegenden Wald gerannt und rief schon von weitem: „Ich bin auf dem Heimweg durch den dunklen Wald einem komischen Tier begegnet. Ich habe es in der Dunkelheit kaum sehen können. Aber nach dem ersten Schreck gewann doch meine Neugierde die Oberhand über die Angst, und ich befühlte es genau. Das Tier ist klein, mit gebogenem hartem Körper, der nach vorne hin spitz zu läuft." Da rief der mutigste der Männer: „Ich will sehen, was es für ein seltsames Tier ist." Nach einiger Zeit kam er zurück und rief: „Du hast unrecht. Ich habe es auch mit meinen Händen befühlt und gründlich untersucht. Es ist so hoch und breit wie unser größtes Haus, prall und rund." Ein anderer Mann ging in den Wald, das unbekannte Tier zu untersuchen. „Ihr habt beide falsches erzählt. Es ist eindeutig lang und weich wie eine Schlange." Der nächste Mann, der in den Wald ging, berichtete: „Wie könnt ihr nur solche Unwahrheiten berichten. Es ist doch genauso wie eine dicke Säule, rund und ziemlich hoch." Weitere Untersucher kamen mit wieder anderen Ergebnissen aus dem Wald: „Es ist wie ein weit gespanntes Segel, dünn und biegsam. Es ist nicht spitz oder dick." – „Es ist wie ein dickes Tau. Aber bestimmt nicht wie ein Segel oder eine Schlange." „Es macht Geräusche wie eine grässliche Trompete. Aber der Körper ist durchsichtig und nicht zu ertasten." Und so stritten sich die Dorfbewohner, wer wohl recht habe und wer die Unwahrheit sage. Und sie hätten sich noch lange weiter gestritten, wenn nicht – wie üblich in solchen Geschichten – zufällig ein Fremder vorbeigekommen wäre. Er hörte der Streiterei mit verwundertem Kopfschütteln zu und meinte schließlich, dass dies Tier im Wald wohl sein Elefant sein müsste, den er schon seit Tagen suchen würde (nach einem trad. indisches Märchen).

Die Vielfalt der Ansätze, Erfahrungen und Sichtweisen in der Psychomotorik verlocken in einen Wettstreit um richtig und falsch zu treten. Schon die Begrifflichkeit scheint uneinheitlich zu sein: Ob Psychomotorik, psychomotorische Übungsbehandlung, psychomotorische Therapie, psychomotorische Entwicklungsbegleitung, angewandte Motologie, Motopädagogik, Mototherapie oder Motopädie, immer wieder gibt es neue Begriffsbestimmungen, Definitionen und Abgrenzungen. Wie auch dieses Buch aufzeigen konnte, sind eine Fülle von verschiedenen Ansätzen, Gedanken, Praxismöglichkeiten und Arbeitsfeldern in den letzten Jahrzehnten entstanden. Meist wie schon in den Anfängen der psychomotorischen Übungsbehandlung Kiphards durch Ausprobieren, konkreten Erfahrungen und Offenheit für Anregungen von außen. So nehmen auch heute noch zum Beispiel langjährige Erfahrungen in der Psychotherapie Einfluss auf neue Ideen oder Begründungen in der Psychomotorik (kindzentriert, psychoanalytisch, systemisch, neoreichianisch, expressiv...).
Diskussionen und Auseinandersetzungen sind wertvoll, um neue Anregungen zu bekommen, um verschiedene Sichtweisen und Erfahrungen Anderer kennen zu lernen. Sie sind bereichernd, um eigene Ideen auszuprobieren oder diese mit anderen Augen neu zu betrachten, vielleicht zu verändern, zu verbessern oder anders zu begründen.
Die Definitionen (die „Diagnostik") der Psychomotorik – was ist eigentlich Psychomotorik und was nicht? was kann sie leisten und was nicht? – kann mit der Diagnostik innerhalb der Psychomotorik – was ist eigentlich das Kind? was kann es leisten und was nicht? – verglichen werden. Wie der indische Elefant immer nur teilweise ertastet, beobachtet oder erahnt werden kann, ist auch eine umfassende Diagnostik der lebendigen und großartigen Kinder und Klienten unmöglich. Sie kann trotzdem versuchen, Teilaspekte des beobachteten und erlebten Menschens zu beschreiben, allerdings im Wissen, nie den ganzen Elefanten umfassen zu können. So lebt auch die ganzheitliche Psychomotorik von der Vielfalt und den verschiedenen Sichtweisen, um den verschiedenartigen Kindern, Klienten und PsychomotorikerInnen gerechter zu werden, ohne allerdings das Ganze tatsächlich exakt und umfassend bestimmen zu können. Nach dem Motto: „Jedem nach seinen Möglichkeiten!"
Jedoch dürfen oder müssen dadurch nicht die Bemühungen nach mehr Wissen aufgeben werden, genauso wenig wie die Unterschiede zwischen den einzelnen Arbeitsweisen oder theoretischen Begründungen, wie offene Fragen oder eventuelle Lücken der verschiedenen Ansätze vertuscht werden sollen. Psychomotorik ist kein Einheitsbrei, in dem alles willkürlich ohne Reflexion, Hinter- und Untergrund erlaubt und machbar ist.
Diese beiden Seiten zu berücksichtigen erscheint wie das Balancieren entlang einer Entwicklung.

Ent-wicklungen

Entwicklungen, sollen sie sich nicht „verwickeln" und stagnieren, bedürfen auch in der Psychomotorik, genauso wie bei unseren Kindern oder Klienten – manchmal gleichzeitig, manchmal abwechselnd – beider Seiten:
Auf der einen Seite die Akzeptanz der Unvollkommenheit, auf der anderen Seite die Suche nach besseren Möglichkeiten, anderen Sichtweisen. Die Suche nach Neuem und dessen Integration, aber auch die Zufriedenheit mit dem Momentanen. Das Wünschen und Wollen, aber auch das Sein. Die Offenheit nach Anregung, sogar Anleitung, aber auch die Sicherheit des Gewohnten als Basis. Die Erfahrungen und Ideen aus dem Handeln, aus der Praxis, aber auch die Ideen und Begründungen aus dem Denken, aus der Wissenschaft. Das prickelnde Psychomotorik-Leben in vollen Zügen genießen, aber auch die Effektivität zu beweisen versuchen.
Entwicklung in der Psychomotorik betont das Stärken der Stärken, ohne die Schwachstellen der anderen in den Vordergrund rücken zu müssen. Sonst würde das Augenmerk für die Stärken eines Ansatzes, einer suchenden Idee verloren gehen, ein Verlust, weil damit das Positive nicht weiter wirken, das heißt auch uns nicht mehr unterstützend bereichern kann.
Entwicklung ist nie zu Ende, genauso wenig wie die verschiedenen Ansätze und Arbeitsfelder der Psychomotorik. Fortschritt bedeutet auch in der Psychomotorik in Bewegung zu sein, nicht den Stillstand als ein erreichtes Ziel zu begehren. So besitzt auch die Psychomotorik einen immer breiteren oder verzweigteren Weg, aber niemand wird tatsächlich den „Stein des Weisen", die absolut richtige und perfekte Psychomotorik begründen können. Eher ein neugierig Weiterforschen verschiedenster Wissenschaftler und Praktiker, die sich, wie hier in diesem Buch, austauschen, ergänzen, abgrenzen, begegnen.

Was muss ich alles wissen?

Die Psychomotorik bietet sich als Schnittstelle zwischen Theorie und Praxis an, genauso wie in diesem vorliegenden Buch. Sie lebt von den Impulsen aus der Theorie, aus anderen Bereichen, sie schöpft aus der täglichen Praxiserfahrung. Es kann sehr bereichernd sein, vieles umfassend zu wissen und begründen zu können. Es ist sehr nützlich, das Wissen in der konkreten Praxis auszuprobieren und anzuwenden. Es kann aber auch verwirren. Niemand muss auf allen Gebieten der Psychomotorik Fachfrau sein. Es wird sich ent-wickeln, welche Schwerpunkte mir näher rutschen, welche Ansätze mir eher entsprechen und welche Aufgaben und Arbeitsfelder sich für mich als faszinierend und attraktiv heraus-stellen.
In einer humanistischer Sichtweise erkennen wir den individuellen Zugang, die Vorerfahrungen, Bedürfnisse und Stärken nicht nur der Klien-

ten, sondern auch von uns Erwachsenen als absolut notwendig, um anstelle einer stumpfsinnigen Arbeitseinstellung selbst authentisch und lebendig als Partner und Spiegel anwesend sein zu können. So ist neben der Gesamtpersönlichkeit der PsychomotorikerIn auch die Frage der Bedeutsamkeit einer Situation oder eines Ansatzes für uns Erwachsene immens wichtig. Das bedeutet aber, dass die Illusion um den Stein des Weisen, oder vielmehr das Rollbrett der Psychomotorik, das heißt um den besten Ansatz oder die erfolgreichste Vorgehensweise, aufgegeben werden kann.
Diese verwirrend vielen Ideen und Möglichkeiten innerhalb der psychomotorischen Theorie und Praxis, manche alt bewährt, manche ausgereift, manche visionär, manche erst erahnt, manche absolut neu, andere überschneidend und kombinierbar, sie alle dürfen uns und unsere Arbeitsweise bereichern; sie sollen uns unterstützen, im Umgang in unseren Arbeitsfeldern mit unseren „Partnern oder Klienten" sicherer, experimentierfreudiger, neugieriger, sensibler, eben lebendiger zu werden; aber sicher sollen sie uns nicht in unübersichtliche Weiten verunsichern, in Zwangsjacken von Patentrezepten zwängen, eben die Luft zum Atmen und Leben abdrücken. So können manchmal unvoreingenommene PraktikantInnen wunderschöne Psychomotorikstunden erleben.

Sowohl als auch

Die eingangs erwähnte Podiumsdiskussion ist für mich ein schönes Lehrbeispiel, was nicht nur in der Psychomotorik, sondern auch schon seit einigen Jahren in anderen Bereichen eigentlich Vergangenheit geworden ist. Ein Schwarz-Weiß-Denken oder rein kausal-lineare Begründungen, die auf Eindeutigkeit abzielen, sind längst durch neue wissenschaftliche Erkenntnisse überholt.
In der Kernphysik sind die Übergänge von Materie oder Nichtmaterie inzwischen fließend, es wird öfters von Schwingungen in verschiedenen Zuständen gesprochen, die sich aber eher chaotisch als geordnet vorhersehbar verhalten. ...
Die neurophysiologische Forschung nimmt Abstand von gezielt nachweisbaren Hirnarealen, die hierarchisch oder ausschließlich spezielle Vorgänge im Gehirn oder im menschlichen Körper steuern. Man spricht im Konvektionismus vielmehr von den milliardenfachen synaptischen Verbindungen, die mit unzähligen unüberschaubaren Assoziationen gemeinsam Wahrnehmung, Handlungen, Denken und Gefühle hervorrufen, planen, in die Tat umsetzen, kontrollieren und wieder abspeichern. Aber auch die Speicher sind wiederum nicht feste Räume, sondern auch hier eher eine bestimmte Kombination verschiedener Verbindungen, die zur gleichen Zeit kombiniert werden wollen. ...
Die Chaosforschung sieht in den Vorgängen, die sich in unserer Welt ereignen, zwar weniger Zufälle, aber nur selten wirklich konkret und di-

rekt beeinflussbare Ereignisse. Das Thema von Ursache und Wirkung bedingt in wiederum meist unübersehbarer Verknüpfung neue Situationen, ohne dass ein genaues Zurückverfolgen zur Grundursache möglich wäre.

Der japanische Schmetterling, der mit seinem Flügelschlag ein Erdbeben oder eine neue Kulturepoche auslösen kann.

Auch die Entwicklungspsychologen und Pädagogen sprechen heute nicht mehr von konkreten Entwicklungsschritten, die linear als Einbahnstraße aufeinander aufbauen. Kindliche Entwicklung ist komplexer als es sogenannte Entwicklungstabellen aufzeigen können. Die verschiedenen Entwicklungsthemen werden durch Angebote und Erfahrungen aus allen Lebens- und Persönlichkeitsbereichen in so genannten Entwicklungsfeldern gesammelt, untersucht, ergänzt und bereichert. Sie geben ihre Konsequenzen wieder auf ältere oder benachbarte Entwicklungsfelder weiter. So werden sie nicht nur vom vorherigen Entwicklungs"baustein", sondern sehr verwoben, eben wie das Leben, von allen Seiten und Richtungen beeinflusst. Mit wichtigen Informationen, aber eigentlich ohne offensichtliches Ziel und abgeschlossenen Endstand. Das Lernen hört auf den meisten Gebieten nie auf, weder in der Grobmotorik oder Feinmotorik, noch im sozialen oder emotionalen Kontext.
Auch die Psychomotorik nimmt schrittweise Abschied von „linear-funktionellen Behandlungen". Dem einen mag es schwerer, dem anderen leichter fallen. Es scheint zu verunsichern, weil sich große Weiten eröffnen, wenn das „wenn-dann" als festen Rahmen zurückweicht. Es scheint aber auch Neugierde zu wecken, diese Weite mit den Kindern oder Klienten gemeinsam zu entdecken, als Sicherheit den bewegenden Dialog in Händen. So hat das umfassendere „Menschliche" das eng Funktionelle abzulösen, was aber nicht bedeutet, dass diese „Humanistische" Sicht- und Arbeitsweise nicht funktioniert.
Ein „entweder-oder" ist auch in einer Diskussion der verschiedenen Ansätze oder Vorgehensweisen in unterschiedlichen Arbeitsfeldern, um Theorie oder Praxis überholt.

Gemeinsamkeiten

Was macht eine gelungene Psychomotorikstunde aus? Was ist allen Ansätzen gemeinsam?
Es sind nicht nur die neu erlernten Bewegungsmuster, die unproblematisch ohne Konflikte verlaufenden Stunden, die leuchtenden Augen der Kinder, die selbständig sich entwickelnden Begegnungen und Rollenspiele, die den Erfolg signalisieren.
Lange Zeit dachte ich in Schwarzweiß. Zuerst glaubte ich, mit meinem Kopf die aufgrund einer exakten Diagnostik geplante Stunde zum Wohl der Kinder auch exakt durchführen zu müssen. Ich merkte, dass dies für mich und die Kinder anstrengend und oft „knapp daneben" war. Dies führte

dazu, dass ich glaubte, zwischen Kopf und Bauch unterscheiden und trennen zu müssen.

Meinem Kopf Vorbereitung, Wissen und Diagnostik,
dem Kind meinen warmen Bauch und mein offenes Herz!

Vorbereitendes Wissen und Planen scheint die tatsächliche offene Begegnung mit dem Kind zu stören. Das ist richtig, wenn dieses kopflastige Wissen ein Festhalten und dadurch eine voreingenommene, starre und unlebendige Situation schafft, ohne neue Möglichkeiten, Austausch, Wärme und Spontaneität, also den Bauch und das Herz nicht zu Wort kommen lässt.
Doch was passiert, wenn beides, Verstand und Emotionalität, eben in der leiblichen Bewegung und Begegnung, verschmilzt und den Augenblick wirklich entstehen lässt? Dieser Augenblick wird wahrhaftig wahrgenommen, gelebt und gemeinsam als „stimmig", als echte intensive dialogische Begegnung erlebt. Was diesen Augenblick entstehen und weiter ausbreiten hilft, kann „Intuition" genannt werden, spontanes Wissen ohne momentanes faktische Informationen, emotionale Offenheit und sichere Spontanität...........
Diese Momente haben wir alle schon öfters erlebt, egal, welchen psychomotorischen Ansatz wir vertreten und wie viel Erfahrung und Wissen wir angehäuft haben. Natürlich manchmal auch außerhalb der Psychomotorik. Allen Gründervätern und -müttern, allen pädagogischen „Erfindern und Meistern" ist eines gemeinsam: Sie sind mit Herz und Verstand, im Hier und Jetzt gleichermaßen anwesend, um überhaupt Neues entdecken zu können. Sie engagieren sich mit Leib und Seele für die Kinder und geniessen mit ihnen den Augenblick, die Begegnung und das Spiel. Sie bewahren ihre Offenheit gegenüber Klienten oder Veränderungen. Sie halten nicht am auswendig gelernten und geplanten Schema fest. In der Arbeit leben sie mit den Kindern authentisch das, was sie sind.
Dies scheint auch eine Schnittstelle aller verschiedenen psychomotorischen Ansätze zu sein.
So können auch wir immer wieder in unseren pädagogischen oder therapeutischen settings die Augenblicke „er-finden", bereichernde Begegnungen „entdecken" und Schwierigkeiten „meistern".

Lebendige Psychomotorik

Dies kann natürlich auch eine Schnittstelle zwischen der Psychomotorik und dem Alltag, der allgemeinen Lebens„bewältigung", besser noch Lebensfreude sein.
Konkret für die Praxis der Psychomotorik kann das bedeuten:
Ich als Erwachsener bin bereit, mein Bestes zu geben. Ich bin bereit, mich dafür auch zu verändern und in meiner Persönlichkeit weiter zu entwickeln.

Entwicklungsbegleitung des Kindes
benötigt unsere eigene Entwicklungsbereitschaft!

Das verlangt meine Offenheit, nicht meine An-streng-ung (streng mit Stundenplanung und -durchführung, mit mir selbst und dem Kind, immer mit dem hohen Ziel vor Augen).
Es wird wesentlich durch meine Präsenz und das Ernstnehmen der kindlichen Bedeutsamkeiten und Bedürfnisse. Es wird dadurch aber auch leicht. Ich bin nicht mehr für alles alleine verantwortlich. Die Kinder oder Klienten übernehmen wieder eigene Verantwortung.
Ich bin, zwar mit aller Erfahrung aus der Vergangenheit, mit allen Träumen der Zukunft, im Hier und Jetzt der Gegenwart, offen für gemeinsames Erleben. Mein Erleben ist mit Wissen gefüllt, ohne zu „voll", sprich abgeschlossen und dadurch unaufmerksam, nicht mehr aufnahmebereit für den Gegenüber, die momentane Situation zu sein. Ich kann reich an Erfahrung sein, ohne dass meine Erfahrungen oder Erwartungen als Ballast mich und mögliche Begegnung erdrücken.

Ich bin da und
es ist mir wichtig, dass du da bist.

Es ist immer nützlich, über den Topf der Psychomotorik zu schauen. Nicht nur, um neue Techniken und Ideen aus anderen Bereichen kennen zu lernen und uns davon anregen zu lassen. Wenn die Psychomotorik wie alle benachbarten Gebiete sich meist gezwungen fühlt, als Pädagogik oder Therapie eine künstliche Situation herzustellen, kann es sehr belebend sein, vom lebendigen, natürlichen Leben außerhalb der Psychomotorik, zum Beispiel von kindlicher Entwicklung oder Interaktion ohne pädagogischen und therapeutischen Anspruch, zu lernen. Das alltäglich normale Leben als pädagogisch-therapeutischer Ratgeber bricht manche zu gekünstelte überzogene erzwungene Situation auf. Was brauche ich, was braucht das Kind tatsächlich? Was ist für uns, unsere Begegnung, unsere Entwicklung momentan (oder überhaupt) am wichtigsten? Ob ich mit viel Überredung schnellstmöglich etwas besser Rollbrett fahren kann oder ob ich Freude am Leben – in der Psychomotorikstunde ausprobiert – habe? Ob ich zuversichtlich mein Leben in die eigene Hand nehmen kann, wenn ich eigenverantwortlich meine Bedürfnisse äußern und auch umsetzen darf? Ob ich mit etwas besser Rollbrett fahren mehr Freude am Leben habe?
Wir dürfen nie vergessen, trotz aller Förderziele und berechtigter Evaluationen:
Psychomotorik darf den Aspekt nicht aus den Augen verlieren, Leben gemeinsam zu erleben, erlebbar zu gestalten, sich aufeinander zu beziehen, gemeinsam zu wachsen und sich zu entwickeln. Dies ist das Wertvollste in der Begegnung zwischen den Kindern/Klienten und der Psy-

chomotorikerIn. Dies ist möglich in der Psychomotorik. Dies ist notwendig für eine psychomotorische Arbeit, egal in welcher Form, mit welchem Ansatz, in welchem Arbeitsfeld. Dies schafft eine Grundlage für Lebens- und Entwicklungsfähigkeit. Für unsere Klienten und auch für uns.

Stichwortverzeichnis

L

M

N

O

Anschriften der Autoren

Dr. Rolf Balgo
Univ. Hannover Inst. f. Sonderpädagogik
Bismarckstr. 2, 30173 Hannover
mail: biszet@compuserve.de

Peter Bentele
Hoher Rain 51, 88276 Berg
mail: Peter.Bentele@t-online.de

Prof. Dr. Amara Eckert
Auf dem Leihen 21, 72534 Hayingen
mail: paedmed@t-online.de

Dr. Marianne Eisenburger
Inst. für Motologie
Barfüsserstr. 1, 35041 Marburg
mail: Eisenbur@Mailer.Uni-Marburg.de

Marion Esser
Apostelpfad 1, 53222 Bornheim
mail: projekta@t-online.de

Hans-Peter Färber
Unterdorf 7, 72417 Jungingen
mail: faerber@kbf.de

Prof. Dr. Klaus Fischer
Haselhecke 50, 35041 Marburg
mail: Klaus.Fischer@uni-koeln.de

Prof. Dr. Ruth Haas
Wolthuser Kirchweg 7a, 26725 Emden
mail: Ruth.Haas@t-online.de

Dr. Richard Hammer
Keplerstr. 34, 66540 Neunkirchen
mail: HammerRiBr@t-online.de

Manfred Höhne
Im Blumengarten 39, 53127 Bonn
mail: Man.Hoehne@t-online.de

Prof. Dr. E.J. Kiphard
Homburger Str. 62c
61191 Rosbach v.d. Höhe
mail: JoKip@t-online.de

Helmut Köckenberger
Baindter Str. 27, 88339 Bad Waldsee
mail: EH.Koeckenberger@t-online.de

Dr. Birgit Lütje-Klose
Grimmstr. 8, 30171 Hannover
mail: Birgit.Lütje-Klose@t-online.de

Wolfgang Müller
Hardenbergstr. 2, 66538 Neunkirchen
mail: womuewo@web.de

Prof. Dr. Toni Reinelt
Univ.Klinik für Neuropsych.
Währingergürtel 18-20
A-1090 Wien
Mail: toni.reinelt@univie.ac.at

Ingrid Schlicht-Olbrich
Ketteler Str. 13, 57392 Schmallenberg
mail: Ingrid.Olbrich@web.de

Barbara Schmidt-Kotyrba
Flughafenstr. 39, 53229 Bonn
mail: B.Schmidt-Kotyrba@t-online.de

Dr. Michael Wendler
Frankfurter Straße 2a, 35037 Marburg
mail: michael.wendler@t-online.de

Prof.Dr.Renate Zimmer
Univ. Osnabrück FB 3, 49069 Osnabrück
mail: rzimmer@uos.de